中央编译局文库出版工作领导小组（编委会）

主　　任：贾高建
副 主 任：俞可平　魏海生　陈和平　柴方国　杨金海
委　　员：崔友平　沈红文　杨雪冬　季正聚　陈家刚
　　　　　赖海榕　郗卫东　张文成　刘明清

中央编译局文库出版工作领导小组办公室

主　　任：薛晓源
成　　员：徐向梅　苗永姝

中央编译出版社文库编辑中心编辑小组

刘明清　薛晓源　谭　洁　董　巍　贾宇琰
冯　章　曲建文　苗永姝　邓　彤　盛菊艳
李媛媛　薛迎春　董　妍

马克思主义研究资料

第12卷

主　编　杨金海
副主编　冯　雷（常务）　薛晓源

经典作家著作研究 II

本卷主编　武锡申

中央编译出版社

《马克思主义研究资料》顾问委员会

贾高建　俞可平　宋书声　殷叙彝　詹汝琮　张钟朴

李洙泗　冯文光　赵家祥　严书翰　梁树发　郭建宁

《马克思主义研究资料》编辑委员会

主　编： 杨金海

副主编： 冯　雷（常务）　薛晓源

编　委（按姓名拼音排序）

陈喜贵　冯　章　黄晓武　江　洋　李百玲　李义天

李媛媛　林进平　刘仁胜　刘　英　刘元琪　吕增奎

马　瑞　苗永姝　彭萍萍　盛菊艳　史清竹　武锡申

姚　颖　苑　洁　郑　锦　郑天喆　周艳辉

参加本卷编辑出版工作的有

盛菊艳　苗永姝　薛晓源

总　序

　　呈献给读者的这套《马克思主义研究资料》丛书，旨在服务于我国正在实施的马克思主义理论研究和建设工程，积极吸收和借鉴国外马克思主义研究成果，对改革开放以来中央编译局编译的有关国外学者研究马克思主义的成果，以及少量相关的国内学者的研究成果整理出版，为我国马克思主义研究提供基础性的参考资料。本丛书计划出版37卷，三年内陆续完成编辑和出版工作。

　　编译国外学者关于马克思主义的研究成果，并对相关问题展开深入探讨，是马克思主义经典著作编译研究的基础性工作。中央编译局作为马克思主义经典著作编译研究的专门机构，历来十分重视这项工作。20世纪50年代以来，特别是改革开放以来，中央编译局的同志们编译了大量国外学者关于马克思主义的研究文献，也发表了不少自己的相关研究成果。这些成果曾经在中央编译局编辑的《马列著作编译资料》、《马列主义研究资料》、《马克思主义与现实》等刊物公开发表，或在内部刊物《马克思恩格斯研究》、《列宁研究》等刊载。这些成果对于推进马克思主义经典著作的编译和研究工作发挥了重要作用，时至今日，一些学者仍然把它们当做研究马克思主义的珍贵资料。

然而，随着近年来中央实施马克思主义理论研究和建设工程的深入推进以及马克思主义学科建设的快速发展，这些研究资料的留存情况已经远远不能适应形势发展的需要了。《马列著作编译资料》和《马列主义研究资料》早已停止出版，很多人难以找到原有资料；《马克思恩格斯研究》等内部刊物刊载的文章没有公开面世，也难以为人们广泛使用；而新编译的文献资料又很零散。因而，希望中央编译局提供马克思主义研究资料的呼声越来越高。

为了继承前辈的事业，适应学界的需要，尽可能全面系统地收集整理中央编译局近几十年来编译的国外学者关于马克思主义的研究成果以及相关的国内学者的研究成果，中央编译局专门成立了《马克思主义研究资料》丛书课题组，并对该项工作提供了基金资助。课题组不仅在局内组织力量进行工作，而且争取到社会力量的支持。经过课题组同仁两年多努力，已经形成一批编辑成果，还将继续补充、完善并陆续推出。这套《马克思主义研究资料》丛书就是这些成果的集中体现。

本丛书力求体现如下四个特点，这也是丛书编辑工作所力求遵循的四条原则：第一，保证文献性。本丛书主要收集改革开放以来中央编译局刊物发表的有关马克思主义理论编译和研究方面的成果，这些刊物包括公开出版的《马列著作编译资料》、《马列主义研究资料》、《马克思主义与现实》、《当代世界与社会主义》、《经济社会体制比较》、《国外理论动态》等，也包括内部刊物《马克思恩格斯研究》、《列宁研究》、《斯大林研究》、《马克思恩格斯列宁斯大林研究》等；少量收集其他杂志发表的中央编译局学者编译或撰写的有关文章；个别收集与中央编译局长期合作的其他学者的相关文章；对所收商榷性文章涉及的其他学者的成果，也作为附文收入，以示对相关学者的尊重，也便于读者在阅读正文时参考。收集整理这些学术成果的目的主要是为学界研究马克思主义提供参考资料，同时帮助人们了解马克思主义研究的历史进程和思想脉络。因此，本丛书所收文献力求保持其历史原貌，包括其中的人名、地名、术语、引文等，都不作改动，以便读者进行文献考证之用，只对个别错漏文字等进行校正，对于文中可能产生歧义的地方，以"本丛书编者注"的方式加以说明。其中读者特别应当留意的是译名、术语的不统一问题，例如关于《马克思恩格斯全集》历史考证版，就有多种表达方式：原文版、国际版和 MEGA 版，其中，往往又以"老"、"新"、"MEGA^1"、"MEGA^2"、"MEGA1"、"MEGA2"等来区分历史考证版第 1 版和第 2 版。第二，突出编译性。本丛书所收文献中，以国外学者的成果为主，包括国外学者关于马克思主义经典作家的著作、思想、生平事业，乃至书信往来、工作生活等方面的研究文献，凡比较有资料价值的，均在收集之列。如上所述，国内学者的相关考证性成果，包括经典著作翻译、版本、传播、重要术语考据等文献，凡具有资料价值的，也一并收入，但这部分内容所占比例较小。第三，力求系统性。上述几十年来形成的这些编译研究资料繁茂芜杂，十分零散，使用起来很不方便，编辑整理就更为困难。为把这些宝贵文献整理面世，使之更好地发挥作用，编辑人员下了很大功夫。在收集整理中，我们力图分门别类，尽可能将同类资料按照一定逻辑顺序编排，使之呈现一定的系统性，以便读者全面掌握有关资料。第四，力争权威性。本丛书力争选编国内外在相关研究领域具有一定权威性的专家学者的具有代表性和影响力的文献。为保证文献的权威性和准确性，我们对文献的引文进行了校订，特别是对有关马克思主义经典著作的引文进行了原版原文核对，并对注释尽可能地作了规范化处理，以便读者更准确地了解引文及其出处。

基于上述考虑，本丛书的编排体系大体分四个部分。第一部分是经典著作研究，包括关于《共产党宣言》、《资本论》等手稿、创作、版本、传播诸方面的研究文献；第二部分是基本理论研究，包括哲学、政治经济学、科学社会主义以及政治学、法学等方面的研究文献；第三部分是版本和传播、编译以及生平事业研究；第四部分是国外马克思主义研究。每一部分包括若干卷。每一卷都有本卷编辑说明，对本卷编辑的思路、内容和有关技术问题作简要交代。各卷内容按照逻辑顺序进行编排，在此基础上再按照时间顺序编排。各卷内容一般要作分类，并加分类标题，以便读者阅读研究。

需要说明的是，由于本丛书是整理编辑已有的文献，而且主要限于整理编辑中央编译局学者编译和研究的部分成果，这就决定了本丛书不可避免地存在一些缺憾。一是这些文献中有的观点不一定正确。选编这些文献并不意味着编者赞同其中的观点，我们的目的仅仅在于为人们研究马克思主义提供参考资料，其中正确的思想成果可以作为我们研究借鉴的思想资源，而错误的观点可以作为我们研究批评的对象。例如，对有关马恩对立论的观点，我们是不赞成的，但为了让研究者了解、研究和批评这种观点，也收入了相关文章。所以，谨请读者在使用这些文献时注意辨别是非。二是这些文献存在质量参差不齐的情况。由于这些文章的作者、译者水平不同，写作时间、背景、针对的问题、产生的影响以及发表的刊物等不同，其质量也就有一定差别。例如，有的概念和译文在今天看来不一定科学、准确，有的文献曾经很有价值而在今天看来最多只有学术史的价值。在选编过程中，我们尽量收入那些分量较重、影响较大的文献，但为了比较全面地反映学术史的原貌并提供尽可能详细的研究参考资料，也收入了一些篇幅较短、影响不大但有一定资料或史料价值的文献。另外，有少量比较重要的文献，由于作者或译者不同意收入，也不得不忍痛割爱。三是这些文献的系统性、规范性不太强。尽管我们努力按照上述编辑原则工作，对这些文献进行了分类整理，力求全面系统地提供给读者相关方面的文献资料，但由于这些资料十分繁杂，彼此之间的关联性不强，有的方面资料较多，有的较少，且发表的刊物、时间等不同，体例也很不统一，整理起来难度极大，加之各位编者的研究角度不同，水平各异，所以，每一卷书的结构、篇章、内容、观点等都不尽相同，其规范程度也不尽一致。对本丛书存在的以上不足或缺憾，谨请读者鉴谅；对其中可能存在的疏漏和错误之处，谨请读者批评指正。

本丛书在编写和出版过程中，得到了各个方面的大力支持。中央编译局对此项工作高度重视，始终给予鼎力支持。国家出版基金将本丛书列入2013年度资助项目。中央编译出版社为本丛书申报国家出版基金项目并最终立项，以及为丛书出版做了大量工作。本丛书所收文献的译者、作者和出版者，凡已联系上的，均给予我们大力支持，同意使用这些文献；对尚未联系上的，我们将尽力联系，也请相关同仁主动联系我们。丛书顾问委员会的专家对丛书的编写工作给予热情指导，编委会成员和课题组同仁为丛书的编写付出了辛勤劳动。在此一并致以衷心的谢意！

《马克思主义研究资料》

编辑委员会

2013年12月10日

编辑说明

本丛书的第一部分即经典作家著作研究共 14 卷。由于《德意志意识形态》、《共产党宣言》、经济学笔记、《资本论》及其手稿的研究文献较多，故分别单独编成一卷或多卷，共 10 卷。其余的经典作家著作研究编为 4 卷，包括第 11 卷至第 14 卷。

本卷收录关于马克思和恩格斯从其开始合作到巴黎公社之前这一段时间的著作的研究资料，共 28 篇，分为两个部分。第一部分是《马克思恩格斯全集》英文版和历史考证版中几个卷次的前言和《马恩文库》俄文版第十四卷前言，这些前言全面介绍了马克思和恩格斯在相应时期的著述情况，反映了马克思和恩格斯开始合作之后思想逐步走向成熟，并随着无产阶级革命形势的变化不断充实完善其理论体系，为无产阶级运动打造理论武器的过程。第二部分收录的是关于马克思和恩格斯的具体著作的专题研究资料，这些专题研究涉及到相关著作的时代背景、社会环境、写作过程、出版情况、流传情况、内容和特点、理论意义和历史影响等多个方面，显示出马克思和恩格斯不仅具有渊博的知识、广阔的视野、深厚的理论素养，而且具有强烈的现实主义精神。

为保持文献性,本丛书的注释基本保持原貌,不作改动;但对原注释有错误或有遗漏的,我们尽可能查阅了有关文献,作了必要的规范和完善;对有些查找不到的,保留原来的内容和格式。

目 录

马克思和恩格斯创造性合作的开始
　　——《马克思恩格斯全集》英文版第 4 卷说明 ………… 1
马克思恩格斯在 1848—1849 年革命前夕进行的理论研究和实践活动
　　——《马克思恩格斯全集》英文版第 6 卷说明 ………… 15
马克思和恩格斯在 1848—1849 年革命年代进行的理论研究和革命活动
　　——《马克思恩格斯全集》英文版第 7 卷说明 ………… 32
革命风暴后的初步理论反思
　　——《马克思恩格斯全集》原文版第 1 部分第 10 卷前言 ………… 52
1848—1849 年革命风暴后的理论总结
　　——《马克思恩格斯全集》原文版第 1 部分第 11 卷前言 ………… 86
马克思恩格斯在革命进入低潮时期的理论研究和革命活动
　　——《马克思恩格斯全集》原文版第 1 部分第 12 卷前言 ……… 114
科学分析 19 世纪 50 年代中期欧洲局势的光辉典范
　　——《马克思恩格斯全集》原文版第 1 部分第 13 卷前言 ……… 150
马克思恩格斯对 1854—1855 年欧洲局势的科学分析
　　——《马克思恩格斯全集》英文版第 13 卷前言 ………… 182

1855—1856年克里木战争后期马克思和恩格斯对欧洲各国局势的分析
　　——《马克思恩格斯全集》英文版第14卷前言 …………… 202
马克思和恩格斯为第一国际的创建所作的贡献
　　——《马克思恩格斯全集》历史考证版第1部分第20卷前言 …… 224
马克思关于波兰问题的两组手稿
　　——《马恩文库》俄文版第十四卷前言 ………………… 258

＊　　＊　　＊

《神圣家族》一书的成书与出版经过及影响
　　〔德〕沃·蒙克 …………………………………………… 270
沙洛顿堡的《神圣家族》
　　〔德〕玛丽昂·巴尔岑 …………………………………… 285
马克思为亨利希·海涅辩护的一篇鲜为人知的文章
　　〔苏〕Я.Г.罗基强斯基 …………………………………… 301
通过调查研究制定科学理论——读恩格斯《英国工人阶级状况》
　　周亮勋 ……………………………………………………… 314
马克思的《关于费尔巴哈的提纲》
　　〔苏〕维·莫·鲍古斯拉夫斯基 ………………………… 337
19世纪资产阶级思想家对马克思的《哲学的贫困》的反应
　　〔德〕艾克·科普夫 ……………………………………… 373
恩格斯在《新莱茵报》上有关匈牙利革命的文章的研究新成果
　　〔民主德国〕弗朗索瓦·梅利斯 ………………………… 391
谈谈马克思《路易-拿破仑和富尔德》一文所依据的原始资料
　　〔德〕海蒂·沃尔弗 ……………………………………… 410

新发现的恩格斯关于匈牙利革命的三篇文章
　　〔德〕弗朗索瓦·梅利斯 …………………………… 418
恩格斯《德国农民战争》简介
　　〔德〕弗兰茨·梅林 ………………………………… 425
《路易·波拿巴的雾月十八日》的写作和出版情况 ………… 439
马克思创作《路易·波拿巴的雾月十八日》曾依据什么资料
　　〔苏〕纳·维·库德里亚绍娃 ……………………… 474
《流亡中的大人物》的产生和流传情况 ……………………… 495
谈谈马克思的《革命的西班牙》组文的产生
　　〔德〕卡尔-弗里德·格鲁伯 ……………………… 516
马克思与卡尔·福格特的争论 ………………………………… 532
马克思和恩格斯撰写《美国内战》一文的前前后后
　　阎月梅 ………………………………………………… 578
《国际工人协会成立宣言》发表一百二十周年
　　〔民主德国〕罗·德卢贝克 ………………………… 584

马克思和恩格斯创造性合作的开始

——《马克思恩格斯全集》英文版第 4 卷说明*

《马克思恩格斯全集》第 4 卷收入了马克思和恩格斯从他们的亲密友谊开始建立（1844 年 8 月末 9 月初）到 1845 年秋天这段时间所写的著作。从本卷起，本版中将发表的马克思和恩格斯的著作均按写作的先后顺序编排。

马克思和恩格斯 1844 年 8 月在巴黎的会面是他们终生合作的开始。他们都独自走过了一段从唯心主义到唯物主义，从革命民主主义到共产主义的思想发展的艰苦路程。他们在巴黎会见时，各自都已经是具有坚定信仰的革命者和共产主义者了。从此以后，这两位思想家既持有共同的观点又保持着各自的特色，并以牢不可破的团结精神开展工作。与此同时，他们之间的创造性合作也立即为他们观点的发展开创了一个新阶段。他们在会见后的第二年中不仅继续完成使他们两人在 1843 和 1844 年的著作中已有所发展的辩证唯物主义原理进一步具体化的工作，而且还扩大了他们的整个思想领域，下决心解决一个新问题，即详尽阐述无产阶级革命世界观的基本原理。

---

* 本文选自《马克思恩格斯研究》1994 年总第 19 期。

马克思和恩格斯仍继续研究当时各种哲学的、经济学的和社会主义的思想，仍继续刻苦钻研当时真实的社会经济现实和工人阶级运动。他们与德国、法国、比利时和其他国家的民主主义和社会主义团体、与英国宪章运动的代表人物和正义者同盟的成员们保持着密切的联系。这一切使他们更加深信，革命斗争的实践要求进行深刻的、全面的理论工作，即创立一个适用于人类知识一切基本领域的、全新的和首尾一贯的理论。马克思和恩格斯正是为了完成这个任务而共同努力的。他们不仅要为共产主义奠定科学基础，而且还要在欧洲的工人阶级和革命知识分子中传播共产主义思想。他们认为，新的革命理论只有与当时已经形成的各种非无产阶级倾向作斗争，并与之实行决裂才能得到巩固。

1844年秋天的一项首要任务就是要对付青年黑格尔派，因为这个派别已放弃先前的激进思想，转向了右翼。鲍威尔兄弟编辑的月刊《文学总汇报》正在对社会主义和共产主义发动一场进攻。

马克思在《德法年鉴》上就无产阶级历史使命所作的论述被宣称为"没有批判力"，劳动人民被视为迟钝消极的"群众"和社会进步的障碍而遭到否定。鲍威尔兄弟和他们那一伙思想家声称，在世界历史进程中，唯一的积极因素就是他们自己的理论活动，他们美其名曰"批判的批判"。

马克思于1843年在《〈黑格尔法哲学批判〉导言》和《论犹太人问题》这两篇文章中①曾首次表示，他要申明反对青年黑格尔派的哲学观点。1844年夏天，他在巴黎和恩格斯的交谈中以及在其他一些场合再一次提起他的这一想法，结果马克思和恩格斯决定合写一部书来反对青年黑格尔派。不久以后，恩格斯写道："德国有一些哲学家不愿从他

---

① 参看《马克思恩格斯全集》第1版第1卷。

们的纯粹理论中做出实际的结论，硬说人只应该玄想形而上学的问题，现在我们向这些人宣战了。"①

第 4 卷一开始就是马克思和恩格斯合写的第一部著作：《神圣家族，或对批判的批判所做的批判。驳布鲁诺·鲍威尔及其伙伴》。它的主题思想和总的计划由两位朋友共同商定，但其主要部分实际上则是马克思一人执笔的。这部以哲学为主要内容的著作在马克思和恩格斯的哲学和社会政治观点的形成中占有重要地位。它从彻底的唯物主义立场出发，不仅抨击了青年黑格尔派的主观主义观点，而且也抨击了他们所依据的黑格尔的整个唯心主义哲学体系。同时，这部著作还以尖锐的辩词论证：青年黑格尔派的主观唯心主义比黑格尔的哲学又倒退了一步。

马克思和恩格斯在以前的著作中就已经开始探索出唯物主义历史观的原理。这些原理在《神圣家族》中得到了进一步的发展。特别是与马克思的《1844 年经济学哲学手稿》相比较，这部著作在阐明物质生产对社会发展的决定作用方面又向前迈进了一步。马克思这时已认识到物质生产是整个人类历史进步的基础。他写道："不去认识……某一历史时期的工业和生活本身的直接的生产方式，"就不可能认识这个历史时期。②

这部著作表述了这样一些非常深刻的思想，即一定社会的政治制度与经济结构相适应，它们之间存在着辩证的关系，因而是相互影响的。

同阐述唯物主义历史观开宗原理紧密相关的是《神圣家族》中的明确说法：人民群众在历史发展中起着决定性作用，这种作用随着历史的发展而不断增长。马克思指出，人类正面临着更深刻的社会改造的任

---

① 《马克思恩格斯全集》第 1 版第 2 卷第 599 页。
② 《马克思恩格斯全集》第 1 版第 2 卷第 191 页。

务，在社会改造的过程中，"历史的活动是群众的事业，随着历史活动的深入，必将是群众队伍的扩大"①。

马克思在《神圣家族》中阐明了无产阶级作为注定要进行未来社会主义革命的力量而应担负的世界历史使命。他指出，工人阶级的这一历史使命是它在资本主义社会中所处地位的必然结果。马克思写道："在无产阶级的生活条件中现代社会的一切生活条件达到了违反人性的顶点。"无产阶级作为一个阶级，由于它的历史存在，"能够而且必须自己解放自己"②。马克思还指出，无产阶级的社会解放将意味着整个社会从剥削下解放出来。因此他强调指出无产阶级斗争的全人类意义及其真正的人道主义内涵。这样，《神圣家族》第一次表述了马克思主义关于无产阶级在反对资本主义的革命运动和解放运动中的主导作用的基本思想。列宁后来称它为一部包含着"马克思的几乎已经形成了的对于无产阶级革命作用的观点"的著作。③

此外，《神圣家族》还包含着马克思和恩格斯对思想在历史上的作用的唯物主义解释。马克思更加深入地分析了他在《黑格尔法哲学批判》中提出的理论变成物质力量的观点，阐明了思想在表达进步阶级的利益，从而与实际生活的要求一致时是怎样成为社会发展的一种有生力量的。他以17世纪到19世纪初的哲学史为例来说明这一点。他分析了唯物主义和唯心主义两种基本倾向的斗争，揭示出唯物主义作为进步哲学在社会生活中的重要意义，特别是它为18世纪末法国资产阶级革命创造了思想意识的前提条件这一重要意义，他指出了唯物主义思想的

---

① 《马克思恩格斯全集》第1版第2卷第104页。
② 《马克思恩格斯全集》第1版第2卷第45页。
③ 《列宁全集》第2版第55卷第8—9页。

发展与自然科学的成就之间的有机联系，强调唯物主义哲学思想的进一步创造性发展必然不可避免地得出共产主义的结论。

马克思和恩格斯虽然以过去的进步哲学传统为其理论基础，但决非只停留在先前的唯物主义成就上止步不前。《神圣家族》表明，他们竭力用唯物主义的方法发展和重新解释黑格尔哲学的合理成分即它的辩证法，并把辩证法——总的说来这是过去唯物主义哲学家所缺少的——同唯物主义有机地结合起来。对辩证法的创造性的发展；以辩证方法研究社会经济现象和意识形态现象；研究辩证法的基本客观规律，特别是对立统一和斗争的规律在社会过程和思想过程中的作用——所有这一切贯穿着《神圣家族》的全部内容。

《神圣家族》虽然标志着创立无产阶级世界观理论基础这个如此重要阶段的完成，但它仍然属于马克思主义尚在形成中的时期，唯物主义历史观和科学共产主义的基本原理尚未得到充分的阐述。马克思和恩格斯都还未完全逾越他们和他们的思想先辈之间的分界线，特别是他们还没有完全地在一切方面克服费尔巴哈哲学的弱点的影响。的确，在他们宣布自己为费尔巴哈的信徒、"真正的人道主义者"、费尔巴哈"人本"唯物主义的拥护者时，他们实际上也在声称自己是革命的共产主义者和辩证唯物主义者，并给费尔巴哈的术语充实了新的内容。但他们明显不满过去的一切唯物主义的形而上学性质和前后矛盾性，不久便发展成对费尔巴哈的思辨哲学与正在形成中的无产阶级世界观之间的根本区别的认识。正因为如此，马克思于1845年4月在《关于费尔巴哈的提纲》中毫不含糊地表明反对费尔巴哈主义（这个提纲连同其他与《德意志意识形态》有关的著作将一起编入本版第5卷）。

第4卷还包括恩格斯的主要著作《英国工人阶级状况》。这是他对大量的真实资料进行认真研究并从中作出理论上的概括而取得的成果，这些真实材料的来源有官方文件，有资产阶级的和工人阶级的报纸，还有经济学家、社会学家、历史学家等所做的特别调查。但是，这本书首先反映了恩格斯在曼彻斯特将近两年的时间中亲自对工人的劳动和生活状况进行调查研究的结果（这就使它具有特殊的真实性）。

恩格斯的这部著作实际上是他过去那些专门研究英国资本主义发展的文章的继续。但在所论及的问题的广度和阐明问题的深度和透彻性方面，已大大超过了他先前的著作。就贯穿在该著作中的思想而论，它近似于《神圣家族》。它的整个内容表明，马克思主义的创始人是根据对当时的现实进行科学的、具体的、社会学的分析而得出结论的。

《英国工人阶级状况》使人清楚地看到，恩格斯是和马克思同时认识到经济因素在社会发展中的作用的，而他对社会现象所进行的唯物主义分析却又作出了他自己的独到贡献。这部著作的主要特点之一是他对英国产业革命的社会经济后果的研究，它阐明了社会生产中的变化对所有各阶级和整个社会生活的决定性影响。由此他得出了一个十分重要的结论：英国产业革命导致了一个新的革命阶级——无产阶级的形成。这个阶级在现代资本主义社会中的地位"是当代一切社会运动的真正基础和出发点，因为它是我们目前社会一切灾难的最尖锐最露骨的表现"①。

恩格斯能够以当时资本主义世界最先进的国家——英国为范例从中推断出整个资本主义制度的特征。他论证了资本主义工业化的典型特征和它的必然后果，即手工业工人和劳动农民的破产，在英国他们则几乎完全消失，先前的小业主正日益贫困化，人口中相当大的一部分已沦为无产阶级。恩格斯以堪称经典的描述，道出了他对大城市的观感：它是资本主义工业的产物，是社会罪恶的渊薮，同时也是无产阶级群众反抗

---

① 《马克思恩格斯全集》第1版第2卷第278页。

压迫和剥削的中心。他还生动地描绘了资本主义的固有现象——生产的无政府状态、周期性危机、阶级对抗的日益尖锐化、劳动后备军的形成和增长，或换言之，长期性失业。恩格斯此书虽非专家的经济理论研究之作，但它却极其精确地解释了资本主义社会的经济结构的许多方面及其内在规律和趋势。所以，马克思后来在《资本论》第1卷中提到《英国工人阶级状况》的作者"对资本主义生产方式的精神了解得多么深刻"①，这是不无道理的。

恩格斯对英国无产阶级状况的卓越描述是对当时存在的资本主义制度的一份无可辩驳的控诉书。但这还不是他这本书所以不同于当时所有其他社会主义著作的突出特点。许多对劳动人民仅表示同情的空想社会主义者和作家也曾生动地描述过他们的悲惨状况。不过，他们把工人阶级只看作是受苦的群众，而不是一支革命的力量。正如列宁所指出的那样，《英国工人阶级状况》的不朽意义，就在于这样一个事实：在本书中"恩格斯**第一个**指出，无产阶级**不只**是一个受苦的阶级，正是它所处的那种低贱的经济地位，无可遏止地推动它前进，迫使它去争取本身的最终解放。而战斗中的无产阶级是能够**自己帮助自己的**"。②

在恩格斯的这本书里，如同马克思在这一时期的著作中一样，工人阶级在世界历史上的革命作用是从资本主义社会的社会状况和无产阶级所处的社会地位得出的。恩格斯的结论是，显然有一种不可抗拒的倾向，即资本主义的固有矛盾日益尖锐，阶级力量日趋两极分化，从而使无产阶级和资产阶级之间的斗争转变为社会生活中的主要因素。推翻现存制度的社会革命已成为历史的必然。正是由于无产阶级这个"国家力

---

① 《马克思恩格斯全集》第1版第23卷第268页。
② 《列宁全集》第2版第2卷第7页。

量所系并能推动国家向前发展的阶级"① 在资本主义社会中所处的地位，因而它便负有摧毁这个社会和完成社会主义革命的历史使命。

在社会主义文献中，恩格斯首次系统地分析了无产阶级解放运动的发展，并指出了这个发展过程的历史意义：它将最终导致社会的共产主义改造。恩格斯论证了工人阶级运动发展的规律性和进步性，认为它必然要从革命反抗的初级自发形式过渡到更高级的、更有组织的斗争形式——从反对单个雇主的局部的和分散的行动到工人对剥削者的有系统的反抗并同资本主义制度本身作斗争，从无产阶级力量在分散的各个行业组织内的联合到创立全国范围的阶级组织。他阐明了罢工和工会所起的阶级斗争学校的作用，同时又强调指出工人阶级只有走政治斗争的道路才能给整个资本家阶级的统治以决定性打击，从而获得真正的解放。正因如此，他才非常重视并高度赞扬英国宪章派的活动，因为英国宪章派把对资产阶级的斗争转到了政治领域并发动了一场群众性的无产阶级政治运动。恩格斯认为宪章运动是工人阶级反对资产阶级的集中形式。

但是，恩格斯同时也看出了宪章运动的致命弱点：它不能理解工人阶级革命斗争的社会主义目的，其表现在于该运动领导者们具有一定程度的思想偏狭性。他得出结论说，英国工人阶级运动必须找到获得社会主义意识的途径，而这样就需要将宪章运动和社会主义——不是罗伯特·欧文的那种脱离了真正阶级斗争的空想社会主义，而是战斗的无产阶级社会主义——结合起来。

然而，《英国工人阶级状况》在一定程度上也反映出无产阶级的科学的世界观尚未完全形成这一事实。恩格斯自己后来把这本书看作是科

---

① 《马克思恩格斯全集》第1版第2卷第529页。

学社会主义"胚胎"发展的一个阶段,所以还有明显的"痕迹"表明它承袭了德国的古典哲学。恩格斯指出,那种认为资产阶级本身对共产主义制度的社会优越性也感兴趣的论点,就是这种思想尚不成熟的一个例子,表明它是受了费尔巴哈抽象人道主义和空想社会主义的影响的。这样的错觉在恩格斯这一时期的其他著作中也是显而易见的,特别是对德国资产阶级的错觉,它常常被说成较之英国资产阶级要无私得多。①正如他本人后来在德文第 2 版(1892 年)的序言中所承认的,他认为英国离社会主义革命为期不远的想法也太过于乐观。

除马克思和恩格斯的上述这两部巨著外,本卷还收有他们所写的一批报刊文章及手稿提纲等。这些文章几乎全是马克思在 1845 年 2 月初被迫迁居布鲁塞尔后写的,因为当时法国当局封闭了巴黎的《前进报》并驱逐了该报的一批撰稿人和编辑。马克思在比利时首都一直从事理论和政治工作,直到 1848 年欧洲发生革命为止。恩格斯有些报刊文章是与《英国工人阶级状况》同时撰写的——也就是 1844 年 9 月至 1845 年 4 月他住在巴门的时候。他在巴门还继续给欧文派的《新道德世界》撰写关于大陆上的革命运动情况和共产主义宣传的报道。恩格斯的另一部分文章和报道,包括他 1845 年秋天重新为宪章派《北极星报》所写的文章,都是在布鲁塞尔撰写的,他从 1845 年 4 月起在那里呆了一段时间。

马克思和恩格斯在这一时期内写的文章和报道,其内容与他们在两部重要著作中给自己提出的任务相一致。它们旨在揭露资本主义制度,热情捍卫工人阶级利益,传播革命的共产主义思想,批判敌视共产主义运动的思潮。

---

① 《马克思恩格斯全集》第 1 版第 2 卷第 589 页。

《莱茵社会改革年鉴》、《德国公民手册》、《社会明镜》和《威斯特伐里亚汽船》是当时在德国出版的社会主义报刊,马克思和恩格斯打算把他们的许多文章投给它们发表,但这些报刊在或大或小的程度上却都是小资产阶级的"真正的社会主义"的喉舌,与革命的共产主义世界观格格不入。他们试图对其中一些报刊在方向上给以影响,恩格斯还特别竭力想使《社会明镜》具有革命的批判性质,但都没有成功。马克思和恩格斯与这些报刊的合作只能是偶然的和短期的。他们很快便与其中一部分彻底决裂,并在别的刊物上撰文反对它们。但是,即使他们发表在这些报刊上的稿件,也都划清了革命的共产主义和其他非无产阶级倾向的界限,对阐明和传播共产主义思想,对推动当时社会主义运动中的革命的无产阶级趋势起了不小的作用。马克思和恩格斯在布鲁塞尔时,他们的第一批拥护者就已经开始团结在他们周围了。

马克思论德国经济学家弗里德里希·李斯特的《政治经济学的国民体系》一书的文章本来是给上述报刊中的一家写的,但一直没有发表。本卷收入了新近发现的该文草稿,其中有对李斯特这个德国资产阶级辩护士所持观点的尖锐批判,德国资产阶级当时正力图通过保护关税来抵制较发达的资本主义国家的竞争。马克思强调指出,李斯特的观点反映了德国资产者的面目:他们高谈阔论民族利益,想以此来掩盖其贪婪的剥削和唯利是图的贪欲,而他们对贵族又是一副卑躬屈膝的媚态。不过马克思并没有局限于只批判李斯特的观点。本卷发表的这篇草稿证明,他为思考理论问题,为研究如何唯物主义地解释"劳动"、"工人"、"交换价值"、"生产力"等等这样一些经济学和社会学的基本范畴进行了认真的工作。马克思分析并揭示了工厂和工厂生产的"人的核心"与它的资本主义"肮脏外壳"之间的原则区别:工厂生产创造出"无产阶级并通过无产阶级创造出新世界秩序的力量",它的资本主义"肮脏外壳"必须被打碎,以便使社会的生产力从桎梏中解放出来。马克思在这篇草稿中提出的想想,随后在其哲学和经济学著作中得到了发展。

《铂歇论自杀》一文证明,马克思在批判资产阶级社会时不仅试图揭示它的经济矛盾,而且还要暴露资产阶级的道德、风俗习惯和生活方式。他从巴黎警察局档案保管员回忆录中获得了关于自杀者及其自杀动机的材料,并利用它们来说明资产阶级世界由利己主义、对人格的侵犯、对纯真感情的践踏和畸形的家庭关系所统治。

本卷发表的恩格斯的文章《大陆社会主义》、《共产主义在德国的迅速进展》、《在爱北斐特的演说》等是他在巴门工作期间写的。它们描绘了德国40年代的社会不满情绪、对封建专制制度的日益增长的反抗和劳动人民对社会的不满,这些都在共产主义和社会主义思想的广泛传播中得到反映。这些文章内含值得注意的传记材料,显示了年轻的恩格斯怎样灵活多变、满腔热情地在普鲁士莱茵省开始他的组织工作、宣传鼓动和报刊活动。

恩格斯在《在爱北斐特的演说》中根据他在英国的切身经历以及对德国状况的透彻研究,详尽地谴责了被内部矛盾困扰得百孔千疮的资本主义制度,揭示了阶级斗争的经济根源。他谈到"少数富翁和多数穷人两方之间的矛盾",预言"只要目前的社会基础保存一天",这种矛盾就会继续深化。针对存在着残酷的剥削、人力资源的野蛮浪费、无止境的竞争、一切人反对一切人的战争的这样一个世界,恩格斯提出了一个按人道主义原则和经济原则组织起来的共产主义社会。在这个社会里,"人和人的利益并不是彼此对立的,而是一致的"①。在《现代兴起的今日尚存的共产主义移民区记述》一文中,恩格斯也同样力图论证共

---

① 参看《马克思恩格斯全集》第1版第2卷第603、605页。

产主义制度的优越性。空想社会主义者认为，推广这些试验性的移民区便可以和平地改造整个社会制度。恩格斯并不同意他们的观点，认为这些移民区的意义毋宁说在于它们是一个范例，它证明在集体的基础上更公正更合理地组织社会关系和经济关系是可能的。

恩格斯在布鲁塞尔写的著作中还有《傅立叶论商业的片断》，这一著作包括他翻译的傅立叶著作《论三个外在统一》中的摘录，以及他本人写的前言和结束语。恩格斯不辞辛劳地翻译这一空想社会主义的优秀代表作并非偶然。他高度评价傅立叶对现存社会的批判，并打算把傅立叶的著作收进他和马克思计划出版的《外国杰出的社会主义者文丛》中去。他从傅立叶著作中有选择地做的摘录揭露了金融和商业领域中盛行的贪婪、唯利是图和欺骗之风。恩格斯的这篇著作也是向小资产阶级的"真正社会主义"发起的第一次公开进攻，小资产阶级的"真正社会主义"把社会主义学说贬低为某种感情的、折中的、抽象的东西，从而脱离革命斗争的要求。

恩格斯论傅立叶的文章和他出版其他社会主义者著作的意图，表明马克思和他自己都对他们的思想先驱者怀有极大的敬意。他们批判空想社会主义的弱点，但这并没有使他们看不到它的合理成分，因为认识这种合理成分有助于教育工人，从而促使他们树立革命的无产阶级世界观。

与《英国工人阶级状况》一书密切相关的是马克思写的《英国的一次罢工》和《英国谷物法史》。这两篇文章补充说明了在英国无产阶级和资产阶级之间已经发展起来的尖锐的阶级斗争。第二篇文章描绘了1842年8月的工人示威以及结为反谷物法同盟的资产阶级自由贸易拥护者在这次事件中所起的挑衅作用。

本卷中还有1845年9、10月恩格斯发表在《北极星报》上的数篇文章。恩格斯告诉他的英国宪章派读者，与德国资产阶级自由派采取的中间道路的或摇摆不定的立场相比较，德国工人阶级的鲜明特点就是更激进和更易于接受革命思想。这些报道阐明的基本思想之一是："有自己的运动，即饭碗问题的运动"的工人阶级必须有思想上和政治上的独立性①。

本卷中"准备材料"部分里发表的是一些计划草案，这些材料反映了马克思有意研究的问题范围十分广泛，以及他那洞察秋毫的头脑究竟探索过多少不同的领域（国家问题、法国革命历史问题，等等）。附录中除其他传记材料外，还收有马克思同列斯凯出版社签订的关于出版他计划中的两卷《政治经济学批判》的合同。后来《资本论》的构想得以具体化，正是由于有了在《1844年经济学哲学手稿》中得到部分实现的计划。

* * *

在编入本卷的著作中，有一些是首次译成英文。其中有马克思的《评弗里德里希·李斯特的著作〈政治经济学的国民体系〉》、《铂歇论自杀》、《〈外国杰出的社会主义者文丛〉计划》以及附录的全部条目。

恩格斯著作中的以下几篇是过去一直未译成英文的：《现代兴起的今日尚存的共产主义移民区记述》、《在爱北斐特的演说》、《傅立叶论商业的片断》、《英国谷物法史》和《社会明镜》发刊词（发刊词是和赫斯合写的，故编在附录中）。第一次以原著所用的语言重印的有恩格斯的载《北极星报》的两篇文章：《在瑞士的"青年德意志"》和《对共产主义者的迫害和驱逐》。恩格斯《英国工人阶级状况》一书根据弗

---

① 《马克思恩格斯全集》第1版第2卷第630页。

洛伦斯·凯利-威士涅威茨基的英译文刊印，该译文在19世纪80年代经恩格斯本人认可。原文和译文之间凡影响到意思的重大出入处，都在脚注中分别加以说明。

过去用英文出版过的著作，有的经过重新翻译，有的根据原文进行了校订，关于各篇著作特别是手稿在处理上的一些特殊情况，都在注释中作了说明。

本卷刊印的大部分著作都译自德文。凡是译自其他语种或作者本来用英文写的著作，都各在篇末加以注明。

（沈渊 校）

马克思恩格斯在 1848—1849 年革命前夕进行的理论研究和实践活动
——《马克思恩格斯全集》英文版第 6 卷说明*

《马克思恩格斯全集》第 6 卷收集了马克思和恩格斯于 1845 年秋到 1848 年 3 月当欧洲资产阶级民主革命日益成熟时期的著作,其内容反映了马克思和恩格斯在 1848—1849 年革命前夕所进行的多方面的理论研究和实践活动。在这些活动中,马克思和恩格斯主要致力于完成他们给马克思主义作为工人阶级的意识形态奠定一般理论基础,采取最初的步骤以创建一个以科学共产主义原理和无产阶级国际主义原则为基础的无产阶级政党,并拟定国际工人阶级运动的纲领和作战方针。就是在这一时期,马克思和恩格斯建立了第一个国际无产阶级组织——共产主义者同盟,写出了马克思主义的第一个纲领性的宣言——**《共产党宣言》**。

本卷的第一篇文章是恩格斯写的《在伦敦举行的各族人民庆祝大会》,在这篇文章中,初次发表了无产阶级国际主义的原则。恩格斯在这里强调指出:"全世界的无产者有共同的利益,有共同的敌人",所以,"只有无产者才能够消灭各民族的隔离状态,只有觉醒的无产阶级

---

* 本文选自《马克思恩格斯研究》1995 年总第 21 期。

才能够建立各民族的兄弟友爱"。①

这一国际无产阶级团结的思想还见于《布鲁塞尔的德国民主主义者——共产主义者给菲格斯·奥康瑙尔先生的信》一文里，这篇文章是德国共产主义者对已经联合成宪章派协会这个实际上的第一个工人阶级政党的英国工人所作的声援。文章是为布鲁塞尔共产主义通讯委员会写的，该委员会是马克思和恩格斯在1846年初为促进无产阶级运动和社会主义运动的领导人物在思想上和组织上的统一而创办的。

现存的布鲁塞尔共产主义通讯委员会文件中，极其重要的一篇是批判德国"真正的社会主义"的《反克利盖的通告》。在这里，马克思和恩格斯坚决反对当时正在美国活动的"真正的社会主义者"克利盖的观点。克利盖用博爱这样一种感情色彩的理论来代替共产主义思想，同时企图把争取土地改革的美国民主运动——其进步意义马克思和恩格斯是充分肯定的——描绘成对社会进行共产主义改造的斗争。《通告》指出，试图给社会主义学说加上一层宗教色彩是毫无道理的，共产主义世界观同宗教是不相容的。

更一般地来说，《反克利盖的通告》也是对鼓吹空想平均共产主义的魏特林及其支持者们的观点的反击。这些同"真正的社会主义者"的信仰有很多相似之处的观点使工人阶级中间的思想更加混乱，助长了宗派主义和教条主义作风。

马克思写的《驳卡尔·格律恩》，恩格斯的没有写完的《德国的制宪问题》，他的两篇《诗歌和散文中的德国社会主义》和其他一些著作，也都是专门批判"真正的社会主义"的。在《德国的制宪问题》中，恩格斯同"真正的社会主义者"的政治观点进行辩论。他

---

① 《马克思恩格斯全集》第1版第2卷第666页。

指出，"真正的社会主义者"无视德国专制制度的霸权地位，却反对进步的资产阶级改良，这正投封建专制集团之所好，极其重大地违背了劳动人民的利益。恩格斯在透彻地分析了德国社会情况和政治情况以后，概述了无产阶级在即将来临的资产阶级革命中的革命策略，同时强调指出，坚持不懈地实现这一革命的目标，对工人阶级是有利害关系的。

恩格斯在两篇《诗歌和散文中的德国社会主义》里，则是批判"真正的社会主义"的支持者们（诗人卡尔·倍克、文学史家卡尔·格律恩等人）反映在其诗歌和文艺批评中的"真正的社会主义"的美学观的。恩格斯批评他们特有的那种伤感的、纯慈善的主题，斥责他们的小资产阶级趣味和幻想以及庸人式的说教。恩格斯断言，进步的作家和诗人应该把当代的先进思想带给他们的读者，应该歌颂的不是"胆怯的小市民的鄙俗风气"，而是"倔强的，叱咤风云的和革命的无产者"。[①]在这里，恩格斯也得出了马克思主义美学的重要原理和鉴赏艺术作品的标准。格律恩用极端幼稚的、彻头彻尾小资产阶级的态度来对待歌德这样一位伟大作家的作品，与此相反恩格斯指出，批评家的任务是永远揭示作家的社会环境和他的世界观之间的联系，并彻底地研究这种联系中的矛盾。他必须善于把作品中具有真正艺术价值和社会价值的成分同仅仅反映作家狭隘眼界的成分区别开来。

马克思主义的最重要的理论著作之一，马克思的**《哲学的贫困。答蒲鲁东先生的〈贫困的哲学〉》**属于这一时期。这本书是针对日益滋长着的蒲鲁东主义倾向——这种倾向后来在工人阶级运动中有相当大的影响，马克思和他的战友与之斗争了几十年——为适应当时的革命斗争需

---

① 《马克思恩格斯全集》第1版第4卷第223—224页。

要，为帮助无产阶级在理论上和思想上摆脱小资产阶级的影响而编写的。

促使马克思写作《哲学的贫困》的动因是蒲鲁东的《经济矛盾的体系、或贫困的哲学》的发表。马克思认为，蒲鲁东的思想是小资产阶级心态的体现，即渗透着这样一个阶级的世界观的不坚定性和空想主义，这个阶级谋求既逃脱资本主义发展的灾难性后果，同时又保住资本主义制度的经济基础——生产资料私有制和雇佣劳动。因此，要使工人真正理解无产阶级斗争的革命目标，并要揭露用空想改良主义思想——使资本主义制度适应劳动人民的利益——来篡改这些革命目标的任何企图，批判蒲鲁东的观点就是一件首要的事情。

马克思的《哲学的贫困》是成熟的马克思主义的最早期著作之一。在批判蒲鲁东的同时，马克思还阐述了他自己的哲学观点和经济学观点。因此，在这里对马克思和恩格斯在写作《德意志意识形态》的过程中所主要得出的历史唯物主义科学原理作了系统的阐述并初次把它公之于众（虽然还带有一些论战的形式）。《哲学的贫困》是马克思作为一个经济学家的初次公开露面。这是第一次发表的概述马克思经济学理论基本论点的著作，这些论点是形成马克思主义政治经济学的出发点。马克思自己在1880年写道："在该书中还处于萌芽状态的东西，经过二十年的研究之后，变成了理论，在《资本论》中得到了发挥。"① 《哲学的贫困》还阐明了有关工人阶级运动及其策略的许多基本论点。

首先，马克思指出蒲鲁东基本方法上的缺点，蒲鲁东不懂得辩证法的真正含义，却试图将黑格尔的辩证法用于政治经济学。在蒲鲁东那里，辩证法被贬做人为地构造各种矛盾。他认为经济生产和交换的基本

---

① 《马克思恩格斯全集》第1版第19卷第248页。

事实是既定的、不可改变的,然后提出这样一个空想的观点,即可以消除其"坏"的方面而保存其"好"的方面。他认为这样就能"清除掉"资本主义制度的发展所产生的那一切有害于小生产者的后果——竞争、生产的集中、大资本特别是银行资本的统治等等。马克思强调指出,蒲鲁东"从黑格尔的辩证法那里只学得了术语"①,他实际上仍然是一个形而上学家。马克思指出,蒲鲁东采纳了黑格尔矛盾学说的唯心主义形式而抛弃了它的合理成分。

马克思把他自己对辩证法的唯物主义性质的解释,同黑格尔的唯心主义解释进行对比,划清了他自己的科学方法同黑格尔的方法之间的界线。

在《哲学的贫困》这部著作里,马克思用明确而简洁的公式表达了唯物主义历史观的本质:"社会关系和生产力密切相联。随着新生产力的获得,人们改变自己的生产方式,随着生产方式即保证自己生活的方式的改变,人们也就会改变自己的一切社会关系。手工磨产生的是封建主为首的社会,蒸汽磨产生的是工业资本家为首的社会。"② 马克思在给"生产力"这个术语下定义时指出,"生产力"不仅包括生产工具而且还包括劳动者本身,这样,他就得出了一个重要的论点"……最强大的一种生产力是革命阶级本身"③。

马克思在1845年至1846年研究政治经济学的过程中,就曾指出,李嘉图派的英国社会主义者——布雷、汤普逊等人——试图从古典政治经济学的一些基本原理,特别是从劳动价值论中,推论出一个社会主义

---

① 《马克思恩格斯全集》第1版第4卷第146页。
② 《马克思恩格斯全集》第1版第4卷第144页。
③ 《马克思恩格斯全集》第1版第4卷第197页。

制度来，这是乌托邦思想。在《哲学的贫困》里，马克思指出，蒲鲁东把资产阶级社会的经济范畴看作是建立一个新的、"公正的"社会制度的基础，这就重复从而更加重了他的这一错误。然而英国社会主义者们的目的是按照社会主义原则来彻底改造社会，而蒲鲁东与他们不同，他只是谋求挽救小私有生产者。

《哲学的贫困》描述了英国古典政治经济学最独特的方面，以表明它在经济思想发展中所起的重要作用。同时，尽管这本书对古典经济学家的批判是不全面的，但还是指出了其弱点。然而，即使在这本书里，马克思就已经把他对经济生活的研究建立在全新的、与古典经济学家根本不同的前提的基础上了。斯密、李嘉图及其他资产阶级经济学家想当然地认为资本主义经济规律是永恒的、不可改变的，而马克思与他们截然不同，他论证资产阶级生产规律具有暂时性质，正像资本主义以前的那些社会经济形态的规律是暂时的一样。他写道，必然有这样一天，资产阶级生产规律将被取而代之，因为正是这体现着资产阶级关系的制度将从地面上消失。

马克思在同蒲鲁东及资产阶级经济学家们的论战中，以新的观点来分析像价值、货币、地租这样的政治经济学范畴以及像劳动分工与机器的使用、竞争与垄断等经济现象。马克思在这本书里，也像在同时期其他著作（尤其是本卷发表的题为《工资》的手稿）里一样，还使用着从古典经济学家那里借用来的概念——"作为商品的劳动"、"劳动价值"、"劳动价格"——，但马克思赋予这些概念一种新的含义，从而揭露了隐藏在资本和雇佣劳动之间的关系中的剥削。李嘉图把劳动看作跟任何一种商品都一样的商品，而马克思则相反，他认为劳动是一种特殊的商品，购买并使用这种商品会使资本家发财致富，而这个商品的所有者即工人却每况愈下。马克思阐述了——虽然还只是一般地、初步地——资本主义积累的普遍规律。他写道，资本主义"在产生财富的那些关系中也产生贫困"①。在《哲学的贫困》一书中，马克思突出了在机器工业发展过程中产生的工业无产阶级，认定它是对资产阶级社会进行革命改造以解决其社会矛盾的真正社会力量。

马克思驳斥了蒲鲁东关于罢工和工会组织对工人无用的论点。他指出，经济斗争、罢工和工人联合对于无产阶级群众的团结和革命教育是绝对必要的。《哲学的贫困》表达了这样一个深刻的思想：无产阶级在一个有组织的运动发展过程中意识到本阶级的利益同资本主义制度的继续存在之间的根本矛盾，这种意识起着决定性作用，使无产阶级从"对资本来说已经形成一个阶级，但还不是自为的阶级"的群众转变为"自为的阶级"。②马克思在这里还系统地阐述了无产阶级革命运动的极其重要的策略原则——经济斗争和政治斗争的统一和政治斗争对无产阶级的解放的决定性作用。

在发生1848年革命以前的时期内，马克思和恩格斯作为无产阶级新闻工作者最积极地开展活动，对当时发生的所有事件，特别是带有革命性质的事件，都做出了反应。本卷包含了大量的他们在当时的工人阶级报刊上和民主派报刊上，特别是在受他们影响而成为共产主义者同盟非正式机关报的《德意志—布鲁塞尔报》上发表的文章和报道。马克思和恩格斯在这一时期为报刊撰文的主要目的是向工人阶级阐明他们在即将来临的资产阶级革命中的作用和任务，以使正在开始形成的无产阶级政党为即将到来的战斗做好准备，传播新的无产阶级革命世界观，保卫科学共产主义不受敌人的攻击。

---

① 《马克思恩格斯全集》第1版第4卷第155页。
② 《马克思恩格斯全集》第1版第4卷第196页。

恩格斯自1843年开始就一直给宪章派的《北极星报》撰稿，他经常写的文章，是关于日益成熟的德国革命形势（《德国状况》、《普鲁士宪法的破坏》等等）以及即将来临的法国革命危机（《法国的政府和反对派》、《基佐的穷途末日。法国资产阶级的现状》、《法国的改革运动》等等）的。1847年10月，恩格斯同与《改革报》有关的法国民主主义者和社会主义者建立了联系，并成为一位积极的投稿者。他给该报投寄了一系列有关英国宪章运动的文章（《宪章派土地纲领》、《宪章派为1847年选举而举行的宴会》等等），翻译并发表了宪章派较重要的文件和有关宪章派会议的报道等等，而且加有评论。他写的稿件中也有几篇文章是关于爱尔兰民族解放运动的（《英国的商业危机——宪章运动——爱尔兰》、《爱尔兰特别法和宪章派》）。同时，《德意志—布鲁塞尔报》刊登的关于瑞士、意大利、德国、奥地利和丹麦的革命事件的文章，主要是恩格斯写的（《瑞士内战》、《1847年的运动》、《三个新宪法》等等），恩格斯的《巴黎的革命》一文是对法国1848年二月事件的一个响应。

这些文章和报道的发表有助于加强欧洲各国无产者和民主派人士之间的国际联系，有助于为革命力量制订出一个共同的纲领。马克思和恩格斯在布鲁塞尔民主协会所做的工作，他们同伦敦民主派兄弟协会建立的友好往来，他们和宪章派领导人之间日益密切的联系，他们在国际性的集会和会议上的演说，都是为着上面这同一个目的——收入本卷的许多文章（例如马克思的《2月6日的〈社会辩论报〉论民主协会》和恩格斯的《纪念1830年波兰革命》），同样还有发表在附录里的文件都可以证实这一点。

本卷中许多文章都提出了马克思主义理论和无产阶级革命斗争策略的重要论点。这些文章中突出的一篇就是《〈莱茵观察家〉的共产主义》，此文的目的是反对那些封建社会主义的拥护者和他们想把特殊的社会使命寄托给普鲁士君主制度的企图。这篇文章给德国工人阶级在日益高涨的革命形势中指出一个明确的方向。

同自由反对派温和恭让的议论针锋相对，马克思提出以革命手段推翻君主专制制度，并拟定出一个革命民主改革的纲领。马克思断言，资产阶级革命的胜利，会使工人阶级较易于达到本阶级的目的。"资产阶级的统治不仅使无产阶级在反对资产阶级的斗争中得到崭新的武器，而且还给他们创造一种和过去完全不同的地位——他们已成为一种公认的力量。"①

工人阶级应积极参加资产阶级民主革命这一思想，在马克思和恩格斯同卡尔·海因岑这位德国民主主义者进行的论战中得到了进一步的发展，后者表达了整个一伙德国激进派报人对共产主义怀有的敌意。恩格斯的《共产主义者和卡尔·海因岑》和马克思的著作《道德化的批判和批判化的道德》提供了生动的范例，说明应如何回敬反共产主义并揭露它对共产主义者的诽谤。

在回答海因岑关于共产党人分裂民主派阵营的责难时，马克思和恩格斯指出，尽管共产党人的最终目标远远超过建立资产阶级的民主自由，但共产党人的最近目标还是争得民主，所以在这一斗争中，共产党人和民主派应联合起来。

我们在马克思和恩格斯为反对海因岑而写的著作中发现一篇草稿，它表达了这样的论点：工人阶级必须领导革命运动。海因岑认为在即将来临的革命中起领导作用的应是农民和城市小资产阶级，同海因岑相反，恩格斯论证说，不是农民"而是城市工业无产阶级成了现代一切民

---

① 《马克思恩格斯全集》第 1 版第 4 卷第 210 页。

主运动的先锋,而小资产者,尤其是农民,完全要靠他们来带头"①。

马克思和恩格斯把资产阶级民主革命看作只是无产阶级革命斗争中的一个中间阶段。马克思写道,无产者"能够承认而且必须承认**资产阶级革命是工人革命的前提**"②。随着民主革命的胜利,无产阶级面临着这样一个任务,即"成为权力,而且首先是革命的权力"③ 才能把反对资产阶级本身的斗争进行到底。因此,马克思和恩格斯在与海因岑的论战中就已经接近于不断革命的思想,并把工人阶级夺取政权看作是革命的下一个阶段。我们在这里看到的是初次发表关于无产阶级专政是对社会进行革命改造的工具这种思想的系统阐述。

《在道德化的批判和批判化的道德》一文中,马克思为关于经济基础和政治上层建筑之间辩证的相互关系的理论奠定了基础。他强调说,情况并不是像资产阶级和小资产阶级民主派想象的那样,政权决定财产关系,而是恰恰相反,政权本身的性质取决于历史地形成的生产关系(财产关系)和由此产生的社会阶级结构。同时,马克思又指出,政权在社会生活中是一个能动因素。在新兴阶级手里,它加速进步的发展,而在没落阶级手里,它是制动进步的一个强大力量,所以,用革命手段取代旧的政治上层建筑,是新社会制度胜利的一个必不可少的条件。

本卷发表的恩格斯的文章——《"满意的"多数派议员》、《路易·勃朗在第戎宴会上的演说》,和马克思的《驳阿·巴泰尔斯》——也像那些反对海因岑的文章一样,都表明,在反对脱离民主运动这一宗派主

---

① 参看《马克思恩格斯全集》第1版第4卷第301页,此处原译文与英文版有较大出入,现按英文版译。

② 参看《马克思恩格斯全集》第1版第4卷第347页,此处原译文与英文版有较大出入,现按英文版译。

③ 《马克思恩格斯全集》第1版第4卷第331页。

义做法并提倡与民主派联合的同时，马克思和恩格斯谋求把无产阶级政党和民主派组织之间的关系建立在原则性的基础上。他们坚决反对迁就民主派的错误和幻想。特别是恩格斯，他大声反对《改革报》派的领袖们，因为在他们的纲领上对一些问题的提法是共产党人所不能接受的。这些问题就是：他们认为法国在世界历史上起着独特的世界性作用，他们从民族主义立场出发，声称法国民主政治在国际民主运动中应占有领导地位。恩格斯写道，"各国民主主义者的团结并不排斥相互间的批评。没有这种批评就不可能达到团结。没有批评就不能互相了解，因而也就谈不到团结"。①

马克思和恩格斯对资产阶级自由贸易派的批判，是一个鲜明的例子，说明他们是如何同敌视工人阶级的思想意识作斗争的，资产阶级自由贸易派认为自由贸易可以赐福无产阶级，是包治社会百病的灵丹妙药。在有关布鲁塞尔国际经济学家会议的资料中和在马克思的《关于自由贸易的演说》中，自由贸易论和与它相对立的资产阶级的保护贸易政策的经济制度都同样受到了科学的批判，同时也明确地给予了历史的评价。在19世纪40年代的条件下，马克思认为，二者之中自由贸易制度是比较进步的。"我们赞成自由贸易，因为在实行自由贸易以后，政治经济学的全部规律及其最惊人的矛盾将在更大的范围内，在更广的区域里，在全世界的土地上发生作用；因为所有这些矛盾一旦拧在一起，互相冲突起来，就会引起一场斗争，而这场斗争的结局则将是无产阶级的解放。"②

马克思和恩格斯极其重视民族解放运动。他们认识到被压迫民族的

---

① 《马克思恩格斯全集》第1版第4卷第423页。
② 《马克思恩格斯全集》第1版第4卷第295—296页。

解放斗争在即将来临的资产阶级民主革命中的重要性，所以在他们写的文章《奥地利末日的开端》和《致〈改良报〉》里，以及他们在纪念1830年和1846年波兰起义的群众大会上的演说里，他们力求使工人阶级对民族问题采取一个经过全面论证过的立场。马克思和恩格斯强调无产阶级必须全力支持被压迫民族的民族解放运动，并极力主张无产阶级的团体同民族运动中的革命民主派联合起来。他们认为，民族解放运动成功的保证是把民族解放斗争同在国内要求深入的革命民主改革结合起来。

恩格斯写道："任何民族当它还在压迫别的民族时，不能成为自由的民族。"① 他和马克思着重指出，民族问题只有在无产阶级取得对资产阶级的胜利以后，才能最终地得到解决，因为资产阶级的统治必然要导致民族对抗和殖民压迫的激化。马克思和恩格斯断言，无产阶级革命是"一切被压迫民族获得解放的信号"②。

马克思和恩格斯在他们的文章和报道中所做出的判断和结论，有些仍然是初步性质的而且有时是片面的；这些判断和结论反映着马克思主义思想当时所达到的水平，后来根据新的历史经验并经过对问题进行更深入而全面的研究，这些判断和结论得到了补充或阐明。例如，同我们在《共产主义者和卡尔·海因岑》一文里所看到的相比较，马克思和恩格斯在他们的后期著作里，对中世纪农民运动的作用就做了不同的肯定性的解释。他们对14和15世纪瑞士人反对奥地利统治的斗争和1846—1848年美国对墨西哥进行的战争的性质和结局等等，也作出了很不同的评价。

---

① 《马克思恩格斯全集》第1版第4卷第410页。
② 《马克思恩格斯全集》第1版第4卷第410页。

本卷中的材料向我们表明，马克思和恩格斯作为共产主义者同盟的组织者和领导者是怎样工作的，尤其是使我们能够探索出他们制定同盟纲领和组织原则的各个阶段。

本卷载有恩格斯为共产主义者同盟第一次代表大会（1847年6月）所写的《〈共产主义信条〉草案》，恩格斯的《共产主义原理》手稿（1847年10月），还有马克思、恩格斯受1847年11月末至12月初召开的第二次代表大会委托而写的《共产党宣言》。本卷的附录载有马克思和恩格斯曾参与编辑的《共产主义者同盟章程》的两个版本，还载有同盟的其他一些在某种程度上有他们参与撰写的文件。

1968年才发现的《〈共产主义信条〉草案》（即所谓《信条》），是工人阶级运动的马克思主义纲领的第一个版本。它规定了共产党人的目的，并把无产阶级描绘成一个注定将带来社会主义革命的阶级。恩格斯指出，对社会进行共产主义改造取决于历史条件和历史规律，他制订了这一改造的途径，还指出了工人阶级在夺得政权以后在资本主义到共产主义新制度过渡时期条件下的任务。这个文件，在关于未来社会中如何消除民族差别和克服宗教偏见方面，表述了一些深刻的思想。

在更广泛更全面的理论基础上写出的《共产主义原理》这一纲领性文件，事实上是《共产党宣言》的原始草稿。恩格斯对以前所作的论述进行了检验，使论据更深刻，提出了许多《〈共产主义信条〉草案》中所没有的观点，对该文件的许多提法做了重大的修改（如关于过渡时期的描述）。恩格斯还把共产主义下定义为无产阶级解放的理论，指出了工人阶级运动兴起和发展的历史前提，并系统地阐述了工人阶级运动的目的。他写道，无产阶级革命的目的"绝对必需的……就是建立一个全新的社会组织，在这个新的社会组织里，工业生产将不是由相互竞争的厂主来领导，而是由整个社会按照确定的计划和社会全体成员的需要来领导"。①

在《共产主义原理》中对废除资本主义私有制的可能有哪些途径这一问题的回答，要比《〈共产主义信条〉草案》中写得更明确得多。同鼓吹和平改良者（卡贝、蒲鲁东和"真正的社会主义者"）以及那些认为由一群经过挑选的革命者进行阴谋活动就能建立起共产主义的布朗基主义者相反，恩格斯论证了必须来一次由劳动群众进行的深刻的无产阶级革命，这是一场在当时具备的历史条件下只有用暴力才能实现的革命。同时，恩格斯强调指出，如果在任何地方或在任何发展阶段，出现了用和平手段就可完成对私有制的革命废除的真正可能性，"共产主义者也会是最不反对这种办法的人"。②

《共产主义原理》提到了共产主义革命是否能在一国胜利的问题。在回答这一问题的时候，恩格斯发展了在《德意志意识形态》中已经阐述过的关于革命的概念。他指出，无产阶级革命不可能在单独一个国家里获得胜利，但是它必然大致同时地在发达的资本主义各国发生。"它是世界性的革命，所以将有世界性的活动场所。"③ 这些关于即将来临的革命过程的看法是与当时资本主义发展所达到的水平相一致的。但在随后的历史时期里，由于过渡到了帝国主义，这就使得资本主义各国在发展上更为悬殊。列宁赞同马克思和恩格斯在世界共产主义革命理论上的总的基本看法，但他得出一个根本不同的结论，即社会主义能首先在几个甚至在单独一个资本主义国家获得胜利。

恩格斯对共产主义社会的描述在《共产主义原理》中显得很突出。

---

① 《马克思恩格斯全集》第1版第4卷第364页。
② 《马克思恩格斯全集》第1版第4卷第366页。
③ 《马克思恩格斯全集》第1版第4卷第369页。

他以发人深思的科学预见使人清楚地了解未来社会制度的许多重要方面，以及随之而来的在生产与消费、社会关系与社会意识方面将会发生的变化。

马克思和恩格斯在1848年革命前创造性著作的顶点是《共产党宣言》这个国际无产阶级运动的第一个纲领性文件。《共产党宣言》是第一个以全面而系统的形式阐述马克思主义世界观基本原理的文件，这种形式反映出马克思学说的所有组成部分在本质上的统一性。关于《宣言》，列宁写道，"这部著作以天才的透彻而鲜明的语言描述了新的世界观，即把社会生活领域也包括在内的彻底的唯物主义、作为最全面最深刻的发展学说的辩证法、以及关于阶级斗争和共产主义新社会创造者无产阶级肩负的世界历史性的革命使命的理论"。①

《共产党宣言》宣告了科学的证明，即资本主义的必定崩溃和无产阶级革命的必定胜利，从而武装了无产阶级。《宣言》说，"可是，资产阶级不仅锻造了置自身于死地的武器；同时它还造就了将运用这武器来反对它自己的人——现代的工人，即**无产者**。"② 马克思和恩格斯在论证了阶级斗争在历史上的作用之后，接着论证道，无产阶级是历史上一切阶级中最革命的阶级，它的世界历史作用就是为整个劳苦人类完成一项解放的使命——使社会永远摆脱一切压迫和剥削。

《宣言》的基础是无产阶级专政的思想，也就是无产阶级政府的思想，无产阶级政府按其本质来说是民主的，它代表大多数人的利益并依靠他们的支持。尽管马克思和恩格斯还没有使用"无产阶级专政"这一术语，但他们指出，为了消灭剥削阶级，为了从总体上消除阶级存在

---

① 《列宁全集》第2版第26卷第50页。
② 《马克思恩格斯全集》第1版第4卷第472页。

的条件，为了确保无阶级社会的社会关系的最后胜利，多么需要建立无产阶级的国家。

《宣言》更详尽地描绘并预示了《共产主义原理》中概述过的未来共产主义制度的特征——消灭一切人剥削人的现象、战争、社会压迫和民族压迫，以及殖民奴役；物质生产迅速增长，为充分而全面地满足所有社会成员物质和精神需要而大力发展生产力；消除脑力劳动和体力劳动之间、城市和乡村之间的对立；个人享有真正的自由，妇女获得平等，个人利益同社会利益相一致。马克思和恩格斯强调指出，共产主义不可能一蹴而就，它只有通过把旧社会逐步改造为新社会才能建成，所以无产阶级国家必须采取许多措施，为这一改造准备基础。而他们在提出一项实行这些措施的纲领时，并不认为这些措施就是固步自封的；建立新社会应具的特定条件必然导致这些措施要有所修改。

《宣言》奠定了无产阶级政党是工人阶级的领导者和组织者这一马克思主义观念，并概述了党的策略的基本要点。马克思和恩格斯强调指出，无产阶级要夺取政权并对社会进行社会主义改造，建立这样一个政党是绝对必要的。无产阶级政党要完成它作为无产阶级先锋队的任务，就必须能使无产阶级运动的最近目标服从于它的最终目标，坚持无产阶级的民族任务同国际任务的统一，支持任何革命的或进步的倾向。

《共产党宣言》中一个极其重要的部分就是对那些与工人阶级科学世界观不相容的冒牌社会主义的倾向的考察——封建的社会主义、基督教的社会主义、小资产阶级的社会主义、资产阶级的社会主义。马克思和恩格斯在揭示这些倾向在资产阶级社会中的阶级根源时，指导工人阶级及其政党怎样去识别那些可能使工人阶级背离正确道路的各种社会主义理论的反革命方向，怎样去同这些社会主义理论作斗争并战胜它们。但是，他们在分析伟大的空想社会主义者的学说时，既指出了它合理的一面及其缺点即反科学的一面，又告诫人们不要对社会主义的思想遗产做出宗派主义和教条主义的解释。

《宣言》断言共产主义运动必然始终是国际性的，并强调指出，各个不同国家的无产者在观点上和行动上取得一致是非常重要的，国际无产阶级的团结是重要的。马克思和恩格斯在"全世界无产者，联合起来"这个伟大口号中表达了这样的思想，即不论在他们所处的时代，还是在未来的时代，全世界无产者的阶级利益和目标都是一致的，无产阶级的国际主义是国际共产主义运动的原则。

《共产党宣言》的出版（1848年2月）标志着马克思主义形成为一个完整的革命世界观的过程已基本完成。

在本卷标题为"准备材料"的那一部分里，除其他一些文件之外，读者可以看到《宣言》第三节的计划草稿和现今仅存的一页《宣言》的最初手稿。这些材料首次用英文发表，它们可以说明马克思是怎样为这一著作的结构和正文进行写作的。

在附录里，除前面提到过的有关马克思和恩格斯在共产主义者同盟和布鲁塞尔民主协会的活动的文献之外，还载有关于他们在伦敦和布鲁塞尔的国际性的集会和会议上演说的报道以及一些传记性文件，其中包括能证明警察当局如何迫害马克思和其他德国革命者的报纸。

马克思和恩格斯在 1848—1849 年革命年代进行的理论研究和革命活动
——《马克思恩格斯全集》英文版第 7 卷说明[*]

《马克思恩格斯全集》第 7 卷收集了他们在 1848 年 3 月至 11 月这一时期的著作。马克思和恩格斯在 1848 年和 1849 年革命年代中的著作共分三卷（第 7 卷至第 9 卷），本卷是其中的一卷。

这个时期发生的一系列革命主要是由于当时在欧洲相当大的地区依然普遍存在着封建主义和专制主义的危机。新兴的资产阶级社会需要肃清封建的残余，消灭封建时代遗留的影响，如德国和意大利的政治上的四分五裂，以及波兰人、匈牙利人和力求独立的其他一些欧洲国家所遭受的民族压迫等等。

在法国，1789—1794 年的革命已经扫除了封建主义。但是，当资产阶级的最上层即金融贵族巧取豪夺的统治和它享有的政治垄断权开始阻碍资本主义的进一步发展时，另一场资产阶级革命就不可避免了。

和过去的资产阶级革命不同，1848 年和 1849 年的革命是在社会的基本矛盾已经在资产阶级社会内部发展而无产阶级已经登上政治舞台的时候发生的。无产阶级和资产阶级之间日趋加深的冲突——这一冲突在法国变得特别尖锐，在当时最先进的资本主义国家英国也是如此——给

---

[*] 本文选自《马克思恩格斯研究》1995 年总第 23 期。

这个时期的革命事变留下了深刻的标志，影响了它们的进程，决定了它们的特性。

在这些年代中，马克思和恩格斯阐明了他们的革命理论和革命实践的有机统一。他们绝非仅仅是超然物外的旁观者，而是非常积极而实干地亲自参与了革命活动的。他们表现出了作为具有献身精神的革命作家、小册子编撰者以及组织和领导民主运动和无产阶级运动并率领工人阶级先锋队的真正人民领袖应有的品质。

1848—1849年的革命对于作为工人阶级的科学世界观和作为政治运动的马克思主义来说确实是第一次严峻的实际考验。在形势瞬息万变，各阶级力量界限分明，群众的革命活动蓬勃兴起的革命时期，永远是考验党的学说和思想体系的时代。对马克思主义来说，1848—1849年的这个考验表明它的理论原理和策略原则具有坚固的基础和顽强的生命力。同样，这次考验也揭露了小资产阶级空想社会主义的宗派主义和教条主义面目，揭露了资产阶级和小资产阶级民主派中许多人在理论上和策略上的弱点。

1848年以前，马克思主义的首要问题是创立它总的理论基础，即马克思主义哲学，制定出它的辩证唯物主义的方法来分析社会现象。但是，当前的一些政治战略问题迫切需要加以解决。而马克思和恩格斯通过清楚地揭示在革命年代活跃在轰轰烈烈的事变中的各种阶级力量，是能够准确地阐明这些事变的内在性质，并且在许多情况下，是能够预言这些事变的进一步发展及其后果的。他们提出的政治纲领在革命的各个不同阶段反映了社会变革的基本要求。这是一个通过坚决的彻底的资产阶级民主革命为社会的进一步发展准备条件的纲领。

马克思和恩格斯在1848—1849年对当时的事变进行了分析，从群众特别是无产阶级的阶级斗争的实际经验中得出了许多新的结论和一般原则，从而永久地丰富了革命理论。列宁后来曾强调指出："马克思和恩格斯参加 1848—1849 年的群众革命斗争的时期……他们从这一中心点出发来判定各国的工人运动和民主运动的成败。他们为了最明白最清楚地判定各个不同阶级的内在本性及其倾向也总是回过头来研究这一中心点。"①

本卷开头第一篇是马克思和恩格斯以共产主义者同盟中央委员会名义起草的《共产党在德国的要求》。它提出了无产阶级在以 1848 年 3 月普鲁士和其他德国各邦的起义为开端的德国革命中的具体政治目标，因而像一条线贯穿全篇的是无产阶级的阶级利益和民族利益密不可分的思想。第一项要求就是建立一个统一的、不可分割的德意志共和国。马克思和恩格斯认为，消灭德国在经济和政治上的四分五裂（当时它分为三十多个大大小小的邦），并建立一个统一的民主的德国，是德国进一步发展所必需的先决条件。当时，同这个要求紧密相联的是另七个要求，即废除封建压迫，使农民摆脱一切封建徭役和消灭贵族统治的整个经济基础。《要求》的详尽纲领保障国家的全部经济和政治制度的民主化——建立真正民主的和代议制的立法议会，实行普选制，进行根本的司法改革，实施普遍的公费教育，以及武装全体人民，作为保卫他们民主权利的有效手段。

马克思和恩格斯期望德国无产阶级、城市下中产阶级和小农日益高涨的不屈不挠的斗争所推动起来的革命浪潮更加汹涌澎湃。他们认为德国无产阶级、城市下中产阶级和小农是能够把资产阶级民主革命成功地进行到底的社会力量。这个观点是正在形成中的马克思主义关于不断革命学说的一个十分重要的组成部分。在这个学说看来，革命的起点是扫

---

① 《列宁全集》第 2 版第 16 卷第 20 页。

除一切封建主义残余，而它的目的则是实现为工人阶级和一切被压迫人民的利益推翻资本主义制度。他们认为，成功的资产阶级民主革命是无产阶级革命的序幕。因而，他们在《要求》中拟定了一系列过渡措施，如：把封建领地变为国家财产，并在这些没收来的土地上组织大规模的农业生产，把矿山和一切运输工具收归国有，保证所有工人都有工可做和国家供养丧失劳动能力的人。

由此可见，《共产党在德国的要求》已经把《共产党宣言》刚刚宣布的一般论点体现在适合于一国特殊情况，而且是1848—1849年德国革命的特殊情况的具体条款上。

本卷的大部分文章是马克思和恩格斯回到德国后所写的，发表在1848年6月1日至11月7日《新莱茵报》上。这些文章不仅记载和说明了事变，而且影响了事变。它们反映了马克思和恩格斯直接参加革命斗争的情形，反映了它们在德国革命和欧洲革命中所运用的策略。

《新莱茵报》是民主派的机关报，但是，正如恩格斯所写的，"这个民主派到处，在各个具体场合，都强调了自己的特殊的无产阶级性质"①。报纸的这个方针是由德国革命的历史特点即阶级力量的实际组合决定的，由于德国无产阶级的发展水平，它的软弱性和缺乏组织，不可能立即建立一个群众性的无产阶级政党。分散在全国的二三百个共产主义者同盟盟员对于广大人民群众产生不了任何重大的影响。因此，马克思和恩格斯决定站在民主运动的极左翼一边。

《新莱茵报》虽然举的是民主主义的旗帜，但它并不是特定的民主派组织的正式机关报。从革命的最初几天起，马克思和恩格斯就不断批评德国民主派的缺点和错误，他们的不坚定性和动摇性，以及好走极端

---

① 《马克思恩格斯全集》第1版第21卷第19页。

和搞"革命冒险"活动。即使在从巴黎回国以前,他们也强烈反对过海尔维格、伯恩施太德和其他小资产阶级民主派制定的以志愿军团拥入德国以发动一场共和主义的起义计划。本卷发表的文件(例如,《给〈人民报〉主编埃蒂耶纳·卡贝的信》和《致巴黎的德意志民主协会委员会》)揭露了这个计划的真正本质。作为一个原则问题,马克思和恩格斯完全否定这种"输出革命"的冒险和阴谋计划。他们在总的民主运动中始终坚持无产阶级的观点。因此他们竭力吸引小资产阶级民主派参加真正的革命群众斗争,并促使他们采取更加坚定不移的方针。同时他们还使他们的拥护者重视组织工人联合会,注意对无产阶级进行政治教育,这些都是建立工人的群众性政党不可缺少的先决条件。

马克思和恩格斯捍卫他们的路线,尤其反对哥特沙克及其拥护者的宗派主义观点。这些人根本不懂无产阶级在资产阶级民主革命中所面临的任务,因而宣布反对工人参加一般民主运动。他们反对为了要求政治民主而进行斗争,反对同民主派联合行动。马克思和与他具有相同观点的人同哥特沙克之间争论的起因反映在《共产主义者同盟科伦支部会议记录》①中。马克思和恩格斯还驳斥了斯蒂凡·波尔恩的策略,因为他要限制工人阶级的斗争,把斗争严格规定为只求达到职业上的经济目的,而这实际上就会使无产阶级背离德国人民面临的政治上的总任务。他们虽然没有公开批评波尔恩的机会主义,因为他为团结各工人联合会所作的努力有助于加强无产阶级的力量,但是他们坚决反对把波尔恩的纲领和策略同《新莱茵报》所遵循的方针等同起来的任何企图(参看《都灵的〈协和报〉》)。

以马克思为首的《新莱茵报》编辑部成了战斗的无产阶级的真正

---

① 《马克思恩格斯全集》第 1 版第 5 卷第 577 页。

司令部。它实际上是共产主义者同盟的领导中心，领导着革命时期全德国盟员的政治活动。《新莱茵报》的革命宣传，它对反革命力量及其唆使者的揭露和对民主要求的捍卫，使它的编辑们在德国民主团体内和在国外赢得了巨大的威望，被看作为人民利益而英勇斗争的战士。恩格斯后来写道："在整个德国，人们都因为我们在普鲁士的头等堡垒里敢于面对着八千驻军和岗哨做出这一切事情而感到惊讶。"①

《新莱茵报》反对法庭、警察当局和军队的横行霸道，反对杀害革命运动的参加者，反对种种钳制新闻言论的企图（参看《许泽尔》、《逮捕》、《驱逐沙佩尔的企图》、《国家检查官"黑克尔"和〈新莱茵报〉》等文章），它的这一立场得到了广泛的支持。报纸之所以广受欢迎，在很大程度上应归功于它的出色的新闻报道，它的战斗性，它的严谨语言，以及广泛运用政治揭露和利用犀利的讽刺打击革命的敌人。

《新莱茵报》不仅传播了革命思想，而且促进了群众组织工作，帮助他们增长勇气、毅力，从而为采取果敢行动做好准备。《新莱茵报》的编辑们以自己在莱茵地区工人组织和民主派组织（如科隆工人联合会和科隆民主协会）中的实际活动亲自树立了榜样，他们利用报纸和通过个人接触坚持不懈地努力向德国无产阶级运动和民主运动施加革命影响，这一切对于把人民团结在革命旗帜下也起了很大的作用。

《新莱茵报》所作的评论不仅涉及德国革命运动的极其重要的问题，而且涉及欧洲革命运动的极其重要的问题。马克思和恩格斯在他们的文章中试图分析革命时代社会发展的一切重要方面。他们从广阔的历史来审视革命，把它看作整个世界历史的一个阶段，因此他们懂得，广泛分散在各处的事变正如一条锁链上的各个环节是互相联系的。

---

① 《马克思恩格斯全集》第 1 版第 21 卷第 25 页。

《新莱茵报》曾支持过许多国家的革命活动，所以被公正地认为不仅是德国民主派的而且是欧洲民主派的革命机关报。它是第一个表达欧洲无产阶级的阶级利益并阐述国际无产阶级解放斗争的民主和社会主义目标的、有影响的、广受欢迎的报纸。无怪乎当时欧洲劳工运动的进步领袖都对该报坚定的革命倾向表示钦佩。例如，1848年6月24日宪章派的《北极星报》写道："宣布自己为'民主派机关报'的《新莱茵报》……表现出非凡的才能和异常的勇敢，我们为它欢呼，它是向形形色色的暴政和不法行为进行大讨伐中的一个可敬的、能干的和勇敢的同志"。

《新莱茵报》的无产阶级和国际主义立场在1848年6月巴黎工人起义中表现得特别明显。它是德国，而且实际上是整个欧洲的唯一一家从一开始就坚定地站在起义者方面的报纸，它无畏地支持它们，驳斥统治阶级及其报刊对他们的肆意诽谤谩骂。恩格斯为六月起义专门写了一系列文章和短评，马克思也写了一篇非常有力的文章《六月革命》。这些文章是在事变还在进行中或者事变过后紧接着写的，充满了战斗的精神，同时对起义的原因及其历史意义作了深刻的分析。

在《六月革命》一文中，马克思指出了这次起义和过去一切革命之间的根本区别。这次起义是针对剥削制度本身，是资产阶级社会固有的深刻的阶级矛盾的最初的严重表现，"是最可怕的国内战争——劳动与资本间的战争"。① 马克思阐明了这次起义是2月22日至24日巴黎工人和手工业者推翻七月王朝，建立资产阶级共和国以后法国发展的必然结果；它是无产阶级群众对资产阶级侵犯他们权利的回答。正如马克思所指明的，六月事件打破了关于资产阶级社会充满博爱与和谐的幻想。

---

① 《马克思恩格斯全集》第1版第5卷第154页。

六月事件暴露了资本家阶级和无产阶级之间存在不可调和的矛盾，并且证明了解放工人的唯一道路就是用革命推翻资本主义。这一点正是六月起义的世界历史意义之所在，尽管工人在起义中遭到了严重的失败。

恩格斯在《6月23日事件的详情》、《6月23日》《6月24日》、《6月25日》、《〈科隆日报〉论六月革命》和《六月革命（巴黎起义的经过）》等文章中探讨了六月事件的军事问题。这些文章把六月起义描述成"无产阶级第一次决战"①，并且还论述了关于当时条件下街垒战斗的性质、意义和方法的许多重要看法。这些文章为马克思主义关于武装起义的理论奠定了基础。恩格斯不仅赞赏街垒战士的英雄主义和无私精神，而且还赞赏巴黎工人掌握必要的实际军事技术和知识的能力。他写道："令人吃惊的是：工人竟那样迅速地掌握了军事行动的计划，那样有计划地互相支援，那样巧妙地利用极为复杂的地形条件。"②

马克思和恩格斯一开始就意识到巴黎六月起义是欧洲的一个重大事件，并且认为它是欧洲革命的一个转折点。他们指出，起义者的胜利将根本改变力量的均势，有利于各国的革命。而另一方面，他们的失败也会助长各地反革命分子的气焰。法国资产阶级由于镇压起义，实际上是和欧洲的正在重新抬头的封建和专制主义反动派站在一条战线上。

1848年6月以后，马克思和恩格斯继续密切注意法国的事变，并在《新莱茵报》上进行讨论（《蒲鲁东反对梯也尔的几次演说》、《巴黎〈改革报〉论法国状况》及其他文章）。他们关于法国的文章说明，他们仍然期望出现新的革命高潮，在这个高潮中，法国无产阶级应当起主导作用。马克思和恩格斯强调指出欧洲各国的革命是相互联系和相互依

---

① 《马克思恩格斯全集》第1版第5卷第152页。
② 《马克思恩格斯全集》第1版第5卷第169—170页。

存的。所以他们认为：法国工人的胜利将具有决定性的重要意义，因为它将是推动欧洲其他国家的人民革命斗争的新的强大的动力。他们希望这个胜利将使德国的资产阶级民主革命更易于进行到底，从而为整个欧洲的无产阶级革命铺平道路。

恩格斯后来写道，他们当时所以预期在不远的将来将爆发一场无产阶级革命，在某种程度上是由于他们过高地估计了欧洲的经济发展水平，而且过高地估计了无产阶级已经具有的组织程度和阶级觉悟程度。但是，无论是革命的主观条件还是客观条件在当时都还没有成熟到足以消灭资本主义生产方式的程度。

然而，《新莱茵报》的注意力总是集中在德国，集中在德国各邦的革命发展进程以及德国革命运动的动力和前景上。

马克思和恩格斯在分析1848年德国三月革命的直接后果时强调指出，革命没有进行到底（例如《柏林关于革命的辩论》、《关于雅科比提案的辩论》、《斯图加特和海德堡俱乐部被封》等文章）。虽然3月13日在维也纳，3月18日和19日在柏林，以及在德国其他各邦，人民迫使君主作出了许多让步（他们答应立宪，召开国民议会并组成自由主义或半自由主义政府），但是他们没有取得对封建制度的决定性胜利。整个政治结构，整个行政机构和警察机关仍然原封未动。《新莱茵报》在强调指出决战尚未获胜时这样写道："……**巴士底狱还没有攻下来**"。①

在马克思主义的创始人看来，德国革命不彻底的原因在于自由资产阶级取得政权后执行的政策。被群众的决心，特别是被法国无产阶级革命的行动挫伤了的德国资产阶级出卖了人民的利益。"一开始就反对革命的大资产阶级由于害怕人民，害怕工人和民主的资产阶级，同反动派

---

① 《马克思恩格斯全集》第1版第5卷第92页。

订立了攻守同盟。"① 在论述普鲁士国民议会的辩论和分析康普豪森—汉泽曼内阁及1848年7月继任的奥尔斯瓦特—汉泽曼内阁的政策的文章中,马克思和恩格斯坚决反对"妥协论",这个理论是普鲁士自由资产阶级的领袖们提出来为他们和封建君主势力的妥协辩护的(主要参看《办事内阁》、《危机和反革命》)。

马克思和恩格斯清楚地预见到,三月起义以后,有可能出现两条对立的路线。一条是为了广大人民群众的利益要把革命继续推向前进的路线,就像1789—1794年法国革命那样,彻底废除一切封建制度和君主制度,消灭一切封建主义残余,首先是农业中的封建主义残余。另一条是德国自由派所执行的路线,就是要抑制革命运动,同封建贵族言归于好。《新莱茵报》警告说,第二条道路将不可避免地导致君主制的反革命,导致三月革命前事态的部分或全面地复辟。

马克思和恩格斯为解决德国革命面临的主要任务——国家的民族统一——进行了不倦的斗争。他们在一系列文章(例如:《法兰克福激进民主党和法兰克福左派的纲领》、《〈阅报室〉报论莱茵省》)中表示反对德国自由派策划的要把德国统一在普鲁士或奥地利霸权之下的计划,同样地反对按瑞士路线建立联邦国家这一在民主人士中获得了广泛支持的计划。马克思和恩格斯指出,只有建立一个真正统一和真正民主的国家,才能彻底消除德国在经济上的分离状态和政治上的四分五裂,以及中世纪的排他主义和地方孤立的残余。他们认为,这种在真正民主基础上实现的集中将为切实加强德国无产阶级以及受到分裂主义倾向和狭隘的地方偏见严重干扰的德国革命运动创造有利条件。他们主张"从下面"来统一德国,即通过人民对德意志联邦各邦,首先是对普鲁士和奥

---

① 《马克思恩格斯全集》第1版第5卷第73页。

地利的腐朽的专制制度进行革命冲击来实现统一。恩格斯写道:"不仅在口头上,而且在行动上德国应当成为一个统一的国家。为此,首先必须使'无论是奥地利或普鲁士'都不再继续存在。"①

马克思和恩格斯指出,德国的统一是一个欧洲问题,它只能在欧洲各国的革命力量起来向国内外反动势力,并且首先是向英国的反革命统治者以及俄国沙皇统治这个当时欧洲的主要宪兵进行斗争的过程中实现。

他们正是从这个革命观点出发来看待什列斯维希-霍尔施坦问题的。根据《新莱茵报》的说法,由丹麦国王统治并且主要为德国人居住的什列斯维希公国和霍尔施坦公国的民族解放运动已经成了争取把德国统一为一个民主国家的斗争的一部分。按照事物的必然联系卷入了德意志联邦对丹麦进行的什列斯维希-霍尔施坦战争的普鲁士政府,力图同丹麦政府取得和解;普鲁士政府准备牺牲德国的民族利益,不仅是对支持丹麦君主的英国和俄国所施加的压力的反应,而且是因为它想使普鲁士军队从战争中解脱出来,以便能够用他们来对付普鲁士本土上的人民群众。普鲁士政府勾结普鲁士和德国的自由资产阶级推行的这个叛卖政策,受到了马克思和恩格斯的无情揭露。他们认为这个政策是对反革命强国的致命的让步,是德国统一的绊脚石。恩格斯在《丹麦和普鲁士的休战》一文中写道,"普鲁士、英国和俄国这3个强国最害怕德国的革命和革命的最直接的结果——德国的统一。普鲁士怕德国统一以后自己不能再存在,英国怕因此不能再剥削德国的市场,俄国怕因此民主制不仅会推广到维斯拉河,甚至会推广到德维纳河和德涅泊河。所以普鲁士、英国和俄国共同密谋反对什列斯维希-霍尔施坦,反对德国和反

---

① 《马克思恩格斯全集》第1版第5卷第443页。

对革命。"①

马克思和恩格斯认为，反对沙皇统治和欧洲其他反动势力的革命战争不仅是保卫革命的手段，而且是使革命进一步发展的条件。他们论证说，在这样一场战争的过程中，人民对国内反革命势力的反抗必然也会发展。而革命爆发的先决条件甚至在那些人民的不满情绪还没有发展为公开的革命行动的国家里也会产生出来。马克思和恩格斯在德国获悉的以及发表在《新莱茵报》上（见《俄国的照会》）的有关俄国国内局势动荡不定的消息——许多地区发生骚乱，圣·彼得堡等地的不满情绪日益增长——证明完全有理由指望，如果发生这样一场战争，革命甚至可能在沙俄帝国爆发。

马克思和恩格斯认为政权是一切革命的根本问题。他们在《新莱茵报》上坚定不移地支持人民当权和建立人民民主政府的思想，认为这是巩固革命群众的胜利和完成革命运动所面临的任务的必不可少的条件。这些思想贯穿在《法兰克福议会》（他们最早发表于《新莱茵报》的文章之一）一文中。以后，他们不断回过头来研究人民当权的思想，并在革命斗争经验的基础上，在德国革命的每一个阶段——在6月14日柏林人民的行动引起的普鲁士政治危机的日子里，在9月反革命势力和民主势力斗争日益激烈的时候，在维也纳十月起义和后来发生的事变中——进一步发展了这个思想，并使之更加具体。

革命最初几个月的经验使马克思和恩格斯确信，必须废除一切旧的行政、军事和司法当局，彻底清洗全部政府机构，消灭在普鲁士特别强大的官僚政治（见《7月4日的妥协会议》和其他文章）。他们认为，人民当权的最重要的保证就是把奋起反抗反革命军队的人民武装起来

---

① 《马克思恩格斯全集》第1版第5卷第467页。

（《6月17日妥协会议》、《市民自卫团法案》等文章）。

马克思和恩格斯认为，群众的革命斗争是将革命进行到底的决定性因素，他们大力支持一切参加革命斗争的人们，例如，1848年5月为迫使统治集团作出新的让步而再次进行街垒战的维也纳工人，1848年6月直捣军火库，夺取武器来打击反革命阴谋家的柏林工人以及1848年9月起来反对法兰克福议会批准与丹麦签定可耻的休战协定的美因河畔法兰克福的起义者。

另一方面，马克思和恩格斯一再着重指出，为时过早和准备不足的起义只会归于失败，从而使反革命势力更加猖獗。例如，他们在《科隆在危急中》和《科隆革命》这两篇文章中，力劝科隆工人不要理睬普鲁士政府的挑衅，而要保存自己的力量以备决战。马克思、恩格斯和他们在科隆的战友们进行的艰巨的解释工作，确实使莱茵省的民主运动在九月危机的日子里没有受到摧残。

《新莱茵报》的编辑们认为，来自下面的革命行动必须有革命创建的代议机关的强有力的政策相配合，这种代议机关应该代表人民行使制宪议会职能。马克思和恩格斯为建立民主的代议机关而斗争，这些机关应该反映群众的意念，与群众有密切的联系，并且依靠他们的支持。他们强调指出，人民选出的议员应对人民负责，并实现人民的意愿，他们坚持革命的人民有权对选出的议会施加压力，要求议会作出有效的革命决议并采取措施加以实现（《柏林的辩论自由》等文章）。

在许多论述德国国民议会和一系列专门论述普鲁士国民议会的辩论的文章中，马克思和恩格斯尖锐地批评了自由多数派的行为。因为一切严厉措施都被自由派、法兰克福议会和柏林议会破坏了，它们不依靠群众，从未掌握真正的权力，只是进行无谓的舌战，从而成了十足可怜的、有名无实的代议制议会。形成议会中左翼的那些代表民主资产阶级和小资产阶级的议员，也未能显示出足以胜任的能力。马克思和恩格斯经常谴责议会的"左翼"领袖和民主派组织领袖的优柔寡断和拒绝公开站在人民的一边（参看马克思的文章《民主主义者代表大会告德国人民书》）。他们强调指出了许多左翼政治家依然怀有的立宪幻想和他们不要革命群众支持仅仅依靠议会来实现激进措施的妄想的有害影响。

在九月的日子里，马克思和恩格斯确信柏林议会和法兰克福议会的调和政策只会导致对反革命越来越大的让步，所以提出了人民革命专政的口号来表达革命时期人民当权的思想。马克思在《危机和反革命》一文中写道："在革命之后，任何临时性的国家机构都需要专政，并且需要强有力的专政。"①《新莱茵报》的编辑们认为，这个专政构成真正由人民行使的权力；这个权力就其本质而论，是民主的，同时也是无畏的和有力的，它能够粉碎一切反革命阴谋，消灭君主制和封建土地所有制，保证资产阶级民主革命获得彻底的胜利。马克思和恩格斯坚决反对把革命权力解释成一小撮人的专断独裁的宗派观点，这一点从1848年8月4日马克思在科隆民主协会会议上所作的驳斥魏特林的演说中可以清楚地看出。

马克思和恩格斯认为，农民群众参加革命斗争是扩大和巩固民主阵线的一个最重要的条件。他们认为，应该使德国各地发生的农民的自发行动变成有组织有目的的行动。马克思和恩格斯在《帕托夫赎买法案建议书》、《关于现行赎买法案的辩论》等文章中，提出了《新莱茵报》的土地纲领。他们号召农民起来为立即彻底地和无偿地废除一切封建徭役而斗争。他们强烈谴责普鲁士自由资产阶级，它出卖这些农民，"出

---

① 《马克思恩格斯全集》第1版第5卷第475页。

卖自己的**天然的同盟者**，可是……没有农民，它就无力反对贵族"①，因为它害怕废除封建所有制会打击资产阶级所有制。马克思和恩格斯作为无产阶级这个坚定的革命阶级的代言人，是使人可信的反封建农民运动的斗士，因为他们认为，反封建农民运动是资产阶级民主革命的主要动力之一。

马克思和恩格斯认为，被压迫民族的解放斗争，也是完全和这个革命有联系的。他们热情地欢呼波兰人、捷克人、匈牙利人和意大利人的民族解放运动的高涨，认为他们是反对封建专制主义反革命的斗争中的同盟者。

在《德国的对外政策》、《德国的对外政策和布拉格最近发生的事件》等文章中，马克思和恩格斯坚持各民族的真正自由和友爱的思想，再次斥责德国资产阶级继续实行霍亨索伦王朝和哈布斯堡王朝压迫其他民族的政策。恩格斯写道："革命的德国本来应该抛弃自己过去的一切，特别是对于邻国的人民。它本来应该在自己获得自由的同时，也让一向受它压迫的人民获得自由。"② 马克思和恩格斯认为，德国人民只有支持被压迫民族的解放运动，才能成为一个自由民主的民族。"德国将来自由的程度要看它给予毗邻民族的自由的多少而定。"③

马克思主义的创始人坚定不移地为恢复独立的波兰而斗争，他们力促德国民主派同不仅为民族的复兴和解放，而且为波兰的彻底的民主改组进行斗争的波兰运动的革命派结成联盟。恩格斯抨击了（特别是在题为《法兰克福关于波兰问题的辩论》的一系列文章中）普鲁士政府的

---

① 《马克思恩格斯全集》第1版第5卷第331页。
② 《马克思恩格斯全集》第1版第5卷第95页。
③ 《马克思恩格斯全集》第1版第5卷第178页。

政策，这个政府首先挑起了波兹南的民族起义，然后又加以镇压，并且在"改组"的幌子下把波兹南的一大部分土地正式划归德国。马克思和恩格斯斥责了法兰克福国民议会中自由派多数批准重新瓜分波兰的态度。

在上述关于波兰问题的一系列文章中，恩格斯指出在民主的基础上恢复波兰国家将有利于德国和国际的民主派，而且还将沉重打击曾参与瓜分波兰的三个反革命国家即普鲁士、奥地利和俄国。因此，恢复波兰国家将促使力量的对比发生有利于革命的改变；而这一改变又将转过来使德国人更容易"在国内……彻底摆脱宗法封建的专制政体"。①

《新莱茵报》热情支持1848年夏捷克人民的民族解放斗争。恩格斯在《布拉格起义》和《起义的民主性质》这两篇文章中着重指出了这次反对奥地利政府专横统治和捷克封建贵族的起义所具有的革命意义。《新莱茵报》痛斥奥地利暴兵在德国自由资产阶级的纵容下对布拉格起义者的大屠杀，并且指出镇压起义必然会对捷克的民主运动和德国革命产生严重的后果。果然，在布拉格灾难性事件之后，捷克运动的领导权便完全落入自由派贵族和自由派资产者手里，而这些人是求助于奥地利君主国和沙皇俄国的。

马克思在写给意大利的民主报纸《黎明报》编辑部的信以及《新莱茵报》上发表的一些分析意大利革命事件的文章中，对于正在为自由和独立而斗争的意大利人民表示了极大的同情。以1848年1月的西西里人民起义为开端的意大利革命面临着严重的问题。这个国家是由大大小小许多邦组成的，其中相当大的一部分受到奥地利的暴虐统治。意大利只有在摆脱了外国统治和废除了封建君主制度的情况下才有可能向前

---

① 《马克思恩格斯全集》第1版第5卷第391页。

发展。可是当时支配着意大利运动的意大利自由派却试图"从上面"，在由撒丁国王查理·阿尔伯特任首脑的立宪君主国的范围内统一国家。马克思和恩格斯号召意大利人民把民族解放运动的领导权掌握在自己手里，摆脱自由派和君主派的监护，挫败一切王朝阴谋。恩格斯在他的许多文章中说明，意大利在奥地利—意大利战争中所遭受的失败在很大程度上应归咎于查理·阿尔伯特及其拥护者们的利己主义政策，这个政策是阻碍意大利人对奥地利人进行真正大众性的抵抗的。他说，只有革命的人民战争才能结束奥地利对意大利的统治。

总之，马克思和恩格斯在1848年写的关于民族问题的文章是表明他们对民族解放运动的国际主义态度的一系列重要论述。

1848年10月维也纳人民的起义是德国革命和欧洲革命中最重大的事件之一。当时那里的工人、学生和民主知识分子顶住了在数量上胜过他们的反动势力的进攻达三个星期之久。马克思和恩格斯相信，这次起义的结果不仅对德国革命的命运，而且对欧洲革命的命运必然会产生重大的影响。马克思把巴黎六月起义称为革命剧的第一幕，把维也纳十月起义称为第二幕。① 他强调指出维也纳工人在这场革命的战斗中起了杰出的作用。②

本卷发表的许多文章（《维也纳革命》、《〈法兰克福总邮报〉和维也纳革命》、《维也纳革命和〈科隆日报〉》、《维也纳，柏林和巴黎的最后消息》和《反革命在维也纳的胜利》）以及1848年10月16日和11月6日马克思在科隆工人联合会委员会会议上的演说都是论述维也纳起义和分析起义失败的原因的。马克思认为，失败的主要原因是奥地利和

---

① 参看《马克思恩格斯全集》第1版第5卷第542页。
② 参看《马克思恩格斯全集》第1版第5卷第602页。

德国的自由资产阶级叛离了革命。维也纳之所以被占领"只是由于维也纳资产阶级屡次叛变"①。马克思还总结说，德国民主派未能组织和领导群众运动来支持维也纳的起义者，这也造成了惨败的后果。维也纳事件实际上进一步证实了马克思和恩格斯的这种信念，即对资产阶级的叛卖政策急需予以反击，这就要聚集一切真正革命的力量对反革命的进攻进行决战。

马克思和恩格斯还注意到了那些虽然没有直接卷入革命的大动荡，但也在某些方面受到影响的欧洲国家。在《〈科隆日报〉论英国秩序》和其他有关英国的文章里，《新莱茵报》揭示了在资产阶级和贵族的安宁稳定的外表下英国存在的社会冲突，是全欧洲革命高涨的结果。该报强调指出了在宪章派旗帜下战斗的英国工人阶级运动的重要意义，并且把这场反对英国官方机构的斗争描写成为"无产阶级有组织的政党的这种反对资产阶级有组织的国家权力"的战争。② 马克思和恩格斯本着真正的无产阶级国际主义精神，支持在1848年受到当局迫害的宪章派，驳斥资产阶级报刊对他们的种种诽谤。他们还支持大不列颠岛上革命的不满情绪的主要温床之一的爱尔兰为争取独立而进行的斗争（参看《科隆在危急中》、《〈新柏林报〉论宪章派》）。

《"模范国家"比利时》和《在安特卫普的死刑判决》两篇文章概要地论述了比利时资本主义发展的后果。在比利时，资本主义的发展是以一种貌似和平的和立宪的方式进行的。但是，正如这两篇文章所指出的，能够镇压1848年刚刚兴起的共和主义运动的自由资产阶级的统治已经使工人状况严重恶化，使赤贫现象和犯罪行为猛增。自由资产阶级

---

① 《马克思恩格斯全集》第1版第5卷第605页。
② 《马克思恩格斯全集》第1版第5卷第333页。

的统治也加强了国内的政治反动，因而对民主派和社会主义者采取了残酷的镇压手段，对政治流亡者实行了逮捕和驱逐。马克思和恩格斯用这个资产阶级"模范"国家为例来说明，占统治地位的资产阶级为了维持自己的统治和防止革命的发生，准备采用最专横最阴险的警察手段，这种手段比之封建君主制制度下所实行的任何手段都不相上下。

恩格斯的未完成的旅途随笔《从巴黎到伯尔尼》收在本卷末尾。恩格斯在1848年9月底被迫离开德国，随后又被从比利时驱逐到法国以后，决定从巴黎步行到瑞士，他在那里写下了这些旅行笔记。其中很大部分是描写法国农民和他们的生活方式及思想方法的。恩格斯注意到法国农民对1848年革命，对城市的特别是巴黎的革命运动的厌恶，以及他们对波拿巴主义者的同情和幻想。他把这种情况归咎于农民的狭隘性和政治上的落后。他还指出，资产阶级蛊惑性地利用农民的私有天性，临时政府推行损害农民利益并使农民脱离革命的财政政策在很大程度上也是产生这种厌恶情绪的原因。

在本卷附录中有许多反映马克思和恩格斯在1848年从事多方面的革命活动和他们在人民中进行实际工作的文件，其中包括有关马克思和恩格斯及其战友所参与领导的共产主义者同盟、科隆民主协会和科隆工人联合会的文件。马克思和恩格斯在这些组织内和公众大会上发表的演说的报道也包括在内；这些报道尽管简短而且不完全，但也反映了演说的一些内容。附录还包括的一些材料反映了《新莱茵报》的创办情况，表明了警察局和法庭如何对《新莱茵报》编辑们进行起诉，以及马克思和恩格斯是在怎样困难的条件下（他们受到政府当局的迫害和效忠当局的报刊的诽谤）出版这份革命的无产阶级报纸的。

本版第7—9卷发表的马克思和恩格斯在1848年和1849年写的文章比过去任何版本所发表的都要完整。本卷不仅收入了俄文版和德文版

《马克思恩格斯全集》第5卷和第6卷发表的马克思和恩格斯的文章，而且还收入了原苏联和原德意志民主共和国研究证明是出自马克思和恩格斯手笔的《新莱茵报》上的许多文章。此外还收入了许多有关他们在工人组织和其他民主组织中活动的文件。本卷刊载了以前从未在任何版本的《马克思恩格斯全集》中发表过的16篇文章和注释，例如：《德国军队在宋德维特的失败》、《联合问题》、《康普豪森内阁的垮台》、《赖辛施佩格》、《米兰公告》、《杂闻》、《科隆公共安全委员会》。在本卷正文的146篇文章中，有103篇第一次用英文发表。附录中的材料全部都是没有用英文发表过的。

　　本卷有一个特点，即在许多情况下无法确定某一篇文章究竟是马克思写的，还是恩格斯写的。由于《新莱茵报》发表的大部分文章都没有署名，而且一份原稿也没有保存下来，所以他们之中谁是作者这个问题一般说来的确是很难回答的。而许多文章看来肯定是他们两人合写的。在无法确定某篇文章是由他们之中谁写的情况下，文章末尾都没有附作者的名字。

　　选自《新莱茵报》的那些文章的标题是按照该报上的目录刊印的。编者所加的标题放在方括号内。有的经过重新翻译，有的经过仔细校订。一些文章的原文，特别是手稿，在发表中的特殊情况都在注释中加以说明。

　　本卷的全部文章，除另作说明外，都是从德文翻译的。

革命风暴后的初步理论反思

——《马克思恩格斯全集》原文版第1部分第10卷前言[*]

本卷收入了马克思和恩格斯写于1849年7月中至1851年6月底的著作、文章、草稿、声明及文件。这个时期包括欧洲革命失败、马克思和恩格斯从德国出亡直至共产主义者同盟由于科隆中央委员会成员被捕而实际上停止活动为止。

在这两年中,马克思和恩格斯把主要注意力集中于从理论上评价1848—1849年的革命斗争。他们要考察工人阶级的科学理论(它在革命前就以马克思的论战文章《哲学的贫困》和《共产党宣言》而首次以成熟的面目出现在公众面前)如何经受了革命的考验。既然政治斗争取得了巨大而宝贵的实践经验,要用以进一步发展科学共产主义,并充实党的战略和策略学说的武库。

马克思和恩格斯在他们的日常政治生活中不间断地从事这项庞大的理论工作。正是在1850年,他们的整个创作活动所固有的使理论活动与实践活动、科学家与革命者集合于一身的特点,表现得特别突出。他们一方面担任共产主义者同盟的领导工作,在革命共产主义者的世界性组织——社会民主主义流亡者委员会和伦敦工人教育协会中,在左翼宪

---

[*] 本文选自《马克思恩格斯研究》1990年总第3期。

章派和民主派兄弟协会中积极开展意识形态方面的工作和组织活动，同时还以《新莱茵报·政治经济评论》编者的身份利用这个"表面平静的时期……剖析前一革命时期，说明正在进行斗争的各政党的性质，以及决定这些政党生存和斗争的社会关系"，主张"科学地研究作为整个政治运动的基础的**经济**关系"。①

《新莱茵报·政治经济评论》是第一家完全以科学共产主义为立足点的杂志。尽管受到反动制度的限制，但当时仍以 2000 至 2500 份的印数以及一系列有选择的翻印而产生相当大的影响。收入本卷的文章有很大一部分即来源于 6 期《新莱茵报·政治经济评论》。根据对保存下来的两本有大量马克思和恩格斯修改笔迹的杂志原件进行的初步研究，我们对正文作了某些改动，并通过异文加以充实。本卷还首次收入了所有的简要编者按语，从而使人对马克思和恩格斯出版该理论刊物的活动有一个完整的印象。此外，本卷还首次收入了恩格斯编制的杂志收益和发行额统计表。附录部分在"关于马克思和恩格斯的政论活动（1849 年底—1851 年 6 月）"一节中，首次详尽地叙述了《新莱茵报·政治经济评论》的历史。②

本卷发表的著作（首先是《1848 年至 1850 年的法兰西阶级斗争》一文）在马克思主义的历史上具有划时代的意义。它们包含了对历史唯物主义的重大发展和具体化。在这里，历史唯物主义不仅被用于现代史，用于分析刚刚结束的革命，而且还被用以完整地描述很久以前的历史事件，如 1525 年的农民战争。它们包含了对革命工人运动的战略和策略来说具有永存价值的学说，同时还有同样重要的哲学提示，尤其是

---

① 《马克思恩格斯全集》第 1 版第 7 卷第 3 页。
② 《马克思恩格斯全集》原文版第 1 部分第 10 卷第 675—696 页。

马克思重新埋头研究政治经济学的第一批成果。这项研究对他几年后得出对剩余价值规律的认识具有决定意义。

1850年，马克思第一次直接使用无产阶级专政的概念来说明无产阶级国家的本质，而且是在重新为科学共产主义和工人阶级历史使命下定义的范围之内这样做的。马克思写道；这就是"**宣布不断革命，就是无产阶级的阶级专政**，这种专政是达到**消灭一切阶级差别**，达到消灭这些差别所由产生的一切生产关系，达到消灭和这些生产关系相适应的一切社会关系，达到改变由这些社会关系产生出来的一切观念的必然的过渡阶段"。①

这一精辟的认识出现在这一时期的重要理论著作《法兰西阶级斗争》② 中，并不是偶然的。马克思在这篇论著中使历史唯物主义的主要原理具体化并使之进一步深化，这些原理包括：经济基础与上层建筑的相互关系；阶级斗争、各党派和各种思想的斗争在社会发展中的作用；国家及其不同形式所起的作用以及革命在历史上的伟大意义等。

马克思起初为《新莱茵报·政治经济评论》撰写了一组题为《1848年至1849年》的社论，他把这部著作看作是由这场革命得出的核心结论。恩格斯很快出版了该著作英文本，题为《革命的两年；1848和1849》，其第一部分于1850年春天发表在伦敦出版的杂志《民主评论》上，这也可以说明这部著作的重要性。本卷第一次收入了这篇译文和修订稿③以及恩格斯关于原作的说明。

《法兰西阶级斗争》一文从时间顺序和马克思主义的逻辑发展上来

---

① 《马克思恩格斯选集》第1版第1卷第479页。
② 即《1848年至1850年的法兰西阶级斗争》，下同。——本丛书编者注
③ 《马克思恩格斯全集》原文版第1部分第10卷第237—250页。

看介于1848年底开始在《新莱茵报》上分析革命事件直至以《路易·波拿巴的雾月十八日》暂时结束这个题目之间。1895年，恩格斯以自那时以来为人们所熟悉的形式重新发表《法兰西阶级斗争》一文，他在提到这篇文章时说："马克思用他的唯物主义观点从一定经济状况出发来说明一段现代历史的初次尝试。在《共产党宣言》中，这个理论曾被大体地应用于全部近代历史；在马克思和我在《新莱茵报》上发表的文章中，这个理论曾被经常用来解释当时发生的政治事件。可是，这里的问题是要把一个对全欧洲都很紧要同时又很典型的多年历史发展时期中的内在因果联系揭示出来，从而按照作者的观点，把政治事件归结于终究是经济原因的作用。"①

马克思与当时许多评论1848年至1849年革命的文章的作者不同，他不满足于对政治现实发表泛泛之论，而是深入研究各阶级和各阶层的经济利益。例如，他称二月革命后宣布的劳动权为"初次概括无产阶级各种革命要求的笨拙公式"，而出于这种原因，法国制宪国民议会中的资产阶级多数派从宪法草案中删去了这个权利，因为"其实劳动权是表示控制资本，而控制资本又表示占有生产资料，使其受联合的工人阶级支配，从而消灭雇佣劳动、资本及其相互间的关系。'**劳动权**'是以六月起义为后盾的。"② 不过，马克思还同时"第一次提出了世界各国工人政党都一致用以概述自己的经济改造要求的公式，即：生产资料归社会占有。……这样，这里就第一次表述了一个使现代工人社会主义既与形形色色封建、资产阶级、小资产阶级等等的社会主义截然不同，又与空想和自发的工人共产主义所提出的模糊的'财产公有'截然不同的

---

① 《马克思恩格斯全集》第1版第22卷第591页。
② 《马克思恩格斯全集》第1版第7卷第47页。

原理。"①

《1848年至1850年的法兰西阶级斗争》以1850年3月《中央委员会告共产主义者同盟书》为补充，展示了马克思革命理论的纲要。马克思在这篇文章中提出了他的名言"**革命是历史的火车头**"。② 文章论述了资产阶级民主革命开始阶段工人阶级肩负的任务，以及为推进革命而必须采取的政治措施。此外，马克思还第一次概括指出了继之而来的无产阶级革命的内容。

若干年以来，马克思和恩格斯便已把革命看作历史进程中合乎规律的事件。在这些事件中，由于阶级迅速分化，人民群众积极性高涨，生产力和生产关系之间的尖锐矛盾便在激烈的阶级斗争中显露出来。但在1848年至1849年革命以后，人们就要悉心研究19世纪中期资产阶级革命相对16、17、18世纪资产阶级革命所具有的特殊性，从而排除革命是偶然失败的这一假象；另一方面，从这个特殊性出发，就可以更加准确地决定工人阶级的立场和策略。

尽管马克思还未使用《路易·波拿巴的雾月十八日》中关于资产阶级革命的两种类型（采取上升的路线和下降的路线）的精确的定义，但是，他在《法兰西阶级斗争》中进一步发挥了1848年底在《新莱茵报》上的思想，他的出发点已经认为，资产阶级和无产阶级之间的对立从根本上决定了资产阶级的立场，他们由于惧怕工人阶级，已不愿担负领导一切人民力量去彻底消灭封建残余，实现资产阶级民主革命的重要历史使命。资产阶级的主要利益就在于，尽快与封建势力达成妥协，从而结束革命。而被这种"协商"政策所出卖的人民群众的主要利益则

---

① 《马克思恩格斯全集》第1版第22卷第593—594页。
② 《马克思恩格斯全集》第1版第7卷第99页。

截然相反：继续推进革命。

但是，1848年至1849年事件，德国近来发生的维护帝国宪法运动和1849年6月的巴黎事件的教训则是，小资产阶级民主派已没有能力领导人民群众并完成这一使命了。因此，只能依靠工人阶级。而工人阶级必须制定策略并付诸实践。这个策略要能够做到"不间断地进行革命，直到把一切大大小小的有产阶级的统治都消灭掉，直到无产阶级夺得国家政权，直到无产者的联合不仅在一个国家内而且在世界一切占统治地位的国家内都发展到使这些国家的无产者间的竞争停止，至少是直到那些有决定意义的生产力集中到了无产者手里的时候为止。"① 三月告同盟书中的这句话十分清楚地说明，马克思和恩格斯把完成工人阶级的历史使命看作是一个相当长期的和复杂的过程。

马克思和恩格斯作为辩证论者认为，违背资产阶级意志的不间断革命、继续推进作为反对大资产阶级的斗争的资产阶级民主革命有可能使革命向新的质、向无产阶级革命转变，这场革命就其本质来说与资产阶级革命截然不同。但是，这种转变只有通过相当长的历史进程才有可能出现。因此，他们把1848年2月的革命以及许多欧洲国家接连发生的一系列事件仅仅看作是一场波澜壮阔的斗争的序幕，看作是"逐渐为自己开辟道路和逐渐集中的伟大革命"的最初的萌动，他们认为，"整个复杂的社会斗争，在近两年中从巴黎到德布勒森。从柏林到巴勒摩发生的这种社会斗争"成了它的"前哨战"。② 但是，他们毫不怀疑，"伟大的决战已经开始，这个决战将在一个很长的和充满变迁的革命时期中进

---

① 《马克思恩格斯全集》第1版第7卷第292页。
② 参见《马克思恩格斯全集》第1版第7卷第239页。

行到底，然而结局只能是无产阶级获得最终胜利。"①

但是，继续推进资产阶级民主革命这个过程具体是什么样子呢？怎样才能使下次革命的爆发与社会主义革命的序幕相衔接呢？对这个问题，《共产党宣言》拟定了一般形式的措施，1848年3月的《共产党在德国的要求》17条又将其具体化为对一个国家的措施，而这场革命的经验又使它们得到了极大的丰富、修正和发展。

1848年底，马克思从普鲁士发生的事件中得出结论说，在德国不可能再爆发1648年和1789年那样的纯资产阶级革命，而只能发生"**社会共和主义的革命**"（1848年12月31日《新莱茵报》第183号）。因此，他于1849年底和1850年初在《法兰西阶级斗争》一文中，以很有说服力的1848年至1849年的法国革命（尤其是1848年六月起义和他亲身经历过的1849年6月13日的巴黎事件）为依据，以更加成熟、更为概括的形式阐明了工人阶级作为"革命利益的主要代表者"②和"**革命联盟主脑**"③应该站在资产阶级民主革命斗争的前列。

这是向制定如革命理论所表述的那种科学共产主义的核心思想迈进的重大步骤。马克思于1850年初所制定的关于工人阶级要在资产阶级民主革命中起独立的积极作用的学说，后来成为列宁的主要出发点。列宁在帝国主义时期把这一学说继续发展成工人阶级领导作用的理论，几大洲无数国家的实践证明了这一理论的正确性。

马克思在《法兰西阶级斗争》中关于革命理论的思考，不可避免地要与无产阶级的联盟政策联系起来。对法国农民状况的分析，对

---

① 《马克思恩格斯全集》第1版第22卷第595页。
② 《马克思恩格斯全集》第1版第7卷第69页。
③ 《马克思恩格斯全集》第1版第7卷第106页。

1792年和1848年资产阶级农民政策的对比，使马克思得出了一个经典的原理："只有资本的倾覆，才能使农民地位提高；只有反资本主义的无产阶级政府，才能终结他们在经济上的贫困和社会上的衰落。"①

但是，不仅仅是劳动农民，就是社会中所有非资产阶级阶层，如果真正理解了自身利益，都会同工人阶级结成联盟。马克思以1848年6月以后法国的发展为例指出："我们已经一步一步地考察过，农民、小资产者、社会的一般中等阶层如何逐渐站到了无产阶级方面，如何逐渐跟正式共和国处于公开敌对地位，以及他们被这个共和国当作敌人来对待。**愤恨资产阶级专政，要求改造社会，要把民主共和机构保存起来作为实现这种改造的工具，团结在作为决定性革命力量的无产阶级周围，——这就是所谓社会民主党即红色共和国党的一般特征**。"②

马克思指出，工人阶级的同盟者是要坚持"民主共和机构"的③；指出了争取遵循宪法和争取作为"新革命的宴会问题"④的普选权的斗争的意义。这都表明马克思在继续推进资产阶级民主革命这一问题上的远见卓识。这些提法恰如其分地表现了工人阶级及其同盟者在继续推进革命的同时可能达到的客观阶段目标的性质。

然而，马克思和恩格斯根本没有把这种联盟设想为随意的无定型的结盟。他们驳斥了在当时曾广泛流传的这类误解。他们态度鲜明针锋相对地声称：确切地说，只有在革命工人运动具有绝对独立性的情况下才有可能出现这种联盟。

---

① 《马克思恩格斯选集》第1版第7卷第98页。
② 《马克思恩格斯选集》第1版第7卷第102页。
③ 《马克思恩格斯选集》第1版第7卷第102页。
④ 参见《马克思恩格斯全集》第1版第7卷第110页。

马克思认为，他在法国已经看到早在《共产党宣言》中就已要求的独立性，现已体现在他称之为"革命无产阶级的集合地点"、"秘密活动场所"的革命俱乐部中。在这方面，马克思也为后来列宁所阐发的关于工人阶级在资产阶级民主革命中领导作用的学说提供了出发的依据。他问道："俱乐部不是整个工人阶级联合起来反对整个资产阶级，又是什么呢？不是组织独特工人国家去对抗资产阶级国家，又是什么呢？难道这不是无产阶级的制宪议会和起义军备战部队吗？"①

在俱乐部遭到查禁的反动时期，即革命的倒退时期，一种非法的组织形式取而代之："**公开的俱乐部**越来越不可能存在，**秘密团体**就随之愈益普遍增多和加强起来了。"② 即使在这种形势下，也建立了进步工人组织的群众团体："被视为纯粹商业团体而容许存在并且没有任何经济意义的**工人生产协会**，在政治方面对无产阶级起了纽带的作用。"③ 1850年6月的《中央委员会告共产主义者同盟书》中也包含了类似的重要建议。

马克思和恩格斯首先在三月告同盟书中阐明了他们关于党组织方面的革命观点。本卷收入的文本依据了所有保存下来的主要副本，因此，正文是可靠的，并且注出了所有异文。在附录中第一次详尽记述了这份告同盟书截至1851年春在秘密组织中广泛传播的情形。

三月告同盟书是1848年至1849年的革命失败后改组共产主义者同盟的理论基础，是党的重要文献之一，它阐述了工人政党革命进程中与小资产阶级民主派的关系应当经历的各个阶段。

---

① 《马克思恩格斯全集》第1版第7卷第62页。
② 《马克思恩格斯全集》第1版第7卷第84页。
③ 《马克思恩格斯全集》第1版第7卷第84页。

马克思和恩格斯与一切宗派格格不入。正因为如此他们才突出强调了共产主义者的首要任务，即："建立一个秘密的和公开的独立工人政党组织，以与那些正式的民主派相并立，并且应该使自己的每一个支部变成工人联合会的中心和核心，在这种工人联合会中，无产阶级的立场和利益问题应该能够进行独立讨论而不受资产阶级影响。"① 在革命中工人政党必须"尽量有组织地、尽量一致地和尽量独立地行动起来"，马克思和恩格斯强调指出：这样"才不会再像1848年那样受资产阶级利用和做资产阶级的尾巴"②。

还在共同反对封建势力的斗争时期，工人就应该强迫资产阶级民主派实现他们在革命前所发表的那些"恐怖言论"，并努力"逼迫他们接受一些条件，使得资产阶级民主派的统治一开始就具有覆灭的根苗，使他们的统治在以后很容易就为无产阶级的统治排挤掉"。③

在资产阶级民主派的起义获胜之后，为了能够继续实施上述策略，整个工人阶级必须武装起来，或者在市民自卫团内部组织武装，或者组织"无产阶级近卫军"；任何情况下都应坚持下述准则："他们无论如何都不应把武器和弹药交出去；对于任何一种解除工人武装的企图在必要的时候都应该予以武装回击。"④

马克思和恩格斯在三月告同盟书中告诫说，在资产阶级民主派获得胜利之后，工人要以俱乐部的形式（像在法国那样）组织起来。这些俱乐部至少要在各省范围内互相取得联系，这是十分重要的。在国家选

---

① 《马克思恩格斯全集》第1版第7卷第293页。
② 《马克思恩格斯全集》第1版第7卷第289页。
③ 《马克思恩格斯全集》第1版第7卷第294页。
④ 《马克思恩格斯全集》第1版第7卷第295页。

举中，工人要推举自己的候选人，他们最好是同盟成员，"以保持自己的独立性，估计自己的力量，并向大家表明自己的革命的立场和自己的党的观点。"① 工人必须在一切重大问题上提出自己的观点来与资产阶级民主派政府的政策抗衡。针对他们要与富裕农民联合，提出与农村无产阶级联合；针对他们主张的联邦制，提出严格的中央集权；针对他们提出对大工厂和铁路实行赎买，主张无偿地加以没收；针对他们实行的温和的累进税，主张施行累进率极大的累进税；针对他们的国债调整，宣布国家破产。如果资产阶级民主派政府硬要把封建地产移交给农民当作他们的私有财产，那么工人政党就必须"要求把没收下来的封建地产变为国家财产，变成工人农场，由联合起来的农村无产阶级利用大规模农业的一切优点来进行耕种。这样，在资产阶级所有制关系发生动摇的情况下，公有制的原则立刻就会获得巩固的基础。"② 这是以1848年3月《共产党在德国的要求》17条中的第7条为出发点的，这些要求在许多问题上都反映了马克思和恩格斯对农民问题的观点。

三月告同盟书在革命的特定阶段上和特定形势下为共产主义者提出的个别有效性绝不仅仅限于德国。例如：在对日拉丹的评论中，便对三月告同盟书中关于税收政策的论述在理论上作了重要的补充："在革命时期，可以大量增加捐税，利用捐税作为打击私有财产的一种方式，但是在这种情况下，捐税不是促使进一步采取新的革命措施，便是最后又造成旧的资产阶级关系的复辟。"③

马克思和恩格斯的全部革命观点，同他们关于国际关系的观点紧密

---

① 《马克思恩格斯全集》第1版第7卷第296页。
② 《马克思恩格斯全集》第1版第7卷第297页。
③ 《马克思恩格斯全集》第1版第7卷第336页。

联系在一起。他们认为，革命是个长期的过程，这个过程涉及了欧洲当时的所有发达国家。因此，他们始终反对1850年左右在工人运动中传播相当广泛而有些过分的关于法国（德国还谈不上）即将爆发社会主义革命的希望。他们特别强调了英国在欧洲阶级斗争中的作用。马克思早在1849年1月1日就在《莱茵报》发表文章说："……经济方面的变革，如果没有英国参与，都不过是杯水风浪。"① 而马克思1849年7月31日致斐迪南·弗莱里格拉特的信和1849年12月19日致约瑟夫·魏德迈的信以及1850年3月的《国际述评》（最初因报纸篇幅有限被压了下来，后来仅刊登了其中"有关英国的部分"②）都证明后来他也十分关注欧洲的革命，十分关注英国——危机——革命的课题。这篇文章谈到："英国第一次同时遭受**工业危机**和**农业危机**。这次英国的双重危机由于大陆即将发生动荡而将会来得更快，更广泛和更危险，而大陆的革命由于英国危机对世界市场的影响而将会具有比以前更鲜明得多的社会主义性质……这种情况反映在一句讥讽秩序之友的话里：工人阶级因消费品不足而激怒愤懑，上层阶级则因生产过剩而倾家荡产。"③

这段论述对理解马克思的革命观点具有重大意义。他在1850年一直提到作为"资产阶级世界的造物主"④ 的英国的作用。马克思在《法兰西阶级斗争》一文中写道：英国的社会主义革命"获得组织上的开端"，只有"当世界战争把无产阶级推到支配世界市场的那个国家的领导地位上，即推到英国的领导地位上的时候"⑤，才谈得上无产阶级革

---

① 《马克思恩格斯全集》第1版第6卷第175页。
② 《马克思恩格斯全集》第1版第7卷第343页。
③ 《马克思恩格斯全集》第1版第7卷第345页。
④ 《马克思恩格斯全集》第1版第7卷第513页。
⑤ 《马克思恩格斯全集》第1版第7卷第92页。

命阶段的开始。半年以后,他又在《国际述评。1850年5月至10月》中写道:"大陆革命对英国的影响的程度同时又是一个晴雨计,它可以测知,这种革命在多么大的程度上实际上给资产阶级制度的存在条件以实际的威胁"。①

在这一点上,马克思最彻底地划清了资产阶级民主革命与社会主义革命的界限:根本问题在于革命是否以完全摧毁资本主义的生产关系为目的,还是"仅仅触及这种制度的政治设施"。② 社会主义革命不是"短暂的"革命,它的明确目标是:"**无产阶级完全消灭利润**"。③ 革命的进程最终不再仅仅借助于工人来完成资产阶级革命的任务和实现小资产阶级的目标,而是要履行工人的使命。在工人阶级的政治统治下,彻底变革社会的全部经济基础,废除一切生产资料私有制,树立全新的社会关系和观念。

伯恩施坦修正主义从一开始就一再试图把马克思和恩格斯1850年阐述的革命理论解释为布朗基主义,甚至干脆解释为盲动主义。这种作法无比荒谬。如果说马克思当初把无产阶级专政的概念和工人阶级历史使命的概念与布朗基的名字相联系,那么这一方面是为了共同划清与资产阶级的界限,另一方面则是为了表示对狱中的"革命共产主义的高尚的蒙难者"④ 的敬意。但是,这同承认脱离群众的盲动策略完全是两码事。恰恰是马克思和恩格斯写的《法兰西阶级斗争》、3月和6月的《告共产主义者同盟书》、《德国农民战争》以及1850年的其他著作所

---

① 《马克思恩格斯全集》第1版第7卷第513页。
② 《马克思恩格斯全集》第1版第7卷第513页。
③ 《马克思恩格斯全集》第1版第7卷第92页。
④ 《马克思恩格斯全集》第1版第7卷第630页。

阐述的关于联盟策略的理论,引导工人政党开展了空前广泛的群众斗争,它成了革命的向导,指出了各阶层人民的作用。

马克思和恩格斯对1851年2月布朗基"献词"的态度表明,他们把政治斗争中的共性(为确立工人运动的独立、为彻底克服小资产阶级的空洞言词以及议会制幻想而斗争)放在首要地位,同时也没有忽视在有关革命斗争的战略和策略问题上观点的对立。翻译布朗基的"献词",并通过共产主义者同盟在德国的组织进行广泛传播,这是马克思和恩格斯在这个时期做出的功绩之一。本卷附录中首次对此作了详尽的说明。

19世纪中叶还没有机会使不断革命的理论变为现实,因为,虽然1848年巴黎六月起义和后来1871年的巴黎公社动摇了资产阶级的力量对比,然而生产力的发展还远远没有突破资本主义的生产关系,但是,这丝毫没有改变这个理论在原则上的正确性。马克思和恩格斯后来才认识到这一点,恩格斯于1895年对此的论述十分清楚。

只有在帝国主义时代,当无产阶级在资产阶级民主革命中不再是极端反对派,而甚至成为主宰的时候,才有可能使资产阶级民主革命转化为社会主义革命。列宁的功绩在于证明了这个以马克思和恩格斯的著作为出发点的理论,并大大发展了社会主义革命的理论。在伟大的十月社会主义革命中,俄国共产党在列宁领导下首次成功地实践了这一理论,同时反对无视资本主义发展不平衡及其矛盾的政治冒险家玩弄可能成为反对革命的武器的"不断革命"的概念。

恩格斯的《德国维护帝国宪法的运动》一文也属于马克思和恩格斯论述革命观点的部分。恩格斯对"更正"①的意见以及本卷附录首次

---

① 《马克思恩格斯全集》原文版第1部分第10卷第3—4页。

发表的札记①虽然写作形式不同，但都是这篇文章的准备。这两篇文献都是首次收入《马克思恩格斯全集》原文版。

《德国维护帝国宪法的运动》一文尖锐地批判了小资产阶级民主派的不彻底性和以空洞的高调代替果敢的行动的作法，指出他们已经没有能力继续领导资产阶级民主革命了。这篇论战性著作既是对当时历史的研究，也是很有影响的目击报导。它从经济前提、阶级观点和党的观点出发，深刻地剖析了前一阶段的德国革命，同时也生动地记述了许多革命活动家的插曲和轶事。

恩格斯对共产主义者在武装斗争中的作用的评价具有特殊意义。他对阵亡的党的先烈约瑟夫·莫尔表示敬意。他用下面的话概括了参与军事行动的许多同盟成员："最坚定的共产主义者也是最勇敢的兵士"。②

恩格斯强调，评价维护帝国宪法运动中的牺牲者和流亡者，也要表现出阶级性。因此，他写道："工人受剥削，这是由来已久和非常习见的现象，所以我们的正牌的'民主派'先生们只可能把工人当作一种易燃物看待，把他们当作鼓动和剥削的对象，或者拿他们来做炮灰。我们的'民主派'愚蠢极了，浑身浸透了资产阶级气息，所以他们无法理解无产阶级的革命立场，无法理解工人阶级的未来，因此，对于真正的无产阶级品质他们也是仇视的。无产阶级所具有的这些品质是：自尊心非常强，决不肯对他们阿谀奉迎；眼光非常远大，决不肯被这些'民主派'先生们所利用，然而每次发生推翻规政权的运动的时候工人阶级总是拿起武器奔向前方，在任何革命运动中这些品质都直接体现着无产

---

① 《马克思恩格斯全集》原文版第 1 部分第 10 卷第 724 页。
② 《马克思恩格斯全集》第 1 版第 7 卷第 219 页。

阶级的党。"① 这个结论与此后不久起草的三月告同盟书完全一致。

恩格斯认为，维护帝国宪法运动的主要贡献在于，强化了工人和农民的意志，使他们关注"在最近的起义中使领导权掌握在**自己**手里而不让小资产阶级抓去"，尽管他紧接着又有所保留："任何起义的经验也代替不了阶级的发展（这种发展只有在大工业长期存在的过程中才能实现）"。②

1848年3月写的《共产党在德国的要求》③列举的某些要求在选择上十分耐人寻味，这也可以用来说明恩格斯撰述的维护帝国宪法运动的文章应归入马克思主义创始人革命观点的发展这一部分。在马克思对日拉丹的评论④以及恩格斯的《德国来信（一）》⑤中，也间接引用了17条要求。

《德国维护帝国宪法的运动》同时也是恩格斯关于军事问题的第一部比较有分量的著作。它说明了街垒战与野战的区别，强调小型战争的意义。这一切与三月告同盟书中提出的关于武装和军事组织的措施一起，为无产阶级军事策略制定了初步原理。1849年维护帝国宪法运动的经验，促使恩格斯在两年以后写下了《德国的革命与反革命》一文，对"起义的艺术"进行了原则的概括，列宁对此十分称道。

在1895年革命中，列宁也很重视《德国维护帝国宪法的运动》一文。他在1905年4—5月致某人（姓名不详）的信中写道："我要赶紧提醒您，有一篇文章**必须**尽快翻译和出版……这篇文章就是弗里德里

---

① 《马克思恩格斯全集》第1版第7卷第218页。
② 《马克思恩格斯全集》第1版第7卷第234页。
③ 《马克思恩格斯全集》第1版第5卷第3—5页。
④ 《马克思恩格斯全集》第1版第4卷第199—202页。
⑤ 《马克思恩格斯全集》第1版第44卷第28—30页。

希·恩格斯的 Die ReichsVerfassungskampagne……这是单独的一篇文章，务必印成单行本。这篇文章在目前有特别重大的意义"①。列宁在俄国社会民主工党第 3 次代表大会上所作的关于社会民主党参加临时革命政府的报告，也参照了恩格斯《德国维护帝国宪法的运动》一文阐述的有关经验。②

恩格斯于 1849 年 12 月和 1850 年 7 月为哈尼的《民主评论》撰写的《法国来信》和《德国来信》两组文章共 12 篇通讯，是本全集新收入的文章。它们按照时间顺序比较完整地记述了发生在这两个国家中的各种事件，丰富了我们对《法兰西阶级斗争》和 3 篇《国际述评》中所阐述的马克思和恩格斯的观点的认识。《法兰西阶级斗争》第 3 部分以 1850 年 3 月 10 日的法国选举为例论述了关于结成人民联盟以推进革命的观点，首先在《法国来信（四）》中得到了充实。在这篇文章中，恩格斯精辟地阐明了这个选举同盟与 1848 年 2 月同盟的区别："工人是运动的领导者，而那个同样遭受资本主义压迫并给搞得倾家荡产的……小资产阶级，则不得不跟着无产阶级的步伐行进。农业主也是这种情况。这样，现在反对政府的那些阶级的全体群众……都在无产阶级领导下……而且他们认识到，他们本身从资本枷锁下的解放不得不取决于工人的完全彻底的解放。"③

这些通讯还有一个特点，这就是对新形势的反应极为敏捷。在 4 月 20 日的《法国来信（二）》中，恩格斯直截了当地说，与选举有关的推进革命的机会被白白地放过了。《法国来信（七）》是这个分析的收尾，

---

① 《列宁全集》第 1 版第 36 卷第 128 页。
② 《列宁全集》第 2 版第 10 卷第 133 页。
③ 《马克思恩格斯全集》第 1 版第 44 卷第 14 页。

恩格斯在这封来信中对革命的主观因素作了重要的阐述。他指出，法国无产阶级的进步力量虽然克服了形形色色的空想社会主义体系，却面临接受科学学说的问题："这样一来，整个工人阶级运动即将具有另一种非常革命的性质了。"①

在所有这些为这一天的到来而撰写的报刊文章中，恩格斯有时不能完全克制自己的革命急躁情绪。例如：他认为如果出现新的德国革命，统一的德意志共和国只须6个月便可进入社会主义阶段。② 然而，12篇"来信"总的特点是对复杂问题阐述得十分透彻，而且很有历史远见。除恩格斯外，能够如他一样在1849年12月就能断言普鲁士和奥地利冲突的发展的人是不多的。

马克思和恩格斯关于1848年至1849年革命学说的一个重要方面，便是论证了先前尚有一定程度的进步性的资产阶级和小资产阶级思想体系怎样成了反革命的辩护士。资产阶级不仅在政治上，而且在思想体系中寻求尽快结束革命的办法。既然六月起义使有所发展的无产阶级和资产阶级之间的阶级对立公开化，资产阶级便想忘掉自己从前在鼓舞人民群众去同封建主义作斗争方面作出的贡献，并为自己的政治妥协进行辩解。马克思和恩格斯以清醒的革命眼光当即抓住了这一具有决定性的转折点。他们发表在《新莱茵报·政治经济评论》上的文章指出，随着资产阶级从反对派阵营和革命的阵营向与反动势力或不折不扣的反革命妥协的阵营过渡，1848年至1849年的欧洲革命也就必然造成资产阶级的理论和意识形态的破产。因此，按照这个观点，小资产阶级力量在即将到来的革命中已不可能再起领导作用。由此看来，这些评论文章是对

---

① 《马克思恩格斯全集》第1版第44卷第20页。
② 《马克思恩格斯全集》第1版第44卷第67页。

革命经验的直接评价，而部分来说则是对《共产党宣言》第3章的间接的引申。

马克思和恩格斯选择了那些在1848年革命前就取得了很有价值的科学成就的作家的著作作为他们评论的对象。这些作家从资产阶级立场出发，主张阶级斗争，反对封建宗教意识形态，阐发了某些反对资本主义的论据，甚至表现出对宪章运动的同情，然而，革命的经历，尤其是巴黎六月起义，使这些思想家发生了彻底的转变。他们在哲学观点和政治观点上已大大落后于他们自己先前的认识。他们丧失了现实地评价历史进程的能力。由于他们害怕革命的变革，故而蜕变为形形色色的主观唯心主义的、宗教的、个人主义的、反民主的、半无政府主义的空谈家。"其实，不但 Les rois s'en vont 国王要滚蛋，而且 Les capacitiés de la bourgeoisie s'en vont 资产阶级的天才人物也要滚蛋。"①

马克思和恩格斯对格奥尔格·弗里德里希·道梅尔《新时代的宗教》（德国市侩庸俗言词的杂烩）的评论，揭露了害怕革命的小资产阶级的"无耻的肤浅见解"② 和"穷凶极恶"③。自由主义的小资产阶级势力在1848年以后对人民群众的每一个独立行动都表现出明显的反感，他们还试图把理论与实践、思想与革命活动说成是不可调和的对立面，用来充当这种态度辩解的论据。道梅尔便是上述势力的典型代表，马克思早在1847年伦敦工人教育协会时就宣传过他批判宗教的文章。道梅尔的书代表了19世纪下半叶初期德国古典哲学和与之相联系的宗教批

---

① 《马克思恩格斯全集》第1版第7卷第253页。
② 《马克思恩格斯全集》第1版第7卷第239页。
③ 《马克思恩格斯全集》第1版第7卷第242页。

判的衰落。马克思和恩格斯在与道梅尔的论战中运用唯物主义阐明了基督教的历史作用。

马克思和恩格斯就路德维希·西蒙的小册子《请求德国陪审宣布保护全体维护帝国宪法的战士的正义呼声》揭露了"他以前的反对立场和他以后的转变的秘密"①，嘲弄了这位小资产阶级政治家"运用黑格尔辩证法总比引用席勒的诗要困难些"②。马克思和恩格斯驳斥了西蒙对调和的狂热："世界上已经存在许多这样的事物，它在原则上是矛盾的，可是以后的生活正是从原则矛盾实际存在的这种情况中发展来的。"③ 这段话清楚表明资产阶级背叛性的妥协政策与他们的思想代表拒绝黑格尔辩证哲学的作法有着内在的联系。

马克思和恩格斯写的这些评论以极其简洁的笔法正面阐述了他们理论的不同侧面。例如，对基佐论英国资产阶级革命的书评，就指出了17世纪英国革命和英国资本主义社会继续发展的典型特征。正如马克思和恩格斯所说的那样，基佐，这位1840年至1848年法国举足轻重的政治家，出于为自己的活动进行辩护的目的，在书中放弃了对历史事件的阶级分析，回避了基本的经济现象，尽管他自己就是首先发现阶级斗争是历史发展的推动力的历史学家之一。此外，马克思和恩格斯的这篇评论还指出，放弃科学性，便会流于主观主义，否认推动历史发展的阶级斗争，便会产生一味用空话和琐事撰写历史的弊病。这种见解基本上决定了他们阐述基佐的方法。马克思和恩格斯为此着重指出："基佐求

---

① 《马克思恩格斯全集》第1版第7卷第243页。
② 《马克思恩格斯全集》第1版第7卷第244页。
③ 《马克思恩格斯全集》第1版第7卷第244页。

助于神灵来逃避自己良心的谴责,借助于文体来逃避世俗公众的指摘"①,这便是在随后的几十年间资产阶级意识形态的一个方面日趋变得重要的信号:这就是不再揭露,而是掩盖和混淆社会真相。从而尽可能不叫人民群众了解意识形态的形成过程。

马克思和恩格斯指出了英国政论作家托马斯·卡莱尔的功绩:"当资产阶级的观念、趣味和思想在整个英国正统文学中居于绝对统治地位的时候,他在文学方面反对了资产阶级,而且他的言论有时甚至具有革命性。"② 尽管如此,当卡莱尔在1850年初因抛出两本小册子而成为狂热的革命和民主派的敌人时,他们则对他的观点报以无情的批判。

如果说卡莱尔的早期反资本主义言论与封建社会主义时有近似之处,那么他现在则用他的天才、"贵人"或者"英雄"的精英理论编造了个人崇拜的特殊形式来为资产阶级的反革命立场辩护。马克思和恩格斯阐明了,所谓的英雄崇拜是怎样试图为旨在压迫人民群众并使之脱离能动的历史行动的资产阶级政策开脱的。

法国两个警察密探谢努和德拉奥德所写的回忆文章,则采取了与众不同的立场。马克思和恩格斯也为此撰写了一篇书评。马克思和恩格斯在这里指出了宗派主义密谋策略的历史局限性,但也指出,这种策略现在已完全过时。这个时代的客观任务就是促进作为阶级的工人的组织发展,"使革命成为毫不具备革命条件的即兴诗。在他们看来,革命的唯一条件就是他们很好地组织密谋活动"③。他们是"革命的炼金术士",也是工人运动进入科学发展阶段之前的代表。他们用虚无主义来对待革

---

① 《马克思恩格斯全集》第1版第7卷第252页。
② 《马克思恩格斯全集》第1版第7卷第300页。
③ 《马克思恩格斯全集》第1版第7卷第321页。

命理论，特别是科学共产主义。他们的所作所为造成的客观后果是：为警探侦破秘密的工人运动大开了方便之门，并使整个组织完全沦为政府的工具。

这篇书评写于1850年3月至4月，它意味着马克思和恩格斯第一次同共产主义者同盟内部的宗派主义冒险分子划清了界线。这些冒险分子已开始在流亡地伦敦特别是在奥古斯特·维利希周围聚集，并于半年后导致了中央委员会的分裂。

为了记述工人运动代表的生平，这篇有关谢努和德拉奥德的书评也包含了几点有现实意义的方法提示："如果用伦勃朗的强烈色彩把革命派的领导人——无论是革命前的秘密组织里的或是报刊上的，或是革命时期中的正式领导人——终于栩栩如生地描绘出来，那就太理想了。在现有的一切绘画中，始终没有把这些人物真实地描绘出来，而只是把他们画成一种官场人物，脚穿厚底靴，头上绕着灵光圈。在这形象被夸张了的拉斐尔式的画像中，一切绘画的真实性都消失了。"①

马克思和恩格斯对艾米尔·日拉丹的《社会主义和捐税》一书的评论，显然是从《共产党宣言》开始的对资产阶级社会主义的批判的继续。即使日拉丹对法国税收制度的批判含有不少正确的地方，他的与蒲鲁东的改革计划相近的、被大肆渲染的建议，自然不可能否认阶级斗争。马克思的这篇评论包含了对资本主义税收制度的一般分析，顺便也提到了李嘉图的观点，这是马克思重新开始研究政治经济学问题的信号。这也涉及关于资本主义历史上地产集中和分散这种毫无意义的循环运动。②

---

① 《马克思恩格斯全集》第1版第7卷第313页。
② 《马克思恩格斯全集》第1版第7卷第340页。

此外，对日拉丹的批判也包含了马克思和恩格斯与当时资产阶级无政府主义论争的开端，也提到施蒂纳和孚赫是柏林一个意识形态团体的代表人物，并且恩格斯在他的《废除国家的口号和德国"无政府之友"》① 一文中，也以上述批判作为专与这个团体（部分人是以柏林《晚邮报》为核心的前青年黑格尔派）论战的出发点。因为1850年4月《晚邮报》登载了反对伦敦流亡者委员会活动的报道，所以马克思和恩格斯立即就此发表了声明。② 既然如此，彻底剖析资产阶级无政府主义的时机就已完全成熟。但是，恩格斯原打算作为评论续篇在《新莱茵报·政治经济评论》上发表的手稿却没有完成，留下的只是片断。

柏林的意识形态学家们作为自由贸易的先驱向普鲁士国家的保护关税政策宣战，这是他们的无政府主义的最终的依据。他们是小资产者，对革命感到失望，因此强烈地反对民主主义。他们又拿起了麦克斯·施蒂纳的《唯一者及其所有物》一书中的无政府主义观点充当点缀。恩格斯在他的评论片断中指出，把这种意识形态的提法与资产阶级原来的意识形态相区别的作法十分浅薄。表面上与资产阶级社会相矛盾的、使他们"表面看来是'先进的'、'最进步的'人物的不寻常的外形"③，只不过掩盖了这样一个事实：资产阶级思想已经走下坡路了。由此看来，这纯粹是一种磨嘴嚼牙的哲学营生，它的实际职能只能是玩弄花招，搞乱人民群众的头脑。"在这种乱七八糟的情况下，哲学上的假战斗被当作了真战斗的反映。"④

---

① 《马克思恩格斯全集》第1版第7卷第487—491页。
② 《马克思恩格斯全集》第1版第7卷第355—357页。
③ 《马克思恩格斯全集》第1版第7卷第488页。
④ 《马克思恩格斯全集》第1版第7卷第490页。

最后，马克思和恩格斯还写了一篇独具特色的反驳哥特弗利德·金克尔的评论，也正好刊登在《晚邮报》上。这个当时深受崇拜的德国小资产阶级民主派的英雄（类似于路德维希·西蒙）的实例证明，这场运动已彻底瓦解，因此工人政党要坚决同这些人划清界线。

本卷还收入了一篇重要的著作，这就是恩格斯写的《德国农民战争》。马克思和恩格斯的许多文章和书信，把16世纪与19世纪作了比较，他们认为，前者是资本主义社会制度的开始，后者是资本主义社会制度的结束。在1848年至1849年的革命失败以后，他出于理论上的巨大兴趣，同时也是由于群众的巨大反响，把1525年伟大的德国农民战争同刚刚发生的一系列事件作了比较。

恩格斯在《德国农民战争》一文中不仅把历史唯物主义首次用于较早的具体历史阶段，不仅对当时许多历史学派延续了若干年之久的争论核心问题（也是青年黑格尔派下了很大功夫研究的课题）独立地发表了共产主义的见解，而且还提出了另一个观点，那就是在一个以"斗争已经过去两年……消沉状态"① 为标志的时期内，必须唤起对"伟大的农民战争中那些……顽强而坚韧的形象"，② 即人民领袖如托马斯·闵采尔、约斯·弗里茨、米哈埃尔·盖斯迈尔以及其他人的记忆。

但是，恩格斯同时又以新的勇气对过去的以及即将面临的任务和斗争的特点提出了新的认识。恩格斯恰到好处地利用戚美尔曼论农民战争一书的观点，对16世纪这场所谓的纯宗教斗争中人民群众的作用、革命理论的重要性以及阶级特征和经济基础得出全新的认识。《德国农民战争》一文首次证明，马克思主义的方法用于历史编纂的优越之处，而

---

① 《马克思恩格斯全集》第1版第7卷第385页。
② 《马克思恩格斯全集》第1版第7卷第385页。

且它直到今天仍然具有启迪作用；它同恩格斯后来为修订和充实该文而作的初步打算一起，都是把宗教改革和农民战争视为德国早期资产阶级革命这种认识的出发点。

恩格斯用这个 300 年前的范例证明，他的其他文章所记取的关于 1848 年至 1849 年革命失败的经验教训，即资产阶级背叛了自己的历史使命，是具有普遍意义的。列宁指出，恩格斯"特别强调"这两次运动的共同教训，"……就是，被压迫群众因其小资产阶级生活地位的限制而行动分散，缺乏集中性。"① 特别是上述例证同时也涉及如何充分利用农民革命力量的问题。因为农民不可能独立地把斗争引向最后的胜利。因此，1848 年以后农民与无产阶级的结盟具有客观的必然性，正如 1525 年农民与市民结成了联盟一样。

最后，恩格斯的阐述清楚地表明，把资产阶级民主革命进行到底、建立统一的德意志共和国、并与农民结成联盟等中心任务的完成，需要相当长的历史过程。在这篇著作的有关段落中，恩格斯与共产主义者同盟内部以维利希、沙佩尔为代表的宗派主义集团展开了争论，例如，恩格斯指出，一个党派的领袖在社会发展尚不成熟的时候出面建立这个党所代表的阶级统治，那么他就会陷入一种无可救药的境地。②

1849 年至 1851 年期间，争取建立独立的、虽受资产阶级自由主义影响但完全自由的、与小资产阶级民主派划清了原则界限的无产阶级政党的斗争，表现得十分清晰、尖锐而且集中。与此同时，还要争取制定这个政党的革命策略、创立科学理论和建立独立组织。这些斗争构成了马克思和恩格斯实践活动和理论活动的核心。本卷收入的全部文献向人

---

① 《列宁全集》第 2 版第 32 卷第 25 页。
② 参看《马克思恩格斯全集》第 1 版第 7 卷第 468—469 页。

们展现了这场斗争的广泛的、完整的、错综复杂的画面。马克思和恩格斯为共产主义者同盟和其他组织撰写了或共同签署了许多文献，编辑出版了党的机关报《新莱茵报·政治经济评论》，一贯坚持批判小资产阶级民主运动和资产阶级意识形态的路线——这一切只是同一目的的不同表现形式。这个目的就是：建立一个与资产阶级民主主义有原则区别的、能够完成工人阶级历史使命的政党。

马克思和恩格斯的政治实践活动也为这一点提供了证明。本卷首次发表的一些文献就反映了这种活动的情况。如马克思写下的共产主义者同盟中央委员会成员名单、恩格斯写的社会民主主义流亡者委员会1850年4月8日的会议记录、流亡者委员会1850年9月9日和20日的收据以及马克思和恩格斯撰写的亨利希·鲍威尔和卡尔·普芬德关于工人教育协会资金的声明草稿等。本卷附录收入的1850年以后首次重新发表的有马克思共同署名的援助德国政治流亡者委员会收据（1849年10月16日和11月13日），有关恩格斯于1850年2月至12月间在伦敦多次会议上所作4次演讲的短讯以及收入"失传著作目录"的有关记载马克思在伦敦工人教育协会讲课活动的简讯等等，也属于这个范围。

下述事实在这种多方面的实践活动中具有重要的意义：即马克思从1849年9月至1850年9月担任共产主义者同盟中央委员会主席的职务，居于无产阶级第一个国际性政党组织的领导地位，并且对这个组织的全部活动产生了决定性的影响。恩格斯经过海上旅行首次发表的17幅绘有西班牙和葡萄牙海岸景色的素描可以证明，他于1849年11月中旬渡海抵达伦敦。他再次成为中央委员会成员，并暂时担任委员会秘书。到1850年9月为止，马克思和恩格斯一直从事党的重要文件的撰写工作，其中以1850年3月和6月的两篇告同盟书为最重要。

本卷据流传下来的众多副本，也就是印刷件，深入研究了这两篇告同盟书，探讨了马克思和恩格斯为1851年2月的布朗基献词撰写的前言和献词的译文以及作为传单散发的献词印刷件，并且有力地证明这些文件得到了广泛的传播，在当时产生了很大的影响。这件工作类似于马克思在1851年初着手编写自己的"文集"时所进行的那种工作。为此，本卷首次把流传下来的所有原始资料完整地公之于众。

马克思和恩格斯试图在革命的基础上改组宪章派运动，这也是他们为创立工人阶级革命政党的斗争的一部分。1850年，他们不仅为以乔治·朱利安·哈尼和厄内斯特·琼斯为首的左翼宪章派机关刊物定期撰稿（《德国来信》、《法国来信》、《十小时工作制问题》、《革命的两年》），而且还帮助文琳·麦克法林、格奥尔格·埃尔留斯、厄内斯特·琼斯以及其他人为宪章派的报刊杂志翻译或撰写了重要文献。从收入本卷附录的许多文献（《德国共产党宣言》、《资本主义社会的最后阶段》以及琼斯的两封信）也可以证实这个问题。

1851年马克思和恩格斯继续帮助左翼宪章派出版机关刊物。首先，马克思的《1848年11月4日通过的法兰西共和国宪法》①一文可以证明这一点。这篇文章载于琼斯编辑的《寄语人民》上。马克思在这里指出，合乎宪法的民主权利同资产阶级制度对这种权利的保留和限制之间，存在着尖锐的矛盾，后者实际上把民主自由贬抑为虚无。

1850年夏，一方面，马克思和恩格斯的革命观点已完全成熟，另一方面，维利希-沙佩尔集团的冒险倾向已经到了必然导致决裂的程度。共产主义者同盟中央委员会1850年9月15日的会议记录②以尽可

---

① 《马克思恩格斯全集》第1版第7卷第578—592页。
② 《马克思恩格斯全集》第1版第7卷第616—622页。

能明确的方式叙述了这场重要争论的内容和经过。在《马克思恩格斯全集》范围之内用收入所有保留下来的异文的形式使读者得以了解记录的全貌，这还是第一次。

马克思的讲话表明，他始终坚持自己对革命经验的总结。他把自己领导的中央委员会多数派明确称为："宣言的维护者"，① 并重申三月告同盟书阐述的策略仍然有效。1850 年底科隆的新中央委员会采纳了这两个思想。与此同时，还出现了宣传《共产党宣言》的新高潮，马克思和恩格斯在最后一期《新莱茵报·政治经济评论》上重新刊登了宣言的摘录，并且促成了把宣言首次转译为英文的工作。在他们从事这两件工作的时候，公开身份都是文章的作者。

马克思在中央委员会会议上的讲话，按他当时的认识着重指出了过渡到世界规模的社会主义革命并取得社会主义胜利所需的时间。他半年前在谈到未来的社会主义革命时就曾说过："现在这一代人，是和那些由摩西带领通过沙漠的犹太人相仿佛的。他们不只是要夺取一个新世界，而且要退出舞台，以便让出地盘给那些适于新世界的人们。"② 而在这篇论战文章中，马克思对这个问题的解释就更为精辟了，并向工人阶级预言说："为了改变现存条件和使自己有进行统治的能力，你们或许不得不再经历 15 年、20 年、50 年的内战"。③

中央委员会 1850 年 9 月 15 日的会议表明，从这时起，人们对维利希-沙佩尔集团所持的唯心主义和民族主义的态度，对他们无原则地与小资产阶级结成联盟的倾向，再也不能容忍和沉默了。马克思指出，不

---

① 《马克思恩格斯全集》第 1 版第 7 卷第 618 页。
② 《马克思恩格斯全集》第 1 版第 7 卷第 92 页。
③ 《马克思恩格斯全集》第 1 版第 7 卷第 618 页。

允许"把**意志**描绘成革命中的主要东西"。① 他的这个提示点明了意见分歧的所在,并且清楚地说明,共产主义者同盟的战略和策略对唯意志论和冒险主义必须坚持严正的立场;而维利希-沙佩尔集团则竭尽反对之能事。

《国际述评(三)》一文是阐明党的策略的理论根据,本卷首次收入了马克思撰写该文的部分草稿。他们的著名论断说:"在这种普遍繁荣的情况下,即在资产阶级社会的生产力正以在资产阶级关系范围内一般可能的速度蓬勃发展的时候,还谈不到什么真正的革命。只有在**现代生产力**和**资本主义生产方式**这两个要素互相发生**矛盾**的时候,这种革命才有可能。大陆的秩序党各派的代表目前所进行的无休止的争吵是彼此为了使对方丢丑,而决不能导致新的革命;相反的,这种争吵之所以可能,只是因为目前社会关系的基础十分巩固——这一点反动派并不清楚——,十分**资产阶级化**。一切想阻止资本主义发展的反动企图都会像民主主义者们的一切道义上的愤感和热情的宣言一样,必然会被这个基础碰得粉碎。**新的革命只有在新的危机之后才有可能。但是新的革命的来临像新的危机的来临一样是不可避免的。**"②

然而,强调社会生活的经济基础,这绝不会使马克思和恩格斯成为庸俗经济学宿命论的崇拜者。因为他们认为,在历史进程中,自觉的行动和主观因素理所当然地会起重要作用。马克思和恩格斯为提高工人阶级的觉悟和组织性作了不懈的努力,这就是证明。

马克思以中央委员会多数派的名义所推行的策略,一方面是他重新研究经济学的一项成果;另一方面,1850年9月15日的会议作出了把

---

① 《马克思恩格斯全集》第1版第7卷第617—618页。
② 《马克思恩格斯全集》第1版第7卷第513—514页。

中央委员会迁往科隆的决定,这使马克思比以前有更多的机会全神贯注地从事这项研究。这项研究为经济学理论的发展开创了一个新的时期,并且在短短几年内使这个学科发生了彻底的变革:它把1857年前后发现的剩余价值规律置于牢固的科学基础之上,同时精辟地论证了资本主义的社会制度必然灭亡的历史规律。

马克思1850年底才开始从事这项艰巨的研究工作。自1847年以后,尽管在《哲学的贫困》、《共产党宣言》、《雇佣劳动与资本》、《国际述评。(1850年3月至10月)》以及其他著作中都留下了意义重大的方法原理和对经济学的本质认识,但是,这样的研究水平仍然不足以得出对尚未列入议事日程的无产阶级革命的认识。因此,当时马克思和恩格斯以为,社会的发展已经成熟,可以实现社会主义了。后来,恩格斯在他为马克思的《法兰西阶级斗争》撰写的导言中,明确地纠正了上述估计:"历史表明,我们以及所有和我们有同样想法的人,都是不对的。历史很明显地证明,当时欧洲大陆经济发展的状况还远没有成熟到可以铲除资本主义生产方式的程度;历史用经济革命证明了这一点,这个经济革命自1848年起席卷了整个欧洲大陆,在法国、奥地利、匈牙利、波兰以及最近在俄国初次真正确立了大工业,并且把德国变成了一个真正第一流的工业国,——这一切都是在资本主义的基础上发生的,因此这个基础在1848年间还具有很大的扩展能力。"[①]

对不久即将来临的革命斗争的期待,在很大程度上也表现在恩格斯论十小时工作制的两篇文章中[②]。当然,马克思和恩格斯不反对把劳动时间缩短到十小时或者更短;恩格斯甚至认为,这种措施是工人阶级

---

① 《马克思恩格斯全集》第1版第22卷第597—598页。
② 《马克思恩格斯全集》第1版第7卷第269—287页。

"生理上所必需的。"① 但是，他在1850年初着重强调的却是制定有关法规的反动性，并且要求工人关注政治斗争，关注夺取政权②。马克思在他1864年撰写的《国际工人协会成立宣言》中，就这个专题全面细致地评价了经济阶级斗争和政治阶级斗争的辩证法；从这篇文章我们已经可以看出马克思为写《资本论》而取得的研究成果。

对革命斗争虽有热望，但对资本主义的理论分析尚不成熟。这种情况造成了马克思和恩格斯有时对历史进程，特别是对产生新危机和新革命的期限作了不切实际的预言。列宁对此的评语说："但是两位伟大的革命思想家在努力提高（并且确实提高了）全世界无产阶级的水平，使他们摆脱日常的琐碎的任务时所犯的**这种**错误，同官气十足的自由派在宣扬、喊叫和诉说他们的谬论（说革命是无谓忙碌，革命斗争是徒劳，反革命的'立宪'幻想妙不可言）时所表现的平庸智慧比较起来，要千倍地高尚，千倍地伟大，千倍地**有历史价值**。千倍地**正确**……"。③

马克思本人十分明了，对政治经济学领域的认识很不充分。1850年9月底，马克思以极大的热情投入了对资产阶级古典政治经济学著作的研究，投入了对论述货币理论和价值理论、银行立法、国家预算史等书籍以及其他各种文献的研究。仅在1850年9月至1851年6月这短短的时期内，他就完成了10本摘录笔记，其中包括他首次发表的独立见解（这些笔记收入了《马克思恩格斯全集》原文版第4部分）。特别是马克思以批判资产阶级经济学发展最高水平的代表大卫·李嘉图的形

---

① 《马克思恩格斯全集》第1版第7卷第285页。
② 参看《马克思恩格斯全集》第1版第7卷第285页。
③ 《列宁全集》第2版第15卷第215—216页。

式，阐述了他的新研究得出的首批成果，并且逐步创立了他自己的价值理论。例如，早在1851年1月，马克思就已经揭露出李嘉图的地租理论的种种矛盾，并且提出了他自己的级差地租理论。这种理论的基础是，主张大力运用科学和农业技术，从而促进农业的发展。这对于从理论上克服马尔萨斯的观点同样具有原则上的重要性，当时马克思也摘录过后者的著作。在1850年4月所写的有关日拉丹的评论文章中马克思就已经提到过他这种新的认识，并以英国为例阐述了资本集中和农业耕作技术之间的关系。①

那以后的几周，马克思发现了货币流通理论，这个理论不再像李嘉图的理论那样与价值规律发生矛盾。在这个时期，马克思的政治经济学理论的发展十分迅速。本卷首次发表的马克思写于1851年4月的《反思》一文，也写于这个时期。它虽然只是一本摘录笔记的一部分，但却是对摘录部分的完整答案。

马克思在与亚当·斯密和其他人的论战中，把危机课题列入世界市场关系的范围内。而他的《反思》一文联系危机课题也涉及了他当时十分感兴趣的货币流通理论。马克思自己虽然尚不具备完善的货币理论，但是，在1851年春他就已指出，问题不是杜撰什么所谓的完美的新货币制度，就像蒲鲁东和伯明翰自由贸易派从完全不同的立场所尝试过的那样；而在于危机时期的现实困难不是所谓的货币缺乏。而是"**商品**即**现实资本不能换成**黄金和银行券"②。不过，这种认识受到承认资本主义再生产的阶级特性的约束，马克思在文章结尾处对这个问题的论述是意味深长的；他同时也考虑到了工人阶级的教育程度及其政治斗争

---

① 参看《马克思恩格斯全集》第1版第7卷第340—341页。
② 《马克思恩格斯全集》第1版第44卷第157页。

这些物质的前提。

最后，本卷附录收入的埃卡留斯和琼斯的文章，也意味着我们对马克思的政治经济学发展的认识有所加深，因为这些文章渗透了马克思的基本思想。它们也记述了一些马克思当时没有直接发表过意见的论题，例如合作社制度。

1850年11月恩格斯迁居曼彻斯特。这以后他利用一部分时间从事军事方面的研究。同年2月他在《德国来信（三）》中探讨了欧洲军队的实力，这表明他对这个领域的兴趣是一贯的。《1852年神圣同盟对法战争的可能性与展望》一文是恩格斯研究工作的第一个重要成就。他撰写这篇文章的目的不是为了发表，而是为了与马克思交换看法。在这里，恩格斯第一次把历史唯物主义如此详尽地运用到了战争史和作战基本问题方面。恩格斯是揭示作战与发展生产力和发展社会关系之间的联系的第一人，他并且指出，拿破仑发动的战争乃是资本主义发展的必然产物。

恩格斯以此推论，无产阶级革命必将引起军事的根本变革，他论证了创立无产阶级军事科学的必要性，并早在1551年春就已得出结论，战无不胜的工人阶级将创立优越的军事组织和战争艺术。发动广大群众，是社会主义军事的特征。而随着交通工具和通讯设施的飞速发展，同时也会大大增强他们的作战能力。特别是随着教育水平的普遍提高和对可能发生的战争的革命目的的认识，每个士兵或每个军官的战斗素质将得到空前的提高。

本卷所收入的所有文章都饱含着宝贵的知识，具有深远的影响。它们是在不到两年的时间内完成的，因此，没有充分的时间进行潜心的科学研究。而马克思一家又陷入了空前的物质贫困。尽管资金极度缺乏，亡命国外，颠沛流离；尽管生活在警探的包围之中，随时有被逐出英国的危险①，但是马克思和恩格斯却始终坚持从革命中吸取一切必要的教训，以便在未来的斗争中更好地武装国际工人阶级。

（原载《马克思恩格斯全集》原文版第1部分第10卷第15—42页）

（朱霞、章林 译 知春 校）

---

① 《马克思恩格斯全集》第1版第7卷第367—369、371—374页。

1848—1849年革命风暴后的理论总结

——《马克思恩格斯全集》原文版第1部分第11卷前言[*]

本卷收入了马克思和恩格斯自1851年7月至1852年12月所写的著作、文章、草稿、声明和文件。他们在这一时期发表的著作,首先是《德国的革命和反革命》、《路易·波拿巴的雾月十八日》以及《揭露科隆共产党人案件》等,在一定程度上结束了他们于1849年底开始的对1848—1849年欧洲革命的理论探讨。

在1851年和1852年,全欧洲的反动势力都联合起来了。1851年12月2日路易·波拿巴发动政变,推翻了法兰西第二共和国,消灭了1848年2月建立的最后一批民主机构。随着波拿巴专政的建立,除沙皇政府而外的第二个欧洲反动堡垒、国际冲突和军事冒险的策源地诞生了。

如果说德国、匈牙利和意大利的革命运动在1849年春天和夏天在军事上失败后的最初几个月里,还存在着不久将爆发新的革命斗争的前景,那么在波拿巴政变发生之后,反革命秩序在政治上暂时已经巩固了,这一点再也毋庸置疑了。在这种情况下,彻底分析形势,重新检验无产阶级革命的理论知识,揭示革命失败的原因,为反动时期以及在将

---

[*] 本文选自《马克思恩格斯研究》1991年总第5期。

来的革命斗争中工人运动的战略和战术作出结论,比自1849年底以来更加重要了。

同时,本卷的时间范围基本上是和共产主义者同盟活动的最后阶段,亦即从科隆中央机关的成员被捕到科隆共产党人案件这一阶段相一致的。尽管同盟在欧洲大陆上的活动不得不停止,但是其伦敦支部,在马克思的实际领导下继续积极发挥作用直至1852年底为止。正是在此期间,它对宪章派左翼产生了重大影响。同盟在履行它的符合章程规定的作为领导美洲支部的职能时,鼓励和支持在美国开展马克思主义的宣传运动。同盟组织人力为科隆的被告们进行辩护,以及召开群众大会以声援这次案件中的受害者。本卷中的大量篇幅反映了马克思和恩格斯的这些繁忙的党务活动。1852年11月对科隆共产党人的判决成为德国和国际工人运动史上的一次影响深远的事件。

对马克思和恩格斯来说,这一时期的斗争条件异常艰难,在德国印刷篇幅较大的著作和出版机关报都已不可能了。因此他们的政论活动基本上只限于为约瑟夫·魏德迈在纽约出版的《革命》周刊,恩斯特·琼斯在伦敦出版的宪章派报刊《寄语人民》和《人民报》撰稿,只限于开始为《纽约每日论坛报》写通讯,以及对美国的几家主要是用德语出版的小报产生影响(关于这些撰稿情形,收入本卷资料卷中的"关于马克思和恩格斯在1851年7月至1852年12月间的政论活动"这一部分作了详细的说明)。除了抨击性小册子《流亡中的大人物》和以小册子形式写成的《揭露科隆共产党人案件》外,本卷中的所有其他文章都是为日报或周报撰写的。

但是这种由形势强加的外部限制,并没有对理论分析的科学性和深刻性产生消极影响。收入本卷的著作代表了马克思主义理论基本领域的进一步重大发展。马克思和恩格斯把唯物主义历史观运用于社会生活的新现象，使之具体化并加以阐述。这首先涉及经济和政治发展、国家的作用、阶级的相互影响、政党和思想流派。

马克思和恩格斯所持的出发点是，作为历史火车头的革命，① 为分析社会科学提供了比进化的发展阶段多得不可比拟的原始资料，因此真正的革命者的不可推卸的任务就是：对现有的历史资料，亦即革命自身的经验以及革命后的、反动的统治形式建立时产生的新现象，加以科学的整理。这个早在1850年初就拟定了的原则，恩格斯在他的那组论《德国的革命和反革命》② 的文章开头也提出了。这组文章是收入本卷的首篇文章。它同时也是马克思和恩格斯长期为《纽约每日论坛报》撰稿的开始。

《德国的革命和反革命》论述了德国和奥地利1848—1949年革命的原因、本质和起决定作用的力量。这是马克思主义奠基人之一对这次革命的第一次系统阐述。他们在这些事件发生后立即在《新莱茵报》上撰文予以评论，接着在1850年又在其他各种著作中，首先是在《德国维护帝国宪法的运动》中，作了概括性论述。在这之后完成的上面那组文章，展示了一个更成熟的概括阶段，并包含了大量重要的政治结论和理论推断。这样就为对1848—1849年德国资产阶级民主革命进行任何科学分析奠定了基础。马克思和恩格斯对革命的工人运动的评价也以这种形式渗入后来的历史观。《德国的革命和反革命》包含了马克思和恩格斯亲自参加这些斗争以及进行理论概括时所取得的那些经验的大部分，并且后来，用列宁的话来说，他们在"判定各国的工人运动和民主运动的成败"时也从这些经验出发，"他们为了最明白最清楚地判定各

---

① 参看《马克思恩格斯全集》第1版第7卷第99页。
② 《马克思恩格斯全集》第1版第8卷第3—115页。

个不同阶级的内在本性及其倾向也总是回过来研究这一中心点"。①

恩格斯在描述政治事件时从经济基础出发。他像他在《德国维护帝国宪法的运动》和《德国农民战争》中所做的那样，一开始就对有关各阶级进行了分析；这个分析构成《德国的革命和反革命》第 1 篇的主要内容。在此他描绘了德意志各邦的经济发展和社会发展的一幅错综复杂的图画。

对恩格斯来说，一个更根本的方面是，在国际的，或者至少是在欧洲的背景上描绘德国的革命事件。在《德国的革命和反革命》中他第一次把像巴黎六月起义和 1848 年维也纳十月起义这样的整个欧洲革命的转折点，以及各国民族运动的伟大作用溶进在对德国革命的成熟的全面阐述中。

由于经济条件和国际事件的决定性影响，恩格斯详细列举普鲁士自由派大资产阶级畏惧革命的心理，他们想同封建容克地主阶级的反动势力和解妥协的迫不及待的愿望，越来越清楚了。而小资产阶级的不坚定和动摇也日益暴露出来，尽管它的个别代表还有革命毅力，但它已不可能像 18 世纪末在法国那样，暂时领导人民运动，并将革命向前推进一步。恩格斯也清楚地说过，在 19 世纪中期，德国无产阶级还远不够发达，还远没有很好地组织起来，以致能够把资产阶级民主革命运动的领导权掌握在自己手里。但是无产阶级对社会进步所采取的一贯的拥护态度和为之奋斗的精神，已经表明了它将来的地位。在 1849 年的维护帝国宪法的运动中"工人阶级都是代表整个民族的真正的和被正确理解的利益的，因为它尽量加速革命的进程，而这个革命对于文明欧洲的任何

---

① 《列宁全集》第 2 版第 16 卷第 20 页。

一个旧社会都已成为历史的必然"①。

在恩格斯描述的背后隐含着这样一个问题,即工人阶级在何种条件下才能成为一个国家的领导力量,成为大多数劳动人民的利益的代表,才能领导人民大众把资产阶级民主革命进行到底,并向社会主义革命过渡。后来在1852年11月恩格斯就精确地表述了这个问题的提法。② 从这个观点来看,像革命形势成熟的标准(《德国的革命和反革命》的头4篇的主要内容就是探讨这个问题的),以及武装起义的军事领导这样的问题便具有重大的意义。恩格斯阐述了关于不断进攻的优点和在关键时刻必须勇于冒险的学说。③ "没有一个处于革命状态并卷入了对外战争的国家,能够容忍一个万第处在自己的心腹之中"④,这句话就是对革命坚定性的呼吁。关于起义是一门艺术的论述,⑤ 使这些学说成为一个完善的体系。这一切得到了列宁的坚决赞同,他在准备和领导伟大十月社会主义革命的过程中多次以恩格斯的著作为依据。

但是在一场革命中不仅是在军事问题上需要坚定性。例如,恩格斯在第6篇文章中详细研究了一个对革命有重大影响的事实,即在1848年三月革命后,在普鲁士全部旧的国家机器和官僚机器都被保留下来了。——恩格斯在要求通过资产阶级民主革命来坚决解决民族问题时,鉴于当时奥地利帝国境内的一些小民族的生存能力而作了不精确的预言,后来他更正了。

恩格斯说得完全对,他在《德国的革命和反革命》这组文章中对

---

① 《马克思恩格斯全集》第1版第8卷第106页。
② 《马克思恩格斯全集》第1版第8卷第450—451页。
③ 《马克思恩格斯全集》第1版第8卷第81—82页。
④ 《马克思恩格斯全集》第1版第8卷第87页。
⑤ 《马克思恩格斯全集》第1版第8卷第102页。

无产阶级政党的基本原则的论述，是和《共产党宣言》中的论述一致的。① 这些用以指导即将来临的斗争的不朽的学说以有力的论据，用简单明了的语言表述出来了。

1848—1849 年的欧洲革命是在 19 世纪中叶社会关系相对来说有所发展的情况下发生的。工人阶级第一次作为一个独立行动的因素在一场大革命中出现，在巴黎进行了第一次无产阶级起义，并且最后在 1851 年底迫使法国资产阶级采取新的、隐蔽的统治形式，即波拿巴主义。这些革命事件"使一个民族在这种剧烈的震动时期五年就走完在普通环境下一百年还走不完的途程"②。同时它们也为马克思和恩格斯的紧张的、持续多年的、全面的科学分析提供了使他们在进一步制定他们的理论方面取得重大进步的材料。这项科学活动所达到的顶点是马克思的《路易·波拿巴的雾月十八日》。数十年后恩格斯还称赞马克思的这部著作是一个典范，它表明"作者已在《路易·波拿巴的雾月十八日》里初次显露出的惊人天才，即在伟大历史事变还在我们眼前展开或者刚刚终结时，就能正确地把握住这些事变的性质、意义及其必然后果"③。

在《路易·波拿巴的雾月十八日》中，马克思比以前任何时候都更细致地对客观经济条件，某些阶级力量和议会党派的复杂关系进行了分析。他在这部唯物主义历史学的典范著作中表明，社会发展的基本的、物质的和经济的需要在摆脱了多少幻想、空话、妥协和倒退之后才在一个国家的政治生活中最后为自己开辟了道路。而在意识形态领域的阶级斗争中，历史唯物主义的规律性则以更间接、更曲折的方式发挥作

---

① 《马克思恩格斯全集》原文版第 1 部分第 10 卷第 437 页。
② 《马克思恩格斯全集》第 1 版第 8 卷第 38 页。
③ 《马克思恩格斯全集》第 1 版第 22 卷第 216 页。

用。譬如资产阶级思想家本身并不一定就是一个资产者,"按照他们所受的教育和个人的地位来说,他们可能和小店主相隔天壤。"但关键是"他们的思想不能越出小资产者的生活所越不出的界线,因此他们在理论上得出的任务和作出的决定,也就是他们的物质利益和社会地位在实际生活上引导他们得出的任务和作出的决定。"①

恩格斯在晚年仍然多次指出,《路易·波拿巴的雾月十八日》是以对历史过程中主观的东西和客观的东西的辩证法的深刻见解为基础的;他认为这部著作证明马克思主义同经济决定论决不是一回事,证明他绝对没有否认"经济运动的政治等等反映对这个运动本身的任何反作用。"恩格斯在1890年10月27日致康拉德·施密特的信中写道,关于这个问题必须看看马克思的《路易·波拿巴的雾月十八日》,"那里谈到的几乎都是政治斗争和政治事件所起的**特殊**作用,当然是在它们**普遍**依赖于经济条件的范围内"。②

马克思对这种经济条件的迅速增加的认识同渊博的历史知识和政治知识相结合,使他能够在波拿巴政变之后立即用一系列光辉的论证来说明,法国自1848年2月以来的全部历史是占统治地位的资产阶级的反革命活动的结果,是为了能够更稳当、更方便地剥削劳动人民而不断企图重新取消二月革命所争得的民主权利的历史。1848年2月至1851年12月间,在法国资产阶级及其议会的最错综复杂的政治联合的背后也存有对无产阶级的恐惧和他们维护其阶级统治的压倒一切的意志,——维护的办法首先是通过一切资产阶级的和资产阶级化了的君主主义派别在(遭到他们当中许多人暗中憎恨的)议会共和国这个共同旗号下结

---

① 《马克思恩格斯全集》第1版第8卷第152页。
② 参看《马克思恩格斯全集》第1版第37卷第490页。

成的"不自然的"同盟，1851年12月2日以后则是通过波拿巴专政这个更"不自然的"形式。

从由此造成的一方面统治集团不断缩小，另一方面资产阶级民主权利不断减少的平行发展中，马克思在《路易·波拿巴的雾月十八日》中概括出了"沿着下降的路线"① 的革命这一认识。和法国大革命相反（在法国大革命中到1794年热月之前较为坚定的派别都分别获得了成功并最终被另一个更为坚定的派别所排挤——因此革命是沿着上升的路线行进的），在1848年开始的斗争中，在相继而来的每一个阶段，领导权从一开始就落入到那些对领导这场革命前进的兴趣愈来愈小，而对向反革命妥协的兴趣却愈来愈大的人手中。

作为对革命进行对比分析的结果，马克思的这一认识是对无产阶级革命理论的进一步重大发展，尤其是对马克思和恩格斯在1850年初阐述过的不间断革命的理论②的精确阐明。如果资产阶级已经不再作为彻底反封建的力量出现，相反，由于害怕城乡不断壮大的无产阶级而作为"调解的"、背叛革命进程的力量，最后作为反革命力量出现，而无产阶级在资本主义社会关系发展的这一阶段上还无力扭转这种政局，因而还无力迫使革命沿上升的路线行进，换句话说，还不能把革命变成不间断的，那么，革命就必定会沿着下降的路线行进。

这一认识同时也是朝着更深刻地理解推翻资本主义的条件发展到完全成熟这一社会过程的长期性方面继续迈出的一小步，只要无产阶级由于资本主义生产关系的不发达，客观上还不能使自身和城乡劳动人民彻底摆脱大资产阶级政治，也不能争取他们拥护推动资产阶级民主革命的

---

① 《马克思恩格斯全集》第1版第8卷第145页。
② 《马克思恩格斯全集》第1版第7卷第104和292—294页。

政策，那么，要过渡到无产阶级革命就是根本不可想象的。这一点恩格斯早在1851年10月就已经说得很清楚："在资产阶级的各个部分，尤其是其中最进步的部分即大工业家还没有获得政权并按照他们的需要改造国家以前，工人阶级运动本身就永远不会是独立的，永远不会具有纯粹无产阶级的性质。"① 并且只有在社会的这一阶段上——19世纪中叶还没有一个地方达到——才可以说，"十九世纪的重大问题——消灭无产阶级的问题，终于要十分明朗地毫无保留地提出来了"。②

在资产阶级反对将资产阶级民主革命坚决进行到底的斗争中，资产阶级民主的局限性、矛盾性和表面性特别明显地暴露出来了。在这方面，马克思在《路易·波拿巴的雾月十八日》中特别详细地分析了法兰西共和国的选举制度和宪法。

普选权是1849年2月在法国作为巴黎起义的基本成果之一争得来的，并且被当作是资产阶级共和国的基础。1850年3月10日法国资产阶级的利益同普选权发生了冲突——马克思在《法兰西的阶级斗争》中对这一点立即作了深入的分析③——，接着普选权于1850年5月被废除。这是革命沿下降的路线行进的最明显的标志之一。正如马克思在《路易·波拿巴的雾月十八日》中强调指出的那样，普选权在法国真正被废除（停止20年）其实正是在1851年12月路易·波拿巴暂时重新实施它的时候，然而这是历史的辩证法要这样做的。当普选权在法国同时成为反革命资产阶级和波拿巴主义的武器，而在大不列颠则是无产阶级的一个要求，而且它的实施在那里或许已经产生了最深远的革命后果

---

① 《马克思恩格斯全集》第1版第8卷第11页。
② 《马克思恩格斯全集》第1版第8卷第11页。
③ 《马克思恩格斯全集》第1版第7卷第108—109页。

时，对这一困难问题进行精确分析在当时就更为必要了。

马克思在《路易·波拿巴的雾月十八日》中还继续进行了他已进行多年的对宪法文献的分析，首先是对他半年前才深入研究过的1848年11月4日通过的法兰西资产阶级共和国宪法①的分析。对那部被波拿巴政变废除的宪法的作用和性质的评价构成了《路易·波章巴的雾月十八日》这部著作的第2节的核心。1848年2月争得的资产阶级民主权利虽然形式上有了保障，但是它们同时又被一系列限制取消了，因为在宪法的每一段条文中都包含有"自己的对立面"，"在一般词句中标榜自由，在附带条件中废除自由"。②

此外，马克思还指出，1848年的宪法在它的很多条文中不仅已包含了国民议会和总统之间的冲突，而且留给总统即路易·波拿巴的解决这个冲突的方法，只有政变一途。

该宪法的这一致命弱点，只不过在表面上是由某些人决定的，而其根本原因在于，法国资产阶级难以在六月起义后和在尚未结束的革命阶段中违反人民的利益去维护他们的政权，这一点同时也使激烈反对还相当流行的民主主义的和庸俗社会主义的幻想成为必要。但是1851年底问题已不再仅仅涉及普选权、议会制和共和国了，而是在于，为反对封建主义而锻造的一切武器现在都对准了资产阶级，"一切所谓的市民自由和进步机关，都侵犯它的**阶级统治**，并且既威胁它的社会基础，又威胁它的政治上层，因此这些东西就成了'**社会主义的**'了"③。这就得出了起初甚至大部分资产阶级都不了解的结论，即"它**自己的议会制**

---

① 《马克思恩格斯全集》第1版第7卷第578—592页。
② 《马克思恩格斯全集》第1版第8卷第135页。
③ 《马克思恩格斯全集》第1版第8卷第165页。

度,它的整个**政治统治**,现在也应该被普遍指责为**社会主义**的东西了"①。

马克思在《路易·波拿巴的雾月十八日》中指出,"沿着下降的路线"的革命正向着终点奔去,这个终点预示着资产阶级的统治问题将得到较长时期的解决。这个解决办法在1851年对法国来说就是波拿巴主义。它使整个资产阶级摆脱了"和这种统治地位相连的麻烦和危险"。②

19世纪中叶的资本主义生产关系和合乎规律地与此联系在一起的资产阶级同无产阶级的阶级斗争的尖锐化必然造成"资产阶级的实际权力愈强大,它对人民群众的精神统治权力就愈弱"。③ 与此相联马克思考虑了这样一种想法,即在这种"现代生产条件"下,民主共和国一般是否仍然可能是资产阶级社会的发展形式,或者毋宁说,对于资本主义制度已经"只是"意味着"**革命的破坏形式**"。④

后来马克思还多次回到这个对于工人运动的一般斗争条件来说极其重大的问题上来。在1869年版的《路易·波拿巴的雾月十八日》中,他将"**革命的破坏形式**"改为"**政治的改造形式**"⑤,两年后,在对巴黎公社进行理论概括时,他又对这个问题作了进一步的思考。⑥

至于1851年法国的具体情况,那么对占统治地位的资产阶级来说。保持议会制共和国已变得日益困难和危险,但同时在二月革命以来所造成的形势下议会制共和国又是:"整个资产阶级实行统治的唯一可能的

---

① 《马克思恩格斯全集》第1版第8卷第166页。
② 《马克思恩格斯全集》第1版第8卷第201页。
③ 《马克思恩格斯全集》第1版第8卷第171页。
④ 参看《马克思恩格斯全集》第1版第8卷第130页。引文略有改动。
⑤ 《马克思恩格斯全集》原文版第1部分第11卷第708页的异文106.4。
⑥ 《马克思恩格斯全集》原文版第1部分第11卷第698—699页。

形式"。① 这种矛盾不到 4 年就使"秩序党"垮台了,并使波拿巴主义轻易获胜。

马克思对 1851 年 12 月 2 日政变之前的进程的描述——它实际上就是《路易·波拿巴的雾月十八日》这部著作的内容——同时也是对波拿巴主义的实质的揭露。因为波拿巴主义根据其起源和在阶级斗争中的作用,只能是资产阶级极端反革命分子的专政,这个专政依靠军事集团和像"十二月十日会"那样的特殊的、被收买的、地位卑贱的恐怖组织,并且用广泛的蛊惑人心的宣传手段和部分地或暂时地排除资产阶级直接行使国家权力的作法来掩饰自己,这一切使这个国家权力的独立性和超阶级性的假象更具欺骗性。但是如果没有对工人阶级,对一部农民甚至是对资产阶级的一些代表采取血腥的武装镇压措施,那么波拿巴主义也是不可能的。

马克思给波拿巴主义下了一个定义,认为它是资产阶级下述自白,即承认"它本身的利益迫使它逃避**自身统治**的危险;要恢复国内的安宁,首先必须使它的资产阶级议会安静下来;要完整地保持它的社会权力,就应该摧毁它的政治权力;只有资产阶级作为一个阶级在政治上同其他阶级一样低下,个别资产者才能继续剥削其他阶级,安逸地享受财产、家庭、宗教和秩序的福利;要挽救它的钱包,必须把它头上的王冠摘下,而把保护它的剑像达摩克利斯的剑一样地悬在它自己的头上。"② 本卷中首次发表的这段文字的异文表明,马克思为表述这一重要思想而绞尽了脑汁。

马克思对波拿巴主义的分析被历史充分证实了;它的正确性在拿破

---

① 《马克思恩格斯全集》第 1 版第 8 卷第 187 页。
② 《马克思恩格斯全集》第 1 版第 8 卷第 166—167 页。

仑第三被推翻和1871年巴黎公社建立时大家都看见了。列宁根据马克思的这部著作，给波拿巴主义下了一个著名的定义，即波拿巴主义是"一种治理形式，是在民主改革和民主革命的环境里由于资产阶级的反革命性而产生的"。①

　　波拿巴统治建立的前提之一是农民的态度，他们在1851年12月20日和21日的大选中绝大多数人都投了波拿巴的票。马克思认为造成这种局面的原因在于，农民还相当普遍地怀念曾用法律的形式把1792年获得的独立的小块土地固定了下来的拿破仑第一，在于1848年以来法国资产阶级所奉行的敌视农民的赋税政策，但首先在于法国农村的极端落后。几百万张支持政变的票是那些没有政治经验、几乎目不识丁、担惊受怕、与城市文化生活隔绝并且也互不来往的负债的小农投的。小块土地保留下来了。它阻碍了科学与技术的应用，也堵塞了通向农业大生产和资本主义充分发展的道路。取而代之的是，高利贷者和金融资本家利用沉重的抵押债务使法国农民陷入了"受到资本……奴役"的境地，②也就是说，资本不是作为生产力，而是主要作为寄生虫出现了。农业生产停滞不前，全国各地都是一片贫穷的景象。

　　马克思对法国小块土地所有制的经济发展的分析得出了农民和资产阶级之间的矛盾激化是不可避免的结论。农民的被正确理解的利益最终必定会使他们认识到，他们应"把负有推翻资产阶级制度使命的**城市无产阶级**看作自己的天然同盟者和领导者"③。

　　马克思早在1848年在《共产党在德国的要求》中的第17条要求

---

①　《列宁全集》第2版第32卷第79页。
②　《马克思恩格斯全集》第1版第8卷第220页。
③　《马克思恩格斯全集》第1版第8卷第221页。

中，以及1850年在《法兰西的阶级斗争》一书中就提出了关于工农联盟的必要性的思想。在《路易·波拿巴的雾月十八日》中，通过对小块土地所有制所作的历史—经济的分析，这些要求得到广泛的、远远不是仅仅局限于法国的论证。在马克思主义的革命理论中，这一学说得到了更有力、更广泛的论述，即资产阶级民主革命的向前推进和向无产阶级革命的过渡只有作为全体劳动者都参加的人民运动才能实现，而这个运动的核心是工人和劳动农民的牢固的（因为这是有很深的物质基础的）联盟。马克思用精辟的语言表达了这一思想："法国农民一旦对拿破仑帝制复辟感到失望时，就会把对于自己小块土地的信念抛弃；那时奠立在这种小块土地上面的全部国家建筑物，都将会倒塌下来，于是**无产阶级革命就会得到一种合唱，若没有这种合唱，它在一切农民国度中的独唱是不免要变成孤鸿哀鸣的**。"①

正像两年前在《法兰西的阶级斗争》一书中所作的那样，马克思只是简略地提到无产阶级革命这个主题。他意识到，那时这个主题还没有直接提上日程；但是，在对19世纪中叶的资产阶级革命进行详细分析时，如果不至少指出它们与无产阶级革命的根本区别，那么这种分析就会是不全面的。

马克思关于资产阶级革命比起无产阶级革命来是短暂的这一评论②在理论上具有伟大意义。他所持的出发点是，鉴于无产阶级革命所担负的世界历史任务，即消灭一切阶级统治的任务，这个革命必定要包括长得多的时间。在这方面，恩格斯差不多在同一时期曾经指出，资产阶级革命需要进行数十年之久。为了争取压倒封建主义的社会的和政治的统

---

① 《马克思恩格斯全集》第1版第8卷第665页注释89。
② 参看《马克思恩格斯全集》第1版第8卷第125页。

治，英国资产阶级从 1640 年到 1688 年，法国资产阶级从 1789 年到 1830 年一直在进行斗争。① 马克思在《路易·波拿巴的雾月十八日》一书中在广义上使用了革命的概念；这个概念包括工人阶级要走的整个历史道路，即从组织自己的力量以便进行夺取政权的斗争，经过漫长而多变的斗争进程，直到彻底改造现存资本主义社会，并建立起一个崭新的社会制度的基础为止。

早在上个世纪中叶，马克思就已认识到，这一持续几十年的进程肯定是艰辛而充满矛盾的。他预见到了在无产阶级革命的漫长而多变的进程中将会犯的错误和遭受的挫折，但无产阶级由于自身的彻底性，通过自我批评和不断的自我更新将克服这些错误，战胜挫折。马克思认为革命的进步取决于对"自己无限宏伟的目标"② 的逐步认识，也就是说，取决于对这个革命的规模巨大而深远的任务的认识；取决于是否摆脱"一切对过去的事物的迷信"③，取决于为使"内容胜于词藻"④ 而作的持续不懈的努力。在这里，马克思已对群众的觉悟即无产阶级革命较之以往一切革命的主观因素的伟大意义作了重要提示。

马克思在对资产阶级革命和无产阶级革命进行比较时，专心致志地研究每一次革命的核心问题，即政权问题，他对这个问题的研究比对其它问题的研究更为详细。马克思在《路易·波拿巴的雾月十八日》中认为，决定性的区别在于，一切资产阶级革命都把现存的国家机器看作是主要的战利品，它们保存并进一步利用国家机器，因为它们要维护剥

---

① 参看《马克思恩格斯全集》第 1 版第 8 卷第 5 页。
② 参看《马克思恩格斯全集》第 1 版第 8 卷第 125 页。
③ 《马克思恩格斯全集》第 1 版第 8 卷第 124 页。
④ 《马克思恩格斯全集》第 1 版第 8 卷第 124 页。

削阶级的政权，而无产阶级则将彻底摧毁国家机器，这是因为无产阶级不需要这个天然带有寄生性的，扼杀人民的一切积极性的国家机器，因为无产阶级革命体现着政权和国家集中的崭新形式，与之相比，封建资产阶级的"官僚政治……只是"中央集权制的"低级和野蛮的"形式。①

1843年至1844年，马克思在他对法国从封建制度建立以来的历史所进行的广泛研究中，着重致力于研究国家与逐渐形成的资本主义社会之间的相互关系。② 在波拿巴政变之后，马克思第一个认识到，法国的国家军事官僚镇压机器作为专制制度的一种历史现象，在封建制度中就已产生。1789年，1830年，以及1848年的资产阶级革命没有摧毁中央集权的国家机器，而是相反，一直在进一步利用这个国家机器并使之完善化，还为了维持这个国家机器而征收越来越多的赋税，建立新的行政机关。资本主义在法国的不断发展明显扩大和加速了这一过程。它建立了这样一个国家政权，"这里盛行的分工和集中就像工厂里的一样"，并且"这种分工随着资产阶级社会内部的分工愈益造成新的利益集团，即造成国家管理的新对象，而愈益扩大起来。"③

马克思得出的一般结论是："一切变革都是使这个机器更加完备，而不是把它毁坏。"④ 因此，无产阶级革命的首要任务将是"集中自己的一切破坏力量来反对这个权力"。⑤

马克思怀着一个真正革命者的清醒仇恨谴责了法国国家权力执行机

---

① 《马克思恩格斯全集》第1版第8卷第665页注释89。译文有变动。
② 《马克思恩格斯全集》原文版第4部分第2卷。
③ 《马克思恩格斯全集》第1版第8卷第215—216页。
④ 《马克思恩格斯全集》第1版第8卷第216页。
⑤ 《马克思恩格斯全集》第1版第8卷第215页。

关这个"寄生机体",当时它已支配着"五十万以上的官吏"①和"五十万人的军队"②。

与此相联,马克思进一步阐述了他关于在一切分裂为阶级的社会制度中存在着国家与本来的真正的社会之间的对立的学说。他认为在发达的资本主义制度中这种对立特别尖锐,以至于"在这里,国家管制、控制、指挥、监视和监护着市民社会——从它那些最重大的生活表现起,直到最微小的生活表现止,从它的最一般的生存形式起,直到个人的生活止;"在这里它"由于非常的集权制而无处不在,无所不知,并且极其敏捷、极其灵活,同时现实的社会机体却又是极无自动性、极其软弱、极不固定;"③因此,马克思把使"国家权力和社会之间的对立以纯粹的形态表现出来"④看作是开始进行无产阶级革命的最重要的历史前提之一。

在这一广阔的、世界历史的背景中,马克思把打碎旧的军事官僚国家机器的任务看作是无产阶级专政的基本任务之一。正如列宁在1917年强调指出的那样,这一切绝不是偶然的事,即马克思在1852年3月5日,就是说,在他完成《路易·波拿巴的雾月十八日》一书的手稿的那一周就写信给魏德迈说,属于他个人的发现的只是:阶级的存在同生产发展的一定历史阶段的联系;无产阶级专政及其最终目标,即消灭一切阶级和建立无阶级社会的必然性。

在伟大十月社会主义革命爆发前不久,列宁特别仔细地研究了《路

---

① 《马克思恩格斯全集》第1版第8卷第162页。
② 《马克思恩格斯全集》第1版第8卷第215页。
③ 《马克思恩格斯全集》第1版第8卷第162页。
④ 《马克思恩格斯全集》第1版第8卷第223页。

易·波拿巴的雾月十八日》一书，他就马克思关于打碎旧的国家机器的必要性的学说写道："马克思主义在这一段精彩的论述里，与《共产党宣言》相比，向前迈进了一大步。在那里，国家问题还提得非常抽象，只用了最一般的概念和说法。在这里，问题提得具体了，并且作出了非常准确、明确、实际而具体的结论：过去一切革命都是使国家机器更加完备，而这个机器是必须打碎，必须摧毁的。这个结论是马克思主义国家学说中主要的基本的东西。"①

马克思对剥削社会的国家机器的历史和本质的较为深刻的认识，也是他能对波拿巴主义进行透彻分析的前提之一。波拿巴主义者的恐怖统治和公开欺骗就其表面现象而言只是一种反常行为，但实质上是他们行使资产阶级国家权力的结果。路易·波拿巴解散了资产阶级议会，撕毁了资产阶级宪法，结束了第二共和国，但他也把整个国家行政机器、军队、内阁、赋税制度、管理机关和司法机关看作是他的主要战利品。他的甚至迷惑了像维克多·雨果和皮埃尔·约瑟夫·蒲鲁东这样的敌人的全部"伟大"之处，只是在于，他在利用国家机器方面比1851年12月2日以前资产阶级共和派的所作所为更加肆无忌惮。在他身上体现着"不用词句掩饰的力量"。②

马克思在较早的著作中已经指出，资产阶级社会的国家机器由于它的压迫职能决不可能像资产阶级社会主义者艾米尔·日拉丹，或小资产阶级社会主义者蒲鲁东所幻想的那样规模小，费用少。但是只是到了1851年12月2日以后，马克思才更详细地、作为系统的国家机器研究了上溯到专制制度的国家中央集权的历史，研究了国家机器的不断增长

---

① 《列宁全集》第2版第31卷第26页。
② 《马克思恩格斯全集》第1版第8卷第214页。

的独立性，直至以波拿巴专政的形式表现出来的、起初被认为是不可能的执行权对立法权的彻底胜利。马克思揭示了波拿巴政变之前3年中法国政治的基本特征——这一思想贯穿《路易·波拿巴的雾月十八日》全书——，这个基本特征就是，在所有的争论中，路易·波拿巴所代表的执行权都扩大了它的影响，相反，议会却不断退却，沦为"**议会迷**"①，分崩离析、苟延残喘、失去了影响。

这一发展在法国当时的具体条件下是合乎规律的。即使国民议会表面上有可能迫使执行机关进行彻底改革，即简化国家管理，尽可能缩减庞大的官员，让市民社会和舆论界创立本身的、不依靠政府权力的机关，②那么这条路对立法机关和全体议会共和派资产阶级来说也是根本走不通的；因为"法国资产阶级的**物质利益**是和保持这个庞大而分布很广的国家机器分不开的。它在这里安插自己的多余的人口，并且以薪俸形式来补充它用利润、利息、地租和酬金形式所不能获得的东西。另一方面，资产阶级的**政治利益**又迫使它每天都要加强压制，即每天都要增加国家政权的经费和人员，同时又不断地进行反对社会舆论的战争，在不能把独立的社会运动机关根本割掉时，由于对它们猜疑而加以摧残和麻痹。"③

在这一更广泛的理论联系中，马克思同时也剥去了波拿巴主义是某种迥非寻常的东西的假象。第二共和国在政变后"除了外表的体面之外，什么也没有丧失。今天的法国是在议会制共和国中就具有了现成的

---

① 《马克思恩格斯全集》第1版第8卷第187页。
② 《马克思恩格斯全集》第1版第8卷第162页。
③ 《马克思恩格斯全集》第1版第8卷第162—163页。

形态的。只要刺刀一截，水泡就破了，怪物就出现在眼前"。①

英国的占统治地位的资产阶级也认识到了波拿巴专政的彻头彻尾的资产阶级性质；伦敦交易所对路易·波拿巴的进展作出了积极的反应。这个情况马克思在撰写《路易·波拿巴的雾月十八日》一书时也仔细记载下来。②

在一切发达的资本主义国家中，国家机器对工人阶级解放斗争的反应是采取各种各样的反革命措施，马克思把这种反应看作是国家对社会压迫尖锐化的表现。1852年年中，马克思看出，在英国也存在着这一趋势。他在《英国的选举。——托利党和辉格党》一文中写道，托利党人的企图是，"保持住已经丧失了社会基础的政治权力。他们用什么方法才能做到这一点呢？除了反革命，即国家对社会的反动以外，他们没有别的办法。"③

马克思和恩格斯在许多文章中都对当时最发达的资本主义国家英国的政治和经济关系进行了具体分析。恩格斯在他的《英国》这组文章中对路易·波拿巴政变后不久的英国政治的一些方面进行了研究。时隔半年，即在1852年7月的英国下院选举之后，马克思在一系列文章中作了一个总的概括。④ 在这些文章中，他愈来愈多地从对政党结构的分析考察转向对政治关系的经济基础的考察。像《贫困和贸易自由。——日益迫近的商业危机》和《商业繁荣的政治后果》这样的文章都有大量实际材料作根据，马克思已在1849年底重新研究经济学时对这些实

---

① 《马克思恩格斯全集》第1版第8卷第213页。
② 《马克思恩格斯全集》第1版第8卷第199、201—202页。
③ 《马克思恩格斯全集》第1版第8卷第383页。
④ 参看《马克思恩格斯全集》第1版第8卷第381—442页。

际材料进行了加工。①

除了纯粹的政治经济问题之外,马克思还对工艺学、殖民地、文化史和其他领域进行了研究,这些极为广泛、深入的研究构成了他在1851年和1852年进行的理论工作的重点,也构成了本卷收入的那些著作中发表的认识的背景。另一方面,马克思在例如货币理论、地租理论和危机理论中对现实问题的提法,对政治经济学的研究方向产生了影响;这在当时对工人运动的战略有决定意义。在这一综合性的研究过程中,马克思对整个人类历史在结构上和发展上的连贯性的本质的重要认识逐渐形成,这首先指的是在《路易·波拿巴的雾月十八日》一书中第一次使用的"社会形态"这个术语。②列宁把这个术语称作是历史唯物主义的基本概念,因为只有这个概括才使人们"有可能从记载(和从理想的观点来评价)社会现象进而以严格的科学态度去分析社会现象,譬如说,划分出一个资本主义国家和另一个资本主义国家的不同之处,研究一切资本主义国家的共同之处。"③

对这个问题的一般研究以1851年的中期危机为例也可以看得非常清楚。在《路易·波拿巴的雾月十八日》中马克思指出了这个危机对于法国工业的重大影响,而对于工业发展水平较高的英国资产阶级来说,则可能通过一些限制进口和放弃利润的措施比较容易地度过这个中期危机,甚至还进行投资。1852年10月马克思在《贫困和贸易自由……》一文中再次谈到这个问题,并且作了如下的阐述,即较高的工业水平绝不能保护工业资产阶级免受一场真正的生产过剩危机的影响,

---

① 《马克思恩格斯全集》原文版第4部分第7—11卷。
② 《马克思恩格斯全集》第1版第8卷第122页。
③ 《列宁全集》第2版第1卷第110页。

而是恰恰相反，正是工业资产阶级将受到打击："剩余资本愈是向工业生产集中，而不分散到贸易和金融的各个途径去，危机对于工人群众和资产阶级的骨干力量的影响也就愈加广泛、持久和直接。"①

马克思在这篇文章中开始考虑到了在此之前突然发现的危机和革命的联系的相对性。根据周期性的循环"以经常的连续性经过各种不同的阶段——沉寂，然后是若干好转，信心渐增，活跃，繁荣，狂热发展，过度扩张，崩溃，压缩，停滞，衰竭，最后，又是沉寂"②的论断，生产过剩的危机被看作是资本主义再生产过程中的一种正常现象，而不再像恩格斯两年前所猜测的那样，被看作是生产力的发展已经冲破了资本主义外壳的迹象。③这些认识与马克思和恩格斯从许多材料中得出的对现存资本主义社会经济形态发展过程的长期性的认识是相符的。

从这种一般观点来看，在无产阶级革命理论范围内对诸如工人贵族，工人运动中的改良主义、普选权、合作社、工会以及革命的和平道路的作用等问题进行探讨，比在此之前猜想的那样更加必要了。在厄内斯特·琼斯和格奥尔格·埃卡留斯撰写的、发表在宪章派报刊上的一些文章中就作了广泛的尝试，其中有一些文章被证明是在马克思的直接帮助和合作下撰写的，因此这些文章在本卷中首次被收入《马克思恩格斯全集》（《工人阶级的幸福》，《三对一；或，工人阶级的力量》，《即将来临的危机和它为什么会来临》）。后来马克思和恩格斯在从事国际工人联合会的活动时，重新探索了许多在这里第一次出现的理论萌芽，并继续发展它们。

---

① 《马克思恩格斯全集》第 1 版第 8 卷第 420—421 页。
② 《马克思恩格斯全集》第 1 版第 8 卷第 416—417 页。
③ 《马克思恩格斯全集》原文版第 1 部分第 10 卷第 314 页。

早在1851—1852年马克思就认真研究了在像英国那样的社会和政治条件下普选权的意义，用马克思的话来说，普选权的实行"就等于英国工人阶级的政治统治"①。这里的"政治统治"绝不是无产阶级专政的同义语。在马克思的直接影响下，《评关于政变的著作》这组文章对此作了更确切的解释。普选权一旦争得，也"只是朝着革命方向迈出的具有决定意义的第一步，只是组建他们的军队所必需的一块地盘，只是迄今以隐蔽的方式进行的阶级战争终于能够光明正大地进行到底的战场，总之，只是人民解放的手段，而不是它的目的"②。由于当时工人阶级在英国工业区占人口的绝大多数，不受任何限制的普选权当然会赋予他们以重要的政治权力，但是马克思指出，他们不会因为他们的人数而自动获得这种权力，而是英国的无产阶级"在长期的、虽然是隐蔽的内战过程中……已经清楚地意识到自己的阶级地位"③。

这暗指宪章运动的伟大传统，虽然这个运动在1848年4月遭受了严重的失败，但是它的在琼斯领导下的左翼在许多问题上与马克思主义的思想立场相接近。在本卷中有文献资料为证的马克思和恩格斯积极为琼斯出版的宪章派机关报撰稿的活动，是在已经形成的资本主义的阶级结构和社会结构的条件下，实际成立一个全国规模的工人阶级群众性革命政党的最初尝试的表现。马克思和恩格斯对当时客观存在的为建立更大的革命政党而斗争的条件的看法，在《建立新反对党的尝试》一文的结尾作了简要的概括。1852年11月，马克思在这篇文章中写道："目前，宪章派的群众也被物质生产吸引住了。但是党的核心到处都在

---

① 《马克思恩格斯全集》第1版第8卷第390页。
② 《马克思恩格斯全集》原文版第1部分第10卷第507页。
③ 《马克思恩格斯全集》第1版第8卷第391页。

重新组织起来,在英格兰和苏格兰重新建立了联系。一旦商业和政治的危机到来,目前宪章运动的总参谋部毫不声张地进行的活动就会在整个大不列颠显示出它的作用。"①

当马克思和恩格斯极其重视利用非革命时期来进行彻底的研究的时候,一些工人运动的代表人物特别是庸俗民主主义的代表人物却推崇冒险主义、唯意志论和把革命当儿戏。一个和为无产阶级运动的独立性而斗争紧密联系在一起的、贯穿全卷的问题就是马克思和恩格斯与小资产阶级流亡者的冒险主义政策的论战。

这一论战以1850年三月讲话中阐明的共产主义者的政策为理论依据,并且同样涉及主要在伦敦和美国进行活动的法国、德国、匈牙利、奥地利和意大利的小资产阶级代表人物。早在1847年,马克思和恩格斯在与卡尔·海因岑的论战中就抨击那些政治家不是民主主义者,而是庸俗民主主义者,他们败坏革命事业的声誉,加强反共产主义的力量,甚至在某些情况下直接或间接地充当政治警察的帮凶。

马克思对波拿巴主义的本质的认识,使他能非常敏锐地看清某些政治行为的冒险性。马克思一抓住朱泽培·马志尼和拉约什·科苏特同路易·波拿巴的最早的联系就予以公开揭露,并且促使厄内斯特·琼斯、阿道夫·克路斯和约瑟夫·魏德迈在这方面表态(参看《科苏特、马志尼和路易·拿破仑》,《答科苏特的"秘书"》,《科苏特是什么人?》)。

用一切可以使用的新闻手段同冒险主义和把革命当儿戏的行为作斗争,这在1851—1852年客观上正好是马克思、恩格斯以及他们的战友们应尽的党员职责。在反动派加紧对一切真正的民主主义者和共产主

---

① 《马克思恩格斯全集》第1版第8卷第442页。

者进行镇压的时期，无产阶级政党必须明确无误地与任何"左倾"冒险主义、假密谋、革命公债以及诸如此类的现象划清界线。因此本卷始终贯穿着他们的活动的这一方面。这里有马克思于1851年夏天写的关于伦敦流亡者的概况，以及1852年秋他与科苏特的争论，《德国的革命和反革命》、《路易·波拿巴的雾月十八日》和《揭露科隆共产党人案件》中关于小资产阶级民主的本质的原则性论述。在马克思和恩格斯的支持下，埃卡留斯、琼斯和魏德迈等人也都参加了这场争论，他们写的文章收入本卷附录中（《反对卡尔·海因岑的声明》，《德国的运动和它的"顶峰"》，《评关于政变的著作》及其他）。马克思和恩格斯在恩斯特·德朗克的协助下撰写的论战性著作《流亡中的大人物》达到顶点，然而这本书在作者生前未能出版。

这幅以精湛的论战技巧描绘的暴露了一大批庸俗民主主义文学和政治代表人物好说空话和追名逐利的嘴脸的图画。维护了工人运动在政治上、组织上和思想上的独立。这本论战性小册子表明，忽视现状和实际斗争条件会引向何处。

马克思和恩格斯以共产主义运动代表的身份出现，在这段时间里在为科隆被捕的共产主义者同盟领导成员的辩护中表现得最为明显，普鲁士反动派对这些领导人策划了第一次大规模的反共产主义的倾向性审判。马克思和恩格斯向舆论发出了警告，他们反对一再拖延进行审判，揭露监狱的骇人听闻的恶劣条件，说明了案件的政治背景和种种关联，以及政治警察在获取和伪造诉讼材料方面的犯罪方法，制定了进行辩护的政治路线，提供了具有决定意义的使被告获释的证明材料，组织了声援大会，并在审判结束后立即对这个事件作出了历史性评价。

这项活动贯穿本卷始终，与之有关的文献首先是马克思的《揭露科隆共产党人案件》，1851年10月4日以后的一系列报刊声明，恩格斯寄往科隆的文件的目录，审判结束时发表的各种声明和文章（《致英国各报编辑部的声明》，《科隆案件》，《关于最近的科隆案件的最后声明》，《最近的科隆案件》以及《关于救济科隆被判罪的无产阶级代表及其家属的呼吁书》）。

收入"附录"中的一系列文献清楚地表明，马克思和恩格斯在多大的规模上把其他同盟盟员（阿道夫·克路斯、威廉·皮佩尔、约瑟夫·魏德迈）吸引到这项多方面的、紧张的政治工作中来了。这也包括卡尔·施奈德第二的辩护词以及由查理·德纳撰写的报刊评论《普鲁士的公正》。本卷中收入的这些材料中的大部分都是在《马克思恩格斯全集》中第一次发表，它们都得到了马克思和恩格斯的直接帮助或直接合作。

《揭露科隆共产党人案件》是对"党的历史声讨权"（"Historische Vindication der Partei"）的第一个贡献，8年后马克思的抨击性小册子《福格特先生》①也是为此而写的。随着1850年9月15日马克思在共产主义者同盟中央委员会会议上的演说②以及其他报告的第一次部分公开发表，马克思为党史的撰写奠定了基石。但首先马克思以他的《揭露……》创作了反对反动的普鲁士政府的第一篇战斗檄文。有文件为证的、在科隆共产党人案件的策划和执行过程中表现出来的反共产主义，是反革命暂时获胜的最集中的表现。在普鲁士由于容克—资产阶级的阶级妥协，这个反革命具有了特别明显的反动特征。马克思把威廉·施梯伯描绘为案情发展中的象征人物，普鲁士和施梯伯这两个概念，在马克思预言的

---

① 《马克思恩格斯全集》第1版第14卷第397—754页。
② 《马克思恩格斯全集》原文版第1部分第10卷第577—580页。

普鲁士国家的"耶拿！"①之前，实际上应该是合为一体的。

马克思从辩护转向控诉。他不仅痛斥了警察的挑衅，伪造证件，强迫提供假证词和其他违法行为，而且还指出了普鲁士统治阶级使用这些犯罪方法的必然性。为了维护行使权力的反动制度（在这个制度下，旧的封建势力掌握着国家的关键职能，而大资产阶级则掌握着经济权力），一定要对受到指控的共产党人进行判决，而不管是否有证据。其实科隆的原告和陪审员都像1851年12月2日之前的法国资产阶级一样面临着同样的二者择一的难题：不是剥削者的统治的危害，就是波拿巴的"十二月帮"的统治；不是权力妥协的危害，就是政治警察的统治。像路易·波拿巴收买普选权一样，施梯伯收买了陪审法庭的民主机构。科隆案件表明，"陪审法庭是特权阶级的等级法庭，建立这种法庭的目的是为了用资产阶级良心的宽广来填补法律的空白"。②马克思的《揭露科隆共产党人案件》预言科隆判决以后必将由历史来纠正：社会的进步的最优秀的先锋战士共产党人无罪，有罪的是暂时获胜的反革命。

科隆判决宣布后，共产主义者同盟根据马克思的提议，在1852年11月停止了在英国的活动，并宣布同盟在欧洲大陆的继续存在已不合时宜。在革命的工人运动由于内部发展原因和外部情况终于越过了秘密团体阶段，但在革命后的反动时期作为**"未来的反对党"**③公开进行反对纯粹的资产阶级统治的活动还不可能开展的时候，共产党必须暂时退回到理论工作和新闻工作阵地上去，而且它的组织活动也要限制在最小范围内。

---

① 《马克思恩格斯全集》第1版第8卷第536页。
② 《马克思恩格斯全集》第1版第8卷第536页。
③ 《马克思恩格斯全集》第1版第8卷第522页。

马克思在《揭露科隆共产党人案件》中，恩格斯在《最近的科隆案件》中对党面临的局势作了分析，他们的分析就内容而言，非常一致。他们是这样一些力量的代言人，"它们懂得：推翻现存政府只不过是即将来临的伟大斗争中的过渡阶段，它们竭力把以它们为核心的党团结在自己的周围，训练党去进行最后的决战。这一决战或迟或早将必然在欧洲不仅永远消灭'暴君'、'专制君主'和'王位追求者'的统治，而且永远消灭无比强大的极端可怕的权力：资本对劳动的支配权"。①

（原载《马克思恩格斯全集》原文版第1部分第11卷第11—33页）

（王建武、夏静、李壮志、张延春 译 李俊聪 校）

---

① 《马克思恩格斯全集》第1版第8卷第450页。

马克思恩格斯在革命进入低潮时期的理论研究和革命活动

——《马克思恩格斯全集》原文版第1部分第12卷前言[*]

本卷收入的是马克思和恩格斯写于1853年1月至12月的著作、文章和草稿。所有文章除一篇而外都是为报刊撰写的稿件。这些报刊的性质迥然不同：有资产阶级的大报《纽约论坛报》，两家工人报纸，即伦敦《人民报》和纽约《改革报》，《改革报》上的文章都是转载的。[①] 其中多数文章发表在《纽约论坛报》上。马克思和恩格斯为报刊撰稿始于1851年或1852年。[②] 在共产主义者同盟解散以后，[③] 马克思和恩格斯从事政论活动的意义愈来愈显得重要。当时党的工作主要是进一步制定无产阶级革命运动的思想和理论原理并公开加以阐述，团结并培训一批能够组建工人阶级革命政党的干部，以迎接革命的新的高涨。恩格斯在几年以后写道，共产主义者的政党在反动时期既没有无所作为也没有耽于徒劳的革命游戏，它有个"很大的优点，就是有一个新的科学的世界观作为理论的基础，研究这个世界观已经够忙了"。[④] 这样一来，

---

[*] 本文选自《马克思恩格斯研究》1991年总第6期。
[①] 参看《马克思恩格斯全集》原文版第1部分第12卷第702—705页。
[②] 参看《马克思恩格斯全集》原文版第1部分第11卷。
[③] 参看《马克思恩格斯全集》第1版第28卷第197页。
[④] 《马克思恩格斯全集》第1版第13卷第528页。

把新的认识和由此得出的有关未来战略和策略的结论通过报刊传播给分散在各处的战友,就显得格外重要。

1850年秋马克思重新开始自己的经济学研究工作,① 这些研究反映在他所作的内容广泛的摘录笔记中。1852年,尤其是1853年,他的研究范围已扩展到了资本主义社会的其他领域,如文化史和风俗史、殖民地问题,尤其是英国在印度的殖民政策以及国际关系史(尤其是外交史)等。上述研究范围的扩展是与政论活动密切相关的。马克思在研究中遇到的一些问题要求进行更广泛的史料研究。因此,科学考察和政论活动之间就产生了这样的相互关系:一方面,马克思的研究成果使他能更好地从历史和社会方面描述现实的事件并同时阐明他理论中的重要观点;另一方面,日常政治斗争的必然性和利用报纸对这种必然性的评述,又导致了对新研究领域的开拓。例如马克思在撰写关于帕麦斯顿勋爵的连载文章时,就对英国的对外政策历史作了大量研究。他就此写信给恩格斯说:"我高兴的是,偶然的机会促使我更深入地去熟悉二十年来的对外政策——外交政策。这一方面我们完全忽略了,可是,我们应当知道我们要和什么人打交道。"②

在马克思和恩格斯那里,科学研究和政论活动是不可分割的整体。他们撰述的许多文章都包含了重要的理论概括,这在关于印度问题和英国经济发展的文章中表现十分明显。在这方面,他们两人涉及的科学研究领域有所不同。马克思侧重研究政治经济学、世界历史(包括殖民地、半殖民地国家的历史)以及欧洲各国的对外政策,尤其是外交;恩格斯则侧重研究军事科学和语言问题,尤其是东方语言和斯拉夫语言。

---

① 参看《马克思恩格斯全集》第1版第13卷第10页。
② 《马克思恩格斯全集》第1版第28卷第307页。

由于研究领域有别，因而他们在撰稿活动中，尤其在为《纽约论坛报》撰稿中，便逐渐形成了分工。①

这两位科学共产主义的创始人在写作方式上不得不适应这家报纸的资产阶级性质；而由于他们具有丰富的新闻工作经验，成功地以日常通讯的形式揭露了资本主义社会的弊端并无情地批判了剥削阶级实行的政策。他们的时事评论在这方面达到了一个新的、更高的阶段。这两位挚友在这项工作中配合默契。马克思在自己的文章中揭露各国反动政府、大臣、外交家、剥削阶级政党领袖以及保守派和自由派的报刊。他一再称赞恩格斯敏捷的理解才能和挥洒自如的写作本领。他称恩格斯是一部"真正的百科全书，不管在白天还是黑夜……在任何时候他的工作能力都很强，写作和思索都极快"②。在马克思本人从事一部较大型著作的写作，或受到生活中麻烦事的困惑，以及在研究现实事件而急需帮助时，恩格斯的上述长处就特别管用。

马克思和恩格斯1853年的政论题材范围主要是欧洲几个最重要国家的政治事件、这些国家间关系的发展和国际无产阶级革命运动的要求。反动统治在1853年尚在欧洲大陆各个国家延续，还看不出革命运动复苏的任何迹象。在英国，1852年和1853年之交，由托利党人、辉格党人、皮尔派以及若干温和派自由党人联合组成一个新政府，开始行使职权。资本主义各国1849年前后开始的普遍经济繁荣势头未减，尽管英伦三岛和欧洲大陆上的个别的不景气现象证明了这种繁荣的不稳固性。1853年春，国际关系开始出现逆转。起因是英、法、俄三国之间为在近东争雄，并瓜分四分五裂的土耳其帝国而进行的角逐尖锐化了。

---

① 参看《马克思恩格斯全集》原文版第1部分第12卷第672—673页。
② 《马克思恩格斯全集》第1版第28卷第604页。

俄国和土耳其之间出现军事冲突并于1853年10月开战。

由于上还原因，马克思和恩格斯1853年把他们的撰写工作主要集中在以下几个问题上：

——欧洲最重要的几个国家尤其是最发达的资本主义国家英国的经济的和政治的发展；

——资本主义列强的殖民政策和被压迫各国的民族解放斗争；

——国际关系问题，着重考虑东方问题以及俄国与土耳其之间军事行动的最初阶段；

——由上述发展而形成的对民主主义运动和无产阶级运动重新高涨的展望和无产阶级革命政党的战略和策略。

经济学研究是政论评述的理论基础。马克思和恩格斯在50年代仍然继续发展他们世界观的各个组成部分，不过重点是政治经济学。马克思进一步分析了在《路易·波拿巴的雾月十八日》中首次称之为资本主义"社会形态"①的这一社会的运动规律，这就首先为工人阶级完成历史使命创造了极其重要的理论前提。本卷虽然没有收入专论经济学问题的理论文章，但是却可以从马克思对不同领域经济发展的详尽阐述中和他对发展原因所持的见解中看出，他得出的结论与一系列理论问题上取得的进展有关，而这些问题通常仅仅出现在1850—1853年的摘录笔记中，例如危机周期、货币流通以及对资产阶级庸俗经济学的批判等等。② 本卷首次公开发表了在摘录笔记本中取得的若干研究成果。

马克思尤其关注资本主义经济的周期发展。这不仅见于摘录笔记，也表现在他的一篇文章中。在这篇文章中，他把周期的各阶段表述为

---

① 《马克思恩格斯全集》第1版第8卷第122页。
② 参看《马克思恩格斯全集》原文版第4部分第7卷第13—38页。

"停滞、繁荣、狂热发展、危机和极度低落"①。早在1850年马克思和恩格斯就已经看出,不应在流通中去寻找造成资本主义经济周期性危机的原因,这种原因不过表明资本主义生产关系同生产力陷入日益加深的矛盾之中。但是流通中发生的现象可能是酝酿和爆发危机的信号。正确阐述这个问题,对制定工人运动的战略策略是很重要的。所以,本卷收入的几篇文章是研究货币流通和信贷制度问题的。

从这里可以看出,经济学研究和现实事件之间是有紧密联系的。马克思在《维也纳照会。——美国与欧洲。——苏姆拉来信。——皮尔的银行法令》②一文中论述罗伯特·皮尔爵士1844年的银行立法对1847年经济危机进程的影响。这项银行法令所持的观点以大卫·李嘉图为依据,认为政府可以通过正确的货币政策和信贷政策防止危机的发生。而马克思则以1847年经济危机进程为依据证明,皮尔的银行法令非但没有防止危机,反而大大加深了危机,因为该项立法在急需货币和信贷的时候却根据银行法令通过英格兰银行对货币流通加紧限制,因而加深了危机。

这样一来,马克思在这篇文章中也就公开摒弃了李嘉图的货币流通数量论。他在1851年2月3日写给恩格斯的信③中第一次驳斥了这种见解。在批判皮尔的银行立法时,马克思依据的主要是他的《伦敦笔记》(1850—1853)第Ⅰ、Ⅴ、Ⅵ笔记本。④ 在稍后几天写下的通讯《政治动态。——欧洲缺粮》中,他对1853年的经济发展得出了结论。这篇文

---

① 《马克思恩格斯全集》第1版第9卷第191页。
② 《马克思恩格斯全集》第1版第9卷第330—340页。
③ 《马克思恩格斯全集》第1版第27卷第192页。
④ 《马克思恩格斯全集》原文版第1部分第12卷第956页。

章,以及后来恩格斯也参加撰写的一些文章清楚地表明,他们两个人把英国经济中可以观察到的停滞看作是日益临近的经济危机的预兆。①

危机同革命之间的关系问题,在1853年撰写的文章中占有重要地位。同前几年一样,马克思和恩格斯在1853年也还是持如下意见的,即一次新的危机不可避免地要引起一次革命的新的高潮。这在《中国革命和欧洲革命》等文章中可以很明显地看出来。马克思认为,危机将在最发达的资本主义工业国家英国首先开始,"一旦扩展到国外,直接随之而来的将是欧洲大陆的政治革命。"② 马克思在他的1853年9月13日的那篇通讯的结尾,③ 表达了同样的思想。之所以产生这种把危机同革命相联系的观点,是由于经济学理论发展水平不足所致。④ 只有通过进一步的研究和经验的积累,才使马克思认识到,一次危机并不一定就会产生一次革命高潮,而是还有一系列其他因素在起作用。

本卷收入的一些文章还包含有关于可能很快爆发一次新的周期性危机以及相应掀起革命运动,首先是工人运动高潮的论点,而要正确认识这些论点,弄清下面这样一点同样是十分重要的:在1853年,马克思和恩格斯还持有以五年为一个周期的观点。这不仅仅是因为他对构成周期性生产过剩危机的基础的那些规律认识得还不充分。这些规律基本上在《剩余价值理论》⑤ 中才明确提出来。主要原因在于,只是在1847年以后,由于加利福尼亚和澳大利亚发现了金矿,资本主义的世界市场

---

① 《马克思恩格斯全集》第1版第9卷第350—359页。
② 《马克思恩格斯全集》第1版第9卷第114页。
③ 《马克思恩格斯全集》第1版第9卷第349页。
④ 参看《马克思恩格斯全集》原文版第4部分第7卷第14—15页。
⑤ 《马克思恩格斯全集》第1版第26卷。

有了发展，才明显出现了一种较长的周期。① 所以，1853 年英国和其他国家的经济出现的某些停滞现象才会被看作是新危机的开端。这种观点在马克思和恩格斯以及他们的友人、战友为《纽约论坛报》、《人民报》和《改革报》撰写的文章中都有所反映。

马克思密切结合经济学的研究，主要在《内阁的成就》、《新的财政把戏或格莱斯顿和便士》、《菲格斯·奥康瑙尔。——内阁的失败。——预算》、《君士坦丁堡的乱子。——德国的招魂术。——预算》等文章中对英国政府为迎合当权的政治寡头的利益而实行的税收和财政政策进行了广泛的抨击。这些文章发表在《人民报》上，就特别向工人们揭露了英国政府实行的财政和税收措施的阶级性质。马克思指出，它们只不过是为统治阶级的利益而加强掠夺劳动者的一种手段而已。他还指出，说到底，统治阶级内部不同派别之间为争得剥削的最大份额而发生的冲突，同剥削者和被剥削者之间的主要矛盾相比是第二位的。在同英国工业资产阶级意识形态的代表曼彻斯特学派的论战中，可以看出这一论点。②

从周期性经济危机是不可避免的这一观点出发，马克思用大量文章驳斥了资产阶级政论家们，首先是自由贸易的拥护者们的说法，即英国经济从 1847—1848 年危机以来所经历的繁荣，给劳动者带来了稳定的福利。他在许多文章中指出了资产阶级与日俱增的财富同工人阶级大多数人的种种形式的贫困之间的矛盾，并以英国工人日常生活中的事实来证明，繁荣根本没有减轻众多无产者的贫困状况，没有消除他们在工厂受到的精神和肉体上的摧残，没有消灭失业。

---

① 参看《马克思恩格斯全集》第 1 版第 36 卷第 26 页。
② 参看《马克思恩格斯全集》第 1 版第 9 卷第 80—84 页。

马克思在几篇通讯中,还特地用两种明显的现象来证明,英国无产者必须为资本主义的繁荣付出代价——饥饿和被迫流亡。他描述了这个在当时地球上最富裕的国家因营养不良和精力衰竭而引起的死亡事件,并且指出,失业、贫困和土地歉收每年都迫使成千上万的劳动者流亡国外。与此相关,马克思还考察了不同社会形态中的人口发展规律。在古代,生产力匮乏是迫使流亡的原因。他认为之所以如此,是因为当时人们还不知道在生产中应用自然科学。① 相反,资本主义人口发展的基本规律在于,雇佣工人被机器排挤。后来,在《资本论》中,他从上述考虑得出结论说,任何一种生产方式都有它自身的人口规律。② 这样看来,在《强迫移民。——科苏特和马志尼。——流亡者问题。——英国选举中的贿赂行为。——科布顿先生》一文中,关于资本主义人口规律的认识尚处于萌芽状态。③

在马克思重新开始经济学研究以后,还考察了美国日益增长的经济的和政治的重要性。从他为《纽约论坛报》撰稿时起就自然而然加强了这方面的注意力。美国资本主义发展的特殊性,它在其他资本主义国家中的位置,而首先是它同英国资本的竞争以及由此而给美国政治经济学带来的后果,正是这些东西引起了他的兴趣。他研究过亨利·查理·凯里的著作,这个人提倡的"阶级和谐"观点当时在美国十分流行④。而凯里同《纽约论坛报》关系甚为密切,他也注意到马克思的文章。1853年他还寄赠给马克思一本他最新出版的书。⑤ 他在书中还引用了马

---

① 参看《马克思恩格斯全集》第1版第8卷第619页。
② 参看《马克思恩格斯全集》第1版第23卷第692页。
③ 参看《马克思恩格斯全集》第1版第8卷第617—620页。
④ 参看《马克思恩格斯全集》原文版第1部分第12卷第683—684页。
⑤ 参看《马克思恩格斯全集》第1版第28卷第269页。

克思写的关于萨特伦德公爵夫人的文章。①

克路斯的文章《"合众国最佳报纸"及其"最杰出的先生们"和国民经济学家们》是以马克思搜集的资料为基础写成的。② 它评论凯里的出发点是，他"没有超越美国的特点尚不明显的、模糊的、捉摸不定的阶级关系"。③ 由于马克思把凯里看作是美国的一名重要经济学家，④ 所以1853年克路斯在文章中首次以政论的形式对他进行评论就显得特别重要。还值得一提的是，1853年第一次在出版物中明确强调了资产阶级古典经济学和庸俗经济学的对立，当时这还只是蕴含在马克思的笔记和信件中的观点。马克思和克路斯指出，如果说凯里把美国资产阶级社会的矛盾原因归结为英国工业的影响并企图以保护关税使美国工业家不受英国竞争的影响，那么他代表的是美国工业资产阶级的利益。⑤ 同时凯里还抨击英国资产阶级古典经济学家，尤其是大卫·李嘉图，因为他们的观点是"无政府主义者、社会主义者，简言之是一切'资产阶级制度的敌人'的武库"⑥。

由于马克思无法在《纽约论坛报》的栏目中公开同凯里交锋，⑦ 所以除了在《改革报》上发表文章外，他还在《论坛报》的一些通讯中进行间接论战。比如，他首先在论述印度的文章中指出资本的集中和大

---

① 参看《马克思恩格斯全集》第1版第8卷第569—576页。
② 参看《马克思恩格斯全集》原文版第1部分第12卷第1150—1152页。
③ 参看《马克思恩格斯全集》原文版第1部分第12卷第621页。
④ 参看《马克思恩格斯全集》第1版第28卷第508页。
⑤ 参看《马克思恩格斯全集》原文版第1部分第12卷第621页。
⑥ 参看《马克思恩格斯全集》原文版第1部分第12卷第621页。
⑦ 参看《马克思恩格斯全集》原文版第1部分第12卷第684页。

工业对社会发展所起的革命性作用。①

同凯里的论战对于工人运动具有重大的意义,其影响远远超出了美国的国界。马克思反对一切否认资产阶级社会存在对抗性矛盾并借以为改良的企图铺设道路的观点。几年以后,他在《巴师夏和凯里》的提纲中进一步批判了资产阶级庸俗经济学。②

本卷有几篇文章是论述农业发展问题的。其中具有特殊理论价值的,是《选举。——财政困难。——萨特伦德公爵夫人和奴隶制》这篇通讯,马克思在这里研究了大不列颠原始资本积累的基本特征,即大土地所有者肆无忌惮地侵吞农民的财产并使他们背井离乡:"如果说把哪一种财产称为**盗窃**更确切的话,那么不列颠贵族的财产就是名副其实的盗窃。掠夺教会的财产,掠夺公社的土地,通过欺诈和消灭兼施的办法把封建的宗法的财产变为私人财产,——这就是不列颠贵族占有领地的法律根据。"③

这里,马克思决不是站在道德说教或伤感的立场上来考察资本主义的农业发展的。他在同凯里的论战中已经表明,他所使用的尺度是历史的进步。这一点在约翰·格奥尔格·埃卡留斯论述法国农业的文章中表现得十分明显,④ 此文是在马克思的指导下写成的,并首次在本卷的附录中重新刊登。这篇文章表明,资本主义在农村的发展对农民的小所有制有什么样的经济的和社会的后果;表明任何维持小所有制、或者在资本主义条件下使之重新活跃起来的企图,都不过是一种反动的空想。厄

---

① 参看《马克思恩格斯全集》第 1 版第 9 卷第 143—150、246—252 页。
② 参看《马克思恩格斯全集》原文版第 2 部分第 1 卷第 1 分册第 3—15 页。
③ 《马克思恩格斯全集》第 1 版第 8 卷第 575 页。
④ 《马克思恩格斯全集》原文版第 1 部分第 12 卷第 605—617 页。

内斯特·琼斯曾计划把农村的工业工人移居到小农场，① 马克思显然针对这些计划作出这样的结论："但只要田地及其收获物仍属于私人所有，我们就宁愿要英国的大农场制度，而不要法国的小农场制度。"② 关于农业问题文章所涉及的主要内容，是1853年的歉收前景。③ 马克思把农业生产中的这些困难及其可能产生的各种后果同1846年的歉收、同这次危机对人口状况的影响以及对1847年经济危机的影响作了对比。

马克思和恩格斯在分析资本主义生产关系，特别是资本主义世界经济和世界市场形成的同时研究了资本主义的殖民政策，首先是1853年英国的殖民政策。在《中国革命和欧洲革命》、《不列颠在印度的统治》以及《不列颠在印度统治的未来后果》等许多文章中，马克思首次揭示了社会问题、民族问题和殖民地问题三者间的联系。他对不列颠在印度的殖民统治所产生的矛盾结果的考察是对社会进步的辩证法研究的一个杰出的贡献。

马克思撰写的有关印度的文章，远远超出了他写作的初衷，即超出评论英国政府改革印度殖民地管理的范围。他从开始就密切注视英国占领印度和使之殖民奴役化的各个最重要的阶段。同时他揭露了不列颠"东印度公司"充当征服印度的工具的角色。它通过发动掠夺性战争把印度领土据为己有，挑拨部落矛盾和等级矛盾并利用这些矛盾来巩固自己的统治。马克思着重指出了不列颠寡头政治所建立的官僚管理体制的寄生性，这一官僚管理体制有利于掠夺和压迫当地居民，并为贵族和金融贸易寡头的亲属设立了数不清的闲差。他阐述了不列颠统治阶级内部

---

① 《马克思恩格斯全集》原文版第1部分第12卷第1147页。
② 《马克思恩格斯全集》原文版第1部分第12卷第616—617页。
③ 《马克思恩格斯全集》第1版第9卷第341—349、472—476、491—500页。

各集团的不同利益和与此相联系的、对管理不列颠最大、最富有的殖民地的态度:"……于是,印度就成了产业资本对金融寡头和寡头政治作斗争的场所了,厂主们意识到自己在英国的权势不断加强,现在正要求消灭在印度的这些敌对势力,铲除在印度的全部旧的管理机构。彻底消灭东印度公司。"① 这样一来,马克思同时也就揭示出了不列颠工业资产阶级的政治代表人物所要求的印度管理体制改革的阶级局限性。其实对这些人来说,改革不过是改变一下剥削的形式而已,大不列颠自身经济的发展已使这一改革成为必要的和可能的。

在考察了印度人民特别是农民遭受的剥削以后,马克思得出结论认为,她们受到双重掠夺:即不列颠统治者和本国剥削者的掠夺。形形色色的赋税,特别是土地税和盐税,沉重地压在印度人民的肩上。不列颠纺织工业的竞争,渐渐摧毁了印度农村公社的一个重要基础即家庭手工业。这种竞争虽然扫除了落后的、宗法的土地共同占有形式,但是不列颠的殖民统治者们同时却保留了资本主义以前的剥削方法并充分地利用它们来提高土地税。② 另一方面,他们却忽视了公共工程,特别是农田灌溉,这给印度农业带来了灾难性的后果。

马克思把印度人民所受的殖民剥削同爱尔兰的状况作了比较:"……从社会方面来看,印度斯坦……是东方的爱尔兰"。③ 这也成了同一时间他在关于爱尔兰租佃权的文章中谴责英国地主剥削爱尔兰农民的强盗般的掠夺方法的原因。④ 他指出,不列颠的寡头政治已在爱尔兰岛

---

① 《马克思恩格斯全集》第 1 版第 9 卷第 175 页。
② 参看《马克思恩格斯全集》第 1 版第 9 卷第 243 页。
③ 《马克思恩格斯全集》第 1 版第 9 卷第 143 页。
④ 参看《马克思恩格斯全集》第 1 版第 9 卷第 177—183 页。

造成了这样的社会关系：它们"使一个小小的**特殊等级**——贪婪的贵族得以对爱尔兰人民为所欲为，任意规定他们在什么条件下才能使用土地和靠土地生活。"①

收入本卷的著作最清楚不过地表明，资产阶级社会制度在殖民地表现出的非人道性要比在宗主国里更为露骨、更为残酷："当我们把自己的目光从资产阶级文明的故乡转向殖民地的时候，资产阶级文明的极端伪善和它的野蛮本性就赤裸裸地呈现在我们面前，因为它在故乡还装出一副很有体面的样子，而一到殖民地它就丝毫不加掩饰了。"②

然而，马克思并没有仅仅停留在对资本主义殖民统治及其灭绝人性的作法的谴责上。他把这种现象视为一种历史规律，即先进的生产方式必然会摧毁过时的生产关系："不列颠人是第一批发展程度高于印度的征服者，因此印度的文明就影响不了他们。他们破坏了本地的公社，摧毁了本地的工业，夷平了本地社会中伟大和突出的一切，从而消灭了印度的文明。"③

马克思认为，19世纪印度的变革是一场社会革命。④ 按照他的看法，印度自身的生产力会在这个基础上发展起来。从而"使印度变成一个生产国"⑤，他认为，这同进步的社会变革是联系在一起的。同时，他也指出，不列颠殖民统治者只是出于无奈，也就是为利润和殖民掠夺利益所驱使，才促进了资本主义经济因素的产生。资本主义关系的形成是同深重的苦难密不可分的，重负则压在印度人民大众的背上；因为在

---

① 《马克思恩格斯全集》第1版第9卷第179页。
② 《马克思恩格斯全集》第1版第9卷第251页。
③ 《马克思恩格斯全集》第1版第9卷第247页。
④ 参看《马克思恩格斯全集》第1版第9卷第149页。
⑤ 《马克思恩格斯全集》第1版第9卷第248页。

不列颠殖民统治者的奴役下，只有符合上述利益的那些工业部门才能兴起。所以，这种发展是资本主义生产方式的合乎规律的产物，然而它又为一种新的社会制度创造了物质条件，在这种新的社会制度中，"人类的进步才会不再像可怕的异教神像那样，只有用人头做酒杯才能喝下甜美的酒浆。"①

马克思在对殖民地问题的最初论述中指出，印度人民要从不列颠殖民统治的剥削下解放出来有两条道路可走（这自然也适用于其他遭受殖民压迫的各国人民）：要么是大不列颠无产阶级夺取政权，要么是印度人自己解放自己并赶走殖民统治者。② 这说明，马克思那时就已经着重强调了殖民地民族的解放斗争同工人革命运动间的不可分割的联系。在《中国革命和欧洲革命》这篇文章中，他进一步发展了以下观点：殖民地的革命会对工业国的起义起促进作用，"……中国革命将把火星抛到现代工业体系的即将爆炸的地雷上，使酝酿已久的普遍危机爆发，这个普遍危机一旦扩展到国外，直接随之而来的将是欧洲大陆的政治革命。"③

1853 年撰写的著作为马克思主义有关殖民地问题和殖民地与民族解放斗争观点提供了出发点。后来列宁在帝国主义时代继续应用了这些观点。这表明马克思关于东方革命运动同欧洲革命运动间的关系的结论具有重大意义。列宁在 1919 年指出："继东方觉醒时期之后，在当代革命中，东方各民族为了不再仅仅充当别人发财的对象而参与决定世界命

---

① 《马克思恩格斯全集》第 1 版第 9 卷第 252 页。
② 参看《马克思恩格斯全集》第 1 版第 9 卷第 250—251 页。
③ 《马克思恩格斯全集》第 1 版第 9 卷第 114 页。

运的时期到来了。"①

马克思论述印度殖民统治的文章对于不列颠的工人运动也有很大意义，因为广大工人对本国政府的殖民政策尚无明确的立场。马克思的亲密战友琼斯，是唯一受马克思和恩格斯的影响而对殖民地问题采取国际主义立场的宪章派领导人，他在《人民报》上毫不含糊地维护了这一立场。从他撰写的有关印度问题的文章中可以清晰地看出马克思的影响。②

马克思对不列颠殖民政策和它在印度的影响的研究，促使他去考察印度和其他亚洲国家的历史。这样一来，他就第一次把历史唯物主义的运用扩展到对这些国家的历史的研究上去，而他以前几乎没有或根本没有研究过这些国家的历史。这样，他也就继续展开对资本主义以前的各种社会形态的分析。马克思在研究上述问题时以书信形式同恩格斯进行了思想交流，因而后者的观点也就相应地融入马克思的有关著作之中。③

1853年，马克思第一次阐发了关于一种界于原始共同体和奴隶社会或封建社会之间的社会形态的思想。由于他主要以印度为例来考察这种社会形态，于是后来（1859年）就称其为"亚细亚生产方式"。马克思在本卷收入的有关印度的文章中所作的研究，构成了他在《政治经济学批判。第一分册》的序言中所明确表述的社会经济形态序列的前提。④ 列宁在他的《卡尔·马克思》⑤ 一文中沿用了这一序列。马克思

---

① 《列宁全集》第2版第37卷第322页。
② 参看《马克思恩格斯全集》原文版第1部分第12卷第693—694页。
③ 参看《马克思恩格斯全集》原文版第1部分第12卷第856页题注。
④ 参看《马克思恩格斯全集》第1版第13卷第8—9页。
⑤ 参看《列宁全集》第2版第26卷第47页。

和恩格斯为弄清这一问题研究了许多有关著作，内容涉及东印度公司，印度土地所有制关系，印度、阿拉伯和犹太各国文化史及其生产方式、国家设施以及上层建筑的其他方面。他们于1853年5月和6月的通信以及在《伦敦笔记》（1850—1853）①中所作的摘录，提供了这方面的证明。

1853年，马克思和恩格斯只是概略地描述了他们新发现的社会形态。他们得出的结论是，地理状况、气候条件和土地状况以及不甚发达的生产力，决定了这种生产方式的本质特点：中央政权的干预，特别是在必要的农业灌溉设施的兴建和维护方面。②这就导致了这种情况：村社是土地这一最重要的生产资料的利用者，而国家则是"真正的土地占有者"。③照马克思和恩格斯的观点看来，由此就产生出了亚洲国家的三大职能："……财政部门，或对内进行掠夺的部门；军事部门，成对外进行掠夺的部门；最后是公共工程部门。"④这一整个生产方式的基础是家庭手工业与农业结合在一起的村社制度。⑤马克思把这种社会分工不发达的农村公社看成是经济停滞的主要原因，这种停滞在受到外来的资本主义影响后才消除。⑥

这些于1853年初次探讨的问题，马克思后来又进行过研究，首先在《1857—1858年经济学手稿》⑦中更趋成熟，但是他没能最终完成。

---

① 参看《马克思恩格斯全集》原文版第4部分第10卷。
② 参看《马克思恩格斯全集》第1版第9卷第145—146页。
③ 《马克思恩格斯全集》第1版第9卷第244页。
④ 《马克思恩格斯全集》第1版第9卷第145页。
⑤ 参看《马克思恩格斯全集》第1版第9卷第147页。
⑥ 参看《马克思恩格斯全集》第1版第9卷第148—149页。
⑦ 参看《马克思恩格斯全集》第1版第46卷。

理论研究在为《纽约论坛报》撰写的通讯中只占比较少的一部分。绝大部分是对日常政治事件的评论,这就反映了当时的历史。这些文章使我们对欧洲历史的动力、原因和各种联系以及欧洲历史同其他大陆历史的互相作用有了深入的了解。在这些文章中,马克思和恩格斯从经济基础和社会基础出发,进一步从统治阶级的内外政策方面、国际关系方面和其他领域考察了资本主义的社会形态。

对当代史的研究同对经济的研究联系十分紧密。这些研究使马克思和恩格斯日益认清了资本主义社会形态的运动规律。马克思和恩格斯还始终把政治经济学看成是历史的科学。所以对马克思来说,日常的撰稿工作虽然时时令人有压力感,但是对他的学术研究和他的力著《资本论》来说,却不是枉费时日的事。后来,他自己在《政治经济学批判。第一分册》序言中对此写道:"八年来,我一直为第一流英美报纸《纽约每日论坛报》撰稿(写作真正的报纸通讯在我只是例外),这使我的研究工作必然时时间断。然而,由于评论英国和大陆突出经济事件的论文在我的投稿中占着很大部分,我不得不去熟悉政治经济科学本身范围以外的实际的细节。"①

大不列颠成了马克思和恩格斯撰写文章的一个极其重要的对象。不列颠工业在世界市场上占有统治地位,它是一个强大的殖民王国,所有这一切都使大不列颠成为资本主义世界发展的中枢。

本卷收入的有关上述问题的通讯,主要是马克思撰写的。它们的矛头直指当时散布极广的自由主义神话,即认为大不列颠是立宪自由、民主自由和政治平等的大本营。他虽然承认,大不列颠的政治统治要比当时欧洲大陆通行的政体进步,但是他断然拒绝把这种状态理想化的任何

---

① 《马克思恩格斯全集》第 1 版第 13 卷第 10—11 页。

说法。他揭露了不列颠政治制度的阶级性并且指出，它在国内实行的反民主路线就是它 18 世纪末以来一直在国际舞台上扮演的反革命角色的原因。针对在大陆资产阶级自由派中广泛散布的观点，马克思还揭露了不列颠寡头政治对欧洲民族运动的敌视态度。

马克思在《议会辩论。——僧侣和争取十小时工作日的斗争。——饿死》以及《君士坦丁堡的乱子。——德国的招魂术。——预算》等一系列文章中指出，不列颠工业资产阶级是怎样一步步地从占统治地位的土地和金融寡头政治手中夺取政治权利的，尤其是 1831 年的改革以后。1846 年"谷物法"的废除是重要的一步。1853 年初，这一斗争有了新的升级。在阐明 1852 年底上台的联合内阁的特点时，马克思得出了这样的结论，即为了能把工业资本家排斥于行使政治权利之外，政治上代表老寡头政治的不同帮派的托利党人、皮尔派和辉格党人等老政党间的矛盾日益退居次要地位："……整个贵族阶级都同意，政府应该使资产阶级得到好处，实行有利于它的政策，但同时他们又决定不让资产阶级直接领导这方面的事务。"①

对时局的这种看法，在马克思论述下议院对政府新预算的辩论的文章中表现得尤其明显。他认为，经济上日渐强大的资产阶级对政治权利的要求之所以遭到拒绝，是因为他们在财政上连续让步的结果。② 所以，旧的政党结构就处在解体过程之中了。马克思认为这种状况是"过渡时期……在这个时期中，有存在可能的不是真正的政府，而仅仅是表面的政府；旧的政党正在退出舞台，而新的政党还没有结合起来。"③

---

① 《马克思恩格斯全集》第 1 版第 8 卷第 555—556 页。
② 参看《马克思恩格斯全集》第 1 版第 9 卷第 79 页。
③ 《马克思恩格斯全集》第 1 版第 9 卷第 56 页。

因为克里木战争而延长了这个过渡期，最后终于以1867年第二次选举改革而告结束。在同一时间出现了新的政党，——保守派政党和自由派政党。于是，工业资本家最终成了政治权利的直接分享人，因而马克思在文章中所作的估计就得到了验证。

在1853年，马克思和恩格斯对波拿巴主义的法国研究较少。如果有，也多与对外政策有关。但是法国国内的发展，却始终是马克思和恩格斯关注的对象。他们两人间的通信，尤其是本卷收入的三篇文章①就是证明。此外，除本卷附录中发表的文章外，埃卡留斯可能在《人民报》上还写过一些巴黎通讯，② 这些通讯以马克思观点为基础，对法国国内政治状况进行了剖析。

这些文章的出发点，就是《路易·波拿巴的雾月十八日》，③ 一文所包含的评价。1853年的文章，主要涉及的内容是推翻拿破仑第三反动政权的前景问题。这个人不仅成了法国本身发展的障碍，而且也是对整个欧洲的民族的和民主主义的运动的威胁，因为它试图利用这种运动实现其反动的用心。④ 马克思在1853年12月13日的一篇通讯中首先就此谈到意大利、匈牙利和波兰。⑤ 但是他主要阐述了波拿巴王朝当时所处的动荡局势，而按照马克思的看法，保皇的反对派和资产阶级集团所进行的密谋是无足轻重的，对拿破仑第三统治构成主要威胁的是经济基础和社会基础的虚弱。首当其冲的是经济的停滞，它使资产阶级动摇了

---

① 参看《马克思恩格斯全集》第1版第9卷第602—608页；《马克思恩格斯全集》原文版第1部分第12卷第580—582、605—617页。
② 参看《马克思恩格斯全集》原文版第1部分第12卷第700—701页。
③ 参看《马克思恩格斯全集》第1版第8卷第117—227页。
④ 参看《马克思恩格斯全集》第1版第9卷第604—605页。
⑤ 参看《马克思恩格斯全集》第1版第9卷第605页。

对波拿巴主义稳定性的信心。马克思和恩格斯关注的中心是农民中出现了不满的苗头,①而农民是政权的群众基础。马克思认为,工人是领导力量,其他阶级不满情绪的增长,会使工人阶级重新占据他们在革命运动中的地位。②埃卡留斯对法国农业发展的考察③也许同上述种种考虑有关,尽管这些想法形成的真正原因乃是由于同琼斯的意见分歧。④这篇文章没有全部刊登,它所缺少的正是政治结论,而正像从其他论述这个问题的文章中可以看到的那样,这些结论大概应论证如下的看法,即预料由于经济原因,连农民阶层最终也要背离了王朝。本卷所发表的材料证明,马克思和恩格斯认为,波拿巴政权的灭亡是不可避免的。

马克思和恩格斯根据欧洲大陆各国的发展情况指出,尽管封建反动势力的统治尚在苟延残喘,但资本主义仍然逐渐成长,虽然它并不能绕开这种势力。马克思举实例证明,首先是奥地利和普鲁士的政治制度衰败了。马克思根据米兰起义在这两个国家所引起的反响来证明,尽管1848—1849年革命失败,反动派不断强化镇压措施,但他们依然感到自身十分虚弱。发生在普鲁士的统治阶级各派别间为夺取无限权利的斗争,为马克思提供了居统治地位的政权土崩瓦解的又一旁证。⑤马克思和恩格斯也关注像瑞士和丹麦这样的小国的发展情况,因为它们对列强在国际上的力量对比起着重要的作用。

对资本主义社会形态的分析,还包括了对资本主义国家之间的关系

---

① 参看《马克思恩格斯全集》原文版第1部分第12卷第560、581页;《马克思恩格斯全集》第1版第28卷第303页。
② 参看《马克思恩格斯全集》第1版第9卷第607页。
③ 参看《马克思恩格斯全集》原文版第1部分第12卷第605—617页。
④ 参看《马克思恩格斯全集》原文版第1部分第12卷第1147—1148页。
⑤ 参看《马克思恩格斯全集》第1版第9卷第31—34页。

体系的分析，以及对欧洲那些当时封建残余仍很强大或当地民族受外来统治的地区的民族国家形成过程的考察。意大利、匈牙利、波兰，以及其他地区的民族解放运动，成了资产阶级民主革命运动的一个重要的组成部分。不论哪些大国间发生任何冲突，都有如下问题出现：哪一方得胜有利于资产阶级民主革命运动，尤其是有利于国际工人阶级？马克思和恩格斯必须通过他们对国际关系的剖析来回答这个问题；这件事要求他们担承起无产阶级领袖的使命。后来，列宁深入地考察了这个问题并得出结论说："因此，现代民主派以及他们的代表马克思，当时要遵循支持进步的资产阶级（能够进行斗争的资产阶级）反对封建制度这个无可争辩的原则，去解决'哪一方获胜'即**哪一国**的资产阶级获胜比较有利的问题，这是十分自然的……这就是说，因某些民族中的资产阶级上升到执政地位而发生军事冲突时，马克思像在1848年那样，最关心的是吸引更广泛、更'卑微的'群众，吸引整个小资产阶级，特别是农民以及各贫苦阶级来参加资产阶级民主运动，以扩大和加强这一运动。"①

马克思和恩格斯紧密结合民族解放斗争和革命民主运动，以及无产阶级运动的前景考察国际关系的种种问题。在本卷收入的文章中，他们对欧洲19世纪中叶的国际关系的整体进行了原则的和考证性的研究。他们阐述了奥地利和普鲁士为争夺对德意志的控制权展开的斗争；阐述了拿破仑第三制定的政策所引起的纠纷；论述了列强在巴尔干半岛上的利害摩擦；阐述了普鲁士国王对瑞士的细沙泰尔州的领土要求，以及欧洲各国对什列斯维希—霍尔施坦随着丹麦的进一步发展是否应继续处于丹麦控制之下的问题所持的各种不同看法。丹麦由于地理位置具有很大

---

① 《列宁全集》第2版第26卷第145—146页。

的战略意义,尤其是从英国同俄国的关系来看是如此。

马克思和恩格斯认为,1814—1815年维也纳会议的决议是造成当时国际关系体系的历史根源,他们谴责这一决议是反动的过时事物,是欧洲的进步的发展、各被压迫民族的解放以及它们联合成资产阶级民族国家的道路上的障碍。① 借助于这个体系,奥地利、俄国和普鲁士的封建君主势力试图重建被法国大革命和拿破仑战争所摧毁了的欧洲旧秩序,在这方面他们也得到了反动大资产阶级,尤其是英国的寡头政治的支持。所以,马克思和恩格斯认为,欧洲各大国间一切冲突的解放办法,在于整个欧洲的革命。② 这就是他们分析各种国际问题的出发点。

当时各国政府,包括君主制政府以及那些大体上像英国政府那样在形式上受议会监督的政府在内,在外交活动方面都是回避公众的视线的。尤其是外交会谈,均在绝密的情况下进行。因此马克思和恩格斯就把利用新闻手段使工人阶级和其他民主力量能够识破外交秘密视为他们的任务。而由于1848年以来,欧洲革命的进一步发展已超出了一国的界线并且一场统一的欧洲革命运动不得不同联合起来的反革命对垒,所以上述做法就显得尤为重要。因此,对于工人阶级这支革命的重要力量来说,首先必须研究国际政治的秘密,阐发自己在这一领域的观点并制定自己的路线,这样做的目的就在于要在欧洲彻底实现资产阶级民主革命的变革并为无产阶级革命作好准备。这一任务在1853年显得十分紧迫,因当时国际关系日趋尖锐化。这样一来便开始了制定工人阶级独立的外交政策的重要阶段。这一政策的理论论证出现在第一国际成立宣言中,但是没有先前那个时期的考察,这种论证简直是不可能的。在这方

---

① 参看《马克思恩格斯全集》第1版第9卷第6—7页。
② 参看《马克思恩格斯全集》第1版第9卷第37页。

面,本卷收入的有关文章占有重要的位置。

马克思的连载文章《帕麦斯顿勋爵》是涉及大不列颠对外政策的最重要、内容最丰富的作品,它同时还揭露了联合王国占统治地位的寡头政治的外交手段,这些文章不仅发表在《纽约论坛报》上,而且也发表在《人民报》上。马克思洗练的论战文章不仅仅以抨击的言词,有时以冷嘲热讽的笔法,勾画出了不列颠寡头政治的主要外交政客之一的嘴脸,而且还尖锐地谴责了资产阶级贵族的不列颠政府的整个政治制度。在这里被拉出来示众的不是个别人,而是一个国家的统治阶级执行的敌视人民的政策。

马克思根据帕麦斯顿对爱尔兰所持的态度,对意大利、波兰和匈牙利的解放运动所持的态度指出,这个人始终拿骗人的空话和虚情假意来掩盖他向镇压者出卖这些解放运动的行径。欧洲的自由派把帕麦斯顿吹捧为民主主义自由的朋友,但是实际上他却作为内务大臣支持大陆反革命政府对政治流亡者的迫害,即使是在英国的流亡者。他作为外交大臣,支持希腊、西班牙和葡萄牙的反动政权镇压人民运动。马克思还着重指出,帕麦斯顿起的就是沙皇的反革命政策和侵略政策的帮凶的作用。马克思对大不列颠这位大臣在这一方面的行径之所以突出加以强调,是因为这篇论战文章负有这样的现实任务:即要在克里木战争前夜,致力于说明不列颠寡头政治和沙皇制度的反革命企图的共性,并促使英国主动对俄国采取行动。然而,帕麦斯顿和大不列颠统治集团的其他代表的立场又是由他们对近东的觊觎、对高加索的吞并用心以及以牺牲沙皇俄国为代价来巩固自身势力的计划等等所决定的。上述情况在导致克里木战争方面起了主要作用。

本卷收入的马克思和恩格斯有关国际问题的文章所论述的中心是所谓的东方问题,基本上就是土耳其帝国的欧洲部分和受其压迫的巴尔干半岛各国的未来命运问题。在这个问题上,欧洲各国(英、法、俄、奥)产生了激烈的利益摩擦。每个国家都希望从崩溃的土耳其帝国捞到尽可能多的好处,都想尽可能多地获取土耳其帝国的领土并在近东的重要地区扩大自己的影响。拿破仑第三(也是出于内政原因的考虑)则试图以天主教庇护者的身份介入耶路撒冷的"圣地"之争,借以扩大法国在这一地区的影响。

马克思和恩格斯既然视沙皇俄国为欧洲革命的主要敌人,因而在有关东方问题的论述上,他们的矛头也就首先指向欧洲大陆上的这个反动堡垒的任何加强。在恩格斯看来,俄国可能战胜土耳其,尤其是可能占领君士坦丁堡和两个海峡,这都必将产生灾难性的后果:"但是俄国如果控制了土耳其,它的力量几乎会增加一倍,它就会比其他欧洲国家加在一起还要强大。"① 因此,马克思和恩格斯抨击大不列颠和法国的统治集团的外交政策,其主要观点是,这两个国家并不是以足够坚决的态度去同沙皇政府的侵略意图相抗衡,他们所实行的政策甚至部分地有利于前者。在他们看来,这也就同大不列颠的民族利益发生了矛盾。②

马克思和恩格斯在他们的文章中强调,东方问题的解决,是同革命运动的发展密切相关的。他们在分析中提出了两个方面的问题:其一,欧洲列强在东方的政治经济利益互相矛盾并且由此而产生了冲突;其二,这些矛盾的解决要服从于列强统治集团的中心任务,即要维护欧洲反动派手中的权力和镇压民主运动。因此,有关各国的外交,都面临着一个无法解决的难题:作为全欧洲反动堡垒的俄国反动派,只能靠扩张地盘、靠在东方的胜利得到巩固。然而,这种胜利对拿破仑第三的反革

---

① 《马克思恩格斯全集》第 1 版第 9 卷第 18 页。
② 参看《马克思恩格斯全集》第 1 版第 9 卷第 19 页。

命政权的存在和英国寡头政治的统治将构成威胁。这个矛盾就成了西方列强政策犹豫不决、前后不连贯的原因。开始时，他们怂恿苏丹抗拒沙皇的要求，而到后来却"由于害怕普遍战争会引起普遍革命"①，又强迫苏丹作出让步。然而这种荡秋千般的政策却无法阻止这些矛盾在沙皇侵略政策的压力下越出外交范围并从而酿成军事冲突。而这场战争将使整个欧洲的反动派都身受其害。

从这种观点出发，马克思和恩格斯要求以革命战争来对抗沙皇俄国。他们试图"影响英国舆论，促使英国同俄国作战"②。对他们来说，一场在欧洲发生的普遍反沙皇政府的战争，就是一场在欧洲发生的普遍革命。因此，要求进行一场针对俄国的战争，也就意味着要求通过一场遍及全欧洲的革命运动来消除专制主义、封建主义和民族压迫。在马克思和恩格斯看来，只有这样才能解决东方问题："土耳其问题，正如其他重大问题一样，要由欧洲革命来解决。把这一个乍看起来好像是不太相干的问题也归在这个伟大运动的合理范围以内决不是过于自信。从1789年起，革命的边界就一直在向远处扩展。它的边界已经达到了华沙、德布勒森、布加勒斯特；下一次革命的前哨应当是彼得堡和君士坦丁堡。俄国反革命的庞然大物应当在这两个最薄弱之点受到打击。"③这就意味着，要求进行一场反沙皇的人民战争，而这之中也就包括了要把革命扩展到俄国境内的想法。

马克思和恩格斯对巴尔干各国民族独立运动的态度，成了把民族问题当作阶级问题来看待的典范。他们两个人都坚决反对英国和法国让巴

---

① 《马克思恩格斯全集》第1版第9卷第241页。
② 《列宁全集》第2版第17卷第174页。
③ 《马克思恩格斯全集》第1版第9卷第37—38页。

尔干各国继续听任土耳其统治的政策。既然这两个国家的政府在瓜分土耳其帝国的问题上无法达成协议,于是他们就有意让一切维持原状。就连资产阶级民主主义者和革命者,也主张同沙皇进行斗争,以维持土耳其的统治。① 相反,马克思和恩格斯,以及左翼宪章派,② 却把巴尔干半岛上的斯拉夫各国的民族独立视为使其避免落入沙皇政府势力范围的手段。通过这些国家的民族独立运动,也许会使沙皇政府无法以"斯拉夫人的解放者"的姿态登场并为其占领政策寻找理由。

因此,马克思和恩格斯坚决反对维护土耳其对巴尔干半岛的统治。③ 按照他们的观点,在巴尔干半岛上建立一些独立的斯拉夫国家就会使沙皇政府的入侵遇到一股强大的阻力:"大家知道,在土耳其境内每一个取得了完全或部分独立的国家里,都组成了强大的反俄党派。"④ 尽管俄国对土耳其战争的胜利客观上有利于巴尔干人民为摆脱土耳其的统治而进行的解放斗争,但是另一方面,沙皇政府的政策又不可避免地引起为争取自由和民族独立而进行斗争的斯拉夫各国的反抗。恩格斯把巴尔干半岛看作是南斯拉夫人的当然遗产,虽然他们还不是一个既成的民族,但却已经是这样一种民族的强有力的内核。在他看来,就其经济利益形势来说,巴尔干各民族在实现解放以后也不可能同沙皇政府实行联合。⑤ 马克思文章的论点同恩格斯的看法完全一致。他认为,巴尔干半岛国家的形成,只能采取建立希腊王国或斯拉夫国家联邦制共和国的

---

① 参看《马克思恩格斯全集》原文版第 1 部分第 12 卷第 679—680 页。
② 参看《马克思恩格斯全集》原文版第 1 部分第 12 卷第 692 页。
③ 参看《马克思恩格斯全集》第 1 版第 9 卷第 7 页。
④ 《马克思恩格斯全集》第 1 版第 9 卷第 36—37 页。
⑤ 参看《马克思恩格斯全集》第 1 版第 9 卷第 38—39 页。

形式。① 这可能是防止欧洲其他强国对这一地区进行干涉的最佳保护措施。马克思和恩格斯认为，这样的解决办法只能通过一场欧洲革命来实现。

马克思和恩格斯1853年撰写的文章引用的许多素材，表明他们同戴维·乌尔卡尔特及其追随者截然不同，是有根本区别的。乌尔卡尔特抨击不列颠政府对外政策的眼光是保守的，尤其表现在对帕麦斯顿外交政策的批判方面。他主张维持现状，即维持土耳其在巴尔干半岛的统治。但是他同英国寡头政治的其他代表人物不同，他主张开展反对沙皇扩张势力的斗争。他认为这种扩张是同不列颠的利益不相容的。在其他所有问题上，特别是在乌尔卡尔特采取反动的、敌视工人立场的对内政策方面，马克思和恩格斯是不可能同他进行任何合作的。早在1853年4月，恩格斯在有关土耳其问题的文章中就同乌尔卡尔特的观点明确划清了界限。② 就是在《人民报》和《改革报》上，马克思也认为有必要说明他对乌尔卡尔特的态度，正确评价他在反对不列颠寡头政治制定的外交政策的斗争中作出的功绩，但是一定要同他的反动的意识形态保持严格的距离。③ 在就《晨报》上围绕米哈伊尔·亚历山大罗维奇·巴枯宁其人的争论中也同样证明了马克思同乌尔卡尔特的追随者之间存在着的根本分歧。④

然而，在反对欧洲民主主义的革命运动的主要敌人沙皇以及以帕麦

---

① 参看《马克思恩格斯全集》第1版第9卷第241页。
② 参看《马克思恩格斯全集》第1版第9卷第28—29页。
③ 参看《马克思恩格斯全集》第1版第9卷第347—440页；《马克思恩格斯全集》原文版第1部分第12卷第632—633页。
④ 参看《马克思恩格斯全集》原文版第1部分第12卷第941—942、311页34—35行注释。

斯顿为代表的英国寡头政治方面，马克思同乌尔卡尔特有着共同的立场，致使马克思在这些问题上有可能同乌尔卡尔特实行联合，尤其是可以充分利用乌尔卡尔特所拥有的发表政论文章的条件。马克思认为，乌尔卡尔特及其追随者同沙皇侵略政策的斗争是重要的和"客观上革命的"①。本卷收入的有关文章证明，马克思并不是依据乌尔卡尔特观点来同沙皇制度进行斗争的。他是批判地利用了乌尔卡尔特发表的文章并且从中得出自己的结论。他同乌尔卡尔特分子的关系清楚地表明，为了能够打垮在一定时期对工人阶级构成更大危险的敌人，哪怕暂时同那些与工人运动相距很远的力量搞联合，也是可以的。马克思和恩格斯在他们的政治活动中，从未放弃过这样的机会。

马克思和恩格斯同这种暂时结盟者的区别在于他们具有无产阶级革命家的基本观点。本卷收入的所有论述国际问题的文章都表明，工人运动的利益和目的就是他们的思考赖以出发的基础。同时，马克思和恩格斯始终关注无产阶级所面临的任务。无产阶级的世界历史性作用，是他们坚持的主要观点，决定了他们对国际关系考察的方向。他们由此出发来观察和评价国际关系中出现的一切现象。

1853年10月爆发了俄土战争，从而也开始了恩格斯对战事进程的军事研究。这一领域是马克思为《纽约论坛报》撰写通讯过程中几乎唯一要全靠他这位挚友来帮忙的领域："如果发生什么军事事件，我就完全指望曼彻斯特的陆军部会立即给我指示"。② 而恩格斯也就满足了这一请求。到1853年年底为止，他共寄去了8篇有关欧洲和亚洲战事

---

① 《马克思恩格斯全集》第1版第9卷第547页。
② 《马克思恩格斯全集》第1版第28卷第299页。

的文章，受到编辑部的热烈欢迎。①

在文章中，恩格斯分析了敌对双方的作战条件和战争指挥。在很大程度上，他把这次战争同1828—1829年发生在同一块领土上的俄土战争进行了比较。恩格斯对交战双方得失的估计，也就建筑在上述经验的基础之上。这些评价包含了极有军事价值的战略战术问题的结论。本卷收入的文章仅仅是恩格斯有关克里木战争军事史著述的开端，因为当时这场战争的特点还不十分明朗。后来，恩格斯本人提到他自己撰写的有关1853年军事行动的文章时说："……对多瑙河战略的一切**批评**还只限于一些深思熟虑的探讨性意见，即对于在保加利亚不可思议的行动，阿伯丁勋爵应负多少责任，奥美尔－帕沙应负多少责任。"② 1854年春，随着大不列颠和法国参战，战局起了变化。

马克思和恩格斯在政论文章中，阐述和分析了各国政治的经济的发展以及国际关系，然而这并不是目的本身。这些文章是要继续论证工人阶级的历史使命并得出革命运动的战略和策略的结论。因此，马克思和恩格斯关注的首要国家是大不列颠。这不仅仅因为这个国家本身在不断发展的资本主义世界体系中居于领先地位，同时它也是唯一一个继续存在合法的工人运动即宪章运动的国家。因此，在他们为创建一个独立的无产阶级政党而进行的斗争中支持左翼宪章派就具有特殊的意义。这样就产生了一个问题：人们应该怎样对待一场还不具备明确革命纲领的无产阶级群众运动呢？在《共产党宣言》中，马克思和恩格斯为工人阶级革命政党阐明了一个科学纲领。然而，在当时的情况下，活跃的还只是工人阶级中很小的一部分即少数先进分子。但是，这是个关系这个国

---

① 参看《马克思恩格斯全集》原文版第1部分第12卷第680—681页。
② 《马克思恩格斯全集》第1版第28卷第608页。

家的全民族群众运动的问题,虽然在马克思和恩格斯看来,在这个国家中社会主义革命的客观条件最为成熟。

1853年,马克思和恩格斯在许多文章中谈到有可能出现新的革命高潮。他们把经济的发展、从中产生出的社会斗争,尤其是大不列颠的社会斗争、法国日益尖锐的对立和国际关系的恶化均视为这一高潮的先兆。由于波拿巴政权不巩固,他们认为,革命很有可能在法国首先爆发。① 但是他们期待在大不列颠发生决定性的武装行动:"现在,大陆的上空还只是电光闪闪,但在英国已经是地动山摇。在英国已经兴起了改造现代社会的真正的风暴。"② 马克思和恩格斯那时认为,推翻大不列颠资产阶级和农村贵族政权乃是欧洲无产阶级取得胜利的首要条件。

马克思和恩格斯认为,宪章运动是一股能够领导大不列颠整个民族的工人运动的力量。他们首先寄希望于宪章运动的左翼领袖琼斯。他们同琼斯的共同出发点是:主要目标必须努力使英国工人作为阶级而行动起来。他们在本卷收入的文章中,以广大群众感兴趣的形式提出了社会主义的要求:使他们易于根据亲身经验去认识革命政策的正确性,并从而达到更为清晰的理论认识和更高的阶级意识。在1853年和以后的几年中,马克思和恩格斯总结了他们的经验和认识,并在60年代即第一共产国际时期加以运用。这里主要涉及的是如何更深入地把握终极目标与部分目标的辩证法问题。在1848—1849年革命爆发以前,马克思和恩格斯预想从资产阶级民主革命到社会主义革命的过渡会较为迅速。这就妨碍了对争取实现部分目标意义的认识。就这些目标不带有资产阶级民主主义性质,而只涉及工人的社会要求这一点来说,它们的作用是不

---

① 参看《马克思恩格斯全集》第1版第28卷第302—304页。
② 《马克思恩格斯全集》第1版第8卷第620页。

大的。而资产阶级民主主义革命也只能是社会主义革命的直接序幕，只有实现社会主义革命，工人阶级的状况才会在短时间内发生根本的变化。

现在的问题是，这个过渡时期要拖得更长了。马克思和恩格斯逐渐认识到，社会主义社会制度取代资本主义社会制度的前提尚未成熟。马克思在50年代末写道，在一种新的社会制度取代旧社会制度以前，应当尽可能发挥旧社会制度在发展生产力方面的一切可能性。① 因此，为争取实现部分要求的斗争就具有更大的意义。如果在消灭资本主义前还要度过一段较长的时间而剥削依然存在，那么为争取提高工资、改善劳动条件的斗争，也就具有越来越大的重要性。

在本卷收入的许多文章中可以看出，马克思对不列颠工人的罢工和在这种斗争中形成的工会的活动极为关注。这一点在《俄国对土耳其的政策。——英国的工人运动》一文中表现尤为明显。但是，马克思还首先把罢工看成是一种提高工人的阶级意识并且使他们一齐来参加反对剥削者的行动的手段。他认为，由此可能出现的经济结果并不重要。② 马克思只是到了发现剩余价值规律以后，才对罢工的意义作出了全面的正确的评价。不过，那时他已经认识到罢工是必要的，这样工人就能够获得"劳动的市场价值"。③ 此外，他还认为，工人为了免于陷入奴隶境地，也绝对离不开罢工的手段。④ 在马克思看来，罢工是资本主义社会内部发生的阶级战争，即资本家同工人之间的战争的表现。马克思的文

---

① 参看《马克思恩格斯全集》第1版第13卷第9页。
② 参看《马克思恩格斯全集》第1版第9卷第191页。
③ 《马克思恩格斯全集》第1版第9卷第376页。
④ 参看《马克思恩格斯全集》第1版第9卷第190—191页。

章指出,宪章运动的复苏是罢工运动影响所致。他赞同琼斯领导的左翼宪章派采取的策略。① 在对罢工进程的分析中,马克思首先指出两种新的现象:第一,非熟练工先开始罢工。② 第二,企业主们联合成立组织,试图阻止工人之间相互支援。③ 这已经不再仅仅是工资问题,而是权力的问题了。④ 马克思预料,罢工可能失败。这点在 1854 年春得到了证实。但是他仍然表示,希望经济斗争能够发展成为政治斗争。"**在罢工过程中争得的新的组织——工联,对他们将有重大的意义。**"⑤ 这样一来,马克思就阐明了工人阶级的政治斗争同经济斗争的统一性。他强调指出,仅仅进行经济斗争是不够的,工人还必须在全国范围内组织起来,以便去进行争取政治权力的斗争。在马克思和恩格斯的影响下,琼斯也坚持这条路线。⑥

1853 年 11 月,琼斯开始召集工人议会赴曼彻斯特进行宣传,也是为同一个目标服务的。⑦ 马克思在他的通讯中对此进行了报道,并首先强调筹建这一组织的政治意义,它的成立首先是为了支援罢工者。正如他对宪章派所持的总的态度一样,在这里他从下述原则出发,即人们必须"从阶级运动的实际因素中"建立"自己的鼓动的现实基础"。⑧

---

① 参看《马克思恩格斯全集》第 1 版第 9 卷第 151—154 页。
② 参看《马克思恩格斯全集》第 1 版第 9 卷第 190 页。
③ 参看《马克思恩格斯全集》第 1 版第 9 卷第 282—284、467—468 页。
④ 参看《马克思恩格斯全集》第 1 版第 9 卷第 492—493 页。
⑤ 《马克思恩格斯全集》第 1 版第 9 卷第 378 页。
⑥ 参看《马克思恩格斯全集》原文版第 1 部分第 12 卷第 688—689、696—697 页。
⑦ 参看《马克思恩格斯全集》原文版第 1 部分第 12 卷第 697 页。
⑧ 《马克思恩格斯全集》第 1 版第 32 卷第 557 页。

早在1852年马克思就在为《纽约论坛报》撰写的若干文章中考虑到了大不列颠有爆发革命的前景，而这同时也就构成了1853年马克思的基本态度。在这方面，宪章派坚决要求实行的普选权起了重要作用。处于大不列颠条件下的普遍选举权同欧洲大陆的完全两样，因为在后者那里，路易－拿破仑为了满足其反动的权力欲而肆意滥用了这种权利。19世纪中叶，大不列颠岛上的大部分居民是无产阶级，而统治阶级还没有建成强大的军事官僚权力机器。因此，普选权有可能成为实现无产阶级政治统治的杠杆，而这种政治统治则是社会主义的革命变革的必要前提。马克思于1853年秋正是从这样的观点出发来观察英国工人阶级的斗争。琼斯也是从这种意义上在罢工地区进行了鼓动，他赞成实行普选权，以便使被推举出来的工人阶级代表能够"颁布有利于自己的法律，只有那时，它才能废除不公正的法律，掌握劳动资料，获得高额的工资、廉价的食品、稳定的商业，自由支配自己的劳动。"[①]

然而，在19世纪50年代，为在大不列颠全国范围内创建一个无产阶级的群众性政治组织并借此争得社会和政治权力所作出的种种努力，并未获得成功。这一点在1853年底就已经可以看出来了。其根本原因在于经济的发展。1848—1849年革命以后，英国工业取得了巨大的发展。这至少改善了工人阶级中部分人的物质生活状况，这一部分人从英国工业垄断组织和日益扩充的殖民帝国方面得到了实惠。这样一来就产生了工人贵族，他们是工人运动中资产阶级影响的代表。这一点马克思以及琼斯在1850年就已看出来了。[②] 由于19世纪40年代末新金矿的发现以及其他原因，导致了向国外大量移民，这恰恰给不列颠无产阶级的

---

① 《马克思恩格斯全集》第1版第9卷第506页。
② 《马克思恩格斯全集》第1版第7卷第472页。

最活跃部分的队伍造成了明显的损失。另外，1848年4月宪章运动失败，欧洲大陆工人运动也未获成功。这使大不列颠无产阶级运动受到了挫折。一切要维持宪章运动或赋以新的形式的尝试也因此归于失败，因此，英国工人阶级在政治上多年一直是资产阶级自由主义的追随者。

马克思和恩格斯在1853年撰写的文章中，同小资产阶级冒险主义和左翼宗派主义继续进行斗争。他们密切注视欧洲各国的民族解放运动的斗争，特别是意大利和匈牙利。突出的事件便是1853年2月在米兰爆发的反奥地利统治的起义。马克思高度评价了起义参加者的战斗热情，严厉地谴责了运动发起人的谋叛伎俩。这些不仅见于为《纽约论坛报》撰写的通讯，也见于马克思参加撰写的《人民报》① 社论。这篇社论在本卷的附录中首次重印。② 马克思极其严厉地批判了马志尼及其拥护者试图从国外组织起义的做法："任何时候革命都不能按照命令制造出来。在有了1848年和1849年的可怕的经历之后，要唤起民族的革命，只是身在远方的领袖的纸上的号召已经不够了。"③ 马克思同时又赞赏马志尼及其拥护者们取得的根本性的进步，因为按照他们的判断，在民族运动中存在着阶级差别，而米兰的工人战斗十分出色。马克思表示，希望团结在马志尼周围的革命者应当再前进一步，并且懂得，"他们自己就必须认真地研究意大利农村居民的物质生活状况。"④

马克思还极其严厉地批判了拉约什·科苏特，因为他在失败后企图拒绝承担策动起义的任何责任。要在《纽约论坛报》上抨击科苏特，

---

① 参看《马克思恩格斯全集》原文版第1部分第12卷第575—578页。
② 参看《马克思恩格斯全集》原文版第1部分第12卷第1121—1122页。
③ 《马克思恩格斯全集》第1版第8卷第601页。
④ 《马克思恩格斯全集》第1版第8卷第625页。

这是相当困难的事，因为他通过费伦茨·普尔斯基而同编辑部有联系。① 马克思是利用几位留居在巴黎和伦敦的匈牙利流亡者提供的消息对科苏特的政策进行评论的。

1853年马克思和恩格斯还继续同从共产主义者同盟分裂出去的"宗得崩德"成员进行论战，尤其是针对奥古斯特·维利希。在美国发表的《高尚意识的骑士》是批驳冒险主义和宗派主义的。这是本卷收入的唯一一篇非报刊文章。在内容上它与《流亡中的大人物》② 和《揭露科隆共产党人案件》是有联系的。在这篇文章中，马克思同维利希式的小资产阶级假革命家、革命公债以及维利希伙同小资产阶级流亡者共同炮制的其他冒险计划等作了清算。马克思在他的论战文章中百般讽刺了小资产阶级空谈革命的这位典型的英雄。针对维利希的诽谤，马克思再次阐述了共产主义者同盟分裂的真正原因；③ 并以此为例坚决谴责了各种唯意志论和主观主义。从维利希对马克思和恩格斯的诽谤中可以看出其言词的刻薄和狠毒。④ 除此而外，这篇文章还包括了一系列关于1848—1849年革命后伦敦流亡者不同派别历史的主要细节。魏德迈早在半年以前就在《改革报》上发表的《流亡英国的各政党》⑤ 一文中论述了这一问题，该文在本卷附录中首次重印。在研究马克思信件的基础上，他分析了各个流亡派别，尤其是法国流亡派别的阶级特征。

随着马克思的论战文章《高尚意识的骑士》以及《改革报》上依

---

① 参看《马克思恩格斯全集》第1版第9卷第677—678页。
② 《马克思恩格斯全集》第1版第8卷第259—380页。
③ 参看《马克思恩格斯全集》原文版第1部分第12卷第519—520页。
④ 参看《马克思恩格斯全集》原文版第1部分第12卷第1065—1071页。
⑤ 参看《马克思恩格斯全集》原文版第1部分第12卷第592—598页。

据马克思和恩格斯提供的材料写成的有关这一论题的文章的发表①,马克思和恩格斯同工人运动中的冒险主义和宗派主义进行斗争的一个重要阶段宣告结束。它们成了马克思和恩格斯为贯彻无产阶级正确的战略和策略所进行的斗争的重要组成部分。

  本卷集中收入的马克思和恩格斯以及在他们影响和参与下由朋友和战友撰写的政论文章,都仅仅是一年之内辛勤劳动的成果。这一成绩是在极其复杂的外部条件下取得的。但是这项工作证明,即使在共产主义者同盟解散以后,也没有停止为把进步的无产者联合起来组成革命政党所作的斗争。保存和教育革命志士,争取新的年轻的力量,巩固同每一个还存在的工人组织的联系,充分利用所有宣传科学共产主义的机会——这一切都是在这场斗争中起决定性作用的使命。这场斗争不仅仅局限于1853年而是延续到了60年代中期,直到又有一个组织——第一国际诞生。为了替新的革命高潮做好理论和实践的准备,这场斗争是必不可少的。斗争尽管遇到了困难,遭受了一些失败,但是终于取得了许多成果。

(原载《马克思恩格斯全集》原文版第1部分第12卷)
(蔡长缨、蒋传中、霍江平、周福海 译　张念东 校)

---

① 参看《马克思恩格斯全集》原文版第1部分第12卷第第707—708页。

科学分析19世纪50年代中期欧洲局势的光辉典范

——《马克思恩格斯全集》原文版第1部分第13卷前言*

本卷收集了马克思和恩格斯在1854年1月至12月所写的文章和草稿。其中有些文章曾经发表在伦敦的一家周报《人民报》上,它是左翼宪章派的机关报。绝大部分文章是马克思和恩格斯为一家进步的资产阶级报纸《纽约论坛报》撰写的通讯,他们从1851年开始为这家报纸撰稿。

对科学共产主义创始人来说,1854年为这样一家出版机构撰稿几乎是他们得以不断地向广大公众阐述自己的立场和马克思一家在不列颠流亡期间获得生活费用的唯一机会。

本卷中的文章清楚地表明,在复杂的外部条件下也能够成功地开展共产主义的新闻活动,同时,使我们有可能来探讨马克思和恩格斯曾实践过的无产阶级革命政论活动的重要原则和方法。

本卷涉及的题材广泛多样。它们反映了马克思和恩格斯1854年的政治活动,他们的广泛的科学兴趣和他们对国际上发生的事情共同作出的评论。1854年主要有三个事件对科学共产主义创始人的科学理论工作和政论活动产生了影响。由于大不列颠和法国作为土耳其的盟友介入

---

* 本文选自《马克思恩格斯研究》1991年总第7期。

战争，1853年爆发的俄土冲突扩大为克里木战争。这就促使马克思和恩格斯把一年前就已开始的对东方问题的探讨继续进行下去。他们在多篇通讯中补充了对这场冲突的原因的分析。马克思特别注意欧洲强国的外交谈判，并且报道了希腊人暴动的情况，而恩格斯则对战争的进程进行了评述。1854年，他们两人还把相当一部分研究工作放在东方问题、国际关系问题、巴尔干人民的历史和文化问题以及军事理论问题和军事学术问题上。

除克里木战争以外，1854年马克思在理论和政论活动方面的兴趣主要被西班牙局势的发展所吸引。1854年夏天，人民群众把不满于反动的克里斯亨娜女王的将军们所发动的一场军队起义引向了资产阶级革命。在这种政治背景下，马克思把他的科学研究工作集中到伊比利亚半岛上资产阶级革命周期问题上。

1854年，马克思从左翼宪章派为掀起不列颠工人阶级的独立的、群众性的政治运动所作的鼓动中，从工人议会的召开中，得出了建立革命的工人政党的重要经验和理论结论。

在分析国际事件、经济发展和剥削阶级中的当权派与争夺政权的派别的政策时，马克思和恩格斯特别重视对革命民主派和工人运动的活动及其前途具有决定作用的各种因素。

他们的文章是在认真研究的基础上写成的，包含有重要的理论见解。文章反映了他们亲自得出的印象，概括了各种政治经验和他们与同时代人，与各国的无产阶级和民主派流亡者相交流的思想，以及与社会上的各种人物相交流的思想。马克思始终与左翼宪章派保持联系，并且列席不列颠议会的一些会议。恩格斯在棉业中心曼彻斯特不得不每天陷于资本主义的经营生活之中，能很好地了解到营业情况和经济变化的情况。

在不列颠流亡期间，包括1854年，马克思和恩格斯也不得不彼此分两地生活和工作，这样，他们在通信中经常就共同从事的通讯写作中出现的理论问题、选题问题、文章重点以及论战中的攻击方向等深入地交换意见。恩格斯不仅为他的朋友写了大量有关军事事件的通讯，而且本卷中的许多文章都是他们两人创造性合作的结果。这许多文章所包含的各种研究成果，重要的评论或某些特殊的消息，是未经马克思或恩格斯改动或审阅就收入通讯中去的。

本卷的一系列文章详尽地阐述了马克思和恩格斯对克里木战争的立场和在东方问题上的革命策略。科学共产主义创始人始终从无产阶级利益的角度，从革命的民主主义和民族解放运动的角度来研究土耳其欧洲部分以及受它压迫的巴尔干半岛人民的未来的命运。

欧洲列强在近东攫取要害地点的斗争同奥斯曼帝国的崩溃、巴尔干人民反对土耳其奴役的民族解放运动错综复杂地交织在一起，由此而形成了东方问题的政治及社会的爆炸力，马克思和恩格斯从1853年起就开始了这一问题的研究。

像在1848—1849年时那样，马克思和恩格斯把沙皇政权看成是欧洲大陆封建反动势力的总堡垒。他们认为，推翻沙皇政权并清除它对欧洲的反动影响，是社会进步的一个重要前提。

马克思和恩格斯同时还指出，欧洲其他列强也在维护近东的信仰权利和维持现状的幌子下隐藏着侵略的目的和反动的利益。这主要是指沙皇争夺博斯普鲁斯海峡统治权所遇到的主要对手大不列颠和法国，当然也包括"中立的"奥地利和普鲁士。

马克思在他的文章中，尤其是在《关于瓜分土耳其的文件》和《秘密的外交公文的往来》中分析了不列颠寡头政体的政治和经济利益，研究了一系列秘密的外交文件，从而得出结论认为，大不列颠的统治集团只是由于害怕出现难于预料的后果才去抑制自己在近东的侵略欲望:"如果在瓜分土耳其的后面没有隐藏着对法战争,而在对法战争后面没有隐藏着革命的怪影,那么英国政府会以同样的胃口把 Grand Turc〔苏丹〕和'哥萨克'陛下一起吞掉的。"① 然而,马克思不仅揭露了大不列颠在近东的掠夺欲望。在《俄国的外交。——关于东方问题的蓝皮书。——门的内哥罗》一文中他谴责法国政府是克里木战争的主要策划者:"**所以现在东方危机的真正根源是波拿巴的篡位**。"②

大不列颠和法国以帮助它们的盟国土耳其为借口干涉土耳其的事务,支配它的军队,加紧财政控制。所以,马克思在文章《希腊和土耳其。——土耳其和西方强国。——英国粮食贸易的缩减》中这样评价道:"土耳其人开始把英国和法国看做是比沙皇更危险的敌人,下面这两句话反映了一种普遍看法:'他们企图推翻苏丹和瓜分帝国,想把我们变成基督教居民的奴隶'。"③

为反对俄国而联合起来的各国在东方冲突中的目的和利益各不相同,但是大不列颠和法国的统治集团在一个关键问题上的立场却是一致的。他们虽然想削弱他们在争夺巴尔干和近东统治权的斗争中的对手——俄国,但是决不想消灭沙皇的专制统治。对于保守的欧洲,"这个'秩序、财产、家庭和宗教'的欧洲,这个君主、封建主和资本家的欧洲",④ 沙皇统治作为一切以人民为敌的政体和剥削制度的保人和保护者,是不能缺少的。

---

① 《马克思恩格斯全集》第 1 版第 10 卷第 174 页。
② 《马克思恩格斯全集》第 1 版第 10 卷第 71—72 页。
③ 《马克思恩格斯全集》第 1 版第 10 卷第 218 页。
④ 《马克思恩格斯全集》第 1 版第 10 卷第 399 页。

因此，马克思和恩格斯始终非常坚决地反对欧洲资产阶级民主派（拉约什·科苏特等人）的民族主义立场，他们相信波拿巴在民族问题上的煽动，无条件地支持不列颠和法国政府并且把对俄战争颂扬成"自由同专制的战争"①。关于对克里木战争性质的这种错误评价，马克思在《英国军事部门的改组。——奥地利的要求。——英国的经济状况。——圣阿尔诺》一文中明确指出："且不说在这种情况下波拿巴就会成为自由的代表人物，就以公开宣布战争目的是保持强国均势和维也纳条约（正好是那些消灭民族的自由和独立的条约）这个事实来说，也是同科苏特的论断相矛盾的。"②

马克思和恩格斯在无情揭露欧洲列强在近东的侵略目的的同时研究了奥斯曼帝国崩溃的原因。他们不仅阐明俄国、法国、大不列颠和奥地利争夺博斯普鲁斯海峡势力范围的局面是如何形成的，同时还揭露了土耳其为什么沦为这几个国家外交阴谋的玩物。马克思和恩格斯认为，经济和社会结构的特点是前奥斯曼强国濒临灭亡的重要原因，因为它们阻碍了封建主义向资本主义的过渡。

马克思在《希腊人暴动》和《宣战。——关于东方问题产生的历史》这两篇文章中特别注意伊斯兰教的作用。在这里，他揭露了不列颠政府和法国政府作出的保证，这两国政府宣称要实现穆斯林和异教徒（莱雅）在法律上的平等，同时又要维持土耳其的现状。马克思认为这是一种安抚公众的煽动性的手段："因此通过世俗的解放来废除他们对可兰经的从属，也就是同时废除他们对教会的从属，并引起他们在社会、政治和宗教各方面的革命，这场革命首先不可避免地会把他们推入

---

① 《马克思恩格斯全集》第1版第10卷第283页。
② 《马克思恩格斯全集》第1版第10卷第283页。

俄国的怀抱。谁想用 code civil〔民法典〕来代替可兰经，谁就必须按照西欧的式样来改造拜占庭社会的全部结构。"①

马克思和恩格斯坚决反对任何企图将东方问题归结为宗教论争的做法。马克思揭露了欧洲列强如何利用土耳其在实行特惠条例方面推行的"秋千法"② 来在不同信仰的信徒中间挑起争端，这对于分析统治者们在这场冲突中所作的宗教上的鼓动具有重要意义。马克思指出，欧洲的君主们把这场纠纷看作是"一个有关自己在东方的影响的问题"③；在一切人为挑起的宗教争端的背后总是隐藏着"同样多的政治的和民族的角逐"④。

马克思同许多西欧的政治家的观点相反，尤其同那些把土耳其美化为文明先驱的"戴维·乌尔卡尔特之流空想主义反动分子"⑤ 的观点相反，他在《奥地利的政策。——下院的战争辩论》一文中严厉地谴责封建的奥斯曼帝国是"这个衰老的欧洲制度的基石"⑥，并且支持巴尔干人民的民族独立的要求。

大不列颠和法国统治集团力图使武装冲突地区化，防止这些军事行动演变为革命运动和民族反抗的可能的策源地，而马克思和恩格斯则期待英法集团对俄国的这场"地区性"战争演变为一场欧洲人民反对沙皇独裁统治和反对支持它的各种反革命势力的革命战争。只有这样，革命和民族解放斗争才会不可避免地掀起新的高潮。才能以革命民主主义

---

① 《马克思恩格斯全集》第 1 版第 10 卷第 181 页。
② 《马克思恩格斯全集》第 1 版第 10 卷第 183 页。
③ 《马克思恩格斯全集》第 1 版第 10 卷第 183 页。
④ 《马克思恩格斯全集》第 1 版第 10 卷第 184 页。
⑤ 《马克思恩格斯全集》第 1 版第 10 卷第 386 页。
⑥ 《马克思恩格斯全集》第 1 版第 10 卷第 384 页。

的手段完成1848—1849年所没有完成的历史任务，才能扫除包括大不列颠和法国在内的欧洲的反人民的统治。一场反对沙皇统治的革命的人民战争也会使俄国的革命形势加速成熟，使反对独裁统治和农奴制度的革命更加逼近。

1854年初，在英法舰队开进黑海以后，恩格斯再次在《欧洲战争》一文中，即本卷的开篇文章中详细阐述了上述观点。他在这篇文章中强调指出了英法统治阶级蓄意进行的战争的性质和为在欧洲实现民主变革而进行的革命战争之间的根本区别。他说："但是当战争限于以西方强国和土耳其为一方同以俄国为另一方的冲突时，它就不可能成为我们在1792年以后看见过的那种欧洲战争。"① 他得出结论说，当革命登上舞台时，这场战争的形势、条件和性质就会发生重大的变化："但是不要忘记，在欧洲还有一个第六强国，它在一定的时刻将宣布它对全部五个所谓'大'强国的统治并使它们个个战栗。这个强国就是革命。它已经长久地沉默和退却，但是现在商业危机和饥馑又把它召上战场。从曼彻斯特到罗马，从巴黎到华沙和佩斯——到处都感到有它，到处它都在抬头，从假寐中醒来。"②

在本卷以及在《马克思恩格斯全集》原文版第1部分第12卷和14卷中所发表的恩格斯评论克里木战争的文章，包含了军事理论和军事学术史方面的极有价值的材料和理论结论。这些文章反映了马克思主义军事科学形成过程中的一个重要阶段，反映了依据历史唯物主义对当时战争的经验进行总结的一个重要阶段。

恩格斯在本卷的文章中进行军事科学研究时非常注意有关国家的军

---

① 《马克思恩格斯全集》第1版第10卷第7页。
② 《马克思恩格斯全集》第1版第10卷第8页。

事潜力、军事学术同社会经济及政治的发展水平之间的相互关系。他指出,俄国过时的封建专制制度是造成军务落后、许多将军无能和沙皇军队实行阅兵式教练的原因。他在未发表的文章《俄国军队》中得出这样的结论:"俄国所处的特殊条件要求一种与欧洲其他国家的相应组织完全不同的军事组织。"①

他在这篇研究文章中指出,这里的军队组织和军事学术因不发达的生产力和陈旧的生产关系而受到妨碍。他在《英国军队的现状及其战术、服装置备、军需部等等》一文中又揭露,由于占统治地位的反动寡头政治的保守主义和营私舞弊的影响,军事部门越来越落后于这个国家社会经济发展的物质和技术潜力,这个国家的军事作战能力越来越受到损害。"因此,就算英国炮兵拥有世界第一流的兵器,它的组织累赘的程度也不比其他兵种轻些,至于说到制服、装具和一般组织,英国军队没有一件不是落在任何一个欧洲文明国家的军队的后面的。"② 恩格斯以威灵顿公爵为例,以辛辣讽刺的文笔说明一些大人物由于滥用他们的历史荣誉和政治权力而应对克里木远征中数以千计普通士兵的死亡承担怎样的责任。

他认为买卖军官委任状是英国军事部门弊端丛生的根源。他指出,贵族就是通过这种方法确保自己对军队的影响的。

恩格斯在本卷的多篇文章中论述了法国军队组织的问题。围绕这一问题,他在《对塞瓦斯托波尔的进攻》一文中论述了法国士兵在二月革命后的阶级分野中所起的作用,他在这里表述的思想具有重要的理论意义:"资产阶级教导那些曾把它从革命的惊涛骇浪中拯救出来的法国

---

① 《马克思恩格斯全集》第 1 版第 44 卷第 215—216 页。
② 《马克思恩格斯全集》第 1 版第 10 卷第 263 页。

兵，要把自己看做整个民族和社会的救星。路易·波拿巴把他们看做恢复帝国的力量，娇纵他们……人们曾经不惜一切努力要把他们变为御用军队，但历史总是教导人们，御用军队就是蜕化了的军队。他们始则对普通人发号施令，然后就企图使自己的将军服从他们的意志，而最后是得到沉重的教训。"①

1854年，恩格斯还研究了哈布斯堡帝国的军事力量。他在《奥地利兵力》一文中以奥地利军队1849年进行的改组为例，说明反动阶级势力是会迅速地从阶级斗争的成败中吸取经验教训的。

恩格斯在分析克里木战争的最重要的战役和围攻行动时，特别注意军事学术的发展问题。他始终坚决反对离开军事学术的具体的物质发展条件来探讨军事学术问题，反对将原则不分历史场合地加以绝对化，以冒险方式确定战略或战术规则。在《土耳其战争》一文中他嘲笑道："除了时髦的军事作家，从来没有人否认过，因为他们不是根据事实，而是根据什么'权利反对暴力'必胜、'正义的事业'不会有任何错误的信念来作出判断。"②

恩格斯严厉地批评了作战双方的军事战略、军事领导和战术行动。同时，他已经注意到下述情况的最初的迹象："由于平庸的战略家和墨守陈规的将军们的努力，两个敌对军队的运动都采取了在实战中从未见过的形式。"③他最早认识到，克里木战争开辟了军事和军事学术发展中的一个新时期。英法步兵装备了米涅式步枪，从而提高了射速、射程和命中率。恩格斯在研究中已经注意到，步兵的一种新的作战战术——

---

① 《马克思恩格斯全集》第1版第10卷第540页。
② 《马克思恩格斯全集》第1版第44卷第225页。
③ 《马克思恩格斯全集》第1版第10卷第580页。

散兵线的萌芽渐渐萌生，它后来完全取代了强攻纵队的战术。在分析博马尔松德争夺战和因克尔芒会战的进程时，他描述了米涅式步枪的子弹的严重杀伤作用。他指出，在因克尔芒会战中，成横队展开的英军最成功地利用了新式步兵武器的战斗性能。

恩格斯还注意到，海岸要塞在构造上的改进和装有螺旋推进装置与重型大炮的战舰的采用在舰队大炮与沿岸炮台之间的炮战中产生了怎样的影响。第一次发表的文章《舰队与堡垒》反映出他多么透彻地研究过这个问题。

恩格斯在《战争》一文中阐述了关于陆军和海军必须协同作战的重要思想："一支舰队无论它怎样强大，如果不载有足以用来登陆和巩固战果的大量部队，那它的作用就是很小的；而为了登陆和巩固战果，仅仅靠舰队对沿岸要塞射击，就是在最好的情况下也是远远不够的。"①

恩格斯从一些战事的经过中得出结论：是否能有效地组织防御、选择主攻方向和确定战略时机，这就是左右一次战役的进程的几个要素。1854年，他把土耳其的锡利斯特里亚要塞看作就是一个这样的战略要地。他以对锡利斯特里亚的围攻为例说明在战斗中尽可能长时间地掌握主动权是多么重要："能掌握主动权，就证明军队或者在数量上，或者在质量上，或者在指挥艺术上具有优势，而且在一切失利和退却的情况下，除了决战失败以外，这也可以维持士气……你可能被迫退却，你可能被击败，但是只要你能够左右敌人的行动，而不是听任敌人摆布，你就仍然在某种程度上占有优势。而更重要的是，你的每个兵士和整个军队都将感到自己比对方高出一筹。"② 恩格斯认为，要确保防御的战略地段，就要建立"野战防御

---

① 《马克思恩格斯全集》第 1 版第 10 卷第 256 页。
② 《马克思恩格斯全集》第 1 版第 10 卷第 289—290 页。

工事体系或者……永备防御工事体系",① 并将主力集中起来。恩格斯认为，只有能够机动地使用部队，把防御行动和进攻行动结合起来，掌握一部分力量用于突然进攻和夜间出击，才能击败对手。

本卷的军事理论文章以大量的例证表明，恩格斯曾仔细钻研过资产阶级的军事科学，批判地吸取了其中最重要的知识，创造性地利用了其中经过加工概括的事实材料。

恩格斯依据真实的情报，从现实的力量对比出发来研究问题。他充分利用报纸的报道和通讯，核实不一致的消息，并将它们同司令部的官方消息进行比较。"至于这些消息的确实程度如何，让我们仔细地把从官方的和确实可靠的消息中得知的与非官方的和值得怀疑的消息中得知的加以甄别，尽量地弄清这一问题。"②

这样做使恩格斯有可能在其他新闻记者仍在作错误报道时就对一些军事行动作出正确的估计。此外，他能作出一些预测，它们均被后来战争的进程所证实。例如，他反驳了有关"奥美尔－帕沙取得对利迭尔斯将军的决定性胜利"③ 的消息并对所谓塞瓦斯托波尔陷落的惊人消息的可靠性提出怀疑。战争一开始，他就认为，俄军占领多布鲁甲是一种防御性的战略手段，目的是要缩短俄军的防线。

本卷中论述资本主义国家，首先是英国的经济发展和政治生活的文章占有重要地位。马克思尤其注意分析和评论1853年在领先的资本主义国家经济中已经暴露出来的萧条现象。在许多通讯中他研究了国际贸

---

① 《马克思恩格斯全集》第1版第10卷第293页。
② 《马克思恩格斯全集》第1版第10卷第545页。
③ 《马克思恩格斯全集》第1版第44卷第226页。

易中的衰退趋势，论述了欧洲粮食市场上的价格变化情况。

1854年春天，东方问题的尖锐化使"战争的神经"①，即欧洲强国的国家财政状况越来越成为公众关心的中心点。马克思分析了下院的预算辩论并在多篇文章中揭露了英国、法国、俄国和奥地利政府从事的狡诈的金融勾当，它们企图借助这种行为通过短期负债、实行附加税、发行强制公债、推行军税以及发行国家纸币等，把战争和军备费用转嫁到人民群众身上。

马克思在本卷的许多文章中充实并深化了他几年前就已经开始的对英国的国家结构、政党组织以及统治阶级的政策等方面的分析。他指出，该国的统治体制具有保守的、反人民的性质，落后于经济与社会的发展。马克思以下院的成分、反对派和政府之间的有名无实的议会争斗、苏格兰佃农被逐出土地以及资产阶级贵族寡头政体在政治上的专制独裁为例说明了上述情况。他在文章《君士坦丁堡的设防。——丹麦的中立。——英国议会的成分。——欧洲的歉收》中谴责选举法使占人口绝大多数的民众的代表不可能在议会中获得席位和选票，并揭露贵族们采取怎样的手段来确保其政治影响："还有至少一百个议员，名义上是由自己选区选出的，其实都是由公爵、伯爵、侯爵、贵夫人以及靠自己在当地的势力取得政治利益的人指定的。"②

马克思列席旁听了下院几次会议之后以辛辣讽刺的笔调写道："旁听了……会议之后，我才明白，1848年我在《新莱茵报》上斥责柏林和法兰克福国民议会是议会生活的最可悲的表现，是多么糊涂。"③

---

① 《马克思恩格斯全集》第1版第10卷第706页。
② 《马克思恩格斯全集》第1版第10卷第53页。
③ 《马克思恩格斯全集》第1版第10卷第392页。

马克思无情地揭露了英国贵族打着宗教和慈善招牌的虚伪言行并严厉批判了"所谓的激进派报纸的卑鄙的奴颜婢膝"①。

他强调指出，辉格党和托利党之间在对外政策问题上的争执只不过是装装样子而已，因为每个政党都宁愿让自己的对手替代自己，也不愿去破坏他们共同的政治声誉并使统治体制陷入危机。

他在叙述英国的政治状况时也注意到了爱尔兰自由派议员，即所谓爱尔兰旅的作用。他揭露，该派代表时而支持英国这个政党，时而支持英国那个政党，为的是获得一些让步，满足自己的私利，但是却不阻止英国殖民主义者对爱尔兰的压迫。"虽然爱尔兰旅有了这种建立内阁的能力，但是它从来没有阻止过任何一次对爱尔兰的卑鄙无耻的行为和对英格兰人民的不公正的行为。"②

马克思以尖锐的讽刺手法形象地刻画了帕麦斯顿、罗素、阿伯丁、克拉伦登、格莱斯顿等资产阶级贵族寡头政体的著名代表人物，同时揭露了他们的资产阶级对手约翰·布莱特和理查·科布顿的和平蛊惑宣传，他们都是以所谓曼彻斯特学派为核心而组成的自由贸易派的领导者。

法国在克里木战争前夕和战争期间所起的作用使该国的内外政策问题比前一年更加吸引记者们的注意。马克思在多次分析和评论中都把波拿巴统治集团的反动政策讽刺为"模仿伟大的过去"。他在文章《二月二十二日的议会辩论。——波茨措-迪-博尔哥的紧急报告。——西方强国的政策》中揭露了法国政府在东方战争中采取侵略和冒险立场的重要动机："当然，波拿巴进行这次战争是十分认真的。不是国内革命就

---

① 《马克思恩格斯全集》第 1 版第 10 卷第 367 页。
② 《马克思恩格斯全集》第 1 版第 10 卷第 67 页。

是对外战争——他再没有别的出路了。他已经不可能继续像从前那样,把拿破仑第一的残酷的专制同路易-菲力浦的那种卖身的和平政策结合起来了。"① 他在《工人议会开幕。——英国的军事预算》中指出,一场战争的幽灵有利于这个制度的可鄙家伙"来打破尚在阻挠他们干预国库的一些最后的微小障碍"②。与此同时他注意到,腐败、堕落,即波拿巴主义的这种典型的特征也侵入了它的主要支柱——军队。在文章《英国军事部门的改组。——奥地利的要求。——英国的经济状况。——圣阿尔诺》中他通过辛辣地讽刺一个政治冒险家从一名外籍军团成员上升为波拿巴政权的陆军大臣的飞黄腾达的生涯说明了这一点。

马克思和恩格斯公开谴责拿破仑第三的反民主的和反人民的政策,揭露了这一政策的蛊惑人心的性质。同时,他们尖锐地批判了阿尔芒·巴尔贝斯之流的小资产阶级民主派发言人。这些人在克里木战争期间滑向了沙文主义的立场并对"十二月政变的文明"③抱有幻想。他们在文章《塞瓦斯托波尔的骗局。——概评》中将巴尔贝斯同奥古斯特·布朗基作对比,称后者是真正的革命者。

1854年,马克思和恩格斯对奥地利和普鲁士的内外政策给以极大的关注。在多篇文章中马克思根据政府的可信文件反复批判了普鲁士在东方战争中的中立政策。他指出,因为容克官僚反对势力惧怕欧洲中心发生革命,所以一旦军事行动蔓延到他们那里,他们就会见风转舵。

马克思论证说,维也纳内阁在东方战争中所奉行的动摇不定的立场是由复辟后的专制政权在政治和经济方面的不稳定所决定的,同时也反

---

① 《马克思恩格斯全集》第1版第10卷第109页。
② 《马克思恩格斯全集》第1版第10卷第127页。
③ 《马克思恩格斯全集》第1版第10卷第559页。

映了其内政和外交的困难。在这方面，他特别注意受到严重损害的国家财政、税收政策和货币流通。在《奥地利的破产》一文中他对奥地利的财政政策，尤其对1854年2月23日奥皇的敕令进行了深入的分析。他在文章中阐述的观点对于认识反动时期具有深刻的意义："银行一步步变成了帝国的真正主宰者，而政府则不过是名义上的主宰者罢了。奥地利越是拒绝满足资产阶级参加政权的要求，它就越要被迫向这个阶级中的一派——金融家—债权人的无限的专制屈服。"① 此外马克思还得出一个结论，"奥地利帝国的生存不仅在政治上，而且在经济上也是依靠占有匈牙利和伦巴第的；只要一失去匈牙利和伦巴第，这个国家的延缓已久的破产就会成为不可避免的了。"②

1848—1849年革命失败后，奥地利反动势力建立了中央集权的官僚政体，迫害任何的反对派行动，无情地镇压被压迫民族，挑起民族纠纷。马克思指出，这些被压迫民族中的资产阶级自由派政治家所持的民族主义立场有助于上述政策的实施。他在文章《列施德－帕沙的照会。——意大利报纸论东方问题》中批判了意大利自由派的立场，他说："奥地利帝国长寿的秘密正是包含在这种地方性的利己主义里面，这种利己主义使每个民族陶醉于幻觉之中，以为牺牲其他民族的独立就可以为自己争得自由。"③

马克思在他的通讯中形象地指出。奥地利政府在克里木战争期间犹如处在两团火中间。由于它担心俄国在多瑙河畔战场上的胜利会在哈布斯堡王朝统治下受压迫的斯拉夫民族中引起骚动，促使他们自身力量的

---

① 《马克思恩格斯全集》第1版第10卷第111页。
② 《马克思恩格斯全集》第1版第10卷第116页。
③ 《马克思恩格斯全集》第1版第10卷第215页。

觉醒，因此企图阻止沙皇这个强大竞争对手扩大其对巴尔干半岛的影响。另一方面，马克思和恩格斯在文章《俄军的撤退》中认为，俄国这个敌手的任何严重削弱都不符合奥地利的利益，"因为这会使哈布斯堡王朝失去唯一能帮助它跳出最近的革命旋涡的朋友。"① 奥地利期望借助这种做法恢复财界的信任，摆脱财政困难，所以在这场争斗中扮演了仲裁人的角色并以双方的朋友的身份介入。

马克思在本卷的好几篇文章中报道了在比利牛斯半岛上发生的革命事件。他热情赞扬西班牙人民的起义，并期望从此在欧洲大陆上出现人民运动的新的高潮。马克思不只对革命事件的发展进行了分析和评论。为进一步弄清伊比利亚半岛上革命进程的性质和特点，他潜心研究了有关的历史根源和传统。马克思还研究了19世纪上半叶西班牙革命的历史并作了5本内容丰富的笔记，其中摘录了西班牙、法国、不列颠和德国著作家的著作，这些著作家大部分是历史学家，当然也有政治家和军事家。经过这一研究，在1854年8月底至12月产生了一组文章《革命的西班牙》，马克思在这里深刻分析了1808—1814年、1820—1823年、1834—1843年几次资产阶级革命的过程、动力以及性质。这一组文章的第9篇第一次在本卷重新发表。在此之前这篇文章被认为遗失了。同样，《革命的西班牙》的最后两个手稿，即马克思于1854年11月和12月寄往纽约的手稿，也被认为遗失了。马克思还在一篇文章的草稿中阐述了1820—1823年资产阶级革命的失败原因，说明了1834—1843年期间发生的事件，这份草稿只流传下一部分片断。

马克思对西班牙历史的研究是把历史唯物主义和辩证法创造性地用于分析复杂历史过程的一个典范，这主要包含以下几点：历史进程中一

---

① 《马克思恩格斯全集》第1版第10卷第313页。

般与特殊的辩证法,革命过程的主观条件与客观条件的相互关系,革命的内部与外部条件的相互关系,社会问题与民族问题的相互关系,革命与进化的相互关系,中央政权、区政权和地方政权的相互关系,以及反革命、武装力量和人民运动政治成熟程度之间的对立关系。

通过把1854年的革命事件同1808—1814年、1820—1823年、1834—1843年的几次资产阶级革命以及同法国和其他国家的历史发展进行比较,就十分清晰地得出了由封建主义向资本主义过渡的一些普遍有效的规律性。马克思在《革命的西班牙》一组文章中的第9篇文章里着重强调,"这一从封建国家的社会中产生并正在向中产阶级文明转化的不同人民的斗争不能被视为他们在任何事情上都各个相异。但这一特质却源于种族、国家、语言、舞台风俗和服装。"① 反过来,马克思又把他自己所揭示的社会发展规律当作全面理解"西班牙革命有某些仅仅是它所特有的因素"② 的钥匙。

他在《革命的西班牙》的第1篇文章中阐述了雷康吉斯达时期,论述了由于加斯梯里亚和阿腊贡的合并而形成的统一王国并探讨了西班牙专制制度的形成及其特性。马克思分析了阶级的形成、建立统一市场问题、中央政权、区政权和地方政权的复杂的相互关系问题。

《革命的西班牙》这组文章及其草稿表明,马克思特别注意事件发展的社会经济原因和政治原因。马克思认为,从雷康吉斯达时期开始,伊比利亚半岛由于地理位置有利和殖民地贸易的促进作用而发生了经济上的分化,这对西班牙的专制政体的性质产生了长远的影响,推迟了统一的民族市场的建立,阻碍了资产阶级的形成。"所有这些现象现在都

---

① 《马克思恩格斯全集》原文版第1部分第13卷第456页。
② 《马克思恩格斯全集》第1版第10卷第437页。

由于经济上发生的使全国性活动泉源枯竭的变革而最终地固定起来。君主专制不仅在西班牙遇到了本性就同中央集权抵触的物质因素，而且尽力阻碍取决于全国性的分工和国内交换的多样性的共同利益的产生，而这种共同利益正是建立统一的管理体系和统一的法律的唯一可能的基础。"① 马克思把这看作是西班牙专制政体与欧洲其他君主专制之间的重要区别："但是在欧洲其他大国里，君主专制是作为文明中心、社会统一的基础出现的……在西班牙则恰恰相反，贵族政治虽趋于衰落，却保持自己的最恶劣的特权，而城市虽已丧失自己的中世纪的权力，却没有得到现代城市所具有的意义。"② 最后，西班牙的专制政体还由于宗教裁判所，而获得了一个独特的特征："相反地，由于有了宗教裁判所，教会已成为专制政体的最牢固的工具。"③ 在这里值得注意的还有马克思对西班牙人民反对专制政体斗争的历史根源的说明。他称加斯梯里亚市区1520—1521年反对查理一世的起义是资产阶级革命周期出现以前在西班牙发生的唯一一次"重大的革命"④，马克思是最早提出这一观点的人。

比利牛斯半岛上资产阶级社会的形成、它同封建主义的斗争以及它的内部的阶级分化，这一切就构成了马克思研究西班牙史的焦点。马克思把相继发生的军人起义、宫廷政变、军事政变、革命、改革、反革命和复辟这一错综复杂的情景描述为一种"革命周期"，⑤ 在此进程中资产阶级的即资本主义的社会制度虽然会经历痛苦而缓慢的过程，一再遭

---

① 《马克思恩格斯全集》第1版第10卷第462页。
② 《马克思恩格斯全集》第1版第10卷第462页。
③ 《马克思恩格斯全集》第1版第10卷第461页。
④ 《马克思恩格斯全集》第1版第10卷第456页。
⑤ 《马克思恩格斯全集》第1版第10卷第455页。

受挫折，发生逆转，但毕竟不断地为自己开辟道路。"详细研究西班牙革命的历史，就可以弄清楚一个事实，即这些人为了摧毁僧侣和贵族统治的物质基础花了差不多四十年的工夫，但是在这段时间里，他们完成了旧社会制度的彻底变革。"① 马克思把西班牙的资产阶级变革这一复杂的过程描述为"现代史中最激动人心、最有教益的一章"②。

马克思在他论述伊比利亚半岛上资产阶级革命周期的文章中高度评价了西班牙人民群众的作用，他认为，无论是握有绝对权力的专制政体和宗教裁判所，还是拿破仑的外国统治都不能扼杀他们的革命热情。西班牙国家乍一看来似乎毫无生气，然而，表层之下却蕴藏着西班牙人民的生命力，可是拿破仑第一却把西班牙看成是一具尸体，"如果说西班牙国家死亡了，那么西班牙社会却充满生气，它的每一部分都洋溢着反抗力量"③。虽然伊比利亚半岛的封建专制政体已进入衰败和公开危机的时期，但是要越过独立战争而引发一场资产阶级革命，则还需要来自外部的重大推动："国内的震荡恰好同防御外来侵略的必要性结合在一起"④。在这方面，马克思认为应"把保卫民族的迫切问题和任务的解决同西班牙的社会改造、民族精神的解放结合起来"，他的这一思想具有巨大的政治意义和科学理论意义。他以西班牙为例指出，把民族解放斗争同深刻的社会政治变革结合起来在客观上是必要的，同时他还研究了这一斗争的历史形式和方法。

马克思分析了比利牛斯半岛上民族解放运动内部的矛盾，这些矛盾

---

① 《马克思恩格斯全集》第1版第28卷第399页。
② 《马克思恩格斯全集》第1版第10卷第464页。
③ 《马克思恩格斯全集》第1版第10卷第463页。
④ 《马克思恩格斯全集》第1版第10卷第482页。

使得那些拥护专制的人能把自发的人民运动的大部分置于他们的影响之下。"看起来,整个运动与其说是**拥护**革命的,不如说是**反对**革命的。这个运动是民族运动,因为它宣布西班牙脱离法国而独立;同时这个运动又是王朝的,因为它拥护'受爱戴的'斐迪南七世而反对约瑟夫·波拿巴;这个运动是反动的,因为它拥护旧的制度、习惯和法律而反对拿破仑的合理的革新;这个运动是迷信的和充满宗教狂的,因为它拥护'圣教'而反对所谓法国无神论,或者说,反对取消罗马教会的特权。"①

马克思从西班牙的经验出发得出结论,认定在1808至1813—1814年的反对拿破仑的解放斗争中复兴和复辟以极其矛盾的方式相互结合在一起:"所有反法的独立战争都具有复兴性质和反动性质相结合的特点,但是这种两面性在任何地方也没有像西班牙表现得那么明显。"② 同时马克思认为,进步和反动这二者的极其矛盾的结合不仅是反对拿破仑干涉者的民族解放战争的特点,而且还影响了这一场卡洛斯派战争和1834—1843年的资产阶级革命。"由于西班牙的传统,革命派就是把王位推翻了,也未必能取得胜利。在西班牙,革命要想获胜,就应当以王位追求者的身分出现。两种社会制度之间的斗争要采取两个敌对王朝利益的斗争形式。"③

马克思高度重视革命政权的问题。他叙述了波旁王朝屈服于拿破仑第一以后西班牙游击队斗争的发展以及政权转入地方政府委员会——洪达之手的情况,这是以农民为大多数的群众举行自发起义的结果。反抗

---

① 《马克思恩格斯全集》第1版第10卷第467页。
② 《马克思恩格斯全集》第1版第10卷第467—468页。
③ 《马克思恩格斯全集》第1版第10卷第672页。

斗争分散到各个地方行动中心，这必然增加许多条战线，结果使得惯于集中兵力的拿破仑军队最终遭到失败。"各省洪达分掌政权使西班牙没有被拿破仑侵犯的第一个浪潮淹没，其所以如此，不仅因为这使国家的抵抗能力加强了好几倍，而且因为这使侵略者不知道应当打击的方向；实际上，法国人在发现到处都是西班牙人的反抗中心的时候，已经完全摸不着头脑了。"① 革命事件进一步发展的进程暴露了这种分散化的矛盾性质。正如马克思指出的，在这种条件下，分散化最终有利于拥护专制的反动派赢得影响。马克思对洪达组成过程的认识使他作出下列描述："正因为如此，在革命发展的整个过程中，每当革命洪流有溢出河岸的危险的时候，这些迸发的人民热情在革命初期的第一批产物都成为阻挡革命洪流的堤坝。"②

马克思对西班牙史的研究证实，领导者在行动上是否冷静和富于主动精神在很大程度上决定着革命的成败。这种斗争的成功希望在于一个中央行政权力如何目标明确地领导革命的进程。马克思以1808年到1814年历次发生的事件为例指出，要进行深入的社会改革并保卫其成果，必须有果断的和强硬的革命政权机关。"中央洪达不能保卫祖国，因为它不能完成自己的革命使命。"③ 马克思指出，中央洪达本来是有权力实行深刻的社会改革的。它没有利用这种权力，而是丧失了主动精神，重新铸造已被打破的锁链，窒息革命的火焰。④

马克思认为，中央洪达这样的政权机关所以具有"无能和反革命

---

① 《马克思恩格斯全集》第1版第10卷第472页。
② 《马克思恩格斯全集》第1版第10卷第470—471页。
③ 《马克思恩格斯全集》第1版第10卷第484页。
④ 《马克思恩格斯全集》第1版第10卷第482—483页。

性"①，其重要原因在于中央洪达的组成情况。"中央洪达的组成本身根本不符合它面临的任务。要实现专制政权，它过于庞大了，过于复杂了，要想具有国民公会那样的权威，它的人数又太少了。"② 马克思认为，革命政权机关的组成对它的行为能力和决断力有决定性的影响，这一认识具有巨大的政治意义。马克思指出，促使中央洪达内部的复辟力量占优势的社会的、政治的和心理的原因错综复杂地交织在一起，这一提示也同样是极有教益的。"省洪达的成员……是根据他们在旧社会的地位，而不是根据他们建立新社会的能力选举出来的。而省洪达派到中央洪达的也是一些西班牙大贵族、高级僧侣、加斯梯里亚显贵、过去的大臣和高级文武官员，而不是革命选拔出来的人物。由于力图做到合法和保持身份，西班牙革命从一开始就注定了要失败。"③

西班牙革命的特点就是如此，因此马克思从1808—1814年、1820—1823年以及1834—1843年的历次革命的历史经验中得出结论说："唯有革命党垄断了博爱主义的宽容，为此，它以后不得不一再受到惩罚。"④ 十月革命爆发前4年列宁从中得出下面这个结论："经验反对革命者的'宽容'。"⑤

马克思在研究1808—1813年独立战争的进程和性质时细心注意到进步发展趋势和反动发展趋势怎样充满矛盾地相互重叠和渗透，他在对西班牙革命周期的主要环节进行对比分析时又认识到，伊比利亚地区在经济、国家制度和社会方面发生的革命性的和进化性的变化是伴随着复

---

① 《马克思恩格斯全集》第1版第10卷第485页。
② 《马克思恩格斯全集》第1版第44卷第230页。
③ 《马克思恩格斯全集》第1版第10卷第473—474页。
④ 《马克思恩格斯全集》第1版第28卷第399页。
⑤ 《列宁全集》第2版第58卷第6页。

辟势力不断反动的。每一场革命之后都有一个反革命的统治时期。马克思以1823年的复辟为例得出结论说，这些极端的反动每一次都有机地包含着下一次革命的各种危机因素。"第二次复辟也是革命的产物，社会的腐朽分子在这次复辟中采取了同西班牙的民族生存已经不相容的形式。复辟的主要事业是把敌对局面推进到如此尖锐的地步，以致任何妥协已经毫无可能，一场歼灭战争势在必行。"① 马克思把各种阶级力量的充满矛盾的状态看成是西班牙革命周期中进步与反动、革命与反革命相交错的社会根源和政治根源。

由于资产阶级的利益发生明显的地区化和分立化，而殖民地贸易这一特点更为强化，以致阻碍了资产阶级形成为统一的全民族的阶级，结果便缺少一个独立的和政治上觉悟的人民运动，并且人民运动中的农民成分有一部分会受亲专制制度的反动势力的影响。所以这里仅仅有一个"把人民反对法国侵略的斗争看成西班牙政治和社会复兴的信号的活跃的、有势力的少数"②。马克思以制宪议会的活动为例说明不发达的、区域上分散的西班牙资产阶级在革命过程中没有能力作为全民族的阶级行使盟主权。马克思把孤立的革命和自发的阶级斗争的二元性归纳如下："在议会治理期间，国家分成了两部分。在累翁岛有思想而无行动，在另一部分西班牙则有行动而无思想。"③ 他推断说，议会遭到失败并不是"因为它们进行革命，而是因为它的先行者是反动派，放过了革命时机"④。马克思认为，所谓的自由派在制定议会宪法时所作的妥协表

---

① 《马克思恩格斯全集》第1版第10卷第671—672页。
② 《马克思恩格斯全集》第1版第10卷第468页。
③ 《马克思恩格斯全集》第1版第10卷第483页。
④ 《马克思恩格斯全集》第1版第10卷第483页。

明了西班牙资产阶级的软弱和历史上的幼稚。他对西班牙自由主义的这一纲领性文献作了透彻的分析，该文献在比利牛斯地区以外也成为革命运动的榜样。马克思坚决反对把议会宪法贬低为法国1791年宪法的复制品。"实际情况是：1812年宪法是翻版的古法典，但这是按法国革命的精神理解的、适合于现代社会的需要的古法典。"① 马克思在他的文章中高度评价宪法中那些彻底废除封建权利和特权的条款。同时他也注意到了"十八世纪的自由主义思想同教权派横行时期的黑暗传统实行妥协的明显迹象"②。马克思指出，在宗教问题上，宪法与过时的封建专制制度实行了重大妥协。在《东方问题。——西班牙的革命。——马德里报刊》一文中，马克思在叙述1854年的革命事件时揭露了自由派在殖民地问题上所持的矛盾立场："保存所有属于西班牙的殖民地几乎是这个宪法的最重要的原则，而今天的革命者却同意这个立场。"③

马克思还从另一个角度，即从头面人物与农民群众运动中断关系这一角度来阐述西班牙自由派的政治上的软弱。他在一篇流传下来的文章草稿中指出，在1820—1823年革命期间，"革命派没有能够把农民的利益和城市的运动联系起来"④。这样，革命运动就脱离了农民群众，使反革命得以重新赢得失去的影响。由于运动的社会基础受到限制，运动注定要遭到失败。马克思从这一历史事例出发，称这些革命是"城市革命"，其任务与1789年类型的革命相似，在彻底实行农业变革方面没有取得突破；下面这段话对于比较革命史来说具有重要的方法论意义：

---

① 《马克思恩格斯全集》第1版第10卷第494页。
② 《马克思恩格斯全集》第1版第10卷第497页。
③ 《马克思恩格斯全集》第1版第10卷第432页。
④ 《马克思恩格斯全集》第1版第10卷第671页。

"这是资产阶级革命,更确切地说,是城市革命。在这次革命中,愚昧无知、因循守旧、崇尚豪华的礼拜仪式的农村居民,大概不了解各派别之间的斗争的意义,所以只是这一斗争的消极的旁观者。"①

马克思在论述西班牙资产阶级革命周期的文章中还分析了资产阶级变革的客观前提问题。他用具体的历史材料来说明社会革命与谋反的主要区别。上校拉斐尔·德·里埃哥的起义虽然失败了,它却能成为1820—1823年资产阶级革命的信号,因为国家受到一场深刻的经济财政危机的震动,一场政治危机又使费南多的复辟政权摇摇欲坠。"西班牙的革命形势已经成熟到就连假消息都足以引起革命的程度了……关于军事暴动,我们已经看到,尽管它遭到失败,革命却赢得了胜利。"②

马克思通过对西班牙革命史的研究敏锐地看到在社会阶级结构处于落后状态的国家中社会变革的推动力。马克思以伊比利亚为例,彻底研究了人民群众在资产阶级革命中的进步潜力,指明他们的政治偏见,揭露他们竟无能为力地相信,"只要更换一下政府他们就可以一下子摆脱社会灾难"③。马克思特别注意到反革命为控制人民运动中的一部分人而使用的政治的和制度的工具以及意识形态的工具。他指出,"革命派自己怎样唤起并加强了人民的旧有偏见"④。马克思列举大量事实揭露敌视革命的自由派领袖们如何利用群众在政治上的幼稚和偏见。他以埃斯帕特罗和奥当奈尔这些人在比利牛斯地区的历史转折时期所起的作用为例揭露了西班牙自由派在政治上的局限性和妥协性,严厉谴责了自由

---

① 《马克思恩格斯全集》第 1 版第 10 卷第 670 页。
② 《马克思恩格斯全集》第 1 版第 10 卷第 508—509 页。
③ 《马克思恩格斯全集》第 1 版第 10 卷第 502 页。
④ 《马克思恩格斯全集》第 1 版第 10 卷第 502 页。

派领袖们畏惧深刻的社会变革和政治变革的行为。这一批判对于分析19世纪资产阶级最有影响的政治流派具有重要意义。一封写给恩格斯的信证实,传记性的随笔《埃斯帕特罗》本来还包括"对一般**宪法**英雄们"① 的评论,这部分内容被《纽约论坛报》编辑部删掉了。马克思在这篇文章中评价说,一切革命都有一个特点,"这就是:正当人民似乎临近一个伟大的开端、一个新时代展现在他们面前的时候,他们却让自己沉湎于过去的幻想,自动地把自己好容易才争得的权力、一切影响让给过去时代人民运动的真正的或者冒牌的代表……漫长的残酷的反动时期,具有恢复在革命中遭到失败的声名狼藉的领袖们的声誉的令人惊异的特性。"②

在马克思的研究中,军队在革命变革过程中的作用问题也是中心论题之一。他认识到,在一个社会经济发展处于低水平的国家,资产阶级的软弱和人民运动的不成熟会使军队成为民族利益的代言人并取得革命变革的主动权。马克思指出,西班牙军队在比利牛斯地区处于历史转折点时表现为社会中最革命的部分,它暂时弥补了资产阶级在资产阶级变革中无能行使盟主权的状态。同时他警告提防由此而产生的御用军的危险。马克思在论述西班牙革命周期时分析了军事的革命化在怎样的条件下会转化为革命的军事化,并从中推导出军队在资产阶级变革中的历史抉择作用:不是采取革命的主动行为就是由御用军将革命扼杀。马克思在《西班牙的革命。——土耳其和希腊》一文中描述了资产阶级革命周期中各阶级力量对比的变化与由此而发生的武装力量的地位变化之间的联系:"西班牙的特殊形势和比利牛斯半岛的战争造成了一些条件,

---

① 《马克思恩格斯全集》第 1 版第 28 卷第 394 页。
② 《马克思恩格斯全集》第 1 版第 10 卷第 401 和 405 页。

使西班牙民族的一切富有生命力的力量只能集中在军队里……然而，在1830—1854年的动荡不安的年代，西班牙城市居民已经逐渐相信，军队已经不是为民族事业服务，而变成了那些竭力树立自己对宫廷的监督的野心勃勃的将军们进行竞争的工具。"①

马克思从1820年至1823年发生的革命事件中就已经注意到西班牙军队在抉择方面逐步发生变化的最初迹象。"革命的市民们既然这样脱离了基本的人民群众，所以……不得不依靠军队和他们的领导人。单是军队在革命阵营中这样篡夺来的地位**本身**，加上这个军队脱离群众，就已经把他们变成一种对利用他们的人有危险而对他们所应打击的敌人无害的工具。"② 埃斯帕特罗在1834—1843年革命期间从护民官变成"军事独裁者"③，这最终决定了西班牙军队在资产阶级变革过程中地位和作用的变化。马克思研究了昔日的革命战士蜕变为御用军的原因："同最高政府失掉联系，纪律松懈，经常失败，6年间骨干不断形成、解散而又形成，这一切情况必然使整个西班牙军队具有御用军的特性"。④

为了使武装力量完全服务于资产阶级变革，必须把文治无条件地提到首位："在革命时期一切从属关系都松弛了，只有使将军们严格服从国民纪律才能恢复军纪。"⑤

马克思在论述军队在西班牙革命周期中所起的作用时也相当重视游击队的问题。他认为游击运动是真正的武装人民的基础，⑥ 并且分析了

---

① 《马克思恩格斯全集》第1版第10卷第368—369页。
② 《马克思恩格斯全集》第1版第10卷第671页。
③ 《马克思恩格斯全集》第1版第10卷第403页。
④ 《马克思恩格斯全集》第1版第10卷第487页。
⑤ 《马克思恩格斯全集》第1版第10卷第484页。
⑥ 《马克思恩格斯全集》第1版第10卷第486页。

这种运动的社会革命潜力。他论证说，游击队的产生是由于中央政权软弱、名存实亡。当"全国政府中心在地方中心面前"①暂时被排挤而出现解放战争向资产阶级革命转化的历史时机时，游击队可以发生决定性的影响。马克思出于这些考虑将游击战的历史分为三个时期。同时他还注意到游击运动逐渐变质的危险，并说明它在什么条件下会堕落为互相对抗的权力集团的帮凶。"至于游击队，显然他们经过了多年流血斗争，养成了流浪的习惯，有强烈的仇恨心，好报复，爱劫掠，因而在和平时期他们必然成为最危险的暴徒，随时准备以任何政党或任何原则的名义支持那些能够慷慨酬劳或提供抢劫机会的人。"②

马克思从这些考察中得出的结论充实了《德国的革命和反革命》、《路易·波拿巴的雾月十八日》这样一些文章取得的认识，使他得以深刻地分析反革命在革命变革过程中的性质、形式、类型和所起的作用。他以伊比利亚为例考察了反动复辟力量发生影响的物质条件和社会根源，揭露了他们所使用的狡猾的政治的和制度的工具。他通过列举历史事实指出反革命对变化了的斗争条件和力量对比会作出何等灵活的反应，形象地说明它善于无情地利用革命力量的错误和不彻底性。从这一角度来看，他对联合会议在1808—1814年革命期间所起的作用的评论特别值得注意。

马克思对西班牙资产阶级变革史的研究和对此所作的理论概括使他把1854年发生的革命运动也列入这个过程并描述了这场运动的最重要的特征。1854—1856年的资产阶级革命与过去发生的历次变革不同，它不再具有单纯军事的和王朝的性质，而是已经具有这样的特点：阶级

---

① 《马克思恩格斯全集》第1版第10卷第485页。
② 《马克思恩格斯全集》第1版第10卷第488页。

力量已处于崭新的状态，城市群众和农民群众更积极地参与各种斗争。在西班牙历史上，工人阶级第一次登上政治舞台，尽管开初还只不过充当共和运动的支柱。马克思注意到西班牙无产阶级参与革命斗争和共和党颇为活跃的事实。他早就清楚地看到，国王和自由保守的反对派之间的冲突按照传统总是以政变而告终，但是现在城市的人民运动却利用这种冲突而引发一场远为独立的运动。正如他在《马德里起义的细节。——奥地利和普鲁士的要求。——奥地利的新公债。——瓦拉几亚》一文中预言的那样，反对权奸的宫廷政变在很短的几个星期之内发展成了"普遍的起义"①。马克思在通讯《西班牙的革命。——土耳其和希腊》中明确地表述了这一思想，他强调说："军队起义只有服从人民起义所提出的条件，才能得到人民起义的支持"。②

马克思把伊比利亚半岛上发生的革命事件看作欧洲大陆反动统治不稳定的预兆。他认为，它们是人民运动重新兴起的征兆。"我们再次看到了获得胜利的、不可攻破的街垒。咒语已被破除。新的革命时代已经有可能到来。"③

马克思根据革命事件的进一步发展得出了重要的结论。他在《西班牙的反动》一文中概括了他自己早在《法兰西阶级斗争》中就已经表述过的思想："这就是早产的革命政府注定要走的 cercle vicieux〔恶性循环〕。这些政府承认它们以前的反革命政府所借的债务为国家债务……为了能够举借新债，它们必须保证'秩序'，就是说必须亲自采取反革命的措施。这样，新的人民的政府就一变而为大资本家的奴仆和

---

① 《马克思恩格斯全集》第 1 版第 10 卷第 344 页。
② 《马克思恩格斯全集》第 1 版第 10 卷第 369 页。
③ 《马克思恩格斯全集》第 1 版第 10 卷第 400 页。

人民的压迫者。"①

马克思在研究了1808—1814年、1820—1823年、1834—1843年三次资产阶级革命之后尚且持这样的观点:"现代意义上的社会问题在西班牙这样一个资源还很少开发、人口也很稀少……的国家中是谈不上的"②。对1854—1856年的革命事件的充分分析却使他坚信,"下一次的欧洲革命将发现,西班牙已经成熟到能够同它合作"③。西班牙无产阶级在1868—1874年的资产阶级民主主义革命中采取了独立的政治行动,从而使马克思的希望成为现实。

本卷中所收入的马克思论述不列颠工人运动发展问题的文章对于建立革命的工人政党的斗争具有重大的理论意义。这个国家的工人运动是1854年欧洲无产阶级唯一一支还有组织的力量,它具有合法的活动条件。早在1853年,左翼宪章派的领袖、马克思和恩格斯的战友厄内斯特·琼斯就组织了一场群众运动,以支援英国西北部工业区的罢工工人。这场运动的发起人同时追求这样的目标:克服不列颠工人运动划分为地方协会和行业协会的分散状态,把工联的经济要求同宪章运动的政治斗争目标结合起来。这场群众性的运动除宪章派小组和工联以外还包括了非组织的工人,并受一个定期召集的工人议会的协调和领导。马克思和恩格斯曾一贯支持琼斯在社会主义的基础上改组宪章运动,对琼斯的这一活动也表示赞赏。马克思在《纽约论坛报》上详尽地报道了工人议会的准备情况和活动情况。他作为名誉代表曾发出一封《给工人议

---

① 《马克思恩格斯全集》第1版第10卷515页。
② 《马克思恩格斯全集》第1版第10卷第439—440页。
③ 《马克思恩格斯全集》第1版第12卷第53页。

会的信》①，并且是本卷附录中收入的《工人议会纲领》的签署者之一。

马克思在他给工人议会的贺信中、在《工人议会开幕。——英国的军事预算》以及《工人议会》等文章中阐述了关于无产阶级解放斗争战略的重要认识。这主要涉及对于还没有提出革命目标的无产阶级群众运动的态度问题，以及与此密切相关的一个问题，即在建立革命的工人政党的这一复杂斗争阶段制定适宜的政治纲领问题。关键在于，将要提出的纲领性要求应当符合无产阶级运动的实际发展水平，并且要十分灵活，能够团结工人阶级的各个部分，同时又不放弃已经拟定的科学共产主义的基本原则。

马克思从二月革命的历史教训出发来判断工人议会的成功前景。他认为，关键在于能不能实现这一原则："当前问题不在于所谓劳动组织，而在于工人阶级的真正组织"②。

马克思认为，在其他任何国家，资本的专制和劳动奴隶制都没有像在英国那样达到如此高的发展程度。在这里财产同劳动完全分离开来："因此在任何一个国家中，组成现代社会的两个阶级之间的战争都没有这样巨大的规模，没有这样清晰可见的轮廓。③

马克思在给工人议会的一封公开信中针对群众运动内部的不同发展水平，以热情的语言阐明了工人阶级的世界历史使命："英国工人阶级既然创造了现代工业的无穷无尽的生产力，也就实现了解放劳动的第一个条件……它应当把这些生产财富的力量从垄断组织的无耻的枷锁下解

---

① 《马克思恩格斯全集》第 1 版第 10 卷第 133—134 页。
② 《马克思恩格斯全集》第 1 版第 10 卷第 126 页。
③ 《马克思恩格斯全集》第 1 版第 10 卷第 135 页。

放出来"。① 马克思在这一表述中同时阐明了共产主义社会形态的一个重要特点。

在《工人议会开幕。——英国的军事预算》一文中，马克思指出，统治阶级使用它们所拥有的全部手段（包括国家机器），来在现有的劳动组织基础上永远奴役工人阶级。马克思从这一事实出发以令人信服的逻辑提出了无产阶级夺取政权的要求："因此，要废除现行的劳动组织，并用新的组织来代替它，就需要力量——社会力量和政治力量，需要不仅用于抵抗而且用于进攻的力量"②。

工人阶级并不缺少完成自身历史任务的力量，缺少的是联合这种力量所需要的组织。所以，马克思在他致工人议会的贺信中提出的中心思想就是要求建立不列颠无产阶级的阶级政党："在全国范围内把工人阶级组织起来——我认为这就是摆在工人议会面前的伟大而光荣的目标"③。"召开这个议会的事实本身，证明世界历史上新时代已经到来。"④ 这个论断表明马克思对无产阶级的阶级组织赋以多么重要的意义。创立不列颠工人的这样一个组织的种种努力在19世纪50年代未能获得成功。10年后，即在1864年创立国际工人协会时，马克思运用了10年前获得的这些经验。

（原载《马克思恩格斯全集》原文版第1部分第13卷第13—30页）

（佐海娴 译）

---

① 《马克思恩格斯全集》第1版第10卷第134页。
② 《马克思恩格斯全集》第1版第10卷第126页。
③ 《马克思恩格斯全集》第1版第10卷第134页。
④ 《马克思恩格斯全集》第1版第10卷第133页。

马克思恩格斯对 1854—1855 年欧洲局势的科学分析

——《马克思恩格斯全集》英文版第 13 卷前言[*]

《马克思恩格斯全集》第 13 卷包括他们从 1854 年 2 月 13 日到 1855 年 2 月 6 日这个时期所写的文章。这些文章中的大部分都发表在《纽约每日论坛报》上,马克思和恩格斯从 1851 年 8 月起就开始为这家报纸撰稿。许多文章还转载在这家报纸的专刊,即《纽约半周论坛报》和《纽约每周论坛报》上;其中一些文章还发表在宪章派的《人民报》上。1855 年 1 月马克思开始在德国民主派的报纸《新奥得报》上发表他的文章,并照例利用他打算用来为《纽约每日论坛报》写文章的材料。马克思和恩格斯在这个时期为报刊撰写的文章论述了当时广泛的社会经济问题和政治问题,也论述了资产阶级民主运动和工人运动的问题。这些文章是他们的遗著的重要组成部分。

马克思和恩格斯的报刊文章是杰出的珍品。他们在一个多世纪以前用非本国语言所写的关于一些特殊事件的文章,对后来的几代人来说仍然没有失去它们的重要性和意义。它们对那个时代的事件的分析揭示了它们的原因和内在联系,说明了它们有时具有的显然是偶然的连续性,并弄清了它们在那个历史阶段上的意义。马克思和恩格斯并不仅仅满足

---

[*] 本文选自《马克思恩格斯研究》1993 年总第 12 期。

提供肤浅的时势报道,他们的文章是他们多年研究经济学、政治、历史、军事科学和语言的结果。当情况迫使他们转向他们认为自己并不十分内行的问题时,他们会进行专门的研究。例如,在1854年,由于西班牙开始了第四次资产阶级革命,马克思便着手研究这个国家的语言和历史,特别是在此之前在西班牙爆发的三次革命。保存下来的他关于西班牙历史的五本摘录笔记有力地证明了这些研究的深刻性和彻底性。为了了解巴尔干事件,马克思和恩格斯在1854年研究了关于居住在巴尔干半岛上的斯拉夫人、希腊人和其他民族的历史,关于土耳其的历史及其社会结构,关于东正教和其他问题的大量著作。

与此同时,马克思和恩格斯不仅仅是学术评论员,他们还在与他们的同时代人、有影响的政治人物和知名人士,特别是与在伦敦的各国无产阶级和民主派流亡者的密切联系的基础上进行写作。马克思多次旁听英国议会会议和恩格斯每日同曼彻斯特商界人士的接触都是这种联系的恰当例子。

1854年,马克思和恩格斯的报刊文章实际上是在一般具有民主倾向的读者大众,特别是在工人中传播他们自己在历史、政治经济学和军事科学的各个领域中的研究成果的唯一途径。

马克思和恩格斯从他们的坚定目的,即建立和装备工人阶级的革命政党这种观点出发,评价了国际舞台上或某个国家的国内生活中所发生的一切事件;他们在这方面积累的经验和知识丰富了工人阶级的革命理论宝库。本卷的内容最清楚地说明了马克思和恩格斯在尚未完成的欧洲资产阶级民主变革的过程中,以及在刚刚开始的工人阶级运动从一般民主运动中脱离出来的过程中,可靠地代表无产阶级的利益的能力。在他们的文章中,严格的科学分析同对统治阶级的代表的抨击结合在一起:统治集团的贪婪、平庸和他们的伪善、假装虔诚,以及腐化堕落都被辛辣的笔触和讽刺揭露得淋漓尽致。

*　　*　　*

1854年，欧洲的主要政治事件是俄国与土耳其之间的军事冲突，这一冲突于1853年爆发，1854年发展成英国、法国和土耳其同俄国之间的战争，即克里木战争。马克思和恩格斯极为关注这一冲突的历史，分析了它的原因以及各国的政策。他们从革命无产阶级的立场出发分析了欧洲列强在克里木战争时期的对外政策，分析了维也纳的外交谈判以及军事行动的实际进程。在考察所发生的事件时，他们始终牢记欧洲工人运动的发展前途以及民族解放运动和民族统一运动的未来。

马克思和恩格斯从具体的历史条件出发，看出沙皇政府是欧洲封建专制主义反动派的堡垒。他们认为：沙皇政府的毁灭以及随之而来的它对欧洲的反动影响的消除是英国、法国的无产阶级革命获得胜利的前提条件，是民主地解决1848—1849年革命期间没有得到解决的德国、意大利、波兰、匈牙利和其他欧洲国家的历史发展的基本问题的前提条件。

与此同时，马克思和恩格斯还清楚地看到，尽管沙皇俄国和正在同它打仗的、寡头统治的英国和波拿巴主义的法国之间存在着政治和军事上的竞争，但它们，以及奥地利和普鲁士的"中立的"反动政权，实际上所持的都是同样的反革命立场。

西方列强的目的是排除俄国这支争夺近东霸权的竞争力量，巩固它们自己在巴尔干和黑海地区的影响，削弱但不是摧毁沙皇俄国的军事力量，以及在保卫土耳其的借口下奉行旨在加强土耳其对西方列强的殖民依赖的政策。"土耳其人越来越怀疑自己的西方盟友，不信任他们和敌视他们"。马克思在1854年4月写道，"土耳其人开始把英国和法国看做是比沙皇更危险的敌人……"①

马克思和恩格斯特别注意揭露英国统治阶级及其政党——辉格党和托利党的对外政策。在评述英国议会就公布与东方冲突的起源有关的文件——《关于瓜分土耳其的文件》，《秘密的外交公文的往来》和其他一些文件而进行辩论的文章中，马克思揭露了英国外交的"愚蠢"②，据说英国外交正极力使奥斯曼帝国和"欧洲的……力量平衡"保持原样，然而实际上却是在维护它自己在东方问题上的私利。马克思指出，如果瓜分土耳其归根到底没有隐藏着革命的怪影，那么"英国政府会以同样的胃口把 Grand Turc〔苏丹〕和'哥萨克'陛下一起吞掉的"。③ 整篇文章贯穿着同盟国正在发动一场"虚假的""摹拟的"战争的思想。马克思和恩格斯在《无聊的战争》一文中写道，双方的行为"与其说是由于战略上的需要，不如说是由于外交上的需要"④。

本卷中有相当大一部分文章是论述波拿巴主义法国的对内和对外政策的。马克思和恩格斯认为，这个国家的统治集团充当了克里木战争的主要煽动者之一，它认为对外政策上的冒险主义和扩张战争是巩固不稳定的波拿巴主义政权的一个手段，马克思在 1854 年 2 月写道："当然，波拿巴进行这次战争是十分认真的。不是国内革命就是对外战争——他再没有别的出路了。"⑤ 此外，波拿巴主义者集团的代表正在利用战争作为帮助他们摆脱公共基金负担的一种手段，作为——用马克思的话来

---

① 《马克思恩格斯全集》第 1 版第 10 卷第 218 页。
② 《马克思恩格斯全集》第 1 版第 10 卷第 530 页。
③ 《马克思恩格斯全集》第 1 版第 10 卷第 174 页。
④ 《马克思恩格斯全集》第 1 版第 10 卷第 398 页。
⑤ 《马克思恩格斯全集》第 1 版第 10 卷第 109 页。

说——"打破尚在阻挠他们干预国库的一些最后的微小障碍"①的一种借口。

在一批文章中，马克思和恩格斯直接或间接地同资产阶级和小资产阶级流亡者进行论战，他们中的个别代表认为，同俄国的战争是"自由同专制的战争"②。这种观点同马克思和恩格斯的立场的根本区别在于，他们两人提出了反对沙皇政府的革命战争的战斗口号。马克思和恩格斯在克里木战争期间的策略立场基本上是他们在1848—1849年（当时，他们在《新莱茵报》上的专栏文章中号召反对沙皇政府的革命战争）的策略的继续。正像列宁指出的那样，这些策略是由1789—1871年整个时期的历史条件所决定的，当时所面临的任务是最终摧毁专制制度和封建制度。③

在概括克里木战争时期无产阶级的策略时，马克思和恩格斯所持的出发点是，如果反对沙皇政府的战争具有欧洲特点，那么它就会在欧洲各国引起新的革命高潮，并将导致这些国家的反人民的专制政权的垮台，以及欧洲被压迫民族的解放；在这种情况下，已爆发的战争就会变成人民反对沙皇政府的革命战争。这场战争能够加速俄国自身革命形势的成熟，并促进旨在反对专制政治和农奴制的革命的爆发。

马克思和恩格斯相信，在克里木战争期间新的革命高涨可能到来，这种信心是建立在他们从1848—1849年革命中总结出来的经验的基础之上的，这个经验就是，新的革命高涨只有在新的经济危机之后才成为可能。1853—1854年，危机的征兆开始在欧洲各国的经济中出现。这

---

① 《马克思恩格斯全集》第1版第10卷第127页。
② 《马克思恩格斯全集》第1版第10卷第283页。
③ 参看《列宁全集》第2版第26卷第323页。

时，马克思对正在探讨的问题进行了彻底的研究，编写了一个广泛的关于《货币、信用和危机》的大纲（大纲写在一本摘录笔记本里），后来他把这个大纲用来编写他的《政治经济学批判大纲》一书。他还研究了《经济学家》杂志上发表的关于工商业状况的报道，并从中得出结论。马克思在《不列颠的财政》、《工商业的危机》、《英国商业的危机》和其他一些文章中，描绘了即将来临的经济危机的最初征兆：一定程度的生产过剩，工商业的普遍停滞，暂停支付，破产，等等。马克思不仅记载了这些征兆，而且还指出了许多最重要的因素。他特别关注资本主义生产方式最发达的英国的经济中的这些现象。在世界市场上仍占垄断地位的英国经济的危机，对整个世界的社会发展和经济发展都极其重要。马克思把危机的这些征兆看作是存在着对抗性矛盾的资本。"危机都是同一个原因——英国现存的工业制度的作用，这种制度必然会造成大不列颠本国的过度生产和所有其他国家的过度投机——的必然产物。"① 马克思在1853—1854年危机的征兆中看到了1857年严重的经济危机的临近。

马克思和恩格斯认为，日益临近的经济危机和克里木战争一起为欧洲各国新的革命高涨创造着条件，为欧洲各国反人民的专制政权的垮台和欧洲被压迫民族的解放作准备。马克思和恩格斯还指出，受奥地利帝国压迫的民族以及构成奥斯曼帝国的一部分的斯拉夫民族和其他民族的未来是如何在整体上与欧洲的革命民主转变以及将导致这些帝国的灭亡和巴尔干半岛独立的民主国家的形成的革命战争密切相关的。

与西欧的许多政治家，尤其是与支持维护反动的土耳其国家的英国保守派作家和政论家大卫·乌尔卡尔特的意见相反，马克思和恩格斯认

---

① 《马克思恩格斯全集》第1版第10卷第656页。

为封建的奥斯曼帝国是历史进步的一个巨大障碍，他们支持受土耳其征服者统治的斯拉夫民族和其他民族的民族独立的要求。在《奥地利的政策。——下院的战争辩论》一文中，马克思称土耳其是"衰老的欧洲制度的基石"①。本卷中许多文章阐述和分析了军事行动的进程、双方力量的配置、军事组织和作战方式问题。

恩格斯的通常都是作为社论在《纽约每日论坛报》上发表的军事文章，分析了俄国、奥地利、英国、法国和土耳其的军队的力量和组织，并对它们的官兵的素质作了描述。他得出结论说，同盟国的军队是由"平庸的战略家和墨守陈规的将军们"②指挥的。在《英国军队的现状及其战术、服装置备、军需部等等》、《英国特别的陆军部的成立。——多瑙河上的军事行动。——经济状况》、《英国军事部门的改组。——奥地利的要求。——英国的经济状况。——圣阿尔诺》、《英军在克里木的灾难》以及其他许多文章中，马克思和恩格斯批判了英国军事部门的组织以及联合政府的军事行动。

恩格斯把注意力集中在英国和法国的陆海军司令部的严重不称职上。他们发布的混乱的命令、对陆军和海军组织的陈旧体制的维护，以及对下级士兵的墨守陈规的、松松垮垮的训练，导致了士兵的不必要的伤亡、流行病的传播和饥饿，导致了在加利波利、瓦尔那和克里木大批士兵的死亡。恩格斯写道，这些缺点，"由于英国政体的寡头性质而变得越发严重，在这种政体之下，最重要的职位都委派给这样一些人，他们在议会中的支持对现时掌权的升官发财主义者集团也许是需要的，但

---

① 《马克思恩格斯全集》第1版第10卷第384页。
② 《马克思恩格斯全集》第1版第10卷第580页。

他们缺乏起码的专业知识和能力"。①

在《对锡利斯特里亚的围攻》、《无聊的战争》、《阿尔马河会战》、《因克尔芒会战》、《克里木战局》和其他许多文章中,恩格斯在赞扬俄国士兵的英雄主义时,指出了地主和农奴的俄国战争方式的落后性、相当大一部分军官的平庸,以及沙皇军队中下级士兵的"阅兵操练"。

多瑙河地区和克里木的军事行动使恩格斯不仅能够从作战方式、军队和他们的领导人的相对优点的观点来分析这些军事行动,而且还能发展许多重要的军事理论问题、战略和策略问题。尽管得不到什么消息,作为军事理论家的恩格斯的渊博知识,使他能够对战争中的个别事件作出与普遍被人接受的判断和预测相反的正确估计,并作出许多后来在各方面都得到证实的推断。恩格斯驳斥了自吹在多瑙河战场对俄军取得了"决定性"胜利(参看《关于欧洲战斗的消息》),或联军于1854年9月攻占塞瓦斯托波尔(《克里木的消息》、《塞瓦斯托波尔的骗局》、《塞瓦斯托波尔的骗局。——概评》)的公报。当战争刚刚开始时,恩格斯就证明俄军不可能向君士坦丁堡挺进,并解释说,俄军在多布罗加登陆是一种旨在缩短战线的机动。早在1854年10月,他就正确地判断了塞瓦斯托波尔会战对整个战役的结束的重要性,他认为,这场会战"在战史上"将是"独一无二的"。②

恩格斯揭示了战争的内在规律,确定了一个国家的军事潜力对于它的工业发展程度和经济资源的开发的依赖性,并指出,实际的作战方法和军队的战术机动性是同一个国家的社会经济和政治结构的发展水平相适应的。因此,恩格斯在1854年写的这些文章构成马克思主义军事思

---

① 《马克思恩格斯全集》第1版第10卷第267页。
② 《马克思恩格斯全集》第1版第10卷第576页。

想发展过程中的一个重要阶段。恩格斯后来在为《美国新百科全书》写的许多文章（参见《马克思恩格斯全集》第1版第14卷）中概括了对军事行动的分析。

在马克思和恩格斯的著作中，揭露英国寡头政治的对外政策是同揭露英国资产阶级贵族制度的反人民性质联系在一起的。马克思注意到英国政治制度同经济发展和社会发展之间的不一致，这种不一致在克里木战争期间尤其明显地暴露出来了。在《论内阁危机》、《阿伯丁内阁的倒台》、《被推翻的内阁》这几篇文章中，马克思谈到了传统的两党制的危机，以及正在发生的旧的贵族政党即辉格党和托利党的没落。马克思在《政党和集团》这篇文章中写道："掌握着管理国家的垄断权的旧的议会政党，现在只不过是一些集团罢了"。① 它们的内部矛盾不再具有政党的性质，而"只是产生于个人的怪癖和虚荣心"②。

许多文章（《议会辩论》、《议会的战争辩论》、《战争。——议会辩论》）论述了英国议会的议事程序，分析了关于克里木战争的原因、爆发和进程的辩论，叙述了军事部门的活动、军队的状况、预算和各种改革草案等等。这些具体材料，揭露了英国议会制度的阶级本质，英国资产阶级民主的局限性，主要政治集团代表人物的伪善和弄虚作假，他们对可能影响寡头政治统治的利益的任何改革（例如，选举改革）的反对，以及议会程序本身的繁琐和因循守旧。"那么还保存议会干什么呢？"马克思在《奥地利—普鲁士条约。——五月二十九日的议会辩论》一文中问道，"老科贝特揭穿了这个秘密：作为对付国内沸腾着的

---

① 《马克思恩格斯全集》第1版第11卷第51页。
② 《马克思恩格斯全集》第1版第11卷第46页。

激烈情绪的安全阀"①。

马克思和恩格斯对资产阶级自由贸易派和他们的思想家布莱特和科布顿的立场的批判非常重要。所谓曼彻斯特学派的这些代表（他们代表英国工业资产阶级的利益）反对同俄国打仗，他们辩解说，这两个国家有着共同的利益，马克思像在早些时候写的著作中那样，揭露了这些资产阶级思想家的虚伪性，强调指出了在他们热爱和平的假面具下面隐藏着的本质，即坚信英国不用增加军费开支就能建立起它对世界市场的垄断。马克思说，他们的博爱主义一碰到工人阶级的问题就会立即消失；在这种情况下，还是那些自由贸易派，他们就会支持对工人的毫无节制的剥削，反对限制工作日和由法律规定的对女工和童工的保护。②保护女工和男工是马克思争取劳动立法的第一批要求之一。他还就危机问题同科布顿和布莱特进行公开辩论，驳斥了自由贸易派断言废除谷物法和实行自由贸易是医治经济危机的万应灵药的主张。

马克思继续谴责从苏格兰和爱尔兰大地主的土地上驱逐佃农的做法。他写道："这种清扫还在继续进行，而且是以只有模范国家英国的有美德的、高雅的、笃信宗教的、仁慈的贵族才会有的那种毅力进行的。"③

工人阶级的地位和工人阶级同资本的斗争像以往一样，仍然是马克思和恩格斯注意的中心。马克思有许多理由在1854年研究工人阶级的地位，并考察主要是英国的工人运动，这正是他之所以在这个时期的文章中首先谈论英国无产阶级的原因。

---

① 《马克思恩格斯全集》第1版第10卷第274页。
② 《马克思恩格斯全集》第1版第10卷第643页。
③ 《马克思恩格斯全集》第1版第10卷第250页。

他谈到了英国工人阶级没有政治权利、经济地位艰难以及不得不采取罢工行动(《议会辩论》、《不列颠的金融。——普雷斯顿的骚动》和其他文章)。他仔细地探索了随着资本主义经济结构的变化以及欧美社会经济生活的新发展而发生的工人运动的过程,研究了工人运动自身发展和壮大的特点。

马克思满意地注意到英国工人阶级政治活动的迹象,这些迹象在1848年后随着宪章运动的衰落而显得特别重要。这就是他为什么特别关注工人议会在曼彻斯特开幕的原因,这个会议是在厄内斯特·琼斯所领导的宪章派的倡议下召开的,目的是建立一个广泛的工人阶级组织,一个"群众运动",以便把工联主义者和未参加组织的工人联合起来。马克思和恩格斯许多年来与宪章派有密切的联系,50年代在厄内斯特·琼斯为在新的、社会主义的基础上恢复宪章派的斗争中他们曾给予他以极大的支持,因此欢迎这个组织的建立。马克思作为荣誉代表被邀请参加工人议会,就工人议会的召开,他写了两篇文章和一篇祝词(《工人议会开幕。——英国的军事预算》、《工人议会》、《给工人议会的信》)。在文章和祝词中,他坚持认为,不管工人议会的结局如何,它都是工人阶级历史中的一个重要里程碑,因为它是在工人自己的倡议下召开的。然而马克思指出,整个运动成功与否取决于英国工人能否"在全国范围内把工人阶级组织起来"。①

在《撤出多瑙河公园。——西班牙事件。——丹麦新宪法。——宪章派》这篇文章中,马克思详细转述了厄内斯特·琼斯在贝克普(位于兰开夏郡的罗奇代尔附近)举行的工人大会上所作的演说。厄内斯特·琼斯在这篇演说中谈到了在工人运动的新阶段夺取政权和实行人

---

① 《马克思恩格斯全集》第1版第10卷第134页。

民宪章的必要性的问题。这样，在确定了群众性工人运动发展中的革命倾向后，马克思认为这个运动的任务是建立它自己的群众性的、真正革命的政党。尽管由于英国工人实际上越来越倾向于有限的改良的纲领，以及工联对政治越来越冷淡，马克思所抱的工人议会的召开将为在英国建立这样的政党铺平道路的希望没有实现，但他的推论对以后的工人运动的发展丝毫也没有失去其理论价值和实际价值。这些不仅对英国工人而且对其他各国工人都很重要的推论后来在第一国际的纲领中得到了发展。

* * *

收入本卷的许多文章分析了法国政府的政策。这些文章揭露了波拿巴政权在对外政策上奉行的冒险主义，以及在国内进行的煽动、欺骗和镇压。马克思和恩格斯表明了波拿巴政权所固有的特点，即贿赂和腐败的过程是怎样影响到它的主要支柱军队的。在《英国军事部门的改组。——奥地利的妥协。——法国的经济状况。——圣阿尔诺》这篇文章中，马克思运用陆军部长圣阿尔诺元帅的例子谴责了法国陆军司令部在道德上的堕落。圣阿尔诺在阿尔及利亚的外籍军团里发了迹。这个外籍军团的核心是由"坏透了的暴徒、负债累累的冒险家、各国的逃兵、欧洲军队所有的渣滓"[①] 组成的。为自以为伟大无比的戏剧性幻想所陶醉的拿破仑第三本人在马克思和恩格斯的文章中以"装腔作势模仿伟大的过去"[②] 即模仿拿破仑第一的姿态出现在读者面前。

马克思和恩格斯无情地抨击了流亡者当中的和法国本国的资产阶级

---

① 《马克思恩格斯全集》第1版第10卷第287页。
② 《马克思恩格斯全集》第1版第10卷第540页。

和小资产阶级民主派中的亲波拿巴主义情绪，他们中的个别代表人物（巴尔贝斯、科苏特和一些波兰流亡者）倾向于相信拿破仑第三的蛊惑人心的关于保卫被压迫民族的自由和利益的宣传，马克思和恩格斯嘲笑了巴尔贝斯对"十二月政变的文明"①的信任。巴尔贝斯在克里木战争期间所采取的沙文主义立场使他置身于工人运动之外，从那时起，他就"不再是法国的一个革命领袖了"②。在《塞瓦斯托波尔的骗局。——概评》这篇文章中，马克思和恩格斯把巴尔贝斯和奥古斯特·布朗基作了对比，他们认为布朗基是一个真正的革命者。

* * *

本卷中的许多文章分析了普鲁士和奥地利的对内和对外政策，马克思和恩格斯把这两个国家对克里木战争的参与同德国的革命民主统一问题的解决，同普鲁士君主国和奥地利帝国的可能垮台，同被奴役民族的独立国家的建立，以及许多欧洲国家的民主改造联系起来。他们希望，普鲁士介入反对沙皇俄国的战争会促进工人阶级将在其中起决定作用的革命运动的新高涨。马克思和恩格斯从这个观点出发，谴责了反动的普鲁士以及奥地利统治集团的政策，对他们来说，主要任务是确保反革命制度的不可侵犯性，维护他们在掠夺来的领土上的统治，并"不受侵犯地占有波兹南、加里西亚、匈牙利和意大利"③。

马克思和恩格斯相当注意奥地利的行动，因为在围绕俄国和土耳其之间的冲突的外交阴谋上，奥地利起着武装调解人的作用，并占有"极

---

① 《马克思恩格斯全集》第1版第10卷第559页。
② 《马克思恩格斯全集》第1版第10卷第559页。
③ 《马克思恩格斯全集》第1版第10卷第270页。

重要的和有利的地位"。① 马克思仔细地考察了奥地利的形势、它的财政状况以及军事潜力。他揭示了哈布斯堡帝国的内在的不稳定性。在《奥地利的破产》一文中对奥地利君主国的预算及其财政状况的分析，使马克思得出了这样的结论，即"奥地利帝国的生存不仅在政治上，而且在经济上也是依靠占有匈牙利和伦巴第的；只要一失去匈牙利和伦巴第，这个国家的延缓已久的破产就会成为不可避免的了"②。马克思和恩格斯认为，一方面，奥地利希望阻止沙皇俄国在巴尔干半岛的影响的传播，但另一方面，认为它不可能听任沙皇政府受到严重的削弱，"因为这会使哈布斯堡王朝失去唯一能帮助它跳出最近的革命漩涡的朋友"③。这也决定了奥地利的政策：为了它自己的利益和王朝的利益而"出卖交战的任何一方"，④ 但在表面上充当调停者（维也纳会议，奥地利军队对多瑙河公国的占领，等等）。

马克思和恩格斯认为，奥地利的参战将意味着战争行动转移到欧洲，这会掀起被压迫民族的民族解放运动高潮。"除了德国工人之外，对东方纠纷的结局有最直接利害关系的是匈牙利人和意大利人"⑤，马克思在《列施德—帕沙的照会。——意大利报纸论东方问题》一文中写道。

在马克思和恩格斯的文章中，在谴责欧洲国家统治阶级的反民族政策的同时也对政府和充当这些政府的辩护士和体现者的资产阶级报刊进行了尖锐的批判。他们严厉地批评了资产阶级报刊的危言耸听，它的不

---

① 《马克思恩格斯全集》第 1 版第 10 卷第 312 页。
② 《马克思恩格斯全集》第 1 版第 10 卷第 116 页。
③ 《马克思恩格斯全集》第 1 版第 10 卷第 313 页。
④ 《马克思恩格斯全集》第 1 版第 10 卷第 313 页。
⑤ 《马克思恩格斯全集》第 1 版第 10 卷第 214 页。

准确的，有时甚至是故意歪曲事实的报道，它在专业上的不胜任以及它对当局的"卑鄙的奴颜婢膝"。①

本卷中关于西班牙的文章占了相当大的篇幅。这些文章有一部分论述了1854年革命中的一些事件。此外，从1854年9月到12月《纽约每日论坛报》以社论形式刊登的一组文章在本卷以《革命的西班牙》为总标题发表。这部论述19世纪西班牙最早的三次革命（1808—1814，1820—1823，1834—1848）的历史的著作只是部分地在《纽约每日论坛报》上发表过；这组文章的最后三篇没有被发现，但读者可以从收入本卷的草稿②中了解它们的内容。马克思关于西班牙的文章，特别是他的著作《革命的西班牙》，不仅为阐明这个国家的历史的本质特征提供了一把钥匙，它们对于了解资产阶级革命的一般问题也是非常重要的。

马克思在研究西班牙早期的政治史和市民史上的最重要的事件——再度被占领的统一的西班牙王国的建立，专制制度的确立，君主制同市民、贵族和教会的关系——的基础上，揭示了19世纪西班牙资产阶级革命的原因、性质和特征。

马克思得出结论说，对于西班牙现代史，应当给以迄今它所得到的完全不同的评价。③他强调指出，西班牙的专制制度不像其他大规模的欧洲专制政权那样，没有起到中央集权国家的作用。他写到："西班牙的君主专制同欧洲的一般君主专制只有纯粹表面上的相似，其实，它应该列入亚洲的政体。西班牙和土耳其一样，仍旧是一堆共有一个挂名君

---

① 《马克思恩格斯全集》第1版第10卷第367页。
② 参看《马克思恩格斯全集》第1版第10卷第669—672页。
③ 参看《马克思恩格斯全集》第1版第10卷第344页。

主的治理不善的共和国",① 马克思认为,早在查理五世统治时期,西班牙就已"表现出可耻的长期的腐化所具有的一切征兆"。② 在描述西班牙的专制统治对这个国家的历史的有害影响时,马克思评论说,作为这种统治的结果在西班牙"贵族政治虽趋于衰落,却保持自己的最恶劣的特权,而城市虽已丧失自己的中世纪的权力,却没有得到现代城市所具有的意义。"③

然而,西班牙人民反对拿破仑第一的民族解放斗争表明,如果说西班牙国家是死气沉沉的,那么相反,人民群众则具有革命干劲、民族自豪感和反抗能力。马克思强调指出,对1808年拿破仑侵略的抵抗"是从人民中间产生的,而'上等'阶级却温顺地屈从于外国的压迫"④。马克思用相当大的篇幅阐述了西班牙人民反对拿破仑侵略的英勇的游击战争,并描述了这一民族解放运动的各个阶段。

马克思揭示了西班牙的这一民族解放运动的内在矛盾。政治和社会复兴的精神同反动的精神相结合这个一切反对拿破仑法国的战争的特点在西班牙表现得尤其明显。⑤ 这个国家的第一次民族性质的资产阶级革命不仅是针对外国的压迫,而且也是针对西班牙波旁王朝的腐朽政权的。在这方面这次革命的目的在全国规模上达到了。同时,这次民族解放斗争却采取了迷信的、狂热的形式,并被反动的统治集团所利用,以便达到使斐迪南七世复辟并恢复宗教法庭的目的。马克思在第三次革命和卡洛斯战争中注意到了同样的现象,当时正在建立起来的资本主义同

---

① 《马克思恩格斯全集》第1版第10卷第462页。
② 《马克思恩格斯全集》第1版第10卷第461页。
③ 《马克思恩格斯全集》第1版第10卷第462页。
④ 《马克思恩格斯全集》第1版第10卷第463页。
⑤ 参看《马克思恩格斯全集》第1版第10卷第467—468页。

已经过时的封建主义之间的斗争,即两种社会制度之间的斗争,采取了反对王朝利益的斗争形式。

马克思认为这种矛盾现象的根源在于人民群众,尤其是农民的落后以及民族资产阶级的软弱。由于缺乏工业发展和国内市场,以及由于农业的落后和衰落,民族资产阶级的利益是同统治阶级的利益、官僚政治以及维护殖民帝国联系在一起的。马克思在对1812年的宪法(在该宪法中,激进的要求是同教会统治时代的阴暗残余结合在一起的)分析中最生动地描述了西班牙资产阶级的局限性和弱点。他注意到了这一事实,即"保存所有属于西班牙的殖民地几乎是这个宪法的最重要的原则"①。

马克思对西班牙革命的研究使他能够揭露出尤其是那些资本主义还很不发达并存在着大量封建残余的国家的资产阶级革命所具有的许多特征。他指出,人民群众是这些革命的动力,但同时也谈到了他们的偏见和无知,他们的政治局限性,以及他们对"只要更换一下政府他们就可以一下子摆脱社会灾难"②的信仰。

马克思强调指出,在一个社会经济发展水平较低的国家,群众在政治上的不成熟和民族资产阶级的脆弱,会导致军队成为民族利益的代言人和起义的工具这样一种形势。然而,军队的这种特殊地位在它脱离人民群众的情况下,有成为独霸一方的**卫戍部队**——有野心的将军们手中的工具——的危险。

西班牙1854年的事件使马克思得出了这样的结论,即群众必然给军队施加压力,以便使他们遵循比较激进的纲领。他写道:"总之,军

---

① 《马克思恩格斯全集》第1版第10卷第432页。
② 《马克思恩格斯全集》第1版第10卷第502页。

队起义只有服从人民起义所提出的条件,才能得到人民起义的支持,这是毫无疑问的"①。

马克思和恩格斯从 1854 年马德里和西班牙其他城市的街垒战中看到了这种反对政府军队的斗争形式的恢复。自从 1848 年革命失败以后,街垒战似乎已失去了它的作用。"这种偏见现在已被驳倒了","我们再次看到了获得胜利的、不可攻破的街垒"。② 我们在《无聊的战争》一文中读到这样的句子。

马克思经常讲到资产阶级民主革命的客观前提以及不可能输入这一革命的思想,资产阶级民主革命的基础有着根深蒂固的社会、经济和政治原因,即已过时的封建制度同已经出现并在不断增长的资本主义因素之间的斗争。任何一个国家的革命要获得成功就必须发展"革命危机"③ 的状态。马克思以第二次西班牙革命为例阐明了这次革命是在 1820 年 1 月由拉斐尔·里埃哥的 1500 人分遣队的武装起义开始的。3 月,里埃哥被迫解散残存的分遣队,然而那时,这场运动已经席卷整个国家。3 月 9 日,斐迪南七世被迫宣誓忠于宪法。马克思写道,"尽管它(军事暴动)遭到失败,革命却取得了胜利"④。

一切革命要获得成功,它的领导人就必须采取最坚决的行动。马克思在谈到 1808 年的事件时写道:"由于力图做到合法和保持身份。西班牙革命从一开始就注定了失败。"⑤ 马克思强调了能够在国内实行深刻的社会和政治变革,废除现存的封建制度,废除前政府的所有欠款和债

---

① 《马克思恩格斯全集》第 1 版第 10 卷第 369 页。
② 《马克思恩格斯全集》第 1 版第 10 卷第 400 页。
③ 《马克思恩格斯全集》第 1 版第 10 卷第 431 页。
④ 《马克思恩格斯全集》第 1 版第 10 卷第 509 页。
⑤ 《马克思恩格斯全集》第 1 版第 10 卷第 474 页。

务的强大的中央革命政权的重要性。在保存下来的《革命的西班牙》这组文章的初稿中，马克思写道，农民同革命市民的联盟是非常重要的。① 在谈到第二次革命失败的原因时，马克思强调指出，革命党由于未能把农民的利益和市民的利益结合起来，从而使农民群众脱离了革命，因此削弱了这场运动的社会基础。

马克思指出了这次革命的自由派领导人所起的消极作用，他们的局限性，他们同统治集团的紧密联系，他们对于从根本上解决主要问题的恐惧。正像从马克思1854年1月10日给恩格斯的信中可以看到的那样，马克思对西班牙的领袖如埃斯帕特罗和奥当奈尔的描述被他用来进行广泛的概括，以及用来不仅对西班牙自由派而且也对18世纪末北美殖民地独立战争和法国革命的领袖们（华盛顿、拉斐德等人）进行批判。②

在马克思论西班牙第四次资产阶级革命的文章（其中大部分收入本卷，在较晚写的其他文章收入本版第15卷）中，他提到了这次革命同前几次革命显然不同的特点。这些特点来源于西班牙现代工业的发展，工人阶级的形成，以及农民群众的更大的积极性。马克思还提到西班牙无产阶级参加了1854—1856年的革命战斗。尽管工人阶级在这次革命中没有提出自己的社会政治纲领，并接近资产阶级激进的一翼，但它在政治舞台上的出现却对革命产生了相当大的影响，使这次革命和前几次革命不一样，失去了王朝的和军事的性质。前三次革命使马克思有理由认为，"现代意义上的社会问题在西班牙……是谈不上的"③。经历了1854—1856年的事件后，他得出结论说，"下一次的欧洲革命将发现，

---

① 参看《马克思恩格斯全集》第1版第10卷第670—671页。
② 参看《马克思恩格斯全集》第1版第28卷。
③ 参看《马克思恩格斯全集》第1版第10卷第439—440页。

西班牙已经成熟到能够同它合作"①。马克思的这个预言被1868—1874年西班牙第五次资产阶级革命的事件证明是正确的。1854—1856年的事件也是自1848—1849年革命失败后统治欧洲大陆的反动派的不稳定的第一批征兆之一，它预示了新的革命大动荡的到来。

（原载《马克思恩格斯全集》英文版第13卷）

（阎月梅 译　李俊聪 校）

---

① 《马克思恩格斯全集》第1版第12卷第53页。

1855—1856年克里木战争后期马克思和恩格斯对欧洲各国局势的分析

——《马克思恩格斯全集》英文版第14卷前言[*]

《马克思恩格斯全集》第14卷收集了马克思和恩格斯从1855年2月9日到1856年4月25日之间所写的文章和报道。这些文章中的大部分都发表在美国报纸《纽约每日论坛报》（并常常转载其专号——《纽约半周论坛报》和《纽约每周论坛报》）上，还发表在德国民主派报纸《新奥得报》上。像前几年一样，其中一些文章发表在宪章派的周报《人民报》上。1856年春，马克思开始间或为大卫·乌尔卡尔特及其拥护者出版的期刊《自由新闻》（伦敦）和《设菲尔德自由新闻》撰稿。

为比较进步的资产阶级报刊撰稿，是马克思恩格斯在当时与广大读者进行交流并影响公众意识朝着无产阶级的共产主义思想发展的唯一有效手段。由于真正工人阶级的和革命民主的报刊仍很薄弱，因此，他们非常重视这种交流渠道。通过在19世纪50年代中期仍在德国存在的所有报纸中最激进的报纸《新奥得报》，得到向德国读者讲话的机会尤为重要。马克思从1854年12月开始为《新奥得报》撰稿（他为该报写的一部分文章发表在本版第13卷），直到1855年11月为止，当时由于严重的经济困难和来自书报检查制度的压力，该报编辑部被迫减少外国

---

[*] 本文选自《马克思恩格斯列宁斯大林研究》1999年第1辑。

通讯员的数量，而且后来完全停止出版该报。他还为《新奥得报》寄去了应他的请求由恩格斯为《纽约每日论坛报》写的军事评论，把它们译成德文，并通常加以压缩以适合德国读者的要求。在某些情况下，马克思在这些军事评论的正文中补充进去他自己所写的东西，增补一些其他材料（国际国内事件的评论、议会辩论等等）。

《新奥得报》编辑部原原本本地刊印马克思寄给他们的材料。另一方面，《纽约论坛报》编者对马克思和恩格斯所写的文章乱加斧凿的情况，包括武断地增删与原文内容有矛盾的段落，在这个时期相当频繁。因此，马克思的小册子《约翰·罗素勋爵》以节略的形式发表在《论坛报》上，恩格斯论泛斯拉夫主义文章的一篇被武断地删改，许多文章被加了按语，有时还加上了结束语，还增加了一些段落，它们给人的印象是文章写于北美合众国（凡是经编辑部加了斧凿的地方都在脚注中作了说明）。最后，《论坛报》编辑部几乎完全停止以马克思的名义发表文章，而把它们以社论的形式发表。马克思和恩格斯尽管对这种傲慢的做法很生气，但他们仍然继续为《论坛报》撰稿。他们不能放弃为这家广泛发行的、不仅在美国能读到而且在欧洲也能读到的报纸撰稿的机会。

本卷主要是本版第12卷和第13卷的继续。1855年和1856年年初吸引马克思和恩格斯注意力的诸多事件中，占中心地位的仍然是克里木战争，战争已进入最后阶段，同在前几个阶段一样，仍然伴随着严酷的外交斗争。他们在文章中继续分析欧洲各国特别是英国的经济状况、统治阶级的对内对外政策、工人阶级和民主运动的状况及其发展前景。

马克思和恩格斯在这个时期的新闻写作活动同他们的理论研究，尤其是同马克思在政治经济学和对外政策和外交方面的研究、恩格斯在军事科学、斯拉夫民族的历史和语言学方面的研究是密不可分的。与此同时，他们通过新闻写作活动搜集了新的事实和资料。后来在自己的科学著作中加以总结概括。这样，恩格斯在写关于克里木战争的定期报道中所运用的材料，被他概括提炼为有关军事理论的重要著作，如他为美国《普特南氏月刊》杂志写的《欧洲军队》一组文章，这些文章都在本卷中予以发表。马克思为《新奥得报》写的文章中所引用的工厂视察员报告和关于爱尔兰土地关系的资料，后来被他编到《资本论》当中。

马克思和恩格斯的新闻工作对于形成他们的社会学观点起了重要作用。他们通过在自己的文章中分析时事，得到了对历史过程、社会发展规律和阶级斗争之间的相互联系的越来越深刻的理解。本卷的内容清楚地表明了这一点。本卷收入的文章和报道描绘了19世纪50年代中期持续的政治反动背景下欧洲社会生活和政治生活的全貌。这些文章明确地阐述了当时的社会结构、当时的国内国际冲突、国家及其各种形式的典型特征、各政党以及作为它们的思想喉舌的报刊等各个机构的立场，以及统治阶级的习惯和道德。这些文章对工人阶级和民族解放运动给予了极大关注。

这个时期马克思和恩格斯的新闻写作的主要目的同前几年一样，仍是为无产阶级革命者关于国内国际政策的主要问题的战略和策略提供理论基础，这是因为欧洲大部分地区由封建制度向资本主义的过渡还根本没有完成。最主要的任务是消除封建余毒、实现政治上分裂的国家的统一，解放被压迫民族。这就意味着用革命手段推翻阻碍这些变革的反革命政权，尤其是奥地利、普鲁士和俄国的君主专制、波拿巴第二帝国以及英国的资产阶级和贵族的寡头统治。在马克思恩格斯看来，这是为工人阶级准备的在资本主义国家赢得政权的道路。

对时事的革命态度清楚地表现在马克思恩格斯写的那些继续分析克里木战争爆发的原因和真实特点的文章中。马克思和恩格斯在欧洲列强之间的冲突达到顶点的时期，以及英、法、土联盟，后来又有皮蒙特加入的对俄国作战的早期阶段，曾写过一些文章和报道，战争的最后阶段证实了它们的结论是正确的。马克思和恩格斯越来越坚定地相信西欧各国政府和报刊的官方态度是虚伪的，那就是，说什么英国和法国对俄国进行战争是为了"民族利益"，以便捍卫"自由"和"文明"，反对"专制主义"的侵犯。他们在自己的文章中令人信服地表明，这场战争是各参战国的统治阶级的经济和军事利益冲突的结果，是争取瓜分奥斯曼帝国、控制巴尔干各国和黑海海峡的结果。马克思和恩格斯得出结论说，西欧资产阶级的反革命立场和阶级自我利益使得表达和捍卫任何民族的利益日益成为不可能。"只要战争使资产阶级破费，"马克思在《法国和英国的最近前途》一文中写道，"它的唯利是图的天性就比它的民族自豪感占上风，对私人利益立即会遭到损失的恐惧心理比对全民族的巨大优势必然要逐渐遭到损失的恐惧心理更厉害。"[①]

　　马克思和恩格斯总结说，资产阶级和贵族的英国和波拿巴主义的法国虽然力争削弱在近东和巴尔干各国的竞争对手沙皇俄国，占领塞瓦斯托波尔，从俄国手里夺取克里木和高加索，摧毁俄国的海军，但绝对无意搞垮沙皇专制。以西欧各国的政府为首的欧洲保守力量，需要沙皇专制作为镇压人民运动的工具，亦即作为资本主义剥削制度的堡垒之一。尤其重要的是，西欧政治家害怕俄国专制垮台造成的革命后果，会导致在1815年维也纳会议上奠定的欧洲政治制度的基础的毁灭。马克思在《奇怪的政策》一文中强调说，克里木战争"不是废除维也纳条约，而是通过把土耳其补加到1815年的议定书中来巩固这个条约。有人希望，从这时起保守主义的千年王国就会开始，各国政府将能够仅仅为了使欧

---

① 《马克思恩格斯全集》第1版第11卷第205页。

洲思想界'平静'而作共同的努力"①。

马克思和恩格斯在《议会新闻》、《拿破仑的军事计划》、《就累亚德提案进行的辩论。——克里木战争》②、《局部战争。——关于行政改革的辩论——罗巴克委员会的报告》和其他一些文章中表明，英法统治集团的这些反革命的气焰对他们的外交政策、军事计划和作战方法有很大影响。为了避免任何革命后果，这些盟国在俄国的边远地区之一、在远离可能引起革命和民族解放斗争中心的地区发起军事行动。马克思和恩格斯揭露了法国政府所提出的并得到英国政府支持的隐藏在为了局部目的而进行局部战争的计划背后的意图。他们指出，这种战略决不是为了减少伤亡人数和毁坏规模而提出的。"局部的"克里木战争使交战双方的军队和人民遭受了巨大损失和痛苦的灾难。英法的战略计划旨在阻止克里木战争变成一场人民反对沙皇制度的战争，因为这样的战争会威胁到西欧的反民主的统治制度的存在本身。

要改变战争的性质，把这场战争变为一场民主地改造欧洲、解放被压迫民族包括处于土耳其统治之下的巴尔干的民族，这有赖于无产阶级和革命民主群众的活动水平。为了替换反民众的政府，马克思写道，"在舞台上应该出现另一种力量"③。在《英国的危机》、《法国和英国的最近前途》和其他一些文章中，马克思和恩格斯继续告诉工人阶级和革命的民主派，如何利用军事冲突来开展反对现存反革命政权的运动。马克思希望，种种事件的革命转变将"使无产阶级能够重新取得它在法国1848年六月战斗中所失去的地位。这不仅关系到法国，而且也关系

---

① 《马克思恩格斯全集》第1版第11卷第344页。
② 《马克思恩格斯全集》第1版第11卷第337—339页。
③ 《马克思恩格斯全集》第1版第11卷第350页。

到整个中欧，包括英国在内。"①

马克思和恩格斯对法国工人阶级的主动性寄予特别的希望。在《大冒险家的命运》一文中，恩格斯直接谈到"法国第四次也是最大的一次革命"可以为全欧洲大陆强大的革命运动和民族解放运动制造一个开端的可能性。"德意志人、匈牙利人、波兰人、意大利人和克罗地亚人就将摆脱硬把他们拴在一起的锁链，而重新形成旗帜不同、目标各异的两大阵营，以代替欧洲今日不稳定的偶然的联合和敌对。那时斗争将只在一方面是**民主革命**和另一方面是**君主反革命**之间进行。"②

马克思和恩格斯的许多文章贯穿着这样一种思想，即摆脱这场战争的方法就是进行一场人民大众的革命。他们力图证明反革命统治集团的国内政策和对外政策立场的真正不稳定性，它们在国际竞争中的矛盾及其在外交方面的弱点。

马克思和恩格斯尤其揭露了欧洲列强在反对沙皇俄国的联盟中存在的深深的裂缝。他们特别提到了联盟的主要参加者英国和法国在作战行动和外交谈判方面存在的经常摩擦（见《论同法国联盟的历史》、《评克里木局势。——议会新闻》、《克里木的消息》、《英国的新揭露材料》、《辛普森、佩里西埃和尼埃尔等将军的报告》③、《美国的困难。——法国的局势》等文章）。在1856年巴黎代表会议期间，俄国外交机智地利用了西方列强之间的分歧，当时他们预言，英法联盟不久将会垮台。

---

① 《马克思恩格斯全集》第1版第11卷第208页。
② 《马克思恩格斯全集》第1版第11卷第145页。
③ 《马克思恩格斯全集》第1版第11卷，原译标题为《将军们的报告》，参见第610页。——译者注

马克思在《帕麦斯顿。——大不列颠统治阶级的生理现象》一文和《卡尔斯的陷落》这本小册子中、恩格斯在他的军事评论《亚洲战争》中，揭露了西方列强根本政策的殖民主义目的以及他们对其落后的盟友土耳其的背叛。马克思指出，英法政府利用土耳其的落后，打着捍卫土崩瓦解的奥斯曼帝国的统一的幌子，朝着它们进行殖民统治采取了新的步骤。它们有效地控制了土耳其的对外政策，干涉它的内部事务，并把手伸向它的财政①。在由几部分组成的《卡尔斯的陷落》一文里，马克思以事实和外交材料为根据，揭露了西方的政治家——尤其是英国的政治家如何经常地背着土耳其政府作出有关土耳其的决定，随便使用弱小的土耳其军队，派遣他们在毫无掩护的情况下去发动攻击。马克思指出，西方外交关于奥斯曼帝国的每一步棋都是设置阴谋诡计和挑拨离间的圈套，其目的是要利用土耳其作为西方列强在外交赌博中的小筹码，并且使土耳其更加依赖于西方强国。

本卷许多文章（《欧洲战争》等）是马克思和恩格斯在克里木战争的结果已成定局时写的。他们在一定程度上已经可以把战争的结果加以总结："英法对俄战争毫无疑问将作为'**不可理解的**战争'而载入战史。言语夸大而行动却微不足道；准备的规模巨大而成果却小得可怜；近乎怯懦的小心谨慎有时却由于完全无知而变为轻率的大胆；将军们出奇地平庸而军队却出奇地勇敢；失败似乎出之有意而胜利却由误会得来；军队由于疏忽已濒于覆灭，却又由于奇异的偶然性而得救，——这是一系列的矛盾和不合逻辑的现象的交错。而所有这一切是俄军的特点，正像是他们的敌人的特点一样。"②

---

① 《马克思恩格斯全集》第1版第11卷第425页。
② 《马克思恩格斯全集》第1版第11卷第555页。

马克思和恩格斯希望克里木战争变成在欧洲引起革命转变的战争的愿望没有实现。在除了对俄国的内部发展有影响之外，对欧洲国家的社会结构和政治结构没有造成任何重要改变。奥斯曼帝国统治下的那些民族的民族独立问题也仍然没有解决。战争也没有解决欧洲列强在东方问题和其他问题方面存在的矛盾。1856年的巴黎条约非但没能解决争端，而且引起了新的，甚至更厉害的冲突。马克思称之为"虚假的和平"①。

马克思和恩格斯的许多报刊著作论述了这场战争对欧洲主要国家的经济和社会生活所造成的影响。他们指出，参加这场大规模的军事冲突，使现存的各国民众的政权受到一次严厉的考验，这次考验揭露了它们的弊病，表明它们不能满足新的社会需要。战争"使民族经受考验"，马克思在《英国的新揭露材料》一文中写道，"正像木乃伊在接触到空气时立即解体一样，战争给已经失去了自己的生命力的社会制度作出了最后的判决"。②

马克思把主要注意力放在资本主义的英国，因为在那里，当时资产阶级和无产阶级之间的矛盾比在其他任何国家都更加发展。在《金融市场》、《贸易和财政状况》、《英国的危机》和其他一些文章中，马克思分析了英国的经济状况。他强调指出，英国是资本主义社会一般经济规律，特别是资本主义生产的周期性以及繁荣和危机阶段不可避免交替等规律的运行的典型范例。马克思指出，即使在一定的周期内，资本主义经济的发展也是不平衡的，它时断时续地服从危机现象的出现。因此，在19世纪40年代末出现的经济繁荣时期，不断地被英国一些工商业部门，特别是纺织工业部门中出现的萧条时期所打断。马克思指出了

---

① 《马克思恩格斯全集》第1版第11卷第675页。
② 《马克思恩格斯全集》第1版第11卷第585页。

1853年底和1854年初出现的经济衰退现象以及1855年这种现象的重复出现。马克思在分析他在英国的经济生活和世界市场上发现的倾向时，曾经预言，在不久的将来，英国将经受前所未有的严重经济危机。这一预言在1857年完全得到了证实：那一年爆发了第一次世界性的经济危机。

马克思的文章《帕麦斯顿》、《不列颠宪法》、《〈晨邮报〉反对普鲁士。——辉格党和托利党》、《上院和约克纪念碑公爵》和许多其他文章包含了对英国由辉格党和托利党轮流执政的传统的两党制的精确的描绘。马克思写道，"不列颠宪法"，"其实只是**非正式执政的**、但实际**上统治着**资产阶级社会一切决定性领域的资产阶级和**正式执政的**土地贵族之间的由来已久的、过时的、陈腐的妥协"。①

马克思指出，资产阶级和贵族寡头政治统治的主要柱石之一，是贵族保持对国家最重要的职位的垄断。马克思在他的许多文章中证明，寡头政治制度是国家向前发展的道路上的障碍。马克思详细分析过的上院和下院关于各种问题的辩论，非常清楚地证明英国议会的阶级本质是什么。他揭露了两个主要政治集团的代表的伪善和贪心，揭露了他们设置种种障碍，不让人们揭穿国家机器的各个部门中存在的胡作非为现象，不让人们推行进步的改革。

在马克思对寡头统治进行生动描写的文章中，非常重要的当属《约翰·罗素勋爵》这本小册子②。小册子为马克思给19世纪英国主要政治家所绘肖像的画廊锦上添花。在这本小册子中，马克思证明，罗素的虚伪、故弄玄虚的自由主义、政治上的狡猾和随波逐流，是完全符合辉

---

① 《马克思恩格斯全集》第1版第11卷第108页。
② 《马克思恩格斯全集》第1版第11卷第429—455页。

格党人的全部特点的，这伙追名逐利之徒，像托利党人一样，竭力巩固寡头统治，但是他们在这样做时，却表现了比较大的随机应变性，并且愿意对工业资产阶级作出某些让步。马克思指出，辉格党人同托利党人之间的斗争，只不过是剥削阶级的贵族上层分子的两个统治集团之间的争吵；他们在政策上的分歧变得越来越不明显。在野的这个或那个政党对政府的猛烈攻击只不过是排挤对手下台的一种手段。但是，每一个党在执政时，都继续奉行它的前任者的政治方针。

马克思揭示了辉格党和托利党两党的政治分裂的越来越明显的迹象，这点他在开始为《新奥得报》撰稿时就已经指出过了。这一点的表现是：这些旧的贵族政党的政治教条陷于破产，它们分裂为独立的集团，它们越来越需要玩弄权术和搞议会联盟。政治上的不稳定导致了加强政府首脑的个人权力的倾向，这一点，马克思指出，在帕麦斯顿于1855年组建内阁时期以及随后的几年政策中表现得尤为明显。在《帕麦斯顿》一文中，马克思特别注意这位辉格党右翼领导人怎样通过要弄阴谋诡计保证了他的内阁的这样的组成：政府的全部命脉都掌握在他自己手中。"这一次我们根本没有内阁，而只有代替内阁的帕麦斯顿勋爵。"①

马克思所发现的这种现象反映这样一个过程，即托利党演变为大资产阶级政党——保守党，而联合了中产阶级和小资产阶级的辉格党演变为自由党，这个过程是在工业资本与土地贵族和商业巨头、金融巨头的利益联合起来的影响下开始的。资产阶级反对派的代表——自由贸易派不久也加入自由党。

马克思在这个时期写的文章中继续对自由贸易派的思想和政治立场

---

① 《马克思恩格斯全集》第1版第11卷第105页，译文有改动。

进行尖锐的批判，他利用这些文章揭露整个资产阶级自由主义的阶级局限性。他再一次证明了自由贸易派关于资本主义无危机地发展的议论是一种幻想，揭露了他们热爱和平的谎言，这些谎言掩盖了英国资产阶级竭力控制世界市场的企图。马克思着重指出，曼彻斯特学派争取和平是为了"有可能在国内和国外进行工业战争"①。他指出，科布顿、布莱特和自由贸易派的其他首领们，声称自己是"自由的捍卫者"和群众利益的"维护者"，实际上却支持对工人阶级的残酷剥削。这方面的证据是，他们侵犯关于工厂视察员的法规，因为工厂视察员在一定程度上限制雇主独断专行，此外，他们企图废除限制女工和童工的工作日的法律。

与自由贸易派关于英国工人"幸福"的谎言相对照，马克思利用工厂视察员的报告，揭露了资本主义工厂的恶劣的工作条件以及工业事故特别是女工和童工中的事故不断增加。他写道："工厂视察员的这份工业通报比关于克里木战役的任何一份通报都更可怕、更吓人。妇女和儿童不断地为伤亡者名单提供大量名额。"②

资产阶级贵族的英国受到劳动群众首先是英国工业无产阶级的反抗。马克思仔细地考察了英国国内及其殖民地的群众中不满的和革命的骚动的每一种表现形式。因此，在《军衔买卖。——澳大利亚消息》一文中，他指出，在澳大利亚的维多利亚省，"对那些同殖民官僚相勾结的垄断资本家的"反抗是由工人开始的。"③

---

① 《马克思恩格斯全集》第 1 版第 11 卷第 317 页。
② 《马克思恩格斯全集》第 1 版第 11 卷第 427 页。
③ 《马克思恩格斯全集》第 1 版第 11 卷第 120 页。

马克思向来对被压迫的爱尔兰人民的命运关心备至，他认为作为严酷的社会对抗的舞台的爱尔兰是民众不满情绪的永久中心之一。①

在英国，包括工人阶级在内的各社会阶层的反对倾向也得到大卫·乌尔卡尔特及其支持者的倡导，他们虽然具有保守的世界观，却批判统治阶级寡头政权的对外政策。马克思在报刊上继续抨击了乌尔卡尔特的观点。但是他认为最好还是把他的文章的注意力集中在由乌尔卡尔特及其追随者也包括工人的代表所建立的关于外交事务的委员会的相对进步的活动上（《伯明翰代表会议》，《泰恩河畔纽卡斯尔委员会》）。

马克思把主要的注意力放在英国工人阶级运动上——首先是放在宪章派革命派的领导人在"人民宪章"的旗帜下为恢复群众鼓动而作的不断尝试上，——尽管宪章运动总的来说呈衰微趋势。在《反教会运动。——海德公园的示威》、《人民同警察的冲突。——论克里木事件》等文章中，马克思指出，宪章派在某种程度上成功地恢复了工人阶级的政治活动，这种活动于1855年夏在伦敦发生的反对议会禁止星期日贸易的大规模民众示威游行中得到了表现。马克思赞扬了厄内斯特·琼斯和其他宪章派拒绝追随资产阶级激进派的领导，相反地，继续保卫工人阶级的独立地位，全部保留宪章派的政治纲领，而不顾及激进派企图代之以"温和的"行政和其他改革的要求。

在《行政改革协会。——人民宪章》一文中，马克思阐述了宪章派政治纲领的历史意义，这一纲领的中心点就是要求普选权。马克思对政治口号采取历史的态度，他指出，如果说在法国以及整个大陆，要求普选权并没有超出资产阶级民主的范围，那么在英国，它就具有另外的意义。马克思指出"在那里，它具有政治问题的性质；而在这里，它具

---

① 《马克思恩格斯全集》第1版第11卷第134—137页。

有社会问题的性质"①。在英国，工人阶级占人口的多数，他指出，实施人民宪章中的这一条款和其他条款能够导致由无产阶级群众对整个议会制度和国家的政治结构实行激进的民主改革，这将意味着"取得作为实现他们的社会要求的手段的政治权力"②。从这些论断可以清楚地看出，马克思当时承认英国无产阶级通过和平方式取得政权的可能性，而不像大陆各国那样，在他看来大陆各国的工人阶级只有用暴力来摧毁军事—官僚的国家机器才能取得胜利。

然而，宪章派在英国无产阶级群众中逐渐灌输革命能量的企图，无法阻止已日益没落的宪章派运动的衰败。这是由英国资本主义发展的特殊性决定的。英国资产阶级通过征服殖民地和巧取豪夺并且垄断世界市场，把相当大部分高薪技术工人拴到了资本主义制度上，从而分裂了工人阶级并加强了英国工人阶级运动中的改良主义倾向。然而，马克思直至临终从未厌倦过给他的宪章派朋友以鼓励，劝他们不向困难低头，相信即将来临的无产阶级革命。

1856年4月14日，在为纪念《人民报》出版4周年而举行的宴会上，马克思发表了一篇充满革命的乐观主义精神的演说。他谈到了资本主义的必然垮台以及作为应邀推翻剥削制度的社会力量的工人阶级的世界历史使命。"历史是审判官——它的执行者是无产阶级。"③

在继续把反对波拿巴主义的斗争作为工人阶级和革命民主的最主要的任务之一时，马克思和恩格斯在他们的文章中力图揭示波拿巴国家的对外政策和对内政策之间的紧密联系。"要证明这些本来是并不困难

---

① 《马克思恩格斯全集》第1版第11卷第300页。
② 《马克思恩格斯全集》第1版第11卷第301页。
③ 《马克思恩格斯全集》莫斯科进步出版社1980年英文版第14卷第656页。

的", 我们在马克思和恩格斯所写的文章《法国作战方法的批判》中读到,"在第二帝国的内政中反映了它的作战方法的自命不凡的平庸,在这方面也是外表代替了本质,'经济的'远征决不比军事的远征更有成效"①。这篇文章以及在《大冒险家的命运》、《拿破仑最近的诡计》、《地方战争。——关于行政改革的辩论。——罗巴克委员会的报告》、《美国的困境。——法国的局势》和其他文章中,马克思和恩格斯着重指出,军事冒险主义是波拿巴政策固有的特征,掠夺和侵略是波拿巴集团在法国本土的政策统治所依据的原则之一。

马克思的文章《小波拿巴法国》显示了官方的法国与人民群众的法国之间的鲜明对照:前者大肆挥霍国家的财富,而波拿巴政权给后者带来的是贫困和警察镇压。马克思着重指出,在这个人民法国的中心,反对波拿巴专政的革命酵母正在成熟,这预示着"进行证券投机交易的帝国即将垮台了"②。在《辛普森、佩里西埃和尼埃尔等将军的报告》、《法兰西银行。——克里木的增援部队。——新陆军元帅》等文章中,马克思和恩格斯指出了法国政治形势日益恶化,让人们注意工人阶级、大学生以及其他阶层的人中革命情绪正在增长的迹象,以及一部分资产阶级和甚至直到当时仍是第二帝国的堡垒的一部分军队所表现的不满情绪。

马克思和恩格斯在报刊上继续分析了在普鲁士、奥地利和沙皇俄国所发生的种种事件。克里木战争暴露了这些国家之间的深刻矛盾,与此同时证明了各国统治集团有共同的反革命目的,它们因都想保持各自国家的反革命制度不变和保持相应的国际关系形式不变而互相联合。因

---

① 《马克思恩格斯全集》第 1 版第 11 卷第 149 页,译文有改动。
② 《马克思恩格斯全集》第 1 版第 11 卷第 671 页。

此，正如马克思反复指出的那样，普鲁士政府在战争中宣布中立是由于害怕战场转移到中欧来所产生的革命后果。马克思在《普鲁士》一文中，论述了普鲁士君主制的政治制度，在这种制度下，形式上宣布的宪法仅仅是掩饰继续实行专制及其产物——极权官僚政治的外壳。他指出了大部分居民无权，农民遭受压迫，他们仍然像过去一样，无论在行政方面还是在司法方面都"直接隶属于贵族"①。与此同时，马克思还指出了工商业的迅速发展以及普鲁士有产阶级——容克和资产阶级——的空前富有。但资产阶级仍然像以前一样在政治上是消极被动和奴颜婢膝的，这证实了马克思和恩格斯早在1848—1849年就表述过的观点，即德国资产阶级在争取激进资产阶级民主要求的斗争中没有能力起领导作用。

至于奥地利帝国的统治集团，它们努力获取土耳其在欧洲的领土，因此它们对俄国采取敌对态度，把它视为自己在巴尔干的主要竞争对手。在《对奥地利在克里木战争中的政策的批判》②以及《奥地利和战争》这两篇报道中，马克思援引了揭露奥地利对外政策的两面性的文献。马克思和恩格斯认为这种政策的原因在于反动的哈布斯堡帝国内在的软弱，这不仅源于其社会制度的落后，而且源于其深刻的民族对抗。在对构成奥地利帝国的各民族进行几个世纪之久的压迫中获取利润时，在煽起各民族间的民族纠纷时，奥地利帝国的统治者常常担心民族解放运动的兴起。正是这种担心阻止他们公开介入军事冲突。

马克思和恩格斯在他们的文章中引用关于俄国状况的材料时，让人们注意沙皇专制在战争过程中所经历的困难，即在任何情况下都由农奴

---

① 《马克思恩格斯全集》第1版第11卷第717页。
② 《马克思恩格斯全集》第1版第11卷第551—554页。

制限制的物质资源的匮乏以及它所造成的经济落后。① 正如马克思和恩格斯不久所认识到的那样,克里木战争的结果对俄罗斯帝国的内部发展有着严重的影响。沙皇制度所遭受的失败,用列宁的话说,显示出"农奴制俄国的腐败和无能"②,它为这个国家的革命形势的成熟创造了前提条件,这就迫使统治阶级进行改革。1858年10月8日马克思在给恩格斯的信中评论道:"1854—1855年的俄国战争……显然加速了俄国目前形势的变化。"③ 后来,即1871年,马克思在《法兰西内战》的初稿中再一次强调了1861年俄国废除农奴制与其他变革之间的联系。克里木战争暴露了沙皇俄国整个社会制度和政治制度的深刻危机,虽然俄国通过"塞瓦斯托波尔保卫战或许可能为它挽回荣誉,在巴黎的外交胜利也可能使外国人感到眩惑"④。

在克里木战争的整个后期,马克思和恩格斯继续指出,沙皇专制制度尽管经历了许多军事失败,但它对欧洲工人阶级和民主运动仍然构成严重威胁。正如人们也许期望的那样,他评论说,沙皇宝座的更替并没有导致俄国专制制度在对外政策上的任何根本的变化。尼古拉一世的继承人亚历山大二世及其政府并没有放弃侵略意向——特别是利用泛斯拉夫主义的宣传作为扩张工具的企图。

恩格斯的文章《德国和泛斯拉夫主义》及其英译文《欧洲的斗争》和《奥地利的弱点》,揭露了当时的泛斯拉夫主义思想和亚历山大二世的泛斯拉夫情绪是如何反动。恩格斯指出,在1848—1849年,当哈布

---

① 恩格斯《战争的状态》和其他一些文章。
② 《列宁全集》第2版第20卷第174页。
③ 《马克思恩格斯全集》第1版第29卷第347页。
④ 《马克思恩格斯全集》第1版第17卷第559页。

斯堡君主制度和俄国沙皇制度反对德国和匈牙利革命时，某些斯拉夫民族运动的君主主义分子散布这些思想，乃是中了它们的奸计。

马克思和恩格斯坚定地抨击了一切民族主义思想，不管它采取什么形式，是泛日耳曼主义、泛斯拉夫主义或者其他任何形式。他们着重指出，这种思想煽起了民族分歧，而这与民主发展的利益和各民族包括斯拉夫民族的民族解放和社会解放是背道而驰的。

但是，恩格斯在同泛斯拉夫主义的论战中重申的某些论点并没有被历史所证实，例如认为构成奥地利帝国的一部分的许多斯拉夫民族（捷克、斯洛伐克和其他民族）似乎已经丧失了维持独立民族存在的能力——恩格斯在他较早的著作《民主的泛斯拉夫主义》和《德国的革命和反革命》中阐述过这种论点（参看英文版第8和第11卷前言）。社会发展过程，直到19世纪60年代，其趋势主要是中央集权制，建立大的国家，这一过程还没有为修改上述错误观点提供足够的客观依据。只是到后来，另一种历史倾向即被压迫的弱小民族，包括奥地利帝国的斯拉夫民族努力争取民族独立的倾向，才充分表现出来：它们不仅有能力建立自己的国家，而且有能力走在社会进步的最前列。

本卷包括恩格斯定期分析的大量军事文章以及他的军事评论《欧洲军队》。这些著作是他关于军事理论研究的一个重要部分。

恩格斯的军事评论虽然主要是根据包含着许多疏漏和不准确的地方的英文和法文报刊上的时事报道而写的，但却表现了恩格斯非凡的洞察力，表明他深刻了解各个战场——高加索、克里木和波罗的海——的军事行动的性质以及塞瓦斯托波尔的围攻和防御（当时已达到军事行动的顶点）在整个作战过程中的决定性作用。恩格斯在军事事件的发展中发现了日益增多的证据，证明了他关于战争理论、关于战争依赖于社会和政治制度、关于军事战略与统治阶级的政策之间的相互联系以及关于武装力量组织的整个状况对进行战争的方式的影响等基本原理。他认为，军队的组织是国家管理制度的一个内在的组成部分，它反映其典型的阶级特征。

因此，在《克里木的斗争》、《欧洲面临的战争》和《对英国兵士的惩罚办法》等文章中，恩格斯揭示了英国军事指挥方面的拙劣错误、英国远征军的可怜状况与英国军事制度本身的保守主义之间的联系。他指出了英国军队的组织墨守陈规，在陆军部、军需部和统帅部盛行种姓等级精神和任人唯亲，贩卖军衔，以及寡头政权造成的其他缺陷。马克思和恩格斯在《辛普森、佩里西埃和尼埃尔等将军的报告》中公开指出，"英国军队领导上的不中用是陈腐的寡头政治统治的必然结果"①。

恩格斯在许多文章中指出了第二帝国统治集团和皇帝拿破仑第三本人在指挥军事行动方面对法军和联军横加干涉的致命后果以及波拿巴集团力求利用军队的反革命目的。在来自巴黎的压力下，联军的作战常常不是由军事情况来决定，而是由毫不相干的政治考虑和王朝考虑来决定的。②

恩格斯在《俄国军队》、《欧洲军队》的相关部分以及其他著作中描述沙皇俄国的武装力量时，指出了沙皇军事制度的经济基础的薄弱性及其社会基础的陈腐性。他强调指出，沙皇军队在技术上的落后、它的现代交通工具的几乎完全匮乏、陈旧的招募和训练部队方法、阅兵式教练代替正规的军事训练、服役的期限、军政管理和民政管理中的贪污和盗窃公款——所有这一切都是贵族和农奴制的俄国的社会和政治制度的结果。

---

① 《马克思恩格斯全集》第 1 版第 11 卷第 610 页。

② 《马克思恩格斯全集》第 1 版第 11 卷第 230—236 页（《塞瓦斯托波尔的消息》和其他文章）。

与此同时，恩格斯还常常强调参加武装斗争的普通士兵们的军事素质。他歌颂了法国官兵在战斗中的独创性和干劲以及英国官兵在战斗中的耐力和果断。他常常钦佩地谈到俄国士兵一贯勇敢。他在《欧洲军队》中写到："俄国兵属于欧洲最勇敢的兵士之列。"①

尽管恩格斯对农奴制俄国的军队状况的评价有许多贴切之处，但是他在一些著作中对俄国军队的描述，毕竟受了当时他使用的资料、西欧报刊的反俄偏见以及西方历史学家的有倾向性的著作的影响。这一点以及在某种程度上还有他写的反对俄国沙皇专制的一些文章的政治偏见，说明当时他的著作中存在着某些夸张的地方和片面的观点，恩格斯在他后来的著作②中在很大程度上对此曾加以修正。这些片面观点尤其表现在他说俄国士兵消极被动，由于缺乏本国的天才人物，外国人在俄军中起特殊作用，以及说俄国人过去只是战胜弱小对手而在势均力敌时总是吃败仗等方面。

然而，必须指出，尽管恩格斯具有的是带偏见的信息，但他在绝大多数情况下还是客观地评价了各交战国的作战行动。恩格斯的关于俄军英勇保卫塞瓦斯托波尔11个月的许多文章就最显著地证明了这一点。在《对塞瓦斯托波尔的围攻》、《塞瓦斯托波尔会战》和其他文章中，恩格斯把防守者的杰出的作战行动、塞瓦斯托波尔守军的军事工程师们包括工程处处长托特列本的技术，以及火力配系的卓越的布署同联军的围攻作战行动进行了对照。他对后者的评价很低，他强调指出，"像塞瓦斯托波尔围攻战这样没有系统、不可理解和不光彩的围攻战例，在特

---

① 《马克思恩格斯全集》第1版第11卷第510页。
② 《波河和莱茵河》等，见《马克思恩格斯全集》第1版第13卷第247—299页。

洛伊围攻以来的战史中却是一个也找不出来的"①。

恩格斯在阐明俄国要塞的保卫者的英雄气概和斗志时，赞扬了他们的成功的突围，在突围中，他们"以固有的顽强精神很巧妙地"② 作战。他认为被围攻的守军在进行防御时在第一线正面建立的新的防御工事，这在战史上是无前例的，他高度赞扬俄国人采用的把层层炮火排列的方法，认为这能使他们最大限度地利用地形。

在《战争的进程》一文中，恩格斯对保卫塞瓦斯托波尔的组织者和参加者的作战行动评价如下："俄军工程师在构筑塞瓦斯托波尔周围的防线时，善于迅速而正确地判明情况，能够随机应变、大胆而准确地实现既定意图；防御的薄弱地点一被敌人发现，就不断注意加强这些地点的防护；火力配系组织得极为出色，能向正面任何地段集中比敌人更猛烈的火力；在第一线工事之后构筑第二、第三、第四线工事，——简单地说，整个这一防御的组织堪称典范"③。后来，恩格斯还常常回过头来分析塞瓦斯托波尔战役（在他关于1857—1859年印度民族解放起义的文章以及在他1870—1871年的《战争短评》中），认为它是积极防御的杰出范例。

塞瓦斯托波尔的防御的经验使得恩格斯能够在他关于战争艺术的文章中尤其是对要塞在19世纪战争中的作用以及利用要塞与野战军的相互关系问题作出重要的总结。他通过对克里木战争的其他会战及其总的教训的分析得出结论说：实行进攻战略并集中兵力对敌之大部队实行主要打击具有优越性；用这种方式所巩固和扩大的战果不能用同样的手段

---

① 《马克思恩格斯全集》第1版第11卷第217页。
② 《马克思恩格斯全集》第1版第11卷第172页。
③ 《马克思恩格斯全集》第1版第11卷第194页。

而确保——这种属于偶然因素的情形往往具有暂时性。

简言之，恩格斯在他的著作《欧洲军队》中对19世纪中期战争发展的水平以及军事力量的状况进行了广泛的阐述。他分析了各国军队的装备、招募方法和特殊策略，以此来揭示社会发展的基本规律在这个领域中的运作情况。这就是要运用历史唯物主义的基本原理来揭示出军队的战斗力主要决定于特定国家的经济以及社会和政治制度。因此，恩格斯指出，例如，在普鲁士军队中，招募和训练部队的原则是让凡能服兵役的人都服相对短期的兵役，这一原则本来是不错的，却被反动政治制度的代表人物扭曲了，因为他们想要一支"驯服可靠的军队，在必要时可以用来镇压国内的骚乱"①。恩格斯再一次强调指出，煽动民族仇恨是哈布斯堡王朝的一个特点，这也反映在奥地利军队中，并且对它的战斗力产生了不良影响。恩格斯同样指出了封建残余关系对俄国、土耳其和其他许多国家的军队的影响。恩格斯在强调指出武装力量发展的一般规律在不同的国家有不同的表现形式时，揭示了每支军队发展中的民族特点和民族传统的重要性。与此同时，他指出，军事技术的总的进步以及被运用于战争中的改善措施促使每一支军队考虑和运用所有其他军队的经验。在他的著作中，对统治阶级在处理军事史时的民族主义倾向，特别是对关于这国或那国的军队永远不可战胜的议论的民族主义倾向进行批判占有重要地位。

* * *

本卷包括马克思和恩格斯所写的135篇著作。76篇文章第一次用英文发表（其中6篇文章，部分用英文发表）。这些文章包括在《新奥

---

① 《马克思恩格斯全集》第1版第11卷第497页。

得报》上发表的绝大多数文章，其中有马克思为德国报纸改写的发表在《纽约每日论坛报》上的一些文章，还有收入本卷《准备材料》部分的恩格斯写的《克里木战争》的草稿。本卷中有 37 篇文章是自从首次发表在英美报刊上以后就没有重新刊载过的。马克思和恩格斯写的个别文章在以前出过的英文版，特别是载《东方问题》（1897 年伦敦版）中的文章都在脚注中作了说明。

（原载《马克思恩格斯全集》莫斯科进步出版社 1980 年英文版第 14 卷）

（闫月梅 译）

马克思和恩格斯为第一国际的创建所作的贡献

——《马克思恩格斯全集》历史考证版第 1 部分第 20 卷前言[*]

本卷包含从国际工人协会成立大会（1864 年 9 月 28 日）到《资本论》第 1 卷出版（1867 年 9 月中旬）这一时期内马克思和恩格斯撰写的、或在他们的直接影响下编撰的著作、文章、声明、决议、演说以及草案等。它是《马克思恩格斯全集》历史考证版第 1 部分若干反映马克思和恩格斯在国际工人协会从事活动的卷次的开首卷。

国际工人协会这一组织的成立开创了工人运动史上的新时期。它逐渐发展成为工人的第一个国际性群众组织。如果说，在共产主义者同盟中就已经有少数政治前锋接受了马克思和恩格斯的学说，那么，在第一国际中，马克思主义的基本思想开始被日趋兴起的无产阶级群众运动所接受。在工人运动历经数十年自主独立的过程中，国际工人协会取得了决定性的突破。

协会成立之际，一些先进国家的资产阶级革命的历史进程已步入尾声。工业革命在大不列颠已经结束；它在美国以及德国和法国也已实施，在欧洲大陆其他国家取得了明显的进展。1857 年国际性的经济危机以及随之出现的罢工运动的增多，向众多工人明示：工人们在反对资

---

[*] 本文选自《马克思恩格斯研究》1994 年总第 19 期。

本的斗争中团结一致是何等重要。这一时期的民族和民主运动，特别是争取意大利民族统一和独立的斗争，1861—1865 年美国内战，1863—1864 年的波兰起义和围绕德意志民族国家问题展开的争论，这一切促进了工人运动在政治上的复苏。许许多多的工人被吸收到政治生活中来，他们还跨越国界，为共同行动而努力。由于英国工人同法国工人的接触而产生了一种想法，即成立一个国际工人联合会。

但是，一些工人组织刚刚逐步摆脱对资产阶级自由派和小资产阶级民主派力量的依从，也暂时发现了各种不同的社会主义学派，找到了派别追随者。意大利的工人联合会由志同道合者朱泽培·马志尼领导。工联主义在英国的工人运动中占主导地位，蒲鲁东主义在法国和其他罗曼语国家以及拉萨尔主义在德国对进步工人起着决定性的影响。

要把工人运动建成一支独立的政治力量，就必须进行不懈的斗争。本卷包含的文章反映了马克思和恩格斯在这场斗争中所起的作用。它们特别展现了马克思政治事业中的一个成就卓著的时期。恩格斯后来甚至写道：“摩尔的一生，要是没有国际，便成了挖出了钻石的钻石戒指。”①

在伦敦圣马丁堂举行的成立大会上选出了国际工人协会临时委员会，马克思十分关注这个领导小组的活动。国际成立的文献以及临时中央委员会和后来的总委员会的大多数公开信和声明都是由他起草的。他还亲自并通过他的战友影响国际代表大会和各次会议的工作，他起草了几份国际会议最重要的决议。在国际工人协会领导小组的工作中，马克思得到了恩格斯的支持。恩格斯虽然在 1870 年秋天由曼彻斯特移居伦敦之前未能成为总委员会成员，但他一直在向马克思献计策，从一开始

---

① 《马克思恩格斯全集》第 1 版第 36 卷第 44 页。

就参与国际的一些重要的政治和思想的立场的制定,特别是参与德国工人运动的战略和策略的基本问题的制定。

在这一时期,马克思的理论创作活动的高峰是撰写一部重要著作,他打算在这部著作中揭示资本主义的经济运动规律,因为他认为,必须为社会主义提供最基本的科学根据。在 1863 年至 1865 年间,他写成了《资本论》的第 3 部即最后一部草稿。在第 1 部草稿即 1857—1858 年写的《政治经济学批判大纲》中,马克思已经从根本上阐明了剩余价值的实现问题。在第 2 部草稿即 1861—1863 年经济学手稿中,他进一步制定了他的经济学说的整个体系,并且研究了这几个问题:剩余价值为什么以利润、利息和地租的形式表现出来,这些形式的特点是什么。在第 3 部草稿即《资本论》(1863—1865 年经济学手稿)① 中,马克思的经济学说达到了这样的成熟阶段:他能够将自己的经济学说作为一个辩证地划分了的整体,分别在关于资本的生产过程、资本的流通过程和资本主义生产的总过程这三册书中内容联贯地加以论述。1866 年初,他开始编辑第 1 卷的付排稿②。

本卷收载的国际工人协会的文献原则上已经以马克思的理论在完成《资本论》写作的过程中所达到的发展水平为基础。这些文献同时反映了马克思和恩格斯为把自己的理论紧密地与复苏的工人运动相结合所作的努力是如何再次推动理论发展的。当时正在发展中的无产阶级群众运动要求在比以前更加广泛的基础上把日常工作同未来的目标结合起来,以及引导缺少经验的工人有组织地、自觉地进行政治活动。要把现代工业无产阶级的需要摆到中心位置,必须制定经济斗争

---

① 《马克思恩格斯全集》历史考证版第 2 部分第 4 卷第 1、2 分册。
② 参看《马克思恩格斯全集》历史考证版第 2 部分第 5 卷。

的策略。同样，在为民主目标进行的斗争中，工人的义务也增加了。马克思和恩格斯承担了这一任务，与此同时，他们汲取工人运动的经验，从而对阶级斗争中经济、政治和理论方面的基本问题获得了新的认识，并且拟定出原则和口号，这些原则和口号在长时期内深深地影响着国际社会主义运动。

本卷开首的《国际工人协会成立宣言》和《协会临时章程》属于马克思撰写的最重要的纲领性文献。马克思在其中以广大工人所能理解的方式，表述了无产阶级解放斗争的目标和途径。他制定了一个基本立场，它也能为工联主义者、蒲鲁东主义者和拉萨尔派所接受，它同时明确主张，共同为保卫工人阶级、为工人阶级的进步和彻底解放而斗争。最初提交给国际临时委员会的一份按照小资产阶级民主主义和社会主义的思想起草的原则声明，以及一份由马志尼起草的章程草案曾引起种种异议。相反，委员会的委员们一致同意了马克思起草的草案。

在草案中，马克思使用了一种表达工人本身的思想和感情的语言，同时帮助他们深刻地认识自己斗争的条件和目标。《成立宣言》以论述资本主义的基本发展趋势为出发点，在论述中，马克思依据的是《资本论》第 1 卷的草稿。这部草稿是马克思写在 1863—1865 年经济学手稿中的，它完成于 1864 年 8 月。在这部手稿中包含着对资本主义的生产过程和积累过程的认识，据此，马克思才能在《成立宣言》中述及生产力发展特别迅速的时期时证明他的观点，即现存资本主义关系下的技术进步不会使阶级对立消逝，而是"在现代这种邪恶的基础上，劳动生产力的任何新的发展，都不可避免地要加深社会对比和加强社会对抗"①。

---

① 《马克思恩格斯全集》第 1 版第 16 卷第 10 页。

因此，马克思奋力为一个信念——工人们必须为彻底改造社会而斗争——工作着。在《协会临时章程》的纲领性引言部分，他把这个信念精辟地概括为几条原则，它们的中心思想是把工人阶级的彻底解放作为国际工人协会的最高目标。这些原则强调："工人阶级的解放斗争不是要争取阶级特权和垄断权，而是要争取平等的权利和义务，并消灭任何阶级统治。"① 这条原则的开头是最高准则："工人阶级的解放应该由工人阶级自己去争取"。②

马克思在《成立宣言》中阐明了 1848 年以来工人运动的一系列经验，这一点极为重要。他同时还依据自己经济学研究的新成果，提出了在资产阶级制度内部发展起来的未来社会的两个因素：合作劳动，特别是英国工人的合作经营的工厂，是未来社会中自由劳动的原型；通过英国的 10 小时工作制法案来实现的、有国家法律保障的缩短工作日，是社会有计划地影响生产方式的发展的先例。马克思把这两者评价为劳动的政治经济学对资本的政治经济学的胜利。马克思就合作运动概括出一条实践经验："雇佣劳动，也像奴隶劳动和农奴劳动一样，只是一种暂时的和低级的形式，它注定要让位于带着兴奋愉快心情自愿进行的联合劳动"。③

马克思还一如既往地坚信，工人在争取自己的社会解放斗争中不可避免地遇到握有政权的土地所有者和资本所有者的政治反抗："所以，夺取政权已成为工人阶级的伟大使命"④。

---

① 《马克思恩格斯全集》第 1 版第 16 卷第 15 页。
② 《马克思恩格斯全集》第 1 版第 16 卷第 15 页。
③ 《马克思恩格斯全集》第 1 版第 16 卷第 12 页。
④ 《马克思恩格斯全集》第 1 版第 16 卷第 13 页。

在国际工人协会的重要文献中，马克思明确强调了工人的国际团结。如果说，在过去的几十年里，主要是工人运动的进步代言人的几个小团体——他们大多是生活在国外的流亡者——作为国际主义斗争的代表人物出现，那么，自从大不列颠和法国工人60年代初在罢工斗争中相互支持并且共同表达了对一些国际事件的态度以来，他们开始在更广的范围内开展活动。国际工人协会在长期的活动中丰富了无产阶级国际主义的理论和实践。

马克思在《成立宣言》中就对此作出了一个重大的贡献，他第一次扼要地论证了制定国际工人阶级自己的外交政策的必要性。正如特别是法国启蒙运动的代表和德国古典哲学的代表曾宣称的那样，资产阶级社会不可能开创一个和平的民族关系的新纪元。现在马克思则把这一重任确定在国际工人运动的纲领中，他根据英国工人和法国工人互致贺信一事在纲领中写道："工人阶级的解放既然要求工人们兄弟般的合作，那么当存在着那种为追求罪恶目的而利用民族偏见并在掠夺战争中洒流人民鲜血和浪费人民财富的对外政策时，他们又怎么能完成这个伟大任务呢？"①

马克思在上面论证和平斗争的理由时，还强调工人阶级在争取自身解放的斗争中必须同时支持全人类的目标。他认为，这是工人阶级的义务，"努力做到使私人关系间应该遵循的那种简单的道德和正义的准则，成为国际关系中的至高无上的准则。为这样一种对外政策而进行的斗争，是争取工人阶级解放的总斗争的一部分"②。

马克思在章程条文中确定的那些组织规定同他在《成立宣言》中

---

① 《马克思恩格斯全集》第1版第16卷第13页。
② 《马克思恩格斯全集》第1版第16卷第14页。

阐述的，并且在《协会临时章程》的引言部分概括的纲领性思想具有同样的重要意义。他设计出适应于广大的、国际性群众组织的一种灵活而又民主的组织结构。这种组织结构的主要特点是，各地方支部和各附设协会享有广泛的权利；承认代表大会是国际的最高机构；各代表大会由向代表大会负责的中央委员会领导。已有的工人组织不应被国际排挤，而应当联合起来，在共同的斗争中继续发展。马克思在《协会临时章程》中规定协会所有会员有义务为联合各国工人组织和创立各国的领导机构而工作，这一点十分重要。国际不应使各国工人阶级的组织成为多余的，而应引导他们，国际也积极地这样做了。但是，当后来在几个最重要的国家形成了强大的工人联合会时，证明由一个中央委员会领导的国际组织不再适应工人运动的发展需要，并且由于马克思和恩格斯同时一再提高中央委员会的职权，这最终成了第一国际解散的一个主要原因。

由马克思撰写的这两份国际工人协会的重要文献包含作为无产阶级的阶级组织的国际工人协会的组建原则。马克思、恩格斯及其战友们努力尽可能广泛地传播这两份文献。本卷中除了收载《成立宣言》和《临时章程》的英文原稿外，还收载了马克思于1864年底至1865年初发表在《社会民主党人报》上的这两份文献的德译文文稿。除此之外，在本卷的附录中发表了在马克思的积极主持下于1866年在布鲁塞尔出版的文献法译文文本。本卷资料卷中证明，这两份文献是在60年代马克思撰写的传播最广的纲领性文章。

马克思从一开始就极为注重帮助中央委员会实现有效的工作方式，同时在中央委员会中确保委员会及其拥护者有坚定的立场。反映马克思在这个委员会中所起作用的最重要的资料是"国际工人协会临时中央委员会会议记录簿"，它们被收载于本卷附录中并在其中占有很大篇幅。

从中可以了解中央委员会每周会议经过的情况。会议记录簿表明，马克思只要不忙于《资本论》的写作，只要不生病，他总是按时参加委员会的会议。会议记录反映了马克思出席中央委员会会议以及许多由他起草的决议和呼吁书的产生及影响的真实情况，每一次记录都在下一次会议上通过，因而也就是由马克思审订。许多决议提案和马克思的讲话就是通过会议记录簿流传下来的。这个会议记录簿连同本卷的其他文献使我们了解到，马克思尽管既不是中央委员会主席也不是委员会总书记，而是德国的、有时兼比利时的通讯书记，但他对这个领导委员会的活动产生了重要的影响。

马克思因撰写《成立宣言》和《协会临时章程》而在中央委员会委员中享有崇高的威望。后来，委员们一再委托他起草重要的公开信、声明和决议。马克思的提案几乎一无例外地得到大多数委员的同意，尽管他们中的多数人绝非马克思理论的赞同者。这一点可以从下列事实中得到解释：马克思考虑到了他的那些提案是否能得到一致同意；鉴于马克思广博的理论认识和长期的政治经验，任何其他人都不可能像马克思那样，能够检验各国工人在细节问题上互不一致的认识是否普遍适用，汲取有价值的，相反剔除错误的，提出所有在国际中联合起来的派别的代表都能够一致同意的立场观点。正因为如此，在制定国际工人运动的共同纲领的过程中主要角色应由马克思担当，最初在委员会中还有着举足轻重的影响的小资产阶级力量，主要是马志尼的追随者，也不能阻止这一点。

但是马克思也善于赢得一些坚定的拥护者，并使他们在国际的各领导委员会中有决定性影响。正是中央委员会中最积极的委员们越来越紧密地团结在马克思的周围。这些人起初主要是共产主义者同盟造就的德国工人干部如约·格·埃卡留斯和弗·列斯纳。不久以后又加入了其他国家的人，如：欧·杜邦、海·荣克、保·拉法格、沙·龙格和罗·肖。这些人在中央委员会的执行机关，即小委员会——马克思曾打算逐步增强小委员会的作用——中占大多数。埃卡留斯在1864年10月就被选为中央委员会的副主席。他任此职时主持的会议比中央委员会主席、同时担任工联伦敦理事会主席的乔·奥哲尔还要多。当马克思本人不能参加中央委员会和小委员会的会议时，他的战友们也常常把他的观点和建议带到中央委员会和小委员会中加以落实。一些重要的决议、声明和文章都是他们在马克思的参加下起草的。本卷附录中收入了许多战友们在他的帮助下撰写的文章，这证实了马克思在国际工人协会中从事的这方面的工作的重要性。

许多文章表明了国际工人运动的战略和策略逐步制定的过程。国际当时面对着许多政治事件，并且必须对此表态。重要的首先是：进一步制定工人在争取普遍民主的目标的斗争中的任务，因为，在先进国家资产阶级民主改革时期的结束阶段，他们民主解决社会问题的责任加重了。马克思和恩格斯引导那些在国际工人协会中联合起来的工人为了自身的阶级利益坚定地支持民主和社会进步。他们号召工人们参加争取在欧洲国家和美国开展民主改革、争取解放被压迫民众、争取建立和平的民族关系的斗争。同时，他们既反对皮·约·蒲鲁东及其追随者的观点，因为后者认为这样的政治活动会分散工人为自身的社会解放而斗争的注意力，他们也反对工联主义的代表们受资产阶级激进派支配的倾向。

国际工人协会中央委员会在批准了有关成立协会的文献之后通过的第一个文件，是由马克思起草的公开信《致美国总统阿伯拉罕·林肯》，在这封公开信中，中央委员会代表欧洲工人祝贺主张消灭黑奴制的先锋再度当选美国总统。在林肯遇到刺杀后，中央委员会在仍由马克思起草的《国际工人协会致约翰逊总统的公开信》中再次表示要与美国民主力量一起为彻底消灭奴隶制而共同斗争。

马克思和恩格斯还主张，国际工人协会支持欧洲各被压迫民族如意大利、爱尔兰、波兰、匈牙利及其他民族的民族解放斗争。他们非常坚决地要求重建一个独立的波兰。因此，应当扯断自18世纪波兰被分割为三部分以来使普鲁士和奥地利依附沙皇俄国的链条。独立的波兰应当形成一堵防护墙，以抵御反动的政治影响，抵御沙皇统治——固然，马克思和恩格斯过高地估计了沙皇统治的能力——可能向中欧和西欧进行反革命渗透。应当保障工人阶级为开展自身的解放斗争所需要的民主变革。马克思和恩格斯认为，工人们站在波兰一边很重要，更何况资产阶级自由主义逐步放弃了对波兰的传统友谊，特别是在德国，那里资产阶级的绝大部分主张向容克阶级妥协，主张通过普鲁士实现德意志民族国家的统一。

国际工人协会中央委员会在1864年12月和1865年1月间展开的第一组理论讨论就是关于波兰的问题。当波兰解放运动的积极先锋彼得·福克斯——同许多民主党人一样，他希望得到西方力量的帮助——对波拿巴法国对待波兰的态度抱有幻想时，马克思在1865年1月3日中央委员会的演说中反驳了他。本卷收载了他的《关于法国对波兰的态度的演讲草稿（同彼得·福克斯的论战）》。

为此，马克思进一步研究了过去几年的外交史，特别是进一步进行他1863年为完成与恩格斯共同计划的小册子《德国和波兰。1863年波兰起义期间的政治军事的思考》[①] 所作的研究。他说明了自路易十五以来法国的外交政策，并且详细地指出，无论是封建的还是资产阶级的法

---

① 参看《马克思恩格斯全集》历史考证版第1部分第19卷。

国都没有支持波兰人民的自由斗争，相反地，无论是旧秩序①还是法兰西共和国和拿破仑的法国始终推行了自私的、以扩张权力为目的的外交政策。马克思通过演说报告促使人们认识，波兰人民只有在国际工人运动中才有可靠的同盟者。

在这次讨论之后，福克斯在1865年3月1日于伦敦召开的国际波兰问题会议上作为中央委员会的发言人声明："保守的欧洲的口号是：被奴役的欧洲要以被奴役的波兰为基础。相反，国际工人协会的口号是：自由欧洲的基石是自由和独立的波兰。"②

当蒲鲁东主义者和各派民主党人反对把旗帜鲜明地支持波兰独立作为国际外交政策的核心时，恩格斯应马克思的请求于1866年初写了一组文章《工人阶级同波兰有什么关系？》。这组文章从理论上透彻地论证了"已联合起来的欧洲工人的对外政策"。③ 恩格斯在文章中也阐述了他和马克思主张的民族问题上的政策。他强调，工人们必须坚定地主张民族自决的权利。恩格斯认为，一些大的欧洲民族为实现和维护独立自主的生存而作的努力，是民主改革的历史过程的一个重要部分，它的成功与否关系到工人运动的进步。相反，恩格斯指出，波拿巴的"民族原则"及其维护者提出的各个民族——不管它的代表生活在哪个地区——争取独立的要求的实质，是企图利用主要是较小民族的民族运动来达到反革命的目的。然而，在这一组文章中提到了一种看法，即较小的民族通常没有能力作为一个独立的民族存在，这被证明是不切实际的。面对资本主义走向集中的趋势，恩格斯认为，那些较小民族反对民

---

① 指法国1789年革命前的政治和社会制度。——译者注
② 《马克思恩格斯全集》第1版第16卷第106页。
③ 《马克思恩格斯全集》第1版第16卷第172页。

族压迫，争取民族独立和建立自己的国家的斗争是无足轻重的。

马克思和恩格斯从一开始就参与为一些最重要的欧洲国家的国际会员和各支部的活动制定政治方向。

与此同时，马克思极为关注不列颠工联，它已发展了上万的会员，为国际工人协会组建了最强大的机构。马克思把以选举权改革为目标的群众运动——19世纪下半叶大不列颠最重要的民主运动——看作是吸收不列颠工联加入政治斗争的主要手段。下面的文献可以证明这一点：中央委员会1865年1月24日、2月14和28日以及4月25日会议的记录，马克思的《写给海·荣克的有关厄内斯特·琼斯致中央委员会的信的便函》①。马克思力促国际的领导机关致力于开展民主的群众运动，并且提高对1865年初成立的改革同盟的影响。中央委员会敦促改革同盟要求普选权（男人21岁以上享有普选权）。马克思和他的战友们同工联的许多领导人顺应资产阶级激进派的温和目标的倾向进行了顽强的斗争，但是这场斗争未能阻止这些工会领导人的妥协态度，致使后来不列颠政府仅仅进行了有限的选举权改革。马克思希望最先进的资本主义国家中的工人运动能够在国际的引导下走上革命的轨道，他的希望落空了。

法国是国际工人协会在欧洲大陆的第二战场，在那里，马克思把反对波拿巴政权的斗争视为国际协会会员的首要任务。他积极地为巩固巴黎支部而努力。他写的《关于巴黎支部中的冲突的札记》、《总委员会关于巴黎支部中的冲突的决议》及其草稿如《写给海·荣克的有关巴黎支部中的冲突的便函》均表明，他是如何参与这场于1865年初在支

---

① 参看《第一国际总委员会会议记录。(1864—1866)》，中国人民大学出版社版，第269页。

部中的蒲鲁东派的工人干部和资产阶级共和党人之间爆发的争论的。马克思拒绝了资产阶级共和党人在支部中取得领导地位的要求，驳斥了他们怀疑巴黎理事会成员受波拿巴主义影响的看法，而与此同时，他又打算由有经验的工人代表来加强巴黎理事会。马克思的这些行动为确保法国各支部中无产阶级力量的领导地位，同时为巩固国际的领导机关中央委员会的威信作出了重要的贡献。中央委员会本身在这场争论中加强了包括马克思在内的领导核心，而一伙民主党人退出了中央委员会。

马克思和恩格斯尤为关心德国，因为那里已经出现了全德工人联合会这一独立的、政治的工人组织。他们首先力图引导全德工人联合会——它的创建人和第一任主席1864年8月死于决斗——加入到国际工人协会中来，就此有必要使联合会会员摆脱拉萨尔主张的纲领原则和组织原则，并且将联合会改造成革命的工人政党。抱着这一目的，马克思和恩格斯参加了在柏林出版的联合会机关报《社会民主党人报》的工作。马克思担任最初发表在《社会民主党人报》上的国际重要文献的德文翻译工作。这些需要译成德文的重要文献除了《成立宣言》和《协会临时章程》外，还有《致美国总统阿伯拉罕·林肯》。

在《论蒲鲁东（给约·巴·施韦泽的信）》一文中，马克思为纪念法国社会主义者之死向《社会民主党人报》的读者叙述了此人的观点和政治活动。马克思赞许蒲鲁东的功绩，尤其是他对资本主义私有制的攻击，他对宗教和教会的批判以及他为1848年巴黎六月起义者的辩护。而首先，马克思继续那一场在40年代就已开始的同蒲鲁东的哲学、经济学和政治观点的争论。他同蒲鲁东的"解决社会问题"的构想，特别是他的通过人民银行实行无息信贷的观点展开论战。在这篇文章中，马克思批判了蒲鲁东和拉萨尔——尽管他们有极明显的差别——所共同具有的一些意识形态和政治的特点，例如：在理论方面，对辩证唯物主义的方法缺乏理解，运用形而上学地解释范畴的方法；在政治方面追求短期效果。马克思对蒲鲁东顺应法国的波拿巴政体所作的尖锐批判尤其表明，他拒绝拉萨尔向俾斯麦的政策献媚，马克思和恩格斯确信，全德工人联合会必须首先摆脱俾斯麦的政策。

马克思和恩格斯主张，工人坚持不懈地沿着民主的道路为建立资产阶级的德意志民族国家而斗争，尽管这条道路成功的机会不大。而《社会民主党人报》的编辑施韦泽却越来越迎合俾斯麦的"自上层"统一德国的政策。经多次警告不见成效之后，马克思和恩格斯公开声明同这家报纸决裂。恩格斯在1865年2月底发表的文章《普鲁士军事问题和德国工人政党》中，以同全德工人联合会的领导人间接论战的方式连贯地阐述了德国工人运动面对普鲁士的军队和宪制冲突应当遵循的战略策略。

这篇文章的第一篇中阐述的对普鲁士军事制度改革的看法为工人运动的反军国主义斗争提供了根据。60年代，在许多欧洲国家实行了军事制度改革，改革是为了使军事制度适应于各种发展了的资产阶级社会关系，适应于由资本主义工业带来的军事技术。由于军国主义加强了，所以反对军国主义的斗争日趋重要。恩格斯在分析普鲁士军事制度改革时指出，工人们必须反对那些为了对外发动侵略战争和对内实行镇压而加强军队的措施。他赞成较短的兵役期和实行普遍义务兵役制。相反，他不同意许多民主党人热衷于没有兵役期的纯粹民军制。

马克思也运用了恩格斯所阐明的立场。1866年，他把这一立场作为中央委员会日内瓦代表大会决议提案的基本立场，在《临时中央委员会就若干问题给代表的指示》[①]的"军队"这一部分中表达出来。

---

① 《马克思恩格斯全集》第1版第16卷第213—223页。

恩格斯在他的文章的第二、三篇中进一步阐述了争取将德国的资产阶级改革进行到底的斗争中的政治任务，在这里注意到了阶级关系上发生的种种变化，特别是资产阶级正在不断放弃本身对自由的要求。他提出，工人运动必须全力以赴加入争取建立统一的德意志资产阶级民族国家的斗争，但是决不允许支持俾斯麦为了普鲁士容克的利益并用他们的资金而选择的、资产阶级所能容忍甚至提倡的"自上层"实现统一的非民主道路。如果资产阶级由于害怕工人而向反动派妥协，那么工人就必须更加坚定地把争取民主权利和自由的斗争继续进行下去。在这里，恩格斯对工人阶级的民主自由所具有的不容轻视的意义说了一句有分量的话："没有这些自由，工人政党自己就不能获得运动的自由；争取这些自由，同时也就是争取自己本身存在的条件，争取自己呼吸所需的空气"。①

马克思和恩格斯为宣传《普鲁士军事问题和德国工人政党》这部著作作出了很大的努力。本卷除收载了马克思和恩格斯亲笔为这部著作写的简介和内容说明外，还首次发表了所有已查明了出处的文章，如约·雅·克莱因、威廉·李卜克内西和卡·济贝尔按照恩格斯的书面建议发表在不同的德文报纸上的文章。这是当时前所未有的一场为传播马克思主义的一部著作而展开的最强的新闻攻势。它标志着，恩格斯的著作是德国的原有社会主义的政党——它在1848—1849年以《新莱茵报》为代表——提出自己的原则的一个例证。

马克思和恩格斯已经认识到，在国际工人协会中应把民主的和社会主义的目标统一起来，同样，他们对把政治斗争同经济斗争相结合也有新的认识。国际在广大工人中获得声望首先是由于：国际在经济斗争中

---

① 《马克思恩格斯全集》第1版第16卷第86—87页。

组织了国际性互助行动；帮助罢工者和被解雇者获得外国的资金援助；阻止企业主启用外国工贼。《临时中央委员会会议记录簿》表明，马克思于1865年春促使中央委员会和英国工联支持莱比锡印刷工人罢工，从而发起了这种互助行动的第一次活动。此后，马克思一再参加中央委员会派出探访工联的代表团，去敦促工联采取措施支持罢工者并同国际工人协会建立联系。

作为通讯书记，马克思号召德国工人不要被人利用作为罢工的破坏者去反对自己英国的同行们。他表示期待德国的工人们"像自己的法国、比利时和瑞士的兄弟们一样，能够维护本阶级的共同利益，而不会同意在资本反对劳动的斗争中充当资本的顺从的雇佣兵"。[①] 马克思在国际工人协会中央委员会日内瓦代表大会的一份决议草案中概括地写道："协会的伟大目的之一就是要尽力使各国工人在争取自身解放的统一大军中不仅有兄弟和同志那样的感情，而且像兄弟和同志那样地行动"[②]。

国际在各阶级经济问题争论中所扮演的角色，也促使马克思进一步科学地阐明工会斗争的基本问题。在先进的国家里，正在形成的工业无产阶级越来越加强工会的团结，越来越多地采取罢工这种适合于他们的斗争形式，当1865年春天和夏天资本主义的周期中经济发展达到高潮时，出现了当时前所未有的最大的国际性罢工浪潮。但是，蒲鲁东主义者、拉萨尔主义者和欧文主义者中不少持宗派主义观点的代表人物反对这种罢工斗争。对这个问题持正确的态度，这在很大程度上决定了国际工人协会是否能发展成为群众性组织。当一名积极的

---

① 《马克思恩格斯全集》第1版第16卷第185页。
② 《马克思恩格斯全集》第1版第16卷第214页。

中央委员会委员——欧文主义者约翰·韦斯顿自己充当这种立场的发言人时，马克思过问了这件事。他于1865年6月20日和27日在中央委员会作的报告中根据自己的经济学研究，论证了争取提高工资和缩短工作日的斗争是可行的，并且无论如何是必要的。这个报告在他去世后以《价值、价格和利润》① 为题发表。同时，他试图启发国际的中央委员会委员们懂得，必须科学地看待社会生活的各种关系，特别是科学地看待资本主义经济的规律性，才能对实践的和政治的问题有一个正确的态度。

与社会主义学说的各种代表人物不同，马克思和恩格斯从不否定工会的斗争，不仅如此，他们在40年代就已经强调，工会的斗争有利于提高工人们的觉悟和组织性。然而，只要他们还认为资产阶级古典经济学的工资理论是正确的，他们就不能正确认识争取提高工资和缩短工作时间的斗争在经济上的必要性。直到马克思有了成熟的经济学理论，他才在此基础上科学地论证了这种必要性。他第一次公开作这种论证是在中央委员会上的报告《价值、价格和利润》中。在报告中，马克思以他写作《政治经济学批判大纲》以来的经济学研究为依据，并且利用了《资本论》所有三个理论卷草稿中阐述的认识。

马克思在报告的第一篇中证明，韦斯顿提出的观点是与社会的现实相矛盾的。韦斯顿有意识或者是无意识地假设，国民产品量是一种不变的东西，并且还把实际工资总额看作是不变的。与之相反，马克思指出，国民产品的增长因素是：人口、资本积累和劳动生产力。他同时说明，甚至在产品数量不变的情况下，工资也可能提高，而且提高部分来自资本家的利润。

---

① 即《工资、价格和利润》，下同。——译者注

那种认为争取提高工资的斗争不可避免地导致生活资料价格的提高,因而这种斗争是毫无意义的观点是错误的,这种错误的观点源出于资产阶级政治经济学的、事实上是自重农学派以来所主张的构想,即工资由生活资料的最低限度决定。针对这个错误的观点,马克思借助英国统计学家的分类表证明,伴随着工资的提高——这是1849—1855年在大不列颠实施了十小时半工作日法案后出现的——而来的是工业产品和农业产品的价格的降低。事实同样证明,资产阶级经济学家的解释,即不破坏资本主义生产过程的正常运行就不可能缩短工作日,是错误的。

在证明了韦斯顿的假设的实际不正确性之后,马克思揭示了那些真正的经济关系。在报告的第二部分,也就是真正的理论部分,马克思阐述了他关于政治经济学基本范畴的观点。他论述了价值、劳动力商品、遵循价值规律的情况下剩余价值的生产,以及剩余价值如何划分为工业利润、利息和地租。在此基础上,他阐明了利润、工资和价格之间的一般关系。与此同时,马克思不仅综合了他的经济学理论的重要认识,而且扩展了他迄今所作的论证并同时把这些论证精确化。有几处论述补充了或者说解释了他在自己的著作《政治经济学批判(1861—1863年手稿)》和《资本论》第1卷中的一些提法,作为他的理论研究的结论,马克思概括道:"工资的普遍提高只会引起一般利润率的降低,而不会影响到商品的价值"。①

在报告的最后部分马克思对工人阶级的状况及其反对资本家阶级的斗争作了结论性论述。他通过各种争取提高工资的斗争的范例指出,这

---

① 《马克思恩格斯全集》第1版第16卷第156页。

种斗争大多是"劳动对资本先前行动所表示的一种反抗行动"①，例如，如果延长劳动时间，劳动强度提高了，或者说，工人的社会处境与资本家相比恶化了。这证明争取提高工资的斗争在经济上是合理的。

研究劳动力商品的价值的特点，对于从理论上论证工会斗争尤为重要。马克思得出结论说，劳动力商品的价值的特点不仅仅由生理的要素决定，而且还由历史的或社会的要素决定。如果说生理要素构成劳动力商品价值的最低界限，那么，社会界限"取决于每个国家的**传统生活水平**"②。资本家和工人之间的不断斗争确定了社会界限的高低。如果工人阶级对把劳动力的价值降低到它的最低限度的做法不采取不断的反抗，他们"就会沦为一群听天由命的、不可挽救的可怜虫"③。马克思还以争取用法律限制工作日的斗争为例证明了工人阶级采取政治行动的必要性，因为，从纯经济的角度来看，资本是较强的对手。

在报告的结束篇中，马克思同反对否定工会的活动一样反对将工会的活动绝对化，他确定了工会活动在无产阶级阶级斗争中的地位，按照他的理论，工会的活动应具有这样的地位。本卷还发表了摘自1864—1866年的笔记本——这个笔记本将作为一个整体被编入《马克思恩格斯全集》历史考证版第4部分——的文章草稿，这也证明了这个结论的重要。在论述上作了较大改动的《关于〈价值、价格和利润〉的报告札记》④清楚地表明，马克思是竭力去阐述他报告中的政治结论的。

《价值、价格和利润》这个报告在马克思的政治经济学理论史上是

---

① 《马克思恩格斯全集》第1版第16卷第163页。
② 《马克思恩格斯全集》第1版第16卷第164页。
③ 《马克思恩格斯全集》第1版第16卷第168页。
④ 《马克思恩格斯全集》第1版第44卷第505页。

连接 1863 年至 1864 年产生的《资本论》第 1 卷的草稿和《资本论》第 1 卷第 1 版的链环。通过这一链环，马克思为在《资本论》第 1 卷中论述价值理论和工资理论获得了重要的认识。从政治角度看，他通过向中央委员会委员们阐述自己的观点，从而为制定一个包括经济斗争的基本问题在内的国际工人协会的最低纲领创造了前提条件，这个纲领应当由协会第一次代表大会通过。

这次代表大会必须最后决定应在什么样的政治的和意识形态的基础之上组建国际工人协会。因此，马克思认为，认真地准备这次代表大会是绝对必要的。他这样做也是针对巴黎的蒲鲁东主义者的，他们主张国际自发地发展。马克思提议，中央委员会推延原计划于 1865 年召开的代表大会，而首先在伦敦举行一次由大陆的代表们参加的会议，在这个会上，马克思可以直接影响代表们。马克思是《国际工人协会临时中央委员会会议记录簿……》中保留下来的《在 1865 年 7 月 25 日中央委员会全体会议上修改和通过的常务委员会关于代表大会和代表会议的报告》① 一文的主要作者，他在其中论证了上述重要决定的必要性。他还草拟了小委员会的报告中提议的代表会议的日程，在代表会议上预先协商代表大会的日程。许多由马克思建议的协商条款都与他的报告《价值、价格和利润》中的结论有直接的联系。

《1865 年 9 月 25—29 日国际工人协会伦敦代表会议记录》② 反映了马克思在国际第一次代表会议的协商中所起的作用。与会者认可了由马克思起草并由代表们以中央委员会的名义提出的正在组织中的代表大会的纲领。代表会议之后，马克思对用法文起草的代表大会纲领的两份文

---

① 《马克思恩格斯全集》第 1 版第 16 卷第 581—583 页。
② 《马克思恩格斯全集》历史考证版第 1 部分第 20 卷第 453—476 页。

稿进行了编审，这两份文稿现收入本卷。马克思在代表大会纲领中就已经草拟了国际工人协会的最低纲领，它应由当时即将在日内瓦召开的代表大会通过。

在日内瓦代表大会筹备期间，国际工人协会内部展开了一场激烈的政治的、意识形态的斗争。当国际在马克思及其拥护者的影响下日益表现为有战斗力的无产阶级的阶级组织时，几个民主党人——比埃尔·韦济尼埃作为他们的发言人出场了——公开攻击中央委员会的路线。收编在本卷附录中的《给〈佛尔维耶回声报〉的信》①说明了同他们争论的主要问题。这封公开的信是1866年初在马克思的支持下由海·荣克起草的。海·荣克是中央委员会的敏捷的瑞士通讯书记，他越来越遵照马克思的指示办事，称职地担任了伦敦代表会议各次团结一致会议的主席，后来经过马克思的努力，他被推选为日内瓦代表大会的主席。1866年春天，马志尼的支持者提出最后一个永远没有结果的请求，要求按照他们的思想确定中央委员会的路线。在1866年3月13日的一篇关于马志尼对国际工人协会的态度的发言②中马克思强调指出，这场争论涉及的是国际这个工人组织的明确的阶级立场，这一篇讲话收在了会议记录簿中。

保·拉法格的《社会斗争》一文证明了马克思及其战友们在历次讨论中为使国际的干部们获得关于阶级斗争的理论认识而付出的努力。文章中刊登了由马克思直接参加写成的部分《理论的运动》。这篇论文中用从马克思的著作《哲学的贫困》中摘录的论述阐明了唯物主义的观点，即工人阶级和资产阶级之间的斗争必然从资本主义生产关系中产

---

① 参看《马克思恩格斯全集》第1版第16卷第586—596页。
② 参看《马克思恩格斯全集》第1版第16卷第597—598页。

生,国际应当使这种斗争具有组织性和自觉性。同时,在日内瓦代表大会的准备阶段——预期在这一阶段首先要展开同蒲鲁东主义者的论战——工人干部的注意力都被引向马克思反对蒲鲁东的论战文章。拉法格尽管起初持蒲鲁东主义的观点,这时也紧紧跟随马克思,为他承担了书记工作,并且发展成为马克思在政论工作上的除埃卡留斯之外最有才能的战友。

这一时期,在马克思的参加下第一次为那些说法语的、大多倾向于蒲鲁东主义的国际成员精确地翻译了《成立宣言》和《协会临时章程》。译文同海·荣克和保尔·拉法格在马克思的支持下撰写的文章《国际工人协会的发展概观》一起发表于在布鲁塞尔编辑出版的流亡者的报纸《左岸》上。《国际工人协会的发展概观》一文描述了国际不断进展的组建过程的全貌,并且是第一份以马克思的观点记载国际历史的文件。

在第一次代表大会前夕,1866年夏天的普奥战争使国际工人协会中央委员会面临这样的任务:努力使欧洲工人对军事冲突取得共同的立场。中央委员会在许多次会议上讨论了对这场战争的态度问题。在这些会议上,马克思多次发言。正如《临时中央委员会会议记录簿》表明的那样,马克思既反对中央委员会的一些英国会员对俾斯麦的政策持不批判态度,又反对那些受蒲鲁东主义影响的法国会员们对争取建立统一的德意志民族国家的斗争缺乏理解。1866年7月17日在马克思的影响下通过的决议,证明这场冲突是两个王朝争夺在德国的统治权的斗争。决议号召欧洲的工人"团结起来,以便从团结中汲取为工人的社会解放和政治解放所必须的力量"①。

---

① 《马克思恩格斯全集》第1版第44卷第659页。

恩格斯在他发表于《曼彻斯特卫报》上的《德国战争短评》中再次试当军事科学家。起初他把奥地利的军队视为卓越的军队，这是完全看错了，但是后来他明确指出了导致普鲁士军队在这场战争中迅速取得胜利和为"自上层"统一德意志开辟道路的诸多因素。

至此在国际工人协会中就经济斗争和政治斗争问题展开的几次讨论必须在日内瓦代表大会上得出结论。为此，马克思拟写了决议草案，即《临时中央委员会就若干问题给代表的指示》，这些决议草案应得到代表大会上代表们的支持。在1866年7月和8月，中央委员会及其小委员会就代表大会的日程举行的数星期讨论之后，马克思所写的《指示》被作为正式报告在大会上宣读了。就在伦敦代表团出发之前不久，拉法格将《指示》译成了法文，题为《中央委员会报告。关于1865年9月代表会议研究的若干问题》。在《临时中央委员会就若干问题给代表的指示》中，马克思重点对在协会成立文献中只是泛泛概述了的国际工人协会的纲领作了具体论述。用马克思自己的话说，他的论述局限于"这样几点，这几点使工人能够直接达成协议和采取共同行动，而对阶级斗争和把工人组织成为阶级的需要则给以直接的滋养和推动"①。他拟定了国际工人运动的第一个最低纲领，这是一个符合工业无产阶级的需要并以《资本论》的理论认识为基础的纲领。

在《指示》中的"在协会帮助下实现劳资斗争中的国际联合行动"这一条中，马克思突出评价了工人在反对企业主的干涉而进行的国际间互助行动中所取得的经验，并且再次强调了这种互助行动的必要性。为了给予工人的共同斗争以坚实的科学基础，马克思建议，由工人阶级自己对工人的生活条件进行国际范围统计调查，他为此提出一份调查表。

---

① 《马克思恩格斯全集》第1版第31卷第533页。

"工作日的限制"这一条主张为争取工作日的缩短开展坚决的斗争,马克思指出,缩短工作日是工人阶级进一步奋斗的先决条件。在资本主义生产和资本主义剥削的方法进一步由外延过渡到内涵的情况下,通过立法限制工作日就愈加重要了。马克思在为日内瓦代表大会起草的决议提案中着手研究八小时工作日的要求,这是北美工人在1865年美国内战结束后开始明确提出的第一个要求。在决议提案中马克思同时声明八小时工作日是整个资本主义世界的工人的斗争目标,当然它远非眼下就能达到的目标。后来,1889年在巴黎召开的国际社会主义者代表大会,即第二国际成立大会,继承了这个要求,八小时工作日因而成为"五·一"节的口号。

在"男女儿童和少年的劳动"这一条中,马克思向日内瓦代表大会提出了反对有损健康地和过度地使用少年和儿童的措施。无产阶级知道:"他们阶级的未来,从而也是人类的未来,完全取决于正在成长的工人一代的教育。"[①] 正值许多国家探讨并实行一系列旨在建立一种适应工业资本主义的需要的教育制度的教育改革之时马克思明确提出了由他制定的工人阶级的教育方案的基本特点。马克思在《资本论》第1卷中就认识到,培养全面发展的人是大工业的要求,并且是未来教育的目标。根据这一认识,马克思提出了纲领性的要求:"把有报酬的生产劳动、智育、体育和综合技术教育结合起来。"[②] 与此同时,马克思还为综合技术教育下了定义。

《指示》中关于"合作劳动"的一条包括马克思所写的有关合作社运动的最简要的纲领性论述。马克思强调了《成立宣言》的这个基本

[①] 《马克思恩格斯全集》第1版第16卷第217页。
[②] 《马克思恩格斯全集》第1版第16卷第218页。

思想：“那种专制的、产生赤贫现象的、使**劳动附属于**资本的现代制度将被共和的、带来繁荣的、**自由平等的生产者联合的**制度所代替的可能性。”① 这就要求把国家政权从资本家和地主手中转移到生产者本人的手中。正如在其他一些以合作社运动这一未来生产方式的萌芽为出发点的论述中那样，马克思通过合作社运动在这方面具有的特点，强调在一个社会主义的社会里，直接的生产者必须是生产过程的和全部社会关系的真正主人。

在“工会（工联）。它们的过去、现在和未来”这一条中，马克思就这样一个时期——在这一时期，大不列颠已有数十万工人组成了工会，美国有数万工人组成了工会；在其他一些国家，工会联合会正在创建——表述了他迄今为止对这些变得越来越重要的工人组织所作的最为精辟的评价。决议重点强调了工会抵御资本的不断干涉的必要性，同时为工会指出了争取民主和社会进步的斗争中的远大前景。工会的任务是：“学会作为工人阶级的组织中心而自觉地进行活动，把工人阶级的**彻底解放**作为自己的伟大任务。工会应当支持这方面的任何社会运动和政治运动。”②

由于做了上述这些准备工作，在国际工人协会日内瓦代表大会上，马克思的政策获得了重大成功。这次代表大会是1866年9月3日至8日召开的，来自大不列颠、法国、德国和瑞士的60名代表出席了会议。虽然法国的代表和大多数瑞士罗曼语区的代表拥护蒲鲁东的观点，巴黎的代表在自己的呈文中就议程的各点提出了自己的立场，并且在讨论中花言巧语地维护这种立场，以致大会作出了一些带

① 《马克思恩格斯全集》第1版第16卷第219页。

② 《马克思恩格斯全集》第1版第16卷第221页。

有蒲鲁东主义影响的决议。但是，不列颠代表们给中央委员会的提案得到了德国代表和德国—瑞士代表的支持。因此，《临时中央委员会就若干问题给代表的指示》中提出的决议草案中大多数条文都被大会通过了。《指示》中的决议草案是由杜邦和埃卡留斯分别用法文稿和德译文宣读并论证的。

确定的章程被大会通过，这一点也很重要。这个章程以马克思起草的《临时章程》为基础并补充了组织条例一项。随着章程的通过，国际工人协会的组织原则具体化的过程开始了。这个过程与协会纲领的制定有着紧密的交互作用，并且符合马克思的目的。马克思就组织问题向代表们作了重要的指示。代表大会之后，马克思受总委员会的委托着手编辑章程，即《日内瓦代表大会通过的国际工人协会章程（1866年）》的正式法文文稿，在他的协助下，拉法格完成了这份正式法文文稿。

日内瓦代表大会结束了国际工人协会的创建阶段。它作为历史上第一次正式的国际性工人代表大会，同时为国际性经验交流的文化奠定了基石。在国际工人协会各次年会上广泛地、民主地讨论所有关于工人运动的基本问题，这种方法真正促进了经验交流文化的发展。由此而得到促进的各国工人组织在理论上的合作，同它们在经济斗争和政治行动中实际地相互支持，具有同等重要的意义。因此，总委员会根据代表们的决议用法文和英文发表的大会正式报告值得关注。马克思从一开始就强调了作为国际的最高机构的代表大会的重要性，他还参加拟定关于第一次代表大会的正式报告并起了决定性作用。参加这项工作的主要还有他的战友杜邦、埃卡留斯和荣格。

本卷附录中的《日内瓦代表大会的报告（1866年）》①是第一次在《马克思恩格斯全集》中发表的，它们反映出国际工人运动为自己的解放斗争的目标和道路寻求明确的认识；反映出许多进步的代表接受了马克思主义的基本观点，这一切都在日内瓦代表大会的多次辩论和各种决议中表现出来。马克思和他的战友们以大会的会议记录和其他原始材料为基础，极为认真地起草了两份报告，对此，马克思在会议记录簿上所作的旁批起了重要的指导作用。英国代表们的讨论内容被用法文记录下来，虽然有的记录极简要，但马克思认为它们是很重要的。为了尽可能准确地、完整地复制他们的讨论内容，小委员会的代表们被请求，必要时对讨论记录进行补充。因而，代表大会的报告为在日内瓦的中央委员会成员如何拥护马克思拟定的指示这一事实提供了最全面的情况报告。

在全部有关日内瓦代表大会的报告中，《总委员会的报告》或者说《临时中央委员会就若干问题给代表的指示》是首次发表。马克思及其战友先于复制大会讨论内容发表了这个《指示》。为了发表英国代表大会报告，马克思对《指示》进行了重新编辑。他还对几个附录的编排施加了影响。在报告的法文文稿的附录中收载全国劳工同盟成立大会——大会于1866年8月22—26日在巴尔的摩召开——的几个重要决议，这肯定是受了马克思的影响。此次代表大会对于美国工人运动的形成同日内瓦代表大会对于欧洲工人运动一样，具有重要的意义。这两次代表大会的决议在重大问题上都完全一致。显然由马克思为《1866年美国工人代表大会决议》写的前言所依据的是这一句话："无产阶级由

---

① 原文为法文和英文。参看《马克思恩格斯全集》历史考证版第1部分第20卷第651—679、653—712页。——译者注

于具有共同的联系,由于有必要组织起来反对资本家阶级和实现彻底的解放而团结一致。"①

日内瓦代表大会之后,国际工人协会的工作开始了一个新的阶段,这个阶段的特点表现在协会成员数目的增加和各项决议中社会主义的纲领性要求逐步得到贯彻方面。这些发展在直至洛桑代表大会的一年里初步显现出来。由于1866年4月爆发并且一直持续到1867年秋天的经济危机,经济斗争加剧了。同时,特别是由于俾斯麦创建的北德意志联邦和波拿巴法国之间发生战争的危险逼近,给国际工人协会带来了新的政治任务。国际必须战胜企业主的进攻;战胜政府的镇压;还要战胜来自资产阶级新闻界和学术界的代表人物的攻击。

《国际工人协会总委员会会议记录(1866年9月18日至1867年8月29日)》同临时中央委员会的记录簿一样,被收录在本卷的附录中。它们反映了有关马克思在这一时期所做工作的重要情况。马克思的威望在第一次代表大会的成效卓著的过程中得到了提高。1866年9月25日选举总委员会的干部时,他被推举为主席。马克思继而把这个职位转让给了英国人乔·奥哲尔。但是,鉴于同工联主义的代表人的分歧日益扩大,马克思又关心着总书记威廉·兰德尔·克里默被与他观点相近的彼得·福克斯取代,在1867年7月埃卡留斯被推选担任这一重要职务的事宜。这样一来,马克思就能够进一步巩固他在总委员会中的地位。当然,马克思时常特别忙,他要完成《资本论》第1卷的付排稿;要到德国去联系出版商,加之接踵而来的校对和缔约工作,他没能参加1867年3月19日至6月2日召开的总委员会会议。

---

① 《马克思恩格斯全集》历史考证版第1部分第20卷第677页。

马克思特别注重依靠他的战友们的支持，帮助国际协会的干部和工人进一步从理论上认识日益展开的无产阶级阶级斗争的条件和要求。在1867年2月28日伦敦德意志工人教育协会纪念会上，马克思作了演讲。他的老战友弗·列斯纳把演讲记录写进了会议报道。马克思在演讲中阐述了他对经济学学说的基本认识，并且强调指出了工人阶级和资产阶级的对立。马克思在1867年7月23日总委员会会议上的发言记录被载入有关会议的新闻报道中，又从新闻报道转载入总委员会记录簿中。① 在发言中，马克思借助一本英国新蓝皮书的统计说明，驳斥了许多资产阶级报纸认为工联的活动及其争取提高工资的斗争损害了英国工业在世界市场上的地位的论断。马克思利用官方统计材料的另一个例子是在本卷第一次发表的他的新闻简讯《统计学家奥托·许布纳尔论德国群众的贫困》。

在日内瓦代表大会上，英国的总委员会委员詹·卡特说，工人们需要"从工人阶级的立场研究政治经济学"的人，他们能"粉碎资产阶级的谬论"。② 如果说，这种认识主要是通过马克思的报告《价值、价格和利润》唤起的，那么，它在《资本论》出版之前主要受到了分为15篇的一组文章《一个工人对国会议员约翰·斯图亚特·穆勒先生所赞同和主张的某些政治经济学观点的驳斥》的促进。这组文章是由埃卡留斯在马克思的协助下为伦敦报纸《共和国》撰写的。这一组第一次在本卷附录中重新发表的文章是当时最全面的、内容最完整的理论文献，它们都是由共产主义者同盟中产生的有才干的工人干部在马克思的指导下撰写的。这一组文章矛头针对当时最著名的自由派经济学家，因

———

① 《马克思恩格斯全集》第1版第16卷第610—611页。
② 《马克思恩格斯全集》历史考证版第1部分第20卷第706页。

为许多英国的工会领导人曾把他的著作当作工联主义的理论基础。这组文章论证了国际工人协会的目标。

埃卡留斯在一篇由马克思指导、但主要是他独立撰写的论战文章中，批判了穆勒学说的反历史的和唯心主义的特点。考虑到英国工人所受到的教育以及他当时还不能运用已趋于成熟的马克思的经济学说的范畴体系，他以引人注目的方式表述了历史唯物主义的、辩证的思想。这组文章的最后几篇是专门剖析穆勒的改良法的。他在第13—15篇文章中对马尔萨斯的人口论展开的争论值得注意。穆勒及其拥护者正是以马尔萨斯人口论为出发点，劝说工人限制出生率或者移居到人口稀少的地区，这样就能够得到较高的工资。恩格斯早在《国民经济学批判大纲》和《英国工人阶级状况》中就开始对马尔萨斯展开论战，这场争论是恩格斯同马尔萨斯论战的继续。这些论战文章是当时发表的为数不多的马克思主义的作品，它们坚决地、集中地抨击了马尔萨斯的"人口规律"。

研究的结束部分使人们在纵观自古代东方文化高度发展以来人类历史上伟大社会变革的同时特别清楚地了解到马克思所施加的影响，在这部分中，埃卡留斯得出了这样的结论："现代国家产生了一个革命的阶级，即现代工人阶级，它具有摧毁这个国家的传统制度并在同一个国家建立一种更加优越的制度所应有的全部能量、策略和勇气。"①

当马克思自1867年7月中旬开始又能够参加为国际工人协会洛桑代表大会起草总委员会的文献时，他最关注的事情是，使进步的工人们更进一步理解他们斗争的必要性及其原则目标。马克思在完成《国际协

---

① 《马克思恩格斯全集》历史考证版第1部分第20卷第761页。

会总委员会致会员、各附属团体和全体工人的呼吁书》①的法文译稿时，大幅度地修改了为召开代表大会用英语发布的呼吁书，因此，人们认为他——正如本卷首次证实的那样——应是这部法文本呼吁书的真正的作者。呼吁书使人们对自日内瓦代表大会以来国际工人协会活动的全貌获得深刻的印象，它是马克思为国际的历史编纂方面所作的一系列贡献的继续。《国际工人协会总委员会向1867年洛桑代表大会的报告》②——特别是在它的概括性章节中可以使人认出马克思的手笔——对于国际工人协会在英国、在欧洲大陆各国以及在美国进一步发展的情况，作了前所未有的极为详细的报道。

  在这些文献中，马克思从1866—1867年危机的经过中得出了结论：随着资本主义的发展，工人阶级和资产阶级之间的斗争也展开了。起初只是在英国这个资本主义的祖国，随之一个国家接着一个国家进入了两个阶级之间公开斗争的时期，"进入一个我们称之为**英国式的**阶段的时候"。③马克思在运用刚刚排印的《资本论》第1卷中的一个基本思想时，强调说，资本主义胁迫工人沦为机器的纯粹附属物："为了恢复自己的个性，工人不得不团结起来，建立协会以保障自己的工资和生活。"④首先必需认识到："全世界的劳动者只有团结一致，才能获得彻底的解放。"⑤在1867年9月2日至8日召开的国际工人协会洛桑代表大会上，总委员会的这份报告得到了代表们的一致同意。但是，这次代

---

  ① 这份呼吁书在《马克思恩格斯全集》第1版第16卷中的全称为《总委员会关于洛桑代表大会的呼吁书》，参看该卷第606—609页。
  ② 《马克思恩格斯全集》第1版第16卷第614—634页。
  ③ 《马克思恩格斯全集》第1版第16卷第606页。
  ④ 《马克思恩格斯全集》第1版第16卷第607页。
  ⑤ 《马克思恩格斯全集》历史考证版第1部分第20卷第787页。

表大会的大部分决议仍然带有蒲鲁东观点的烙印。

本卷中有几篇文章证明了，马克思是如何确定工人运动对国际关系的立场的，这些国际关系因普奥战争的结果而发生了实质性变化。鉴于德国容克大资产阶级的势力的权力日益增加，马克思在1867年1月22日于伦敦召开的国际波兰会议上的演说中强调说明了他所主张的对波兰问题的立场，它们在日内瓦代表大会上是不可能被接受的。特别重要的是，马克思进一步阐明了工人在争取和平的斗争中的作用，与此同时，他把这种和平同资产阶级的和平主义作了明确划分。

1867年春天，北德意志联邦和波拿巴法国之间战争的危险明朗化了，这场战争必将成为欧洲自拿破仑一世战役以来最严重的战争，这个时候，德国和法国的工人奋力反对爆发战争，大不列颠、瑞士、意大利和比利时的工人支持他们的和平要求。资产阶级自由派政治家和小资产阶级民主派政治家也在这种精神的影响下准备筹建一个国际和平和自由同盟，还要求国际工人协会参加为此在日内瓦召开的和平代表大会。但是，他们力图把国际并入同盟，从而损害工人运动的独立性。

在1867年8月13日总委员会一次报告中，马克思对此进行了干预，这个报告在一个由埃卡留斯补写进会议记录簿的新闻报道中留传下来。马克思有关国际工人协会对日内瓦和平代表大会的态度的发言，对形成独立的工人运动的和平斗争作出了重大的贡献。他在发言中提醒人们注意：资本主义国家的军队在扩充，主要目的是镇压工人阶级。他强调指出，把战争从社会生活中清除掉，是国际工人运动的伟大目标："国际工人协会代表大会本身就是和平的大会，因为各国工人阶级的团结最终应该使各国之间的战争成为不可能。"①

在这个形势下,马克思把保证年轻的工人国际的独立性视为他最重要的任务。此外,他认为,进行一场反对反革命沙皇的战争是可能的,因此,他不惜任何代价反对拥护一种和平的人。在这种观点的指导下,他不可能对资产阶级力量所做的和平努力的进步方面作出正确的评价,而主要是批评资产阶级和平主义的限制。他认为,国际工人协会的正式代表去参加日内瓦代表大会是不恰当的,因为它将成为资产阶级的民主的国际和平和自由同盟成立大会。然而,他认为,让尽量多的洛桑代表大会的代表以个人身份出席这次和平大会,并且在会上发表他们的和平主张,这是可行的。

工人运动还必须积累广泛的经验,以便学会在和平斗争中掌握政治独立性和实行广泛结盟政策的辩证法。工人运动由于转变为独立的、有国际性组织的政治力量,它在各国的和平关系中越来越起着坚定的先锋作用,这一点马克思在成立宣言中就强调过。一个突出的证明就是欧·杜邦在1867年9月10日于日内瓦召开的国际和平和自由同盟的成立大会上所作的演说,它是在马克思的影响下写成的。这篇演说在本卷附录中发表,按时间顺序排列,它是最后一篇文章。在这个《在1867年日内瓦和平代表大会上的演说》中,任洛桑代表大会主席的杜邦解释说:"工人无疑是永久和平的热情的拥护者,因为在战场上,炮火将冲着工人狂吠,而战争的开支则是由工人的日夜劳动所得来支付的。"②

国际工人协会不仅在它的创建过程中取得了成功,而且在1866—1867年危机年代的艰苦条件下坚持下来并得到了巩固。在这一方面,

---

① 《马克思恩格斯全集》第1版第16卷第612页。
② 《马克思恩格斯全集》历史考证版第1部分第20卷第788页。

马克思和他的战友们起到了重要的作用。马克思的主要著作《资本论》第1卷于1867年9月中旬出版,它为国际工人协会在国际中继续贯彻社会主义的纲领要求的活动提供了强大的精神武器。

(原载《马克思恩格斯全集》历史考证版第1部分第20卷)

(卢晓萍 译)

马克思关于波兰问题的两组手稿

——《马恩文库》俄文版第十四卷前言[*]

本卷收集了马克思的两组手稿。第一组包括1863年春波兰起义期间写的手稿,说明波兰历史问题和两个世纪中欧洲列强围绕波兰问题进行的激烈的外交斗争。这些手稿构成本卷第一部分的内容。第二组包括1864年的手稿,同马克思在第一国际总委员会会议上讨论波兰问题时的发言有关。这部分手稿收入本卷作为第二部分。第三部分是一些准备材料,是马克思在他的1863年的一本札记本和两本笔记簿中作的摘录,表明写作两组手稿所依据的是哪些史料。

马克思和恩格斯这两位彻底反对一切社会和民族压迫的战士,从无产阶级革命的总的利益出发,根据对无产阶级革命力量和反革命力量之间的对比的分析,并考虑到工人阶级的民主主义同盟者的革命作用,来看待各国被压迫人民的民族解放斗争。因此,沙皇俄国所属波兰的土地上发生的1863年一月起义,引起了马克思和恩格斯的热烈的同情和注

---

[*] 本文选自《马列著作编译资料》1978—1979年第5辑。

原题注:两组手稿已译成中文,人民出版社出版,书名是《关于波兰问题的历史》。本文是《文库》第十四卷前言中有关两组手稿的介绍,摘译出供参考,标题是译者加的。

意。他们非常重视这一重大的革命事件,认为这将对整个欧洲的民主主义和无产阶级的革命运动产生革命化的影响,在波兰的起义同俄国本国人民群众的革命行动相结合以及两个国家都实现土地革命的情况下,这种影响就会更大。马克思和恩格斯认为这是波兰起义者取胜的主要条件。马克思和恩格斯认为,恢复自由独立的波兰对容克普鲁士将是一个严重打击,对削弱沙皇制度在欧洲的反动势力,以及发展普鲁士、奥地利和俄国的民主运动将是一个重要因素。独立波兰的复活将给三个反革命君主国以最强烈的打击,从而使欧洲各国的资产阶级民主革命的任务易于实现,使欧洲无产阶级更接近于达到自己的阶级目的——联合它的各种力量,对资产阶级展开斗争。

由于1863年的起义而在欧洲出现的形势,使德国有可能实现民主化和通过革命途径实现统一,这引起马克思和恩格斯极大的重视。普鲁士的反革命的统治集团公开站在沙皇制度一边,沙俄和普鲁士政府的代表于1863年2月8日签订一项关于合作镇压波兰起义运动的协定,这就促使马克思和恩格斯考虑要在报刊上论述自己的立场。

波兰问题由于发生起义而在欧洲各国之间的关系中占了重要地位。对法国的波拿巴主义集团来说,波兰问题成了他们想使国际形势更加复杂的一个借口,可以利用欧洲列强之间关系的尖锐化,以实现其霸权主义的侵略计划。英国资产阶级通过西方列强为波兰利益而采取的那种实质上只是虚张声势的外交行动,竭力破坏不利于它的法俄同盟。西欧列强的统治集团,假借对波兰人的伪善同情,散布有可能援助起义者的错觉,其实是以蛊惑行动掩盖他们所推行的、旨在镇压波兰起义和削弱其他欧洲国家的民主运动的路线。

在这种条件下,马克思和恩格斯认为,必须说明工人阶级对各统治阶级外交政策的态度。马克思在1863年2月17日写给恩格斯的信中说:"波兰事件和普鲁士的干涉,这的确是一种使我们非说话不可的形势。"①

马克思曾经想用伦敦德意志工人共产主义教育协会的名义出版关于波兰问题的呼吁书;但是撰写更为详细的小册子的任务很快就提到首位了。小册子必须揭露普鲁士和俄国对波兰的传统政策,并说明欧洲其他强国首先是法国对波兰问题的伪善政策。这一战斗性的政论小册子,准备写三四个印张,恩格斯建议用《德国与波兰。因1863年波兰起义所作的军事政治考察》作书名。由马克思撰写外交部分,即就欧洲列强对波兰的政策作一个历史简评,而由恩格斯写军事部分。马克思和恩格斯在1863年2月19日、20日和21日的书信中,讨论了关于小册子的准备工作,以及恩格斯提出的自己那部分的写作计划。从本卷发表的手稿中可以看出,这一计划也是马克思的写作基础。要说明的是:"(1)俄国对西方和南方的军事地位,**在**三次瓜分波兰**以前**;(2)同上,**在**三次瓜分波兰**以后**;(3)同上,在1814年以后;(4)波兰恢复后俄国和德国的地位。"②

从1863年2月中旬到5月底,马克思紧张地探讨波兰、普鲁士、俄国和法国的历史资料,研究大量的文献和史料。恩格斯也忙于分析这些问题。关于这点,他在1863年4月21日的信中告诉了马克思,但是恩格斯是否写了些什么,还不清楚。这方面的资料到目前为止还未发现。

马克思未能完成他预定的著作。1863年5月29日,马克思写信给

---

① 《马克思恩格斯全集》第1版第30卷第323页。
② 《马克思恩格斯全集》第1版第30卷第328页。

恩格斯说，他由于肝病而"**未能完成**关于波兰的那个东西"。① 但是，妨碍马克思完成小册子的不仅仅是疾病，形势的变化也起了很大作用。马克思1863年3月24日写信给恩格斯说："关于波兰的著作，我稍微放慢了点，为的是看一看事态怎样发展下去。"② 马克思确实也已经看出，揭露英国和法国在波兰问题上的离间政策的任务已经提到首位，而以反对普鲁士和俄国的警察式合作为主的小册子，不能完全适应已经改变了的形势。此外，由于形势已经改变，沙皇制度的力量占了优势，起义成功的可能性愈来愈小，小册子已经不能起到马克思所预想的那种作用。

本卷包含的材料说明马克思是一位精湛的历史学家，表明他有卓越的才能从历史唯物主义的立场出发分析和评价过去的历史和他经历的当前事件；材料说明马克思对待民族问题的原则态度，善于揭示民族运动的社会根源，评价民族运动在历史事件中的作用时善于运用阶级的标准。尽管手稿大部分是未完成的、草稿性的，但说明了马克思在各个阶段有系统地对波兰历史和与波兰问题有关的国际关系进行的研究，因而有可能恢复两位无产阶级革命家对这些问题的完整观点。

材料说明，为了制定在革命危机成熟条件下工人阶级的有科学根据的政策，为了确定无产阶级对待民族解放运动的态度，为了确定无产阶级国际主义的原则，马克思极其重视研究波兰的革命行动。对波兰和许多欧洲国家的历史进行研究，有助于马克思揭示国际政治事件的实质，深刻而准确地评价他当时的情况，揭露欧洲各国政府围绕波兰问题所进行的复杂的政治表演的真实意图。

---

① 《马克思恩格斯全集》第1版第30卷第346页。
② 《马克思恩格斯全集》第1版第30卷第331页。

手稿包括了历史简评，对波兰国家衰亡的原因及其被专制列强肢解和奴役作了深刻分析，并揭示了普鲁士、奥地利、沙皇俄国和法国从十五世纪直到1863年围绕对波兰的政策而展开的外交斗争。马克思揭露了霍亨索伦王朝侵略性的、军国主义的、背信弃义的政策，该王朝力图靠牺牲波兰国土来扩大、整合普鲁士的家族领地；马克思还揭露了奥地利哈布斯堡王朝政策的侵略性质、沙皇俄国的压迫性的反革命作用，并且令人信服地指出法国和英国政府在波兰问题上的政策口头上是伪善、"亲波兰的"，而实际是敌视波兰民族解放运动的。马克思证明，只有法国和其他几个西欧国家的工人阶级，才是以行动拥护为自己的独立而斗争的波兰人，而这些国家的统治者实际上是鼓励普鲁士、奥地利和俄国沙皇制度旨在肢解和压迫波兰的行动。

第一部分里发表的1863年手稿——《波兰、普鲁士和俄国》、《普鲁士人。（无赖。）》《1805—1863年的法国、普鲁士和波兰问题》——都是《德国与波兰》小册子里的。

手稿《波兰、普鲁士和俄国》按计划应该是小册子的第一章。马克思写这一章的目的，主要是说明普鲁士的领土增长和强大是它推行侵略波兰领土和逐渐奴役、消灭波兰的政策的结果。马克思揭穿普鲁士容克军国主义国家对波兰人民犯下的一连串罪行。他指出霍亨索伦家族对各邻邦的背信行为，他们叛卖性地撕毁条约；同时指出普鲁士的统治者特别在十八世纪末瓜分波兰期间所表现的那种贪婪。普鲁士把沙皇俄国看作强大的盟国，盲从它的对外政策，成了瓜分波兰的发起者，并加快了瓜分的步伐。从此以后，当俄国控制的波兰国土上一发生动荡，霍亨索伦家族就给俄国执行宪兵勤务，这成了他们的传统政策。马克思谈到了一个思想，即参加瓜分波兰的列强在镇压波兰革命运动时联合行动，这就把它们互相拴在一起，加强了它们在国际舞台上的反革命作用，妨害了这些国家的人民的解放运动。他着重指出,这种政策不仅害了受奴役的国家波兰,而且也害了德国人自己。

马克思在这篇手稿中用相当大的篇幅来揭露派军队镇压波兰起义的俄国沙皇制度的作用。他无情地痛斥多年执行"欧洲宪兵"任务的沙皇俄国的侵略政策和反革命的作用,但同时马克思在这些岁月中也怀着很大希望注视俄国的革命力量的成长,这从他的书信中看得特别清楚,他把俄国的革命运动看成强大的因素,它可以从内部同沙皇制度进行斗争,并有力地阻止沙皇制度在国际舞台上执行其警察勤务。马克思始终注视普鲁士参与对波兰的掠夺及其对沙皇政策的依附之间的相互联系。他不止一次地强调指出,普鲁士的增强并不是民族国家的团结的过程,符合霍亨索伦王朝利益的普鲁士家族领地的扩大,其实是违反德国人民的民族利益、反对民族国家在民主基础上的统一的。"**普鲁士,这仅仅是表明霍亨索伦王朝**对德国和波兰的几省的混合物的统治的另一种名称,而且很容易理解,霍亨索伦王朝能够将德国和波兰的一部分置于自己的**统辖**之下的那些条件,绝不是实现独立而强大的德国的条件"(见本书俄文版第 5 页)。①

马克思揭露霍亨索伦王朝及其主要的支柱即普鲁士容克地主阶级和军阀在德国历史和欧洲历史中所起的反动作用,把批判的矛头指向俾斯麦的普鲁士即波兰人民的最凶恶的敌人所执行的政策。马克思认为这一政策是德国本身民主发展道路上的主要障碍,在马克思看来,德国民主发展的最重要条件在于解放波兰,在于使波兰国土,包括普鲁士所侵占的那些土地在内,重新联合成一个统一独立的国家。马克思援引了俾斯麦的拥护者普鲁士邦议会的代表芬克的发言,此人于 1863 年 2 月 8 日

---

① 词句马克思已在手稿中删去,故中译本没有译出。——译者注

讨论普鲁士和俄国镇压波兰起义的合作协定时，出自"单纯的普鲁士王国臣民的见识"，对普鲁士的目的作了如下说明："普鲁士国家的存在取决于波兰不再成为一个国家"。①

马克思从这一思想出发，早在1863年3月写给恩格斯的信中就概述了自己的结论。他在3月24日给恩格斯的信中说："我得出的政治结论如下：……普鲁士'国家'（一种与德国极不相同的创造物），**没有**现今的俄国而**同**独立的波兰**在一起**是不能生存的。普鲁士的全部历史，归结为这个老早就被所有霍亨索伦君主（包括弗里德里希二世在内）所理解的结论。……既然波兰的存在对德国来说是必要的，而同普鲁士国家并存又是不可思议的，那就应该除掉普鲁士这个国家。要么波兰问题只是作为一个新的理由，来证明在霍亨索伦世袭领地存在的时候，要捍卫德国的利益是不可能的。"②

这一手稿的内容同马克思和恩格斯于1848年为《新莱茵报》所写的那些文章紧密地相呼应，马克思主义两位奠基人在这些文章中坚决地、毫不妥协地支持波兰的独立，把德国的资产阶级民主革命的胜利同支援波兰人民为争取自己的自由和独立而进行的斗争直接联系起来。

马克思在其著作中谈到了波兰国内历史的许多关键问题。马克思从头至尾研究了参加解放运动的各阶级的立场。他指出，在波兰发生的民族运动高潮导致通过1791年5月3日宪法，这一宪法取消波兰寡头们的政治特权和封建习惯，为通过自愿协商赎买农民徭役开辟了道路，给了城市居民以政治权利。但是，这一爱国运动被国外的反动势力及其在国内的同盟者即波兰大贵族镇压了下去，他们为了保存其封建特权而宁

---

① 马克思：《关于波兰问题的历史》，人民出版社1979年版，第15页。
② 《马克思恩格斯全集》第1版第30卷第331页。

愿牺牲民族的独立。

马克思谈到了1791年宪法好的方面，同时又指出，这一宪法"又太皮相了，以致不能鼓舞广大群众——农民——进行一场人民战争"，因为在世界历史的卷页上钢浇铁铸地铭刻着一条"规律：凡是以统治阶级乐于接受为限的革命都是不可能胜利的"①。

发表在第一部分里的手稿《普鲁士人。（无赖。）》，是马克思在着手写小册子第一章的两稿之前写的。这是一个草拟的纲要，包括对各种来源的事实的叙述，马克思用自己的评注对这些叙述作了重大的补充。这一准备材料是手稿《波兰、普鲁士和俄国》的基础。手稿《普鲁士人。（无赖。）》的前一半是普鲁士从1640年到1792年历史时期军事和外交事件的大事记。其中也揭露了俄国沙皇制度的反动的、掠夺性的政策。准备对波兰进行第一次和第二次瓜分并实现这两次瓜分的时期占了大量篇幅。

手稿里从"1814年10月12日卡斯尔里从维也纳写信给亚历山大"这句话开始的后半部，②说明1814—1815年维也纳会议时期的情况，以及1830—1831年波兰起义和1846年、1848年革命事件期间普鲁士和俄国之间的关系。这部分手稿里的各种事件实际年谱一直排到法俄1863年2月8日签订阿尔文斯累本协定为止。

前面已经说过，马克思在准备小册子的过程中，密切注视欧洲列强围绕1863年起义而展开的外交斗争的进程，特别注意拿破仑第三的政策。马克思对法波关系的关心反映在他有意把他收集到的材料系统化上面。结果，1863年春写出一个关于法波关系史的最重要事件的编年大

---

① 马克思：《关于波兰问题的历史》，人民出版社1979年版，第30页。
② 中译本《关于波兰问题的历史》从第77页开始。——译者注

事记，它收入本卷时用了编辑部加的篇名《1805—1863年的法国、普鲁士和波兰问题》。在这篇手稿里，最大注意力是放在1830年波兰起义时期。手稿前三分之一也谈到普鲁士对拿破仑的战争时期的最重要事件。

马克思给自己提出的基本任务，是揭露法国各届资产阶级政府在波兰问题上的立场，首先指出，对波兰的自由和独立来说，拿破仑第三的离间政策造成的危害，不小于俾斯麦的普鲁士和沙皇俄国的政策。马克思撕下波拿巴充作波兰保护人的假面具，揭露波拿巴在民族问题上蛊惑行为的真正的反革命意图，就在于以此为掩盖，力图利用各被压迫民族的运动，以巩固第二帝国制度和波拿巴法国在欧洲的霸权。马克思尽力指明，法国统治阶级好几十年的外交的真实目的同波兰人民的利益相距极远。他援引1831年1月法国众议院会议上的一个议员的发言，说法国的统治集团提供给波兰人民的唯一的可能是为法国而流自己的血。①

马克思停止小册子的写作之后，不止一次地回到关于波兰的题目上来。例如当1863年10月出现了关于援助波兰起义参加者的实际问题时，马克思写了他早于1863年春就考虑过的，以伦敦德意志工人共产主义教育协会的名义发表的呼吁书，号召在英国、德国、瑞士和美国的德意志工人募捐援助波兰，并给起义者以道义支持。

马克思在呼吁书中概括地说明了他在写作未完成的小册子过程中得出的基本结论。马克思写道："波兰问题就是德国问题。没有独立的波兰，就不可能有独立统一的德国。"② 马克思指出，争取各被压迫国家的民主自由和民族独立的真正战士并不是自由资产阶级，而是无产阶

---

① 马克思：《关于波兰问题的历史》，人民出版社1979年版，第117页。
② 《马克思恩格斯全集》第1版第15卷第614页。

级,因此,"**恢复波兰**,这就是应该大书特书在德国工人阶级旗帜上的。"①

1864年底,由于第一国际讨论波兰问题,马克思再次研究波兰的历史。这一时期产生了第二组手稿,即马克思在国际工人协会总委员会及其小委员会(常务委员会)会议上的发言材料,这些材料作者没有加标题,在本书中用的篇名是《关于法国同波兰的关系的发言草稿(同彼得·福克斯的论战)》和《同彼得·福克斯论战的准备材料》。

国际对波兰问题非常注意,不止一次地通过表达国际无产阶级同战斗着的波兰的团结的文件,并采取措施对参加1863年起义的波兰人进行实际援助。由于1830—1831年起义的纪念日,总委员会在1864年11月29日会议上通过决议,用英国工人即国际工人协会的会员的名义发表告波兰人民书。起草的事委托给了总委员会委员、英国波兰独立全国同盟的领导人之一彼·福克斯。但是,波兰解放的真诚的拥护者、有民主思想的共和主义者福克斯,赞同当时的许多民主主义者以及英国工联领袖们的偏见,他们天真地相信法国统治阶级的"亲波论",把第二帝国头目在波兰问题上耍的花招当做真情。在彼·福克斯起草的告人民书中表示了一个意思,似乎法国的传统政策曾促进波兰的恢复和独立。这篇告人民书在1864年12月6日小委员会的会议上、1864年12月13日和20日以及1865年1月3日总委员会的会议上引起很大的争论。

马克思积极地参加了争论,并给呼吁书之后的定稿以决定性的影响。他认为必须指出彼·福克斯的立场之所以不对,不仅是因为它反映了参加国际的民主派的幻想。这种观点也得到国际会员即部分工人的赞同,这就妨害了培养他们对无产阶级组织的政治任务的正确理解。考虑

---

① 参看《马克思恩格斯全集》第1版第15卷第615页。

到英法工人阶级积极参加支持恢复波兰的运动，就必须明确说明无产阶级如何看待波兰问题和民族解放斗争在民主和社会主义运动中的作用。其所以非常重要，还因为国际会员中法国的蒲鲁东主义者对民族问题采取错误立场，奉行民族虚无主义，要工人阶级对民族解放斗争漠不关心。

马克思在1864年12月10日给恩格斯的信中说，他在小委员会会议上狠狠地批判了福克斯起草的告人民书。马克思写道："我……把法国人不断背弃波兰人的历史上无可争辩的情景，从路易十五起直到第二个波拿巴止，作了详细的描绘。"① 马克思的论据如此令人信服，以致总委员会在1865年1月3日的会议记录中有如下记载："他〔马克思〕在内容非常丰富的、历史性的论述中证明，法国的传统对外政策并未促进波兰的恢复和独立。马克思博士的讲话有大量的非常值得发表的历史事实。"②

本书发表的《关于法国同波兰的关系的发言草稿（同彼得·福克斯的论战）》和大量的准备材料，揭穿了拿破仑第三及其前任者们的政策，指出法国的统治阶级一个多世纪以来非常不关心维护波兰人的利益，——法国统治阶级为自己的目的而利用波兰人，当波兰人发挥份内的作用时，就背信弃义地让他们听天由命。

马克思在《同彼得·福克斯论战的准备材料》中研究法国、英国、俄国、普鲁士及波兰的军事、外交的编年史和各种事件，一直研究到1848年革命，手稿结束时写了这样两句出色的话："布朗基——还有路易－菲力浦时期特朗斯诺南街的人们——是波兰的真正朋友。但是他们

---

① 《马克思恩格斯全集》第1版第31卷第42页。
② 《总委员会会议记录》1961年莫斯科版第1卷第25页。

的行动却不符合法国外交部的传统!"① 可见,马克思着重指出,只有一再表示同情战斗的波兰的法国无产阶级,才真正同波兰人的民族解放运动的胜利利益相关,而官方法国,尽管对波兰人许下了口是心非的诺言,实际却支持了沙皇俄国、普鲁士和奥地利旨在肢解波兰的反动政策。马克思清楚地区分法国统治集团的立场和热烈同情波兰人民斗争的那些法国革命者的情绪。

手稿里也有大量材料,说明英国和帕麦斯顿政府对波兰问题的传统政策,即一贯敌视波兰人民的利益和解放目的的政策。马克思着重指出,持续压迫波兰符合英国统治阶级的反革命目的,因为他们所关心的是巩固欧洲大陆上反人民的君主专制制度。

马克思和恩格斯把几乎一个世纪来欧洲尖锐问题之一的波兰问题的民主主义的解决,同俄国人民反沙皇制度的革命斗争、同国际无产阶级和欧洲民主派实现其任务联系在一起。他们揭露了普俄奥旨在镇压爱好自由的波兰人民、在欧洲保持行将死亡的反动秩序的宪兵式合作。他们用同样的激情不倦地揭发波兰的假朋友即英国和法国的资产阶级的统治集团的骗人伎俩,它们挑拨波兰人进行缺乏准备的起义,而每次又都把他们置于听天由命的境地,把波兰问题当作可耻的外交赌博中的一张王牌。

发表的手稿是马克思理论遗产的重要部分,首先是关于研究民族问题的重要部分。科学共产主义的两位奠基人为自由、独立和民主的波兰进行不断的斗争,他们以国际主义精神教育了欧洲无产阶级。

(张奇方、朴文臣 译)

---

① 马克思:《关于波兰问题的历史》,人民出版社1979年版,第210页。

《神圣家族》一书的成书与出版经过及影响*

〔德〕沃·蒙克

显然,马克思1844年6月,也就是在恩格斯到达巴黎之前,就已计划对布鲁诺·鲍威尔的《文学总汇报》进行批判。关于这件事当时在科隆的赫斯肯定知道,因为他在1844年7月3日给马克思的信中劝马克思最近不要反对鲍威尔。鲍威尔已不再有影响了。他已完蛋了,而马克思在《德法年鉴》上已做了自己该做的事。持另一种意见的是《莱茵报》的主要创刊人格奥尔格·荣克。① 他经常把鲍威尔的杂志寄给马克思。在寄第5、6、7期时他写了一封信给马克思,要马克思把对鲍威尔的评论改写成一篇在报上发表的文章。② 在赫斯和荣克分别给马

---

* 本文选自《马克思恩格斯研究》1990年总第3期。

① 关于格奥尔格·荣克,见沃·蒙克《格奥尔格·哥特洛普》,载 K. 奥柏曼、H. 谢尔、H. 施特克尔、B. 特普费尔、G. 荣比茨编《德国史人物传记词典》1967年柏林德国科学出版社版第236、237页。

② 这封信在字迹的辩认方面多承阿姆斯特丹国际社会史研究所 G. B. 万·德尔·哈姆先生的指点。燕妮·马克思大约1844年6月下半月从特里尔写信给在巴黎的丈夫说:"他(特里尔医生施莱歇尔)认为你们的伙伴有一半是疯子,但他认为,现在正是该你们对鲍威尔进行押击的时候了。"(《马克思家书集》1866年柏林狄茨出版社版第49页。)

克思写信之间的4个星期中，赫斯好像改变了主意，因为荣克后来写道，他和赫斯想把马克思的信改写成一篇文章，如果马克思没有时间做这件事情的话。另外，赫斯想在《新轶文集》① 上发表一篇批判鲍威尔的文章的打算，也表明赫斯在这个问题上改变了主意。这本文集是由出版人卡尔·格律恩在1844年下半年着手准备的。正如文集中清楚地说明的那样，它本来应该包括赫斯对布鲁诺·鲍威尔所做的清算。但是这种清算没有进行，因为作者和出版人想等"某一本不久即将出版的著作"问世以后再说。这里预告的某一本著作就是《神圣家族》。但是《神圣家族》的出版（1845年2月）却比这个预告（《新轶文集》在1845年夏初问世）早。

也许是由于荣克的劝说的影响，马克思在1844年8月11日给费尔巴哈的信中重申了批判鲍威尔的计划。他在信中反对《文学总汇报》的唯灵论的和贵族的倾向。出版界也对鲍威尔的杂志提出了类似的谴责。这份杂志只是最初在那些期望鲍威尔成为一个启蒙战士的有教养的读者中引起了"轰动"。② 鲍威尔过去的追随者和朋友当中阅读这份杂志的人一期比一期少。

在马克思写信给费尔巴哈后两个星期左右恩格斯来到巴黎，大概马克思曾向他建议同他一起来清算鲍威尔。恩格斯表示欣然同意。因为他早就痛恨一切贵族行为。他像他的新朋友马克思一样，感到鲍威尔对群众的攻击是一种挑战，而马克思也像他一样，表示和无产阶级的利益保

---

① 参看《新轶文集》，卡·格律恩编，1845年达姆施塔特卡·威·列斯凯出版社版第181页。赫斯大概在他的（附有对麦克斯·施蒂纳所做的清算的）小册子《晚近的哲学家》中就已作好了批判鲍威尔的准备工作。

② 1844年2月11日《曼海姆晚报》第36号第142—143页柏林通讯（1844年2月6日）。

持一致。①

鲍威尔写道:"精神的真正敌人应该到群众中去寻找,而不是像群众从前的自由主义的代言人所想象的那样到别的什么地方去寻找。

迄今为止,历史上的一切伟大活动之所以一开始就情况不妙和没有实际成效,就是因为群众热衷于这些活动。换句话说,这些活动之所以必然得到悲惨的结局,是因为这些活动的指导思想是一种满足于肤浅的认识,因而也就必然指望博得群众喝彩的思想。这些活动之所以失败,是因为它们的原则是肤浅的,因而也就不是针对着群众的肤浅性的。

现在精神已经知道,它应该到哪里去寻找自己的唯一对头——就是要到群众的空话,自我欺骗和萎靡不振中去寻找。"②

大概当恩格斯还在巴黎的时候马克思收到了第8期《文学总汇报》,其中有一篇由布鲁诺·鲍威尔执笔的匿名文章《1842年》。该文斥责自由主义倾向和激进倾向,特别是斥责《莱茵报》,并且含沙射影地攻击马克思。马克思在《神圣家族》的《序言》中说,他和恩格斯手边有《文学总汇报》的前8期。③

恩格斯在逗留巴黎(到9月6日为止)的短短10天内就写完了他在这部著作中所承担的部分。他按照原订计划用讽刺的笔调阐述,几乎

---

① 马克思在《神圣家族》中写道:"要理解这个运动中**人**的高尚性,就必须知道英法两国工人对科学的向往、对知识的渴望、他们的道德力量和他们对自己发展的不倦的要求。"(《马克思恩格斯全集》第1版第2卷第107页)

② [布·鲍威尔]《论犹太人问题的最新著作》,见1843年12月《文学总汇报》第1期第3页。

③ 马克思在《序言》中写道:"我们的叙述主要是针对**布鲁诺·鲍威尔**的《文学总汇报》(我们手边有该杂志的前8期)。"(《马克思恩格斯全集》第1版第2卷第7页)

没有进行较为深刻的理论探讨。马克思把由恩格斯执笔的 3 个短章放在该书的开头。恩格斯在这 3 章中嘲笑了赖哈特的空洞辞藻、法赫尔的翻译错误以及对瑙威尔克被柏林大学解职一事的肤浅评论。恩格斯写的第 4 章第 1 节较为重要，在这一节中他把工人的创造性同批判的批判的无所作为作了对比。这一章的第 2 节也是他写的，只有几行字，不太重要。相反，他在第 6 章第 2 节 a 中驳斥批判对费尔巴哈的攻击的言论是比较重要的，因为它说明了费尔巴哈和马克思恩格斯之间在思想史上的关系。在第 7 章第 2 节 b（这是恩格斯写的最后一小节）中他把法国共产主义者和社会主义者的实际努力同批判的批判的空洞辞藻作了对比。①

《神圣家族》的绝大部分并且在理论上最有价值的部分是马克思写的。他在恩格斯动身去巴门后改变了原订计划，并使这部著作的内容大大地深化了，为此他还部分地利用了他的《经济学哲学手稿》。② 对此恩格斯没有表示任何异议，只是对马克思在扉页上把他（恩格斯）的名字写在马克思的名字之前，或者说，马克思竟然把他的名字也写上了这一点感到不快。

马克思直到 1844 年 11 月才写完这部著作。手稿——如今下落不明——大概在 11 月下半月寄给出版人，即美因河畔法兰克福的"出版

---

① 《"软心肠的"和"求救的"群众》，(《马克思恩格斯全集》第 1 版第 2 卷第 193—197 页)。

② 参看安德雷阿斯《马克思和恩格斯》法文版第 395 页。

公司（约·吕滕）"。吕滕①形式上是原勒文塔尔②在1844年秋成立的出版公司③的老板，他在12月3日证实收到了马克思的两封信并通知马克思说，已按照作者的愿望对该书中有关地方作了修改，新的序言也准备加进去。根据这封信可以判断，与该书的其余部分不同，没有署名的序言是马克思写的。

马克思在与"出版公司"打交道之前，到处为这本书寻找出版人。可能还请求苏黎世和温特图尔书刊出版社的尤利乌斯·弗吕贝尔帮过忙。在这期间卢格虽然是这家激进的出版社的老板之一，但他在马克思转向共产主义以后就成了马克思的凶恶敌人。卢格在1844年11月的一封信中要求他的股东弗吕贝尔不要出版马克思的著作。④

除弗吕贝尔外，出版人显然都是畏首畏尾，害怕出版马克思的这一著作。马克思自从为《莱茵报》撰稿以来就被德国当局看成最危险的革命者之一。由于他为《德法年鉴》撰稿，普鲁士政府1844年4月发

---

① 1844年秋商人约瑟夫·吕滕以出版公司老板的身份在美因河畔法兰克福的商业注册上登记。吕滕原名林茨科普夫，死于1878年6月19日，70多岁（根据美因河畔法兰克福户籍局提供的人口登记簿影印件）。

② 查哈里亚斯·勒文塔尔博士1810年8月4日生于曼海姆，1884年3月4日死于耶拿（这个材料是柏林A.弗罗姆霍尔德先生提供的）。1857年后勒文塔尔改名卡尔·弗里德里希·勒宁，1859年是一家出版社的老板之一，该出版社后来叫"吕滕和勒宁出版公司"，至今犹存。

③ A.弗罗姆霍尔德《吕滕和勒宁出版公司。回顾125年来的出版史》。载于《吕滕和勒宁出版公司的125周年（1844—1969）。年鉴》1969年柏林吕滕和勒宁出版公司版第9—86页。

④ 参看阿·卢格《通信和日记》第1卷第379页。

出了逮捕他的命令，① 这项命令被报刊透露了。② 马克思找到了勒文塔尔作为自己的出版人一定感到很高兴，因为这是一个宽宏大量的人，他乐于满足作者一再表示的想对已送走的稿件作某些修改的愿望。

公众早就知道马克思已在计划出版这本书了。汉堡《季节报》在1844年12月就报道过一则有关此事的简讯。勒文塔尔在1844年12月27日给马克思的信中也谈到了他听到的有关马克思反对鲍威尔的著作的传闻。当然，他也无法断定，这本据说叫做《神圣家族》的书和正在他那里印刷的那本书（原来的名称是《对批判的批判》）是否是同一本书。如果是同一本书，马克思也许会同意用上面那个会引起更大轰动的标题来作这本书的名称。这个误解很快就澄清了。原来这两本书就是同一本书。勒文塔尔建议的标题——这个标题暗指布鲁诺·鲍威尔、埃德加·鲍威尔和埃格伯特·鲍威尔三兄弟——事实上被选中了。但是，由于马克思一再表示要进行修改，原定在1845年1月底出版的计划推迟了。

在此期间梅特涅的秘密情报机构也知道了这个计划。

奥地利首相、神圣同盟首脑梅特涅忧心忡忡地注视着30年代上半期在许多欧洲国家中形成的反对派。为了监视他们，1834年在维也纳成立了一个"中央委员会"。美因兹情报所的工作人员到1848年春已提供了几千份有关德国、瑞士、意大利、法国、比利时和英国的人物和事件的情报，这些情报由情报所头目送给梅特涅。如今这些情报收藏在维

---

① 普鲁士内务大臣冯·阿尔明的训令，1844年4月16日于柏林《波茨坦国家档案馆；波兹南国家档案馆。波森省总督署》。
② 1844年6月29日《曼海姆晚报》第154号第608—609页；1844年7月6日《总汇报》第188号第1503页。

也纳奥地利国家档案馆。大量密探混进了反对派团体并同它们的领导人交朋友，这样就能窃取非常机密的情报。海尔曼·艾布纳尔就是这些密探之一。他在1844年12月9日曾把一份关于不久即将出版的前《莱茵报》编辑马克思博士写的反对鲍威尔的著作的情报寄往美因兹。

1845年1月中旬手稿还在印刷者（美因河畔法兰克福的施特伦和施奈德尔）手里。1月25日勒文塔尔写信给马克思说，他已考虑了马克思再次要求修改的愿望，样书将在2月初寄去。他建议在扉页上在马克思的名字前面加上前《莱茵报》和《德法年鉴》编辑的头衔，以便用一点能提神醒脑的家庭常用药物来扩大这本书的销路。马克思给勒文塔尔及出版公司的信至今尚未发现，因此马克思对上面提到的勒文塔尔的那封信的答复也没有见到。显然他不同意用这个"头衔"，因为这部著作的标题上没有出现上述字样。

马克思从1845年2月2日起住在布鲁塞尔，他在那里也继续和勒文塔尔通信。关于这件事艾布纳尔在1845年2月17日也向上级报告了。

《神圣家族》在1845年2月24日或24日前不久出版。出书的当天勒文塔尔就给他的朋友艾布纳尔寄去一本。他在附信中告诉后者说，这本书"刚刚"印好。艾布纳尔在3月1日把这封信的抄件寄给美因兹情报所。

恩格斯在1845年3月17日前不久才收到马克思寄给他的一本《神圣家族》。在此之前他几乎完全不知道在他离开后马克思改变了这本书的性质，并且超出原定计划把篇幅大大地扩大了。显然他不知道马克思和勒文塔尔之间有关编辑和修改稿子的通信；马克思是单独同出版人进行交涉的，马克思讨厌不必要的信件。另外，可以设想，他不打算用那些没有恩格斯在场他也可以办到并且估计恩格斯也会赞成的事情去打扰他的朋友，因为他的这位朋友那时正在撰写《英国工人阶级状况》。1844年10月初恩格斯曾打听过关于这本书的情况。11月19日他又一次提到它。从那以后他就再没有追问了。1845年1月20日他写信给马克思说，《批判的批判》他不再等了，关于这本书的情况他什么也没有听说。但是，不管怎样，他必定还是知道一些情况的，因为他曾对马克思把这部著作的篇幅扩大为20印张感到吃惊。大约一个半月以后，当他获悉这本书名叫《神圣家族》时，他担心这个名称会在他和他的非常虔诚的父亲之间引起新的冲突。3月17日恩格斯终于告诉马克思说收到了这本书。他预言马克思关于犹太人问题和唯物主义的历史的论述会产生极大的影响。① 总之，全书都写得非常精彩，令人捧腹大笑。同时恩格斯又担心，这本书的绝大部分不会引起广大读者的兴趣。

对马克思恩格斯著作的影响的研究，直到几年前还是被马克思主义的历史学所忽视的领域。虽然弗兰茨·梅林在他的《马克思传》、古斯达夫·迈耶尔在他的《恩格斯传》以及奥古斯特·科尔纽在他的洋洋大观的巨著《马克思恩格斯传》里都对这一问题有所关注，但是都缺乏系统的论述，更不用说完整的研究了。最近出版的几本就某些部分来

---

① 参看《马克思恩格斯全集》第1版第27卷第30页。

说是有分量的著作，开始弥补这一缺陷。①

研究马克思恩格斯著作的影响史同确定马克思和恩格斯的实际政治影响和思想影响的其他方法一起可以说明，无产阶级科学世界观的奠基人的思想给许多国家的工人运动带来了多么大的益处，以及工人运动的积极发展反过来又如何直接或间接地、较长时期以来或较短时期以来——在德国是将近120年以来——决定了这些国家的历史的。此外，广泛的研究证明，尽管资产阶级理论家顽固地反对马克思主义，但是几乎没有一个打着资产阶级旗号的社会科学领域不从马克思和恩格斯的思想财富中接受一些东西。

---

① 这里首先指的是B.安德雷阿斯的基本著作《马克思恩格斯的〈共产党宣言〉。1848—1918年的历史和文献目录》1963年米兰费耳特里内利出版社版。在研究马克思恩格斯的领域里，安德雷阿斯第一个用这部著作把文献目录变成认识历史和语文学的联系的一个重要工具。他在他的一篇文章（本书引用时简称《马克思和恩格斯》）里也使用了类似的方法，他在这篇文章中研究了马克思和恩格斯的7部早期著作以及恩格斯的《路德维希·费尔巴哈［……］》等书的传播情况。

其次要指出的是：H.韦尔施《普鲁士统计学家弗里德里希·威廉·奥托·路德维希·冯·雷登对弗里德里希·恩格斯的〈英国工人阶级状况〉一书的评价》。载于1958年《历史科学杂志》第4期第821—824页。

K.欧伯曼《1844—1846年间对恩格斯的〈英国工人阶级状况〉一书的评价》，载于1959年《历史科学杂志》第5期第1050—1070页。

沃·蒙克《弗里德里希·恩格斯的〈英国工人阶级状况〉一书在德国文坛上的反响》1965年柏林学院出版社版。

B.德卢贝克和H.斯卡姆布拉克斯《〈资本论〉在德国工人运动（1867—1878年）中。影响史概要和证明材料》1967年柏林狄茨出版社版。

《卡尔·马克思的〈资本论〉和它的国际影响》1968年柏林狄茨出版社版。

A.乌罗也娃《为了一切时代和一切人》［从1867年起到1895年恩格斯逝世止这段时间内《资本论》第1卷的出版、翻译和传播情况］1969年莫斯科进步出版社版。

当然,《神圣家族》不是伟大的、划时代的马克思主义著作,只有像恩格斯的《英国工人阶级状况》这本可以说是第一部影响相当深远的著作,像《共产党宣言》和《资本论》这些可以说是人类最重要的文化成就的著作,才是伟大的、划时代的马克思主义著作。但是,《神圣家族》毕竟是马克思和恩格斯向公众介绍他们的新的、尽管还不全面和不成熟的唯物主义和共产主义观点的第一部著作。

资产阶级阵营甚至民主小资产阶级阵营对这本书的反应完全同大约半世纪前封建贵族阵营对法国、英国和北美革命民主主义者的著作的反应一样。现在,资产阶级社会的卫道士同当时封建社会的卫道士一样感觉到被宗教和哲学神圣化了的社会制度已受到致命的威胁。一度曾经是进步的力量陷入了它们从前的敌人所陷入的境地。它们用极其阴郁的调子预言,如果《神圣家族》中所阐述的令人讨厌的唯物主义和共产主义观点付诸实践的话,文明就会衰落,一切高尚的、人道的东西就会毁灭。有必要回想一下当时整个德国的统治阶级还被 1844 年夏天西里西亚的织工起义吓得魂不附体。一场由这次事件引起的关于社会问题的辩论、各种集会、关于社会问题和社会主义及共产主义的演讲正在热烈地进行。这时共产主义的可怕幽灵已被不断地用符咒召唤出来。这时一种对共产主义的偏见,一种感情上的、毫无事实根据的偏见产生了,这种偏见直到今天对最肤浅的反对共产主义的宣传还有作用。但是,"幽灵"不仅被变成了诽谤社会主义运动的手段而且也被变成了诽谤自由和民主运动的手段。——这个手段今天同样地被用来反对那些使人感到不快的持反对立场的运动。

正是在这些波及一切阶级的社会动乱的日子里出版了一部著作,即《神圣家族》,它根据"现实的人道主义"要求废除现行统治制度,并预言其灭亡。尽管资产阶级阵营里很少有人从理论上来理解这部著作所提供的新东西——使迄今为止的思想彻底革命化的考察方法；从现存关系出发和无情地扫除一切推崇这种关系的胡言乱语——，但有一点他们是清楚的：对现存社会制度的猛烈攻击。对这个令人讨厌的真理要尽量不予理睬；如果这样做还不行，那就设法把真理及其捍卫者消灭在一个地平面即"道德的"地平面上，在那里是非真假事实上是分不清的。统治集团一拿起这本胆大妄为、煽动骚乱、亵渎神明和厚颜无耻的书，就会气得发抖，从而企图利用传统的偏见来混淆视听。

宗教的麻痹作用，对于资产阶级这个剥削阶级和统治阶级来说，是决不可以或缺的。因此，资产阶级的代理人对"破坏一切道德价值"、"把人贬低为动物"的马克思恩格斯的唯物主义怒不可遏。

马克思和恩格斯关于资产阶级意识形态取决于资产阶级社会制度的论断多么正确，这一点已无意之中为那些受到震惊的人自己所证实：在他们提出反对马克思和恩格斯的观点的论据里，宗教或永恒原则同私有制是不可分割地联系在一起的。

但是，即使是马克思观点的最激烈的反对者也不得不承认马克思的锐利的逻辑、他的彻底性和他的机智论点。他们中的大多数人也同意批判鲍威尔的《文学总汇报》，大概是因为他们也讨厌这份杂志，何况鲍威尔对宗教的批判本来就是他们的眼中钉。但是，他们也没有放过马克思，他的苛刻的批判受到了指责，被认为是不适当的。

在小资产阶级民主派阵营里一般说来不太害怕这本书中的共产主义言论，这些言论的价值，他们大概是根据为了达到可能的东西而要求不可能的东西这个模式来判断的。在他们看来，以人民主权为基础的共和国，就是可能的东西。资产阶级当中的这一派站在大资产阶级和无产阶级之间，他们希望出现一个议会制共和国，还期待这个共和国来解决他们感到危及自身的社会问题。这个阵营的代表倾向于把《神圣家族》的作者看成是反对共同敌人的盟友而不是敌人。《科隆日报》——该报在《莱茵报》被查封后马上为有民主主义倾向的人提供活动地盘——称赞这本书，因为它尖锐地剖析了鲍威尔哲学的组成部分，但更主要的是，因为它非常藐视消除现存社会弊端的一切不彻底的措施的脆弱性和温情主义。

奥格斯堡的一家中庸报纸——《总汇报》——谴责《科隆日报》的轻率，说《科隆日报》推荐了一本书，竟然说这本从青年黑格尔派队伍中产生的书几乎是没有什么危害的。这本书激起了每一个热爱自己民族和恪守基督教信仰的德国人的极大愤慨。

《科隆日报》记者在他的反驳中坚持自己的看法，他驳斥了《总汇报》所使用的怀疑手法。

后来《总汇报》几乎是直言不讳地提醒《科隆日报》不要忽视阶级利益。《科隆日报》由于有9000—10000订户（这是该报所代表的一笔庞大资本）。再加上种种关系到报纸命运的考虑，似乎只能变得温和一点。这本书博得了"真正的"社会主义的代表们的好评，尽管他们对马克思的批判的尖锐性还有一些保留意见。在受真正的社会主义影响的杂志《威斯特伐里亚汽船》上刊登了一篇详细的赞赏的评论。评论员用他生花的妙笔劝他的读者去阅读所评论的这本书。

在民主主义和社会主义报刊上发表的几篇评论大概是马克思或者恩格斯的朋友或拥护者写的。

荣克在1845年3月18日给马克思的信中强调了彻底批判哲学唯心主义的那一章。荣克要求马克思最后写一部透彻地论述政治和国民经济学的著作。荣克表达了许多共产主义者感觉到的一种需要，即要求"科学地论证和加强未来社会制度的理论"。

这本书在当时的青年黑格尔派，以及与青年黑格尔派观点接近或积极反对青年黑格尔派的人们中引起了轰动。马克思和恩格斯在《神圣家族》中通过"毁灭性攻击"对布鲁诺·鲍威尔所作的学术上的判决——不管是令人愉快的还是令人反感的——得到了普遍的承认。甚至连《神圣家族》的尖锐批评者古斯达夫·尤利乌斯都感到很难替鲍威尔的立场辩护。他称鲍威尔为人道主义的天主教徒，而称马克思为人道主义的新教徒。他在反驳马克思时像亚历克西斯·施米特一样指出了这本书的真正弱点：费尔巴哈的空想人道主义的残余。关于德国社会主义者和共产主义者对费尔巴哈的依赖在别的地方也有人非常概括地提到过。后来马克思自己也对自己的《神圣家族》中表现出来的"对费尔巴哈的迷信"感到滑稽可笑。

"真正的"社会主义者海尔曼·克利盖在1845年6月6日从伦敦写信给马克思说，鲍威尔肯定想不到要替自己辩护。他被打懵了。然而鲍威尔还是作了答复，而且刊登在《维干德季刊》1845年第3卷上。① 鲍威尔称马克思和恩格斯为费尔巴哈式的教条主义者，是没有能力理解批判的人。他说，马克思和恩格斯自认为是批判的摧毁者，其实他们是批判的产物。

鲍威尔在这篇对《神圣家族》的答辩中引用了《威斯特伐里亚汽

---

① ［布·鲍威尔］《评路德维希·费尔巴哈》，载于1845年《维干德季刊》第3卷第86—146页；从138页起至143页止是对《神圣家族》的答辩。——在这之前布·鲍威尔曾在《路德维希·费尔巴哈》一文中批判过费尔巴哈，该文载于1844年10月《北德意志批评、文学和座谈杂志》第4期第1—13页。

船》上发表的关于《神圣家族》的评论中未经核实的引文。1846年初发表在《社会明镜》上的一篇可能是马克思的内弟埃德加尔·玛·威斯特华伦写的文章，立即戳穿了鲍威尔的这个"把戏"。

鲍威尔找到了一个孤单的保护人，这就是布勒斯劳的作家泰奥多尔·欧匹茨。对此人的观点魏德迈在《威斯特伐里亚汽船》上曾用三言两语予以批驳。

鲍威尔的答复是促使马克思和恩格斯共同撰写第2部著作《德意志意识形态》（1845—1846年）的动因之一。在写了这本书以后，马克思和恩格斯从理论上自己弄清问题的目的也相对地达到了。

共产主义的凶恶敌人卡尔·海因岑在1848年断言，《神圣家族》不会得到传播。鉴于这本书在出版界引起的反响，这种说法是很难令人置信的，而且也是和1845年10月的新闻报道直接矛盾的。据报道，这本书相当畅销。

《神圣家族》使马克思和恩格斯的名字第一次列入文献记载。在罗泰克和韦尔凯尔编的著名的《政治学辞典》（1846年）上提到了这本书。在迈耶尔的《百科辞典》（1853年）上马克思和恩格斯被称为费尔巴哈唯物主义的代言人。

第一本对马克思和恩格斯也给予重视的文学史著作，是后来成为民族保守派的自由派作家和文学史家鲁道夫·哥特沙尔的著作。在他于1861年发表的《19世纪上半叶德国民族文学》第2卷上除了提到《莱茵报》、《德法年鉴》和恩格斯的《英国工人阶级状况》之外，还提到了《神圣家族》。哥特沙尔认为，马克思和恩格斯在这部著作里痛斥了鲍威尔观点的片面性。

这部著作在德国社会民主党领导人那里并没有被遗忘。1874年李卜克内西敦促恩格斯再版《神圣家族》一书，但是计划没有实现。11年后经恩格斯同意在《新时代》上发表了一篇摘要，它摘自关于法国革命和法国唯物主义的那些重要段落。这本书还多次被引用并被摘要转载（恩格斯自己也这样做过）。直到1932年在莫斯科马克思恩格斯研究院主编的《马克思恩格斯全集》原文第1版（柏林马克思恩格斯有限股份公司出版社版）第3卷上才全文重新发表。

（选译自沃·蒙克《马克思恩格斯合著的第一部著作
〈神圣家族〉》1972年柏林版）
（胡慧琴 译　李俊聪 校）

沙洛顿堡的《神圣家族》[*]

〔德〕玛丽昂·巴尔岑

马克思和恩格斯第一次合著的**《神圣家族，或对批判的批判所做的批判。驳布鲁诺·鲍威尔及其伙伴》**于1845年2月中旬在美因河畔法兰克福书刊社出版。显然，该著旨在反对布鲁诺·鲍威尔创办的《文学总汇报》。[①] 马克思从1843年10月初迁居巴黎以来收到格奥尔格·荣克寄送的几期《文学总汇报》。但是，不管荣克如何催促——甚至马克思的夫人燕妮也劝他向鲍威尔发起攻击——他直到8月在收到第8期后才决定予以反驳[②]。他预先告知费尔巴哈，他"将出版一本小册子来反对

---

[*] 本文选自《马克思恩格斯研究》1994年第16期。
原题注：14世纪到17世纪末流行于西欧各国的一幅名画的题目。画中的人物有圣婴耶稣和圣母马利亚，还有马利亚的丈夫圣约瑟。有圣以利沙伯、圣约翰、圣亚拿以及一些天使和神甫。马克思和恩格斯以此来讽喻鲍威尔及其一伙。——译者注

① "我们的叙述主要是针对布鲁诺·鲍威尔的《文学总汇报》。"引自《神圣家族。或对批判的批判所做的批判。驳布鲁诺·鲍威尔及其伙伴。序言》（马克思和恩格斯1845年于美因河畔法兰克福）。载于《马克思恩格斯全集》第1版第2卷第7页。

② 《马克思恩格斯全集》历史考证版第3部第1卷第436—438页；与女儿一起住在特里尔的燕妮，在一封信中转达了别人对她提出的这一劝告。同上书，第430页。

批判的这种堕落"①。他请求出版商尤利乌斯·康培出版他的著作。他在给康培的信中比较准确地决定该书的篇幅约为10个印张②。

出版的"小册子"与所计划的完全不同：它已增加到20多印张，而且用主标题《神圣家族》代替了《对批判的批判所做的批判》。扩大篇幅的原因可能在于：马克思深入细致地批判分析了埃德加尔·鲍威尔的载《文学总汇报》第5期的《蒲鲁东》一文。书名的更改可归因于察哈里阿斯·勒文塔尔的一个建议，他曾经鼓动采用《神圣家族》这一名称来扩大广告效果。因为他听到有关马克思正在以此名称写一本反驳布鲁诺·鲍威尔的书的传闻。勒文塔尔很关心稿件的编辑加工，因此他很快就得知所预告的书与他手头的稿件是同一著作③。

这一切变动使恩格斯感到十分意外。他到达巴黎后，在1844年9月初，就已写好他所承担的部分，并匆匆回到巴门，焦急地等待结果。他在1月才得知扩充到20多印张。后来，他对此作了批判性的评价。3月7日，他对新的书名表示了自己的惊异，同时也担心此事会引起新的家庭争吵④。

勒文塔尔听到的传闻来自何人，尚不清楚，但是，很可能马克思向第三者谈到《神圣家族》这一著作的接收人，这样，就传到勒文塔尔耳中。为鲍威尔兄弟取的这个名称，是早已在有关的范围内使用，还是马克思第一次使用，这一点也不清楚。不过，迹象是有的，如鲍威尔兄弟及其活动在马克思和恩格斯的反驳出版以前，已被讽刺地描述为超世

---

① 《马克思恩格斯全集》第1版第27卷第452页。
② 参看《马克思恩格斯全集》第1版第50卷第403页。
③ 《马克思恩格斯全集》历史考证版第3部分第1卷第447页。
④ 参看《马克思恩格斯全集》第1版第27卷第19、29—30、26页。

俗的现象。

关于反驳本身，可参阅沃尔弗冈·蒙克的全面的、资料丰富的研究①，而对《文学总汇报》的相应研究，至今仍然欠缺。对于本著作，应当表述两个中心问题，并试图初步作答。

1. 哪些人是这个"神圣家族"的"成员"？
2. 为什么偏要提出这一名称？

首先应当介绍《文学总汇报》的撰稿人，接着就是原原本本地叙述至今尚不清楚的出版经过和沙洛顿堡的埃格伯特·鲍威尔的出版计划。（《文学总汇报》是在他那里出版的。）

《文学总汇报》的撰稿人

该报从1883年12月到1884年10月总共有12期问世，由布鲁诺·鲍威尔编辑，并由其弟埃格伯特于半年前在沙洛顿堡创办的出版社出版。1843年9月初布鲁诺就已请求准予创办一种预定为每周4期的文学报。尽管申请人"考虑到自己的文化修养……感到完全有资格"，但申请遭到拒绝，因此布鲁诺——他不甘心完全放弃这项计划——不得不另作他图，选择了不需要任何许可证的月刊。

被书报检查机关作为拒绝理由列出的那些顾虑，由于从1843年12月起以月刊形式出版的报纸被描述为"坚决反基督教"这一事实而得到证实。

但是，这家报纸在报界获得不同的评价。《科尼斯堡文学报》证实第2期具有十分锐利的洞察力和表述方式，而《曼海姆晚报》总算是

---

① 沃·蒙克《神圣家族。谈谈马克思恩格斯合写的第一部著作》1972年柏林版。

作了一点报道：它的发行引起了很多人的注意。不过，最初表示的同意几乎随着每一期的出版而逐渐减弱。首先对它表示遗憾，因为它毕竟不能代替卢格的《德国年鉴》，而关于第 8 期，则向读者介绍：如果读者想知道，"什么是合逻辑性，什么是通俗性，什么是和谐的风格"，那就不能以它为榜样。关于鲍威尔的期刊的结局，几乎是很轻松地作了如下记载：

布鲁诺·鲍威尔现在应当看到他的最终方针难以持久，因为他已让他的《文学总汇报》停刊。该报的第 8 期刚刚出版……鲍威尔兄弟根本不适合担任文学报纸的领导——这一点现在已得到证实。

一些出版物一致把《文学总汇报》视为布鲁诺·鲍威尔的天生如此的产品，因而不去致力于介绍被毫无色彩地称为"撰稿人"，被鄙夷地称为"文痞帮"或直接地称为"小小著作匠"的报纸作者。

事实上，布鲁诺和埃德加尔写的文章（匿名）最多。在所有撰稿人中只有三个是熟悉的。尤利乌斯·孚赫和以笔名施里加写作的费兰茨·齐赫林斯基，他们属于希佩尔小酒馆的熟人圈子，还有恩斯特·荣格尼茨，他曾经为也在埃格伯特·鲍威尔出版社出版的《现代历史大事回忆录》写稿。①

---

① 关于尤利乌斯·孚赫（1820—1878）。参看《近代德国人物传记》1961 年柏林版第 5 卷第 29 页。《德国文学百科辞典》，1972 年慕尼黑版第 4 卷第 797 页。

关于恩斯特·荣格尼茨（1818—1848），参看《马克思恩格斯全集》历史考证版第 1 部分第 3 卷第 622 页。

关于施里加（1816—1900），参看《传记年鉴和德国死者传略》1903 年柏林版第 5 卷第 272 页。

关于所有三个人的传略，参看沃·埃斯巴赫《青年黑格尔派，一个知识分子小组的社会学》1988 年慕尼黑版第 78 页。

在报上有个别地方暗指的是弗里茨·**贝尔克**。他在《文学总汇报》上发表过《成衣工之歌》，诗作《劳动》和一首无题诗。在第 4 期第 46 页上提到他是沙洛顿堡陶瓷器工场——父亲鲍威尔和埃格伯特也在那里做过工——附近的一个被辞退的瓷器工。在第 8 期上他署名为沙洛顿堡的成衣工。"柏林街 56 号"，正好是柏林街上这样的一处地方，从 1841 年起埃格伯特·鲍威尔的香烟铺和从 1843 年起还有他的书店都开设在这里。因此，鲍威尔和贝尔克或者是近邻，或者甚至是同住一宅。

格·冯·**弗尔斯特**曾被麦凯描述为才华横溢的玩世不恭者。他也为**《北德意志批评、文学和座谈杂志》**撰稿，该杂志于 1844—1845 年由布鲁诺·鲍威尔在柏林出版。在警察局文件中提到他是一个著作匠，而未对其人作进一步说明。还有约翰·恩斯特·列曼也应当一并列入《文学总汇报》和《北德意志杂志》的无法进一步鉴别的撰稿人范围。他在第 8 期上只有一篇《评魏玛的缪斯馆和威廉·瓦克斯穆特》。

科佩只有一篇文章《室内壁画匠科佩生活片断》。埃德加尔·鲍威尔在柏林转租了一所房子，在 1843 年 3 月前迁入新居。他从这时起在盖尔特劳黛街 24 号生活直到被逮捕；他的房东是科佩。

卡尔·**库坦贝格尔**于 1844 年在莱比锡的维干德那里出版了《士兵生活情景》一书，但不久就被禁止出售。从最高检查法院在维干德的《季刊》上公布的该案审理过程中可以推知：库坦贝格尔已于 1844 年初在柏林将手稿上缴给检查机关。对在普鲁士传播该书的起诉书特别强调：它在思想上与"自我意识"的文学流派一致是一目了然的。此外，库坦贝格尔多次被称为"厨师"，但对于其人或与鲍威尔兄弟的联系，就没有提到什么了。8 月初，即在审理之前就下令没收此书。在这一命令执行情况——当然，警察也搜查了埃格伯特·鲍威尔出版社——的报告中关于库坦贝格尔是何许人的谜得到解答。约翰·卡尔·弗里德里希·库坦贝格尔是土生土长的柏林人,职业是厨师,曾在托尔高步兵团服役。他在这里结识了鲍威尔兄弟中最年轻的埃吉纳,并通过埃吉纳结识了出版商埃格伯特,1843年底服役期满后被埃格伯特聘用为信差。这时,他撰写了——正如人们估计的,在鲍威尔的大力支持下——在《情景》中讲述过的士兵生活回忆。为了《文学总汇报》他又重操他一度选择过的职业,并在第4期上对《后备国防军读物。一个普鲁士后备兵作》一文发表了评论。

卡尔·**赖哈特**为该报提供了两篇书评,并写了关于赤贫化和由于其《普鲁士市民》一书引起的来自书报检查机关的麻烦的论文。在这种情况下他作了自我介绍:他是从1837年起定居柏林的订书匠。但是,他让《普鲁士市民》在埃格伯特·鲍威尔那里以不署名的方式出版,只是在1844年的版本和1845年的第2版中作了一个附记:"一个普通人述"。正如《曼海姆晚报》和奥托·吕宁在《威斯特伐里亚汽船》中很快查明的那样,赖哈特是鲍威尔的表弟——母亲鲍威尔娘家姓赖哈特,只是在鉴定他的写作能力上,两位通讯员的看法截然不同。以前吕宁在一定程度对赖哈特缺少才华表示遗憾,但是,曼海姆女人(指《曼海姆晚报》——译者注)的这位通讯员却硬说他具有一种"使之在很短时间内成为一个干练的时评员"所需的机敏。但是,看来他一无所成;赖哈特没有在其他报刊上写什么文章,而且除了《市民》之外,再也没有发表什么著作。他在《神圣家族》纽带上的出现只不过是仅有的一本时评试作而已。

在《文学总汇报》上作报道的有三个通讯员:苏黎世的**希策尔**、布雷斯劳的**艾米尔·弗莱斯哈默**——在《**神圣家族**》中引证时一直误为"弗莱斯豪尔"——和伯乐尼的**采尔莱德**。在《马克思恩格斯全集》历史考证版和德文版中都把希策尔视为瑞士的国务活动家、政论家康拉德·梅尔希奥尔·希策尔①。康拉德·梅尔希奥尔·希策尔死于1843年；而通讯员希策尔于1844年4月号上报道了仅仅2个月前《自由瑞士》上对布鲁诺·鲍威尔进行的一次攻击。《曼海姆晚报》在一则报道中登载了这次文字的攻击和有关的反应；只不过这里说，不是苏黎世的希策尔是这篇所谓的通讯的作者，而明确地说布鲁诺·鲍威尔是其作者。如果说希策尔可以被确定，那只有一个大家熟悉的人物伯恩哈德·希策尔（1807—1847年），他应斯特劳斯之聘到苏黎世大学任教，于1839年9月6日乘豪华列车抵达首都。如果布鲁诺·鲍威尔不认识希策尔本人——此人大概到1835年为止在柏林大学攻读神学、哲学和东方语言并在那里获得授课资格——那么他仍然可以通过弗·恩格斯和布鲁诺的弟弟埃·鲍威尔合著的《横遭灾祸但又奇迹般地得救的圣经，或信仰的胜利》而为希策尔所熟悉②。希策尔是一个有争议的人。在苏黎世政府垮台后他奉命到新成立的教会和教育委员会任职，一桩桃色丑闻——他已婚——迫使他请求辞职。最后，由于同样的原因，他不得不放弃他在普法菲康的牧师之职。显然，他无法处理"日益沉重的经济窘迫"，于是，在一件归罪于他的伪造票据事件被查出后逃往巴黎。后来，没有过几个月就与其妻一起自杀。很可能，布鲁诺认为，恰恰把这个人名署于自己炮制的苏黎世通讯的开头，这是一个特殊的笑料。因为，正如采尔莱德所说的那样，根本没有指出在普鲁士之外事实上还有《文学总汇报》的撰稿人。这一看法也为布鲁诺所作的以下陈述所证明：在他

---

① 《马克思恩格斯全集》历史考证版第1部分第2卷第995页，《马克思恩格斯全集》1976年德文版第2卷第702页。
② "传教士希策尔也上阵参战，他率领辱骂过施特劳斯的苏黎世的一伙。"引自《横遭灾祸但又奇迹般地得救的圣经，或信仰的胜利》，载于《马克思恩格斯全集》第1版第41卷第378页。

以后的活动期间先从维也纳后从巴黎为《邮报》写通讯。此外，他利用了《曼海姆晚报》中来自柏林的报道，以便与自己的和收到的信混合在一起编成第6期上的《地方通讯》。

布莱施哈默——前面至少还有一个教名——或许是与布鲁诺通信的一个熟人，后来鲍威尔把他的信改为来自布雷斯劳的报道。

埃格伯特·鲍威尔的沙洛顿堡出版社

埃格伯特·鲍威尔起初像父亲一样当一名陶瓷器画工，在沙洛顿堡的王室保健器皿工场做工，1838年7月在他与奥古斯特·霍培尔特结婚前不久脱离了这种雇用关系。显然，到这时他已有了独自创业的计划，因为布鲁诺——一个有浓厚家庭观念的人——在给埃格伯特的一封信中表明准备支持他的计划，并愿意成为这项事业的合伙人。布鲁诺想建立一种稳妥的纯经济的合伙关系，因为他在此时仍然只能期望得到一个正式的教授职位和一份"正规的薪水"。

埃格伯特当阅览室的主人，是1841年初决定的。正如所计划的，他于4月1日开设了一家位于沙洛顿堡柏林街街口威廉广场中心地区的香烟铺，并附有租书处。布鲁诺不仅关心所需资金，而且还设法为新铺子安排了第一次雪茄供应。铺子从一开始就是作为家庭商店经营的。埃德加尔最初在这里帮忙，后来他干脆申报从柏林住宅迁出数周，前往沙洛顿堡。在这个开始阶段肯定谈不上创办出版社，因为埃德加尔于1842年2月还对下述一事表示遗憾：他很乐意为罗泰克和韦尔凯尔合著的《政治辞典》写一部论战著作，但没有能出版此著的出版商。很可能由此产生了这样的想法：自己的著作——特别是1842年3月布鲁诺被大学经管部门免职之后——可以用更合适的方式出版；或者，看到弟弟埃格伯特开创的商店颇有前途，因而可以考虑扩大。他大概也想参与文学的发展，在早期普鲁士自由化的影响下，文学的发展在德国到处引起民族的、激进的和社会的出版物的出现。总之，在香烟铺兼租书处开设2年之后，于1843年7月13日创办了埃格伯特·鲍威尔的沙洛顿堡出版社。

埃格伯特通过关于他品行端正和具备应有的出版业知识的证明而获得官方的批准，他拥有"2000塔勒的现金财产"。警察局的一个专案文件虽然估计他有财产，但不相信在1841年还毫无积蓄的埃格伯特——当时他怎么也无法筹到为开店所急需的200塔勒——能在不足2年的活动中靠经营香烟兼租书的铺子挣得2000塔勒。很可能铺子的资金来自麦克斯·施蒂纳的后妻玛丽·登哈尔特。施蒂纳传记的作者马凯这样说，她"将一笔并非小数的款项2000塔勒借给"布鲁诺·鲍威尔支持"其弟埃格伯特的沙洛顿堡出版社"。

但是，在当时书报检查的条件下，如此数额的资金是得不到足够的保障的。因此，卢格在评价这一新办的小企业时所表示的怀疑，是完全合理的；在这样的条件下，而且还缺少雄厚的资本，想在柏林创办一家有自由倾向的，哪怕只是一般的出版社，这是不可能的①。

出版社的第一个产品，埃德加尔·鲍威尔的《批评派同教会和国家的争论》一书，根据针对20印张以上的书籍的规定，在交付发行前24小时即1843年8月7日送交警察当局审查，就在这一天晚上被没收，稍后即被销毁。这对年轻的出版社来说是一个重大的损失。如果以同时代出版商的计算和由埃格伯特所作的精确统计，这次没收使出版社损失了约300—350塔勒。最后，对埃德加尔的诉讼以判处他4年堡垒监禁

---

① 参看《马克思恩格斯年鉴》第1卷（1978年）第422页注70。

而告终。起初，案子还牵连到印刷工人涅塔克和出版商埃格伯特，但经较长时间的调查后，俩人均被宣告无罪。

第二个出版物起初也没有使埃格伯特交好运。兄长布鲁诺的页数超过20印张的书《十八世纪政治、文化和启蒙的历史》第1卷，于1843年9月25日呈送警察当局审查，并被扣留。最高检查法院只承认"发扣了个别的、特别显眼的章节"，但驳回要求赔偿的申诉。一纸官方公文宣告结束就这次书报检查事务进行的广泛通信。这一公文发自1844年3月14日，并用心良苦地盖有"特急"的印记。3月28日埃格伯特终于宣布发行此书。这样，从这部被控著作的预告发行（1843年10月）到真正发行（1844年3月）历时6个月。埃格伯特这样说，在这样的情况下，几乎不能实现商人的只赚不亏的原则。例如，当案件在审理时就不可能作出在经营上至关重要的出版或不出版已计划好的续卷的决定。

埃德加尔和布鲁诺共同编写了《回忆录》，万哈根·冯·恩赛要求证明此书在学术上无深奥难懂之处而且又不会引起检查机关的不快。后来在删去一些章节后才同意付印。

就出版社创办的第2年，营业仍受到官方的干扰。计划中的一本出版物约翰·哈丁的《十次漫游》，虽经埃格伯特恳切申诉，仍然未能出版。《文学总汇报》不得不让作为责任出版者的布鲁诺向书报检查当局多次提出申请。还有《埃德加尔和布鲁诺通信集》以及《文学总汇报》撰稿人赖哈德的匿名著作也受到检查。像在布鲁诺·鲍威尔《政治学史》第1卷出版时那样，这种措施使事情大大延迟了，结果是，赖哈德的手稿虽然已于1843年11月付排，但直到1844年4月15日才刊登发行启事。

早在1845年埃格伯特就把《普鲁士的法律顾问》的部分手稿本呈

交上去，尽管后来获准付印，但马上对它作出鉴定：在这里不仅有"对管理部门的个别措施的恶毒和充满敌意的评论"，甚至还有"对法律顾问的整个状况的诽谤"。这种估计是不足为奇的，因为早在检查约翰·哈丁的著作时就有过这样的判词，这与该出版社的手法完全相符，"即在群众中散布不满"。

当局拟对出版社进行了监视，在给予特许权之后不久就安排妥当，并附有批示："以使人觉察不到的方式予该企业以必要的注意"。但是，明文规定的保密很快就露出马脚，特别是随着蓓蒂娜的著作《克雷门斯·布雷坦诺的春季花环》被没收，事情就更为明显：这项措施针对的其实不是著作，而是出版社。禁止传播的理由首先是：献词中的措词"亲爱的亲王瓦德马尔"，实属不恭之词。埃格伯特作了解释：亲王，国王的堂兄弟已接收此献赠。此后，扉页上作者姓名的差错又突然被认为是暂时封存全书的理由。还有书没有呈送检查机关，也被说成是一个理由。只是经过亚历山大·洪堡说情，才于6月中旬，即比原计划的出版期限晚1个月左右将《春季花环》开禁。内务大臣阿尔宁－博伊岑堡在一封致国王的信中对事件作了如下说明：

陛下！我直言不讳地以最崇敬的心情向您启奏：所提到的斗争不是在书报检查机关和蓓蒂娜之间，而是在警察局和声名狼藉的埃德加尔〔应为：埃格伯特〕……鲍威尔之间发生的。既然蓓蒂娜出于对其沙龙的常客埃德加尔·鲍威尔的偏爱而选他为其精神作品的出版人，那么可以肯定她对后果是无所谓的。

当蓓蒂娜为她的最近作品选择另一家出版社时，国王对她的警告随之而来。这个作品虽然是以隐喻的方式改写的，但用意完全可以看出。

国王告诫她"不要把这天夜里汲来的圣水注入'鲍威尔'的脉管……因为在那里会沾染上一股怪味"。

正如埃格伯特于1846年复活节弥撒之际在出版书目中登载的那样，《春季花环》是代销书。这本与代销书迥然不同的著作显然是由蓓蒂娜和她的儿子弗里德蒙德出资的，而埃格伯特只作为签名同意生产的出版商参与了销售款的分配。不过，代销中也有一些已经完成的卷册，它们后来才被埃格伯特列入零售书籍中。出版计划中列举的代销书绝大部分来自蓓蒂娜的家庭，这一家想支持这个碰得头破血流的企业。但是，此时已经存在的资金危机状况，在往后几年内几乎无法改善，因为1849年底蓓蒂娜——她像他的儿子弗里德蒙德一样从1845年起不再在埃格伯特那里出书——宣称：书商鲍威尔"仍欠她1300塔勒"，这大概是指她应得的其书销售款中的一份。

书报检查当局迅速对沙洛顿堡出版社作出明确的判断。但是，在激进派团体中还有人以不太信任的态度观察这个出版社。弗里德里希·法贝克的著作《在自由市法兰克福法院保护下一个普鲁士臣民从事诱拐儿童的活动。根据文件及附件》，是关于他的在法兰克福审理的离婚控诉和抚养权控诉的文件汇编。柏林一个委员会曾过问此书的出版：它在暗示涉及国家利益时请求为法贝克捐款。在《维干德季刊》上有一个对法贝克悲惨境遇的带有攻击性的简短说明，并附有一个不怀好意的按语：

有人可能对目前为这点根本不值一提的区区小事大叫大嚷而表示惊讶。我们想对这些人附带说一句：法贝克的小册子是在埃格伯特·鲍威尔的沙洛顿堡出版社出版的。

在希佩尔小酒店成立的辩论俱乐部的许多朋友中，在柏林的"自由人"中，即这个狭隘小组中没有一个人列入埃格伯特的出版者名单。其中只列入阿尔图尔·弥勒和威廉·约丁丹。这两位可说是次要的人物，在开头是作为作者出现的，而且各自只有一本著作。最后，在1846年，恩斯特·荣格尼茨和施里加，这两位《文学总汇报》的撰稿人只出版了少量的零星的东西。

1843年7月的一个秘密报告中硬说，埃格伯特·鲍威尔新创办的书店将与奥托·维干德一起出版"黑格尔和鲍威尔的精神产品"，从而成为"自由人"的出版场所。这是一个明显的错误判断，但由于人们不知道出版计划，最近还在重复这个判断。事实上，1842年和1843年期间"自由人"小组的发展不是没有问题的，而且应该相信，布鲁诺·鲍威尔在那里不是以"精神首脑"的姿态出现，而是相反，一步一步地向自身和狭隘的家庭圈子退缩。要知道，他已于1843年中期将此事通知卢格，同时坚持这样的态度：现在每个人必须"亲自动手"。[①] 他是以其特有的顽固性这样做的，并预感到自己将受到脱离所有老朋友的责备。因此，那个撰写1843年7月的报告的密探，理所当然地想在第2年4月不再把布鲁诺视为"自由人"，甚至断定2个月后小组将分裂成派系："柏林'自由人'完全分崩离析。梅因对鲍威尔发火，鲍威尔则控告梅因"。

兄弟们的企业不是"自由人"的家庭出版社，而宁可说是一种尝试，即打算靠出版一些通俗的也就是畅销的东西，来保证自己著作的出版。

自1846年以来，"后来的广告画家"阿尔伯特·霍普夫是利用出版

[①] 《马克思恩格斯全集》历史考证版第3部分第1卷第406页。

社做招牌登场的。他的最后著作是一本只有两印张的书，于出版社活动趋于低潮的1848年出版。尽管埃格伯特·鲍威尔早在1848年3月30日就以出版一种报纸为由递交了延期交纳保证金的申请——这可能是一种尝试：在改善了的外部条件下（书报检查法由于革命而在1848年春被废除）大胆地重新开始，但是，这家《沙洛顿堡人民和市民报》——申请书中说，由埃格伯特负责编辑出版并从4月3日开始每周出版——没有办成。

尽管在后来的4年内，在埃格伯特那里没有出过一本书，但《德国书商姓名地址簿》1850年版中仍记载着出版社的存在。只是在1852年的不复存在和已经改行的商号一览表中记载着："沙洛顿堡的埃格伯特·鲍威尔，1851年停业。出版社转归莱比锡的特威特迈耶尔。"在特威特迈耶尔那里还涉及一个同名的书商。麦凯认为这个书商是希佩尔的偶然拜访者和鲍威尔兄弟的熟人。特威特迈耶尔——也是从1843年起——在莱比锡经营一家书店。尽管出版社已转让，但1855、1856和1857年的《姓名地址簿》中重又记载了沙洛顿堡的埃格伯特·鲍威尔出版社，直到1858年才指出："沙洛顿堡的埃格伯特·鲍威尔，1857年已不复存在。"事实上，埃格伯特在1853年和1855年之间又出版了一些书籍；不过，它们全都出自布鲁诺的手笔，确切地说，是一些小册子——最大的恰好121页——而且也完全由布鲁诺出资印刷。在出版社的最后一个产品《俄国教会。最后一册》中鲍威尔用可怜巴巴的语言，对最后几年的奇特经营作风作了如下说明：

我著书的微薄收益使我仍能继续写作，并且能从这点微薄收益中抽出一部分，以便到10月初和12月底支付今年由我出版的著作的纸张费53塔勒。为了抽空对这些著作进行最后加工和润色，我卖掉我藏书的一部分……此外，为了这个目的，除卖掉我藏书的一部分外，我第二次签订借约。我现在仍忙于每月支付部分债务。如果按月支付不变，还债将接踵而至。就说到这里。

结　语

最后，"神圣家族"这一名称从多方面来看是恰如其分的：

第一，布鲁诺可能在计划文学报时几乎就没有考虑用它为"自由人"创办"自己的机关报"。正确地说，因为他可能只得到少数人，也就是不属于这个小组的朋友如孚赫、施里加和荣格尼茨的支持。而且恰恰是在《文学总汇报》出版之际戏剧性地发生了以前就可知道的布鲁诺对老朋友的背弃。这些朋友把鲍威尔自己选择的与世隔绝和与之相应的立场描述为徒劳无益的，或者说，这种遗世独立的做法是尘世之外的和非人间的。

第二，布鲁诺这次龟缩到家庭小圈子中，既表现在《文学总汇报》上，也表现在兄弟们的书店中。除了已经举出的为该报写作的人之外，在这里写作的都是些几乎完全不知名的人，这些人不是有直接的家庭关系（如赖哈德），就是有间接的家庭关系（如科佩、库腾贝格尔和贝尔克）。出版社的情况也是如此。主要由布鲁诺和埃德加尔·鲍威尔——后来只有布鲁诺——负责供稿。手工劳动由家庭其他成员担任。埃吉纳帮助包装书籍，母亲在紧挨着的香烟铺里为顾客服务。这样一种家庭联合体早在马克思和恩格斯撰写《神圣家族》之前就引起了攻击性的描述：

看来，问题在于鲍威尔家庭的所有这些成员有一个类似的强烈的精神特征。这就是顽固不化的自满自足和简单的头脑。他们每一个人确信自己，但后来主要是彼此确信和确信作为家庭成员的自己，以便在必要时有家庭这个群体，此外则一概摒弃……而且鲍威尔兄弟的这种家庭特征是如此强烈，以致三弟为此住进人间的天堂，或者正确地说，两位圣者在沙洛顿堡找到第三位名叫埃格伯特的圣者，还有太太和孩子，那么怎样才能使这个单纯群体的天堂团圆美满呢？于是母亲和父亲，受鲍威尔三兄弟祝福的人，也就到了这个伊甸园。

马克思和恩格斯从鲍威尔发展中得出合乎逻辑的结论，同时以一种在某种程度上是理论性的体裁，恰好也是以完全适合于神圣家族的体裁，对《文学总汇报》作了反驳。

第三，正如奥托·吕宁在一篇对《神圣家族》的评论中精辟地表述的那样，这里表明：鲍威尔"从未从他的理论偏见中走来……因此，他高高地飘浮在他所抱的关于群众的理论幻想的云端。群众咒骂他，根本不听他，或是嘲笑他"。

（原载《马克思故居文集》［特里尔］第 43 辑）

（单志澄 译）

马克思为亨利希·海涅辩护的一篇鲜为人知的文章[*]

〔苏〕Я.Г.罗基强斯基

有关马克思和杰出的德国诗人的关系的具体材料保存下来的不多。不久前,令人感兴趣的一个新文献——马克思1844年12月30日写的一篇为海涅辩护的文章充实了有关这一问题的资料。

马克思的这篇著作曾作为编辑部文章匿名发表在1845年1月初的《前进》月刊试刊号上。该月刊应当是1844年全年每周两次在巴黎出版的报纸《前进报》的继续。1844年底,该报面临被法国当局查封的威胁。为了防止这种情况,《前进报》编辑部试图把报纸改为月刊。然而,月刊的试刊号成为该刊的终刊号。在这一号上,除了十分详细地介绍了月刊的栏目以外,还在总标题《再见》之下转载了许多政论材料。其中就有《巴黎,1844年12月30日》这篇编辑部文章。[①]

首先把马克思确定为这篇文章的作者的是法国历史学家J.格朗让[②]。马克思于1855年1月17日给恩格斯的信中的一句话引起了他的

---

[*] 本文选自《马克思恩格斯研究》1991年总第5期。

① 《前进》(巴黎,德文月刊,1845年)。

② J.格朗让:《从〈前进报〉到〈吕太斯〉:论海涅、马克思和贝尔奈斯在1844—1848年期间的关系。附卡尔·马克思的一篇新文献》,载于《卡尔·马克思故居丛书》1982年特里尔版第26辑第193页。

注意。马克思在信中评论了海涅1854年8月的《说明》，其中提到1848年二月革命后在报刊上出现的一些有关海涅在40年代定期领取法国政府津贴的报道。海涅认为，在他受到指名道姓地攻击之后，当时马克思是支持他的人当中的一个。好像马克思忠告海涅不要理睬这些报道并保证为他作辩护。① 马克思针对这些说法，写信对恩格斯说："好心的海涅故意忘掉了这样一种情况，即我为了他而进行的干预是在1843年底，所以，无论如何不可能同1848年二月革命以后才知道的一些事实联系起来。"②

格朗让在分析各种资料的基础上得出结论：马克思为了海涅所进行的"干预"不是像马克思所写的那样发生在1843年底，而是在1844年底，并且这一"干预"反映在上面发表的《前进》编辑部文章中。③ 同时，1982年出版的《马克思恩格斯全集》原文版第1部分第2卷的编者也认为马克思是这篇使我们感兴趣的为海涅作辩护的材料的作者。④

到1844年底，马克思同海涅的关系是友好的。只要介绍一下他们相互通信中的两个片断，就足以令人信服。1844年9月21日海涅给马克思的信写道："祝您一切顺利，亲爱的朋友，请您原谅我写得潦草。我不可能再把我写的东西读一遍，但是只要有那么几个符号，我们就足以相互理解了"。⑤ 马克思1845年1月底离开巴黎的前夜写给海涅的信中有这样一段话："在我要离别的人们中间，同海涅离别对我来说是最

---

① 亨·海涅：《启蒙运动回顾》，载于《杂文集》1854年汉堡版第3卷（《吕太斯》下册）第144页。
② 《马克思恩格斯全集》第1版第28卷第420—421页。
③ J.格朗让：《从〈前进报〉到〈吕太斯〉》第185—187页。
④ 参看《马克思恩格斯全集》原文版第1部分第2卷第566页。
⑤ 《马克思恩格斯全集》原文版第3部分第1卷第444页。

难受的。我很想把您一起带走。请代我和我的妻子向您的夫人问好。"①后来,马克思的妻子记述了马克思和海涅在巴黎的这段热烈的交往。②

亲密友好的关系带来了思想上的接近。这一点反映在海涅为《德法年鉴》和后来为《前进报》的撰稿活动中。③《前进报》的思想政治倾向变换了三次。从1月到4月,该报具有纯自由主义色彩,尔后变成一张革命民主主义的报纸。④ 从7月初起《前进报》的主编是卡尔·路德维希·贝尔奈斯。当时他是马克思的朋友。从这时起该报逐步成为以马克思为首的德国共产主义者小组的刊物。⑤ 1844年8月《前进报》实现了向共产主义思想的决定性转变。当时报上发表了马克思的文章《评"普鲁士人"的〈普鲁士国王和社会改革〉一文》。⑥ 这篇文章批判了《前进报》编辑部成员阿·卢格的资产阶级观点,并且标志着该报彻底转到了新的思想立场上来。从这时起到《前进报》停刊,具有革命的共产主义内容的材料,以及支持德国工人运动、抨击普鲁士和其他德意

---

① 《马克思恩格斯全集》第1版第27卷第457页。

② 参看《摩尔和将军》1982年人民出版社版第37页。

③ K.奥伯曼:《亨利希·海涅和他在19世纪30—40年代德国史上的作用》,载于《亨利希·海涅和同时代人。历史和文学鉴定》1979年柏林魏玛版第24—31页。

④ J.格朗让:《马克思和在巴黎的德国共产主义者。1844年〈前进报〉》1974年巴黎版第23—34页;W.施米特:《关于1844年〈前进报〉的历史。〈前进报〉重印版〈前言〉》1978年莱比锡版第Ⅶ—XIV页;《参加〈前进报〉编辑部工作》,参看《马克思恩格斯全集》原文版第1部分第2卷第555—559页。

⑤ J.格朗让:《马克思和在巴黎的德国共产主义者。1844年〈前进报〉》第58—84页;W.施米特:《关于1844年〈前进报〉的历史。〈前进报〉重印版〈前言〉》第XIV—XVII页。

⑥ 《马克思恩格斯全集》第1版第1卷第468—489页。

志各邦统治集团的反工人政策的文章在它的版面上占有主导地位。①

1844年8—12月，马克思对该报的方针给予了决定性的影响。恩格斯在8月底至9月初在巴黎逗留。在这些日子里，他常常同马克思和《前进报》的其他编辑们来往，甚至参加编委会的会议。② 恩格斯离开巴黎后不久在《大陆社会主义》一文中写道："我们在巴黎有一家每周出版两次的德文的共产主义报纸《前进报》"。③ 他在《共产主义在德国的迅速进展》这篇文章中说道："在巴黎，我们在出版自由的情况下发行了一张报纸。"④ 恩格斯说的"我们"指的是以马克思为首的德国共产主义者小组。后来，恩格斯曾谈到马克思在该报编辑工作中的作用。⑤ 他在1883年3月17日马克思的葬礼上把"巴黎的《前进报》（1844年）"视为马克思的活动和创作的重要阶段之一。⑥

在《前进报》的出版中，马克思的主导作用表现在他的朋友们为该报撰稿这一事实上。这些朋友中有恩格斯、格·维贝尔、奥·海·艾韦贝克、亨·毕尔格尔斯。海涅也在其中。后者在该报上发表过许多诗作。1844年7月10日《前进报》上发表了海涅的著名诗篇《西里西亚织工之歌》，⑦ 它反映了德国西里西亚工人的起义。这首诗说明共产主

---

① 1844年8—12月《前进报》。

② 参看《马克思恩格斯全集》第1版第21卷第247页；第27卷第5、8、9—10、15页；《19世纪40年代有关马克思的书信》，载于苏联《历史问题》1983年第3期第68页。

③ 《马克思恩格斯全集》第1版第42卷第218页。

④ 《马克思恩格斯全集》第1版第2卷第589页。

⑤ 《马克思恩格斯全集》第1版第22卷第393页；第36卷第51页。

⑥ 《马克思恩格斯全集》第1版第19卷第375页。

⑦ 1844年7月10日《前进报》。

义思想在这一时期对作者有不容置疑的影响。①

大约从 1844 年 7 月 20 日至 10 月 14 日,海涅在汉堡逗留。在那里,汉堡出版商尤利乌斯·康培准备出版海涅的《新诗集》。海涅就地完成了诗集的编选工作并解决了一些具体的出版问题。② 海涅的大部分抒情诗和纯政治诗,以及长篇新诗《德国,一个冬天的童话》收进了这本诗集。③ 海涅在这篇长诗中运用其独特的抒情兼讽刺的手法叙述了他在 1843 年 10 月游历德国的直观印象,他嘲笑了政治压迫和无权的各种现象,讥讽了专制主义、宗教狂热和体现在条顿人身上的民族主义,明确地表达了他的革命民主主义和社会主义的信念,诗人写道:

"一首新的歌,更好的歌,
啊朋友,我要为你们制作!
我们已经在大地上
建立起天上的王国"④

正像诗歌《西里西亚织工之歌》一样,海涅的新诗集中的政治诗,他的长诗《德国,一个冬天的童话》反映出了海涅同马克思在这一个时期思想上的接近。恩格斯在 1844 年 11 月就海涅的新诗集写道:"德国当代最杰出的诗人亨利希·海涅也参加了我们的队伍,他出版了一本

---

① 参看《马克思恩格斯全集》第 1 版第 2 卷第 591—592 页。
② K. 奥伯曼:《亨利希·海涅和他在 19 世纪 30—40 年代德国史上的作用》第 31—33 页。
③ 亨·海涅:《新诗集》1844 年汉堡版。
④ 《德国,一个冬天的童话》1978 年人民文学出版社版第 8—9 页。

政治诗集,其中也收集了几篇宣传社会主义的诗作"。①

马克思早在《新诗集》出版之前就知道了它的内容。1844年9月21日,海涅告知他,已经从汉堡给他寄去尚未付印的诗集的部分清样。在这部分清样中就有长诗《德国,一个冬天的童话》。海涅写信对马克思说:"我的书现在正在排印,但是为了不致立即引起喧嚣,这本书在10—14天以后才在这里出版。我今天用快件把其中政治诗,特别是我的长诗的部分清样,寄给您,这有三重用意。第一是供您消遣,第二是使您能够立即着手准备,在德文报刊上给这本书做些宣传,第三是请您让《前进报》转载这篇新诗的最精彩部分,如果您以为这样做是可行的话。"② 10月初,清样已到了马克思的手中。1844年10月7日,马克思在给尤利乌斯·康培的信中写道:"如果海涅还在汉堡,就请您对他寄来的诗转致谢意。"③

1844年10月9日,《前进报》就提到了海涅的诗集。这一天,该报转载了德国一家报纸的一篇通讯《汉堡,9月28日》。这篇通讯的作者向读者披露了海涅抵达汉堡和即将出版他的诗集的消息。通讯说道:"海涅的新近的诗作已交给了出版者(霍夫曼和康培),准备发行。这些诗将会引起极大的轰动和对诗人的强烈抨击。就这本诗集来说,海涅并没有写什么真正的政治诗,而是让色情成分在他的诗作中占了上风。"《前进报》针对这一说法写了如下的编辑部按语:"**并没有写**?看来记者先生并没有读过壮丽的冬天童话《德国》;海涅从来没有创作过比这更有力、更令人鼓舞和更有生气的诗篇了;某些人会认为这些诗歌是非

---

① 《马克思恩格斯全集》第1版第2卷第591页。
② 《马克思恩格斯全集》原文版第3部分第1卷第443页。
③ 《马克思恩格斯全集》第1版第27卷第453页。

政治的。当然啦,这**不是**纯政治的。编辑部按。"①

现在有理由认为,马克思有可能参与《前进报》编辑部按语的起草工作。如上所述,马克思在《前进报》编辑部的工作中起过决定性的作用。他曾是该报的编辑之一,积极参加编委会的各种会议,参与解决许多具体的编辑问题。这一点可以从贝尔奈斯1844年9月6日给卡尔·德雷泽尔的信中看出。信中提到,《前进报》编辑部在9月的头几天曾经讨论德国诗人奥古斯特·亨利希·霍夫曼·冯·法勒斯累本的诗作。贝尔奈斯写道:"至于我的朋友霍夫曼的诗作,它将不会发表……编委会成员,其中有马克思博士、来自曼彻斯特的恩格斯、我和其他三人(在这里我不想说出他们的名字)一致决定不发表这篇诗作。"② 贝尔奈斯的信说明,解决各种材料,当然其中也包括编辑部按语的发表问题,须由《前进报》的编辑们在编委会上讨论通过。因此,马克思作为编委会成员完全可能参加《前进报》编辑部按语的起草。

认定马克思曾参与起草我们感兴趣的关于海涅的编辑部按语,其有力证据就是,按语作者早在1844年10月初就已知道当时在汉堡出版的海涅的诗集内容。在《前进报》各位编辑中,能够在当时写出诗集的某些具体内容的首推马克思。因为,正如上面提到的海涅1844年9月21日给马克思的信所表明的,海涅把尚**未付印**的诗集的部分清样正是寄给了他。

《前进报》关于海涅的编辑部按语的内容也说明马克思参与了起草

---

① 1844年10月9日《前进报》。
② 《19世纪40年代有关马克思的书信》,载于苏联《历史问题》1983年第3期第68页;另见H.博恩施坦:《旧大陆和新大陆的75年。一位不知名者的回忆》1844年莱比锡第2版第1卷第351页。

工作。我们完全可以把这一按语看作是马克思对上面提到的海涅1844年9月21日的信的反应。海涅在信中曾请求马克思在德文报刊上替他的诗集作宣传。海涅的长诗《德国，一个冬天的童话》在编辑部按语中得到了十分深刻的评价。这种评价同当代文艺评论家在分析海涅的全部作品的基础上得出的结论是一致的。① 马克思能背诵海涅的许多诗句。② 他完全能够第一眼就准确地判断出这首长诗在海涅的创作中的地位。这表明马克思有能力参加起草《前进报》编辑部关于海涅的按语。然而，只有从文风上对文章进行分析之后，才能够解决这样的问题：马克思究竟是按语的作者，或者只是发表这一按语的倡导者？

10月19日的《前进报》还曾发表过编辑部关于海涅的一篇短文。当时《前进报》正好开始刊登长诗《德国，一个冬天的童话》，此时该诗已在汉堡出版单行本。③ 这首诗11月30日连载完毕。④ 在开始刊登这首长诗时，编辑部发表了一篇简短的说明：《亨·海涅的新诗》。其中写道："不久前，海涅把他近来写的诗作寄给我们《前进报》。我们表示欢迎。这些诗作不仅是有价值的成果，而且是海涅在长期的冬眠之后重新开始创作活动和出版新作品的征兆。我们在这些新作中再次看到我们十分敬爱的诗人进入充满青春活力的极盛时期。我们的期待没有落空。海涅经霍夫曼和康培出版社出版了一本小集子，书名为《德国，一个冬天的童话》。我们认为这本诗集无可争议是他的那些出自诗歌天才

---

① 苏联最近出版的海涅著作集中指出，长诗《德国，一个冬天的童话》"无可争议地是海涅政治诗的顶峰"（《海涅选集》第1卷第686页；另见《德国文学史》1986年莫斯科版第212页）。

② 参看《摩尔和将军》1982年人民出版社版第92页。

③ 亨·海涅：《德国，一个冬天的童话》1844年汉堡版。

④ 1844年10月19、23、26、30日和11月2、9、16、20、30日《前进报》。

的极端机智和真诚之心的优秀作品之一。新思想的力量使海涅摆脱了昏昏欲睡的状态,全副武装地登上舞台,高傲地挥动着**新的**旗帜,并且像'真正的鼓手'一样前进。他擂响战鼓和唤起所有的人。我们将刊登这本集子的部分章节,今天我们先发表十分精彩的序言。"①

《马克思恩格斯全集》原文版第1部分第2卷的编者提出一个猜想,认为马克思是这篇编辑部说明的作者。② 依我们看,马克思只能同它有间接关系。海涅的长诗不征得他的同意未必能够在《前进报》上发表。要知道,海涅正是请求马克思在报纸上转载它。可是编辑部说明的风格毕竟不同于马克思的文风,很明显,它的作者应是《前进报》的另一位编辑,很可能是贝尔奈斯。但是,毫无疑问,说明也反映了马克思的观点。

前面提到的1844年10月9日和19日《前进报》编辑部关于海涅的两篇材料表明,马克思1844年12月30日写的令我们感兴趣的编辑部文章不是一个偶然的小插曲。它是马克思在1844年最后几个月从事《前进报》编辑工作的有机组成部分。

长诗《德国,一个冬天的童话》出版之后,德国小资产阶级流亡者代表在法国报纸上掀起了一场诽谤海涅的运动,马克思12月30日写的文章是对这种诽谤活动的回击。长诗在法国引起了人们的很大兴趣。它在《前进报》上发表之后,很快被译成法文并在《巴黎评论》上转载。③《巴黎评论》、《喧声报》、《两大陆评论》、《商业报》、《国民报》和其他一些报纸均对海涅的长诗发表了评论。这些评论是赞许的。人们

---

① 1844年10月19日《前进报》。
② 参看《马克思恩格斯全集》原文版第1部分第2卷第565页。
③ 1844年12月7、10日《巴黎评论》。

注意到长诗的民主主义的和反普鲁士的倾向，以及它的讽刺特点和艺术上的长处。①

然而，长诗《德国，一个冬天的童话》不合乎某些带有民族主义情绪的德国流亡者代表以及资产阶级民主主义观点的拥护者的口味。他们特别不喜欢诗中的反民族主义的和社会主义的内容。他们不打算具体地批判这篇卓越而又有才华的长诗，而宁愿利用海涅1840—1843年匿名发表在保守的奥格斯堡《总汇报》上和后来被他收进《吕太斯》一书中的一系列巴黎通讯作为攻击他的口实。②海涅在这些文章中对法国一些著名的社会主义者和民主主义者曾提出不少批评性意见。当时他还不是社会主义思想的信徒。况且，书报检查也不允许海涅公开表达他的革命信仰。海涅在《总汇报》上的文章被译成法文后，被介绍给巴黎各家报纸的编辑部。根据这些文章，人们试图把海涅说成是法国民主主义者和革命者的敌人。③ 不久，一些巴黎报纸，特别是《国民报》、《喧声报》和《总汇报》发表了一些材料，对海涅的长诗《德国，一个冬天的童话》获得的高度评价表示怀疑，认为海涅是不真诚的。1844年12月23日的《国民报》写道："如果海涅先生如我们与之对话的一些爱国者所想象的，在回归之后是不真诚的，那么我们只能表示我们的遗

---

① 1844年11月16日《巴黎评论》；1844年12月19日《喧声报》；1844年12月1日《两大陆评论》；1844年11月16日《国民报》；1844年12月10日《商业报》。

② 《海涅选集》第2卷第434—437页。

③ 参看1844年1月1日《总汇报》上发表的古·科尔布的文章，以及1844年12月29日和1845年1月4日《特里尔日报》上发表的贝尔奈斯的巴黎通讯和1844年12月27日和12月31日《特里尔日报》上发表的卡·格律思的巴黎通讯。

憾，因为我们曾高度评价他的文学才能。"①

海涅在巴黎的朋友，其中毫无疑问也有《前进报》的撰稿人，立即出来为他辩护。他们走访了《总汇报》和《国民报》的编辑部，抗议这些报纸对海涅的攻击。② 12月27日的《国民报》报道了这些访问情况、该报编辑部会议的讨论情况以及该报收到的许多信件。还提到海涅本人的抗议信，以及一封谴责他的信。该报写道："我们要赶快结束这场关于个人品格的争论，热烈呼吁一切真诚热爱自由和渴望本国解放的德国人注意，意见分歧和分裂行为只会使人民的敌人称快。"③

海涅的一些朋友们是在1844年12月25日或26日走访《国民报》和巴黎其他报纸的；他们当中是否有马克思，我们不知道。这一伙人打算发表一份声明，表示和海涅团结在一起，并驳斥法国各报上的诽谤。④ 12月30日马克思起草的《前进报》的编辑部文章大概是要取代这份声明的。为了使文章的内容也为法国读者所了解，用德文发表之后，马克思迅即发表了它的法译文。⑤

马克思的文章根本不同于贝尔奈斯、德国社会主义者卡·格律恩和《总汇报》编辑古·科尔布在1844年12月底至1845年1月初发表的为

---

① 1844年12月23日《国民报》；另见1844年12月25日《喧声报》和1844年12月29日《特里尔日报》上的贝尔奈斯的通讯。

② 参看1844年12月29日和1845年1月4日《特里尔日报》上的贝尔奈斯和卡·格律恩的文章。

③ 1844年12月27日《国民报》。

④ 参看贝尔奈斯在1844年12月29日《特里尔日报》上发表的为海涅作辩护的文章。

⑤ 《前进》（巴黎，德文月刊，1845年）。

海涅辩护的材料。① 贝尔奈斯、格律恩和科尔布仅限于描述事件和分析事件的细节。而马克思的文章是揭露性的。马克思揭穿了诽谤海涅运动发起人的行为和观点的实质。30年代上半期，德国人民同盟以及后来的流亡者同盟队伍中的德国小资产阶级流亡者代表在批判德国专制主义和政治压迫方面，以及在对工人启蒙的工作方面起了一定的积极作用。可是，后来他们越来越采取民族主义观点，忽视在德国进行深刻的社会变革的必要性，逃避德国社会政治发展的重大问题。马克思的文章对流亡巴黎的德国小资产阶级的这一思想发展的特点进行了十分透彻的分析。

上面发表的材料作为马克思最初回击小资产阶级流亡者代表诽谤的令人信服的文章之一是值得注意的。后来马克思还写过一些这样的文章。这篇文章扩大了我们对马克思1844年在巴黎同海涅的关系的认识。正如《前进报》编辑部材料所表明的，这种关系不仅仅限于通信和个人交往。马克思和他编辑的《前进报》有力地支持和维护了海涅。这些材料是1844年马克思和海涅在思想上接近的一个佐证。这种思想上的接近促使海涅在创作上达到最后的高度。②

1844年10月9日和19日《前进报》发表的和马克思有着直接或者间接关系的关于海涅的编辑部材料，以及上面发表的材料表明，马克思曾经积极地参与过《前进报》的出版事务。现今的历史著作一般都承认这一点。目前《马克思恩格斯全集》只收入了马克思发表在这家

---

① 1844年12月29日和1845年1月4日《特里尔日报》；1845年1月1日《总汇报》。

② N.博赫：《亨利希·海涅和七月革命》，载于民主德国《历史科学杂志》1986年第9期第795页。

报纸上的两篇著作——前面提到的署名文章《评"普鲁士人"的〈普誉士国王和社会改革〉一文》和他的未署名文章《对弗里德里希-威廉四世最近在诏书上所做的修辞练习的说明》。① 现在已经查明,马克思为《前进报》所写的并不止于这两份材料。恩格斯在1892年写的《马克思,亨利希·卡尔》这篇传略中开列了马克思已发表的著作清单,提到了"1844年在巴黎报纸《前进报》上发表的短文(未署名)。"② 上面发表的马克思写于1844年12月30日的文章也完全可以列入这类材料。依我们看,如果从内容上和文风上对1844年8月至1845年1月《前进报》发表的其他编辑部材料进行更深入的分析,可能会在马克思学上获得另一些新的珍贵发现。

(原载《马克思主义和19世纪工人运动。一些紧迫的理论和历史问题》1988年莫斯科版第449—461页)

(李锁贵 译 孙魁 校)

---

① 参看《马克思恩格斯全集》第1版第1卷第468—489页,第42卷第182—185页。

② 参看《马克思恩格斯全集》第1版第22卷第400页。

通过调查研究制定科学理论——读恩格斯《英国工人阶级状况》[*]

周亮勋

《英国工人阶级状况》是恩格斯青年时代所写的最主要的著作。在这里,他第一次对资本主义、对无产阶级在资产阶级社会中的地位和作用,作了科学而深刻的分析,在制定唯物史观和从科学上论证共产主义方面迈出了重要的一步。他以英国为例确定了工业革命和社会的阶级结构中的变化之间的联系,这样就接近发现唯物史观的核心问题,即生产力和生产关系的辩证联系。

详尽的调查研究的结果

1842年11月底,恩格斯去英国,到曼彻斯特他父亲和别人合办的"欧门—恩格斯"纺纱厂学习经商。他在那里一直待到1844年8月底。这21个月,是他一生中具有决定意义的转折点。在此期间,他积累了关于资本主义制度本质的丰富的实践经验,积极地参加工人阶级的经济斗争和政治斗争,潜心地进行理论研究,批判了对现存社会的各种错误认识。他的世界观发生了根本的变化,从革命民主主义转向了共产主

---

[*] 本文选自《马列主义研究资料》1985年第2辑。

义。在将近两年的时间里，他对经商并不热心，而是千方百计了解英国社会史。他本来打算写一部英国社会史的专著，把英国工人阶级社会状况作为其中的一章，但正如他自己说的，"这个问题的重要性很快就使我不得不对它进行单独的研究。"①

为了彻底弄清工人阶级状况这个"当代一切社会运动的真正基础和出发点"②，他不仅仔细研究资产阶级经济学、空想社会主义的著作，认真阅读大量政治、历史、调查报告，而且还亲自深入工人的肮脏的住宅区去，调查他们的贫穷、困苦的生活状况，亲自参加他们的集会。他在《致大不列颠工人阶级》一文中写道："我曾经在你们当中生活过一个相当长的时期，对你们的状况有足够的了解。我非常认真地研究过你们的状况，研究过我所能弄到的各种官方和非官方的文件，但是我并不以此为满足。我寻求的并不仅仅是和这个题目有关的**抽象**的知识，我愿意在你们的住宅中看到你们，观察你们的日常生活，同你们谈谈你们的状况和你们的疾苦，亲眼看看你们为反抗你们的压迫者的社会的和政治的统治而进行的斗争。我是这样做了。我抛弃了社交活动和宴会，抛弃了资产阶级的葡萄牙红葡萄酒和香槟酒，把自己的空闲时间几乎都用来和普通工人交往"。③

恩格斯一有空，就到他居住的曼彻斯特城市的各个区进行具体考察，他走遍了这个城市的各个角落，久而久之，非常熟悉当时这个现代工业城市的典型，"对它的了解就像对自己的故乡一样，并且比该城的

---

① 《马克思恩格斯全集》第 1 版第 2 卷第 278 页。
② 《马克思恩格斯全集》第 1 版第 2 卷第 278 页。
③ 《马克思恩格斯全集》第 1 版第 2 卷第 273 页。

大多数居民还了解得更清楚"。①

为了取得对这个城市的完整了解,他考察得非常细致。他观察整个城市,也考察各个市区。他研究城市的布局,房屋的建筑方式和用材,街道、院落、小胡同,甚至一些偏僻的角落。他特别注意的是工人的住宅,他们房屋的大小,居住的人数,房间的布置,家具的好坏,租金的高低,卫生设备的情况,等等。

恩格斯认为,仅仅了解一个城市还不能对整个英国工人阶级状况有一幅明确而具体的图景,因此他也到其他城市去。他发现,同曼彻斯特一样,"每一个大城市都有一个或几个挤满了工人阶级的贫民窟。的确,穷人常常是住在紧靠着富人府邸的狭窄的小胡同里。可是通常总给他们划定一块完全孤立的地区,他们必须在比较幸福的阶级所看不到的这个地方尽力挣扎着活下去。英国一切城市中的这些贫民窟大体上都是一样的;这是城市中最糟糕的地区的最糟糕的房屋,最常见的是一排排的两层或一层的砖房,几乎总是排列得乱七八糟,有许多还有住人的地下室……这里的街道通常是没有铺砌过的,肮脏的,坑坑洼洼的,到处是垃圾,没有排水沟,也没有污水沟,有的只是臭气熏天的死水洼。城市中这些地区的不合理的杂乱无章的建筑形式妨碍了空气的流通,由于很多人住在这一个不大的空间里,所以这些工人区的空气如何,是容易想象的。"② 他看到,"把地下室当做住宅,在这里是很普通的;凡是可以挖洞的地方,都挖成了这种深入地下的洞,而很大一部分居民就住在这样的洞穴里面。"③

---

① 《马克思恩格斯全集》第 1 版第 2 卷第 323 页。
② 《马克思恩格斯全集》第 1 版第 2 卷第 306—307 页。
③ 《马克思恩格斯全集》第 1 版第 2 卷第 323 页。

当然居住条件只反映工人生活状况的一个侧面，要全面而客观地得出工人生活的明确概念，还必须了解工人生活的其他状况。恩格斯也正是这样做的，他还深入调查工人的衣、食等各个方面。

他弄清了食品的供应情况，仔细研究了食品法，看看是否得到执行。"工人所得到的都是有产阶级认为太坏的东西……工人买的土豆多半都是质量很差的，蔬菜也不新鲜，干酪是质量很坏的陈货，猪板油是发臭的，肉又瘦，又陈，又硬，都是老畜的肉，甚至常常是病畜或死畜的肉，往往已经半腐烂了。"① 他还发现食品中有严重掺假现象，糖里掺有木粉，面粉里有白垩，咖啡里有菊苣，等等。

"绝大多数工人都穿得很坏……男人们大都穿着粗布及其他粗棉织品做的裤子和同样的料子做的上衣或夹克。粗布甚至成了工人服装这个名词的同义语，工人被叫做粗布夹克，而工人也这样称呼自己，借以和那些穿呢子的老爷们相区别，而呢子也就成了资产者的标志。""很多很多工人，特别是爱尔兰人，他们的衣服简直就是一些破布，上面往往连再打一个补丁的地方都没有了，不然就是补丁连补丁，连原来的颜色都认不出来了。"②

他考察了工人的健康，有哪些流行的传染病，发病率高低，医疗的方法，医院床位的多少，费用如何，药物质量，儿童、妇女、男人的死亡率，平均寿命，事故多少，死亡原因，等等。

恩格斯不只是具体调查了工人的生活，他还考察了他们的劳动状况，分析了机器生产对无产阶级所产生的影响。

为了了解英国的整个工人阶级的情况，恩格斯的调查研究不只是限

---

① 《马克思恩格斯全集》第1版第2卷第351页。
② 参看《马克思恩格斯全集》第1版第2卷第349、350页。

于纺织工人，也涉及其他生产部门，如机器制造业、陶瓷业、煤矿业；甚至农业工人的状况，他也没放过。

1844年8月，恩格斯带着大量的资料和亲身的体验离开英国，回到故乡巴门，开始紧张地进行写作，翌年3月完成了《英国工人阶级状况》这本在科学社会主义史上具有重要意义的著作。该书于同年5月在莱比锡出版。

恩格斯的这部著作得到马克界的高度评价。马克思称它是"一部重要的著作"；① 正是在这本书中，恩格斯从另一条道路得出了同马克思一样的历史唯物主义的结论。② 在《资本论》和经济学手稿中，马克思一再引用了他的战友的这一巨著。例如在谈到英国从大工业产生到1845年这段时期的情况时，马克思指出恩格斯的这本书"对资本主义生产方式的精神了解得多么深刻"，"对工人阶级状况的详细入微的描写是多么令人惊叹"。③ 在马克思看来，有了恩格斯的这本书，有关这一时期的情况，就没有必要再专门加以论述了。在本书出版十几年以后，马克思仍对它备加赞扬。1863年4月9日他在给恩格斯的信中写道："你的书中的主要论点，连细节都已经被1844年以后的发展所证实了。……这本书写得多么清新、热情和富于大胆的预料，丝毫没有学术上和科学上的疑虑！连认为明天或后天就会亲眼看到历史结果的那种幻想，也给了整个作品以热情和乐观的色彩。"④

---

① 《马克思恩格斯全集》第1版第19卷第259页。
② 参看《马克思恩格斯选集》第1版第2卷第83页。
③ 《马克思恩格斯全集》第1版第23卷第268页。
④ 《马克思恩格斯全集》第1版第30卷第338—339页。

《英国工人阶级状况》曾对一些先进分子起过很好的影响。马克思和恩格斯的忠实朋友、德国和国际工人运动著名活动家列斯纳在一篇回忆恩格斯的文章中谈到:"1845年,恩格斯的《英国工人阶级状况》第一次出版时,曾经在伦敦工人共产主义教育协会发售过。这是我第一次得到的,也是使我最初接受工人运动这一概念的一本书。"①

　　列宁对本书作了非常精湛的评价,他写道:"在恩格斯以前有很多人描写过无产阶级的痛苦,并且指出了帮助无产阶级的必要。但是,恩格斯**第一个**说明了无产阶级**不只**是一个受苦的阶级;说明了正是它所处的那种低贱的经济地位,无可遏止地推动它前进,使它去争取本身的最终解放。而战斗中的无产阶级是能够**自己帮助自己**的。工人阶级的政治运动必然会使工人认识到,他们除了社会主义以外,再没有别的出路。另一方面,社会主义只有成为工人**阶级**的**政治**斗争的目标时,才会成为一种力量。这就是恩格斯的关于英国工人阶级状况的一书的基本思想。现在,这些思想已为全体能思考的和正在进行斗争的无产阶级所领会,但在当时却完全是新的。这些思想是在一部写得很动人、充满了关于英国无产阶级穷苦状况的最确实最惊人的情景的著作中叙述出来的。这部著作是对资本主义和资产阶级的极严厉的控诉。它给人的印象是很深的。从此,到处都有人援引恩格斯的这部著作,认为它是对现代无产阶级状况的最好的描述。的确,不论在1845年以前或以后,都没有出现过一本书把工人阶级的穷苦状况描述得这么鲜明、逼真。"②

---

① 《智慧的明灯》(《回忆马克思恩格斯》)1983年人民出版社版第2页。
② 《列宁选集》第2版第1卷第89—90页。

工业革命和无产阶级的诞生

恩格斯在《国民经济学批判大纲》中的结尾提到，他将考察机器的影响并研究工厂制度，这项任务他是在《英国工人阶级状况》一书中完成的。在这里，他在经济学家中间第一个认识和探讨了工业革命的世界历史意义，揭示了工业革命的起因和后果，它给社会的阶级结构带来的根本变化。

十八世纪下半叶开始，在英国的工业生产的技术和工艺方面发生了根本的变革，蒸汽机和纺织等机器发明出来了，并得到了应用，手工劳动为机器劳动所代替。因此，劳动生产率大大提高，工业产量迅猛增加，工业的发展也促使农业发生根本性变化。

恩格斯非常认真、细致地考察了这一变革，他的研究成果最初反映在1844年2—3月发表在巴黎出版的德文报纸《前进报》上的一组文章中。[①] 这些文章可以说是《英国工人阶级状况》一书的准备材料。在《英国状况。十八世纪》一文中，他使用了工业革命这个概念，而这一术语正是在恩格斯使用后才广泛流传开来。他列出了一系列重要的发明，指出"它们的最直接的结果就是英国工业的诞生，首先是棉纺织业的诞生"[②]。他提出了一个非常重要的论点，即认为技术的工业的发展是历史发展的基础和动力。他写道："英国工业的这一番革命化是现代英国各种关系的基础，是整个社会发展的动力。"[③]

---

① 参看《马克思恩格斯全集》第1版第1卷第656—705页。
② 《马克思恩格斯全集》第1版第1卷第668页。
③ 《马克思恩格斯全集》第1版第1卷第674页。

在《英国工人阶级状况》一书中，恩格斯更加详细地叙述了纺纱机和织布机的发展，从瓦特的蒸汽机和哈格里沃斯"珍妮纺纱机"直到蒸汽动力织机，说明它们给予整个工业体系的发展的影响。他从研究机器制造业开始，进而考察机器制造业对金属加工和钢铁工业、炼铜工业的作用，考察了采矿业，最后探讨了工业的发展对交通运输业的影响。

恩格斯充分认识到工业的发展和工业革命的巨大意义。他说，近六十年来英国工业的历史，是在人类的编年史中无与伦比的历史。"工业革命对英国的意义，就像政治革命对于法国，哲学革命对于德国一样。"①

恩格斯不仅考察了工业革命的技术方面的根本变革，而且还考察了它的社会方面，正如他自己说的，"英国工人阶级的历史是从十八世纪后半期，从蒸汽机和棉花加工机的发明开始的。大家知道，这些发明推动了工业革命，工业革命同时又引起了市民社会中的全面变革"②，而这一变革具有世界历史意义。他指出，"这个工业革命的最重要的产物是无产阶级；由于工业革命，在英国产生出这样一个民族，它完全具有另外的习惯、另外的需要、另外的阶级"，③ 他第一次精确地描述了无产阶级和资产阶级这两个新的阶级。

恩格斯细致地叙述了无产阶级的产生过程，并在《导言》的最后部分作了概括。他写道："我们已经看到，机器的使用如何引起了无产阶级的诞生。工业的迅速发展产生了对人手的需要；工资提高了，因

---

① 《马克思恩格斯全集》第 1 版第 2 卷第 295、296 页。
② 《马克思恩格斯全集》第 1 版第 2 卷第 281 页。
③ 参看《马克思恩格斯全集》第 1 版第 2 卷第 295 页。

此，工人成群结队地从农业地区涌入城市。人口以令人难以相信的速度增长起来，而且增加的差不多全是工人阶级。……大不列颠的巨大的工商业城市就是这样产生的，这些城市中至少有四分之三的人口属于工人阶级，而小资产阶级只是一些小商人和人数很少的手工业者。可是新生的工业能够这样成长起来，只是因为它用机器代替了手工工具，用工厂代替了作坊，从而把中等阶级中的劳动分子变成工人无产者，把从前的大商人变成了厂主；它排挤了小资产阶级，并把居民间的一切差别化为工人和资本家之间的对立。而在狭义的工业以外，在手工业方面，甚至于在商业方面，也发生了同样的情形。大资本家和没有任何希望上升到更高的阶级地位的工人代替了以前的师傅和帮工；手工业变成了工厂生产，严格地实行了分工，小的师傅由于没有可能和大企业竞争，也被挤到无产阶级的队伍中去了。但同时，随着从前的手工业生产的被消灭，随着小资产阶级的消失，工人也没有任何可能成为资产者了。从前，他们总有希望自己弄一个作坊，也许将来还可以雇几个帮工；可是现在，当师傅本人也被厂主排挤的时候，当开办独立的企业必须有大量资本的时候，工人阶级才第一次真正成为居民中一个稳定的阶级，而在过去，工人的地位往往是走上资产者地位的阶梯。现在，谁要是生而为工人，那么他除了一辈子做工人，就再没有别的前途了。所以，只是在现在无产阶级才能组织自己的独立运动。"①

---

① 《马克思恩格斯全集》第 1 版第 2 卷 296—297 页。

对资产阶级的严厉控诉

恩格斯写作《英国工人阶级状况》时在给马克思的信中说道:"我将给英国人编制一张绝妙的罪状表。我要向全世界控诉英国资产阶级所犯下的大量杀人、抢劫以及其他种种罪行"。① 在另一篇文章中他又写道:"我写的这本书,从第一页到最后一页,就是对英国资产阶级的起诉书。"②

这张"罪状表",这份"起诉书",以骇人听闻的大量事实淋漓尽致地揭露了资产阶级对无产阶级的残酷剥削,以无限同情的心情描绘了无产阶级在资本主义上升时期所遭受的深重苦难,使人们深刻地认识到资本主义制度及其本质。

恩格斯指出资本主义的基本特征是人剥削人,在这里"社会战争,一切人反对一切人的战争已经在这里公开宣告开始……每一个人都在剥削别人,结果强者把弱者踏在脚下,一小撮强者即资本家握有一切,而大批弱者即穷人却只能勉强活命。"③ "因为这个社会战争中的武器是资本,即生活资料和生产资料的直接或间接的占有,所以很显然,这个战争中的一切不利条件都落在穷人的一方面了。"④

恩格斯把资产阶级对工人的剥削叫作"社会谋杀"。资本主义制度使工人处于这样一种境地:"注定他们不可避免地遭到过早的非自然死

---

① 《马克思恩格斯全集》第1版第27卷第11页。
② 《马克思恩格斯全集》第1版第42卷第278页。
③ 《马克思恩格斯全集》第1版第2卷第304页。
④ 《马克思恩格斯全集》第1版第2卷第305页。

亡",它"剥夺了成千人的必需的生活条件,把他们置于**不能**生存的境地"。"他们既不能保持健康,也不能活得长久;它就这样不停地一点一点地毁坏着工人的身体,过早地把他们送进坟墓。"资产阶级完全知道,使工人处于这么一种状态会对工人的健康和生命是怎样有害,会引起什么样的后果,但它仍然不消除这些条件,这就是一种谋杀,只不过是"一种隐蔽的阴险的谋杀"。"它看起来不像是谋杀,因为谁也看不到谋杀者……因为看起来被杀的人似乎是自然地死去的。"①

在《英国工人阶级状况》一书中,恩格斯已经指出了后来马克思在《资本论》中所充分揭示了的雇佣工人阶级的两个基本特征。马克思在谈到雇佣工人时说:"自由劳动者有双重意义:他们本身既不像奴隶、农奴等等那样,直接属于生产资料之列,也不像自耕农等等那样,有生产资料属于他们,相反地,他们脱离生产资料而自由了,同生产资料分离了,失去了生产资料。"②

恩格斯写道:"资产阶级垄断了一切生活资料……无产阶级所需要的一切都只能从这个资产阶级……那里得到。所以,无产者在法律上和事实上都是资产阶级的奴隶,资产阶级掌握着他们的生死大权。它给他们生活资料,但是取回'等价物',即他们的劳动。它甚至使他们产生一种错觉,似乎他们是按照自己的意志行动的,似乎他们是作为一个自主的人自由地、不受任何强制地和资产阶级签订合同的。好一个自由!无产者除了接受资产阶级向他们提出的条件或者饿死、冻死、赤身露体地到森林中的野兽那里去找一个藏身之所,就再没有任何选择的余地了。好一个'等价物'!它的大小完全由资产阶级任意规定的。而如果

---

① 《马克思恩格斯全集》第 1 版第 2 卷第 380 页。
② 《马克思恩格斯全集》第 1 版第 23 卷第 782 页。

有这么一个无产者，竟愚蠢得宁愿饿死，也不接受资产者……的'公道的'条件，那又有什么关系呢，很容易找到其他的人，因为世界上无产者有的是，而且并不是所有的人都愚蠢得宁愿死而不愿活下去。"①

恩格斯指出，在资本主义工厂制度下，工人是雇主的奴隶。"工人在法律上和事实上都是有产阶级即资产阶级的奴隶。他们竟可以像商品一样地被卖掉，像商品一样地涨价跌价。如果对工人的需求增加，他们的价格也就上涨；如果需求减少，价格也就下跌；如果对工人的需求下降，有一定数目的工人找不到买主因而'成了存货'，那么他们就只好闲着不做事，而不做事是不能生活下去的，所以他们只好饿死。"② 也许工人和奴隶的区别在于他有"某些真正的自由"，但是工人的这种自由是一种假自由，它的本质是伪善的隐蔽的奴隶制。"这种奴隶制和旧式的公开的奴隶制之间的全部差别仅仅在于现代的工人**似乎是**自由的，因为他不是一次就永远卖掉，而是一部分一部分地按日、按星期、按年卖掉的，因为不是一个主人把他卖给另一个主人，而是他自己不得不这样出卖自己，因为他不是某一个人的奴隶，而是整个有产阶级的奴隶。"③

恩格斯认为，工人的自由实质上是失去了生计保障的自由。"他的主人（资产阶级）如果对他的工作、对他的生存不再感到兴趣，就随时可以把他赶出去，让他去饿死。"④ 这种不同于奴隶和农奴的"自由工人"，失去了对生产资料所有权的自由，他一无所有，"除了自己的

---

① 《马克思恩格斯全集》第 1 版第 2 卷第 360 页。
② 《马克思恩格斯全集》第 1 版第 2 卷第 363—364 页。
③ 《马克思恩格斯全集》第 1 版第 2 卷第 364 页。
④ 《马克思恩格斯全集》第 1 版第 2 卷第 364 页。

两只手就什么也没有,昨天挣的今天就吃掉,受各种各样的偶然事件的支配,没有任何保证使自己能够获得最必要的生活必需品,——任何危机,主人的任何逞性都能使他失业,——这个无产者已经被置于人们所能想象的最令人愤怒的非人的地位了。"①恩格斯进一步指出,就生活的保障而论,雇佣工人,无产者,甚至还不如奴隶和农奴,"奴隶的生存至少会因为他主人的私利而得到保证,农奴也还有一块用来养活他的土地,二者都至少还有不至于饿死的保障;而无产者却只有指靠自己,同时,人们又不许他把自己的力量变为完全可以指靠的力量。"②恩格斯把工人和农奴作了详细的比较后,得出"自由工人"所受的压迫和奴役决不比农奴少,他们都是奴隶,对农奴来说,奴役不是伪善的,是明显的,公开的,而对无产者来说,奴役却是伪善的,狡猾地蒙蔽着被奴役者本人和所有其他的人,这是比旧的农奴制更坏的奴隶制。当然,作为历史唯物主义者,恩格斯也承认,与农奴制相比,资本主义的雇佣劳动制是历史性的进步,因为至少是自由的原则已被承认了,而被压迫者自己也关心如何实现这个原则。③

无产阶级反对资产阶级的斗争

恩格斯在谈到《英国工人阶级状况》这一巨著的主要内容时说过:"我主要是描述了资产阶级和无产阶级之间的相互关系以及这两个阶级之间的斗争的必然性,而对我来说特别重要的是要证明无产阶级的这一

---

① 《马克思恩格斯全集》第1版第2卷第401页。
② 《马克思恩格斯全集》第1版第2卷第401页。
③ 参看《马克思恩格斯全集》第1版第2卷第472页。

斗争是完全合法的,是要用英国资产阶级的丑恶行径来戳穿他们的花言巧语。"①

恩格斯在本书一开头就告诉英国工人阶级,他们的利益和资产阶级的利益是完全对立的,虽然资产阶级经常企图证明与此相反的说法,企图使工人相信,他们是衷心地同情工人的命运的。但是资产阶级的行为揭穿了他们的谎言,其实资产阶级只有一个目的,那就是当工人的劳动产品能卖出去的时候,就靠工人的劳动发财,而一到这种间接的人肉买卖无利可图的时候,就让他们饿死。② 恩格斯揭示出资本主义制度的本质,他指出,这个制度不是以直接满足需要,而是以赚钱为目的的。③ 他在最后一章再次强调,资产者的目的就是赚钱,"一切生活关系都以能否赚钱来衡量,凡是不赚钱的都是蠢事,都不切实际,都是幻想",资产者"对自己的工人是否挨饿,是毫不在乎的,只要他自己能赚钱就行"④。"在资产阶级看来,世界上没有一样东西不是为了金钱而存在的,连他们本身也不例外,因为他们活着就是为了赚钱,除了快快发财,他们不知道还有别的幸福,除了金钱的损失,也不知道还有别的痛苦。"⑤ 恩格斯以大量的篇幅详细地叙述了资产阶级和无产阶级之间的相互关系,并论证了这两个阶级之间必然发生对抗,而无产阶级进行反对资产阶级的斗争是完全合法的。

恩格斯简要而系统地叙述了自工业革命以来工人阶级反对资产阶级斗争形式的演变。在工业发展起来后就出现了工人对资产阶级的反抗。

---

① 《马克思恩格斯全集》第 1 版第 2 卷第 278 页。
② 《马克思恩格斯全集》第 1 版第 2 卷第 274 页。
③ 《马克思恩格斯全集》第 1 版第 2 卷第 366 页。
④ 《马克思恩格斯全集》第 1 版第 2 卷第 565 页。
⑤ 《马克思恩格斯全集》第 1 版第 2 卷第 564 页。

工人反抗资产阶级残酷剥削而最早采取的方式是盗窃资本家的财产。这种无组织的、自发的反抗形式是最没有效果的，因为"罪犯只能一个人单枪匹马地以盗窃来反对现存的社会制度；社会却能以全部权力来猛袭一个人并以占绝对优势的力量压倒他"①。

接着的一个较高的阶段是工人反对机器的行动。他们砸碎机器，捣毁工厂，举行反对使用机器的起义。这种反抗，像盗窃行为一样当然也无济于事，工人受到"各种各样的惩罚，而机器还是使用起来了。工人们必须找出一种新的反抗形式"。

正是在这个时候，1824年英国的工人获得了结社的权利。"诚然，在工人中间过去一直就有秘密的工会存在，但是它们从来没有做出显著的成绩来"。"当1824年工人得到自由结社的权利时，这些工会就很快地布满了全英国并获得了巨大的意义。所有的劳动部门中都成立了这样的工会，……它们公开宣称要竭力保护各个工人不受资产阶级的横行霸道和冷酷待遇之害。"②

工会通常采用罢工与资本家进行斗争。"如果有一个或几个业主拒绝承认工会所规定的工资，那就派一个代表团去见他们，或者向他们送上一份请愿书……如果这样做仍没有结果，工会就下令停工，所有的工人都散伙回家。如果一个或几个厂主拒绝承认工会所规定的工资，这种罢工就是局部性的；如果某一个劳动部门所有的厂主都拒绝承认，那么罢工就会成为总罢工。"③

恩格斯根据对早期有组织的工人运动的分析，看到"工会的历史充

---

① 《马克思恩格斯全集》第1版第2卷第502页。
② 《马克思恩格斯全集》第1版第2卷第502页。
③ 《马克思恩格斯全集》第1版第2卷第504页。

满了工人的一连串的失败，只有间或才有几次个别的胜利"。他正确地认识到，"工会的一切努力都不能改变工资决定于劳动市场上的供求关系这一经济规律。因此，工会是无力消除影响这种关系的**重大**原因的。在商业危机期间，工会或者不得不自动降低工资标准，或者就完全解散，而在大量需求劳动的时候，它们也不可能把工资提得高于因资本家之间的竞争而自然规定的水平。"① 他明确地意识到，要消灭资本主义私有制，光有工会斗争是不行的。

但是，恩格斯不同于空想社会主义者，那时的英国和法国的社会主义者都把工人同盟和罢工看成是一种歧途。他们反对工人组织工会，谴责工人进行罢工和为提高工资而斗争，认为这种斗争不但无助于消除目前的社会状况，反而会巩固这种状况，并使矛盾尖锐化。恩格斯却十分强调工会的重要作用和经济罢工对维护工人利益的重大意义。他指出，它们的意义"首先在于：它们是工人想**消灭竞争**的第一次尝试。它们存在的前提就是工人已经懂得，资产阶级的统治正是建筑在工人彼此间的竞争上，即建筑在无产阶级的不团结上，建筑在一些工人和另一些工人的对立上。而正因为工会努力反对竞争，反对现存社会制度的生命攸关的神经……所以这个制度才把它看得这样地危险"。② 恩格斯指出了罢工对锻炼工人阶级的重要性，他说："罢工是工人的军事学校，他们就在这里受到训练，准备投入已经不可避免的伟大的斗争中去；罢工是工人阶级各个队伍宣告自己参加伟大的工人运动的宣言。"③

恩格斯还尖锐地批判了英国社会主义者对无产阶级进行的反对资产

---

① 《马克思恩格斯全集》第 1 版第 2 卷第 505 页。
② 《马克思恩格斯全集》第 1 版第 2 卷第 506—507 页。
③ 《马克思恩格斯全集》第 1 版第 2 卷第 512 页。

阶级斗争所抱的否定态度。他指出，"社会主义者十分驯顺温和"，"除争取社会舆论外，对改变现存制度的其他一切途径是一概否定的……他们固然了解工人为什么痛恨资产者，但是，他们认为这个唯一能够引导工人前进的愤怒并没有什么用处，并宣扬对英国目前的实际情况更加没有什么用处的慈善和博爱。"①

恩格斯强调无产阶级对资产阶级的斗争的必要性，指出无产者"只有起来反抗资产阶级，反抗那个如此无情地剥削他，然后又听凭命运在摆布他并想使他永远处于这种非人地位的阶级"②，才能摆脱他们受奴役受压迫的状况。"如果他们不去和资产阶级的利益——剥削工人——作斗争，他们就不可能做到这一点。但是资产阶级却用他们的财产和他们掌握的国家政权所能提供的一切手段来维护自己的利益。工人一旦表明要摆脱现状，资产者就立刻成为他们的公开敌人。"③

无产阶级的历史使命

列宁说过："马克思学说中的主要的一点，就是阐明了无产阶级这个社会主义社会创造者的具有世界历史意义的作用。"④ 关于无产阶级具有世界历史意义的作用这个论点像一条红线贯串在《英国工人阶级状况》之中。1842年恩格斯来到曼彻斯特不久，就已经看到无产阶级不仅是一个受苦的阶级，而且是"英国最强大的一个阶级"。⑤ 在1844年

---

① 《马克思恩格斯全集》第1版第2卷第525页。
② 《马克思恩格斯全集》第1版第2卷第402页。
③ 《马克思恩格斯全集》第1版第2卷第500页。
④ 《列宁选集》第2版第2卷第437页。
⑤ 《马克思恩格斯全集》第1版第1卷第549页。

《德法年鉴》发表的《英国状况。评托马斯·卡莱尔的〈过去和现在〉》一文中,他进一步提出未来是属于工人阶级的。他写道:"只有大陆上不熟悉的那一部分英国人,只有工人、英国的贱民、穷人,才是真正值得尊敬的人……将来拯救英国的却正是他们,他们还是可塑性的材料;他们没有受过教育,但他们也没有偏见,他们还有力量从事伟大的民族事业,他们还有前途。"① 在《英国工人阶级状况》中,恩格斯从大工业中引申出无产阶级的未来及其历史作用。他明确地指出:"大工业创造了工人阶级,并把资产阶级队伍中的少数选民拥上宝座,可是,这只是为了后来在某个时候更有把握地推翻他们。"② 工人阶级和资产阶级相反,它不像资本家那样,去维护现存的资本主义关系,而是要废除这种关系,恩格斯指出:资产者"即使在形式上是自由主义的,但实质上还是保守的;他的利益和现存的制度紧密地联系在一起,他在任何前进的运动中都是一具僵尸。他不再站在历史发展的前头,工人将要起而代之,——最初只是理应如此,以后就会在实际上做到这一点。""对英国的未来更加重要得多的,恰好是……由无产者所组成的那一种人。"③

恩格斯还清楚地指出了工人阶级在反抗资产阶级的斗争中越来越意识到自己的强大力量,他写道:"工人们开始感觉到自己是一个整体,是一个阶级;他们已经意识到,他们分散时虽然是软弱的,但联合在一起就是一种力量。这促进了他们和资产阶级的分离,促进了工人所特有的、也是在他们的生活条件下所应该有的那些见解和思想的形成。他们意识到了自己的受压迫的地位,他们开始在社会上和政治上发生影响和

---

① 《马克思恩格斯全集》第 1 版第 1 卷第 628 页。
② 《马克思恩格斯全集》第 1 版第 2 卷第 300 页。
③ 《马克思恩格斯全集》第 1 版第 2 卷第 412、410 页。

作用。大城市是工人运动的发源地：在这里，工人第一次开始考虑到自己的状况并为改变这种状况而斗争；在这里，第一次出现了无产阶级和资产阶级利益的对立；在这里，产生了工会、宪章主义和社会主义。"①

我们在上面已经提到，工会斗争只是以有限的方式反对资产阶级的权力，没有能力消灭资本主义制度。恩格斯指出，"要粉碎资产阶级的势力，除了工会和罢工，还需要更多的东西。"②

在斗争进程中，工人逐渐认识到，光靠工会和进行经济斗争，不足以推翻资产阶级政权，这样工人的斗争也就扩展到政治领域。在当时的英国，工人阶级在政治领域里的活动是通过日益采取坚决捍卫工人阶级立场的宪章运动来进行的。恩格斯详细地叙述了宪章主义者所经历的斗争。

宪章主义从1835年产生时起，"主要就是在工人中传播，但那时它还没有和激进小资产阶级划清界限。工人的激进主义是和资产阶级的激进主义携手并进的"。③但是随着宪章运动的发展，特别是1842年纺织工人大罢工以后，资产阶级分子退出了宪章运动。此后，"宪章主义就成为没有任何资产阶级分子参加的纯粹的工人运动了。"④

在这种情况下，宪章运动也就必然越来越坚决地提出纯粹无产阶级的要求。但是，正如恩格斯指出的，宪章主义者的社会主义还处在萌芽状态中。宪章主义者提出把土地分为小块份地的办法作为消灭贫困的主要方法，作为历史唯物主义者的恩格斯指出这是违反历史发展的，因为

---

① 《马克思恩格斯全集》第1版第2卷第407—408页。
② 《马克思恩格斯全集》第1版第2卷第506页。
③ 《马克思恩格斯全集》第1版第2卷第517页。
④ 《马克思恩格斯全集》第1版第2卷第523页。

由于工业的发展这已经过时了。

在当时英国工人运动中，另一种得到了广泛传播的思想是欧文的社会主义。这种社会主义要求以建立两三千人的"国内移民区"的方法来实现财产公有。它虽然想超越资产阶级和无产阶级的对立，而实际上是以极宽容的态度对待资产阶级，同时在许多方面对无产阶级很不公道。这种社会主义者不想触动资本主义，"不管现存的制度如何坏，他们还是承认它"。他们也看不到无产阶级的力量，"还经常抱怨下层阶级道德堕落，他们看不见社会制度的这种瓦解中的进步成分。""他们固然了解工人为什么痛恨资产者，但是，他们认为这个唯一能够引导工人前进的愤怒并没有什么用处，并宣扬对英国目前的实际情况更加没有什么用处的慈善和博爱"①，这样他们也就否认无产阶级的政治斗争是变革社会的唯一可能的途径。恩格斯深刻地指出，这种社会主义者太学究气了，太形而上学了，他们是做不出什么大事来的，这种社会主义"决不能成为工人阶级的公共财产"②。

恩格斯看到，英国的无产阶级如果依靠他们队伍中广泛传播的政治思想和社会思想是无法战胜资产阶级的。要战胜资产阶级，就得消灭资产阶级私有制，使资产阶级的整个国家的和社会的建筑物连同它的基础一同倾覆。但宪章主义和欧文的社会主义都不能达到这个目的。

恩格斯认为，为此需要真正的无产阶级社会主义，而这种社会主义正在形成，而只有它才能够在英国人民的历史发展中起突出的作用。而这种社会主义与真正地道的无产者相结合，将成为工人运动必要的理论武器，恩格斯指出："我们看到工人运动分裂为两个派别，一派是宪章

---

① 《马克思恩格斯全集》第 1 版第 2 卷第 525 页。
② 《马克思恩格斯全集》第 1 版第 2 卷第 526 页。

主义者，一派是社会主义者。宪章主义者比较落后，比较不开展，但他们是真正的道地的无产者，是无产阶级的代表。社会主义者看得远得多，提出消灭穷困的实际办法，但他们来自资产阶级，因此不能和工人阶级融合在一起。社会主义和宪章主义的合流……这必然是最近的将来就要发生的，而且已经部分地发生了。只有在实现了这一点以后，工人阶级才会真正成为英国的统治者；那时，政治和社会的发展也将向前推进，这种发展将有利于这个新生的政党，促使宪章主义的继续发展。"①

我们撇开恩格斯这段话中关于英国的具体情况，那么这段论述就包含着非常深刻的思想。在恩格斯看来，只有真正的无产阶级社会主义才能使工人阶级创造社会主义的未来。这段论述还提出了最近的任务，就是使真正的无产阶级的社会主义同工人运动相结合，并通过这一结合建立一个新的政党，而且只有这个新生的政党才能够使工人阶级成为真正的统治者。这就是还只有二十四岁的恩格斯当时提出的关于无产阶级历史使命的精辟思想。

1886年，在《英国工人阶级状况》一书出版四十多年以后，恩格斯为该书的美国版曾写过一篇附录，今天我们读恩格斯的《状况》，应当同时阅读这篇附录，因为其中的一些论点有助于我们对《状况》这本书的理解。恩格斯在附录中说到他年青时写的这本著作还存在一些缺点，他说："本书在哲学、经济和政治方面的总的理论观点，和我现在的观点并不是完全一致的。1844年还没有现代的国际社会主义，从那时起，首先是并且几乎完全是由于马克思的劳绩，它才彻底发展成科学。我这本书只是它的胚胎发展的一个阶段，正如人的胚胎在其发展的最初阶段还要再现出我们的祖先鱼类的鳃弧一样，在本书中到处都可以

---

① 《马克思恩格斯全集》第1版第2卷第526—527页。

发现现代社会主义从它的祖先之一即德国哲学起源的痕迹"。①

接着恩格斯指出其中的一个痕迹:"本书很强调这样一个论点:共产主义不是一种单纯的工人阶级的党派性学说,而是一种目的在于连同资本家阶级在内的整个社会从现存关系的狭小范围中解放出来的理论。这在抽象的意义上是正确的,然而在实践中却是绝对无益的,有时还要更坏。既然有产阶级不但自己不感到有任何解放的需要,而且全力反对工人阶级的自我解放,所以工人阶级就应当单独地准备和实现社会革命。"②

恩格斯批驳了那些调和资产阶级和无产阶级利益和抹煞阶级斗争的人们。他说:"现在也还有这样一些人,他们从不偏不倚的'高高在上的观点'向工人鼓吹一种凌驾于工人的阶级利益和阶级斗争之上、企图把两个互相斗争的阶级的利益调和于更高的人道之中的社会主义,这些人如果不是还需要多多学习的新手,就是工人的最凶恶的敌人,披着羊皮的豺狼。"③ 恩格斯的这一论点至今仍有巨大的现实意义。

恩格斯在这篇文章中提到的另一个思想,也是非常重要的。他说:"这本书里所描写的情况,就英国而言,现在在很多方面都已成过去。现代政治经济学的规律之一……就是:资本主义生产愈发展,它就愈不能采用作为它早期阶段的特征的那些琐细的哄骗和欺诈手段。……这些狡猾手腕在大市场上已经不合算了,那里时间就是金钱,那里商业道德必然发展到一定的水平,其所以如此,纯粹是为了节约时间和劳动。"④

---

① 《马克思恩格斯全集》第 1 版第 21 卷第 297 页。
② 《马克思恩格斯全集》第 1 版第 21 卷第 297 页。
③ 《马克思恩格斯全集》第 1 版第 21 卷第 297 页。
④ 《马克思恩格斯全集》第 1 版第 21 卷第 292 页。

恩格斯还指出，在工厂主对待工人的关系上情况也有了变化。随着工业的发展，"大工业看起来也有了某些道德标准。工厂主靠着对工人进行琐细偷窃的办法来互相竞争已经不合算了。事业的发展已经不允许再使用这些低劣的谋取金钱的手段。""过去带头同工人阶级作斗争的最大的厂主们，现在却首先起来鼓吹和平和协调了。""他们学会了避免不必要的纠纷，默认工联的存在和力量，最后甚至把罢工——发生得适时的罢工——看做是实现他们自己的目的的有力手段。""所有这些对正义和仁爱的让步，事实上只是使资本加速积聚于少数人……手中的手段。""这样……在资本主义基础上进行的生产的发展本身已经足以免除所有那些在这一发展的较早阶段上使工人命运恶化的小的病痛。"①

接着恩格斯得出了一个非常重要的结论："这样一来，下面这件重大的基本事实就愈来愈明显了：工人阶级处境悲惨的原因不应当到这些小的病痛中去寻找，而应当到资本主义制度本身中去寻找。"

自从恩格斯写这篇附录以来，又过了将近一百年，现在发达资本主义国家工人阶级的状况又有了很大的变化，工人阶级的结构本身也发生了变化，资本家剥削工人的手段也有所改变，但恩格斯下述论断丝毫没有变化：资本主义制度必然使资本主义社会分裂成两部分：一方面是一小撮资本巨头，全部生产资料和消费资料的所有者；另一方面是广大的雇佣工人群众，他们除了自己的劳动力之外，一无所有。"产生这个结果的，并不是工人的某些小的病痛而是制度本身。"②

---

① 《马克思恩格斯全集》第 1 版第 21 卷第 293、294 页。
② 《马克思恩格斯全集》第 1 版第 21 卷第 294 页。

马克思的《关于费尔巴哈的提纲》*

〔苏〕维·莫·鲍古斯拉夫斯基

在马克思主义历史发展的各个不同时期,有时是马克思主义的这个部分,有时是它的那个部分被提到首位。列宁指出:"在德国,在1848年以前,马克思主义哲学的形成特别突出。"①

1841年问世的路德维希·费尔巴哈的著作《基督教的本质》,对于马克思和恩格斯从唯心主义转向唯物主义具有重要的意义,这部著作坚决地否定了黑格尔的唯心主义学说。费尔巴哈用对现实的唯物主义观点去同黑格尔的学说相对抗。马克思和恩格斯热烈欢迎费尔巴哈的言论,费尔巴哈的唯物主义的基本倾向性同他们自己想摆脱神秘的、思辨的、同宗教联系在一起的黑格尔哲学的影响的意愿完全一致。在《德法年鉴》上,在马克思的手稿《黑格尔法哲学批判》(1844年)中,在《前进报》上发表的马克思和恩格斯的文章中,最后,在他们合写的第一部著作《神圣家族》(1844年)中,都对唯心主义,特别是对黑格尔及其追随者的哲学作了尖锐的批判,同时在阐述唯物主义哲学和科学社会主义方面迈出了重要的步伐。

---

* 本文选自《马列著作编译资料》1981年第18辑。
① 《列宁全集》第1版第17卷第59页。

费尔巴哈大大促进了黑格尔学派的解体。在谴责黑格尔的唯心主义体系时,"费尔巴哈突破了黑格尔的体系,并且干脆把它抛在一旁。但是仅仅宣布一种哲学是错误的,还制服不了这种哲学……必须从它的本来意义上'扬弃'它,就是说,要批判地消灭它的形式,但是要救出通过这个形式获得的新内容"①。要克服黑格尔哲学,只有辩证地"否定"它才能做到,就是说:必须抛弃其中完全错误的东西,区分、保留和重新认识其中的积极内容,并且用从科学和实践的新资料中得出的新论点来丰富哲学。任务就是要创立新的更高形式的唯物主义,这种形式能够把到19世纪中叶由社会历史实践和科学所积累起来的积极内容加以总结。因此,正面地阐述这个新的学说,要求不仅要批判地克服黑格尔及其追随者的唯心主义,而且要批判地克服旧唯物主义包括费尔巴哈的唯物主义在内的局限性和缺点。

马克思和恩格斯用来解决这个任务的著作,就是他们于1845—1846年在布鲁塞尔合写的《德意志意识形态》。但是,早在1845年春天,马克思就以11条《关于费尔巴哈的提纲》的形式为自己阐述了新世界观的基本思想(后来在1888年恩格斯找到了这个提纲并把它发表了)。

尽管这个提纲非常简练,但这并没有妨碍马克思阐发如此丰富的思想,如此大量的新思想,以致研究这一著作对任何一个想了解马克思列宁主义哲学的实质的人来说都是特别重要的事情。但是,表述方式的这种简练、提纲中所包含的陌生的、但在马克思为他自己而做的札记中是自然的说法,对于研究这个著作的现代读者却造成了某些困难。因此,这本小册子的任务就是要揭示马克思《关于费尔巴哈的提纲》的深刻的理论内容。

---

① 《马克思恩格斯全集》第1版第21卷第314页。

克服旧唯物主义的直观性

意识是由于物质的发展而产生的，它是在物质发展的非常高的阶段上用特殊方式组织起来的物质即头脑的产物。意识是客观实在在人的头脑中的反映，这种反映是由于这种实在作用于人们的感觉器官而产生的。但是，意识不仅包含着不依赖人的意志而产生的感觉和知觉，而且包含着我们按照自己的愿望在自己的意识中引起的表象。表象是对知觉材料进行加工的结果，是我们的意识的能动活动的产物。意识的创造能动性明显地表现在我们的想象活动中，表现在我们能够创造我们在现实中没有遇到过的现象和事件的幻想形象的能力上，虽然表象始终保持着知觉的直观性和同知觉的相似性。

意识的能动性还在更大的程度上表现在抽象思维中。恩格斯讲到人时说："……我们不知道有任何一种权力能够强制那处于健康而清醒的状态中的每一个人接受某种思想"[1]。这里发生的是就人在接受一些思想而拒绝其他一些思想，提出一些目的而拒绝其他一些目的时不会感觉到有任何力量会从外面把这些思想和目的强加于他而言的意识的某种自主性、独立性。弗·伊·列宁写道："事实上，人的目的是客观世界所产生的，是以它为前提的——认定它是现存的、实有的。但是人却**以为他的目的是从世界以外拿来的，是不以世界为转移的（'自由'）。**"[2] 前面提到的意识的"独立性"丝毫不能动摇一个基本事实，即意识是存在的产物，是不以意识为转移而存在着的存在的反映。就是说，只能

---

[1]《马克思恩格斯全集》第1版第20卷第94页。
[2]《列宁全集》第1版第38卷第201页。

讲意识的**相对**独立性，因此这种独立性只有在上述方面才能发生。

唯心主义者片面地夸大意识的这种能动性，把它绝对化，声称意识是脱离物质世界而**绝对**独立的，宣布意识是整个现实的创造者。主观唯心主义者贝克莱的立场就是这样，他认为整个世界都是由人的**感觉**所创造的；客观唯心主义者黑格尔的立场也是这样，在黑格尔看来，人和自然界都是抽象的**思想**的产物，不是人的意识，而是一般意识——"绝对观念"的产物。黑格尔只承认精神、意识的能动性，他断言，意识的这种能动性创造物质世界、自然界，而自然界是"精神的异在"。

旧唯物主义者（包括费尔巴哈在内）反对唯心主义，证明不是感觉或思想创造自然界，而是自然界产生了人及其感觉和思想。

例如，费尔巴哈写道，我们的一切思想——判断、概念——都是对由感觉器官在外部世界对象的作用下提供的材料加工的结果；不是对象依靠思想的创造性行动而产生，相反，思想是在思想着的头脑以外并不依赖于这种头脑而存在着的对象的反映，因为思想是物的形象、复制品，而原本总是先于复制品，复制品在原本之后。人是自然界的产儿，他完全依赖于自然界，正如费尔巴哈写道："人每做一件事，每走一步路都依赖于自然界。"① "……我不能承认肉体是从我的精神派生出来，因为……我必须先吃饭或先能吃饭，然后思想，而不是先思想，然后吃饭，我不思想却能吃饭，譬如动物，但我不吃饭却不能思想；我不能承认感官是从我的思维能力，从理性派生出来，因为理性是以感官为前提

---

① 参看《费尔巴哈哲学著作选集》下卷，生活·读书·新知三联书店1962年版第579页。

的，感官却不是以理性为前提……"①旧唯物主义者指出，只有依靠物质的器官——大脑，才能进行思维，没有大脑就不可能有任何意识，从这一点就已经可以得出意识绝对依赖于存在的结论。

这些唯物主义论点的正确性是毋庸置疑的，捍卫这些论点在反对唯心主义的斗争中起了很大的作用。但是旧唯物主义者所论述的观点毕竟包含着重大的缺点。问题在于马克思以前的所有唯物主义者都不能克服**形而上学**的思维方法。因此，他们认为，对立面是各种不同的对象所固有的，但是这些对立面不可能包含在同一个现象或过程中，在他们看来，每一种现象或过程包含着这一种或者那一种对立面。

马克思和恩格斯揭露了旧唯物主义者的论断的片面性。如果说唯心主义者主张意识对物质、人对自然的绝对独立性，那么旧唯物主义者则宣布意识对物质、人对其周围世界的同样绝对的依赖性。根据他们的说法，结果就是，只是外部世界影响着人，完全决定了人的物质生活和精神生活，而人只是外部影响的消极客体，只是无所作为地直观着世界的存在物。

同不懂得人的积极的、能动的作用的旧唯物主义者的这种直观立场相反，唯心主义者千方百计地强调人的能动性。在这里，主观唯心主义者认为只有人的意识才有能动性，他们不仅否定客观现实（客体）的能动作用，而且否认主体以外的客观现实的存在本身。贝尔特朗·罗素谈到这种观点的拥护者时公正地指出："许多唯心主义者说，客体实质

---

① 《费尔巴哈哲学著作选集》下卷，生活·读书·新知三联书店1962年版第587页。

上是主体……"①

跟主观唯心主义不同，客观唯心主义承认有不依赖于主体的现实的存在，但是正如马克思所指出的，客观现实对于客观唯心主义来说是意识，虽然不是人的意识。对于黑格尔来说，思想和这种思想的物质对象（例如，石头）之间的差别并不在于前者是精神现象，后者是物质现象，而在于人的思想是有意识的观念，石头是无意识的观念（按黑格尔的说法，是"僵化的思想"）；人是"自我意识"，而客观世界是大写的"意识"，是绝对的、客观的，归根到底是神的意识。

总之，对黑格尔来说，自然界和人是精神的异在，是精神的一种存在形式。

黑格尔有一个重要的思想，认为人的质根源于他的能动的活动——劳动。"他把**劳动**看作人的**本质**，看作人的自我确证的本质……"，但是问题在于"黑格尔唯一知道并承认的劳动是**抽象的精神的劳动**"。②至于说到从事这种劳动的人，在黑格尔那里发生的却是"把人和自我意识等同起来"，在他那里"人被看成非**对象性的、唯灵论的存在物**"，即精神，某种非物质的东西，"纯粹的"自我意识。③

这样一来，在黑格尔看来，结果成了特殊的人的活动——劳动——的主体就是主观的**思想**、自我意识；这种活动本身是精神的、**思想的**活动。客观唯心主义和主观唯心主义一样，把世界、人、人的活动都归结为抽象思想的自我发展，只承认精神的能动性，只承认意识的活动。自

---

① 贝·罗素：《西方哲学史》，外国书籍出版社1959年俄文版第817页。贝·罗素本人也是这样的唯心主义者。
② 《马克思恩格斯全集》第1版第42卷第163页。
③ 《马克思恩格斯全集》第1版第42卷第164页。

我运动的纯粹思想的僵死的同一，抽象概念的自我发展取代了对立面的辩证统一：人和自然界，主体和客体，思维和存在的辩证统一。

正因为如此，在《关于费尔巴哈的提纲》第一条中马克思说："唯心主义却发展了**能动的**方面，但只是抽象地发展了，因为唯心主义当然是不知道真正现实的、感性的活动本身的。"①

另一方面，旧唯物主义者只注意自然界，物质世界，客体的能动作用。他们把主体的作用，人的作用归结为消极地直观外部世界。外部世界被看作是产生影响的，而人被看作是接受影响的，是所谓处于被动态的。比如费尔巴哈说，他的哲学"与对象发生感性的、也即受动的、领受的关系"②。

马克思是指出这种观点的局限性的第一个思想家。马克思证明，把人看作只是直观世界，只是思考事物的存在物的看法，是非常片面和抽象的。

前面引用了费尔巴哈的正确意见，他认为，人在进行思考以前，必须吃饭。但是，费尔巴哈到这里就停止不前了，他没有提出生产食物和其他物质财富的问题。只有**活的**人才能进行直观和思考，但是为了维持人的生命，必须有一系列的条件：为了使人不至于冻死，必须有衣服穿，有房屋住，为了使人不至于成为猛兽的猎获物，必须有防卫手段等等。因此，人们生活的必要条件是生产——创造为维持他们的生命所必需的物质对象的活动。但是，因为并不是由每个人单独地，而是只有人们集体地，在社会中才能获得这些对象，所以，人们的活动不仅包括他

---

① 《马克思恩格斯选集》第 1 版第 1 卷第 16 页。
② 《费尔巴哈哲学著作选集》下卷，生活·读书·新知三联书店 1962 年版第 14 页。

们对自然界的影响，而且也包括他们彼此之间的影响。

这种人对外部世界——自然界和社会——的影响，叫做**实践**，马克思和恩格斯最先指出实践具有巨大的意义。他们指出，与旧唯物主义者所说的想象中的人不同，现实的人不是观察者，而是**活动者**。人创造耕地和工厂、建设桥梁和堤坝、乡村和城市的活动，改变着人周围的自然界，人周围的社会。同所有旧唯物主义者一样，费尔巴哈"没有看到，他周围的感性世界决不是某种开天辟地以来就已存在的、始终如一的东西，而是工业和社会状况的产物……是世世代代活动的结果……甚至连最简单的'可靠的感性'的对象也只是由于社会发展、由于工业和商业往来才提供给他的。大家知道，樱桃树和几乎所有的果树一样，只是在数世纪以前依靠**商业**的结果才在我们这个地区出现。由此可见，樱桃树只是**依靠**一定的社会在一定时期的这种活动才为费尔巴哈的'可靠的感性'所感知"①。

马克思解释说，人无条件地依赖于自然界，他不可能生活在自然界以外，但是人周围的自然界本身决不仍然是像它在人类出现以前的那个样子。人们在其许多世纪的历史中大大改变了地球的面貌。人不可能生活在社会以外，他的全部生活都依赖于社会，但是现代社会本身是人类世世代代活动的结果。如果说人是他生活在其中并经常受到其影响的那些物质条件（自然界和社会）的产物这种看法是正确的，那么，这些物质条件在很大程度上是人类活动——人们的生产实践和社会实践——的产物这种看法，也是同样正确的。这种物质的（按马克思的说法，"感性的"、"对象性的"）活动——生产活动和社会活动——的意义非常伟大，以至于随着这种活动的停止，人类生活也就停止，与此同时，

---

① 《马克思恩格斯全集》第 1 版第 3 卷第 48—49 页。

任何直观和思考也要停止。

马克思和恩格斯发现了唯物主义辩证法并把它运用于考察人和他周围的世界之间的关系,他们发现,这种关系是外部世界作用于人和人作用于外部世界即**实践**的统一。因此,人们的社会生活的过程原来是对立面的统一。

唯心主义者在人和自然界之间,人和动物之间挖了一条鸿沟,宣布人是凌驾于世界之上的超自然的创造物。旧唯物主义者在同唯心主义者作斗争的时候,强调指出,人是物质的、自然的存在物,动物是人的亲兄弟,而自然界是人和动物共同的母亲。旧唯物主义者(包括费尔巴哈在内)没有看出人和动物之间的本质的**物质的**区别。"究竟什么是人跟动物的本质区别呢?"——费尔巴哈写道并且回答说:"……是严格意义上的意识……"① 费尔巴哈就是这样指出把人类从动物界中区分出来的人类的特点的。"在人里面的真正人的东西的特征是什么呢?"——费尔巴哈问道并回答道:"就是**理性**、**意志**、**心**。"②

因此,旧唯物主义者发现人不同于动物的质的区别只在于人的精神生活,在于人的理论的能动性。既然人的物质活动——实践——已经从旧唯物主义的视野中消失,真正人的、使人有别于动物的活动在旧唯物主义看来就归结为人们在精神领域中的能动性——归结为人们的理性、意志、感情的活动。这就是 18 世纪法国唯物主义者的立场。正如马克思指出,费尔巴哈也同样"仅仅把理论的活动看作是真正人

---

① 《费尔巴哈哲学著作选集》下卷,生活·读书·新知三联书店 1962 年版第 26 页。

② 《费尔巴哈哲学著作选集》下卷,生活·读书·新知三联书店 1962 年版第 27—28 页。

的活动……"(第一条提纲)。

总之,旧唯物主义者把人的意识看作是社会生活的基础,因此,他们也同他们的敌人一样,**唯心主义地**理解人们的历史。这是片面地、抽象地、形而上学地考察人和客观现实之间的关系的必然结果。对这种关系的辩证考察揭示了实践的巨大作用,这从根本上改变了对人类历史的理解。

继费尔巴哈之后,马克思坚决地驳斥了黑格尔的唯心主义观点,黑格尔认为,人、自然界、人对自然界的影响,都只不过是思想,只不过是思想对思想的影响。马克思考察的对象不是人的抽象——自我意识,而是"现实的、有形体的、站在稳固的地球上……的人"①,和在人的意识以外,不以人的意识为转移而存在的自然界。

但是,马克思驳斥黑格尔的唯心主义的把人的能动性看作纯粹精神的能动性的观点,不是为了赞成旧唯物主义者(包括费尔巴哈)关于人的被动性的意见,而是为了对人们的能动活动提出一个唯物主义的观点,为了弄清楚人们的**物质**活动的决定作用。

从辩证观点看来,不仅人们的生活,而且动物的生活,都不能只归结为自然界对他们的影响,而且也包括他们对自然界的影响。因此,人和动物的区别不可能在于人是活动的,而动物是不活动的。这种区别应该表现在跟动物的物质活动根本不同的人们的物质活动的性质本身。马克思在研究人们的历史时发现,把人类同其他一切存在物区别开来的物质活动,就是劳动,生产。人类生活的其他一切特点:政治和宗教、科学、艺术、道德,都是以劳动的、生产的活动为基础的。生产的发展决定了人类历史的全部进程——从社会发展的一个阶段走向另一个阶段的

---

① 《马克思恩格斯全集》第1版第42卷第167页。

运动。马克思和恩格斯在**生产**中发现了特殊的人类的活动，把人的物质活动同动物的物质活动区别开来的东西。

从而就确定，生产在人类社会生活中起着决定作用，不仅人们的存在，而且人们的社会生活的各种不同形式归根到底都是由生产的发展决定的，即由旨在创造为维持人们的直接生活所必要的一切的物质活动所决定的。"……这种历史观就在于：从直接生活的物质生产出发来考察现实的生产过程，并把与该生产方式相联系的、它所产生的交往形式……理解为整个历史的基础……同时从市民社会出发来阐明各种不同的理论产物和意识形式，如宗教、哲学、道德……"①

如果说在旧唯物主义者的论断中强调的是客观世界（客体）对人（主体）的影响的决定作用，"只是从**客体**的或者**直观**的形式"去考察现实，而不是把它"当作人的感性活动，当作实践"去考察，不是从主观方面去考察（马克思《关于费尔巴哈的提纲》第一条），那么辩证唯物主义则证明，在人和外部世界的相互作用中这种人的活动起着决定作用。

人们的实践活动在他们的生活中的作用表现在哪里呢？总结以上所述，我们请大家注意，在马克思看来，人对他周围的自然界和他周围的人们的影响的作用在于：

一、这种活动是人们存在的第一个条件；没有这种活动，人类社会就不可避免地要灭亡。

二、特殊的人的活动——劳动、生产活动——把人们从动物界中分离出来，使之成为人，并构成人的本质。

三、人们的生产活动在社会从低级阶段走向高级阶段的历史发展中

---

① 《马克思恩格斯全集》第 1 版第 3 卷第 42—43 页。

起着决定作用。生产方式决定人类社会物质生活的一切方面：社会制度、各阶级的性质和阶级斗争、国家等等。

四、人周围的物质现实本身在很大程度上是人类一系列世代的实践活动的结果。

这一切为马克思作出在哲学史上构成一个时代的关于实践在人们物质生活中的决定作用的结论提供了根据。

但是，马克思的功绩不仅在于他是认识到实践在人们**物质**生活中的决定作用的第一个思想家。马克思没有就此停步，他在哲学史上首先发现了实践在人们**精神**生活中的决定作用。他证明（例如，见《德意志意识形态》第一章），正是劳动以及跟劳动不可分割的人们之间的社会关系决定了语言和创造判断、概念、推理等等的能力的产生，就是说，抽象思维的产生和发展应归功于劳动，而抽象思维是使人的意识根本不同于动物心理的人的意识的特殊的特点。

马克思和恩格斯在其早期著作（例如《神圣家族》和《德意志意识形态》）中就无可辩驳地证明，人们在其历史发展的每一个阶段上所创立的政治、宗教和哲学学说、伦理和美学观点、科学和艺术，归根到底是由这个时期所达到的物质生产和以物质生产为转移的社会关系的发展阶段所决定的。从而便无可辩驳地证明，人们的全部精神活动是由他们的物质活动决定的。马克思主义的这一论点在马克思、恩格斯和列宁以后的经典著作中得到了很大的发展，并做了详细的阐述。

最后，辩证唯物主义的创始人揭示了实践在像认识这样的人们精神生活的重要领域中的决定作用。

发现实践在认识中的决定作用

　　马克思主义的敌人、资产阶级的哲学家和修正主义者企图证明，似乎马克思在他的《关于费尔巴哈的提纲》中肯定地说，我们的知识**不是客观现实的反映**，而是人的自由的创造物。为此，他们歪曲了马克思对实践的理解，把实践解释为精神的能动性，而不是物质的能动性。例如，梅洛－庞蒂就批判把实践理解为"工业和实验"（恩格斯语）的观点。梅洛－庞蒂写道："如果实践只是这个东西，而不是更多的东西的话，那么就不能理解，为什么马克思能够拿它去同作为我们同世界的关系的基本形式的直观相对立。"梅洛－庞蒂断言，对于马克思说来，真理"不是实在论的真理——观念同外部事物相符合"，在马克思看来，真理完全是主观的："只有当理论家和无产者之间没有分歧的时候，才会有真理。"这样一来，梅洛－庞蒂就把关于"普遍意义"是真理的标准的观点强加于马克思——而列宁在他的《唯物主义和经验批判主义》一书中批判波格丹诺夫的时候揭穿了这种观点的唯心主义的、反动的实质。

　　法国右翼社会党人马克西米利安·吕贝尔也把马克思的实践概念"非物质化"，声称什么在马克思看来，"真理就在思想——实践中"。吕贝尔硬说马克思把实践同思想等同起来，他断言，科学社会主义的创立者反对把认识看作是客观现实的正确反映的观点。

　　如果相信吕贝尔的话，那么马克思就认为我们的全部知识都是纯粹主观的，因为这些知识都是我们作为满足自己主观意愿的方便工具而创造出来的。按照吕贝尔的说法，马克思把这种关于"认识具有纯粹工具性质"的观点"推广运用于……人类社会"。

早在1924年出版的匈牙利哲学家格奥尔格·卢卡奇的书《历史和阶级意识》也对马克思的认识观作了同样歪曲的描写，书中说，在马克思的心目中，"把认识看作是反映的观点是绝对没有意义的"。当时，卢卡奇的这本书受到马克思主义者的尖锐批判，他也表示要同书中发表的观点划清界线。但是，卢卡奇近来的一些著作表明，他仍然坚持修正主义的立场。因此，马克思主义的公开敌人（例如梅洛-庞蒂）乐于引证卢卡奇的著作，并热烈支持他对马克思的认识论观点的解释，是不足为怪的。

在波兰，列舍克·科拉科夫斯基也对马克思的认识论立场做了这样的解释，他证明，马克思的观点是同恩格斯的见解相对立的，恩格斯认为真理是客观现实的正确反映，而实践是真理的标准。科拉科夫斯基写道："把真理性理解为人的见解同完全独立的现实之间相似的关系……这在马克思主义的世界图景中是不能接受的"。在科拉科夫斯基看来，马克思赞成实用主义者的意见，实用主义者认为，"成为真理的东西，决不意味着同事物相一致……成为真理的东西，意味着符合效用的标准……"，而实践被看作"不是应该确定人的知识的不以人为转移的真理性的工具，而是创造这种真理性的东西"（着重号是科拉科夫斯基加的）。不仅如此，用科拉科夫斯基的话来说，在马克思的学说中完全"没有坚决主张同不可知论相矛盾的东西"，因为马克思认为，甚至不能提出自在的事物是否可以认识的问题。科拉科夫斯基硬说，在马克思看来，康德的错误并不在于否认自在事物的可认识性，而是在于承认自在事物的存在。

前面已经引用了马克思在创作《关于费尔巴哈的提纲》那个时期的一系列言论，这些言论坚决驳倒了把他描绘成不可知论者和主观主义者的企图。在那里马克思一再强调指出，意识是物质的生活过程的反映，而观念、知识的发展是"这一生活过程在意识形态上的反射和回声的发展"①。主观主义观点认为，认识事物的意识本身创造自己的客体，马克思坚决反对这种主观主义观点，强调指出，认识是同客观存在的现实自然界，同客观存在的社会打交道。

不可知论者认为，按现实的实际存在的样子来认识现实，我们是做不到的，人不可能认识任何确实的东西，不可知论者是怎样论证他们的观点的呢？

我们的知识是以我们看到、听到、接触到的东西，一句话，以我们的感觉为基础的。但是，我们的感觉是否能正确地把我们周围所发生的一切告诉我们呢？不可知论者说，为了检验感觉器官提供的材料，我们除了这些感觉器官本身以外，没有任何别的手段。但是，当然，这些感觉器官不能自己检验自己。因此，无法检验感觉，这些感觉完全有可能欺骗我们。可见，完全有可能，我们的全部知识通通都是谬误。在人类的知识中是否包含有哪怕是真理的某种成分呢，这一点我们不知道，并且永远无法知道——这就是不可知论者的绝望的结论。

但是，为了驳倒这个结论，就要证明导致这个结论的见解是错误的。说感觉归根到底是我们的知识的来源，这难道不正确吗？难道感觉能够自己检验自己吗？在这里看来很难提出反驳意见。不可知论者的见解不可避免地要得出不可能得到任何可靠的知识的结论，这种见解的毛病在于它的出发点。它是从考察一个拥有感觉、只是认识世界的人出发的。换句话说，它是从考察作为只是进行直观的存在物，只是消极的观察者的人出发的。如果把人看作只是进行直观的存在物，那么就不可能驳倒不可知论者的结论。

---

① 《马克思恩格斯全集》第1版第3卷第30页。

但是，正如马克思在第一条关于费尔巴哈的提纲中已经证明的，人不是观察者，而是行动者。只有当他的物质活动即实践能够有效地生产出为人的生存所必需的物品时，这种活动才能够维持他的生命。在劳动中，在生产这些物品的过程中，人就作用于他周围的自然界。而只有当人正确地理解这个自然界的时候，这种对自然界的作用才能使人顺利地完成自己的任务。相反，当人把事物不是设想成事物实际上存在的那个样子的时候，他想让这些事物为他的需要服务的企图就会失败。

可见，人有可靠的手段可以检验，他对于他周围发生的事情是作出了正确的判断，还是犯了错误。这种手段就是实践，实践可以证明，这个认识符合现实，而另一个认识同现实相矛盾。千百代的人都用这个手段来检验感觉，这个手段证明，感觉能够正确地把我们周围发生的事情告诉我们。如果感觉欺骗了我们，那么我们依靠自己的感觉来进行的我们的活动就要失败，人们就不可能抵御猛兽，不可能获得食物，早就灭绝了。日益征服自然界并使自然界为人的需要服务的人们的实践活动无可辩驳地证明，我们的知识（包括我们的感觉）是按照现实实际存在的样子反映了现实。

这个结论表明，人能够获得可靠的知识，并不是用某种狡猾的见解，而是用实践来证实的，不是靠言词，而是靠事实来证实的。"人的思维是否具有客观的真理性，这并不是一个理论的问题，而是一个实践的问题。"（第二条提纲）想无视实践来解决这个问题的企图就是经院哲学，即毫无用处、毫无结果的文字游戏。这种观点无论在认识自然界还是认识社会时，都是完全正确的。

只有实践才能使人们抛弃关于社会的虚幻的见解并达到对社会生活的真正科学的理解。"社会生活在本质上是实践的。凡是把理论导致神

秘主义方面去的神秘东西，都能在人的实践中以及对这个实践的理解中得到合理的解决。"（第八条提纲）

马克思的这些思想同把行动、实践只看作是主观的体验、感觉的实用主义者的观点是截然对立的。

实用主义者说，实践创造真理，而不检验真理。既然实践本身就是感觉，实践怎么能够检验感觉的可靠性呢?！这种诡辩是以把彼此对立的过程混淆起来作为基础的。当外部的物质世界作用于人，作用于人的感觉器官时，人就产生感觉和知觉，即物质的现实在人的头脑中的反映。当人自己作用于外部的物质世界时，他就在进行实践。感觉是一回事，行动是另一回事。

把事物对我们的作用和我们对事物的作用等同起来，这是既不懂得前者，也不懂得后者。

发现实践在认识中的决定作用，这在哲学史上起了特别重要的作用。旧唯物主义者热情地为科学而斗争，反对不可知论。但是他们自己只把人看作是观察者，他们不了解实践的作用，不可知论者广泛地利用了他们的这个弱点。马克思的发现用反对一切不可知论的最强有力的、不可辩驳的论据武装了唯物主义。但是，发现实践在认识中的决定作用的意义并不仅限于此。把实践导入关于认识的学说意味着这个学说中的革命变革。

后来，在马克思、恩格斯和列宁的著作中，从马克思在他的提纲中发表的天才思想出发，发展了跟以前的各种唯物主义认识论根本不同的崭新的认识论。这种理论把实践看作是认识的基础，认识的出发点和终结点，这就使人们能够克服马克思以前的任何认识论都无法解决的困难。

发现对社会生活的唯物主义观点并克服历史唯心主义

马克思主义的公开敌人和暗藏的敌人——修正主义者竭力证明,在马克思的提纲中宣布了实用主义,即主观唯心主义。例如,按贝尔特朗·罗素的说法,"实用主义……是卡·马克思在他的《关于费尔巴哈的提纲》中首先宣布的"①,而吕贝尔写道,马克思的观点"同关于物质和意识的实在性或非实在性的思辨思想毫无共同之处……他同费尔巴哈的唯物主义划清了界线","摈弃了自然科学的'抽象的唯物主义'"。"马克思从来没有谈过'历史唯物主义'和'辩证唯物主义'……马克思的独特贡献……就在于确立……实用主义观点。"列·科拉科夫斯基硬把贝克莱主教的观点强加于《关于费尔巴哈的提纲》的作者,科拉科夫斯基声称,在马克思看来,"提出关于'自在的'物质的问题,就是问是否存在着无"。

只要看一看马克思在写作关于费尔巴哈的提纲的那个时期(1844—1845年)的著作,就可以确信,他的敌人在'解释'这位伟大思想家的思想遗产时是多么不诚实。马克思在讥笑黑格尔和黑格尔派认为社会存在是意识的产物的唯心主义观点时写道:"意识在任何时候都只能是被意识到了的存在……甚至人们头脑中模糊的东西也是他们的……物质生活过程的必然升华物……不是意识决定生活,而是生活决定意识。"②

马克思承认人们的物质活动的决定作用的观点,并不是要反对唯物主义,而是要反对关于精神活动、意识活动的决定作用的唯心主义观

---

① 贝·罗素:《人的认识》,外国书籍出版社1957年俄文版第455页。
② 《马克思恩格斯全集》第1版第3卷第29—30页。

点。马克思和恩格斯写道:"当然,在这种情况下外部自然界的优先地位仍然保存着,而这一切当然不适用于原始的、通过自然发生的途径产生的人们。但是,这种区别只有在人被看作是某种与自然界不同的东西时才有意义。"①

关于实践的决定作用的论点丝毫不会动摇关于物质、自然界是第一性,关于在人以前存在自然界,而人是自然界发展的产物的论点。弄清楚实践的决定作用,只是确定了人同自然界,甚至同自然界中与人最近的领域——动物界的根本的物质区别。当人类刚开始产生的时候,在"最初的人们"那里,这种区别还是十分微不足道的。但是后来,特殊的人的活动——劳动——把我们的祖先从动物界中分离出来,使之成为了人,我们身上称之为人的东西的一切都取决于这种活动。在人们的千百万年的历史中,在社会生活和人们的意识中发生的一切多种多样的变化,归根到底都是由人们的**物质**活动的发展决定的。

这种实践正是人类历史的基础,是各种社会形式,包括社会意识、社会观念的形式发展的基础。马克思和恩格斯写道:"这种历史观和唯心主义历史观不同,它……不是从观念出发来解释实践,而是从物质实践出发来解释观念的东西……"②。

这些言论彻底摧毁了认为在马克思的提纲中宣布了实用主义、主观唯心主义的反动的捏造。承认实践的决定作用的马克思对人类历史的观点,是同唯心主义截然对立的:这种观点证实了在社会生活中物质的东西是第一性的。

旧唯物主义者不能理解人的实践的特殊性和伟大作用,不能理解人

---

① 参看《马克思恩格斯全集》第 1 版第 3 卷第 50 页。
② 《马克思恩格斯全集》第 1 版第 3 卷第 43 页。

的实践和动物的活动的根本区别。他们看不到在物质领域中人不同于动物的本质区别,企图像自然科学解释动物的行为那样,来解释人们的生活、人类的历史。动物的性情、习性、心理状态是由它们生活的自然条件、它们身体的组织决定的。旧唯物主义者也用类似的办法来对待人:他们认为一切人所共同的唯一的物质属性就是他们身体的组织。但是,这事实上就是把注意力集中到从建立埃及金字塔时起直到我们这个时代为止仍然一成不变的那些东西上面:人的解剖学从那时起没有任何重大变化。而在这四千年中,社会生活和人的意识却经历了一系列根本的变化。认为在人身上只有身体组织是全体人类所共同的东西的观点,不仅离开了实践,而且离开了人类的全部历史发展。人的身体构造在一切时代都仍然如故,怎么能够用人的身体来解释在历史进程中在人们之间的交往形式中发生的一切变化呢?

从人的生理学只能推引出一种人们之间的交往形式:为了传宗接代而进行的男人和女人之间的交往。费尔巴哈正是得出了这种结果:"除了爱与友情,而且是理想化了的爱与友情以外,他不知道'人与人之间'还有什么其他的'人的关系'。"①

由于只看到两性之间的关系,费尔巴哈只知道人们之间的**自然联系**,但是他完全忽视了人们之间的**社会**关系。换句话说,他离开社会孤立地考察人,把人看作是人类的男性或女性代表的**单个的个人**。因此,他就离开了作为他对他周围的人们的作用的实践,他就离开了现实的社会关系。由于忽视人们生活的这个物质的、决定性的方面,费尔巴哈在考察人的时候就离开了他在考察自然界时所持的那种唯物主义立场。因此,马克思主义创始人批评他说:"当费尔巴哈是一个唯物主义者的时

---

① 《马克思恩格斯全集》第1版第3卷第50页。

候，历史在他的视野之外；当他去探讨历史的时候，他决不是一个唯物主义者。"① 马克思和恩格斯最先证明，企图从人的身体（人本学）出发来解释社会意识，虽然乍一看来好像是对人作具体的考察，实际上是对人作非常抽象的考察，因为我们如果对单个的人进行解剖学和生理学的研究，就会忽视社会关系，而正是由于社会关系一个时代在物质和精神方面才同另一个时代区别开来。

"直观的唯物主义，即不是把感性理解为实践活动的唯物主义，至多也只能做到对'市民社会'的单个人的直观。"（马克思的第九条提纲）但是，被作为孤立的人来考察的**抽象的**人这个概念，并不能向我们解释生活在一定时代和一定国家的**具体的**人。任何国家、任何时代的人的独特性、他的本质都是由从物质生产发展的一定阶段中产生出来的社会关系所形成的。

马克思的第六条提纲谈的正是这一点："……人的本质并不是单个人所固有的抽象物。在其现实性上，它是一切社会关系的总和。"费尔巴哈忽视社会关系，所以他不得不："（1）撇开历史的进程……假定出一种抽象的——孤立的——人类个体；（2）所以，他只能把人的本质理解为'类'，理解为一种内在的、无声的、把许多个人纯粹自然地联系起来的共同性。"

马克思就是这样以对实践的决定作用的理解为基础并导致历史唯物主义的对人的具体考察来同以直观性和历史唯心主义作为特征的费尔巴哈的形而上学的抽象观点相对立。

历史唯物主义揭示了一切观念、一切观点——无论是正确的、科学的，还是错误的、反科学的观念和观点——的物质根源。因为错误的理

---

① 《马克思恩格斯全集》第 1 版第 3 卷第 51 页。

论也是某种物质的、社会的现象的反映，尽管这种反映是歪曲了的。不仅如此，在社会生活的物质条件本身之中一定能够找到造成生活在人的观念中的反映的这种歪曲性的客观原因。从这种观点出发，证明某一种学说是错误的，从而驳倒这种学说是不够的，还必须指出，社会物质生活中的哪些现象不可避免地要产生这种错误的学说。光是证明自己观点的真理性也是不够的，还要弄清楚，是哪些物质的社会条件产生了这种观点，因为正确观点的产生也有物质的原因。

法国唯物主义者从人自己的"本性"即从人的身体出发推引出人的全部精神特征、人的全部道德、人的一切权利。因此，他们认为他们所宣布的要求是**自然**理性的要求，他们所宣布的权利是人的永恒的、**自然的**权利，他们的道德是永恒的、**自然的**道德，他们认为是正义的东西就是永恒的、**自然的**正义。这些为不久后即到来的1789年革命启发过法国人头脑的思想家在呼吁建立自然理性和永恒正义的王国时，实际上是一定时代和一定阶级——资产阶级——的思想的表达者。他们所说的"一般人"，就是资产者。同样，在费尔巴哈那里，"他所分析的抽象的个人，实际上是属于一定的社会形式的"——即属于资产阶级社会的（马克思的第七条提纲）。

马克思和恩格斯最先发现，旧唯物主义者所说的"自然理性的王国"实际上是资产阶级的王国，自然的平等被归结为在法律面前的形式上的平等，自然权利被归结为资产阶级的私有财产的权利，自然道德被归结为资产阶级的道德。把个人利益同社会利益对立起来、忽视社会（而没有社会，人是不能生存的）、利己主义、个人主义——这就是资产阶级的特点。资产阶级要求**公民**的形式上的法律的平等（它被归结为消灭封建等级），却闭眼不看活生生的人们事实上的物质的不平等（它表现为资本家对工人的剥削）。这样一来就掩盖了现实的**人们**（他们之间存在着骇人听闻的财产的不平等）的阶级对立，而突出了他们作为**公民**的抽象的平等。在费尔巴哈的抽象的"一般的人"中也反映了这种观点。

因此，马克思和恩格斯发现了费尔巴哈所主张的社会观的唯心主义实质，创立了对人类历史的唯物主义观点以后，就把这种唯物主义观点运用于分析费尔巴哈的观点，并揭示了这种观点作为资产阶级观点的物质根源。

克服空想社会主义并创立科学的社会主义

和动物的活动不同，劳动的特点是具有意识性，就是说，劳动的结果在实践中被创造出来以前，就存在于人的意识中。劳动使人变成社会存在物、社会关系的产物，结果任何真正人的活动都成为社会的活动，这一点也使人根本不同于动物。人所具有的肉体上和精神上的力量和才能，只有在劳动中才能得到运用、得到实现。简而言之，劳动是人的**本质**，是使成其为人的东西。因此，在人们身上深刻地存在着对作为真正人的活动的劳动的需要。

虽然维持自身的存在是这种活动的基础，但是这种活动的特点，使这种活动成为**人的**活动的东西并不在于此。动物也借助于自己的活动来维持自己的存在：获得食物、建造住所等等。但是在这种场合，动物"只生产它自己或它的幼仔所直接需要的东西……只是在直接的肉体需要的支配下生产，而人甚至不受肉体需要的支配也进行生产，并且只有不受这种需要的支配时才进行真正的生产……动物只是按照它所属的那个种的尺度和需要来建造，而人却懂得按照任何一个种的尺度来进行生产……因此，人也按照美的规律来建造"①。

这就是劳动，构成人的本质的物质的、"对象性的"活动，使我们成为人的活动。

但是，在以私有制为基础的社会中，这种活动的遭遇如何呢？在这里，从事劳动的人被剥夺了劳动资料和劳动产品。这在资本主义条件下表现得特别明显。在资产阶级社会中，"劳动对工人说来是**外在的东西**，也就是说，不属于他的本质的东西；因此，他在自己的劳动中不是肯定自己，而是否定自己，不是感到幸福，而是感到不幸，不是自由地发挥自己的体力和智力，而是使自己的肉体受折磨、精神遭摧残。因此，工人只有在劳动之外才感到自在，而在劳动中则感到不自在，他在不劳动时觉得舒畅，而在劳动时就觉得不舒畅。因此，他的劳动不是自愿的劳动，而是被迫的**强制劳动**。因而，它不是满足劳动需要，而只是满足劳动需要以外的需要的一种**手段**……只要肉体的强制或其他强制一停止，人们就会像逃避鼠疫那样逃避劳动……最后……这种劳动不是他自己的，而是别人的；劳动不属于他；他在劳动中也不属于他自己，而是属于别人。"②

在存在剥削制度的社会中，劳动不是愉快，而成为可诅咒的事情，不是存在的目的，而成为不被饿死的手段，不是使人变得高尚的活动，而成为使人变得卑贱的活动，不是骄傲，而成为耻辱。

以私有制和剥削为基础的资产阶级社会鄙视并蔑视构成人的本质的劳动，它鄙视人，因此，它是**没有人性的**社会。

马克思用**共产主义**同这个没有人性的社会对立起来。在这个共产主

---

① 《马克思恩格斯全集》第 1 版第 42 卷第 96—97 页。
② 《马克思恩格斯全集》第 1 版第 42 卷第 93—94 页。

义社会中，不论生产资料还是劳动产品都是公共的财产，人人都从事劳动，人人都占有自己亲手劳动得来的果实，在那里，作为人的本质的东西——劳动，也最为人所珍视。只有在共产主义条件下，劳动才不是手段，而是目的，因为在共产主义条件下，劳动是生活的第一需要。共产主义社会的成员在劳动中得到愉快，因为他们所具有的一切身体上和精神上的能力在劳动中能够得到全面的发展和运用。只有在威胁着人们的失业、贫困、饥饿的幽灵永远消失了的共产主义条件下，真正人的活动：创造性的劳动，包括艺术创作在内，才能充分自由地、无限地发展。

在以私有制为基础的资产阶级社会中，每个私有者的个人利益都同社会利益相对立，在那里人对人是狼；利己主义、个人主义是资本家的特性。"把人和社会连接起来的唯一纽带是……私人利益，是对他们财产和利己主义个人的保护。"①

为了自己个人的、自私的利益而准备不仅牺牲其他人的利益，而且牺牲其他人的生命的资产者的个人主义、利己主义，使资产者变成反社会的存在物。这里也表现了资产阶级社会的**丧失人性**，资产阶级社会在人们身上产生敌视人的意愿。

马克思用共产主义同这种社会对立起来，在共产主义社会中公共所有制在人们身上培养集体主义，培养每个人甘愿为其他人的幸福，为全社会的幸福而无私地劳动的精神。

就是在资本主义的范围内，争取共产主义的斗争也在工人身上培养出了集体主义的特征，未来的共产主义社会的人的特征。马克思写道，这一点，"当法国社会主义工人联合起来的时候，人们就可以看出……

---

① 《马克思恩格斯全集》第 1 版第 1 卷第 439 页。

人与人之间的兄弟情谊在他们那里不是空话,而是真情,并且他们那由于劳动而变得结实的形象向我们放射出人类崇高精神之光"①。

这就是马克思的第十条提纲的含义所在:"旧唯物主义的立脚点是'市民'(指资产阶级——引者注)社会,新唯物主义的立脚点则是人类社会或社会化的人类。"马克思和恩格斯的新唯物主义必然要得出结论,共产主义社会不可避免地要取代资本主义。

毫无人性的资产阶级社会制度用什么办法去消灭,而共产主义又怎样去取代它呢?

关于这个问题,我们要从空想社会主义者——对这个问题作出了回答的第一批思想家谈起。而这些思想家的学说是同18世纪法国唯物主义密切联系在一起的,空想主义者就是从法国唯物主义出发的。法国唯物主义者断言:既然人的意识是物质现实的反映,那么一切人类的弊病——人们意识中一切恶的东西——全都是现存社会制度在人们头脑中的反映和这个制度所特有的教育的结果。既然意识是人们生活的环境的反映,那就必须改变这种环境,用能够发展人们的优美情操的社会制度去取代培养人们的邪恶习性的社会制度。

法国唯物主义者从这些论点出发得出结论说,必须向有产者说明现存的社会制度是不公正的、不中用的,说服他们运用自己的政权去达到用好制度代替坏制度的目的。这种见解导致了关于开明的专制制度的幻想。

1789年法国革命的思想先驱者幻想建立的理想制度是资产阶级制度,而19世纪空想主义者的理想却是社会主义制度。但是,空想主义者所设想的建立新的社会制度的办法同18世纪法国启蒙学者所设想的

---

① 《马克思恩格斯全集》第1版第42卷第140页。

差不多。无论是傅立叶还是欧文都认为,全部问题就在于向资本家说明资本主义是不公正的,而社会主义是公正的。资本家一旦懂得了这一点,就会运用他们的一切资本,去把现存的制度改造成为社会主义制度。

马克思指出,这种观点的根本前提是唯物主义学说(人们的意识是他们的存在的反映,而改变了的意识是改变了的存在的反映)。同时,马克思揭露了旧唯物主义者从这种前提作出的结论是站不住脚的。这些唯物主义者根本没有把唯物主义论点——"意识是存在的反映"——运用于他们自身。这些思想家在着手改造整个社会的时候,忘记提出一个问题,是什么样的物质条件使他们这些启蒙学者产生了关于现存制度不中用的思想,是哪些物质事实在他们自己的思想中得到了反映?要知道,教育者本身的意识也是由某种一定的物质环境形成的。

18世纪的启蒙学者和19世纪的空想主义者忘记了这一点,他们把自己的思想看作仅是自己行为的最终原因,而且是改造整个社会的物质生活的最终原因,因为他们认为,这些思想一旦掌握了社会上层人士(国王、资本家)的头脑,就会导致消灭现存的制度并用另一种制度来取代它。从这个观点出发,社会就分成两个不平等的部分:站在社会之上的教育者,他们的意识没有任何物质来源,和受教育者,他们的意识是由周围条件决定的。结果,人民群众在历史上的作用等于零,而个别的杰出人物在历史上起着决定作用:这些杰出人物的**精神**活动决定着历史的进程,而群众的物质活动却完全被忽视。

马克思用什么去反对这种历史唯心主义呢?对生活的具体分析表明,现存制度受到强大的社会力量——统治阶级和他们所掌握的国家——的支持。单个人物的思想或行动要推翻支持现存制度的这些物质力量是无能为力的。"要消灭私有财产的**思想**,有共产主义**思想**就完全够了。而要消灭现实的私有财产，则必须有**现实的**共产主义行动。"①一种物质力量只能用另一种物质力量，另一些同这种制度相敌对的阶级来战胜。不是单个的"教育者"或"恩人"，而是阶级、群众、人民用自己的斗争推翻旧制度，用新制度取代它，从而改变社会生活的物质条件。

而各个阶级的斗争、阶级的存在本身取决于什么，由什么决定呢？在《德意志意识形态》中已经证明，物质生产构成社会生活的基础，物质生产在其发展的每一个阶段上的特点是有一定的生产力和从这种生产力的性质所产生的一定的人与人之间的关系（"交往形式"）。社会发展的根源就是生产力性质和"交往形式"（马克思后来称之为生产关系）之间的矛盾。由一定的生产力所产生的"交往形式"在一定的时间内保证着生产力的发展。然后，这种"交往形式"就同生产力发生矛盾，矛盾日益激化，直到引起变革，即消灭旧的"交往形式"并用新的"交往形式"取代它的革命。这种变革是通过群众的革命行动来实现的。

社会分为不可调和的敌对阶级，这是以生产资料私有制作为基础的，而私有制是生产力在其发展的一定阶段上的状况的不可避免的结果。但是，在资本主义条件下，生产力的发展同生产关系发生了尖锐的矛盾，这不可避免地要导致用革命的办法推翻旧的生产关系。

这种变革，这种"共产主义革命……消灭任何阶级的统治以及这些阶级本身"②，并建立以公有制为基础的无阶级的社会。因此，社会主义革命所以要发生，不是因为某些思想家认为现存制度不公正，而共产

---

① 《马克思恩格斯全集》第 1 版第 42 卷第 143 页。
② 《马克思恩格斯全集》第 1 版第 3 卷第 78 页。

主义制度是理想的制度。社会主义革命不是某些杰出活动家的**思想**的产物，而是在资本主义条件下发生的**物质**生产发展的必然结果。

而社会主义革命的客观前提和进行这种革命的物质力量也是由在资本主义社会中存在的物质条件产生的，在资本主义社会中产生了"一个阶级，它必须承担社会的一切重负，而不能享受社会的福利……从这个阶级中产生出必须实行根本革命的意识，即共产主义的意识"，因为这个阶级必然要与整个现存制度"发生最激烈的对立"①。

历史的进程不是由个别人物的理想，一般说来也不是由人们的意识，而是由人民群众的物质活动，由各个阶级的斗争决定的。因此，劳动人民从资本的压迫下获得解放，是劳动人民亲手完成的事业，而不是站在社会之上的"恩人们"的事业。但是，用自己的革命实践活动来改造社会的先进阶级（包括无产阶级）并不是在随心所欲的、根据自己的意愿选择的条件下进行这种活动的。它们是在它们从先辈那里继承下来的那种物质条件下、那种环境中进行这种活动的。

马克思写道，我们在考察人类社会的历史时看到，"历史的每一阶段都遇到有一定的物质结果、一定数量的生产力总和，人和自然以及人与人之间在历史上形成的关系，都遇到有前一代传给后一代的大量生产力、资金和环境，尽管一方面这些生产力、资金和环境为新的一代所改变，但另一方面，它们也预先规定新的一代的生活条件，使它得到一定的发展和具有特定的性质。由此可见，这种观点表明：人创造环境，同样环境也创造人"②。

---

① 《马克思恩格斯全集》第 1 版第 3 卷第 77—78 页。
② 《马克思恩格斯全集》第 1 版第 3 卷第 140 页。

为了进行群众的革命发动，必须使这些群众充满革命思想，使他们憎恨现存制度，使他们渴望另一种制度。但是这些思想在人们头脑中的产生本身也是由社会中的一定物质过程所决定的。

前面援引的是马克思主义创始人关于任何人的思想——无论正确的还是错误的思想——都根源于物质现实的观点。现在我们就可以看出，科学社会主义思想的物质来源究竟在哪里了。共产主义的思想并不是悠闲的人们的臆造，而是在资产阶级社会发展到用革命的办法把这个社会改造成为社会主义社会的必然性在客观上已经成熟的那个阶段上物质生活发展的产物。这说明，科学社会主义反映了社会实际发展的方向；科学社会主义总结了在英国、法国和德国获得了广泛发展的无产阶级阶级斗争的经验。正如马克思早在1843年所写的那样，辩证唯物主义和历史唯物主义以及同它们不可分割的科学社会主义，是无产阶级的思想，是无产阶级的精神武器。马克思主义的创立者是把关于一切思想都有其物质根源的唯物主义观点运用于他自己的学说的第一个思想家。

说为了改变人们的意识，包括工人阶级的意识，必须改变人们生活的物质环境，改变社会制度，这是正确的。但是，这种对环境的改变，不是由某种站在社会之上的力量，而是由工人阶级自己和全体劳动人民在推翻一种制度并建立另一种制度的革命实践的过程中实现的。"环境的改变和人的活动的一致，只能被看作是并合理地理解为**革命的实践**。"（关于费尔巴哈的第三条提纲）在这种实践中，物质生活条件、社会制度的改变和人们的精神面貌的改变，他们的意识的改造是一致的。在革命实践的熔炉中不仅会产生新的共产主义的生活方式，也会使进行革命的人们的意识得到锻炼，产生共产主义的意识。

问题在于，正如马克思所指出的，在阶级社会中，占统治地位的思想总是统治阶级的思想。因此，在资产阶级社会中，占统治地位的是资产阶级的思想，它也对无产阶级的意识产生影响。无产阶级在意识中怎样才能从这种资本主义的残余中解放出来，怎样才能在群众中培养出共产主义意识呢？"……无论为了使这种共产主义意识普遍地产生还是为了达到目的本身，都必须使人们普遍地发生变化，这种变化只有在实际运动中，在**革命**中才有可能实现；因此革命之所以必需，不仅是因为没有任何其他的办法能推翻**统治**阶级，而且还因为**推翻**统治阶级的那个阶级，只有在革命中才能抛掉自己身上的一切陈旧的肮脏东西，才能建立社会的新基础。"① 只有在社会主义革命和社会主义建设的过程中，"无产阶级将抛弃旧的社会地位所遗留给它的一切东西"②。

后来，这个思想在马克思、恩格斯和列宁的许多著作中得到了进一步发展。在这些著作中证明，在共产主义社会的第一阶段，无产阶级不仅要（用急速提高社会劳动生产率的办法）准备好向共产主义社会的第二阶段过渡的物质前提，而且要准备好这个过渡的精神前提。在社会主义时代，全体劳动人民的意识将在建设新的社会关系的实践中得到改造。培养新的共产主义意识以及创造丰裕的产品，是向共产主义过渡的必要条件。

---

① 《马克思恩格斯全集》第 1 版第 3 卷第 78 页。
② 《马克思恩格斯全集》第 1 版第 3 卷第 77 页。

在对哲学的本质和任务的理解上的变革

在马克思以前,所有哲学家都确信,哲学的唯一任务就是解释、说明现存的现实,包括说明社会生活。例如,我们已经看到,空想主义者认为,资本主义之所以能够站得住脚,只是因为关于这种制度是合理的、稳固的错误思想掌握了人们。空想主义者认为,哲学的全部任务就在于,说明这个制度是错误的,说明不是资本主义,而是社会主义才是美好的、公正的制度。一旦人们从头脑中抛弃了错误思想,深信空想主义者的正确思想,资本主义就会消失,而让位于社会主义。

在《德意志意识形态》中,马克思和恩格斯明白易懂地证明了这种观点的唯心主义实质及其荒谬性:"有一个好汉一天忽然想到,人们之所以溺死,是因为他们被**关于重力的思想**迷住了。如果他们从头脑中抛掉这个观念……那么他们就会避免任何溺死的危险。"① 不,马克思反驳说,资本主义和重力一样,都是客观实在,这种客观实在不是由于某种思想,而是不依本身是由这种实在产生的任何思想为转移而存在的。否定这种实在的思想只有随着这些思想的物质基础——"否定"资本主义、反对资本主义的阶级的产生,才能产生和传播。仅仅由于说明资本主义是不中用的,资本主义并不会垮台,正如仅仅由于阐明社会主义的优越性,社会主义并不会产生一样。只有以无产阶级为首的群众的物质活动,革命斗争才能实现这种改造。为了保证这种改造能够实现,哲学必须不仅说明资本主义和社会主义究竟是什么,而且除此以外

---

① 《马克思恩格斯全集》第1版第3卷第16页。

还应该找到能够推翻资本主义并建设社会主义的物质力量,并且指出实现这种转变的方法。换句话说,哲学不仅应该成为认识现实的手段,而且首先应该成为行动的指南,成为改造现实的武器——成为无产阶级在争取共产主义的斗争中的思想武器。"哲学家们只是用不同的方式**解释**世界,而问题在于**改变**世界。"(第十一条提纲)

对哲学的任务的新观点意味着,哲学只有在它把对现实的科学解释变成改造这个现实的手段时,才能完成它自己的使命。这样一来就彻底消除了作为马克思以前的一切哲学的特征的理论和实践的脱离。

同时,这种对哲学的理解也说明了辩证唯物主义和历史唯物主义的物质基础。它证明了有这样一个社会阶级,它的产生和发展不可避免地要导致新形式的唯物主义的产生和发展。

弄清了宗教的阶级根源和克服宗教信仰的道路

马克思在他的《关于费尔巴哈的提纲》中用具体的例子给我们提供了一个如何运用对哲学任务的新理解的典范。对于宗教的本质和命运这个问题,18世纪法国唯物主义者回答说,宗教是由于"骗子遇到了傻瓜"(正如伏尔泰所说)而产生的。他们认为,宗教作为纯粹的荒谬见解,是骗子们强加于愚昧的人们的,骗子们狡猾地从这种骗局中得到了好处。启蒙学者认为,宗教除了无知和欺骗以外没有什么东西。

费尔巴哈对宗教本质的理解要深刻得多。他写道,宗教的观念当然是荒谬的,有人利用这种谎言当然是为了奴役人们。但是,荒谬的观念、虚幻的观念也是现实的反映,尽管这是严重歪曲的反映(就像哈哈镜中的人的面貌一样)。费尔巴哈在研究宗教观念的时候,令人信服地证明了，在这种观念中，存在于人们生活中的事实和关系被幻想神化了并且捧上了"天堂"。结果，在信仰宗教的人的心目中，世界被二重化了，分成了尘世的、"此岸的"生活和"天堂的"、"彼岸的"生活，换句话说，分成了实在的现实和由幻想所创造的"另一个世界"。"费尔巴哈是从宗教上的'自我异化'，从世界被二重化为宗教的、想象的世界和现实的世界这一事实出发的。他致力于把宗教世界归结于它的世俗基础。"（第四条提纲）例如，他指出，天使、大天使、圣者、使徒直到上帝的宝座这种天国的教阶制，是被幻想升入云霄的世俗的等级制度，在世俗的等级制度中，封臣从属于领主直到国王的宝座，同样，神圣家族就是被想象升入了天堂的世俗家族。

但是，同马克思以前的所有哲学家一样，费尔巴哈认为哲学的唯一任务就是解释现存的东西。因此，他（和18世纪法国唯物主义者一样）认为，在宗教方面，只要解释宗教就够了，只要指出，宗教的虚幻性，从而它的没有根据在什么地方，宗教就会消失。在这里表现了费尔巴哈的历史唯心主义。

但是，马克思写道，在费尔巴哈做完了这种解释工作之后，"主要的事情还没有做哩"，因为费尔巴哈甚至没有提出关于宗教的物质原因的问题，关于为什么人们要给自己创造关于他们自己关系的虚幻的而不是实在的观念，并把这些观念升入天堂的问题。马克思首先提出并解决的正是这个问题。

宗教是社会意识的形式，社会存在的反映。就是说，宗教有其社会的、物质的、世俗的基础。对这种基础的研究表明，社会分裂为阶级，分裂为压迫者和被压迫者、剥削者和被剥削者，阶级之间的不可调和的矛盾就是这种基础。（在阶级产生以前的社会中，宗教观念的物质基础是原始人在自然界的自发力量面前的束手无策状态。在马克思的提纲中没有涉及这个问题。)一方面,剥削者必须有虚幻的宗教观念,来使劳动人民对他们俯首听命。另一方面,劳动人民由于在事实上,在现实中找不到摆脱压迫的道路,企图哪怕是在思想上,在想象中的"另一个世界"能挣脱这种压迫,他们想如同喝烧酒或抽鸦片那样在这种麻醉剂中消除自己的痛苦。

马克思忠实于自己的唯物主义历史观,并没有只限于说明宗教的社会的、阶级的根源,而且找到了消灭宗教的办法和道路。既然宗教是根源于社会的剥削制度,那么为了消灭宗教,就要消灭这种社会制度。消灭宗教的唯一道路就是进行社会主义革命。这种革命将废除剥削,建立没有阶级矛盾的社会。这种革命将消灭世俗社会生活即"世俗基础的自我矛盾",由于这种"自我矛盾"在人们的意识中才产生了地上的、现实的世界和天上的、想象的世界之间的矛盾。"因为,世俗的基础使自己和自己本身分离,并使自己转入云霄,成为一个独立王国,这一事实,只能用这个世俗基础的自我分裂和自我矛盾来说明。因此,对于世俗基础本身首先应当从它的矛盾中去理解,然后用排除这种矛盾的方法在实践中使之革命化。"(第四条提纲)而在这里,新唯物主义必然要得出关于未来的共产主义社会,关于为这个社会开辟道路的革命是不可避免的结论。

* * *

这样一来,在马克思的《关于费尔巴哈的提纲》中就证明了,只有**辩证**唯物主义才能不仅对自然界而且对社会和人的认识做出彻底唯物主义的解释;这个学说是无产阶级的世界观,它为争取推翻资本主义和建设共产主义社会的革命斗争提供了实践的指南,不成为**共产主义者**,就不可能成为这个学说的彻底的拥护者,因为共产主义是从这个哲学学说中得出的必然结论。马克思的提纲清楚地证明了辩证唯物主义、历史唯物主义和科学社会主义的有机的、不可分割的、内在的联系,它们是一个统一的、完整的世界观,要抛弃这个学说中的一个部分,就不可能不动摇、破坏整个学说。在这部著作中第一次阐述了马克思和恩格斯的一系列极其重要的发现,这些发现实现了哲学中的变革。对这些发现的进一步研究导致了马克思、恩格斯和列宁的伟大哲学学说的创立,现在数以亿万计的人在地球的各个角落高举这个学说的旗帜正在走向全人类的光辉未来——共产主义。因此,恩格斯在谈到这个提纲时完全有根据地写道:"这些笔记作为包含着新世界观的天才萌芽的第一个文件,是非常宝贵的。"

(原载维·莫·鲍古斯拉夫斯基:《马克思的〈关于费尔巴哈的提纲〉》1960年莫斯科版单行本)

(屏羽 译)

19世纪资产阶级思想家对马克思的《哲学的贫困》的反应*

〔德〕艾克·科普夫

1847年,马克思的第一本独立著作《哲学的贫困》① 出版了。正如恩格斯在1885年,即几乎过了40年后,在《反杜林论》序言中所写的那样,辩证方法和共产主义世界观在这部著作里首次问世了。② 由此,马克思和恩格斯直至那时为止(参看例如《德意志意识形态》)所制定的新的、革命的世界观便广泛地传播开来了。这一评价并不过分,因为马克思阐述了重要的关于哲学的、到那时为止所获得的经济学的,以及由此派生出来的政治的知识。众所周知,"罢工和工人同盟"一节是以一次"社会全盘改造"已成必要的结论作为结束语的。③

恩格斯以后在回首往事时说到,在把革命的观点灌输给工人阶级方面,这一观点"经过了二十余年的潜伏时间",它在"《资本论》出版以后,就以日益增长的速度,扩大它的影响,并为日益广大的阶层所接受。现在,它已远远越出欧洲的范围……受到了重视和拥护。"④

---

* 本文选自《马克思恩格斯研究》1992年总第9期。
① 《马克思恩格斯全集》第1版第4卷第71—198页。
② 参看《马克思恩格斯全集》第1版第20卷第11页。
③ 参看《马克思恩格斯全集》第1版第4卷第198页。
④ 《马克思恩格斯全集》第1版第20卷第11页。

撇开1848年革命前的直接反响不谈，《哲学的贫困》是在它出版后过了40年才开始真正产生影响的。这是怎样造成的呢？如果要理解资产阶级对马克思的这部著作的反应，那么，我们首先必须了解两个情况。第一个情况是，虽然当时有针对德国社会民主党的非常法，但工人革命运动的政治力量还是增长了。德国社会民主党在1884年10月举行的国会选举中获得了约55万张选票和24个议席。而1884年只获得31.2万张选票和13个议席。第二个情况是，工人革命运动的意识形态力量显著增长了。在马克思于1883年逝世后没有几天，在哥本哈根举行的社会民主党代表大会的与会者们便决定以无愧于马克思学说创始人的方式来宣传他的学说。此时，除了中央机关报《社会民主党人报》①外，理论刊物《新时代》也作为社会民主党的定期刊物开始出版发行。1883年，恩格斯的著作《社会主义从空想到科学的发展》的前三个德文版发行了，《共产党宣言》出了新德文版，恩格斯最关心的《资本论》第1卷德文第3版也问世了，1884年还出版了恩格斯的著作《家庭、私有制和国家的起源》。

这种强大的意识形态攻势并没有到此为止。1885年初，即在《资本论》第2卷德文第1版出版前半年和《反杜林论》第2版出版前约一年，由爱德华·伯恩施坦和卡尔·考茨基主持并受到恩格斯关怀的马克思的《哲学的贫困》德文版出版了。这是个重要的创举。只有出了这个德文版，这部著作才获得了世界的承认。在它出版后，德意志帝国统治阶级的思想家们作出了强烈的反应。马克思的《哲学的贫困》为德

---

① 参看布里吉特和卡尔－海因兹·格尔默尔豪斯《中央机关报〈社会民主党人报〉在马克思主义传播史上的贡献》，载爱尔福特－牟尔豪森的"泰·奥多尔·纽鲍威尔博士"师范学院《学术杂志》(1896年)。

国社会民主党提供了重要的论据,当时,德国社会民主党是国际工人运动中最先进的部分,按照恩格斯的评价,它最懂得在阶级斗争的三个方面(经济方面、政治方面和理论方面)的互相配合、互相联系上,有计划地领导阶级斗争。①

恩格斯在他的《序言》中明确地强调指出了这个情况,他写道,联想到不是马克思而是在他之前的洛贝尔图斯发现了剩余价值的实质这种资产阶级说法,马克思的《哲学的贫困》恰恰在现在具有一种马克思从未料到的意义。② 恩格斯利用这个机会提醒人们参看马克思的《资本论》。③ 相反,几个月后恩格斯在《资本论》第2卷的《序言》中又提醒人们参看马克思的《哲学的贫困》④,并同样批判了洛贝尔图斯的支持者的立场。⑤ 如果没有马克思主义的主要著作《资本论》自1867年以来产生的影响,我们很难想象马克思的《哲学的贫困》会产生什么样的影响,这两者具有不可分割的联系,相互影响。⑥ 卡尔·考茨基1886年在《新时代》上发表的一组文章《〈哲学的贫困〉与〈资本论〉》提醒人们注意这一联系,从中主要是社会民主党的干部、议员和编辑们得到了重要的指导方针。⑦ 比如他写道:"他(指马克思——作

---

① 参看《马克思恩格斯全集》第1版第18卷第566页。
② 参看《马克思恩格斯全集》第1版第21卷第205页。
③ 参看《马克思恩格斯全集》第1版第21卷第219页。
④ 参看《马克思恩格斯全集》第1版第24卷第18—19页。
⑤ 参看《马克思恩格斯全集》第1版第24卷第10页及以下各页。
⑥ 参看艾克·科普夫:《马克思主义传播史中的〈资本论〉》,载于《马克思恩格斯研究论丛》(柏林)1986年第20辑第5—19页。
⑦ 参看卡尔·考茨基:《〈哲学的贫困〉与〈资本论〉》,载于《新时代》1886年第4年卷第7—19、49—58、117—129、157—165页。

者注）概括出了阶级斗争的原则，这一原则只应说明特定国家历史上的一个特定时代，他对阶级斗争在整个历史发展过程中的作用追根溯源，并发现，自从阶级对立存在以来，阶级斗争便普遍成为历史运动的根本原因。但是，由于一定的阶级只有通过对与之相适应的、同它处在最密切的相互作用之中的生产关联的认识才能理解，所以对各种经济关系、物质关系和各种生产方式的研究就构成了研究历史发展的基础。马克思利用这个历史观把社会主义与工人运动结合起来了，因为他证明，……社会主义的目标必须通过现代生产方式的发展和阶级斗争才能实现，而只有研究现代生产方式，研究它的作用和产生才能认清这一目标。……马克思有两部著作首先对政治经济学的发展具有重要意义；一部产生于他从事经济学研究之开始，另一部产生于他在这方面的活动结束的时候"，这就是《哲学的贫困》和《资本论》。[①] 人们对马克思著作的需求量很大，以致1882年和1885年出了德文第2版和第3版。马克思虽然在1883年逝世了，但他的学说却越来越成为工人运动的思想指针[②]，并使一般精神生活革命化了。

德意志帝国统治阶级的思想家们对马克思的《哲学的贫困》作出了何种反应呢？从量的方面来看，我们首先可以确定，从1885年到1898年，至少有264本（篇）书、小册子或文章对马克思主义进行了攻击，其中有260本（篇）攻击《资本论》，29本（篇）攻击《哲学

[①] 卡尔·考茨基：《〈哲学的贫困〉与〈资本论〉》，载《新时代》1886年第4年卷第15页。

[②] 参看德国社会民主党文献中的马克思和恩格斯的著作（1869—1895）书目提要，1979年柏林版第213—214页。

的贫困》，23（从 1877 年以来是 34）本（篇）抨击《反杜林论》①，16 本（篇）抨击恩格斯的《费尔巴哈和德国古典哲学的终结》②，14 本（篇）抨击恩格斯的《家庭、私有制和国家的起源》③，7 本（篇）抨击恩格斯的《社会主义从空想到科学的发展》。④

值得注意的是，马克思的《哲学的贫困》在马克思主义批评家中受到了较大的重视。在上述 29 处攻击中，有 18 处来自主张贸易自由的经济学家⑤、边际效用价值学派⑥的经济学家，首先是成立较晚的历史

---

① 参看艾克·科普夫：《恩格斯的〈反杜林论〉与 19 世纪资产阶级对马克思主义的批评》，载于《德国哲学杂志》1977 年第 2 期第 815 页。

② 参看艾克·科普夫：《马克思主义传播史中的〈资本论〉》，载于《马克思恩格斯研究论丛》（柏林）第 27 辑第 9 页。

③ 参看艾克·科普夫：《论恩格斯的著作〈家庭、私有制和国家的起源〉在 19 世纪的传播史》，载于《马克思恩格斯究研究论丛》（柏林）第 19 辑第 75 页。

④ 参看艾克·科普夫：《论恩格斯的著作〈家庭、私有制和国家的起源〉在 19 世纪的德国传播史》，载于《马克思和恩格斯研究论丛》（柏林）第 19 辑第 48 页，关于资产阶级思想家对恩格斯的其他著作的反应，参见艾克·科普夫：《从 19 世纪后 30 多年对马克思主义的批评中反映出的弗里德里希·恩格斯对马克思主义产生史和传播史的贡献》，载于爱尔福特－牟尔豪森的"泰·奥多尔·纽鲍威尔博士"师范学院《学术杂志》。

⑤ 参看卡尔·瓦尔克尔：《卡尔·马克思。对他的生平和学说的通俗的和批判的阐述》，1897 年莱比锡版。

⑥ 参看安东·门格尔：《十足劳动收入权的历史探讨》，1886 年斯图加特版；艾米尔·扎克斯：《理论国民经济学基础》，1887 年维也纳版；安东·门格尔：《十足劳动收入权的历史探讨》，1891 年斯图加特第 2 版。

学派的经济学家①，有 9 处来自哲学家②，有 2 处来自宗教思想家。③

---

① 参看格奥尔格·阿德勒：《德国早期社会政治工人运动史（着重讲述对运动有影响的理论)》，1885 年布勒斯劳版；亨利希·泽特贝尔：《社会党人对马尔萨斯人口论的态度》，1886 年柏林版；理查德·施特格曼：《卡尔·马克思的基本经济观点》，载于《普鲁士年鉴》(柏林) 1886 年第 57 卷第 213 页及以下各页；格奥尔格·阿德勒：《卡尔·马克思对现今国民经济的批判的原理》，1887 年杜宾根版；卡尔·迪尔：《比·约·蒲鲁东，他的学说和生平，第一部分：财产学说和价值学说》，1888 年耶拿版；《第二部分：经济矛盾体系……》，1890 年耶拿版；《第三部分：他的生平和他的社会哲学》，1896 年耶拿版；理查冯·舒伯特-索尔德恩：《人的幸福与社会问题》，1896 年杜宾根版；尤利乌斯·普拉特：《民主与社会主义》，1897 年莱比锡版；亨利希·赫克纳：《社会改革是经济进步的要求》，1891 年莱比锡版；阿道夫·瓦格纳：《政治经济学教程和手册》，第一大部分：政治经济学基础第 3 版；第一部分，国民经济基础第 1 分册，1892 年莱比锡版；阿尔都尔·米尔柏格：《卡尔·马克思〈哲学的贫困〉……》第 2 版，载于《国民经济学和统计学年鉴》(耶拿) 1892 年第 3 卷第 4 册第 536 页及以下各页；路德维希·斐利克斯：《社会主义批判》，1893 年莱比锡版；尤利乌斯·普拉特：《解决办法》，载于《瑞士经济和社会政治学刊》年鉴Ⅲ，1895 年巴塞尔版，3 月份第 1 册第 5 期第 161 页及以下两页。

② 参看保尔·魏仁格林：《人类发展规律，社会经济学研究》，1888 年莱比锡版；《各种历史观》，1890 年莱比锡版；保尔·巴尔特：《黑格尔和黑格尔信徒直至马克思与哈特曼的历史哲学，取得大学授课资格的论文……》，1890 年莱比锡版；保尔·巴尔特：《马克思主义历史哲学和伦理学》，载于《德国言论》月刊，(维也纳) 冯·E. 佩尔纳施托费尔出版，1893 年第 3 年卷第 237 页及以下各页；夏姆·舍特洛夫斯基：《历史论文和批判马克思主义的论文 (I)》，载于《德国言论》月刊，(维也纳) 冯·E. 佩尔纳施托费尔出版，1895 年第 15 年卷第 193 页及以下各页；保尔·巴尔特：《所谓的唯物主义历史哲学》，载于《国民经济学和统计学年鉴》(耶拿) 1896 年第 3 年卷第 11 册第 1 页及以下各页；鲁道夫·施塔姆勒：《从唯物史观看经济与法》，1896 年莱比锡版；麦克斯·洛伦茨：《马克思主义的社会民主党》，1896 年莱比锡版；麦克斯·洛伦茨：《我之退出社会民主党》，载于《未来》，(柏林) M. 哈顿出版，1896 年第 17 卷第 256 页及以下各页；奥托：《黑格尔以来的德国近代哲学史、近代哲学研究入门手册》，1898 年哥丁根版。

③ 参看阿道夫·冯·温克斯特恩：《自己的事》，载于《新时代》(斯图加特) 1897 年第 15 卷第 1 册第 429 页及以下两页；维克多·卡特莱因：《社会主义》，1898 年巴登州的弗赖堡第 7 版。

1885年，《哲学的贫困》德文版出版后，立即对它作出反应的是成立较晚的历史学派的经济学家和主张边际效用价值的经济学家；而哲学家，首先是当时比较年轻的、不怎么有名的哲学家，在1888年、1890年和自1893年起才开始对马克思的著作作出反应。

从**质**的方面看，我们可以确定，资产阶级思想家在对马克思的《哲学的贫困》1885年版的反应中开始承认，当前的工人运动具有"**巨大的规模和意义**"。因此，详细阐述上一代无产阶级的趋势看来是适宜的。例如，格奥尔格·阿德勒进一步写道："当马克思和恩格斯（他们的理论后来对于工人党是唯一有决定意义的东西）早在1847—1852年间就已经起了突出的作用时，这样做就更加必要了。"① 作为新学说的证明，他援引了马克思的《哲学的贫困》，并指出，这本书在《共产党宣言》之前就出版了。② 在马克思主义的传播史上，有一个值得注意的事实，即在1867年《资本论》出版后，在1869年德国工人党成立后，尤其是在巴黎公社掌握政权后，批评马克思主义的人现在竟然公开谈论1867年以前出版的马克思和恩格斯的著作了，而在此之前，他们一直试图使这两人的著作无声无息地消失。

他们在谈到马克思的《哲学的贫困》时大多指出，**工人阶级的革命的世界观是由马克思和恩格斯**制定的；这一事实在恩格斯的《反杜林论》出版后，以及后来在马克思逝世后，变得越来越明显了，甚至敌对的思想家也作出了同样的反应。例如格奥尔格·阿德勒1885年在谈到

---

① 参看格奥尔格·阿德勒：《德国早期社会政治工人运动史（着重讲述对运动有影响的理论）》，1885年布勒斯劳版第1页。

② 格奥尔格·阿德勒：《德国早期社会政治工人运动史（着重讲述对运动有影响的理论）》，1885年布勒斯劳版第142页。

《马克思和恩格斯的历史理论》时就是这么看的。① 保尔·巴尔特在1880年这样写道:"和**马克思**的理论几乎完全一致的是他的朋友和精神上的孪生兄弟**弗·恩格斯**的理论,他通过许多通俗的著作把共同的思想财富介绍给更多的人,同时他还更突出地强调了某些方面,并竭力用新理由来加以证明。"② 他举出恩格斯1885年为马克思的《哲学的贫困》写的序言这个例子,恩格斯在这篇序言里解释说,马克思从未把他的要求建立在道德的基础上,而是建立在对阶级的客观经济利益的分析上。③

现在,批判马克思主义的人不再像《资本论》出版后前10年里经常干的那样进行漫骂和搞人身攻击了,而是对一定的成就加以承认。如阿尔都尔·米尔伯格1892年就《哲学的贫困》德文第2版的出版一事写道,马克思批判蒲鲁东的著作"已成为宣传法典和社会民主党的某种教义问答书……"④。客观地说,它的意义还在于,它使我们能够非常清楚地了解马克思哲学的形成与发展。⑤ 徒劳无益地努力了25年企图驳倒马克思学说的阿道夫·瓦格纳在1892年承认:"德国**民主**科学社会主义的近代的代表们除了对现实的批判过激外,对基本问题……而且是对

---

① 参看格奥尔格·阿德勒:《德国早期社会政治工人运动史(着重讲述对运动有影响的理论)》,1885年布勒斯劳版第143页。

② 保尔·巴尔特:《黑格尔和黑格尔信徒直至马克思与哈特曼的历史哲学,取得大学授课资格的论文……》,1890年莱比锡版第132—133页。

③ 参看《马克思恩格斯全集》第1版第21卷第209页。

④ 参看阿尔都尔·米尔伯格:《卡尔·马克思〈哲学的贫困〉……》,载《国民经济学和统计学年鉴》(耶拿)1892年第3年卷第4册第537页。

⑤ 参看阿尔都尔·米尔伯格:《卡尔·马克思〈哲学的贫困〉……》,载《国民经济学和统计学年鉴》(耶拿)1892年第3年卷第4册第537页。

经济学的基本问题却贡献不少。这一点，在我看来，例如对于洛贝尔图斯来说，是可以承认，而且必须承认的，即使人们对结论、学说（价值学说！）和要求再三表示不同意也罢。最重要的东西来自卡·马克思。"① 为了论证这一评价，他除了列举马克思恩格斯合写的《共产党宣言》外，还列举了马克思的著作《政治经济学批判，第一册》（1859年）、《资本论》和《哲学的贫困》。②

许多批评马克思主义的人都或者直言不讳或者含沙射影地声称，马克思剽窃了蒲鲁东和其他社会主义者的学说，这尤其是因为蒲鲁东是马克思的先驱③，但他们有时也承认，马克思对蒲鲁东的批判并没有全错。④

从资产阶级思想家日益了解和认识到**马克思主义是融合哲学、经济学和政治学说于一体的**这一点来看，形成不久的历史学派的经济学家理查·施特格曼1885年在《资本论》第2卷出版后就看出了它与《哲学的贫困》的联系，这是很有启发意义的。他认为《资本论》第2卷将

---

① 阿道夫·瓦格纳：《政治经济学教程和手册》，1892年莱比锡版第40页。
② 阿道夫·瓦格纳：《政治经济学教程和手册》，1892年莱比锡版第40页。
③ 参看卡尔·迪尔：《比·约·蒲鲁东，他的学说和生平》，1888年耶拿版第V—VI页；安东·门格尔：《十足劳动收入权的历史探讨》，1891年斯图加特版第52页；阿道夫·瓦格纳：《政治经济学教程和手册》，1892年莱比锡版第38页；阿尔都尔·米尔伯格：《卡尔·马克思〈哲学的贫困〉……》第2版，载于《国民经济学和统计学年鉴》（耶拿）1892年第3年卷第4册第537—539页；卡尔·瓦尔克尔：《卡尔·马克思，对他的生平和学说的通俗的和批判的阐述》，1897年莱比锡版第15—16页。
④ 参看卡尔·迪尔：《比·约·蒲鲁东，他的学说和生平》，1888年耶拿版第105、117—118页；阿道夫·瓦格纳：《政治经济学教程和手册》，1892年莱比锡版第40页。

不仅在社会民主党人那里而且将在学术界再次引起人们对马克思的兴趣。他还说:"我们想利用这个机会勾画出马克思的基本经济——哲学视点的轮廓。"① 为了指出马克思关于用革命的手段建立一个新社会的政治结论,他引用了马克思的《哲学的贫困》中结尾那段话。这段话开头是:"被压迫阶级的存在就是每一个以阶级对抗为基础的社会的必要条件。因此,被压迫阶级的解放必然意味着新社会的建立。"这段话的结尾是:"……不是血战,就是毁灭。问题的提法必然如此。"②

1885年马克思的《哲学的贫困》发表后,马克思主义的**哲学学说**成为资产阶级的热门话题,它现在愈加显明地被看作是马克思的政治经济学的理论基础。马克思在《哲学的贫困》中已使人注意到了这个密切的联系。③ 要了解马克思的哲学,必须研究1859年的《政治经济学批判》、《共产主义宣言》和《哲学的贫困》,这是人们经常发表的看法。

在《资本论》第3卷和马克思的《哲学的贫困》德文第3版出版后,有人联系马克思批驳蒲鲁东的论战著作对**唯物辩证法**进行了攻击。例如理查·冯·舒伯特-索尔德恩于1896年写道,马克思从黑格尔那里所学到的东西,"主要是**马克思**所说的辩证法,也就是,一切概念间的相互关系,就是一个概念以另一个概念为前提、一个概念向另一个转

---

① 参看理查·施特格曼:《卡尔·马克思的基本经济观点》,载《普鲁士年鉴》(柏林)1886年第57卷第213页。
② 《马克思恩格斯全集》第1版第4卷第197—198页。
③ 《马克思恩格斯全集》第1版第4卷第103—110、115—117、134—156、162—167、175、192—194页。

化的关系"①。他所做的事情同在他之前其他批评马克思主义的人所做的事情一样，就是简单地把马克思的唯物辩证法同黑格尔的唯心主义辩证法等量齐观。② 他在援引马克思在《资本论》第1卷德文第2版《跋》中关于同黑格尔哲学的关系的声明③后，写道："《哲学的贫困》里有许多论述和这里的论述相同……"④ 要不是马克思利用他的**唯物**辩证法认识到了关于生产者与消费者的关系，关于物质生产过程、社会组织与人的需求的关系，关于生产资料、"雇主"与工人的关系的话（这些关系都与资产阶级意识形态的概念格格不入）⑤，这个哲学难题本身很可能不会引起舒伯特-索尔德恩的兴趣。保尔·巴尔特于同一年写道："卡·马克思是一个倾向于系统学的、受过演绎的、因而是思辨的哲学体系教育的思想家……。"他接着又说："由于受过黑格尔哲学的教育，他必然认为，凡是不是从唯一的原则中'逻辑地'推导出特别的规定和因素的一切东西都是不科学的……马克思最先于1847年在《哲学的贫困》一书中说出了一些立足于自己的观点的格言式的警句。"⑥ 当麦克斯·洛

---

① 参看理查·冯·舒伯特-索尔德恩：《人的幸福与社会问题》，1896年杜宾根版第294页。

② 参看卡尔·科普夫：《关于19世纪资产阶级对马克思主义批评中的黑格尔问题》，载于《理论与实践，德国统一社会党中央"卡尔·马克思"党校学术论文》1981年第4期第169页及下两页。

③ 参看《马克思恩格斯全集》第1版第23卷第24—25页。

④ 理查·冯·舒伯特-索尔德恩：《人的幸福与社会问题》，1896年杜宾根版第295页。

⑤ 参看《马克思恩格斯全集》第1版第4卷第81—83页。

⑥ 保尔·巴尔特：《所谓的唯物主义历史哲学》，载于《国民经济和统计学年鉴》（耶拿）1896年第3年卷第11册第295页。

伦茨1896年断言马克思不是历史学家，他是逻辑学家和"概念哲学家"，因为他是黑格尔的学生时①，他也没有用什么科学上严谨的东西来反驳马克思。**唯物**辩证法（其中尤其是从客观的、可以感知的具体的东西上升到抽象，和从抽象再上升到思想上具体的东西），这一无产阶级革命运动的最好的劳动工具和最锐利的武器②恰恰"引起资产阶级及其夸夸其谈的代言人的恼怒与恐怖，因为辩证法在对现存事物的肯定的理解中同时包含对现存事物的否定的理解，即对现存事物的必然灭亡的理解。"③

随着马克思的《哲学的贫困》的出版，**唯物史观**也受到了猛烈的攻击。说什么还在《共产主义宣言》之前，在《哲学的贫困》里"马克思和恩格斯的历史理论"的基本原则就被阐明了。④ 对经济基础与上层建筑、阶级或"积累起来的劳动和直接劳动"的唯物主义的同时也是辩证的分析被提到了，为此，马克思的《哲学的贫困》中下面这段话也被引用了："没有对抗就没有进步。这是文明直到今天所遵循的规律。到目前为止，生产力就是由于这种阶级对抗的规律而发展起来的。"⑤ 保尔·魏仁格林1890年在一次报告会上提请他的听众注意，"除了卡尔·马克思的著名的《资本论》外"还有马克思的《哲学的贫

---

① 麦克斯·洛伦茨：《我之退出社会民主党》，载于《未来》，（柏林）M.哈顿出版，1896年第17卷第259页。

② 参看《马克思恩格斯全集》第1版第21卷第337页。

③ 《马克思恩格斯全集》第1版第23卷第24页。

④ 参看格奥尔格·阿德勒：《德国早期社会政治工人运动史（着重讲述对运动有影响的理论）》，1885年布勒斯劳版第142—143页。

⑤ 格奥尔格·阿德勒：《卡尔·马克思对现今国民经济的批判的原理》，1887年杜宾根版第1—2页；《马克思恩格斯全集》第1版第4卷第104页。

困》、《共产主义宣言》,恩格斯的《反杜林论》、《家庭、私有制和国家的起源》、《路德维希·费尔巴哈和德国古典哲学的终结》以及保尔·拉法格的《卡尔·马克思的经济唯物主义》都是"人们在其中可以找到'经济唯物主义'的阐述的主要著作"。① 同一年,保尔·巴尔特援引了马克思1859年对唯物史观的著名概述②,以便接着贬低其中所阐明的关于社会及其历史的崭新理论。他说,这样一来马克思就"用尽管是不明确的语言和比喻确定了孔德在他的历史考察中称之为社会静态"和"社会动态的那些东西"。③ "马克思有时在他的著作里用一些例子来说明和论证这两个可惜很不明确的、用比喻拼凑成的社会静态与动态的说法。但可以被看作是科学的论证的只有三部著作:《哲学的贫困》、……《政治经济学批判》(1895年柏林版)和《资本论》……"。④ 夏姆·舍特洛夫斯基在1859年强调指出:"马克思第一次表述他所发现的历史理论的著作是《哲学的贫困》——一部与蒲鲁东论战的书。"⑤ 鲁道夫·施塔姆勒在1896年写道,除了1859年的《〈政治经济学批判〉序言》

---

① 保尔·魏仁格林:《各种历史观》第27卷,1890年莱比锡版;以及他的《人类发展规律,社会哲学研究》,1888年莱比锡版第95—105页。
② 《马克思恩格斯全集》第1版第13卷第8—9页。
③ 保尔·巴尔特:《黑格尔和黑格尔信徒直至马克思与哈特曼的历史哲学,取得大学授课资格的论文……》,1890年莱比锡版第41—42页。
④ 保尔·巴尔特:《黑格尔和黑格尔信徒直至马克思与哈特曼的历史哲学,取得大学授课资格的论文……》,1890年莱比锡版第42页。
⑤ 夏姆·舍特洛夫斯基:《历史论文和批判马克思主义的论文(I)》,载《德国言论》月刊,冯·E.佩尔纳施托费尔出版,(维也纳)1895年第15年卷第207页。

外，马克思在"同蒲鲁东的论战中最详细地"表述了他的社会哲学。①这些引文证明，马克思的《哲学的贫困》由于它所具有的社会哲学意义和由此而产生的方法论意义受到了批评马克思主义的人的极大重视。

但是，马克思的《哲学的贫困》还由于比较专门的历史唯物主义问题而引起了人们的注意。例如，路德维希·斐利克斯在1883年指出，马克思还在《资本论》之前②，在《哲学的贫困》里就注意研究经济基础了，这些经济基础自15世纪和16世纪以来导致了资本主义生产方式的产生。③保尔·巴尔特和麦克斯·洛伦茨指出，马克思在《哲学的贫困》中和恩格斯在1885年为它撰写的序言里都强调说，他们不是出于道德的原因才要求消灭资本主义的。④他们试图把唯物主义的历史考察形式同唯心主义的历史考察形式对立起来。安东·门格尔在1886年写道："只有当社会主义思想从构成社会主义文献（其中有马克思的《哲学的贫困》⑤——作者注）的主要内容的、关于国民经济和仁爱的没完没了的讨论中解脱出来并转变为理智的法律概念时（！——作者注），注重实际的国务活动家们才能认识到，为了劳苦大众的利益，现行的法

---

① 鲁道夫·施塔姆勒：《从唯物史观看经济与法》，1896年莱比锡版第41页。

② 《马克思恩格斯全集》第1版第23卷第785—786页；路德维希·菲利克斯：《社会主义批判》，1893年莱比锡版第42页。

③ 参看《马克思恩格斯全集》第1版第4卷167页。

④ 保尔·巴尔特：《马克思主义历史哲学和伦理学》，载于《德国言论》月刊，1893年第3年卷第239页；麦克斯·洛伦茨：《马克思主义的社会民主党》，1896年莱比锡版第X页；麦克斯·洛伦茨：《我之退出社会民主党》，载于《未来》1896年第17卷第256—257页；《马克思恩格斯全集》第1版第21卷第208页。

⑤ 参看《马克思恩格斯全集》第1版第4卷第142页及以下两页，153页及以下两页。

制多么需要加以改造。"和平改革对于统治力量来说比无产阶级革命好。① 因此,有人声称、假设在社会中是比经济和狭义上的社会的东西更为基本的东西。

除了1859年的《政治经济学批判》以外,马克思的《哲学的贫困》也被批评马克思主义的人看作是《资本论》的先驱,并且还被用来作为进一步攻击马克思主义的经济学说的理由。② 他们还特别提到了在《哲学的贫困》中所阐述的经济问题,如劳动的本质和劳动是价值的源泉③,分工④,价值学说⑤,价值规律和利润率的关系⑥,剩余

---

① 安东·门格尔:《十足劳动收入权的历史探讨》,1891年斯图加特版第Ⅲ页。
② 亨利希·泽特贝尔:《社会党人对马尔萨斯人口论的态度》,1886年柏林版第33页;维克多·卡特莱茵:《社会主义》,1898年巴登州的弗赖堡第7版第19页。
③ 格奥尔格·阿德勒:《卡尔·马克思对现今国民经济的批判的原理》,1887年杜宾根版第85页及以下两页;《马克思恩格斯全集》第1版第4卷第88页。
④ 鲁道夫·施塔姆勒:《从唯物史观看经济与法律》,1896年莱比锡版第252、657页;《马克思恩格斯全集》第1版第4卷第158页。
⑤ 卡尔·迪尔:《比·约·蒲鲁东,他的学说和生平》,1888年耶拿版第105、117—118页;《马克思恩格斯全集》第1版第4卷第100页;安东·门格尔:《十足劳动收入权的历史探讨》,1891年斯图加特版第97页;《马克思恩格斯全集》第1版第4卷第110—117页;阿道夫·瓦格纳:《政治经济学教程和手册》,1892年莱比锡版第40页。
⑥ 尤利乌斯·普拉特:《解决办法》,载于《瑞士经济和社会政治学刊》年鉴Ⅲ,1895年巴塞尔版,3月份第1册第5期第161页;《马克思恩格斯全集》第1版第4卷第208—209页。

价值①，社会主义制度下的分配②和作为社会关系的抽象的经济范畴。③他们用未经证明的论断来反驳马克思的认识，比如埃米尔·扎克斯声称："一个有很大影响的真理（把经济范畴看作是社会生产关系的理论表现和抽象——作者注）在这里是一种错误的概括。"④ 他们大多是主观地用唯心主义的或道德化的概念来反驳马克思对经济联系的唯物主义分析。

资产阶级思想家对马克思的《哲学的贫困》作出反应，主要是因为它对工人阶级世界观中的**经济学说**的形成作出了贡献。该书在"罢工和工人同盟"一节的结尾这样写道，一场"全面的革命"，一次"社会全盘改造"已经成为必要⑤，在资产阶级社会里受到压迫的工人阶级必将得到解放。⑥ 批评马克思主义的人建议统治阶级进行社会改革。以便

---

① 格奥尔格·阿德勒：《卡尔·马克思对现今国民经济的批判的原理》，1887年杜宾根版第31—32页；《马克思恩格斯全集》第1版第4卷第88页。

② 卡尔·迪尔：《比·约·蒲鲁东，他的学说和生平》，1888年耶拿版第22、34—35页；《马克思恩格斯全集》第1版第4卷第103页。

③ 艾米尔·扎克斯：《理论国民经济学基础》，1887年维也纳版第120页；《马克思恩格斯全集》第1版第4卷第143—144页。

④ 艾米尔·扎克斯：《理论国民经济学基础》，1887年维也纳版第120页；《马克思恩格斯全集》第1版第4卷第143—144页。

⑤ 格奥尔格·阿德勒：《卡尔·马克思对现今国民经济的批判的原理》，1887年杜宾根版第162页；《马克思恩格斯全集》第1版第4卷第198页。

⑥ 奥托·施梯伯：《黑格尔以来的德国近代哲学史，近代哲学研究入门手册》，1898年哥丁根版第94—95页。

抵御社会主义革命。① 他们说马克思得出的政治结论是"乏味的","其最后一句话'无产阶级专政'"是"痴人说梦"。② 贫困是每个社会及其成员的命运,在资本主义社会内"工人的急剧上升"是值得欢迎的,资本家也必须埋头苦干,有时也必须饱受苦难。③ 在他们对马克思的论述带有倾向性的解释下股份企业和信用制度被宣传为由资本主义生产方式转化为"联合的"生产方式的过渡形式。④ 在恩格斯去世的那一年,即1895年,舍特洛夫斯基承认,社会民主党已紧密地同马克思主义连成了一体,并"劝告"工人和他们的领导人把马克思主义当作"私事"来看待,虽然承认爱尔福特纲领,但不要承认"卡尔·马克思的世界观"。⑤

工人运动如果在方法上很好地利用它的科学世界观的创始人的学说,那么它就会卓有成效地发挥革命作用,这个在几十年中积累起来的

---

① 安东·门格尔:《十足劳动收入权的历史探讨》,1886年斯图加特版第Ⅲ页;亨利希·赫克纳:《社会改革是经济进步的要求》,1891年莱比锡版第20页(他建议首先提高工资——对他的反驳参看《马克思恩格斯全集》第1版第4卷第19页及以下两页);阿尔都尔·米尔伯格:《卡尔·马克思〈哲学的贫困〉……》,载于《国民经济学和统计学年鉴》(耶拿)1892年第3年卷第4册第540—545页;维克多·卡特莱茵:《社会主义》,1898年巴登州的弗赖堡第7版第Ⅵ页。

② 阿尔都尔·米尔伯格:《卡尔·马克思〈哲学的贫困〉……》,载《国民经济学和统计学年鉴》(耶拿)1892年第3年卷第4册第540页。

③ 阿道夫·冯·温克施特恩:《自己的事》,载《新时代》(斯图加特)1897年第15卷第1册第496页。

④ 尤利乌斯·普拉特:《民主与社会主义》,1897年莱比锡版第230页;《马克思恩格斯全集》第1版第16卷第16页,第25卷第498页。

⑤ 夏姆·舍特洛夫斯基:《历史论文和批判马克思主义的论文(Ⅰ)》,载于《德国言论》月刊1895年第15年卷第193页。

经验（尽管当今的政治现实已起了变化，但它们仍具有实际意义），由19世纪末一位马克思主义的反对者以他自己的方式用下面这些话表达了出来："'世界上各社会主义政党的最伟大的导师'、'社会主义的孜孜不倦的开拓者'……是**卡尔·马克思**。"他同时还指出，《资本论》是马克思的"主要著作"，《哲学的贫困》是马克思的"另一部重要著作"。①

[原载《马克思恩格斯研究论丛》（柏林）第24辑第117—128页]

（蒋传中 译　李俊聪 校）

---

① 维克多·卡特莱因：《社会主义》，1898年巴登州的弗赖堡第7版第19页。

恩格斯在《新莱茵报》上有关匈牙利革命的文章的研究新成果[*]

〔民主德国〕弗朗索瓦·梅利斯

马克思和恩格斯发表在《新莱茵报》上的文章，足有四分之一是论述1848—1849年匈牙利革命的。在1849年春季，两位马克思主义的创始人以其对突出政治事件的敏锐性和休戚与共的同情心，首先注视着匈牙利人民反对奥地利君主国的入侵部队的革命斗争。这场斗争是整个欧洲争取进步的资产阶级秩序和民族统一或民族独立的革命斗争的不可分割的组成部分。

鉴于1849年4—5月匈牙利军队的攻势连连告捷，马克思和恩格斯坚信，这可能成为在欧洲中部，特别是在巴黎重新爆发革命的决定性导火线。

恩格斯在《新莱茵报》上先是每隔几天，后来，从1849年2月初起则每天对洪韦德军队和奥地利军队之间的军事交锋进行分析评论。这些多数以《战地新闻》为题发表的文章证明作者的专业知识极为深厚——这些文章按照当时德国新闻的惯例，没有署名——所以它们很快蜚声论坛，被认为是出自匈牙利革命军队的某位高级军官之手。[①]

---

[*] 本文选自《马克思恩格斯研究》1990年总第4期。
[①] 参看《我景仰的人》人民出版社1982年版第163页。

马克思和恩格斯在1848—1849年革命时期撰写的著作的编辑准备工作,特别是《新莱茵报》上的文章及其在《马克思恩格斯全集》原文版第1部分第7—9卷的发表,再次为缜密考证这家革命机关报上的所有文章的作者问题提供了机会。在处理论述匈牙利革命的编辑部文章时已经进行了这项工作。在进行这项研究工作的过程中可以获得新的认识。这首先大大加深了我们对革命策略问题和马克思恩格斯在民主派机关报编辑部的活动的了解。本文概括地介绍以下四个研究成果:

第一,恩格斯在论述匈牙利革命的文章中为欧洲范围内的民主派斗争的策略方针规定了崭新的重点。他的这个功绩还不甚为人所知。这些重点是什么呢?

马克思和恩格斯在1848年底1849年初就已充分意识到,在欧洲革命和反革命之间的一场决定一切的斗争的时刻已经临近。马克思在1849年1月1日的《革命运动》一文的战斗口号中就表述了这种认识:"**法国工人阶级的革命起义,世界大战**,这就是1849年的前景。"① 而接着,恩格斯在1849年1月13日发表的他的第一篇论述匈牙利革命斗争的文章中也表达了这个思想。他写道,如果匈牙利人"像1848年革命的最后一批英雄一样"倒下去,那么,只要"法国无产阶级的起义一取得胜利",他们就会重新获得自由。②

通过对这个过程和匈牙利春季攻势这一重大事件的透彻分析,恩格斯取得了两个重大的革命策略上的认识进步。其中第一个基本思想,他在社论《马扎尔人的成就》一文中作了表述。"总而言之:马扎尔人到处都胜利前进。如果没有奇迹出现,奥地利'联合君主国'这个欧洲

---

① 《马克思恩格斯全集》第1版第6卷第175页。
② 《马克思恩格斯全集》第1版第6卷第207页。

反革命的中心，在两星期内就要毁灭。在'联合君主国'的废墟上欧洲革命则将兴起。"①

这两句话在这里具有决定性意义。第一句话的意思是，欧洲革命的规模将越来越大，可能导致奥地利"联合君主国"的崩溃。从第二句话可得出一个在政治上具有重大意义的结论：维也纳革命再一次爆发可以影响整个欧洲范围内的革命化进程。

恩格斯在他的一些文章中继续坚持这个原则上的新的估价。在同一号《新莱茵报》第2版上，他联系第二议院在1849年4月2日被普鲁士反动派解散一事写道："这就叫做'普鲁士的荣誉'、'普鲁士的信义'！

"如果大臣们再等待几个星期，也许匈牙利革命就会替他们代劳，把两院都驱散。"②他在《普鲁士军队和人民革命起义》一文中所说的下面这句话曾闪烁出，而且今天仍然闪烁着何等的乐观主义精神："一般说来，**匈牙利人的胜利从来还没有像**……因此，再过几天，匈牙利人就要到维也纳，匈牙利的革命就要完成，而第二次德国革命就要庄严地揭幕了。"③

而恩格斯在他1849年5月10日撰写的《反革命的进攻和革命的胜利》一文中又前进了一步，他把匈牙利革命同法国革命**有机地**结合在一起。"……我们只谈一谈那些从外面闯进来的能给德国各种小规模的、分散的、被出卖的运动带来统一并建立起坚实支柱的大事件：匈牙利和

---

① 《马克思恩格斯全集》第1版第43卷第421页。
② 《马克思恩格斯全集》第1版第6卷第534页。
③ 《马克思恩格斯全集》第1版第6卷第567页。

法国的革命。"① 接着,恩格斯把这两股革命潮流之间的联系和统一论述得更为详尽。"在**匈牙利革命**接二连三取得胜利并在最近的决定性战斗之后……将直接向维也纳挺进并在解放该城的同时,**法国**突然也重新加入了大家眼看着发展起来的公开运动。……人民,这个最后的、最高的审判官,又重新出现在舞台上。不管这将通过选举还是通过公开革命而发生,但是法国人民很快就会给运动一个全欧洲都能感觉得到的推动。"②

显而易见,恩格斯有这样的考虑,是因为他得到法国驻柏林公使就普鲁士后备军进驻动乱的萨克森一事提出抗议的消息。他立即抓住这条消息,在一篇评论中向后备军的士兵们发出呼吁。他写道:"街垒战士们,威严的人民大众!你们在去年争得了一点自由,难道就是为了要在现在以后备军士兵的身份亲手把它断送,然后再为你们至高无上的主子俄国沙皇去摧毁匈牙利和法国这两个自由堡垒吗?"③

马克思在为《新莱茵报》红色停刊号撰写的社论中接受了恩格斯的这一基本思想。他在扼要地描述了欧洲的历次革命斗争以后,满怀激情地总结说:"由各民族的战士组成的革命军已经同以俄国军队为代表的、联合起来的旧欧洲相对峙,而巴黎已经出现了'红色共和国'日益逼近的征兆!"④

由于恩格斯在有关匈牙利人的文章中对马克思在《资产阶级和反革命》⑤一文中为欧洲革命第二年的阶级斗争制定的共产党人的新的战略

---

① 《马克思恩格斯全集》第1版第6卷第576页。
② 《马克思恩格斯全集》第1版第6卷第576—577页。
③ 《马克思恩格斯全集》第1版第6卷第570页。
④ 《马克思恩格斯全集》第1版第6卷第603页。
⑤ 《马克思恩格斯全集》第1版第6卷第118—146页。

和策略观点作了进一步精确的表述,无产阶级机关报表明自己又一次站在适应动员革命的人民群众参加斗争这一需要的高度。这个态度给了德国人民的先进代表——如恩格斯所说的,那些在当时还是分散的、被德国资产阶级可耻地出卖的、正在浴血奋战的人们——以勇气和道义的支持,并使他们相信,他们不是在孤军奋战。① 在当时,特别重要的是,联合一切革命力量,使他们汇合成一股洪流。在欧洲东部:要通过革命的匈牙利军队进驻维也纳再一次奠定一个决定性的基础;在欧洲中部,在德国,必须把各地的革命行动联合起来;在欧洲西部,法国工人的起义和"红色共和国"的建立应当给全欧洲的民主运动一个强有力推动。联合行动是粉碎欧洲反革命,即"俄奥同盟中的霍亨索伦及其内阁"②的阴谋的基本前提,也是革命比反革命更为迅速地向前发展的条件。③

恩格斯对匈牙利战场上的战事的分析表明,他具有卓越的才能,他能够把具体的历史评价,必要的现实要求和对欧洲的民主运动的斗争提出任务这三者之间辩证地统一起来。此外,可以看出马克思和恩格斯在认识上的相互交流和弥补与他们在理论观点上的**完全**一致。

第二,恩格斯有关匈牙利革命的文章和其他编辑部成员的文章都标上一颗或两颗大星花,而其他的文章都标上小星花。在学术讨论中有人提出了这样的问题:标上大星花和小星花是专门为《新莱茵报》编辑部的文章做标记呢,还是表示编辑部的文章具有某种重要性。比如说,瓦尔特·施米特在其1986年出版的《〈新莱茵报〉。文章、通讯、关于1848—1849年法国革命的报道》一书的序言中指出,塞巴斯蒂安·载

---

① 《马克思恩格斯全集》第1版第6卷第576页。
② 参看《马克思恩格斯全集》第1版第6卷第562页。
③ 《马克思恩格斯全集》第1版第6卷第576页。

勒尔当时是该报驻巴黎的通讯员，他给该报发来的报道都标一颗小星花。而另一方面，施米特继续写道，编辑部对法国的政治事件的正式表态的文章大多数标有大星花。这颗大星花就是个标记，它标明编辑部对革命过程中的重大事件采取明确立场。因此，明白无误地澄清这个问题：对《马克思恩格斯全集》原文版的编辑工作有着不可忽视的意义。①

《新莱茵报》编辑写的文章、马克思作为主编写的文章和恩格斯作为代理主编写的文章，总的说来，确凿无疑都标有星花标记，这一点在编辑出版过程中已经得到证实，而且这些星花同"科隆"地名并排。而编辑部成员登载在国外栏目，如"法兰西共和国"栏、"意大利"栏、"匈牙利"栏等的文章，大多数只标有一颗星花。此外，这家民主派机关报的编辑们不是在科隆撰写，而是在国外撰写并寄给编辑部的文章也被标上一颗或两颗星花。恩格斯在瑞士写的编辑部文章就是一例。这些文章都标有两颗星花，并注明"伯尔尼"和日期。②

但是这不能一概而论。其他在国外短期逗留的编辑部成员，如恩斯特·德朗克就有编辑部规定的特殊的通讯标记。还需要深入研究的是，为什么编辑部成员，包括马克思和恩格斯，在报纸所在地撰写的文章，在一定的期限内有标一颗星花的，也有标两颗星花的。

只要认真阅读《新莱茵报》就会明白，为了标明编辑部的文章，使用了三种不同的星花。这显然是同印刷所拥有的不同字号的铅字有关。③ 小号和中号星花曾经作为编辑部文章的标记已出现在《新莱茵

---

① 参看瓦尔特·施米特《序言》，载《〈新莱茵报〉、文章、通讯、关于1848—1849年法国革命的报道》1986年莱比锡版第31页。

② 参看《马克思恩格斯全集》第1版第6卷第9、40页。

③ 在印刷出版行业，都是用点来说明铅字的大小。1点等于0.376毫米。《新莱茵报》上的文章用的是通常的9点和8点活字。

报》第 1 版上，而大号星花只是出现在 1848 年 8 月 31 日第 90 号的第 3 页和第 4 页的"意大利"栏和"大不列颠"栏上。此后，这种大星花同另外两种星花经常混用，直到报纸停刊。

那么，这个大星花在上述版面突然出现应作何解释呢？

这个问题在报纸上早已作了解释。编辑部在第 88—89 号的合刊号的第 1 页上，用黑体字通知说，由于同迄今为止的承印人威廉·克劳特发生分歧，本报不再在该公司印刷。① 从 1848 年 8 月 30 日起，《新莱茵报》将改在约翰·威廉·狄茨印刷所排字和印刷。② 由于换了印刷所和排字车间，便使用别的铅字印刷。每一家印刷所——今天仍然有这种情况——都有"自家规格"的铅字，而这些铅字，就其最主要的特征而言，与他人的基本尺寸、笔画粗细和比例都有区别。同样，特殊符号，具体说，星花标记的使用也不例外。由于狄茨印刷所只有大星花，所以，在第二天的报上出现大星花是顺理成章的。

由于供排印报纸的时间只有几小时，所以各篇文章都由几名排字员排字。人们看到，在《新莱茵报》的一页上，印成的文章往往用了几种不同的字体。如果文章太长，或者时间紧急，那么就得由两名排字员一起完成，到时候印出来就是两种字体。

还有一种解释是，不同型号的星花都是从铅字盒中取出，因为有的排字工显然往往不能立即拿到同号的星花，所以有时就出现这样的情况，同一篇文章有两颗星花，而两颗星花的大小不一样。

因此可以明确地说，**不能只凭**星花这种编辑部标记的大小，就说编

---

① 参看 1848 年 8 月 30 日《新莱茵报》第 88—89 号。
② 参看 1848 年 8 月 30 日《新莱茵报》第 88—89 号第 4 版第 4 栏带着重号的句子：1842—1843 年，《莱茵报》就是在约翰·威廉·狄茨印刷所印刷的。

辑部的文章具有什么内容的性质或重要性。这些标记是排字工根据手头现有铅字排在一篇文章的开头的。

第三，在1849年春天发表的论述匈牙利革命的文章中，1849年1月28日刊登在《新莱茵》上的《马扎尔人的斗争》一文，对解决马克思恩格斯研究工作中有关这家无产阶级报纸的至今悬而未决的问题，具有极为重要的意义。这篇文章由两部分组成，第一部分是编辑部加的导言，第二部分是在其后面的以通讯形式寄给编辑部的文章主要部分。

这两句导言极可能是马克思和恩格斯，或恩格斯本人撰写的。① 那篇通讯署名"一个莱茵兰人，匈牙利军队的军官"，是出自阿道夫·图尼斯之手。②

---

① 证明这一点的是下面的事实：1849年1月28日《新莱茵报》第207号上的导言曾提及恩格斯发表在1849年1月13日《新莱茵报》第194号上的《马扎尔人的斗争》一文；这两篇文章用的是同一个标题；接着上述1849年1月28日《新莱茵报》上的文章的是恩格斯的一篇论述匈牙利革命的文章；该文由于意义重大，是作为社论发表的。而有权做出这种决定的只能是马克思和恩格斯。另见下1注。

② 参看弗兰茨·赖辛格尔1849年1月23日给马克思的信，载于《马克思恩格斯全集》原文版第3部分第3卷第160页："经马厄先生的……介绍，请允许我请求您把图尼斯少校先生（他因公从匈牙利到德累斯顿旅行）的一篇关于匈牙利战争的报道和我的……一篇文章一起发表。"显然，这封信是在这篇文章发表之前到达科隆的，因为发表日期是1849年1月26日。此外，阿道夫·图尼斯这个名字在菲力浦·科恩的《德国人、波兰人、英国人和法国人在1848—1849年的战争中英勇捍卫的匈牙利法和法律》（1853年不来梅版第492页）一书中也曾出现过。图尼斯出生在杜塞尔多夫，也就是说出生在莱茵兰，并作为"德意志军团"的一名军官随团站在匈牙利军队一边参加对奥地利入侵部队的战斗。因此，这篇文章结尾的笼统署名："一个莱茵兰人，匈牙利军队的军官"也就可以解释了。这篇文章本身也曾两次谈到"德意志军团的活动"。

这篇通讯对马克思和恩格斯做出决定无疑起了刺激作用。通过对这篇由弗兰茨·赖辛格尔在一封给马克思的信中推荐在《新莱茵报》上发表的匈牙利通讯的潜心研究，可以确认，它同恩格斯1849年1月13日撰写的一篇有关匈牙利革命的文章《马扎尔人的斗争》在内容上完全一致。"我们赶快发表它［图尼斯的通讯］，因为，读者将会看到，它逐字逐句地证实了本报第194号上刊登的关于马扎尔人的斗争的编辑部文章。"① 而决定将这篇文章在社论的位置刊登也突出了这一点。

这篇报道"逐字逐句"地证实了恩格斯的文章，这一点固然重要，但比这更重要的是，能够使人了解这两篇文章撰写的基本条件完全不同。图尼斯是以一个匈牙利战争的参加者身份写作他的目击记的，而恩格斯的文章则相反。他是在远离匈牙利的科隆，是在《新莱茵报》编辑部的办公室里写成的，在那里他只能使用一些来自匈牙利的不可靠的消息。尽管条件不同，但**从内容上看**，对匈牙利战场上的态势、敌对双方的强弱、兵员补充、胜利前景等等的评价却完全**一致**。

由于了解了匈牙利局势，马克思和恩格斯才改为每天对匈牙利解放斗争做出估价。一周未过，恩格斯就在1849年2月3日第212号上以《匈牙利的斗争》一文（也是作为社论发表的）揭开了序幕。大资产阶级的喉舌《科隆日报》早已预言，帝国军队终将战胜匈牙利的"叛乱分子"，为此欢呼雀跃。这成了恩格斯"借题发挥的好题目"，恩格斯在这篇文章中从原则上分析了奥地利入侵部队的所谓辉煌战果。他逐条分析了这些"战果"，并令人信服地证明这是谎言，同时揭露了《科隆日报》的预言的可笑。"最后让我们确定一下帝国军队的最辉煌的战果，这就是：韦尔登先生的公报终于物色到一个发誓虔诚信仰它的

---

① 1849年1月28日《新莱茵报》第207号。

人——这就是《科隆日报》。"①

恩格斯在下一号《新莱茵报》上又发表了一篇文章，论述了在欧洲东南部地区发生的事件。这种连续报道仅中断过一次，当时恩格斯前往埃尔伯费尔德去参加那里的街垒战；1849年5月19日这种连续报道最后终止。由于大部分编辑部成员遭到反动派的驱逐和迫害，马克思和恩格斯才不得不停止该报的出版。

图尼斯的匈牙利通讯还有另一方面的意义。威廉·李卜克内西在回忆起1849年欧洲革命失败后不久在瑞士会见恩格斯的情景时，说了下面一段令人感兴趣的话："在和他的闲谈中，我才知道《新莱茵报》所发表的那几篇关于匈牙利革命战争的文章原来是他写的；这些文章由于内容经常得到证实，因而大家都猜测是出于**匈牙利军队某高级指挥官**之手。"②

这里的"大家"至少是指那些怀着同情心认真阅读《新莱茵报》上刊登的论述匈牙利事件的文章的民主派大众，这些文章由于精确的评价和预言，在广大读者看来，只能是出自匈牙利军队的某位指挥官之手。那么，是什么东西促使人们有这种猜测的呢？

这个问题可以从图尼斯的通讯中找到答案。这篇内行文章正如上面所引述的，署名是"**一个莱茵兰人，匈牙利军队的军官**"③。只要将这个署名同李卜克内西所说的话作一对照，那么我们就会从中获得一个重要根据来说明公众普遍猜测的根源，因为恩格斯正是在这个时候开始定期连续报道匈牙利战场的战事的。而图尼斯的文章同恩格斯开始每天写

---

① 《马克思恩格斯全集》第1版第43卷第106页。
② 《我景仰的人》1982年人民出版社版第163页。（黑体系本文作者所加）。
③ 1849年1月28日《新莱茵报》第207号。（黑体系本文作者所加）。

分析评论之间只相隔五天。但是，在**读者**的眼里，这些同样内行的文章就是图尼斯的文章的续篇。由于这些文章做出的估计"经常得到证实"，所以人们也就一直认为这些文章是出自"匈牙利军队的军官"之手，或再用李卜克内西的话说，出自"匈牙利军队的某位高级指挥官"之手。

第四，引起这些论述匈牙利革命的文章的细心读者注意的是，恩格斯很善于使用他的出色的地理知识，① 特别是善于在革命时事评论中把"匈牙利和特兰西瓦尼亚地图"当作有效的令人信服的武器加以运用。

这一点至少在他的《匈牙利的斗争》一文中表现得十分清楚。这篇文章是他1849年2月3日开始在《新莱茵报》上对匈牙利和奥地利帝国之间的军事冲突进行定期报道的第一篇。恩格斯把地图看得多么重要，可用他自己的话来说明："这就是帝国武装对已经瓦解、士气沮丧、四处溃散的科苏特起义军所取得的'辉煌战果'。只要看一看地图就知道，马扎尔人决定撤过蒂萨河以来，他们并未损失什么。"②

恩格斯在对匈牙利战场的战事进行分析和估价的整个时期内，地图是他不可缺少的工具。相反，他用辛辣的笔调讽刺那些不加分析盲目搬用奥地利帝国军事领导的公报和同时散布无耻谎言的德国下流作家。比如，他在其一篇论述匈牙利革命的文章中毫不客气地写道："只有那些卖身投靠奥地利的从来不摸地图从来不研究战略行动的德国记者，出于愚昧无知，才会把这份根据对地形的详细了解和调查而制订的卓越计划看成是马扎尔人的胆怯，仅仅是胆怯，而没有其他内容。凡是稍有理智

---

① 参看《马克思恩格斯全集》第1版第27卷第148页。
② 《马克思恩格斯全集》第1版第43卷第105页。

和知识的人，至少不会像这些被新闻检查、营私舞弊和极端无知搞得精神沮丧的德国谎言编造者那样撒谎和夸口到了荒诞不经的地步。"①

恩格斯对"毗邻的"《科隆日报》及其编辑欧根·阿列克西斯·施万贝克的诽谤进行了极为严厉的清算。后者在他的文章中直言不讳地表示了对匈牙利人民的自由斗争的仇恨。恩格斯利用一切机会不仅无情地抨击了这位臭名昭著的"吞食马扎尔人的人"，而且直接指出了他的无知和无能："施万贝克在这篇文章中显得对地理和战略一无所知，而且常常要依赖《新莱茵报》；为了向他说明这份公报的含义，我们把我们对公报的评论也一并刊载出来。"②

恩格斯把地图当作记者的工具来使用，表现在三个方面：

一、他使用地图，是为了尽可能准确地描绘欧洲东南部地区的军事态势。因为寄到《新莱茵》编辑部的匈牙利战地新闻都是通讯、私人信件、报纸报道和官方的军事公报经常相互矛盾，军事公报多数吹捧本方部队的"胜利"，除了这一点之外，其余的不是对起义者的战果只字不提，就是设法把起义者的战果说成是自己的战果。然而，凭借地图，恩格斯就可以更接近地了解到事件真相，并在他的文章中做出评价和预言，而他的预言多数是惊人的准确。当《维也纳劳埃德氏报》报道说"贝姆被俄国人**全面打垮**并**被迫退到瓦拉几亚**"③的时候，恩格斯根据匈牙利地图详细分析了这条消息。他在《新莱茵报》上向读者精确地说明了波兰将军约瑟夫·贝姆率领的部队所处的位置，指出了他们运动的可能路线后，得出了如下的结论："只要我们还没有得知帝国军队取

---

① 《马克思恩格斯全集》第1版第43卷第148页。
② 《马克思恩格斯全集》第1版第6卷第368页。
③ 《马克思恩格斯全集》第1版第43卷第306页。

得至今没有人知道、也没有人听说的进展,切断了通常对他[贝姆]是安全的退路,我们就只能相信他由于俄国人的优势兵力而失败,而不相信他转移到瓦拉几亚的领土上。"①

在过后第三天的报纸上,恩格斯就得以向读者证实他所作的估计。"在**特兰西瓦尼亚**,贝姆的状况也开始明朗。……14日,贝姆向喀琅施塔得进军。这时有四五万名俄国人通过了罗特图尔姆和特尔茨堡山口(在喀琅施塔得附近),袭击贝姆,并以两倍于他的优势兵力打败了他。贝姆撤退到塞克列人地区"②,接着他补充写道:"关于贝姆被赶到瓦拉几亚的传闻,几乎再也没有提起。"③

恩格斯不仅花力气根据众多的自相矛盾的材料估量出确切的军事态势,而且还使《新莱茵报》的读者凭借地图自己做出判断。他在1849年3月3日《新莱茵报》上的《战地新闻》中说:"来自维也纳的亲帝国的通讯和刊登在《布勒斯劳报》上的来自匈牙利的马扎尔通讯一致认为:**马扎尔军队驻扎在距离佩斯六德里的豪特万**,那里正酝酿着一场决战。

一些人说:叛军被施利克、舒尔齐希和格茨赶回这个地区;另一些人说:胜利的马扎尔人挺进到这个地区。

谁说得对呢?

只要看一下地图就可以判断。"④ 恩格斯在地图上研究了真正的交战双方的运动情况,尔后做出了这个唯一可能的说明,挖苦地抨击了黑

---

① 《马克思恩格斯全集》第1版第43卷第307页。
② 《马克思恩格斯全集》第1版第43卷第316页。
③ 《马克思恩格斯全集》第1版第43卷第316页。
④ 《马克思恩格斯全集》第1版第43卷第170页。

黄报刊和奥地利的将军们。"因此,要么是这些奥地利将军都是笨蛋:他们战胜敌人所造成的**结果同败于敌人完全相同**,他们打败敌人会比自己被敌人打败更好地为敌人效劳,——要么就是帝国的这些报道又在厚颜无耻地说谎。

这里是后一种情况(我们并不想以任何方式为这些帝国皇家军队将军们的笨拙进行辩解),……这一点可以由结束语来证实。"①

二、恩格斯使用地图是为了让读者更好地了解东南战场的形势。他在他的文章中就是这样做的。他对这个正在展开斗争或军事行动的地区就作了形象的描述。此外他竭力向读者反复说明,在战争中应当注意实际地形条件,具体到匈牙利的革命战争,地形条件甚至是决定性的条件。

恩格斯早在他开始对匈牙利战役进行定期报道的第 1 篇文章中就对这个战场作了详细的军事地理的描述。"蒂萨河从特兰西瓦尼亚边境到塞格丁形成一个以大瓦尔代恩为中心的半圆形,这个半圆也正是马扎尔人的防线。防线在蒂萨河上游一段得到锡盖特和蒙卡奇两个要塞的掩护,在蒂萨河中游靠无法通行的沼泽作掩护,……在南面,克勒什河及其支流构成了一条同样由连绵不断的沼泽地并加上泰梅什堡这个前沿要塞作掩护的防线。"②

对这个国家的地理状况的与众不同的描述,在他的几篇基本文章中尤为常见。他在这些文章中对迄今为止的军事行动进行概述,而首先是展望交战双方今后的发展和机会。

---

① 《马克思恩格斯全集》第 1 版第 43 卷第 171 页。
② 《马克思恩格斯全集》第 1 版第 43 卷第 101—102 页。

恩格斯在许多文章中，为了让读者辨明方位，总是指出城市、村庄、河流和山脉的具体位置以及某支部队或某个军团的驻扎地。在通常情况下，他都在括号里作简短说明："可以预料，马扎尔人会翻越小喀尔巴阡山（莫拉维亚与匈牙利之间的界山）"，①或者"我们仅仅从维也纳和奥里缪茨的报纸上获悉来自**巴纳特**的消息，多瑙河畔的包姚18日已被4000名马扎尔人占领。包姚位于巴奇州、也就是说是在塞尔维亚的伏伊伏丁那所要求的一块土地上，它同相距约8德里的泰莉沙奥佩尔（苏博蒂察）在同一纬度上。"②

恩格斯在他的文章中十分重视这样的事实：匈牙利的地形特点特别适合于用来组织人员维护革命的成果。他在一篇总结性的文章中详细地写道："目前，科苏特指挥下的马扎尔人占领的地区构成一个长70—90德里宽30—40德里的大长方形，北面和西面以蒂萨河为界、东西以喀尔巴阡山为界、南面以毛罗什河为界。……［蒂萨河的］流冰过后，河水继续泛滥，在两岸形成数德里的沼泽地带。面对沼泽和激流，帝国军队束手无策，尽管文迪施格雷茨一再从佩斯派来援军，仍没有人敢于渡河。但是**马扎尔人却敢于渡河**，因为不久以前，我们突然听说，蒂萨河此岸4德里外的密什科尔茨重新落入他们手中。"③

三、恩格斯利用匈牙利地图，是为了实现他的有关这次革命的文章的主要政治目标，即揭露奥地利军队的公报中的谎言。但是他要做的事情太多了。积极维护匈牙利革命同时就要求公开揭露黑黄报刊以及德国反动报纸的一切诽谤。它们千方百计故意伪造事实、颠倒黑白，对洪韦

---

① 《马克思恩格斯全集》第1版第43卷第431页。
② 《马克思恩格斯全集》第1版第43卷第285页。
③ 《马克思恩格斯全集》第1版第43卷第147—149页。

德部队的斗争情况只字不提。因此，恩格斯不遗余力地借助地图揭穿那些精心编造的谎言，并以新闻记者的熟练技巧，外加风趣而尖刻的讽刺，形象化地给了资产阶级报纸和反动派报纸一记响亮的耳光。当反动的奥格斯堡《总汇报》垂死挣扎地报道说奥地利军队已驻扎在距离德布勒森（匈牙利政府国防委员会临时所在地）8小时路程的地方时，恩格斯愤怒地驳斥说："但这是最无耻的谎言。据帝国军队自己报道，他们驻扎在马克拉尔，这里距离德布勒森整整15德里，在这两个地方之间，在距离德布勒森10德里之处，还有蒂萨河及其1德里宽的沼泽地带。"① 恩格斯在分析了整个对奥地利军队十分不利的局势后，在文章结尾处给了《科隆日报》一番教训。"我们就以这一则无论如何会使我们毗邻的政论家感到非常高兴的通讯来结束今天的报道，并仍然在等待着'匈牙利的结局'"②。因为《科隆日报》早在1849年1月就大声宣布了这个"匈牙利的结局"。

由于德国和奥地利的读者不明匈牙利局势的真相，君主主义和资产阶级的报纸便经常从有利的方面报道帝国军队的处境。恩格斯对此加以彻底揭露。比如帝国军队指挥部出版第22号"胜利公报"时，恩格斯分析了它的最重要的"进展"。该公报声称，奥地利将军格累泽尔正向特兰西瓦尼亚出击，同时威胁大瓦尔代恩。恩格斯在文章中针对这个谎言指出："**同时**！！为了'威胁大瓦尔代恩'，该师——就算该师已在毛罗什河畔，但实际上他们才在泰梅什河——必须一直往**北**走20德里，越过毛罗什河、白克勒什河、黑克勒什河和湍克勒什河并经过一条三倍

---

① 《马克思恩格斯全集》第1版第43卷第243页。
② 《马克思恩格斯全集》第1版第43卷第249页。

于此的沼泽路线。为了能够在毛罗什河谷向特兰西瓦尼亚出击，该师得向东走约30德里。这两步行动，一个向北，一个向东，竟说是'同时'进行的。"① 在这篇文章中，恩格斯也没有忘记给奥地利入侵部队的指挥官，给《科隆日》一个教训。

当1849年4—5月间匈牙利军队转入反攻，局势对奥地利军队越来越不利的时候，帝国统帅部和反动报纸认为正在镇压意大利解放斗争的拉德茨基的部队是其救星。于是命令布雷西亚的刽子手海瑙（关于这位臭名昭著的将军对意大利这一小城的居民的残暴，1849年4月11日《新莱茵报》作了报道）全速开往匈牙利，救援奥地利军队。

恩格斯破灭了这些报纸关于尽快救援的全部幻想："至于说到打算在12天之内（！）就到达匈牙利领土的由海瑙指挥的无人不知的3万人，那他们就更不能形成危险……我们知道，3月31日和4月1日布雷西亚人给他找了多少麻烦。我们知道，在拉德茨基接替他之前，他不能离开自己的阵地——而拉德茨基却一直做不到这一点。而到最后有人接替他的时候，他还得走150—170德里的路程，才能到达佩斯。……因此，这'12天'很容易变成6个星期，到那时，马扎尔人就有时间给文迪施格雷茨的军队一些非常严重的教训。"② 在这个结论之后自然便是对"帝国皇军"的一个必不可少的讥讽："谁知道——也许马扎尔人会在半路上迎接海瑙先生！"③

---

① 《马克思恩格斯全集》第1版第43卷第126页。
② 《马克思恩格斯全集》第1版第43卷第362页。
③ 《马克思恩格斯全集》第1版第43卷第362页。

只要对恩格斯1849年春撰写这些军事政论文章时的工作方式进行深入的研究，就一定会同意下面的结论：当时恩格斯就为后来的方法论研究和军事事件的评价确定了决定性的发展方向。在创作后来的军事文章——无论是对1853—1856年克里木战争和1861—1865年的美国内战的评价，还是对1870—1871年普法战争的评价——时，都越来越清楚地表现出下面这种惊人相似的工作步骤：

——精确地分析发生的战斗，以战略和策略的眼光予以评价；

——将交战双方的实力、部署和胜利前景进行比较；

——每隔一段或长或短时间在政治和军事方面进行综合评价；

——借助地图进行工作。

因此，对于马克思恩格斯研究工作来说，了解恩格斯在评价匈牙利战场的局势时使用了哪些地图，是不无意义的。由于有关这方面的资料极为匮乏，因此，寻找这些地图就极为困难。唯一的线索是恩格斯在文章中对匈牙利和特兰西瓦尼亚的一些地区的详细描述。在认真地阅读了110多篇有关匈牙利人的文章后，发现共有长短不等近50处是描述欧洲大陆东南部的景物和地貌的。

早在开始研究如何加紧寻找这些地图的时候，有一个重要事实已经得到确认：许多已存在的和可能存在的地图主要在村庄、河流、山脉等等的名称方面有所不同。因此，可以假定恩格斯在文章中是采用了他手头的匈牙利地图上的地名。一方面，将恩格斯有关景物的描写及其采用的地名同可能是那个时期内出版的40多张地图进行核对，另一方面，根据马克思和恩格斯在藏书上写的看法和旁注检验这样核对的结果，终于发现了恩格斯使用的地图。这是弗里德里希·威廉·施特赖特编纂的威廉·纳托弗出版公司1837年在柏林出版的《欧洲地图集》(80页)。恩格斯使用的地图在地图集的第49、50、51、52和53页上。

根据这本地图集就可以继续寻找恩格斯个人直接占有的那一本了。

[原载《马克思恩格斯年鉴》(柏林)第11卷]

（蒋仁祥 译　孙魁 校）

谈谈马克思《路易-拿破仑和富尔德》一文所依据的原始资料[*]

〔德〕海蒂·沃尔弗

在出版马克思恩格斯著作上一个重要的方面就是查明马克思和恩格斯在撰写他们的著作时使用过的原始资料。众所周知，由于种种原因，他们在自己的著作中往往没有标出资料出处。在这种情况下，通常只有经过既费时又复杂的过程，即查找和审阅一些或多或少地估计有用的材料，才会有所需的结果。在这些材料中不仅有单行本著作，而且在很大程度上还有报纸或杂志。马克思恩格斯过去特别关注的欧美民主派和革命派的刊物在这方面起了特殊作用。因为相应的语言知识及其使用是资料研究能否有成果的主要前提，因此，在这种条件下又添加了一些困难。撇开这项工作的复杂性不谈，这里有一个例子可以说明：在修订《马克思恩格斯全集》历史考证版时，通过对同时代法国革命报刊的紧张查证，才重新获知马克思的一篇文章所依据的原始资料。现在我们来谈谈马克思大约写于1850年3月20日和4月15日之间并发表于《新莱茵报。政治经济评论》第4期上的《路易-拿破仑和富尔德》一文。此外，该文未加注解地收入《马克思恩格斯全集》俄文第2版第7卷第312—314页和德文版第7卷第299—301页。

---

[*] 本文选自《马克思恩格斯研究》1994年总第16期。

《路易-拿破仑和富尔德》一文是马克思对波拿巴主义的分析的组成部分。该文在内容上与马克思同样为《新莱茵报。政治经济评论》写的《从1848到1849年》的一组文章相衔接。这组文章后来用《1848年至1850年的法兰西阶级斗争》①为题再次发表,并且以对法国革命事件的原因、性质和过程的出色分析而闻名。马克思是否想用在这组文章脱稿后不久写的并可使人略微感到与这组文章有关的《路易-拿破仑和富尔德》一文,来补充该组文章的第三篇或最后一篇,或者,他是否以此部分地或以这种方式来实现他原来想写第四篇文章的打算,这就不得而知了。此外,这两篇文章内容上的联系也是从下述情况推知的:马克思在起草《路易-拿破仑和富尔德》时又回头使用了他在写这组文章的最后一篇时使用过的资料。这里指的是蒲鲁东主义的机关报《人民之声报》,尤其是1850年3月17日第166号。由于1850年3月10日法国国民议会补选。这一号发表了许多评论和编者的思考。马克思在这组文章里使用了其中一个评论,他在写《路易-拿破仑和富尔德》一文时又用了另一评论,对这个评论我们还要进一步研究。

马克思的文章首先来源于对法国形势的一些短评。国民议会中山岳党的许多代表因参加1849年6月13日事件而于1849年11月被凡尔赛国家法庭判罪,并被剥夺他们的议会席位。因此,巴黎和一些省不得不于1850年3月进行补选。补选如何进行,但首先是1850年初以来法国阶级斗争形势日趋尖锐,这些情况使选举不只是成为两个纯粹的选举集团之间极其重要的较量。随着选举的进行,以革命无产阶级和与其联盟的小资产阶级派别为一方,以在所谓的秩序党内联合起来的保皇派及资产阶级派别为另一方,双方开始了激烈的阶级对抗,情况相似于1848

---

① 《马克思恩格斯全集》第1版第7卷第11—125页。

年二月革命前的形势。与此有关，这两个集团也在他们各自的刊物上展开激烈的斗争。这一切表明，马克思在这种形势下异常紧张地研究法国的当天报纸，首先研究革命的机关报。在这些报纸中，《人民之声报》最坚定地表达了社会民主派①选举集团的利益。因为这家报纸详细提供了法国其他重要机关报对法国政治问题的报道，并针锋相对地反驳了秩序党报刊对社会民主派的无理要求，所以这是有关1850年3月10日选举前、选举期间和紧接着选举后的日常政治斗争以及政治事件的重要信息来源。在为《马克思恩格斯全集》历史考证版第1部分第10卷修订马克思论法兰西阶级斗争这组文章时查明：马克思为了写第三篇文章（这篇文章包含对选举结果的分析）的最后几段，使用了上面提到的该报1850年3月17日和3月18日这两号。马克思在这两号报上特别注意秩序党报刊对选举结果的反应。《人民之声报》在这两号上充分报道了选举结果。

社会民主派候选人在巴黎选举中的胜利是使法国公众深为感动的事件。马克思本人在分析中称之为法国迄今为止的革命史上空前的事件，它必将产生新的革命结果。对此他用下面的话作了表述："3月10日是一个革命。隐藏在选票后面的是铺路石。"最后，他特别重视选举结果，同时用这样一句评语结束了自己的这篇文章："1850年3月10日事件带有这样一句题词：Après moi le déluge〔**我去后哪管他洪水泛滥**〕"。②

与此相反，社会民主派的选举胜利使秩序党十分震惊。尤其是保皇派的机关报《立宪主义者报》和《祖国报》，面对"红党的进攻"（秩

---

① 《马克思恩格斯全集》第1版第7卷第102页，《马克思恩格斯全集》第1版第8卷第151页。

② 《马克思恩格斯全集》第1版第7卷第107页和110页。

序党的说法）显得惊慌失措，这导致它们叫嚷加强"镇压"，防止"社会主义消灭社会"的危险。① 马克思在这组文章的第三篇里分析选举结果时收集了这些机关报的达到极端狂猖程度的恐慌言词。② 他在引用这些言词时显然没有使用这两家机关报本身，而是依据了上面已提到的两号《人民之声报》对这些言词的详细复述。

当选举还在进行并成为日常的中心话题时，马克思就对 1850 年 3 月的选举作了分析。在这个分析里不仅有取材于法国当天报纸关于它们所反映的当天政局的报道，而且还有马克思关于法国革命史的丰富知识及其从学术著作中获得的对阶级和阶级斗争问题的认识。他利用对选举的评价，目的还在于阐明法国反动统治者反人民的本质，在于强调和加强通过选举的胜利重新获得的人民群众的信任感及胜利意识。最后，他认为，注视法国反动统治者在选举结果中已显露出来的对策——例如这表现在他们对普选权的进攻中——是他的义务。马克思的《路易-拿破仑和富尔德》一文也有同样的目的，它为 1850 年的选举补充了事实材料。

虽然马克思在文中只举了一个例子来揭露法国统治者敌视人民的阴谋诡计，但是，这篇文章是唯一的对 1849 年 11 月以来重新粉墨登场的法国金融寡头及其主要代表即作为共和国总统的路易-拿破仑和作为财政部长的银行家富尔德的谴责。在《从 1848 到 1849 年》这组文章里有关金融贵族复辟以及与此有关的拿破仑和富尔德联合"进行有利可图的交易所投机"的论述，③ 由于选举幕后发生的一些客观事实的曝光而得

---

① 《人民之声报》1850 年 3 月 17 日第 166 号和 18 日 167 号第 2 版。
② 《马克思恩格斯全集》第 1 版第 7 卷第 107—108 页。
③ 《马克思恩格斯全集》第 1 版第 7 卷第 89—93 页。

到确切证明。

究竟发生了什么事？马克思如何得知成为文章重点的事件？1850年3月14日，《人民之声报》在最后一版上用交易所传闻的形式报道说："有一位富有的犹太教银行家，此人担任政府的最高职务……而且还与共和国总统勾结在一起"，他倒了大霉，情况是：这位银行家为了"一位有名人物"的利益……预测联盟的选举结果……长期以来用数百万顺利地约束了行情的上涨，"然而前一天，由于行情猛跌，损失了……三、四百万"。次日，另一家社会民主派报纸《和平民主日报》也转载了这则报道，之后，《人民之声报》的格兰特被检察官起诉，罪名是"1. 对共和国总统进行人身攻击；2. 煽动对共和国政府的仇恨和鄙视。"1850年3月16日《人民之声报》第165号对此作了报道，再次重登3月14日的报道，并预告将于次日发表相应的评论和编者的思考。

这个评论发表于1850年3月17日《人民之声报》第2版上。它是这样开头的：请问根据可能的选举结果在交易所里组织一次抬高价格的投机活动，这是否是真的；社会生活中的头面人物是否参与了这次投机。然后该报强调指出，从它这方面来说，在有保留和不指名道姓的情况下它已在很大程度上不害怕这个传闻引起人们的注意了。后来，根据关于共和国总统宣布对《人民之声报》采取的措施的报道，根据关于检查官向该报索要证据是一种不审慎行为的暗示，该报提供了首先是于1850年3月5日至15日期间发表在保皇党联盟机关报《祖国报》上的一些报道并附有相应的编者插话。论证是评论的重点。在论证的结尾处这样问道：是否只有《人民之声报》把"可耻的交易所骗局"告诉了公众，而且在指出这个传闻甚至已在国外传播并得到从比利时两家报纸摘来的引文证实时还这样认为，用意何在。

显然马克思已怀着极大兴趣阅读了前面提及的几号《人民之声报》。然而这个评论对他来说有特别的吸引力。把所论证的部分与《路易-拿破仑和富尔德》一文的主要部分作一比较,就可以看出,这两篇文章在很大程度上是一致的,甚至连排列和细节也是如此。从中可以得出结论,马克思把这个评论的主要部分译成德文,并用来作为文章的主要原始资料。

马克思充分使用《人民之声报》的这个评论,是由于他对法国的特别关注,还由于他处身于事件发生地之外,只能根据他人的报道来熟悉和评价这些事件。从这个意义上说,这篇文章做出了榜样,也就是说:它从马克思主义立场出发把发现和把握具有深远政治和革命意义的当代历史事件与在方法论上加工的对象结合在一起。马克思选择和加工材料的方式特别表现出他对法国人民的支持,这是《人民之声报》从来没有表现过的态度。该机关报的评论首先是一个辩护证据,而在马克思那里,下述愿望则处于重要地位:揭露法国统治者的罪恶本质,在人民中激起新的革命热情,引起他们对镇压者的仇恨。在1850年春法国的条件下,即在还存在继续发展革命的某些潜力的条件下,这个设想是合理的,而且对紧接着革命失败后的欧洲其他民族来说也还具有意义。

下述的一些特征表明了马克思的原文与《人民之声报》的评论有一些相异之处。首先,马克思在头三段(与主要资料不一致)概述了该文的政治攻击方向。他指出富尔德参加内阁和为波拿巴总统开辟新财源而进行的有利可图的交易所投机之间的联系;同时他还明确地点了在1850年3月10日选举结果中进行投机活动的一伙人的全名。相反,《人民之声报》却没有提起这些投机者的名字。另外引人注意的是,马克思综合了一些不太重要的段落,或缩短了引自《祖国报》上较长的引文,以突出论证中的主要东西。马克思在引用《人民之声报》的插话时也非常注意措词的细微差别。例如，他为法文的"pousser"（推进，加强）一词选用了一个德文概念"einheizen"（加油①）。在马克思的原文里有时也插入一些原则性的政治叙述，例如，有这样一个句子："财产之友，为了秩序和社会竭力想多抓到一些财富，当然不能受到责备。"最后，马克思写的最后一段与《人民之声报》评论的最后一段也有所不同。马克思写的这一段概述了投机活动的失败，可能根据的是该报的其他一些报道。我们可以提一下在为《马克思恩格斯全集》历史考证版第1部分第10卷考证该文时在这一段里所作的修改。"Anschlag"一词修改为"Aufschlag"（涨价②）。

马克思为什么不把《人民之声报》称为原始资料，这也许是因为马克思不想与蒲鲁东及其追随者出版的这家报纸发生任何联系，而且也没有兴趣以这种方式提高这家蒲鲁东主义报纸的身价。此外，马克思的未署名的文章发表在只是为《新莱茵报。政治经济评论》第4期安排的"杂文录"一栏里。因此，没有特别的理由要对所依据的原始资料加以说明。

《路易－拿破仑和富尔德》一文就其性质和内容来说还使人想起马克思和恩格斯第一次出版的报纸《新莱茵报。民主派机关报》的传统。这时马克思和恩格斯就已经注意富尔德这个人及其交易所的阴谋活动。例如，该报1848年6月28日发表了恩格斯写的《6月23日事件的详情》一文。这个主题对马克思和恩格斯以及往后直至彻底消灭波拿巴主义政权来说都是现实的。从马克思的经典著作《路易·波拿巴的雾月十八日》和恩格斯1852年的《去年十二月法国无产者相对消极的真正原

---

① 《马克思恩格斯全集》第1版第7卷第348页。——译者注
② 《马克思恩格斯全集》第1版第7卷第348页。——译者注

因》来看，这个主题在60年代又首先成为他们关注的重点，那时波拿巴主义的法国处在使这个国家遭到极大破坏的经济危机中，正如马克思在为维也纳资产阶级自由派的报纸《新闻报》写的《富尔德先生》一文①里所强调的那样，富尔德对"十分之九"的经济危机"负有直接的责任"。这是拿破仑和富尔德同谋的一个新证据，马克思在论法兰西阶级斗争的一组文章里，后来在《路易－拿破仑和富尔德》一文里提到的一些初步迹象就已使人们注意到这件事了。

在强调《路易－拿破仑和富尔德》一文的现实性和以巧妙的方式有计划使用当天报纸的种种报道时绝不可忽视，这篇文章的写作正处于对马克思主义理论发展具有重要意义的时代。马克思用《法兰西阶级斗争》这组文章进行了初次尝试，即用他发现的唯物主义历史观来研究一段当代史，具体地说研究一段法国近代史，以便从中得出对无产阶级斗争有用的新的科学认识。马克思采纳和加工了这里所谈论的一个如此现实的报道，以此增补和充实了他的其中有把一切政治现象最终归结为物质原因的方法。如果说1850—1852年首先是两部经典著作《法兰西阶级斗争》和《路易·波拿巴的雾月十八日》的撰写，是制定阶级斗争理论的非常重要的阶段，那么《路易－拿破仑和富尔德》一文也是这个过程中的一个小小的组成部分。

[原载《马克思恩格斯研究论丛》（柏林）第1辑]

（胡慧琴 译）

---

① 《马克思恩格斯全集》第1版第15卷第396页。

新发现的恩格斯关于匈牙利革命的三篇文章*

〔德〕弗朗索瓦·梅利斯

"赞助一切革命民族"。① 这个口号可以最概括地表达马克思和恩格斯对1848—1849年革命期间欧洲人民的民族解放斗争和社会解放斗争的基本立场,马克思在他的论战性文章《福格特先生》中特别指出,在《新莱茵报》发行期间,他们"由于波兰、匈牙利和意大利而整天……争论不休"。②

这家马克思任主编的、副标题为《民主派机关报》的报纸,在其将近一年的发行期间自始至终不断关注着匈牙利的独立斗争。马克思和恩格斯对匈牙利革命过程之所以特别感兴趣主要是由于这个国家对哈布斯堡王朝的衰亡过程可能产生影响,资产阶级民主制度在整个欧洲的实施,主要取决于奥地利的进步力量(在匈牙利和意大利的切实援助下)如何得以推翻封建专制的"神圣同盟"的南方堡垒哈布斯堡。

同在柏林和维也纳一样,1848年法国二月革命也强有力地推动了匈牙利的解放运动。作为解放运动的成果,成立了一个独立的匈牙利政

---

* 本文选自《马克思恩格斯研究》1992年总第9期。
① 《马克思恩格斯全集》第1版第21卷第24页。
② 《马克思恩格斯全集》第1版第14卷第655页。

府并从法律上确定了资产阶级民主自由，然而，维也纳的皇室不能容忍这些成就，当1848年6月的布拉格起义和10月底的维也纳人民起义被文迪施格雷茨将军血腥镇压之后，哈布斯堡王朝认为，同"反叛的"匈牙利算账的时刻也已到来。

随着1848年10月维也纳人民的起义，马克思在1848—1849年革命期间第一次提醒欧洲民主派注意这样一个重要事实：匈牙利具有成为欧洲革命中心之一的可能性。① 从这一思考出发，他在1848年11月29日写给恩格斯的信中建议，在《新莱茵报》上较为深入地和广泛地阐明这个国家的政治事件。②

1849年1月13日，恩格斯撰写的第一篇关于匈牙利革命的文章问世。在文章中，他对匈牙利解放斗争同欧洲政治事件的相互影响作了原则的和详尽的评论，其观点同马克思完全一致，他极有远见地指出，凭借这个国家的民族、军事和经济力量成功地击退奥地利帝国入侵的实际可能性是存在③的。

从这时起直到1849年5月19日《新莱茵报》被反动当局勒令停刊，恩格斯共撰写了100多篇文章，主要是论述哈布斯堡和匈牙利之间的军事斗争。这些文章（这里必须说明）是按照当时新闻界的惯例匿名发表的。原苏联通过多年在马克思恩格斯研究方面进行的工作查明，共有101篇关于匈牙利解放斗争的文章出自恩格斯笔下，其中有93篇在70年代中期出版的《马克思恩格斯全集》俄文第2版第43卷中首次

---

① 参看《马克思恩格斯全集》第1版第5卷第494页。
② 参看《马克思恩格斯全集》第1版第27卷第148页。
③ 参看《马克思恩格斯全集》第1版第6卷第193页及以下各页。

公之于世。①

在《马克思恩格斯全集》原文版第1部分第7—9卷的编辑工作中以及与此相联系通过对《新莱茵报》有关匈牙利革命运动的报导的分析，鉴别出了更多的由恩格斯撰写的或在他参与下写的文章，同时越来越清楚，他也摘录过其他报刊上关于匈牙利事件的报道，并把它们刊登在该报上，有时还加上简短附言。恩格斯是一批论述匈牙利以及东南欧民族和社会斗争的文章的作者，这也有他本人和马克思以及其他人的陈述为证。②能说明这一点的还有这一情况：《新莱茵报》上关于匈牙利军队进军情况的定期评述恰好在恩格斯前往爱北斐特时期发生中断，恩格斯到那里去是为了参加那里的维护帝国宪法运动背景下的革命斗争，中断前，他在每号报纸上都发表3至5篇关于这个问题的文章，无论他撰写文章时利用地图的情况③，还是这些文章的特有的恩格斯风格，都证明他在匈牙利问题的报道方面在编辑部中占有主导地位。

这里首次发表的《新莱茵报》上的3篇文章具有不同的编辑特色。

---

① 参看《马克思恩格斯全集》第1版第43卷，然而恩格斯是否是该卷发表的《来自匈牙利的消息》一文（第437—438页）的作者，确实值得怀疑（关于这一点参看弗·梅利斯：《弗里德里希·恩格斯是否是〈新莱茵报〉关于匈牙利的文章的作者问题，新的考虑和推论》，载于《马克思恩格斯研究论丛》柏林版第26辑第195—217页）。

② 参看《马克思恩格斯全集》第1版第27卷第150、246、249、576、608页；《马克思恩格斯全集》第1版第28卷第81、533、608页；《马克思恩格斯全集》第1版第36卷第312页；《我景仰的人》1982年12月人民出版社版第161—179页。

③ 详见：弗·梅利斯《因为你是个优秀的地理学家……》，恩格斯在分析和评价1840年春匈牙利革命时，地图是重要的工具，载于《彼得曼地理通报》1989年第1期第59页及以下各页。

前两篇文章直接出自恩格斯的手笔。他在第 3 篇文章中引述了较长的一段话,当时维也纳通讯员爱德华·弥勒－捷列林格的主要文章已送达编辑部。① 3 篇文章完成的时间适值文迪施格雷茨统帅的奥地利军队在匈牙利遭到严重失败,洪韦德②军队以强有力的攻击把它向西逼退。马克思和恩格斯对此寄予厚望,认为匈牙利的攻势能够推进到维也纳并唤起奥地利和欧洲其他中心的新的革命:"维也纳等待着匈牙利人渡过莱塔河,以进行他们的**第五次革命**,这次将不仅是奥地利的革命,而且同时也是欧洲的革命。"③

恩格斯撰写的两篇文章发表在 1849 年 5 月 2 日和 3 日的《新莱茵报》第 287 号和第 288 号上,每篇标题都是《战地新闻》。编辑部在那几天几乎毫无例外地每天出版"特别附刊",以头号新闻形式报道洪韦德军队的战绩。因此,两篇文章都包括许多政治和军事性质的评论,这些评论同恩格斯以前和后来论述匈牙利的文章有直接联系。

最能说明恩格斯文章特点的是,例如他在 1849 年 5 月 2 日的文章中对革命策略做出如下概括性的论述:"我们看到,马扎尔人的革命每天都赢得更多的**欧洲疆域**。今天,它逼近维也纳,谁又知道,它会不会无视俄国和普鲁士,无视信奉东正教的查尔和他的奥里缪茨和波茨坦的两个异教藩臣而**在 14 天之后逼近柏林和华沙呢**!"这一思想我们在与这

---

① 参看 E. 纳格尔:《从〈新莱茵报〉看 1848—1849 年奥地利革命(论文)》1982 年柏林版第 4 页及以下各页;С. Э. 列维奥娃《〈新莱茵报〉的编辑工作》,载于《历史年鉴》1973 年柏林版第 8 卷第 66—67 页。

② 洪韦德(匈牙利文是"honved"——"祖国保卫者")是匈牙利 1848—1849 年民族解放战争时期对匈牙利步兵的称呼,后来也是对 1848 年夏季匈牙利政府建立的匈牙利国民军全部士兵的称呼。——译者注

③ 《马克思恩格斯全集》第 1 版第 43 卷第 416 页。

篇文章同期写成的（1849年4月28日—5月10日）另外8篇文章中看到了。①

弥勒-捷列林格的通讯前面被加上一段按语。在这篇通讯的后面紧接着还有一个编辑部附言。这篇文章以《匈牙利人的新胜利》为标题发表在1849年4月19日《新莱茵报》第276号上。在按语第二句话中使用了第一人称复数，在通讯后面的附言中也是如此。通讯本身是用单数第一人称写的。结论是：整篇文章出自两个不同人的手笔。

通讯无疑是由当时在布勒斯劳的弥勒-捷列林格写的。② 这一点可以通过"我们的布勒斯劳通讯员的报道如下："这句话以及通讯标志得到证实。③ 从内容和文笔来看，通讯后面所附的是恩格斯的话，因为在前面的一号《新莱茵报》上，恩格斯在他的匈牙利文章《战地新闻——布柯维纳的农民战争》中曾报道说："马扎尔人突然中止了在佩斯城下的战斗，留下了他们的前哨部队，向瓦岑进军。"④ 为了证实匈牙利军队的进军和胜利，恩格斯在弥勒-捷列林格的通讯后面写道："对瓦岑的占领在今天从各方面得到证实……"⑤ 恩格斯在这里运用了他特有的观察方法，将占领瓦岑的事实同其他报纸和报道相对照，并确定他在前面的一号中所描述的匈牙利人的机动已被证实是正确的。

---

① 参看《马克思恩格斯全集》第1版第43卷第416、421页；《马克思恩格斯全集》第1版第6卷第541—542、550—551、567、576页。

② 参看《马克思恩格斯全集》原文版第3部分第3卷第342页。

③ С.Э.列维奥娃确定古是弥勒-捷列林格的通讯标志，然而恩格斯的通讯多半是以·┃·为标志。（参看С.Э.列维奥娃《〈新莱茵报〉的编辑工作》，载于《历史年鉴》1973年柏林版第8卷第67页。)

④ 《马克思恩格斯全集》第1版第43卷第370页。

⑤ 1840年4月19日《新莱茵报》第一版。

在刊载布勒斯劳通讯的同一号中,恩格斯在第3版上他的《战地新闻》一文中对这个问题再次加以详细论述:"匈牙利人把文迪施格雷茨赶回紧靠多瑙河畔的地方之后,他们的作战计划现在看来已经相当清楚了。正当邓宾斯基使施利克指挥的奥军正面'弄得手忙脚乱'(奥格斯堡《总汇报》语)的时候,戈尔盖以大大增强的兵力在瓦岑转向文迪施格雷茨亲自指挥的帝国军队的左翼,把他打退并占领了瓦岑。"① 附在弥勒-捷列林格通讯后面的编辑部附言进一步指出:"对瓦岑的占领在今天从各方面得到证实……只有《东德意志邮报》在一篇佩斯通讯的附言中声称,现正流传一个传言:瓦岑又被帝国军队重新攻占……"② 恩格斯在1849年4月22日《新莱茵报》第279号附刊中再次提到这个消息。他写道:"大家记得,《东德意志邮报》几天前就曾经报道,瓦岑已被重新攻克。"③

恩格斯的作者身份也可以由下述情况得到证实:他让读者注意该报同一号上"匈牙利"栏内他的一篇文章,他说:"关于双方军队阵地态势的详情,我们在匈牙利栏内加以报道。"④ 不断分析对立的交战双方的情况,也是恩格斯军事文章观察问题的一个特点。

由于能够有把握地排除这篇文章出自3个人的手笔这一情况,所以这两处附言文字都可归之于恩格斯。

这3篇文章的德文是依据《新莱茵报》并按19世纪中叶惯用的正字法刊印的。明显的印刷错误均被修正且未加说明。为了把恩格斯在编

---

① 《马克思恩格斯全集》第1版第43卷第374页。
② 1849年4月19日《新莱茵报》第1版。
③ 《马克思恩格斯全集》第1版第43卷第391—392页。
④ 1840年4月19日《新莱茵报》第1版。

辑上做的全面补充同弥勒-捷列林格的通讯区别开来,他在第3篇通讯中所附加的文字用黑体字刊出。

(原载1991年《德国工人运动史论丛》第1期第61—64页)

(张红 译 籍维立 校)

恩格斯《德国农民战争》简介*

1908年3月

〔德〕弗兰茨·梅林

恩格斯是在什么时候和在什么情况下撰写这部著作的，他已在该著作的第二版序言中作了说明。这部著作是在1850年的白色恐怖下写成的，它本身在有的地方也证明了马克思和恩格斯借以抗拒反革命打击的深刻见解和无畏勇气。

正当德国的流亡者，此外还有大陆各国的流亡者云集伦敦，有的陶醉于虚无缥缈的幻想，有的满腹牢骚而又感到束手无策的时候，马克思和恩格斯就在探索对当代的斗争和苦难问题的一致意见，这种情况，从他们的共同合作一开始，就给了他们以极其强烈的推动，也成了他们的最高目标。在批判地研究革命力量和反革命力量时，他们首次检验了他们运用历史唯物主义锻造出来的武器的全部锋芒，并初次检验了他们在把实际宣传和科学研究密不可分地融为一体方面所显示的无与伦比的才能。

1850年初，他们还没有认识到，由1848年巴黎二月事件掀起的革命浪潮竟会无法阻挡地逐渐消失。当时，他们重新创办了《新莱茵报》这样一个政治经济月刊，他们试图在这里阐明以往的革命过程：马克思

---

* 本文选自《马列主义研究资料》1985年第1辑。

主要阐明1848—1850年法国的发展，而恩格斯则主要批判地检验1849年德国维护帝国宪法的运动。这两部著作都已重印；其中的一部著作是以马克思为主，恩格斯也参与著述并撰写导言，标题是《1848年至1850年的法兰西阶级斗争》（《前进报》出版社，1895年柏林版）；另一部是恩格斯的著作，我已把它收入《马克思、恩格斯和拉萨尔遗著》（约·亨·威·狄茨的继任人出版社，1902年斯图加特版第3卷）。

这两部著作虽然如此重要，一出版就受到了行家们的高度评价，但是，这两位挚友新出版的政论性杂志却命运多舛。当然，他们本身并没有预言它会长命百岁，但他们曾经指望它有另一种归宿。1849年12月19日，马克思曾经认为，月刊出版三期或者四期以后世界大战就要爆发。但是，世界大战并没有爆发，革命的最后一点火星也熄灭了。此外还有种种偶然的不幸；由于马克思患病，后面几期不能准时出版，而且汉堡的印刷者玩忽职守，未尽其职。1850年5月，马克思夫人在给她和她丈夫的朋友魏德迈的信中写道："我的丈夫对于那些了解他的思想、得到过他的鼓励、受到过他的支持的人所能提出的唯一要求，就是在事业上为他的《评论》更多地出力，更多地关心《评论》。我能够骄傲而大胆地肯定这一点。这是他们应当为他做的一点小事情……我相信，没有人会因此受到损害。这就是我感到苦恼的事情。但我的丈夫却不以为然。在任何时候，甚至在最可怕的时刻，他从来不失去对未来的信心，仍然保持着极其乐观的幽默感。"[①] 这位可尊敬的夫人的痛苦呻吟是不无理由的，就连她丈夫的最亲密的朋友们也不得不承认他们是孤立无援的。在莱茵河畔为征集订户历尽千辛万苦的拉萨尔在发往伦敦的信中说，他为了找到一个民主主义者，不得不像田鼠一样，嗅遍每一个洞

---

① 《马克思恩格斯全集》第1版第27卷第632—633页。

穴；而从法兰克福出发，在南德的党内同志中宣传《评论》的魏德迈本人，到1850年6月为止，也只征得了大约五十四盾。

然而，马克思和恩格斯对未来确实没有失去信心。自从《评论》定期出了四期，在1850年4月中途停刊以后，到了1850年11月他们还出了一个两期合刊号。在这个合刊号中，他们并没有因为革命平息下去而表现出内心激动或愤愤不平，而是科学地探讨革命必然平息下来的**原因**。在一篇论述1850年5月至10月这一时期的政治经济述评①（我也把它收入了我编的遗著版第3卷重印了）中，他们得出了如下结论："在这种普遍繁荣的情况下，即在资产阶级社会的生产力正以在资产阶级关系范围内一般可能的速度蓬勃发展的时候，还谈不到什么真正的革命……**新的革命只有在新的危机之后才有可能。但是新的革命的来临像新的危机的来临一样是不可避免的。**"② 在《评论》的这个最后合刊号中，还发表了恩格斯阐述德国农民战争的著作；这部著作在"斗争已经过去两年，目前几乎到处出现消沉状态"的情况下，想把十六世纪革命斗争中的那些"笨拙的，但却顽强而坚韧的形象重行展示于德国人民之前"③。有人想从这部著作中寻找一点沮丧情绪，是心劳日拙的；全书没有一点自吹自擂的夸张之词，倒是自始至终都贯穿着激昂的斗志。

正像恩格斯本人在该著作的第一版脚注、后来又在第二版序言中强调的那样，他并没有为它提供任何独立研讨过的材料。关于农民战争历

---

① 指卡·马克思和弗·恩格斯的《国际述评（三）》（《马克思恩格斯全集》第1版第7卷第492—540页）。——译者注

② 《马克思恩格斯全集》第1版第7卷第513—514页。

③ 《马克思恩格斯全集》第1版第7卷第385页。

史的资料,都是引自戚美尔曼①的著作。戚美尔曼的资料,像恩格斯在1870年所说的,虽然有些缺点,而且许多地方已经过时,但至今仍然不失为一部最好的资料汇编。资产阶级历史学家在表述革命运动方面已经完全丧失了鉴别能力。这里只谈谈赋予恩格斯这部著作以特有价值的历史方法。恩格斯根据历史唯物主义的指导性观点分析并综合戚美尔曼所收集的历史材料,并通过对1525年和1848年德国革命的对比,检验戚美尔曼的观点是否正确,以研究家的朴实而冷静的态度衡量这两次革命的共同点和不同点,而不管在失败的岁月还是在胜利的日子里,他同马克思都从未失去这种朴实而冷静的态度。

因此,这部著作的出版就意味着历史地认识宗教改革时代的一个决定性进步。在这以前,宗教改革时代的形象一直是模糊不清的,实际上是蒙着一层宗教思想的面纱。由于恩格斯把当时的经济动力当作经济发展的、归根结底起决定性作用的杠杆加以揭示,所以,那层面纱便落了下来;错综复杂的利益的形形色色面目便灼然可见了,因而便通过震撼过时的生产形式的新生产力而光芒四射了。各派之间的爱和憎消除了,胡登派、路德派和闵采尔派不再以历史创造者的虚假面目出现,而是以显示其本来面目的活生生形象出现了,他们作为在世界变革时代进行你死我活搏斗的各阶级的先驱,就连他们额上的每一条皱褶,脸上的每一道皱纹都清晰可辨了。

这部著作先是陷入了反革命的漩涡,在它出版以后将近十年,甚至还有像拉萨尔这样一个人,竟同马克思和恩格斯就他们早已彻底解决的

---

① 威廉·戚美尔曼是德国民主派历史学家,著有《伟大的德国农民战争》一书,恩格斯在写作《德国农民战争》时所用的史料,主要引自戚美尔曼的《伟大的德国农民战争》一书。——译者注

历史问题展开争论。然而，过了二十年以后，恩格斯还允许它出第二版，这就等于承认，他认为可惜的是，这部著作至今还没有失去它的现实意义。

这是1870年的事，即普法战争爆发前夕的事。德国三月革命的胜利者，由于经济发展的无情进程，甚至被迫成了这次革命的继承者，这次自下而上的革命，由于德国资产阶级畏首畏尾未能实现德国的民族统一，现在又想通过自上而下的革命来实现德国的民族统一。这类革命所能实现的，始终也只不过是修修补补而已；于是，在1863年重新开始的德国工人运动中也出现了激烈的争吵。争吵的内容既不是关于自上而下的革命是不是革命的问题，也不是它完全没有达到预期结果的问题，而是这样一个问题：首先是否承认这种革命是一种无可争辩的事实，并在由它创造的基础上反对它，还是必须通过一场后来能够实现民族统一的自下而上的革命又把它排除掉。①

1869年8月，年轻的德国工人党陷入了完全分裂状态，分裂成了两派，即拉萨尔派和爱森纳赫派。其中拉萨尔派丝毫不顾社会主义原则，竟承认当时的北德意志联邦②是历史事实，而爱森纳赫派虽然也不很重视社会主义原则，但愿意同当时的人民党保持最密切的联系；诚

---

① 这一段和下面一段是梅林对十九世纪六十年代的形势所作的错误估计。导致德国工人运动内部分裂的，并不是爱森纳赫派的成立，而是拉萨尔的有害理论和策略以及支持俾斯麦自上而下的革命的拉萨尔分子的宗派主义。

② 北德意志联邦是普鲁士在普奥战争中取得胜利后，于1867年建立的以普鲁士为首的德意志联邦国家，它代替了已经解体的德意志联邦。这一联邦的建立在德意志的国家统一道路上向前迈进了一步；1871年1月，随着德意志帝国的建立，该联邦就不再存在了。——译者注

然，人民党①在北德意志，除了萨克森王国以外，只有若干分散的追随者，但在南德意志各邦却有较强的实力；众所周知，1866—1870年，人民党有着独当一面、同欧洲列强周旋的不可靠的优势。然而，这种联系不久就给爱森纳赫派带来了极其难堪的后果。爱森纳赫派刚成立一个月，国际就在巴塞尔举行了第四次代表大会，并决定赞成变土地为公有财产的社会权利。②

对此，循规蹈矩的人民党简直沉不住气了，就像着了魔似的大叫大嚷反对国际，诬陷它"权欲熏心"，是波拿巴和俾斯麦的帮凶。于是，爱森纳赫派就面临这样的抉择：要么抛弃这帮资产阶级朋友，要么扔掉自己的社会主义原则。任何支吾搪塞都是不行的，更何况拉萨尔派马上就要表示赞同巴塞尔决议，而且他们从自己迄今所维护的观点出发也有充分权利这样做。尽管如此，爱森纳赫派的领导人还想试一试，当然，这里指的不是当时在不伦瑞克的领导人；不伦瑞克的领导人倒是想发表一项赞成巴塞尔决议的正式声明，但李卜克内西身为在莱比锡出版的党的机关报《人民国家报》③的编辑，却支吾搪塞。他在写给不伦瑞克的信中说，他不想过早同人民党闹得不可开交，并且认为，只要党的机关

---

① 人民党成立于1865年，主要由德国南部各邦的小资产阶级民主派以及一部分资产阶级民主派组成。——译者注

② 国际工人协会第四次代表大会于1869年9月6—11日在巴塞尔举行。关于土地问题的决议，见奥古斯特·倍倍尔《我的一生》，1965年生活·读书·新知三联书店版第2卷第86页。——译者注

③ 《人民国家报》是德国社会民主工党（爱森纳赫派）的中央机关报，1869年10月2日至1876年9月29日在莱比锡出版。马克思和恩格斯从该报创刊起就是它的撰稿人。该报反映德国工人运动中革命派代表人物的观点，因而经常受到政府和警察的迫害。——译者注

报不否认巴塞尔决议就够了。① 不过，如果这种不彻底性不是出在李卜克内西的身上，那么，他就会在这种不彻底性上遇到极大的麻烦。于是，拉萨尔派讽刺说，爱森纳赫派不敢维护科学共产主义的基本原理，不敢承认自己属于"卡尔·马克思派"；而人民党的比德曼派则明确否认巴塞尔决议。当然，李卜克内西很快便认识到了自己的错误。还在1870年1月，他就恰如其分地把人民党描述为因偶然事件聚集在一起的临时性的乌合之众的政党，它除了吵吵嚷嚷以外，简直一窍不通，永远不会危及北德意志联邦的安全。

这部著作的第二版序言是恩格斯对这些事件还有鲜明的印象时写成的。爱森纳赫派不同于拉萨尔派，他们想成为真正的马克思主义者。实际上，马克思和恩格斯在当时的党内争论中是站在他们一边的。恩格斯为了满足李卜克内西的愿望，同意在《人民国家报》上刊登他那篇论述德国农民战争的文章，并允许以后再以单行本的形式出版。因此，他在序言中虽然对爱森纳赫派说了一些粗鲁的大实话，但不像对拉萨尔派说得那样粗鲁。恩格斯的下面一句话是不是针对拉萨尔派的个别领导人的，尚待肯定。他说，任何一个工人领袖，只要他依靠流氓无产阶级，就已经足以证明他是运动的叛徒。② 类似这种指责在当时的激烈争论中即使没有根据，也是屡见不鲜的。总而言之，恩格斯明显袒护爱森纳赫派单方面的观点，那时他认为，在1866年的"全部堂皇演出"中工人

---

① 梅林在这里把爱森纳赫党对巴塞尔决议的态度说成是李卜克内西一个人的错误，未免太过分了。他还忽视了下面一点：当时除了不伦瑞克的党的领导人外，还有倍倍尔。他在1869年秋天前往德国南部宣传旅行时就反对人民党的攻击，维护巴塞尔决议，而1870年6月在斯图加特举行的爱森纳赫党代表大会也支持倍倍尔根据第一国际巴塞尔决议精神提出的决议案。——译者注

② 参看《马克思恩格斯全集》第1版第16卷第453页。——译者注

感兴趣的就是那几点（或者是有些牵强附会，如普鲁士王权吞并另外三个天赋王权①以后的毫无意义的清白；或者是拉萨尔派先前强调过的，如争取普选权），就连在德国的社会关系方面，1866年也"几乎没有"改变"任何东西"。② 为了纠正这种言过其实的评价，只要回忆一下他后来的言论就够了。他说，1866—1870年，当时的德国所需要的资产阶级改革，即使同西欧各文明国家相比是迟缓的，不完美的，却是"迅速地、基本上按自由主义方式"完成的。

但是，在这次争论的中期，恩格斯就说过，民族自由党③和人民党无非是同一个局限性的两个相反的极端而已④，这无论如何也可以说是给爱森纳赫派的一个明确暗示。在出色的人民党的可怜残余分子同民族自由党紧密合作、在集团政策的桎梏下苟延残喘的今天，已经无需再证明这个预言的突出准确性了。不过，恩格斯的序言结尾几句话同样是给爱森纳赫派以明确的暗示。他强调说，关于土地公有制的巴塞尔决议对于德国正好是极为适时的，一旦农村无产阶级群众学会理解自己的切身利益，在德国就不可能再有任何官僚的、封建的、反动的或资产阶级的政府存在了。⑤ 这里不需要再一次地详细说明，恩格斯对这个问题的论述在今天仍然是何等适时。

---

① 指1866年普奥战争之后，普鲁士把汉诺威王国、黑森—加塞尔选帝侯国和拿骚大公国并入了自己的版图。——译者注
② 《马克思恩格斯全集》第1版第16卷第449页。——译者注
③ 民族自由党是德国资产阶级、主要是普鲁士资产阶级的政党，于1866年秋在资产阶级的进步党分裂之后成立。——译者注
④ 参看《马克思恩格斯全集》第1版第16卷第449页。——译者注
⑤ 参看《马克思恩格斯全集》第1版第16卷第454—455页。——译者注

相反，在这里倒有必要简单地阐明一下序言中的一句附言。恩格斯说，普鲁士人的拙劣得惊人的战略在萨多瓦会战①中战胜了奥地利人的更加拙劣得惊人的战略。② 这句话，至少在谈到普鲁士人的战略的时候，似乎包含着极端片面性的不良倾向。可是，只要回顾一下这种评价所由产生的更详细情况，就可以完全承认它是合理的。恩格斯早就讽刺过普鲁士人在普鲁士—丹麦战争中想要取得胜利的"秘诀"，这当然也被归之于伦敦"硫磺帮"的嫉妒，而今天我们只要查一查普鲁士总参谋部关于1864年战争的文件就能看到，这次进军是怎样被普鲁士方面弄糟的。老弗兰格尔③率领这次进军，无异是率领一帮差不多对自己的行为不能负责的废物。

同样，老威廉④本人由于他的光荣政策，竟在装备上毁了1866年的进军。俾斯麦为此大发雷霆，他说，战场上的老军马几乎都没有钉马掌，以致它们总是使劲撅蹄，不肯向前驰骋。同时，我们还可以在关于1866年战争的官方文献中找到一切想要得到的明确答案。当然，后来由毛奇⑤挽回了败局，他做出了要弥补损失掉的时间这一大胆决定：首

---

① 萨多瓦会战是1866年7月3日奥地利和萨克森的军队同普鲁士的军队之间在捷克进行的会战。这是1866年普奥战争（结果普鲁士战胜奥地利）中的一次决定性会战。

② 《马克思恩格斯全集》第1版第16卷第451—452页。

③ 普鲁士元帅，普鲁士反动军阀的著名代表人物，1864年，在普鲁士—丹麦战争中担任普奥联军总司令。——译者注

④ 指普鲁士国王威廉一世。——译者注

⑤ 普鲁士元帅，反动的军事家和著作家，普鲁士军国主义和沙文主义的思想家之一；曾任普鲁士总参谋长和帝国总参谋长，普法战争时期实际是总司令。——译者注

先他不是把普军后撤到陆上某个地方，而是把部队集中在一起，最后兵分两路，一路从劳西兹区，一路从萨克森，同时向波希米亚进发。仅仅这条胜利的路线就已濒临全军都覆灭的边缘，如果老贝奈德克①的战略不比老威廉的战略更加拙劣得惊人，全军覆灭是肯定无疑的。

如果恩格斯在他的著作第一版问世后二十年仍能说它并没有失去现实意义，那么，我们对它的优点（在某种意义上说当然是奇特的），即使在它的第二版问世后再过四十年也还是毫不怀疑的。恩格斯本人在他在世的最后十年里曾多次想要以更大的篇幅和更深刻的内容再版这部著作，只是由于其他工作繁忙而没有实现这个计划。1884年12月31日，他在给左尔格的信中写道："我的《农民战争》正在完全重新修订。农民战争将作为全部德国历史的轴心拿出来。这也要做不少工作。但是准备工作已经差不多完成。"②

后来，他于1893年7月14日写信鼓励我在描述弗里德里希二世时代（这是我在论述莱辛的书中描述的）时把整个普鲁士的历史包括进去："……在破马车完全破碎以前无论如何这是必须做好的。打破保皇爱国主义的神话，这即使不是铲除掩盖着阶级统治的君主制度（因为**纯粹的**资产阶级共和国在德国还没有产生出来，就已成为过去了）最必要的前提，也毕竟是完成这一任务的最有效的杠杆之一。

这样您就会有更多的余地和机会把普鲁士的地方史当作全德苦难的一部分描绘出来。正是在这一点上，我在某些地方不同意您的意见，不

---

① 奥地利将军，曾参加镇压1846年加里西尼亚农民起义以及1848—1849年意大利和匈牙利的民族解放运动；1866年普奥战争期间任奥军总司令。——译者注

② 《马克思恩格斯全集》第1版第36卷第264页。

同意您对德国的割据局面和十六世纪德国资产阶级革命失败的原因所持的见解。如果我有机会重新改写我的《农民战争》的历史导言（希望这能在明年冬季实现），那么我就能在那里发挥与这一问题有关的各点。这并不是说我认为您列举的原因不正确，但是除此之外我还要另提出一些，并加以稍许不同的分类。

在研究德国历史（它完全是一篇苦难史）时，我始终认为，只有拿法国的相应的时代来作比较，才可以得出一个正确的标准，因为那里发生的一切正好同我们这里发生的相反。那里是封建国家的各个分散的成员组成的一个民族国家，我们这里恰好是处于最严重的衰落时期。那里是整个发展过程中罕见的客观逻辑，我们这里是一天比一天不可救药的紊乱。那里在中世纪时期，代表外国干涉的是帮助普罗凡斯族①反对北法兰西族的英国征服者。对英国人的战争可以说是三十年战争，但是战争的结果是外国干涉者被驱逐出去和南部被北部征服。随后是中央政权同依靠外国领地、起着勃兰登堡——普鲁士所起的作用的勃艮第藩国②的斗争，但是这一斗争的结果是中央政权获得胜利和民族国家最后形成。在我们这里当时恰好是民族国家彻底瓦解（如果神圣罗马帝国范围内的'德意志王国'可以称为民族国家的话），德国领土开始大规模被掠夺。这对德国人说来是极其令人感到羞愧的对照，但是因此也就更有教益，自从我们的工人重又使德国站在历史运动的最前列以来，我们对先前的羞辱就能稍微容易地忍受了。

---

① 中世纪法国东南部居民，说普罗凡斯语。十六世纪后，同法国北部居民结合形成法兰西民族。——译者注

② 大胆查理。——译者注

德国的发展还有一点是极其特殊的,这就是:最终共同瓜分了整个德国的帝国的两个组成部分,都不纯粹是德意志的,而是在被征服的斯拉夫人土地上建立的殖民地:奥地利是巴伐利亚的殖民地,勃兰登堡是萨克森的殖民地;它们所以在德国内部取得了政权,仅仅是因为它们依靠了国外的、非德意志的领地;奥地利依靠了匈牙利(更不用说波希米亚了),勃兰登堡依靠了普鲁士。在最受威胁的西部边境上,这类事情是根本没有的,在北部边境上,保护德国不受丹麦人侵犯一事是让丹麦人自己去做的,而南部则是很少需要保卫,甚至国境保卫者瑞士人自己就能从德国分立出去!"①

恩格斯在逝世前几个月,即1895年5月21日,在写给卡尔·考茨基的信中,评论了他的《社会主义的先驱》一书:"我从这本书中知道了很多东西;这是我修改《农民战争》不可缺少的准备工作。主要的错误我认为有两个:(1)对于完全处在封建的等级划分之外、失去了阶级特点、几乎被置于最低阶层的地位的那些分子的发展和作用研究得很不够。这些分子随着每一个城市的形成而必不可免地要出现,他们组成了中世纪每一个城市居民中最低的、毫无权利的阶层,他们处于马尔克公社、封建从属关系和行会之外。这样的研究工作是很艰巨的,但是这是主要的基础,因为随着各种封建关系的瓦解,这些人逐渐形成了无产阶级的前身,1789年它在巴黎郊区进行了革命,吸收了封建的和行会的社会中一切被抛弃的人。你谈到无产者(这个用语是不妥当的)并且把织布匠(他们的重要性你描述得完全正确)也算在内,但是,只是在有了失去阶级特点的、不属于行会的做日工的织布匠以后,而且

---

① 《马克思恩格斯全集》第1版第39卷第96—98页。

只是由于有了他们,你才能把这些人算作你的'无产阶级'。这里还有许多地方需要加工。

(2)你对于十五世纪末德国在世界市场上的地位——如果可以谈到这种地位的话——和在国际上的经济地位没有充分了解。**只有**这种地位才能说明,为什么在英国、尼德兰和波希米亚已经衰败的具有宗教形式的市民—平民运动在十六世纪的德国能够获得一定的成就,即运动的宗教伪装的成就,而市民内容的成就则留给了下一个世纪,留给了体现着这个时期世界市场新方向的国家即荷兰和英国了。这是一个很大的题目,我希望在《农民战争》中详尽地加以阐述——但愿我能做到这一点!"①

这里还应补充一句,恩格斯为他的旧作的新结构设想得越充分越全面,我们也就感到越痛惜。

因此,我们确实不能低估我们从这部著作中学到的东西。把它重新出版,并让工人们能读到它,不仅是一种应尽的义务,也是对为工人们的事业做出巨大贡献的作者表示应有的尊敬。更确切地说,这部著作在今天仍然不失为进行有力宣传的一种武器,同其他著作相比,它最适合现代无产者从德国革命的本质的历史内涵方面生动地了解德国革命,它不仅能使无产者增长历史知识,而且使无产者对当前解放斗争待亟待解决的各项任务能有正确的理解。

由于考茨基在《托马斯·莫尔》和《社会主义的先驱》两书中对宗教改革时代所作的描述,恩格斯的著作在某些地方就已过时了,恩格斯原来仅仅暗示的许多地方,考茨基都作了比较出色比较充实的论述,

---

① 《马克思恩格斯全集》第1版第39卷第461—462页。

凡是受到这一著作激励的人，再去读一读考茨基的那两本书，就能获得双倍的收获。但是，它毕竟第一次阐明了德国农民革命的重大特征，所以，可以毫不夸张地说，它是深刻理解一个有重大意义的、对每个德国工人来说更有三倍重大意义的时代的第一本入门书。

（原载《弗兰茨·梅林文集》德文版第4卷第40—49页）

（蒋仁祥 译　朱中龙 校）

《路易·波拿巴的雾月十八日》的写作和出版情况*

马克思向来都以极大的兴趣极其内行地密切关注着同时代法国政府的发展,并且在《1848年至1850年的法兰西阶级斗争》中就已经描绘了截至1850年3月发生的革命事件。法国对于分析19世纪的阶级斗争具有特殊的意义。恩格斯后来写道:"正因为如此,所以马克思不仅特别偏好地研究了法国过去的历史,而且还考察了法国当前历史的一切细节,搜集材料以备将来使用。因此,事变从来也没有使他感到意外。"①

1851年秋天,马克思的这种兴趣集中到日益增多的有关法兰西第二共和国总统路易·波拿巴及其"十二月十日会"策划政变的传闻和报刊上的种种猜测上面。这样的事件必定在极大程度上改变法国资产阶级的执政形式,并要求马克思主义国家问题理论进一步发展。

1851年12月2日政变发生之后,尽管马克思"被巴黎的这些悲喜剧事件弄得十分忙乱",②但是他毫不犹豫地着手重新描述法国的当代史。

---

* 本文选自《马克思恩格斯研究》1992年总第8期。
① 《马克思恩格斯全集》第1版第21卷第291页。
② 《马克思恩格斯全集》第1版第27卷第405页。

马克思立即开始通过书信频繁地和恩格斯交换对事件的看法。恩格斯早在1851年12月3日就把他对前一天的巴黎事件的最初评价告诉了马克思，而且在这封信里就已经两次出现了后来在马克思的著作标题中使用的"雾月十八日"这个概念。讽刺性地把1851年12月2日的路易·波拿巴政变比作1799年11月9日（法兰西共和历的雾月18日）拿破仑·波拿巴将军废除督政府，这对于同时代人来说并非难事。例如，理查·莱茵哈特在1851年12月4日写给马克思的信①中也做了这样的比喻。马克思的著作的第一段中引述黑格尔的那句话②以及这一段的核心思想也是出自于恩格斯12月3日的信。恩格斯在他1851年12月10日、12日和16日致马克思的信中对巴黎事件继续作出评价。

已经着手撰写一部手稿的马克思可能没有回复这些信，而是在恩格斯大约1851年12月20日至1852月1月4日逗留伦敦期间和他当面讨论了这些问题。马克思在恩格斯逗留伦敦期间写完著作的第一章。1852年2月至4月刊登在《寄语人民》上的恩格斯的《去年十二月法国无产者相对消极的真正原因》这组文章也表明他同恩格斯就《雾月十八日》中论述的问题诚挚地交换过看法。恩格斯的这组文章虽然扼要地集中论述了工人阶级的策略，但实际上阐述的是《雾月十八日》的同一个思想。这组文章同马克思的这部著作完全一致。

马克思最迟在1851年12月中旬不仅下定决心论述这次政变，而且，他还立刻开始搜集有关的材料并有了这部著作结构的初步设想。他

---

① 《马克思恩格斯全集》原文版第3部分第4卷第517—519页。
② 参看《马克思恩格斯全集》原文版第1部分第11卷第738页注释；《马克思恩格斯全集》第1版第8卷第121页。

12月17日收到约瑟夫·魏德迈1851年12月1日写给恩格斯的信①。这封信看来保证了在正值筹备中的纽约《革命》周刊上发表文章的可能性,他当天便让人转告,他将在短期内完成"一章关于法国灾祸的文章"。② 两天后,他就给当时计划以连载形式发表的"文章"定下最后的标题(《路易·波拿巴的雾月十八日》③)。

马克思的《雾月十八日》是论述1851年12月2日政变的第一部著作。

资料来源

马克思本人曾经强调说,他的著作"是根据对于事变的直接感观写成的,其中所研究的历史材料只是截至1852年2月止"。④

马克思可能把《1848年至1850年的法兰西阶级斗争》作为截至1850年3月,即大约第四章中段为止的历史论述的基础。女伯爵玛丽·达古1850年底用丹尼尔·斯特恩的笔名在巴黎出版的《1848年革命史》第1卷给马克思提供了很有价值的补充材料,甚至成为他在第一、二章中重新评价二月革命的性质并总结1848年2月至1849年6月的斗争的基础。《国际述评(三),从5月到10月》中有关法国的段落为描述直至1850年11月初的法国历史提供了原始材料。从那时起,马克思对历史的描述在很大程度上以伦敦《经济学家》上信息丰富的巴

---

① 《马克思恩格斯全集》原文版第3部分第4卷第512—516页。
② 《马克思恩格斯全集》第1版第27卷第637页。
③ 《马克思恩格斯全集》第1版第27卷第617页。
④ 《马克思恩格斯全集》第1版第16卷第404页。

黎通讯为依据。

总的说来，同时代的报刊是马克思的决定性的资料来源。在英国的日报和周报中，他利用过《旁观者》、《纪事晨报》和《泰晤士报》（可能不经常）；在法国刊物中，他利用过蒲鲁东的《1850年人民报》和赖德律—洛兰的《流亡者之声》；另外，可能还有也是由流亡者编辑出版的消息灵通的布鲁塞尔《比利时独立报》和其他一些机关报。

马克思可能利用过1852年2月在伦敦出版的杜鲁门·斯莱特所著《路易·拿破仑。是爱国者还是阴谋家？内附一部传记。政变史。结果和展望》一书中有关路易·波拿巴的传记材料。1851年12月已经在巴黎出版的小册子《1851年12月在巴黎和外省发生的事件的全面真实的报告》提供了有关路易·波拿巴的亲信以及政变的准备和经过的进一步细节。小册子的作者贝尔纳·阿道夫·格朗尼埃·德·卡桑尼亚克是当时波拿巴派的新闻发言人。

马克思从比埃尔·约瑟夫·蒲鲁东1851年在巴黎出版的《十九世纪革命的总观念》一书中为其论战性评价和理论观点（其中也包括在摧毁旧的国家机器这个重要问题上的理论观点）找到若干共同点，然而他没有直接提到这本书。1851年8月至11月间，马克思和恩格斯认真研究了这部著作，应马克思的要求，恩格斯对这本书作了详细摘录。① 马克思在撰写《雾月十八日》期间使用了这个摘录。

以书信的形式或者当面同巴黎的理查·莱茵哈特、尼古拉·萨宗诺夫、杜塞尔多夫的斐迪南·拉萨尔以及伦敦的斐迪南·沃尔弗、威廉·沃尔弗，可能还有斐迪南·弗莱里格拉特进行的思想和信息交流，1852年2月初同新闻工作者亚历山大·马索耳和其他在伦敦的巴黎革命者的

---

① 《马克思恩格斯全集》原文版第4部分第10卷。

谈话,以及可能以类似的方式进行的其他联系,丰富了马克思的资料来源。

早在1851年12月4日,莱茵哈特就详细地通报了政变的细节,然而马克思没有直接引用这封信和以后的12月6日和30日的信中的文字。莱茵哈特1851年12月6日的信中①对1851年12月4—5日巴黎事件的评述与《雾月十八日》中的有关描述颇为一致。马克思直接引用了莱茵哈特1852年2月15日信②中基佐的名言"这是社会主义的完全而彻底的胜利!"和日拉丹夫人的话。马克思在1852年2月23日写给拉萨尔的信③中摘引了莱茵哈特2月15日来信中的一大部分,拉萨尔在2月底左右的回信中据此作了进一步发挥。

1851年12月12日拉萨尔给马克思的回信④可以使人对马克思在政变几天后开始考虑如何写文章对这一事件作出反应时的一些思想作出有价值的推论。马克思给拉萨尔的信大概写于1851年12月9日或10日,未能保存下来。根据拉萨尔的信来看,马克思在信中"与马莱相类比",嘲讽路易·波拿巴败坏了黑格尔的世界精神的名声,明确指出巴黎无产阶级当时过于软弱,不能发动一场决定性的战斗,并对"保守党"的所有派别(梯也尔、贝利耶、巴罗、卡芬雅克、尚加尔涅)的灭亡和毫无价值表示"幸灾乐祸"。

克劳德·弗朗塞·马莱上尉1808年作为共和派秘密同盟的成员被捕,1812年10月23日越狱,散布拿破仑一世在俄国身亡的假消息,用

---

① 《马克思恩格斯全集》原文版第3部分第4卷第521—523页。
② 《马克思恩格斯全集》原文版第3部分第5卷第255页。
③ 《马克思恩格斯全集》第1版第28卷第496—499页。
④ 《马克思恩格斯全集》原文版第3部分第4卷第530—533页。

伪造的参议院法令自封为巴黎指挥官,但第二天就受到军事法庭审判并被枪毙。马克思显然想强调1851年12月2日政变的冒险性,然而他后来在《雾月十八日》中没有使用这个类比。

从拉萨尔的信的上下文来看,人们还不能精确地推论,他对国家问题的细致思考在多大程度上反映了马克思先前的提法。拉萨尔写道,资产阶级国民军不反对政变,是因为害怕实际斗争的结果可能使"社会共和国"取胜。"法国资产阶级放弃了为之奋斗60年并战胜了3个国王的政治统治。他们放弃这个统治,因为他们承认并宣称,他们的经济制度只有在军事专制的独裁下才有可能继续存在!"在这里,他还提到黑格尔的思想,然而马克思在著作中没有采用;关于由此而产生的政治后果,拉萨尔论述说:"在资产阶级最后的殊死斗争中,资产阶级统治和私人营业结合到一起,形成他们所有派别的单一的共性,形成军事专制和暴力统治。"

马克思在伦敦同《新莱茵报》的前编辑部成员斐迪南·沃尔弗和威廉·沃尔弗保持着思想交流。他和斐迪南·沃尔弗商定,后者以《法国政变》① 为标题为魏德迈的《革命》撰文,论述政变的详细经过,而他本人则主要是分析基本的发展。

马克思一直非常重视威廉·沃尔弗的观点。这些观点由于发生了政变而有一部分在沃尔弗致阿道夫·克路斯的信中流传下来。早在1851年11月28日,沃尔弗就写道:"总之,如果拿破仑试图发动政变的话,他还是有许多机会的。"12月5日,他写道:"这出政变闹剧是对第一执政及其1800年至1804年间公布的法令的毫厘不爽的模仿。"12月8—9日,他写道:"由于害怕红色共和国,资产阶级不仅保持中立,而

---

① 《马克思恩格斯全集》第1版第27卷第617页。

且甚至在一定程度上支持政变……你不仅可以从蒙塔朗贝尔及其耶稣会派的机关报《宇宙》一开始就表示赞同政变这一事实中,而且还可以从拿破仑星期六把圣热纳维埃夫教堂,换句话说,把先贤祠归还给教士以作教堂之用这件事中看出,拿破仑同教士或耶稣会派是怎样串通一气的。这样,耶稣会派便取得了在查理十世统治时期未能取得的东西。"①沙·蒙塔朗贝尔的亲波拿巴主义的立场在《雾月十八日》中被多次强调,马克思在他的著作的第七章中把"教士的统治"当作一个重要的"拿破仑观念"加以强调。

结构和分章

在《1848年至1850年的法兰西阶级斗争》中,马克思首先要证明,1848年2月在法国开始的革命是一场资产阶级革命,一切关于"社会共和国"等等的幻想的毁灭是真正的进步。因此在那部著作中描述的最重要事件是1848年的六月起义和1849年6月13日的示威游行,也就是说,是无产阶级的失败和后来的小资产阶级民主派的失败。与此相反,在《雾月十八日》中一开始处于中心地位的问题是:从1848年2月的临时政府演进到1851年12月的路易·波拿巴专政,资产阶级行使国家权力的形式必然有什么样的变化。这一过程的主要内容是逐步摧毁行使权力的议会形式。这是与同时代人未曾预料到的行政权战胜立法权联系在一起的,并提出了资产阶级国家机器的结构和历史这一根本问题。因此,在《雾月十八日》中所描述的最重要的事件是1848年5月4日召开制宪国民议会和1849年5月28日召开立法国民议会。

---

① 《马克思恩格斯全集》原文版第3部分第5卷第487—491页。

尽管采用了新的分期法，然而，《雾月十八日》的头两章在时间顺序上和《阶级斗争》的头两章基本一致，因为马克思在第一章中除了一般的问题之外，还在概括地谈了第一个主要时期之后一直到六月起义；第二章谈了第二个主要时期的全部其余时间，直到1849年5月28日"共和派资产阶级失败"。相反，第三个主要时期的写法完全是新的。马克思在第一章中只是提到了这个时期。然而，与前两个主要时期不同，还没有进行任何评述。马克思在他的著作的第三到第六章中叙述了资产阶级议会的逐步灭亡。这几章是根据他至迟在1852年1月底确定并写在第六章结束部分的分期法按三个小阶段论述的，而第三个小阶段又被划为四个小段，论述的是理论上特别吸引人的1851年5月31日至12月2日"议会资产阶级和波拿巴"进行的真正斗争。《雾月十八日》的第三章论述这一主要时期的第一个小阶段，第四章论述第二个小阶段，第五和第六章论述第三个小阶段。

整个著作计划从1851年12月17日起在一家周报上发表，因此这一次也像两年前撰写的《1848年至1850年的法兰西阶级斗争》一样，将以连载的形式供稿是不成问题的，然而在起草过程中，连载的章数从最初的大约三章增加到最后的七章。

在1851年12月的最初计划中，马克思极有可能打算在1852年1月底左右写完《雾月十八日》，然后紧接着就开始评论蒲鲁东的《十九世纪革命的总观念》一书，这个评论也打算刊登在魏德迈的《革命》上。马克思最初可能只打算按照已经在第一章中划分的法国革命的三个主要时期大约撰写三章连载文章。第一章和第二章结尾均注有"〈待续〉"字样，这表明原来计划撰写的章数不多，就是说到1852年1月6日，马克思还只打算撰写三章。

由于在第三章和第四章的手稿末尾各注有"待续"的字样，猜想到1月30日尚计划至少写五章,而在2月13日曾计划写六章。2月13日,马克思告诉魏德迈不得不写六章而不是四章。3月初,马克思还计划一共写六章,直到第六章最终完稿时才想到再写一章总结性的第七章,这最后一章于3月20日前后完稿,3月25日寄往纽约。①

手稿的形成

寄往纽约的《雾月十八日》的手稿可能是由转抄件和笔录件构成的,即一部分是由燕妮·马克思根据她丈夫的草稿誊写的,其余的是马克思口授的。马克思本人在1852年2月27日给恩格斯的信中指出,第五章是他口授的。后来他妻子回忆说:"我于3月转抄好手稿,并把它送出来。但书出版得非常迟,我们几乎没有拿到什么报酬。"②

《雾月十八日》这样一部文字上经过精细雕刻的著作,一般来说应该有马克思亲笔写的草稿流传下来。然而,这部原稿或者说这几部原稿中,只有两小张残页流传下来。那是因为它们的背面换用作同时代的文献而得以幸存。

一张残页的正面上写的是《马克思恩格斯全集》原文版第1部分第11卷第136页第4—15行刊出的第四章中的一段话。背面是1852年10月18日马克思写给巴龙·阿·冯·布吕宁克的一封信③的底稿,因为这页纸的上端空白处只写了5行字,所以这可能是草稿的一部分。这一部分在1852年春天已不是原手稿中的草稿的一部分,而是原稿的一

---

① 《马克思恩格斯全集》第1版第28卷第511页。
② 《回忆马克思恩格斯》1962年人民出版社版第257—258页。
③ 《马克思恩格斯全集》第1版第28卷第556页。

份异文。

另一张残页是第五章的原稿的第 2 页,也就是《马克思恩格斯全集》原文版第 1 部分第 11 卷第 144 页第 17—33 行的文字。这部分草稿写于 1852 年 2 月 14 日至 25 日之间。2 月 13 日马克思把第四章寄往纽约以后,他最早于 2 月 14 日紧接着着手撰写第五章。这一章于 2 月 27 日寄出,因此——由于交付出版的手稿必须经过燕妮·马克思誊写——把 2 月 25 日作为最后的脱稿日期是可以考虑的。这个日期和写在手稿正面的文件,即一章关于新伦敦工人协会的活动的声明所注的日期是一致的,这章声明注明,它写于"52 年 1 月的最后几天"。这章声明肯定是该协会成立后不久,也就是 1852 年 2 月中旬左右,由于当时的实际原因而写的。从流传下来这张残页上的情况来看可以推测,马克思在撰写《雾月十八日》第五章的草稿时曾经受到威廉·皮佩尔和埃米尔·法尔克的打搅,他才立刻起草了上述声明(这章声明对马克思所坚决支持的新工人协会的发展以及同奥古斯特·维利希的辩论起了作用)。然后,马克思在这页纸的背面继续写他的著作。

马克思 1852 年 1 月 1 日将第一章寄给魏德迈,同时告诉他:"我现在才把文章寄给你,是因为工作不但受到当前急剧发展的事态的影响,而且在更大程度上还受到私事的干扰。"① 后来,燕妮·马克思回忆马克思的工作条件说:"他是在第恩街一间小房里,在孩子们的吵闹声和家庭琐事搅扰下写完这本书的"。②

在 1 月 1 日写给魏德迈的信中,马克思许诺以后每星期定期提供续

---

① 《马克思恩格斯全集》第 1 版第 28 卷第 469 页。
② 《回忆马克思恩格斯》1962 年人民出版社版第 257 页。

章。1月9日，他尽管患病，还是将第二章寄往纽约。① 但是，他在1月16日不得不通知魏德迈，他因为生病，暂时不能如期寄出第三章；第三章于1852年1月30日寄出。2月13日接着寄出第四章；马克思在附信中告诉魏德迈，他的著作将总共有六章。

在撰写第五章期间，马克思从魏德迈1852年2月6日的信中得知，《革命》仅仅出版了两期，1月初由于资金匮乏而停刊。然而，这时他和魏德迈还对这个杂志不久可能复刊抱有希望；此外，两个人从2月中旬开始谈到将《雾月十八日》作为小册子出版的初步想法。出版方面发生的困难没有影响马克思继续撰写他的著作。在2月20日写给魏德迈的信中，他对未能准时寄送续章表示了歉意，但保证在2月24日和27日寄出第五和第六章并以此结束这部著作。2月27日马克思口授了第五章，② 同一天把它寄往纽约，同时许诺3月5日寄出结尾的第六章。马克思在2月27日之后便马上开始撰写最后一章；他在第六章开头注明的写作时间是"1852年2月"。③ 然而，他在3月5日写信告诉魏德迈："第六篇，也就是最后一篇，这个星期我未能写完。但是，即使你的报纸重新出版了，这次延宕也不会碍事，因为你手上掌握的材料已经足够了。"④

现存的资料不能使人明确断定，第六章是在3月中旬左右寄出的（这是有可能的），还是可能在3月25日才和新构想的第七章一起寄给魏德迈的。因为魏德迈在4月6日的信中特别强调说，誊写的稿子只到

---

① 参看《马克思恩格斯全集》第1版第28卷第640页。
② 参看《马克思恩格斯全集》第1版第28卷第29页。
③ 参看《马克思恩格斯全集》第1版第8卷第194页。
④ 《马克思恩格斯全集》第1版第28卷第504页。

第五章。而且，因为马克思在3月25日的信中丝毫没有提到他的著作共有七章，所以第六章可能是在1852年3月12日前后从伦敦寄出的，同时寄出的还有一封未能流传下来的附信。这封附信通知说最后一章是第七章。

收到魏德迈3月10日写给马克思和恩格斯的信之后，马克思才在3月25日将《雾月十八日》的最后结束章寄往纽约。同时他对文章结构作了以下说明："我请你在小册子中也用一、二、三、四、五、六、七把我的文章分开，就像给你寄去的那样。这些数目字对读者来说将成为支点。它们代替标题。在第五章末尾还要加上如下的话：'然而波拿巴像阿革西拉乌斯回答国王亚奇斯那样回答了秩序党：**你把我看作蚂蚁，但是总有一天我会成为狮子的**。'"当然，现在整个事情必定会完整地出现。

在我的妻子用空格标段落标得不够清楚的地方，我加了符号 Γ。"①
这个邮件在1852年4月7日至9日间抵达魏德迈处。

在纽约出版

早在1852年1月5日，魏德迈的报纸上的一章《按语》就第一次提到出版的问题。《按语》中根据1851年12月19日马克思写给魏德迈的信预告了这篇文章："（1）卡·**马克思**的《路易·波拿巴的雾月十八日》。"

马克思努力每星期定期向纽约连续供稿，这样做表明他到1852年3月为止还没有放弃《革命》作为周报复刊的希望。为了使报纸能够借

---

① 《马克思恩格斯全集》第1版第28卷第511页。

发表《雾月十八日》的文章而继续办下去，阿道夫·克路斯和魏德迈在美国也竭尽了全力。① 可是从 2 月上半月开始，有关的各项计划（最初各项计划齐头并进）越来越集中到小册子的出版上面，以便尽可能快地出版马克思的著作并在出小册子的同时为周报的续刊做宣传。② 然而直到 4 月初，马克思的手稿的结尾还没有寄到。③

燕妮·马克思在 1852 年 2 月 13 日马克思写给魏德迈的信中所写的附言里第一次提到马克思方面的建议："我的丈夫认为，他的关于法国的一组文章，是最应时的东西，因此作为他在《评论》上发表的文章的续篇，也是最适于印小册子的材料。如果纽约某个出版商同德国有联系，那么可以指望在德国有相当大的销路。这部著作与其说是为美国倒不如说是为欧洲而写的。"④

为使他的著作在德国也产生影响，马克思在 1852 年 3 月 17 日写给莱比锡出版商奥托·维干德的一封没有流传下来的信中向他们推荐过这部著作，后者于 3 月 20 日表示拒绝。⑤ 许多年以后马克思还回忆说："**奥·维干德**是我的**私敌**，几年前他对我让他出版《雾月十八日》的建议（甚至不取稿酬）作了粗暴的答复。"⑥

大约在 1852 年 2 月中旬，马克思得知《革命》作为周刊很快就停办之后，2 月 20 日写信给魏德迈："如果你的报纸不能出版，那么你是否能把我的小册子分印张出版或者像我给你寄去的那样分章出版？否则

---

① 《马克思恩格斯全集》原文版第 3 部分第 5 卷第 493—495 页。
② 《马克思恩格斯全集》原文版第 3 部分第 5 卷第 291—292 页。
③ 《马克思恩格斯全集》原文版第 3 部分第 5 卷第 295 页。
④ 《马克思恩格斯全集》第 1 版第 28 卷第 490 页。
⑤ 《马克思恩格斯全集》原文版第 3 部分第 5 卷第 305 页。
⑥ 《马克思恩格斯全集》第 1 版第 30 卷第 101 页。

时间会拖得太长。"① 2月27日，燕妮·马克思在往纽约寄书稿第五章的同时写信重申了关于出版的所有建议：或者每一章单独刊登，或者集中起来印成小册子，日后也好向德国推销。如果办不到，应该把前五章的手稿寄回伦敦，在伦敦或许可以安排译成法文。

在看到马克思2月13日的来信之前，魏德迈就已经在2月6日建议把马克思的著作印成小册子出版，以度过所期待的《革命》迅速复刊之前的间歇阶段："你的文章作为小册子，比我把它交给《论坛报》有用得多。"② 正在纽约逗留的克路斯——他后来为小册子的出版出了许多力——在魏德迈写给马克思的信附言中对《雾月十八日》的前四章发表了意见："美国德文报刊肯定还没有发表过这样的文章；你的文章将会引起轰动；我认为它是卓越的。"③

然而，当3月底不得不放弃周报复刊的所有希望时，魏德迈暂时完全绝望了，他在3月30日写给马克思的一封未流传下来的信中说，他将把《雾月十八日》的手稿寄还给马克思。④ 这封信在4月16日，即安葬马克思的女儿弗兰契斯卡那一天，抵达伦敦。马克思不能答复魏德迈，所以委托威廉·沃尔弗回信。由于情况很糟和许多希望的破灭，沃尔弗竟不公正地指责了魏德迈，嗣后，马克思、恩格斯和克路斯极力平息魏德迈的火气。⑤

4月16日，马克思还让人转告魏德迈，他应该把准备在《纽约每日论坛报》上发表的《雾月十八日》英译文交给查理·德纳，如果遭

---

① 《马克思恩格斯全集》第1版第28卷第495页。
② 《马克思恩格斯全集》原文版第3部分第5卷第237页。
③ 《马克思恩格斯全集》原文版第3部分第5卷第241页。
④ 《马克思恩格斯全集》原文版第3部分第5卷第501—511页。
⑤ 《马克思恩格斯全集》原文版第3部分第5卷第523—524页。

到拒绝，就马上寄回手稿，以便能够在伦敦安排出版德文版和英文版。①

在威廉·沃尔弗的信抵达纽约之前，克路斯为确保《雾月十八日》的出版再次作了努力。他答应魏德迈立刻为小册子（小册子的封面应该附上《革命》的名称）寄来最多 30 美元。② 魏德迈决定和一个承印者进行新的谈判，他把手稿留在自己身边，而只把他抄写的前五章寄往伦敦。③ 此后不久，一个法兰克福（美因河畔）的裁缝来到纽约，看来他从前是魏德迈直到 1851 年年中在那里所领导的共产主义者同盟支部的一个盟员，他把全部积蓄 40 美元拿出来用于印刷小册子。魏德迈 1852 年 4 月 9 日写信告诉马克思："和克路斯的钱凑在一起，这笔钱足够支付印刷费用了，同时急需你的著作的结尾，今天我要把事情最后了结。"④

他在同一封信中向马克思指出了文章中的问题："在你的文章中有多处错误，经常把 1851 写成 1852，我不知道我是否已把它们全部改正了。如果你打算继续使用这个手稿，应该再审阅一遍。对莱昂·福适的说明是多余的，说明中所谈到的错误是不存在的，福适在有关的地方已不是部长。"⑤

魏德迈在第三章里有四处，在第四章中有两处把 1852 年改为 1851 年，因为燕妮·马克思时常误写为：1852 年 12 月 2 日，在手稿的第五章末尾提到福适的地方写着："说明。由于疏忽，在提到 5 月 31 日选举

---

① 原苏共中央马列主义研究院中央党务档案。
② 《马克思恩格斯全集》原文版第 3 部分第 5 卷第 499 页。
③ 《马克思恩格斯全集》原文版第 3 部分第 5 卷第 308 页。
④ 《马克思恩格斯全集》原文版第 3 部分第 5 卷第 314 页。
⑤ 《马克思恩格斯全集》原文版第 3 部分第 5 卷第 317 页。

法时称莱·福适为现任部长,他当时只是十七人委员会的成员。卡·马克思。"① 这个说明涉及第四章末尾几个段落,它表明,在收到(4月下半月)魏德迈的抄件以前,马克思手中不再有他自己著作的最后定稿,而只存在由他妻子笔录的和往往是立刻寄往纽约的那份定稿。因此马克思记错了,而魏德迈的提示是正确的。

4月11日,魏德迈从印刷厂收到毛样的第一部分,② 4月12日,克路斯从华盛顿寄来25美元印刷费用。尽管如此,还是出现了一些情况,使得小册子的最后出版推迟到1852年5月底。因为魏德迈最初打算在小册子中除了马克思的著作之外还收入弗莱里格拉特、格奥尔格·埃卡留斯和其他人的文章,并用弗莱里格拉特的一段诗句开头,所以在交回第一批毛样时,他没有通盘考虑如何能够在最多不超过8个印张的小册子中收进所有这些文章。在这种情况下,承印者提出了附加的经济要求,魏德迈显然没有和他签订过正式合同。克路斯答应到5月6日再寄20美元,魏德迈这时已经私自把马克思的手稿交给了另一个承印者。③ 由安格尔、恩格尔和赫维特公司承印,该公司办事处设在云杉街1号《纽约每日论坛报》大厦里。

当情况表明用现有的钱只能印500本时,克路斯立刻把许诺过的20美元寄到纽约,以保证1000本的印数。④ 克路斯还建议,要为以后再版留下底版。魏德迈也认为有再版的可能性,⑤ 然而没有实现。

魏德迈5月1日为这时只包括马克思的著作并应该截至5月12日或

---

① 《马克思恩格斯全集》原文版第3部分第5卷第329—331页。
② 《马克思恩格斯全集》原文版第3部分第5卷第523—524页。
③ 《马克思恩格斯全集》原文版第3部分第5卷第330—331页。
④ 《马克思恩格斯全集》原文版第3部分第5卷第457页。
⑤ 《马克思恩格斯全集》原文版第3部分第5卷第359页。

13 日印完的小册子写了前言。① 但是，5 月 18 日他才能通知马克思："小册子终于印完了，承印者这头蠢驴把事情拖得太久了，而且甚至现在还没有装订好。因此，搭明天的轮船我只捎给你一个样本。"②

1852 年 6 月初，马克思在曼彻斯特恩格斯那里做客期间接到由他妻子从伦敦转来的样本。③ 马克思和恩格斯对把标题改为《路易·拿破仑的雾月十八日》进行了指责（在小册子的封面上和魏德迈的前言里作了这样的改动，然而在小册子第 1 页上马克思著作的内标题是正确的；在《革命》第 2 期扉页背面克路斯写的也是正确的："本刊第 1 期包括：路易·波拿巴的雾月十八日，**卡尔·马克思著**……"）。

马克思和恩格斯评价技术工作说："很可惜铅字太小，开本太大，这给阅读增添很大困难，特别是在碰到歪曲意思的刊误的时候，当然，由于经费不足，要避免这种情况是不可能的。"④

魏德迈打算在《革命》第 2 期上附上一个勘误表。⑤ 受克路斯的委托，这一期于 1852 年 6 月 18 日和 19 日在华盛顿出一版，然而它只包括弗莱里格拉特的诗《致约瑟夫·魏德迈》。

用较大号字体刊印的《最妨碍阅读的错字勘误表》（它有 3 页，列出了 113 个错误）可能是由马克思和燕妮·马克思编排并于 1852 年 6 月中旬在伦敦付印的。燕妮·马克思 1852 年 6 月 11 日左右写给马克思的信中就谈到了这方面的事："'不许寻究父方'这句话，你改过来了没有，我是否还要添上这句话？"这个更正包括在勘误表里，勘误表是

---

① 《马克思恩格斯全集》原文版第 3 部分第 5 卷第 346 页。
② 《马克思恩格斯全集》原文版第 3 部分第 5 卷第 356 页。
③ 《马克思恩格斯全集》第 1 版第 28 卷第 529 页。
④ 《马克思恩格斯全集》第 1 版第 28 卷第 531 页。
⑤ 《马克思恩格斯全集》原文版第 3 部分第 5 卷第 368 页。

1852年6月13日和15日之间在伦敦付排的。1852年6月16日和21日德国人伊曼纽尔公司写给燕妮·马克思的两封信可以证实这一点,由于缺钱,1852年6月16日以后才从印刷厂取回印好的勘误表。其中一部分寄往纽约。1852年7月30日马克思写给克路斯的信(1852年8月16日克路斯在给魏德迈的信中摘录了这封信的内容,摘录部分得以流传下来)中谈到此事:"我搞的《雾月》一书的勘误表快要发霉了;早知道这样,我就会用现在这样花掉的钱来付你的寄费。但是,正如斯宾诺莎教导说:放心吧,要从永恒的观点来观察一切事物。"

1852年9月又付出30美元才从承印者那里赎回大约500本载有马克思的《雾月十八日》的《革命》第1期,① 勘误表可能附加进去或装订在一起。

当时所产生的影响

《雾月十八日》1852年5月25日前后开始在美国销售。事与愿违,销路极差。魏德迈每本按20美分卖给书籍兜售商,按25美分卖给其他人,这样在美国500本最多能收入大约120美元,然而他已经为印刷和纸张总共支付了102美元。由于大量的小册子误期抵达伦敦,妨碍了在德国的销售计划,马克思认为被魏德迈骗去15英镑,② 然而他给美国写信时并不抱怨物质损失,而是抱怨由于《雾月十八日》没有及时印刷和寄往欧洲所造成的政治损失。③

---

① 《马克思恩格斯全集》原文版第3部分第5卷第468页;第6卷第250页。
② 《马克思恩格斯全集》第1版第28卷第127页。
③ 《马克思恩格斯全集》原文版第3部分第5卷第562页。

5月底，500本中的第一批从纽约寄出。4月22日向魏德迈为华盛顿和亚历山大里亚预订了75本的克路斯收到100本；① 50或100本寄往巴尔的摩，一小部分寄往美国的其他城市，其中很可能包括密尔沃基和惠灵，因为那里的共产主义者同盟的前盟员威廉·罗特哈克尔曾经声明愿意参加《雾月十八日》的推销。②

魏德迈由于私事缠身，1852年4月底或5月1日将推销一事移交给前《新莱茵报》的保证人海尔曼·科尔夫。③ 马克思和恩格斯对这个解决办法表示不满。④ 科尔夫还推销《纽约总汇报》，并且还乐意在该报上刊登（但是无报酬）《雾月十八日》，魏德迈对此表示拒绝。⑤

克路斯和魏德迈试图促成在美国的德文报纸上刊登免费广告，然而此事几乎谈不到有什么成效。因为无法向这些小报中的大多数推荐这本小册子。关于《纽约民主主义者报》，克路斯在1852年6月6日写给魏德迈的信中说："我认为，《民主主义者报》尽管已经简短而赞扬地提到过《雾月》，然而它也许能通过刊登该著作中一段或几段摘录而再次提到这部著作，以便稍微促进一下推销。"

正如马克思从古斯达夫·泽尔菲1852年8月30日的来信中得知的那样，沃伊达·纳普尔斯泰克在威斯康星州的密尔沃基的一家报纸上为《雾月十八日》作了宣传。（捷克民主主义者纳普尔斯泰克1848年秋天从布拉格流亡到纽约，1849年任纽约工人协会书记，在1852年1月

---

① 《马克思恩格斯全集》原文版第3部分第5卷第527页。

② 罗特·哈克尔1852年1月16日致魏德迈（阿姆斯特丹国际社会史研究所魏德迈遗著）。

③ 《马克思恩格斯全集》原文版第3部分第5卷第343页。

④ 《马克思恩格斯全集》第1版第28卷第533页。

⑤ 《马克思恩格斯全集》原文版第3部分第5卷第356页。

《革命》第 1 期和第 2 期上被称为该期刊在密尔沃基的代理人。）

克路斯和魏德迈在他们的文章中多次援引《雾月十八日》并注明引自马克思的这部著作。关于 1851 年的局部危机的原则性说明被引用到《欧洲的局势》① 这篇文章里。马克思对路易·波拿巴加冕的预测被当作魏德迈的文章《政治经济评论》② 的题词。克路斯在他的文章《美国史社会概论》③ 中引用了第三章中的两段话。在克路斯或魏德迈撰写的文章《联合》中引用了第六章的一部分。

尽管情况不利，马克思的著作在美国的影响看来仍是巨大的，以至于卡尔·福格特 1860 年还在美国的一些德文地方小报上与之进行论战。④

早在小册子印完之前，马克思从阿道夫·贝尔姆巴赫那里收到一份册数较多的订单。此人力图在科隆继续执行共产主义者同盟中央委员会的一些使命。1852 年 5 月 10 日前后，马克思为此写信给克路斯："刚刚接到 5 月 3 日科隆的一封信。要 200 到 250 本《雾月》。因此，请你让魏德迈立即通过恩格斯给我寄来 300 本。同时让他把售价也告诉我。我想他已经把所答应的 50 本寄出了。"⑤

克路斯在他 5 月 31 日写给魏德迈的信中把这个订单转交给魏德迈。恩格斯在 1852 年 6 月 11 日写给魏德迈的信中谈到订购的精确册数和订购增加的情况："所有准备给欧洲的东西，请都寄到这里。马克思在伦敦找到了一个殷实的德国书商，马克思还可以监督他，他愿意只抽不大

---

① 1852 年 7 月 1 日纽约《体操报》第 10 期第 77 页。
② 1852 年 12 月 1 日纽约《体操报》第 16 期 123 页。
③ 1853 年 8 月 10 日纽约《改革报》第 38 期。
④ 《马克思恩格斯全集》第 1 版第 30 卷第 124 页。
⑤ 《马克思恩格斯全集》第 1 版第 28 卷第 524 页。

的提成在这里和德国、瑞士等国推销。因此,如果在你收到这封信时,寄往伦敦的 50 本和寄往科隆的 250 本的邮包还没有寄出,那就趁此机会再往邮包里装一些,你认为适于和可能在德国推销多少本,就寄多少本。如果邮包已经寄出,那其他部分就先不要寄了,等我们写信告诉你以后再说。在这里我们把开支和书商的佣金考虑在内,当然要定一个高些的价格;15 银格罗申德国庸人还是出得起的。"① 这个价格和魏德迈建议的 1/2 塔勒是一致的。②

然而几个月里抵达伦敦的小册子的数量微不足道。由科尔夫寄出的最先商定的 50 本丢失了。7 月马克思写信告诉克路斯,他只收到 3 本《雾月十八日》。③ 大约在 8 月他又收到 10 本。④ 9 月从承印者那里赎出印数的另一半之后,才在 10 月初往伦敦寄出这 500 本中的至少 130 本,10 月 20 日前后寄到。⑤ 也许后来还寄过。然而,这对于秘密寄往德国来说太迟了,因为在此期间科隆共产党人案件 10 月 4 日已经开始审理,贝尔姆巴赫也暂时被拘留,1852 年 5 月就已经制定的从科隆展开销售的计划再也无法实现了。⑥

许多年以后,马克思论述《雾月十八日》时说:"这一著作有数百份那时已深入德国境内,不过没有在真正的书籍市场上出售过。当我向一个自命极端激进的德国书商建议销售我这本书的时候,他带着真正的

---

① 《马克思恩格斯全集》第 1 版第 28 卷第 532 页。
② 《马克思恩格斯全集》原文版第 3 部分第 5 卷第 392 页。
③ 《马克思恩格斯全集》原文版第 3 部分第 5 卷第 548 页。
④ 《马克思恩格斯全集》原文版第 3 部分第 5 卷第 562 页。
⑤ 《马克思恩格斯全集》原文版第 3 部分第 6 卷第 250 页;《马克思恩格斯全集》第 1 版第 28 卷第 162 页。
⑥ 《马克思恩格斯全集》第 1 版第 28 卷第 162、563 页。

道义上的恐惧拒绝了这种'不合时宜的企图'。"①

伦敦同盟支部的成员以及马克思和恩格斯在英国和欧洲大陆上的为数众多的朋友和熟人都收到了《雾月十八日》,弗莱里格拉特1852年6月18日曾经写信说:"亲爱的马克思,我已经收到你的《雾月十八日》并且拜读过了。我向你致意。关于这一事件,还从未出版过更优秀、更令人信服、更幽默的文章。"②1852年9月底拉萨尔收到1册,1856年弗里德里希·列斯纳在服刑后返回伦敦时收到1册。根据巴黎的古斯达夫·泽尔菲的请求,马克思把他的著作寄给了他,泽尔菲还把书给贝尔塔兰·瑟美列看了。瑟美列对《雾月十八日》表示赞赏,认为"马克思的阐述比蒲鲁东的和维克多·雨果的还要出色。"③

普鲁士警察局闻到在德国流传有几本《雾月十八日》小册子的风声。1853年2月27日,柏林警察局局长卡尔·路德维希·弗里德里希·冯·辛凯尔迪通知内务大臣斐迪南·冯·威斯特华伦:"去年年底马克思托人以《革命》为书名出版了一部著作的第1册。著作的印刷地点是纽约。"④ 在1853年10月27日关于此事的报告中说,克路斯和魏德迈作为马克思下面的"小头目"与出版此书有牵连。⑤

1852年5月初经弗莱里格拉特介绍,同德尔夫和特吕布纳书店商定在伦敦销售《雾月十八日》。这家书店也愿意安排通过汉堡的霍夫曼和康培出版公司往德国寄一部分小册子,⑥ 然而这些协定不是只是部分

---

① 《马克思恩格斯全集》第1版第16卷第404页。
② 《马克思恩格斯全集》原文版第3部分第6卷第409页。
③ 《马克思恩格斯全集》原文版第3部分第6卷269、350页。
④ 原苏共中央马列主义研究院中央党务档案。
⑤ 原苏共中央马列主义研究院中央党务档案。
⑥ 《马克思恩格斯全集》第1版第28卷第65页。

地就是根本没有实现。伦敦的艾伯特·佩奇书店收到1852年10月寄到的小册子的一部分，可是这家书店到1861年还欠着马克思的这笔账。① 最晚到1868年，在伦敦再也买不到1本《雾月十八日》。威廉·李卜克内西可能在1862年返回德国时已经把可以弄到的最后几本都带走了。

马克思在他的著作出版几年之后评价它的直接影响说，它"虽然在德国境内到处遭到没收，但在美国流传很广，当时伦敦的宪章派机关报刊登过它的摘要"。② 后面所说的是指《人民报》上发表的《评政变的文献》这组文章中援引过《雾月十八日》。

翻译和再版（1852—1895年）

马克思大约从1852年8月初便设法安排在德国出版他的著作。8月10日左右，他向科堡的费奥多尔·施特列特提出一个有关的建议，因为施特列特几个月以前和瑞士的恩斯特·德朗克联系过，然而马克思甚至连一封回信都没有得到。③ 9月初，马克思请求法兰克福（美因河畔）的海尔曼·艾布纳尔、杜塞尔多夫的拉萨尔和科隆的阿道夫·瑙特介绍一个出版商，然而毫无结果。④ 接着，马克思又给拉萨尔写了一封（很不客气的）信，为此，拉萨尔在1852年秋天写的一封没有注明日期的信中试图为自己辩解。⑤

---

① 《马克思恩格斯全集》第1版第30卷第203页。
② 《马克思恩格斯全集》原文版第1部分第18卷第10页。
③ 《马克思恩格斯全集》第1版第28卷第110—111、122、127页。
④ 《马克思恩格斯全集》原文版第3部分第6卷第224、226、241页。
⑤ 《斐迪南·拉萨尔。遗作与书信》1922年斯图加特和柏林版第3卷第54—55页。

瑙特告诉马克思，他已经为《雾月十八日》的事情向许多书商和出版商交涉过，然而他们"异口同声地拒绝这种生意，他们也指望从中获取一大笔收益。"

他们认为，即使内容不违反有关法律的条款，那么光是您的名字就足以给他们招来许多麻烦。唯一或许愿意承印的可能是汉堡的霍夫曼和康培出版公司，或者是莱比锡的维干德。"①

然而，马克思把尤利乌斯·康培视为"死敌"，而且奥托·维干德也早已表示拒绝。因此，他想托巴塞尔的沙贝利茨书店，该书店归同盟成员雅科布·沙贝利茨的父亲所有。1852年12月中旬左右，马克思把一份原稿或一份《革命》第1期寄往巴塞尔，1852年12月28日他向泽尔菲谈到沙贝利茨书店"准备为德国出版我的《雾月十八日》。"然而，沙贝利茨打算先等待《科隆共产党人案件真相》印完和秘密推销，然后才开始承印马克思的第二个小册子。② 当《真相》在巴登边境被没收，沙贝利茨受到警方纠缠时，他把《雾月十八日》的稿样藏了起来。③ 这时再也不能指望在巴塞尔的出版了。

关于燕妮·马克思1852年2月27日写给魏德迈的信中已经提到的出版法文版的计划，没有其他资料流传下来。

8月初，亚尔萨斯的小资产阶级民主主义者霍赫施土耳告诉在纽约的魏德迈，"他已经把《雾月十八日》译成法文并想把它寄给布鲁塞尔的《民族报》。我问他是否和你达成过协议，他回答说他打算给你写

---

① 《马克思恩格斯全集》原文版第3部分第6卷第226页。
② 《马克思恩格斯全集》原文版第3部分第6卷第361页。
③ 《马克思恩格斯全集》原文版第3部分第6卷第407页。

信。"① 无人知道霍赫施土耳写给马克思的这一封信。

恩格斯在1852年4月27日写给马克思的信中已经提到过将《雾月十八日》译成英文的可能性；两天后他提出一个马克思同样没有接受的新建议："因为魏德迈的小册子现在可能很快就要出版，所以即使经过改动也不能把《雾月十八日》卖给德纳了；他能够无代价地得到它，并自行翻译。但是你还是要问一下德纳，他是否需要一种供英美读者阅读的修订本或译本，那时可以大大地压缩1851年12月2日以前的史实，最后一直叙述到目前，这样就可以把关于法国的每周或两周的连续报道与此衔接起来。"②

1852年7月和8月与厄内斯特·琼斯商定，由他将《雾月十八日》译成英文并以连载方式刊登在《人民报》上。然而8月底情况表明，琼斯没有履行协定。马克思9月2日把此事告诉恩格斯，并在同一封信中说："我现在只有一点希望，虽然是微弱的，这就是一个伦敦书商愿意用英文出版这个东西。我应预先把第一章交给他做样本。因此，我让皮佩尔翻译这一章。译文中错误和遗漏非常多。不过，比起枯燥的翻译工作来，校订可以使你少费些事。你还应该给我写一章英文序言，最多不超过10行，起初这部著作是以报纸文章的形式从12月底写到2月初；5月1日它以小册子的形式在纽约出版，现在将在德国出第2版；这是已出版的反波拿巴著作中最早的一部，其中某些过了时的细节，可以从它发生的时间得到解释。"③

现在保存下来的，有威廉·皮佩尔翻译的《雾月十八日》的第二

---

① 《马克思恩格斯全集》原文版第3部分第5卷第468页。
② 《马克思恩格斯全集》第1版第28卷第56页。
③ 《马克思恩格斯全集》第1版第28卷第122页。

章和第三章，燕妮·马克思抄写下来的第六章以及恩格斯以"札记"形式附在他9月23日写给马克思的信中的关于未保存下来的皮佩尔的英译文第一章的意见。① 这个英文版未能实现。在马克思和恩格斯生前发表的唯一的《雾月十八日》英译文，是1852年12月18日《人民报》上发表的《评政变的文献》这组文章中引用的第一章的几段摘录。

1856年，马克思又试图在德国再版他的著作。1856年2月底，马克思在伦敦同杜塞尔多夫、索林根和附近地区的前共产主义者同盟支部代表古斯达夫·勒维协商期间，联系德国共产党人未来的策略问题还商定了出版《雾月十八日》的计划，勒维返回德国后写信告诉了马克思："最近，我把你的《雾月十八日》寄给莱比锡的赫尔比希并且每天等待着这次试探的结果；如果我成功了，您难道不应当提早安排同时印刷和出版第2部分吗？因为特别是在拿破仑最近取得成功的条件下只出版第1部分还远不足以引起人们的兴趣。"② 无人知道这里的"第2部分"是指什么。1856年没有出版《雾月十八日》。

马克思的著作在同卡尔·福格特的辩论中起过作用。马克思在1859年11月7日为这个事情发表的一章反对爱德华·梅因的报纸声明中曾经提到他对路易·波拿巴的抨击。③ 1860年，马克思在针对福格特本人的论战文章中也利用了《雾月十八日》，他从中引用了更多的段落，大约总共有3个印刷页，来评述"十二月十日帮"。④ 他在引用时做了一些修辞上的改动，用着重号强调更多的句子，多次把一长句分为

---

① 《马克思恩格斯全集》第1版第28卷第135—143页。
② 勒维1856年4月9日以前致马克思的信。
③ 《马克思恩格斯全集》原文版第1部分第18卷第10页。
④ 《马克思恩格斯全集》第1版第14卷《福格特先生》。

短句，并且因为现实论战的需要，把"十二月十日会"这个名称改为"十二月十日帮"。

60年代，马克思的《雾月十八日》不仅对于捍卫共产主义政党独立的政治立场，而且为反对波拿巴主义提供原则的和科学的论据，具有重大的现实意义。1862年以来，奥托·冯·俾斯麦在普鲁士推行一项实质上是波拿巴主义的政策，拉萨尔打算在一些决定性问题上对此给予支持。威廉·李卜克内西同年从流亡地伦敦返回德国时，除了马克思的其他著作，马克思还给了他几本《雾月十八日》，① 这不仅是为了通过书商把书售出，而且也是为了利用再版的机会。60年代，李卜克内西在组织起来的柏林工人（印刷工人协会，全德工人联合会支部，国际工人协会支部）当中宣传马克思的《雾月十八日》。

1864年10月底到11月初，为了在瑞士出版《雾月十八日》，李卜克内西再次从马克思那里要了几本。由于这个计划看来很快就要告吹了，李卜克内西开始就这个问题与愿意资助出版的索菲娅·冯·哈茨费尔特伯爵夫人进行商谈。然而，马克思在1864年12月22日的信中坚决要求她无论如何应该停止所有这些步骤。他绝对不愿意看到自己的名字与在此期间完全沉湎于对拉萨尔的个人崇拜的伯爵夫人的名字印在一起。1865年4月8日李卜克内西询问马克思："我必须停止出版《雾月》的步骤吗？"此后，4月10日马克思请求哈茨费尔特伯爵夫人"把那本我在边上作了许多修改即订正的《雾月十八日》交给威廉·李卜克内西先生"，但是，1865年5月27日李卜克内西通知马克思，他所交涉的那个书商不敢出新版。李卜克内西这时打算自己出资印刷《雾月十八日》，然而，由于李卜克内西被驱逐出柏林，这件事没有实现。

---

① 《马克思恩格斯全集》第1版第32卷第150页。

1869 年的版本

大约从 1865 年开始，马克思计划在德国出版文集，其中也把《雾月十八日》包括在内。① 1867 年《资本论》第 1 卷的出版使这个计划受到新的推动。② 不过与汉堡的奥托·迈斯纳的谈判延续了比较长的时间，直到 60 年代末波拿巴主义在法国陷入危机时，马克思才加紧促进他的著作再版。马克思用柏林出版商阿尔伯特·艾希霍夫允诺出版《雾月十八日》一事向迈斯纳施加压力之后，③ 迈斯纳在 1869 年 1 月 27 日写给马克思的信中答应出新版（《雾月十八日》1859 年汉堡第 2 版）。

马克思想把《革命》刊登的《雾月十八日》"略加修改以后"④ 作为稿样寄往汉堡，但他这时手头一本没有，然而几天以后这件事情看来有了结果，因为 1869 年 5 月 11 日马克思通知路德维希·库格曼："迈斯纳先生在 1 月底就收到了（印好的和校订过的）《雾月十八日》。"从 1869 年 3 月 8 日迈斯纳写给马克思的信中也可以看出，这时稿样已送到他手上好几个星期了。

尽管马克思对《革命》刊登的《雾月十八日》很快进行了改动，并且告诉恩格斯只是略加修改，尽管出版商从内容上考虑只想施加轻微的压力（"缓和一些诸如'白痴'这样的措辞不是更妥当吗？但您也不必感到有什么压力"——1869 年 5 月 21 日迈斯纳致马克思的信），尽

---

① 《马克思恩格斯全集》第 1 版第 31 卷第 480 页。
② 《马克思恩格斯全集》第 1 版第 31 卷第 295—299 页。
③ 《马克思恩格斯全集》第 1 版第 32 卷第 238 页。
④ 《马克思恩格斯全集》第 1 版第 32 卷第 238 页。

管马克思最后在《前言》中写道:"现在如果对本书加以修改,就会使它失掉自己的特色。因此,我只限于改正刊误,并去掉那些现在已经是不能理解的暗语。"① 然而,马克思还是作了许多修辞上以及内容上的改动。

为了避免重复和出现 17 年之后不再通俗易懂的暗语,马克思删去了第一章的第 1 段、第二章中的一段以及第三章第 1 段的一部分(这一部分扼要地重述了法国革命的分期),特别是删去了第七章的相当大一部分段落。个别事实根据新的文献进行了更精确的陈述。

一些改动是由于对国家问题和战略问题(联盟问题,议会策略)有了新的想法,此后不久,马克思根据巴黎公社的经验大大地发展了这些想法并作了更精确的表述。

因此,他删去第七章有关彻底消灭法国资产阶级政治作用和波拿巴主义以及社会从属于国家的独裁专制的性质的两段。一方面,1852 年以来的发展,即建立新的银行和尤其是金融资产阶级的兴旺说明"法国的全部国家机构已经变成一个巨大的进行投机活动的交易所康采恩",② 另一方面,1851 年 12 月以后不久,情况清楚地表明,波拿巴主义国家机器的专政只是表面现象,而不触及它一如既往的资产阶级阶级本质。马克思 1871 年在《法兰西内战》中强调,第二帝国的国家政权只是"看来高高凌驾于社会之上"③。

1869 年,马克思不再把资产阶级共和国的统治形式称为**"革命破**

---

① 《马克思恩格斯全集》第 1 版第 16 卷第 405 页。
② 《马克思恩格斯全集》第 1 版第 9 卷第 116 页。
③ 《马克思恩格斯全集》第 1 版第 17 卷第 357 页。

坏形式"，①而是称为对资本主义制度的"**政治改造形式**"，这更加明确地说明，这个统治形式不仅为资本主义内部的工人运动提供最好的斗争基础，而且能够作为政权斗争的中间结果——作为"**社会共和国**"——成长为无产阶级专政的过渡形式。两年以后马克思具体地阐明了这个思想；巴黎公社表明，"在法国和欧洲，共和国只有作为'社会共和国'才有可能存在；这种共和国应该夺去资本家和地主阶级手中的国家机器，而代之以公社；公社应该公开宣布'社会解放'为共和国的伟大目标，从而以公社的组织来保证这种社会改造"。② 在《法兰西内战》二稿中，马克思写道："工人们要求共和制，已不再把它当做旧的阶级统治制度的一种政治变形，而是把它当做消灭阶级统治本身的革命手段。"③

为了使这样一种发展成为可能，还需要同劳动农民建立比较牢固的联盟，这些劳动农民必须被引导与工人阶级共同从事政治活动。也许是因为对这个联盟和通过无产阶级革命打碎旧的国家机器这两者之间的联系下了十分错误的结论，马克思1869年删去了第七章中的一段有关工农联盟的话。1868年布鲁塞尔国际工人协会代表大会关于土地公有化的决议不再要求农民取消小块土地；小地产的问题暂时得到肯定。④ 相反，马克思强调，土地的占有仅仅是名义上的。⑤ 在消灭半封建的大地产这一主要任务中，劳动农民由于工人政党提出的减轻地产抵押债务的要求而受益这一点起重要作用。

---

① 《马克思恩格斯全集》原文版第1部分第11卷第106页。
② 《马克思恩格斯全集》第1版第17卷第600页。
③ 《马克思恩格斯全集》第1版第17卷第660页。
④ 《马克思恩格斯全集》第1版第32卷第362页。
⑤ 《马克思恩格斯全集》第1版第16卷第649页。

马克思删去关于在保持中央集权的同时打碎旧的官僚主义国家机器的思想,在这里看来只是由于这个思想与农民问题有着不可分离的修辞上的联系,不过,他始终认为这个思想绝对正确,并在1871年总结巴黎公社教训时进一步充分阐明了这个思想。①

第七章关于普选权的一段话被缩短与此有着密切联系。恩格斯1865年在《普鲁士军事问题和德国工人政党》中还记忆犹新地提到自1851年12月以来法国普选权受到歪曲和被反动派利用的例子,他写道,如果当时数量上占优势的农业无产阶级在思想上和政治上加入解放运动,普选权就能从无产阶级的陷阱变成无产阶级的武器。而从1867年开始,奥古斯特·倍倍尔和威廉·李卜克内西在北德意志帝国议会中提供了卓有成效地利用普选权和无产阶级议会策略的范例,所以就在德国出版《雾月十八日》而言,对(被波拿巴主义歪曲了的)普选权的嘲笑可能产生政治上的错误导向。

马克思在1869年版中所作的修改,1926年出版马克思著作时才第一次指出。②

迈斯纳把印刷的事委托给莱比锡的维干德,印刷一直推迟到4月底。③马克思和汉诺威的库格曼曾经迫切要求对推迟作出解释,5月12日,迈斯纳才寄出第一批校样。由于迈斯纳和维干德之间不够协调,6月中旬前后再次出现拖延,从而需要马克思重新进行干涉。④6月23

---

① 《马克思恩格斯全集》第1版第17卷第360页。
② 见达·梁赞诺夫编者序,载于卡尔·马克思《路易·波拿巴的雾月十八日》1926年莫斯科和列宁格勒版第XIII—XIV页。并见编者序,载《马克思恩格斯全集》1930年莫斯科和列宁格勒版第1部分第8卷第XXXIX、XL页。
③ 1869年4月17日迈斯纳致马克思的信。
④ 1869年6月24日迈斯纳致马克思的信。

日，马克思给迈斯纳寄去他在4月17日的信中所请求的序言。小册子于7月在莱比锡出版。①

莱比锡的《人民国家报》在1870年3月16日才发表小册子出版的消息，然而，社会民主工党从1869年秋天就开始积极推销小册子。党的不伦瑞克委员会担保销售1000本。② 恩格斯1884年还认为，汉堡版的《雾月十八日》没有能完全售出。③

以后的译本和1885年的版本

在筹备汉堡版《雾月十八日》期间，恩格斯提出搞其他版本的一系列建议。1869年3月7日，他向马克思指出"**刻不容缓地用法文**出版这本书"的必要性。"这比单出一种德文版会产生完全不同的影响，……这本书如能在布鲁塞尔出版，它就会在法国广为传播。"

马克思曾写信给塞扎尔·德·巴普，然而后者在布鲁塞尔未能找到出版人。④

与此同时，恩格斯建议在《雾月十八日》正文之前附上马克思的文章《1848年至1849年》（《1848年至1850年的法兰西阶级斗争》的前三章）一起出版，这样也许有利于出版法文版。⑤ 然而马克思拒绝

---

① 《马克思恩格斯全集》第1版第32卷第307、329页。
② 威廉·白拉克1869年9月1日致李卜克内西的信；威廉·白拉克1869年9月5日致奥古斯特·倍倍尔的信；倍倍尔1869年9月5日致泰奥多尔·约克的信，载于1976年《德国工人运动史文集》第5期第848、850页。
③ 《马克思恩格斯全集》第1版第36卷第100页。
④ 《马克思恩格斯全集》第1版第32卷第264页。
⑤ 《马克思恩格斯全集》第1版第32卷第261和263页。

了。他说:"一方面,我不愿意给迈斯纳提供拖延的新借口;另一方面,对这一部分进行加工,补充一些后来人所共知的事实,那是很容易的,但是这事还可以等一等。"①

德·巴普表示拒绝以后,马克思就《雾月十八日》的法文版一事同《资本论》第1卷的法文译者沙尔·凯累尔通过信,因为他在1869年12月10日告诉恩格斯,凯累尔已经中断了《资本论》的工作。"他打算先出版《雾月十八日》,他认为在目前情况下这是可能的,而且对于法国是重要的。"这一版同样没有实现。

马克思对巴黎公社的经验进行理论总结时追溯到《雾月十八日》。他理所当然地认为,巴黎公社这一重大事件(打碎旧的国家机器和建立崭新的无产阶级国家机器的第一次尝试)是他早在1852年预言过的历史的必然发展的证明,在开始写作国际工人协会总委员会宣言《法兰西内战》时,马克思1871年4月12日写信给库格曼说:"如果你读一下我的《雾月十八日》的最后一章,你就会看到,我认为法国革命的下一次尝试再不应该像以前那样把官僚军事机器从一些人的手里转到另一些人的手里,而应该把它打碎,这正是大陆上任何一次真正的人民革命的先决条件。"

1872年,保尔·拉法格向马克思要一本《雾月十八日》,马克思回信说,"因为我担心《雾月十八日》里的某些统计资料不完全准确,总想找个时间核对一下,要不书早就寄了。"② 这表明,这时出法文版的努力又一次毫无结果。

1880年,马克思为了《雾月十八日》法译本和爱德华·福尔坦建

---

① 《马克思恩格斯全集》第1版第32卷第264页。
② 《马克思恩格斯全集》第1版第33卷第414页。

立了联系,然而这个译本最后到1891年才出版,最初是分32章,从1891年1月7日至11月21日在巴黎《社会主义者报》上连载,后来也印成单行本。①

福尔坦1883年秋天请求恩格斯写一个非常详尽的序言,然而恩格斯要求事先看到译文的草稿,②恩格斯直到1885年10月才审阅译稿;他认为译文很糟③并着手"修改",1886年11月还没有修改完。④ 在此期间,保尔·拉维涅完成了另一个法文译稿,他在1885年8月8日将译稿寄给恩格斯,并请求予以审阅。恩格斯拒绝了;他告诉拉维涅,他认为自己对福尔坦负有义务。⑤ 恩格斯完成对福尔坦译稿的修改之后,1886年1月,劳拉·拉法格经过同恩格斯商议,就出版一事和福尔坦达成协议。⑥ 1887年3月,恩格斯收到经福尔坦加工的译稿,然而没有立即审阅它。⑦ 直到1890年12月福尔坦和拉法格才找到在周刊《社会主义者报》上发表这部著作的机会,并请求恩格斯同意,恩格斯立即答应了。⑧ 原苏共中央马列主义研究院有这个版本。

在此之前,早已出版过以第2版为基础的《雾月十八日》波兰文译本,它是一部丛书的第4卷。

在恩格斯的过问下出版的1885年版(《雾月十八日》第3版)是

---

① 《路易·波拿巴的雾月十八日》1891年里尔版。
② 《马克思恩格斯全集》第1版第36卷第68页。
③ 《马克思恩格斯全集》第1版第36卷第362页。
④ 《马克思恩格斯全集》第1版第36卷第386页。
⑤ 《马克思恩格斯全集》第1版第36卷第590页。
⑥ 《马克思恩格斯全集》第1版第36卷第601—602页。
⑦ 《马克思恩格斯全集》第1版第36卷第619页。
⑧ 《马克思恩格斯全集》第1版第37卷第518页。

后来广泛传播的《雾月十八日》的基本版本。它与第 2 版的区别仅在于一些修辞上的修改。关于第 3 版的出版情况只有很少的原始资料。1885 年初付印时,恩格斯显然进行过校对。① 然而没有任何校样流传下来。

恩格斯生前还出版过俄文译本。②

(原载《马克思恩格斯全集》原文版第 1 部分

第 11 卷第 679—701 页)

(张红 译 孙魁 校)

---

① 《马克思恩格斯全集》第 1 版第 36 卷第 317 页。

② 《马克思〈路易·波拿巴的雾月十八日〉,恩格斯作序,E.克里切夫斯基根据德文第 3 版翻译,1894 年日内瓦"社会民主党人丛书"印刷所印刷》,《社会民主党人丛书》第 2 部分第 1 卷。

马克思创作《路易·波拿巴的雾月十八日》曾依据什么资料[*]

〔苏〕纳·维·库德里亚绍娃

《路易·波拿巴的雾月十八日》是一部杰出的马克思主义的著作。马克思写这部著作,目的在于阐明1851年12月2日路易·波拿巴总统的拥护者们的那次政变的真正原因和实质。在这部著作中,马克思揭示了波拿巴主义的阶级基础,认为它是反革命的资产阶级专政,比较全面地论述了建立工农联盟去争取社会主义革命胜利的必要性,阐述了获胜的无产者必须打碎旧的国家机器的观点。马克思在《路易·波拿巴的雾月十八日》中提出的这些思想,是对马克思主义理论发展的重要贡献。

研究这部作品的写作过程,不仅可以窥探马克思的世界观的发展,而且可以瞥见他的创造性的实验。在研究马克思和恩格斯的遗产时,一个重要的方面就是找出他们用过的各种原始资料。《雾月十八日》就是马克思根据各种各样的资料写成的。这部著作中所发挥的思想首先是对1648—1849年法国革命经验分析的结果。当然,这些思想也是对革命前许多年的历史现实从理论上理解的结果。恩格斯在《雾月十八日》德文第3版序言中指出,马克思总是怀着特殊的兴趣研究法国的历史,

---

[*] 本文选自《马克思恩格斯研究》1989年总第2期。

考察该国当时的各种事件,"搜集材料以备将来使用"。① 之所以有这种兴趣是因为国内的阶级矛盾日益发展,阶级的搏斗日益残酷。无产阶级同资产阶级的斗争"在这里以其他各国所没有的形式表现出来"。②

1843 年,马克思在克罗茨纳赫开始认真研究历史,包括法国的历史,为的是弄清国家和"市民社会"的相互关系。他摘录有关法国历史的许多基本著作。③ 1843 年秋马克思移居巴黎,他计划写一部有关国民公会史的著作,1843 年底至 1844 年初一直为实现这个计划而紧张地工作,阅读了大量材料,包括报刊、同时代人的回忆录等等。④ 这些劳动所获得的知识,都反映在《雾月十八日》中。马克思经常把 1789—1794 年的革命同 1848—1849 年的革命作比较。

1848—1849 年的法国革命,特别是巴黎无产阶级的六月起义这两个事件,在《新莱茵报》上都有所反映,并有系统详尽的论述。从 1848 年 6 月中旬起,这家报纸几乎每天都发表该报编辑之一斐迪南·沃尔弗的巴黎通讯。马克思编辑这些通讯,后来,又利用它们写了一些关于 1848—1851 年法国阶级斗争的文章。⑤ 在《新莱茵报。政治经济评论》上发表的《1848 年至 1850 年的法兰西阶级斗争》和一些国际述

---

① 《马克思恩格斯全集》第 1 版第 21 卷第 291 页。
② 《马克思恩格斯全集》第 1 版第 21 卷第 291 页。
③ 参看《马克思恩格斯全集》原文第 1 版第 1 部分第 1 卷第 2 分册第 118—136 页;Н. И. 拉宾:《马克思的青年时代》1982 年生活·读书·新知三联书店第 204、208 页。
④ 参看《马克思恩格斯全集》第 1 版第 40 卷第 929 页注 128。
⑤ 参看 W. 施米特:《〈新莱茵报〉刊登的 1848—1849 年法兰西的阶级斗争——论共产党人为争取德国工人运动的解放斗争》,载 1968 年《德国工人运动史论丛》(柏林)第 2 期第 267—268 页。

评都是专门讲这件事的。在《路易·波拿巴的雾月十八日》中，这项研究工作一直延续不断，由于有了新的历史事实而更加精确了。恩格斯写道："如果把这个参照一年多以后发生的决定性事变做出的第二次记述与第一次记述比较一下，就可以看到作者需要改动的地方是很少的。"① 可见，马克思开始写十二月二日政变的文章时，靠的就是他自己的法国历史的丰富知识。

1851年这一年，他阅读英文、法文和德文报刊，密切注视着这个国家的事态发展。有些重要的信息是马克思在同法国的一些革命流亡者的谈话中获得的。1851年2月，马克思会见一位参加过1848—1849年革命的法国社会主义者泰西埃·杜·莫太，② 1852年2月，会见空想社会主义者马索耳，以及小资产阶级民主主义者瓦耳埃尔和比昂基，布朗基主义者萨巴蒂埃。③

对马克思来说，在《雾月十八日》的写作过程中具有重大意义的是恩格斯在一些书信中所谈到的思想。1851年12月3日，恩格斯得悉法国发生政变，就立即给马克思写信，他在这封信中特别提出一个思想，即认为十二月二日政变就像是模仿拿破仑第一的雾月十八日，这个思想后来反映在马克思这部著作的标题上，并反映在它的内容中。④ 马克思在《雾月十八日》第1章的开头，确实引用了这封信中的几句话，不过稍微作了变动。恩格斯写道："真好像是老黑格尔在坟墓里把历史当作世界精神来指导，并且真心诚意地使一切事件都出现两次，一次是

---

① 《马克思恩格斯全集》第1版第22卷第593页。
② 参看《马克思恩格斯全集》第1版第27卷第212页。
③ 参看《马克思恩格斯全集》第1版第23卷第19页。
④ 参看《马克思恩格斯全集》第1版第27卷第401页。

作为伟大的悲剧出现,另一次是作为卑劣的笑剧出现"。① 在这封信和以后的许多封信中,恩格斯分析了不同的阶级对这次政变的态度,讽刺地挖苦了路易·波拿巴,力求不失时机地掌握法国历史发展将会有的方向。恩格斯在12月10日和11日的两封信中揭示了巴黎工人没有大规模抵制这次篡权的原因。② 马克思在这部著作中所依据的正是恩格斯在《去年十二月法国无产者相对消极的真正原因》③ 一文中所阐述的论据。恩格斯在1852年1月、2月和3月写给马克思的许多信,在或多或少的程度上都是对这次政变的分析评论。

理查·莱茵哈特是侨居巴黎的德国流亡者,是马克思、恩格斯和格·维尔特的朋友,他的几封信对马克思来说是珍贵的原始资料之一。50年代初,他同共产主义者同盟的某些盟员联系密切,很可能他本人就是巴黎公社的参加者。把这几封信和马克思的《路易·波拿巴的雾月十八日》中的某些地方作一番比较分析,就可以看出马克思利用了这几封信的材料。

关于理查·莱茵哈特,人们所知甚少。有关他的很少的材料,只能从马克思和恩格斯的往来书信,从其他一些人,主要是从莱茵哈特在1851—1891年这段时期写给他们的书信中略知一二。遗憾的是,马克思或恩格斯写给他们的这位巴黎朋友的亲笔信,一个字也没有保留下来。

---

① 参看《马克思恩格斯全集》第1版第27卷第403页,另见《马克思恩格斯全集》第1版第8卷第121页。
② 参看《马克思恩格斯全集》第1版第27卷第408、410页。
③ 《马克思恩格斯全集》第1版第8卷第244—256页。

理查·莱茵哈特生于1829年。① 有关他的出身和青年时代，是无法查清的。只知道莱茵哈特的双亲住在德国，他本人大约从1846年起经常在巴黎，② 他曾多次探望过他们，这是从他写给马克思的一封信中看出来的。③

　　也许莱茵哈特打算把自己的一生献给文学创作。他的诗发表在1847年出版的一本诗集中。④ 恩格斯在自己的著作《"真正的社会主义者"》（写于1847年1—4月）中曾提到莱茵哈特，并且援引了他的几行诗，把它们作为"真正的社会主义"的某些代表人物的文学创作的范例。⑤ 后来，莱茵哈特放弃了这一流派的感伤主义的空想思想。

　　显然，莱茵哈特酷爱诗歌，在某种程度上这要归功于同格·维尔特和一些知己的友谊，在50年代，应归功于同亨·海涅的合作：莱茵哈特曾经当过他的秘书，曾把他的许多诗歌译成法文⑥。

　　莱茵哈特主要靠在一家商行工作获得生活来源。1851年夏，在普

---

　　① 莱茵哈特的去世日期是根据苏共中央马列主义研究院的巴黎通讯员1933年11月24日的一封信确定的，这封信现存于马恩室学术资料室。在W.维克多的《马克思和海涅》（1951年柏林版第149页）一书中第一次提到他的诞生。

　　② 格·维尔特1851年2月17日给母亲的信中提到，他的老朋友莱茵哈特"住在巴黎5年了"。（《格·维尔特全集》1957年柏林版第5卷第383页）

　　③ 参看苏共中央马列主义研究院中央党务档案。

　　④ 《格奥尔格·维尔特、诺伊豪斯、弗里德里希·扎斯、H.海米格等人诗集》1847年波尔拿版。

　　⑤ 参看《马克思恩格斯全集》第1版第3卷第688页。

　　⑥ 参看《与海涅相会——同时代人的叙述（1847—1856）》1973年汉堡版第578、609页。

鲁士警察局情报人员的一份报告中，莱茵哈特被列为商业代理人①。他的另一份工资就是教书的收入②。从50年代中期起，莱茵哈特作了商人③。

在莱茵哈特的经历中，有意义的是他担任了亨·海涅的秘书。秘书这一工作莱茵哈特干了好几年，直到1855年5月29日为止。1851年2月17日维尔特在给母亲的一封信中写道：他的"老朋友莱茵哈特还是单身汉，海涅一直同他结交，他正在整理他的诗歌和回忆录的最后一卷。"④

莱茵哈特执行秘书的职责，同时也与这位诗人有着友好的业务通讯。⑤ 他充当他的翻译，又是他的代理人。作为秘书，莱茵哈特每周拜访海涅一次，⑥ 在1854年底至1855年初，去的次数更多，随着海涅病情的加重，就必须经常关心诗人著作的出版事务，必须和出版商尤·康

---

① 参看 К. Л. 谢列兹尼奥夫：《马克思传记的新资料》，载《近代和现代德国史》文集1958年莫斯科版第80页。

② 苏共中央马列主义研究院中央党务档案。

③ 马克思1862年7月21日写信给恩格斯："莱茵哈特昨天也来过了，他已经作了商人。"(《马克思恩格斯全集》第1版第30卷第256页) 莱茵哈特1862年7月1日在写给恩格斯的一封信中说，几年来他是为法国提供原料的一家商行的代表 (参看苏共中央马列主义研究院中央党务档案)。

④ 《格·维尔特全集》1957年柏林版第5卷第383页。绝不能同意《与海涅相会——同时代人的叙述(1847—1856)》(1973年汉堡版) 的文集的那些编者的介绍，他们认为，莱茵哈特从1852年才担任海涅的秘书。

⑤ 保留下来的唯一的一封海涅于1851年11月5日给维尔特的信是莱茵哈特亲手抄写的 (参看 М. А. 科切特科娃：《格奥尔格·维尔特传》1974年莫斯科版第154页)。

⑥ 参看《海涅书信集》(单卷本) 1969年柏林魏玛版365页。

培保持书信往来。

1855年5月29日,海涅和莱茵哈特之间的关系有了裂痕。1855年5月27日莱茵哈特给海涅写了一封信,抱怨他作为诗人诗歌的译者未受到重视。他希望海涅能同意把他的回忆录和文学遗产的死后出版权交给他。① 海涅拒绝了莱茵哈特的这个要求,并且向他暗示,这件事使他不能再做秘书工作了。②

有趣的是莱茵哈特是何时同恩格斯和马克思建立联系的。莱茵哈特的名字恩格斯是在1846年8月15日受布鲁塞尔共产主义通讯委员会的委托到达巴黎后不久才知道的。恩格斯在9月16日写给委员会的信中说,他收到赫斯通过一个"名叫莱茵哈特的人转来的"③ 信。到1847年11月前,恩格斯同莱茵哈特的关系已经很密切了。应恩格斯的请求,他同马克思《哲学的贫困》一书的巴黎出版商A. 弗兰克见面,目的是弄清楚该书的销售情况④。马克思同莱茵哈特相识大概是1848年3月6日至4月5日他在巴黎的这段时期⑤。然而,这几次接触都很偶然,时间不长,不可能形成恩格斯同莱茵哈特后来所建立的那种友好关系。

从莱茵哈特1851年7月23日写给马克思的第一封信⑥以及某些间接材料中可以看出,马克思在1849年6—8月逗留巴黎期间就奠定了这

---

① 参看弗里·门德:《亨利希·海涅生平事业年表》1970年柏林版第320页。
② 参看W.瓦德普尔:《亨利希·海涅生平事业》1974年科伦—维也纳版第406页。
③ 《马克思恩格斯全集》第1版第27卷第49页。
④ 《马克思恩格斯全集》第1版第27卷第116、123页。
⑤ 众所周知,维尔特曾通过莱茵哈特要求马克思向他还债。(参看《格·维尔特全集》1975年柏林版第5卷第283页)
⑥ 苏共中央马列主义研究院中央党务档案。

种相互关系的基础。根据上述那封信的内容和特点，可以认为，他们一开始通信就十分了解彼此的生活情况，他们有共同的熟人，此前不久还保持着友好的联系①。尤其是莱茵哈特常为马克思的命运担心，并遗憾地表示，近期他不能探望马克思及其在伦敦的家人。莱茵哈特向马克思转达了亨·海涅的几句问候话。1849年9月中旬离开巴黎的燕妮·马克思也认识了莱茵哈特的全家。莱茵哈特在1851年12月30日的一封信中说，他的妻子罕丽达"高兴地回忆着燕妮·马克思的真诚和亲切"，遗憾的是"刚刚认识之后"他就不得不离开巴黎了。②

很难探察马克思、恩格斯和莱茵哈特多年来的相互关系的特点。他们的书信往来经常长期中断，何况莱茵哈特，用他自己的话来说，并不相信邮局，通信时又十分谨慎。然而，可以肯定地说，多年来莱因哈特一直是马克思和恩格斯的亲密朋友。1856年夏，燕妮·马克思携着三个女儿到特利尔探望生病的母亲后返回伦敦，途中就住在巴黎的莱茵哈

---

① 1851年7月格·维尔特之兄卡尔·维尔特在伦敦逗留两周后返回巴黎，通过他，马克思向这位巴黎朋友转交一封信并请求给他寄一本杜罗·德·拉·马尔的《罗马人的政治经济学》。莱茵哈特立刻照办了（参看《马克思恩格斯全集》第1版第27卷第332页）。后来马克思不止一次从他那里收到学术工作所必需的资料。（苏共中央马列主义研究院中央党务档案，和《第一国际和巴黎公社。文献和资料》1972年莫斯科版第489—490页）

② 苏共中央马列主义研究院中央党务档案。1882年1月4日马克思在妻子死后不久给女儿劳拉写道："我今天收到了莱茵哈特从巴黎寄来的一封信，他在信中最诚挚地、怀着最深厚的同情谈到我们的巨大的不幸"（《马克思恩格斯全集》第1版第35卷第247页）。第二天马克思告诉恩格斯："我还收到莱茵哈特自巴黎寄来的一封很亲切的表示同情的信，……他对我的终身伴侣一直怀着极大的好感"（《马克思恩格斯全集》第1版第35卷第28页）。

特家里。①

莱茵哈特以商人的身份到过伦敦和曼彻斯特。在此之前，他同恩格斯和德朗克就很友好。②1870年底至1871年初，莱茵哈特携全家在伦敦住了几个月。一些朋友们所传递的便函都谈到了马克思、恩格斯和莱茵哈特在这段时期的紧密联系③。甚至在公社时期，莱茵哈特从被围困的巴黎传出信息说，④一有机会就给马克思寄去有关巴黎局势的信简。⑤

马克思逝世后莱茵哈特同恩格斯仍有书信往来，他为此在1886年8月和1891年8月多次利用到伦敦办事的机会同恩格斯会面。在他的熟人中，他能说出艾威林夫妇和拉法格夫妇全家人的名字。⑥

有几个事实证明，50年代初莱茵哈特曾接近过共产主义者同盟，很可能还是它的巴黎支部的成员⑦。不管怎样，他被普鲁士警察局看作

---

① 参看《马克思生平事业年表》1977年生活·读书·新知三联书店版第256页。1856年10月3日，莱茵哈特回信给马克思，对燕妮造访他家感到高兴。（苏共中央马列主义研究院中央党务档案）1856年9月22日，马克思写信给恩格斯："关于海涅，我获悉各种各样的细节，这是莱茵哈特在巴黎对我的妻子讲的。"（《马克思恩格斯全集》第1版第29卷第70页）

② 1856年，莱茵哈特甚至要求恩格斯调解他和德朗克之间的商业纠纷。（苏共中央马列主义研究院中央党务档案）

③ 1856年，莱茵哈特甚至要求恩格斯调解他和德朗克之间的商业纠纷。（苏共中央马列主义研究院中央党务档案）

④ 参看《第一国际和巴黎公社·文献和资料》1972年莫斯科版第487页。

⑤ 参看《第一国际和巴黎公社·文献和资料》1972年莫斯科版第488—489、489—491页。

⑥ 苏共中央马列主义研究院中央党务档案。

⑦ 据《书信中的马克思一家》（1966年柏林版）和《格·维尔特全集》（1957年柏林版第5卷）的这两本书的人名索引称，莱茵哈特是共产主义者同盟盟员。

是"在巴黎的同盟的一个主要盟员"①。

从马克思于1851年9月23日给恩格斯的信中可以看出,由于在法国逮捕了"宗得崩德"地方支部的许多成员,莱茵哈特处境危险,关于这一点,马克思和恩格斯提醒过他②。1852年初,马克思把"德美革命的债款"的组织者的冒险行动告诉了莱茵哈特。③

但是,不管莱茵哈特是否正式属于共产主义者同盟,毫无疑问,他是马克思和恩格斯的党内的同志。在对莱茵哈特本人的评价方面,在马克思1853年3月10日给恩格斯的信中的几句话是非常重要的。从这几句话可以看出,莱茵哈特属于马克思的同志之一,这些同志在这段时期被他称之为"我们党"。马克思指出:"我们一定要更新我们党的成员。克路斯是好的。莱茵哈特在巴黎辛勤工作。"④ 可见,马克思把莱茵哈特算作是自己的为数不多的拥护者,这些人赞同他的学术观点并积极参加社会活动⑤。我们对莱茵哈特个人和他的活动作了这番评价,现在应该来谈一谈他在1851年7月至1852年10月这段时期写给马克思的那几封信的内容和意义了。

---

① К. Л. 谢列兹尼奥夫:《马克思传记的新资料》,载《近代和现代德国史》文集1958年莫斯科版第80页。

② 参看《马克思恩格斯全集》第1版第27卷第379页。

③ 莱茵哈特于1852年5月23日写信给马克思:"您写的有关欧美未来的当地骗子手的行为和诡计的那些详细而尖刻的报道,对我十分有益。"(苏共中央马列主义研究院中央党务档案)

④ 《马克思恩格斯全集》第1版第28卷第227页。

⑤ 1850年2月,马克思向萨宗诺夫推荐莱茵哈特有能力帮助他在巴黎出版政治性杂志。(参看《马克思和恩格斯与革命的俄国》1967年莫斯科版第148页)弗·梅林在他著的马克思传记中写道,莱茵哈特是"马克思的忠实朋友中较为密切的一个"(《马克思传》1956年生活·读书·新知三联书店版第279页)。

在马克思和恩格斯为弄清楚法国事件的进程和性质所使用的浩瀚的资料中,首先是德国、英国和法国的报刊等材料中,莱茵哈特的几封信占有重要地位,因为它们是这些事件的直接目击者,是一些目光敏锐、能以革命民主主义者的观点洞察事件底蕴的人的见证。这几封信提供了许多能说明波拿巴政变的重要的详情细节。

理查·莱茵哈特在1851年7月到1852年10月这段时期写给马克思的信留下了7封,它们的主要内容是叙述和分析与1851年十二月二日政变有联系的法国政治事件。

政变后立即寄给马克思的那两封信①,以及他在1852年1月和2月收到那两封信②,内容都很有趣,材料也很丰富。

给马克思写这些信是要担风险的,因此,有些不能拖延的书信就不标明写信人的名字③,有些书信就通过第三者转交马克思。④ 莱茵哈特在1851年12月30日给马克思的信中写道:"我最近给您的几封信没有署名,也许,您要怪罪那个您大概有幸被登记在案的暗检室⑤了,这几

---

① 理·莱茵哈特1851年12月4和6日给卡·马克思的信(苏共中央马列主义研究院中央党务档案)。

② 理·莱茵哈特1851年12月30日和1852年2月15日给卡·马克思的信(苏共中央马列主义研究院中央党务档案)。

③ 指莱茵哈特1851年12月4日和6日以及1852年2月15日的这几封信。

④ 1851年12月30日的信是通过卡尔·维尔特带给马克思的。(参看理·莱茵哈特1852年2月15日给马克思和燕妮·马克思,1852年1月7日给恩格斯的信)。莱茵哈特于1852年5月23日给马克思的信是通过到伦敦去的德国历史学家卡尔·爱德华·费泽转交的。莱茵哈特在这封信中把他介绍给马克思(苏共中央马列主义研究院中央党务档案)。

⑤ 暗检室是法国、普鲁士、奥地利和许多其他国家邮政部门所属的秘密机构,从事暗中检查信件的活动。

天它表现得非常积极"。① 莱茵哈特的担心并不是白费心机的：正如警察当局档案所表明的，普鲁士的警察当局已经盯上他这个人了②。

马克思每当收到莱茵哈特的一些有意义的信件，就马上寄到曼彻斯特给恩格斯看。③ 最使马克思感兴趣的是莱茵哈特1852年2月15日的信，它非常生动地描述了"巴黎公众的情绪"。马克思把这封信寄给恩格斯，把其中绝大部分内容写在1852年2月23日给斐·拉萨尔的信中，同时附了以下这几句话："讲到这位波拿巴先生，我认为最好是把巴黎一位朋友寄给我的一封信摘要告诉你……"④

在给马克思的这几封信中，莱茵哈特有一个目的，就是要尽量提供反映法国政变后的政治局势的有益材料。莱茵哈特在12月4日的一封信中说，迫使他提笔写信的是"最近的事件，关于这些事件，在您从报上看到那些泛泛之词和间接报导以后，一定乐于从第一手材料中知悉详情"⑤。莱茵哈特认为，使马克思感兴趣的不是浮光掠影的事实和报上尽人皆知的官样文章，而是一个目击者的深邃观察和报纸所不刊载的消息。因此，在以后的几封信中莱茵哈特经常重复他已提过的事件，补充一些事实和新的细节，以便马克思可以从中找到一些他未曾注意但又是

---

① 苏共中央马列主义研究院中央党务档案。

② 参看К. Л. 谢列兹尼奥夫：《马克思传记的新资料》，载《近代和现代德国史》文集1958年莫斯科版第80页。

③ 参看《马克思恩格斯全集》第1版第27卷第405页和第28卷第26、28页。

④ 《马克思恩格斯全集》第1版第28卷第496—499页。

⑤ 苏共中央马列主义研究院中央党务档案。

他所感兴趣的资料①。

莱茵哈特不停地告诉马克思有关法国的事件,直到马克思通知他关于政变的小册子已经出版。他对这本小册子的标题和出版地点很感兴趣,并强烈希望能早日得知小册子的内容②。

莱茵哈特写给马克思的关于法国政变的这几封信中的材料,按其内容可以大致分三个部分:

1. 政变后与整个进程有关的事实;
2. 涉及事件进程中各个阶级及其代表人物的态度的事实;
3. 能说明路易·波拿巴的个性的事实。

莱茵哈特在叙述材料时,经常评论正在发生的事件,这就使人能大致地了解他对他所描写的历史现象的看法。

对大多数民主主义者来说,因十二月二日政变在法国成功而洋洋得意的波拿巴反动势力的这次胜利,就意味着他们的革命希望的破灭。在莱茵哈特1851年12月4日的一封信中,也冒出了几句沮丧的话:"我们全欧洲的老百姓这一回败得太卑贱、太无耻了,一个负债累累的恶棍的垂死挣扎竟能在前天决定我们的命运!巴黎和整个法国真是丢人,既然经历了一个天才人物的雾月十八日,现在却悠闲地接受一个卑贱小丑的雾月十八日!"③ 马克思在《路易·波拿巴的雾月十八日》中就把渺小的路易·波拿巴同伟大的拿破仑第一做了针锋相对的对比。一些小资产阶级民主主义者认为1852年5月法兰西共和国总统的改选就是对革

---

① 参看理·莱茵哈特1852年2月15日给卡·马克思的信。(苏共中央马列主义研究院中央党务档案)

② 参看理·莱茵哈特1952年5月23日给卡·马克思的信。(苏共中央马列主义研究院中央党务档案)

③ 苏共中央马列主义研究院中央党务档案。

命的推动，莱茵哈特与这些人截然不同，他清醒地估计了这一事件，只不过没有看到民众中有些阶层的人的高涨热情，而这些人也许能够冲击已建立的路易·波拿巴专政。

莱茵哈特和他的同时代人都面临这样一个问题：为什么像路易·波拿巴这样一个渺小人物和政治骗子能够完成政变并独揽大权？在这次事件中，哪些可以算作是路易·波拿巴本人的主动创新，哪些应归咎于各种情况的巧合？前次事件发展的客观必然结果又是什么？莱茵哈特对这一事件的理解远远超过了一些同时代人，这些人认为发生这次政变只是因为篡权者阴险狡猾，不讲信义。"自1848年起，共和党人真是太糊涂了，他们打算从贵族手中夺取政权，让基本的权利即货币权利丝毫不受损害。这种自相矛盾和束手无策的后果，都成了我们忍受至今的灾难。我们的这位当代英雄结束了这一反常现象……"① 可见，写信人的反资本主义的观点是很明显的，他认为第二共和国的制度是资产阶级性质的，它很不稳固，为波拿巴主义者的篡权创造了基础。

莱茵哈特指出，前总统显然想恢复君主政体，他为了自私目的，煽惑人心地利用拿破仑第一的名义②。

政变成功的消息一传开，莱茵哈特花了一天时间走遍"巴黎最主要的人烟稠密的地区"③，以了解民众是怎样迎接这个政变消息的。根据这些观察，莱茵哈特就能告诉马克思：尽管有人想进行街垒战斗，但很快就被压下去了，篡权者并未遭到坚决的抵抗。这一点，马克思在自己

---

① 苏共中央马列主义研究院中央党务档案。
② 参看理·莱茵哈特1851年12月4日给卡·马克思的信（苏共中央马列主义研究院中央党务档案）。
③ 参看理·莱茵哈特1851年12月4日给卡·马克思的信（苏共中央马列主义研究院中央党务档案）。

的著作中也有所论述。① 莱茵哈特后来又详细地谈到路易·波拿巴决定在市民和军队中进行选举的程序。凡是参加总统选举的公民必须在两张选票中的一张上写上自己的名字，以表示自己同意或不同意路易·波拿巴为候选人，这时，一些拥护总统的人所采取的措施就是在选民身后站着一批忠于总统的军官，"以便认真控制这次选举"②。

下面我们会看到，马克思非常重视莱茵哈特关于巴黎因这次选举安排而发生的几次骚乱的详细报道。莱茵哈特写道："……这一天发生了一次有各个阶层和派别参加的骚乱，直到现在我还以为是不可能发生的"。③ 莱茵哈特所引用的事实给马克思提供了一份材料，说明小资产阶级的代表人物不能贯彻始终，胆怯畏缩，这些人口头上号召抵制路易·波拿巴的制度，实际上满足于他的那种根本不可能实现的恢复普遍无记名投票的骗人手段。这样一来，真正的斗士只是一些工人和一些秘密社会主义团体的成员。12月6日莱茵哈特写道："现在，正像在6月的那些日子里，工人（只不过人数不多）同旧制度捍卫者的斗争又明朗了……"④ 这句话表明，莱茵哈特认为工人阶级才是革命的力量。

12月4日，莱茵哈特在评价12月2日这次反动的政变和法国革命的前景时写道："实际上，这次事件也许毕竟还是有些进步性。要知道，贵族老爷随着局势变化再过几年平安无事和无忧无虑的日子之后，还有

---

① 参看《马克思恩格斯全集》第1版第8卷第214页。

② 理·莱茵哈特1851年12月4日给卡·马克思的信（苏共中央马列主义研究院中央党务档案）。

③ 理·莱茵哈特1851年12月6日给卡·马克思的信（苏共中央马列主义研究院中央党务档案）。

④ 理·莱茵哈特1851年12月6日给卡·马克思的信（苏共中央马列主义研究院中央党务档案）。

什么东西能比君主制这座纸房子更容易倒塌。"① 他认为，波拿巴主义的制度只保证占统治地位的上层人物稳坐江山的假象；其实，它像资产阶级共和制一样，并不稳固，并不能控制各种尖锐的社会矛盾的发展，矛盾的解决有赖于未来的革命。

虽不能总是满有把握地说马克思利用了莱茵哈特书信的这些事实或那些事实。然而在许多情况下，这种联系是很明显的。因此，必须确定这些材料被马克思利用的情况，必须弄清他是为何利用的，是怎样写进文章的。

马克思在最后一章即第 7 章中，分析了政变中一些事件、它的后果以及波拿巴制度的实质。在这一章的一开头就强调指出，资产阶级因十二月二日政变，利益受到侵害，表现得消极被动，就让一些有武装的无产者队伍和秘密团体的成员去维护法国的起义的荣誉。把莱茵哈特 1851 年 12 月 4 日和 6 日写的两封信的内容同马克思著作中的这一段话比较一下，就会发现用词非常相似，甚至叙述事实的顺序和事件的细节都是一致的。马克思写道："12 月 4 日，资产者和小店主唆使无产阶级起来战斗。当天晚上，国民自卫军的几个联队答应拿着武器穿着军装到战场上来。因为资产者和小店主已经得知波拿巴在 12 月 2 日的一个命令中废除了秘密投票，命令他们在官方的选举名册上把'赞成'或'反对'写在他们的名字旁边。12 月 4 日的抵抗吓坏了波拿巴。夜间他就下令在巴黎各处张贴了布告，宣布恢复秘密投票。资产者和小店主认为自己的目的已经达到了。次日早晨留在家里的正是小店主和资

---

① 理·莱茵哈特 1851 年 12 月 6 日给卡·马克思的信（苏共中央马列主义研究院中央党务档案）。

产者。"①

从莱茵哈特1851年12月6日的信中,可以看到以下这几行文字:"要民众接受的投票方法,我已经告诉过您了,巴黎人前天才家喻户晓,他们非常气愤……这一天就出现了一次有各个阶层参加的骚动……有几百处,直到市中心,都筑起了街垒,发生了街垒保护者和……士兵的流血冲突……当时,星期四,实际上只有各个秘密团体投入战斗,现已证明,星期五早晨首先出动的是国民自卫军的两个团……但是昨天早晨一切又平静了,资产者没有行动,部队顺利地包围了工人战斗的地方……资产者是怎样重新被收买的?他们怎么这样秉性难移……以致立即认为战斗着的工人就是一些扑向财产的人?这是因为波拿巴在夜间匆忙起草了一项新的选举法,命令在清晨到处张贴它几千份,其中……他提出了无记名普选的权利"。②

关于马克思所提到的一些事件,莱茵哈特在信中用了好几页来进行叙述,他在叙述中谈到许多主要的和次要的事实。马克思为力求简洁和准确,不得不选出一些富有表现力的材料。因此他省略了许多细节,用几句话就描绘了12月4日和5日的资产阶级的行为③。

这些有关资产阶级行动方式的评论也就被包括进对无产阶级为什么在12月2日以后没有采取大规模行动这个问题的总的叙述中,并成了马克思下述结论的证明:无产阶级不愿意捍卫资产阶级的利益,这个阶级对这次篡权无动于衷,一旦无产阶级起义,就会使工人遭到第二次的六月失败。

---

① 《马克思恩格斯全集》第1版第8卷第213—214页。
② 苏共中央马列主义研究院中央党务档案。
③ 参看《马克思恩格斯全集》第1版第8卷第213—214页。

围绕着马克思对路易·波拿巴和波拿巴主义政策所作的分析,这里不妨把莱茵哈特1852年2月15日给马克思的信中所写的事实拿来同马克思对波拿巴主义政策的评论,即对这个依靠农民、军队和官僚来愚弄各个阶级和各个派别的政策作一番比较,这将是很有趣的。莱茵哈特的这封信,马克思附在给斐·拉萨尔的信中①。

在这封信中莱茵哈特指出,工人和小资产者并不信任路易·波拿巴,因为经济缺乏活力,总统又想消灭共和国。莱茵哈特接着写道:"在有产者看来,总统没收奥尔良王室的财产对他很不利。"他举出几件事实说明新政府"即使在最狭隘的'规矩人'的心目中"也不会受到尊敬。金融巨头的代表们不相信他的政体能够继续存在,甚至在军队中也"产生了某种不满"。"波拿巴在政变前和政变后毫无例外地搞坏了他和一切政党的关系以后,正从所推行的这种或那种笼络人心的措施中寻求平衡。但是,只要他试图干点什么事以有利于某个阶级,那么,所有这一切就将成为不稳定的和无目的了"②。莱茵哈特的这种观察为马克思阐述波拿巴政府的各种矛盾的行动提供了一份好材料③,"这个政府摸索前进,时而设法拉拢这个阶级,时而又设法侮辱另一个阶级,结果使一切阶级一致起来和它作对。"④

随后马克思得出一个重要结论:波拿巴政府的这种政策证明它软弱无能,极不稳固,这也是波拿巴专政的一个典型的手段,是路易·波拿

---

① 参看《马克思恩格斯全集》第1版第28卷第496—499页。
② 参看《马克思恩格斯全集》第1版第28卷第497—498页。
③ 参看莱茵哈特和马克思关于交易所的欺骗把戏的片断(《马克思恩格斯全集》第1版第28卷第498—499页,《马克思恩格斯全集》第1版第8卷第225页),这两处的字句极为相似。
④ 《马克思恩格斯全集》第1版第8卷第225页。

巴集团在当时条件下用来掌权的有效手段。通过向法国社会上的不同的社会集团讨好献媚，它居然能保持各个介入斗争的阶级之间的平衡。

马克思的著作写成了一本抨击性小册子。这说明这部著作不仅真正反映了事实，科学地阐述了社会发展的规律，而且叙述材料用的是"生活本身的热情的语言"①。冷嘲热讽、旁敲侧击、大胆直言，这就是原信的抨击文体的最重要的手法②。马克思谈到路易·波拿巴及其亲信时说出的每个词都令人感到有一种讽刺挖苦的味道。马克思曾利用莱茵哈特转告他的一句俏皮话，这句话出自莱昂伯爵夫人之口。这位伯爵夫人在谈到未来的拿破仑第三要没收奥尔良王室的财产时，脱口说出一句话："C'eat le premier vol de l'aigle"，这句话是文字游戏，既有"这是鹰的最初的飞翔"的意思，又有"这是鹰的最初的盗窃"的意思。马克思揭露路易·波拿巴政府贪污腐化、卖身投靠、投机倒把、玩弄金融诡计，他诙谐地指出，上述俏皮话"对于这只勿宁说是**乌鸦**的**鹰**的每一次飞翔都可以适用"③。

马克思轻蔑地批判掌权的波拿巴分子的上层人物，同时指出，波拿巴周围的人臭名昭著，这些人不仅侵吞国家财富，而且以道德败坏而闻名。④

---

① 《马克思恩格斯全集》第1版第1卷第231页。

② 参看 Н. И. 特卡切夫：《论小册子》1975年明斯克版。

③ 《马克思恩格斯全集》第1版第8卷第226页；参看莱茵哈特1852年2月15日的信。（《马克思恩格斯全集》第1版第28卷第497页）

④ 马克思引用了德·日拉丹夫人谈到波拿巴政府成员的一句话："法国已不止一次地有过姘妇的政府，但是从来还没有过面首的政府。"（《马克思恩格斯全集》第1版第8卷第227页）参看前面提到的莱茵哈特的信，其中他引证了德·日拉丹夫人的说法。

路易·波拿巴政府为了能稳住政权，展开了社会性的蛊惑宣传。在没收奥尔良王室财产时，1852年1月22日在法令中声称："保证其中1000万法郎将用于改善一些大工业城市的工人住宅"。① 蒲鲁东受到了这种蛊惑宣传的影响，他在自己的著作《从十二月二日政变看社会革命》中说，波拿巴主义者的政变使法国实现了"完全的社会主义"②。这样理解波拿巴政策的还有法国资产阶级历史学家基佐，因为他认为这次政变是"社会主义的完全而彻底的胜利"。③

　　莱茵哈特在1852年2月15日的信中把基佐的这句话告诉了马克思。马克思在《雾月十八日》中用上了这句话，但是它已具有另外一种释义。当然。波拿巴制度的这种社会性的蛊惑宣传，是对社会主义的极大讽刺，然而这一制度却使"**行政权力**"和资产阶级的军警国家机器"臻于完备"，革命应该集中"自己的一切破坏力量来反对这个权力"。④ 马克思的结论是，路易·波拿巴政府的严重困难必然导致一场"巨大的革命爆发"⑤，届时，无产阶级和资产阶级的斗争将占主导地位。

　　很有意思的是，在1852年3月《知识界晨报》为斐·弗莱里格拉特的诗作《致约瑟夫·魏德迈》的出版而发表的那篇可能是马克思写的前言中，基佐的这句话也是在这个意义上被引用的。这篇前言强调提出，由于十二月二日的政变，小资产阶级民主主义者随着他们的革命希望的破灭而怨声载道，真正的革命政党却反而用科学社会主义的观点冷

---

① 《法国历史》1973年莫斯科版第2卷第330页。
② 《法国历史》1973年莫斯科版第2卷第330页。
③ 《马克思恩格斯全集》第1版第8卷第214页。
④ 《马克思恩格斯全集》第1版第8卷第215页。
⑤ 《马克思恩格斯全集》第1版第8卷第255页。

静地分析了这些事件①。

  关于马克思在《路易·波拿巴的雾月十八日》中利用莱茵哈特的这几封信的结论,决不能只凭行文用词相似或事实逻辑吻合而得出。马克思的概括总是依据大量的事实材料,再予以重新思考和加工。这种或那种资料的利用的程度、利用的数量和形式,可能不尽相同,也可能间接地反映在著作中。再说,这些资料都是私人之间的通信,在很大程度上反映了写信人的主观感受。然而马克思在写这部著作时对莱茵哈特的这几封信很感兴趣,这就足以说明,这几封信无论如何已受到他的重视,同其他资料一样,是评论波拿巴主义实质的依据。

(原载苏共中央马列主义研究院马恩室《马克思主义和
19世纪国际工人运动史专刊》第2号第38—63页)

(李锁贵 译 孙家衡 校)

---

① 参看 I. 唐纳:《马克思支持弗莱里格拉特写作和传播〈致约瑟夫·魏德迈〉一诗》,载《马克思恩格斯研究论丛》1977年柏林版第1册第86—88页。

《流亡中的大人物》的产生和流传情况*

公开揭露欧洲,尤其是德国小资产阶级流亡者的有害的政治活动是1848年至1849年革命失败后无产阶级的客观任务,因而,这也是马克思和恩格斯在1849年秋至1852年左右这一时期内写作活动的一个组成部分。① 1851年2月上半月,恩格斯开始为宪章派机关报《人民之友》撰写一组文章,斥责联合组建欧洲民主中央委员会的朱泽培·马志尼、亚历山大·奥古斯特·赖德律-洛兰和卢格(这组文章没有保存下来)。② 1851年4月,恩格斯计划根据1848年到1849年的《新莱茵报》和议会记录编写有关德国和法国庸俗民主派的档案,并打算让威廉·李卜克内西也参与这个工作。③

1851年6月27日马克思致约瑟夫·魏德迈的信痛斥了这里"'中

---

* 本文选自《马克思恩格斯研究》1992年总第9期。

① 参看《德国社会民主党人和〈泰晤士报〉》、《哥特弗利德·金克尔》和《为驳斥阿·卢格而发表的声明》,见《马克思恩格斯全集》第1版第7卷7—8、351—354、541—542页。

② 参看《马克思恩格斯全集》第1版第27卷第184—186、198—202、206—208、209—211页。

③ 参看《马克思恩格斯全集》第1版第27卷第251页。

央的'民主派卢格、豪格、隆格等人"及其机关报《宇宙》,这表明,马克思正在寻找机会展开论战。1851年7月底,他在纽约的《德意志快邮报》上读到了海因岑和卢格的文章,于是产生了一个想法,即"在适当时机把卢格的拙劣作品中最滑稽可笑的东西汇集起来,给德国人看看,目前是谁在违反他们的意志而任意摆布他们"。①

早在1851年8月,马克思就用与《流亡中的大人物》类似的手法写了一篇情况概述,② 让人转交给美因河畔法兰克福的海尔曼·艾布讷尔。尽管这篇情况概述是在《流亡中的大人物》数月之前写成的,但是其内容(以及在1851年12月2日致艾布讷尔的信③中的进一步阐述)在一定程度上却是这部论战性小册子的续篇,因为文中对金克尔在美国各地的鼓动旅行的初步结果以及海因岑和卢格反对所谓革命公债的斗争都已经有所描述。

《流亡中的大人物》是这场争论的高潮,在1851年12月的法国波拿巴政变之后,在欧洲大陆上,始于1848年的革命阶段到处都以反革命的暂时胜利而告终。在这种情况下,庸俗民主派的任何不负责任的革命游戏在客观上都比以往更具有冒险性和危险性。"这种卖弄虚构的同盟和臆想的阴谋的把戏,这一切流亡者的吵嚷……给了政府以它所希望的借口,使它得以在德国逮捕许多人,在全国各地镇压一切运动,并且把伦敦的可怜的草人来吓唬德国的小市民。"④

这部论战性小册子不是把一些生平概述平铺直叙地罗列起来。尽管

---

① 《马克思恩格斯全集》第1版第27卷第312页。
② 参看《马克思恩格斯全集》第1版第27卷第594—602页。
③ 参看《马克思恩格斯全集》第1版第27卷第610—614页。
④ 《马克思恩格斯全集》第1版第8卷第361页。

从表面形式上来看，它是在某种程度上画出了鲁道夫·施拉姆、古斯达夫·冯·司徒卢威、卢格、海因岑、哈罗·哈林、约翰奈斯·隆格、恩斯特·豪格、爱德华·梅因、亨利希·伯恩哈特·奥本海姆、尤利乌斯·孚赫、弗兰茨·济格尔、约瑟夫·菲克勒尔、阿曼特·戈克、卡尔·陶森瑙和奥古斯特·维利希的素描像，但是它在逻辑结构上是以从1850年春到1851年9月金克尔去美国为止的伦敦小资产阶级流亡者的历史为基础的。在前4篇里内容详尽的金克尔"传记"超出了这个范围，这自然是受益于阿道夫·施特罗特曼的金克尔传记。这原本是出于布局上的考虑，按计划《流亡中的大人物》还要写续篇，而金克尔在美国各地的所谓募集革命公债的旅行将是续篇的中心。① 第十五篇实际上只是向续篇的一个过渡。

各篇生平概述用言简意赅的过渡性文字串连起来，并按照流亡者历史的时间顺序排列。之所以能够这样做，还因为这些传记的顺序基本上与当时那些被画像者到达伦敦的顺序相同。但是，个别生平概述也分散在好几篇中。例如，在第五、八、十和十一篇中都对作为中心人物之一的卢格（首先还是因为与马志尼和赖德律-洛兰的联系）作了描述。极其简短的第七篇更具向在第八篇卢格新的活动过渡的性质。第十二篇在时间上恰值1851年5月伦敦世界博览会开幕，从这一篇开始，不再是某个人的传记，而是各派流亡者一起出现。关于1851年7月和8月流亡者内部的争论（这在同一时期马克思和恩格斯的通信中也占有重要位置），第十三篇在这方面起了重要作用。关于美国德文报刊对这些争论的反应，第四篇专门作了描述。这些争论也是计划撰写的描述1851—1852年冬天在美国的斗争的续篇的出发点。

---

① 参看《马克思恩格斯全集》第1版第8卷第380页。

关于撰写《流亡中的大人物》的直接动机，马克思在1852年4月30日致恩格斯的信中这样写道："我为瑟美列写了几个在伦敦的德国大人物的素描，交给了班迪亚。不知怎么搞的，这封信读给一个德国出版商听了，但没有向他提我的名字。他现在要这些先生的'人物素描'，据班迪亚说，他准备出25英镑买几个印张。当然是匿名或者用笔名。你看怎么样？老实说，这种幽默作品应该由我们合写。我有些犹豫。如果你认为我值得写这种玩意儿，那你就从我的信中和你手头有的其他资料中，收集一些可以用来描写这些畜生的片断。至少你必须把关于维利希在'行动'时期和'在瑞士'时的一些札记寄给我。"①

恩格斯立即于1852年5月1日回信，原则上同意："提到有关大人物传略一事，非常有趣的是，一个时期以来我有这样的想法：用类似的方法按字母顺序把这些传记收在一起，不断加以充实，把一切准备好，等到'突击'的伟大时刻，突然把这些东西抛出去。至于出版商的建议，25英镑还是值得的，然而要注意，尽管是匿名和用笔名，任何人都仍然会知道这些箭是从哪里射出的，责任一定会落到我们两人身上。在德国目前制度下出版这种东西，显然会被认为是对反对派的支持，而且世间任何立场坚定的序言也难以改变这种情况。这总是冒险的。如果只限于某些人，譬如说，一打最有名的蠢驴——金克尔、黑克尔、司徒卢威、维利希、福格特等等，这还可以；没有我们自己的名字不会太惹人注意，这种东西可能被看作直接出自反动派之手。无论如何，我们必须尽可能合写这个东西。你想一想，你认为最好怎样办，我们再考虑一下。25英镑确实值得干点缺德事。"②

---

① 《马克思恩格斯全集》第1版第28卷第58页。
② 《马克思恩格斯全集》第1版第28卷第60—61页。

这次交换意见证明了马克思和恩格斯的复杂处境。一年之后，马克思对这部著作的基本政治态度下了这样的断语："在手稿中，我们攻击了时髦的空谈家，我们攻击这些人，当然不是因为他们对国家说来是危险的革命者，而是因为他们起着反革命败类的作用。"① 这是马克思在经过彻底思考之后，表明自己对发表《流亡中的大人物》这样的论战性小册子政治合理性的态度。

马克思在1852年4月30日信中便已就所根据的资料表明了态度。这些资料包括大量书信、报刊、呼吁书和诸如此类的同时期的材料，这些材料大部分在此前马克思和恩格斯的通信中都有所反映，此外，他们还利用参考了自己的许多著作，除了上面提到的之外，还有《德国维护帝国宪法的运动》、《国际述评（三）》和《奥·布朗基献词的德文译文的前言（附献词全文）》② 以及恩格斯1847年10月3日和7日发表在《德意志—布鲁塞尔报》上的文章《共产主义者和卡尔·海因岑》③。由于计划匿名发表这部论战性小册子，因此，凡是与这些文章有关的地方都未直接指明，主要摘自这些著作的对某些人的评价都根据原意在形式上加以概括或发挥。同时还避免逐字引用已发表的著作。

从政治上评价每个人物所参考的最重要的资料首先是这些人自己发表的东西。此外，通常还参考了《新莱茵报》。例如，这部著作直接利用了报上恩格斯的一组文章《法兰克福关于波兰问题的辩论》（1848年9月3日第93号和9月7日第96号）和《卢格》（1849年3月10日第

---

① 《马克思恩格斯全集》第1版第9卷第46页。
② 《马克思恩格斯全集》第1版第7卷第127—235、492—540、630—632页。
③ 《马克思恩格斯全集》第1版第4卷第297—315页。

242号),以及德朗克的许多文章①。一些地方直接引用了第三者致马克思和恩格斯的信,如格奥尔格·维尔特、阿道夫·克路斯和德朗克致马克思的信,举例来说,克路斯在1852年5月27日致马克思的信中附寄了《德国通讯员》(巴尔的摩)上刊登的爱·维斯的3篇文章的抄件。马克思在上面标出一些地方,并在下面划上了横线,② 这些地方被用在《流亡中的大人物》手稿中③。其他重要资料还有旅美流亡者的各种德文报刊,特别是《德意志快邮报》和《纽约州报》。

这部手稿的产生分为两个阶段:1852年5月6日至27日在伦敦为第一阶段,马克思和德朗克参加写作;5月28日至6月21日左右在曼彻斯特为第二阶段,马克思和恩格斯合作。这种写作方式是预先计划好的。④

由于亚诺什·班迪亚声称,柏林出版商催促交稿,⑤ 马克思于5月6日写信给恩格斯说:"我的计划如下:最初由我和德朗克(这样,我的文风多少要消失一些)写个草稿。或许两个星期之后有可能和你一道完成这个东西。无论如何,你还必须在最近的来信中向我谈一些有关维利希(在运动期间和在瑞士时)的情况。"(最后一点因恩格斯的父亲到曼彻斯特来探望而未能如愿。)

第一阶段看来完成了一份未能保存下来的总的提纲("草稿")和

---

① 参看《马克思恩格斯全集》原文版第1部分第11卷注260·5—7。
② 参看《马克思恩格斯全集》原文版第3部分第5卷。
③ 参看《马克思恩格斯全集》第1版第8卷第377—378页。
④ 《马克思恩格斯全集》第1版第28卷第65、67、70页。
⑤ 1852年5月6日班迪亚致马克思的信,载《马克思恩格斯全集》原文版第3部分第5卷。

篇幅较长的第一篇①，这一篇全部是德朗克的笔迹。② 在最后完成的马克思的手稿中，这一部分没有再做任何改动。根据现有资料无法明确断定，这一部分有多少可能是马克思口授的，有多少可能是德朗克自己起草的。有一个书写错误③很可能是由于听错而造成的，这表明是马克思口授的。而第一篇的冗长描述和风格上的特点与其他各篇迥然不同，这又表明是德朗克自己起草的。也许这恰恰符合马克思的意图，即用德朗克的文风来隐蔽自己的文风。

德朗克直到开始与马克思合写这部手稿的前几天才回到伦敦。他参与《流亡中的大人物》的写作绝不是偶然的。德朗克从前曾是《新莱茵报》编辑委员会的成员，他熟悉马克思和恩格斯共同写作的风格。他本人的作为新闻工作者的文风也完全适应这一任务的需要。德朗克不仅几乎认识手稿中所抨击的所有"大人物"（这在许多细节上对论战有益），而且还熟悉他们的许多文章。他作为共产主义者同盟中央委员会的特使，1850年曾在美因河畔法兰克福、巴登和瑞士逗留，1851年曾在日内瓦逗留，积累了与小资产阶级冒险主义进行斗争的宝贵经验，而且，他还是第一个在1848年就建议为像雅科布·费奈迭和卢格这样的政治家"开设一个思想家画廊"④的人。他在1848年5月15日给马克思的信中写道，卢格是一个要对**"事件的合理性加以审查"**的人，这一对卢格的讽刺性评注被用于这部手稿中。《流亡中的大人物》手稿还部分地照抄了德朗克为《新莱茵报》撰写的关于1848年6月至8月的

---

① 《马克思恩格斯全集》第1版第8卷第261—284页。
② 参看《马克思恩格斯全集》原文版第1部分第11卷806页。
③ 《马克思恩格斯全集》原文版第1部分第11卷第882页，注237·22。
④ 《马克思恩格斯全集》原文版第3部分第2卷第448页。

法兰克福国民议会的报道中的许多表述。

在写作的第二阶段，马克思至迟在5月28日赶到了曼彻斯特恩格斯那里，① 在曼彻斯特至少逗留到6月21日。手稿的大部分，即第二篇至第十五篇几乎都是由恩格斯执笔。可以设想，这些文字形成于当面讨论之中，并被马上记录下来。在成文的过程中，恩格斯直接进行了删改、补充和润色。马克思可能利用恩格斯上班不在家的时间对文章进行了审校。几乎整个恩格斯所写的部分都有马克思修改的痕迹。个别地方恩格斯事后再次作了修改。

有3个段落是马克思写的。② 其中一个段落是后来补充进来的，摘自《宇宙》杂志。马克思根据1851年5月28日致恩格斯的信③对这个地方进行了补充。另外两个段落是有关海因岑、司徒卢威和卢格的段落。这些部分中有很多处异文，这符合马克思的写作风格，恩格斯对此未加修改。

马克思在1852年6月11日给他的妻子的信中谈到与恩格斯合写《流亡中的大人物》的情况时说："我们用这些蠢材做菜都笑出了眼泪。"④ 在撰写手稿的同时，马克思和恩格斯还从曼彻斯特给战友们写信，明确地提出一些有关某些流亡者代表人物的询问。所有这些信件都没有保存下来。1852年6月8日，威廉·沃尔弗答复了关于约瑟夫·菲克勒尔的询问。马克思和恩格斯尽可能地采用了他对菲克勒尔性格的描述以及关于1000古尔登保证金的说明。⑤ 1852年6月13日，沃尔弗还

---

① 参看《马克思恩格斯全集》第1版第28卷第74—75、526—528页。
② 参看《马克思恩格斯全集》第1版第8卷第299、317—318、322—328页。
③ 《马克思恩格斯全集》第1版第27卷第289页。
④ 《马克思恩格斯全集》第1版第28卷第529页。
⑤ 参看《马克思恩格斯全集》第1版第8卷第358页。

答复了另外一些关于爱·佩尔茨、斐迪南·芬奈尔·冯·芬奈堡和格奥尔格·希尔盖特纳尔的询问，但是，他劝说马克思和恩格斯不要把这些人物写进这部手稿。① 1852年6月中，威廉·李卜克内西往曼彻斯特给马克思和恩格斯寄去了关于西吉斯蒙德·波克罕的说明。②

德朗克也收到了曼彻斯特的来信，请他继续参与这项工作。恩格斯在信中向他询问了有关梅因、孚赫和维利希的情况，他于1852年6月14日作了答复。他的阐述有一部分逐字写入手稿。③

马克思和恩格斯在当时的言谈中，把德朗克称为作者之一或负有责任者之一。例如，马克思这样写道："当着其他一些人的面，班迪亚曾经从我这儿打听到，恩斯特·德朗克、弗里德里希·恩格斯和我打算出一部关于在伦敦的德国流亡者的书，并分成几册出版。"④ 1853年4月12日，恩格斯给约瑟夫·魏德迈寄去马克思的声明《希尔施的自供》时写道："我想，你不妨在声明的末尾写上：下列署名者完全同意上述声明——恩·德朗克，弗·恩格斯，关于手稿的事以及一般与班迪亚的关系，我们负有跟马克思一样的责任，要是我们迫使他一人负责，那是不公平的。"⑤（不知由于什么原因，声明发表时未按恩格斯的意思去做）从斐迪南·拉萨尔1852年6月24日致马克思的信中可以看出，拉萨尔也知道德朗克是作者之一。⑥ 德朗克为他的合作还得到了相应的一

---

① 《马克思恩格斯全集》原文版第3部分第5卷。
② 《马克思恩格斯全集》原文版第3部分第5卷。
③ 《马克思恩格斯全集》第1版第8卷第355—356、360—362页。
④ 《马克思恩格斯全集》第1版第9卷第45页。
⑤ 《马克思恩格斯全集》第1版第28卷第581页。
⑥ 《马克思恩格斯全集》原文版第3部分第5卷。

部分稿酬。① 但是在很久以后的一封信中，恩格斯不再提德朗克为作者之一的事。②

原稿没有标题。在当时的信件中使用了不同的标题，用得最多的是《流亡中的大人物》。③ 这部著作偶尔也被称为《革命中的大人物》，④或简称为《大人物》⑤。

这部手稿原计划分几册出版。尽管马克思对原稿进行最后加工时（可能是在曼彻斯特）删去了与此有关的所有说明，但是，马克思在1852年7月30日给克路斯的信⑥中仍然提到第1册。

1852年6月21日左右，马克思回到伦敦。由马克思按照原稿口述，由他的妻子和德朗克轮流笔录，整理出一份付印稿，同时可能还作了一些改动，但是6月28日付印稿便已交给了班迪亚。⑦

马克思至少在1852年7月和8月仍在积极地为已经计划好的但是尚未动笔的这部著作的续篇收集资料。因为续篇的情节主要发生在美国，所以克路斯给马克思的信中所附寄的资料（主要有关于金克尔、戈克和其他参与所谓革命公债的人的活动的文件的抄件以及美国德文报纸的摘录）具有重要价值。克路斯了解马克思和恩格斯的意图，选择了相

---

① 参看《马克思恩格斯全集》第1版第28卷第76页。
② 参看《马克思恩格斯全集》第1版第37卷第14—15页。
③ 《马克思恩格斯全集》第1版第28卷第539—545页；1853年5月15日克路斯致魏德迈的信，依据的是马克思致魏德迈的一封信。
④ 1852年8月2日克路斯致魏德迈的信，依据的是威廉·沃尔弗致克路斯的一封信。
⑤ 《马克思恩格斯全集》原文版第3部分第6卷。
⑥ 参看《马克思恩格斯全集》第1版第28卷第542页。
⑦ 参看《马克思恩格斯全集》第1版第28卷第76页。

应的资料。他提供资料始于1852年6月20日给马克思的信,信中详细描述了戈克在美国的活动。克路斯还将金克尔在辛辛那提诽谤马克思和恩格斯的言论告诉了马克思。马克思利用这个机会于1852年7月22日和8月初左右给在此期间回到伦敦的金克尔写了信。① 他想得到金克尔的又一个"表里不一的声明"的原始文件作为计划中的《流亡中的大人物》的续篇的素材。

班迪亚其人

国际间谍亚诺什·班迪亚的活动及其与马克思关系的历史与这部论战性小册子的产生和流传有着不可分割的联系。班迪亚的活动与本卷中的其他著作也有着某种联系。

班迪亚第一次与马克思见面是在1850年春。1852年2月至8月左右他与马克思的联系较为密切。同年年底,马克思及其朋友揭露了他的间谍面目。1853年4月,马克思公开证明他是间谍。

亚诺什·班迪亚(1817—1868)是匈牙利或斯洛伐克的小贵族,1834年到1841年在奥地利军队中服役,此后,在维也纳和科莫恩担任政府官员。可能早在40年代初,他就受大量的考察研究和诡计多端的性格的驱使,开始从事密探活动。他至迟从他1845—1846年到德国、法国和西班牙旅行开始就已向梅特涅的秘密警察报告情况。1848—1849年,班迪亚以新闻记者和军官的身份为匈牙利革命积极活动,被捕后表示愿意重操密探职业。1849年10月至1850年4月,他住在汉堡和阿尔托纳,身份是新闻记者和匈牙利流亡者委员会的重要代表,他通过这种

---

① 参看《马克思恩格斯全集》第1版第28卷第95—97页。

身份与匈牙利、德国和波兰流亡者建立了广泛的联系。他被逐出汉堡之后，于1850年4月底带着奥地利政治警察的使命来到伦敦。大概是在5月初，他在伦敦还拜访了马克思。"我本人于1850年在伦敦认识了**班迪亚**和他当时的一位朋友——现在的**图尔将军**。"①

班迪亚首次逗留伦敦是短暂的，从1850年中至1851年秋，他主要居住在巴黎，在那里，他又与法国的政治警察建立了联系。他以匈牙利政治流亡者的主要代表的身份当上贝尔塔兰·瑟美列领导的匈牙利委员会的副主席，与马志尼、赖德律-洛兰、卢格、司徒卢威、维利希等人建立了联系。1850年夏，在巴黎首次出现班迪亚是奥地利和法国间谍的警告。1851年9月初，他作为所谓的德法密谋②的秘密组织者之一曾一度被捕，但是不久便在警察的帮助下"逃"往伦敦，在那里，他又因间谍嫌疑受到攻击。亚历山大·席梅尔普芬尼希要与他在比利时决斗，但是他凭借比利时政治警察的帮助于1851年12月底机灵地逃脱了。他在1851年10月或11月与拉约什·科苏特建立了联系，科苏特视他为匈牙利革命委员会的保安专员，班迪亚约有1年的时间借此摆脱了从事间谍活动的嫌疑。

关于他于1852年2月3日开始重新接近马克思的情况，马克思后来这样写道："他把**科苏特**亲自弄的证明书给我看，这样他就用简单的方式打消了我由于他同各式各样的党派——奥尔良派、波拿巴派等——玩弄骗局以及同各个'民族'的警察交往而产生的怀疑。按照这份证明书，他这位早已是克拉普卡手下的科莫恩的临时警察总监，现在被任命为非现实的警察总监。他作为为革命服务的警察局的秘密首长，自然

---

① 《马克思恩格斯全集》第1版第14卷第628页。

② 参看《马克思恩格斯全集》第1版第8卷注117。

应当有一条'公开的'门路通向为各国政府服务的警察局。"①

"但是,为什么德国流亡者关于班迪亚的为人所散布的疑心没有使我不安呢?……

因为我**知道**,在匈牙利战争期间,班迪亚以革命军官的资格执行过类似的委托。因为他和我所尊敬的瑟美列有过通信关系,他和佩尔采尔将军的关系很好。因为我亲眼看见**科苏特**任命班迪亚为自己在国外的警察总监的证件,证件上还有科苏特的亲信、曾跟班迪亚同住在一所房子里的西尔莫伊伯爵的签字。……匈牙利的领袖们知道,他们同谁打了交道。"②

"一方面,这个文件使我不再担心班迪亚的某些可疑的关系和熟人;我们认为,这些关系是属于他的职务范围之内的事,而且,如果利用得当,是可以给我们党带来好处的。我本人就通过这条途径从他那里获悉某些有关普鲁士政府的重要细节。"③

班迪亚可能向马克思不仅介绍自己是科苏特和乔治·克拉普卡的熟人,而且还介绍自己是当时住在巴黎的瑟美列的最亲近的合作者。因此,1852年3月通过班迪亚,马克思和瑟美列之间就尽可能从资金上支持约瑟夫·魏德迈在纽约出版的《革命》以及1852年4月底和5月初由马克思校订瑟美列的一部篇幅较大的著作的译文初稿进行了最初的接触。④ 班迪亚向马克思提供了许多有关科苏特与马志尼和金克尔的关系以及匈牙利流亡者内部矛盾的情况。⑤ 他毫不掩饰政治上对科苏特的

---

① 《马克思恩格斯全集》第1版第14卷第628页。

② 《马克思恩格斯全集》第1版第9卷第47页。

③ 《马克思恩格斯全集》第1版第28卷第572页。

④ 参看《马克思恩格斯全集》原文版第1部分第11卷第1135—1138页。

⑤ 参看《马克思恩格斯全集》第1版第28卷第25—28页。

敌对态度。"① 另一方面，他又经常向警官格莱夫报告与马克思谈话的情况，因为他在1852年1月通过伦敦的普鲁士使馆与普鲁士政治警察也建立了联系。

班迪亚从马克思那里获得的情报仅仅涉及小资产阶级流亡者的政治活动问题，而从来都不涉及共产主义者秘密同盟问题。"班迪亚……对我或者对我的党内同志从来都不能有什么危害。因为我**从来**没有和他谈过**我的**党内的事情，而且班迪亚本人也竭力避免谈到这些，正如他在自己的一封申辩书中向我表白的那样。因此，不管他是不是密探，他都不可能告发什么，因为他什么也不知道。"② 但是班迪亚有可能在1852年10月由于认识马克思而打听到了科隆的秘密地址，即商人科特斯的地址，并向威廉·施梯伯告发了。③

1852年3月或4月初，马克思还将小资产阶级流亡者的情况以"素描"的形式让班迪亚转交瑟美列。不知道这篇未保存下来的手稿是否交给了瑟美列。而班迪亚却利用这篇手稿在4月底对马克思伪称，柏林出版商艾泽曼愿意出版"人物素描"。④ 马克思和恩格斯考虑了这件事。⑤ 在马克思和恩格斯在曼彻斯特合写这部手稿期间，"班迪亚交给我的妻子一封柏林来信，在这封信中，艾泽曼接受了我的条件，但说明是否出第一册，要看第一册的销路如何。"⑥

---

① 参看《马克思恩格斯全集》第1版第28卷第573页。
② 《马克思恩格斯全集》第1版第9卷第45页。
③ 《马克思恩格斯全集》原文版第3部分第6卷；《马克思恩格斯全集》第1版第28卷第186—191页。
④ 参看《马克思恩格斯全集》第1版第28卷第58页。
⑤ 参看《马克思恩格斯全集》第1版第28卷第58页。
⑥ 《马克思恩格斯全集》第1版第9卷第46页。

1852年6月28日,班迪亚收到了付印稿,并按照协议支付了马克思25英镑的稿酬。这份付印稿被在柏林奉施梯伯之命收买这份手稿的格莱夫得到了。正如恩格斯在1888年1月10日给海尔曼·施留特尔的信中所写的那样,施梯伯"是够蠢的,他以为普鲁士警察当局在**我们原定付印**的稿子中会找到**秘密的**揭露,而不是仅仅对流亡中的大人物的嘲笑"。

1852年8月底,由于《流亡中的大人物》未能出版,马克思第一次对班迪亚提出了一系列有根据的指责(班迪亚曾在6月底答应4周内付印)。在此之前,他们之间继续保持经常性的联系。7月份班迪亚向马克思提供了警探舍尔瓦尔的为人和活动情况,这些情况被马克思用在《揭露科隆共产党人案件》中。1852年8月上半月,马克思还就为伦敦的宪章派机关报《人民报》提供可能的资金支持一事与班迪亚进行了商谈。但是,班迪亚向马克思提供的所谓特使奥古斯特·格贝尔特奉维利希和沙佩尔的宗派集团之命前往马格德堡的情报①却是假的。②

1852年7月底,到了答应付印的日子。8月上半月,班迪亚编造了最初的一些遁词。"然而,出书的事情在种种堂皇的借口下一直拖延着,我就有点怀疑起来。倒不是疑心手稿被转交给了警察当局,由警察当局来出。即使是俄国皇帝,只要他同意明天就付印,我也情愿今天就把我的手稿交给他;相反地,我只是担心他们把手稿束之高阁。"③

8月23日左右,马克思第一次对班迪亚进行了严肃的指责。④ 9月

---

① 参看《马克思恩格斯全集》原文版第3部分第5卷;《马克思恩格斯全集》第28卷第118页。

② 载《马克思恩格斯全集》原文版第3部分第6卷。

③ 《马克思恩格斯全集》第1版第9卷第46页。

④ 参看《马克思恩格斯全集》原文版第3部分第5卷。

份马克思分神于其他事情,从 10 月初起,马克思开始亲自进行调查。他请格奥尔格·维尔特通过在柏林的熟人打听一位叫艾森曼或艾泽曼的书商,据说是这个人预订了这份手稿。① 马克思还就此事求助于在柏林的布鲁诺·鲍威尔,但是没有回音。恩格斯、德朗克和威廉·沃尔弗也请求马克思,一定要让班迪亚对此作出解释。② 但是,在以后的几个星期里,科隆共产党人案件几乎占去了马克思全部时间和精力。直到 10 月底,他才从维尔特那里得知,没有叫这个名字的书商。

"于是我便同德朗克一起到班迪亚那里去。这时才发现艾泽曼原来是雅科布·柯尔曼的一个经理。因为对于我来说重要的是得到班迪亚的一篇书面声明,所以我坚决要求班迪亚当着我的面写一封信给曼彻斯特的恩格斯,把他向我说过的一切情况重述一遍,并且把柯尔曼的地址告诉他。"③

这是 1852 年 10 月 29 日的事。班迪亚在马克思和德朗克迫使他写给恩格斯的信中说,他用性命担保,要么在 11 月份出版这部论战性小册子,要么将手稿退回。

班迪亚假冒柯尔曼之名答复了马克思给柯尔曼的信。④ "而那位冒牌的出版人对我一再写信询问的答复是:我没有经过任何**合同**来约定出版手稿的确切日期,最好能让他知道什么时候出版最为适宜。在随后的一封信中,他就扮演起受委屈的角色来。最后,班迪亚向我声明,出版

---

① 参看《马克思恩格斯全集》原文版第 3 部分第 6 卷。
② 参看《马克思恩格斯全集》第 1 版第 28 卷第 155—156 页;《马克思恩格斯全集》原文版第 3 部分第 6 卷。
③ 《马克思恩格斯全集》第 1 版第 9 卷第 46 页。
④ 参看《马克思恩格斯全集》第 1 版第 28 卷第 571—575 页。

人拒绝出书,并把手稿退了回来。"① 由于玩这种捉迷藏的游戏不是长久之计,班迪亚于是在 1852 年 11 月 23 日写信给柏林的格莱夫(他因秘密警察的阴谋已于 11 月 6 日逃离伦敦),让他把那份手稿马上寄回伦敦。② 不清楚当时那份付印稿是否还在,它极可能没有再寄回伦敦。马克思在 1852 年 12 月 3 日给班迪亚的信中让他明白,即使有了付印稿,也丝毫不能减轻他的告密嫌疑。

班迪亚在 1852 年 11 月 23 日给格莱夫的信中还向他告发,马克思正在写一部关于科隆共产党人案件的小册子。早在马克思完成《揭露共产党人案件》手稿之前,搜寻这部手稿的行动便已经开始了。普鲁士警察总监卡尔·冯·辛凯尔迪在 1852 年 11 月 30 日给布鲁塞尔和巴黎的政治警察的信中几乎逐字逐句地使用了班迪亚给格莱夫的信中对马克思的著作的极为详尽的描述。他在信中请求协助搜寻马克思的小册子。奥地利政府于 1852 年 12 月 20 日收到一个伦敦密探(也有可能是班迪亚)的情报说,马克思的小册子将在巴塞尔印刷。马克思在 1853 年 3 月 10 日给瑟美列的信中明确地表示了对班迪亚的怀疑,怀疑他是《揭露科隆共产党人案件》在瑞士边境遭到没收的罪魁祸首。

1852 年 11 月底,马克思和恩格斯从维尔特那里得知,柏林也没有柯尔曼那么个书商。③ 马克思于是在 12 月 3 日写信给班迪亚,义正词严地要求他作出解释。④ 班迪亚在当天的回信中试图辩解说,所有指责都是不必要的怀疑,并许诺在短期内澄清拖延出版的原因。此后不久,他

---

① 《马克思恩格斯全集》第 1 版第 9 卷第 46 页。
② 原德国统一社会党中央马列主义研究院党务档案馆。
③ 参看《马克思恩格斯全集》第 1 版第 28 卷第 198—200 页。
④ 马克思在 1852 年 12 月 3 日给恩格斯的信中摘引和概括了这封信的内容,参看《马克思恩格斯全集》第 1 版第 28 卷第 203—204 页。

便到巴黎藏匿起来，直到 1853 年 4 月。

　　班迪亚早在 1852 年 8 月就作为他的匈牙利老相识介绍给马克思的古斯塔夫·泽尔菲，也谈到了班迪亚的欺骗行为。他在 1852 年 12 月底给马克思的一封信中说，班迪亚很久以来也为普鲁士警察做事，他把手稿《流亡中的大人物》交给了格莱夫。马克思和泽尔菲商定，在手稿发表或公开揭露班迪亚之前，对班迪亚保守他们之间通信这个秘密，并对他进行观察。① 然而几天之后，马克思便收到了瑟美列 1852 年 12 月 30 日直接写给他的第一封信，信中告诫马克思，要提防班迪亚和泽尔菲这两个警探。

　　毫无疑问，恩格斯 1852 年 12 月 23 日左右至 1853 年 1 月 10 日在伦敦逗留期间还商量过对这一事件采取进一步的措施。对此，他在与马克思交换意见的基础上于 1853 年 4 月 12 日给魏德迈的信中这样写道："至于班迪亚，他完全掌握在我们手中。这个家伙陷得太深，已彻底完蛋了。为了防止越来越多的怀疑，他不得不逐渐向马克思展示他所有的全部科苏特、瑟美列等人的文件。例如，瑟美列关于科苏特和戈尔盖的小册子的原稿现在就在我这里。这样，班迪亚先生就使科苏特先生大出其丑。这个马扎尔化的斯拉夫人的小聪明，碰上马克思的沉着和使他迷惑的灵活性，就破产了。现在除了**我们**，再没有任何别人（除了瑟美列有一部分）掌握揭露班迪亚的详尽证据。但是现在来宣扬这一点是否值得呢？据说 5 月间这个家伙又要来伦敦，那时可以压他一下，也许从他那里还能探出点有用的东西。维利希和希尔施之间有许多东西还远没有弄清……需要设法把这一切弄清楚，而班迪亚对此可能有用。"②

---

① 参看《马克思恩格斯全集》第 1 版第 28 卷第 574 页。
② 《马克思恩格斯全集》第 1 版第 28 卷第 581—582 页。

马克思和恩格斯所讨论的措施还有不让泽尔菲知道马克思已经了解了他的间谍活动。1853年2月中，泽尔菲多次拜访马克思，继续向他提供班迪亚的活动情况。① 1853年4月，马克思发表了《希尔施的自供》一文，公开揭露班迪亚是个警探。②

1860年，马克思又不得不再次简略地提及这些问题。③

手稿的命运

早在1852年6月，伦敦的流亡者便已经知道马克思和恩格斯在写一部关于他们的小册子。梅因和维利希还通过中间人向马克思打听，是否把特别令人丢脸的事也写进去了。④ 1852年7月，由于当时以为《流亡中的大人物》即将出版，马克思有意促成了与金克尔的短暂的通信。⑤

马克思在手稿第一次延期出版期间就于1852年9月初将手稿推荐给了德国的各个书商，然而，没有一个书商敢在当时的大环境下出版这本书。1860年4月，马克思在准备撰写《福格特先生》时，将法兰克福出版商鲁齐乌斯的反应记录在一个笔记本中，他写道："1852年9月8日（鲁齐乌斯）答复不能出版《流亡中的大人物》（不足为信）。"⑥

---

① 参看《马克思恩格斯全集》原文版第3部分第6卷；《马克思恩格斯全集》第1版第9卷第45—48页。
② 《马克思恩格斯全集》第1版第9卷第44—48页。
③ 参看《马克思恩格斯全集》第1版第14卷第628—629页。
④ 《马克思恩格斯全集》第1版第28卷第77页。
⑤ 《马克思恩格斯全集》第1版第28卷第539—542页。
⑥ 阿姆斯特丹国际社会史研究所马克思恩格斯遗著。

1853年春，马克思努力争取让巴塞尔的雅科布·沙贝利茨出版此书。然而，沙贝利茨因印刷和推销马克思的《揭露科隆共产党人案件》而被起诉，① 因此，不得不放弃这一计划。

起初，马克思还考虑过靠克路斯和魏德迈的帮助在美国出版这部著作的可能性。1852年6月，还是在曼彻斯特的时候，他就曾为此写信给克路斯，克路斯于1852年7月13日又通知了魏德迈，并请他对出版事宜予以考虑。沙贝利茨1853年4月回绝之后，又重新考虑了这种可能性。② 然而，无论是波士顿的《新英格兰报》还是纽约的《改革报》都拒绝予以刊登。《改革报》编辑哥特利布·克耳纳的看法是，欧洲的德国流亡者中间的争论对于美国的流亡者来说毫无意义，应该与这些争论保持距离。③

在未保存下来的马克思1853年的几封信中，马克思给克路斯抄录了原稿中的一些部分，以此支持克路斯与海因岑的论战。例如，《改革报》上的一篇克路斯与海因岑进行论战的匿名文章就直接引用了原稿中的话。1853年9月，克路斯在他的连载文章《"同盟的最好报纸"和它的"最好的人""以及经济学家"》④ 中利用了原稿中对卢格和海因岑的一些评价。魏德迈在《改革报》发表的一篇论文《在英国的流亡者派别》⑤ 中也引用了原稿中对卢格和维利希的评价。马克思在给克路斯和魏德迈的信中有时还附上有关段落，但是，他没有像所许诺的那样给克路斯寄去完整的抄件。

---

① 参看《马克思恩格斯全集》原文版第1部分第11卷第977页。
② 参看《马克思恩格斯全集》原文版第3部分第6卷。
③ 参看1853年5月18日《改革报》（纽约）第14号。
④ 《马克思恩格斯全集》原文版第1部分第12卷第618—626页。
⑤ 《马克思恩格斯全集》原文版第1部分第12卷第618—626页。

1853年11月，马克思在撰写针对维利希的著作《高尚意识的骑士》① 时，又重读了这份原稿。他利用了有关维利希的许多地方，在措词上作了部分改动。

被马克思和恩格斯称作"原稿"的这份手稿在1883年以前一直由马克思保存。此后，由恩格斯保存。根据恩格斯的遗嘱，这份手稿应与其他文献一起转交德国社会民主党档案馆收藏。但是很可能爱德华·伯恩施坦私自保管了这份手稿。在《马克思恩格斯通信集》首次发表（1913年）时，他删去了所有可以说明手稿保存情况的地方。手稿可能在20年代送回到德国社会民主党档案馆。

这部著作在马克思和恩格斯生前没有发表。

这部著作第一次用俄文发表于《马克思恩格斯文库》1930年莫斯科版第5卷。第一次用原文发表于《马克思恩格斯全集》德文版第8卷第233—235页。

（原载《马克思恩格斯全集》原文版第1部分
第11卷第794—806页）

（朱霞 译 孙魁 校）

---

① 《马克思恩格斯全集》第1版第9卷第537—571页。

谈谈马克思的《革命的西班牙》组文的产生*

〔德〕卡尔-弗里德·格鲁伯

土耳其帝国将会怎么样,他"**一点也不清楚**",因此,他,马克思对东方危机的发展趋势谈不出什么总的看法。① 马克思用"spanisch"一词来表述"一点也不清楚",是使用了一个自西班牙国王查理一世登基以来在德语区广为流行的习惯用语。这个习惯用语在19世纪虽然已失去了当时的词意,但是"西班牙"在许多同时代人的心目中仍然隐义犹存。黑格尔在《历史哲学讲演录》中干脆把西班牙贬作非洲。它尽管有"最漂亮的和最纯真的骑士制度"相点缀,但由于基督教而仍然是后代的中世纪帝国,孤立于绝对精神的现代工场之外。②

相反,在19世纪上半叶欧洲历史上的几个形势严峻时期,西班牙多次引起了人们的注意。这就是西班牙人民的勇敢的民族解放斗争。对欧洲许多受奴役的国家来说,西班牙人民的民族解放斗争是群起反对拿破仑外来统治的导火线。拿破仑在圣赫勒拿岛曾经说过:"不幸的西班

---

* 本文选自《马克思恩格斯研究》1993年总第15期。
① 参看《马克思恩格斯全集》第1版第28卷第226页。
② 参看《黑格尔全集》1949年斯图加特版第11卷第126页。

牙战争把我给毁了。这次战争是真正的祸根，是法国战败的直接原因。"① 在这个时期，西班牙为欧洲各民族树立了一个民族能够怎样抵抗入侵军的"光辉榜样。普鲁士的所有军事领导人都曾向他们的同胞指出这是一个值得仿效的榜样。夏恩霍斯特、格奈泽瑙、克劳塞维茨在这一点上都持有同一见解；格奈泽瑙甚至亲赴西班牙对拿破仑作战。"② 同这一次民族解放战争密切相关的西班牙**第一次**资产阶级革命开始了欧洲的革命阶段。比如，几年以后在葡萄牙、那不勒斯王国和皮埃蒙特爆发的革命都是受了西班牙议会 1812 年通过的宪法的影响。

1820 年，正当十二月党人面临采取何种策略手段的问题时，曾经推动西班牙**第三次**资产阶级革命的军事起义这个榜样使贵族革命党人找到了答案。比如，里埃哥的征讨及后来的革命事件得到了许多十二月党人③的认真仿效，并被巴·彼斯节里、尼·屠格涅夫、康·雷列耶夫、阿·别斯图热夫、阿·别利亚也夫和罗·别利亚也夫等人记入了日记、回忆录和文学作品。

西班牙战争及其在南美的殖民地同样引起了欧洲列强的注意，尽管第一次卡洛斯派战争致使伊比利亚半岛十几年陷于流血冲突和持续的动乱。

马克思对所有这些事件可能是非常熟悉的。这个国家的矛盾性和变化莫测的历史对历史学家有着不可抗拒的诱惑力，事实上，关于西班牙的历史文献自反对法国外来统治的解放战争结束以后已经日见增多。然

---

① I. M. 迈斯基：《西班牙近代史：1808—1917》1961 年柏林版第 57 页。
② 《马克思恩格斯全集》第 1 版第 17 卷第 179 页。
③ 涅钦卡：《世界史过程中的十二月党人》，载于 1976 年《社会科学》（莫斯科）第 4 期第 112—127 页；马伊斯基：《西班牙近代史。1808—1917 年》，载于 1976 年《社会科学》（莫斯科）第 4 期第 130 页。

而，马克思仍然认为，"在欧洲，除了土耳其以外，恐怕没有哪一个国家像西班牙那样被人了解得那么少，那么不正确。"① "无数次的地方政变和军事叛乱，已经使欧洲习惯于把西班牙看成御用军时代的罗马帝国。"②

另一方面，在"整个欧洲，甚至包括土耳其和正在进行战争的俄国在内，没有一个国家像今天的西班牙这样使善于深思的观察家感到如此浓厚的兴趣"③。

著名历史学家对西班牙的历史和它的革命的性质做出完全错误的解释这种事实，对马克思来说，难道不意味着对历史编纂学的历史唯物主义方法的挑战吗？

马克思开始研究西班牙时还得到了朋友和熟人的帮助，比如海涅以第一次卡洛斯派战争为历史背景写成的《阿塔·特洛尔》，维尔特在西班牙停留半年后在给马克思的热情洋溢的信中描绘了这个国家的秀丽景色、风土人情和文化遗迹。④

马克思研究西班牙历史的第一个诱因早在1851年研究从前伊比利亚强国在海外的殖民地时就已产生了。50年代初，出现了许多描述被欧洲列强殖民化的亚洲、非洲和拉丁美洲一些民族和国家的历史发展的记述。比如，马克思在1851年8—9月摘录了威·希·普雷斯科特关于

---

① 《马克思恩格斯全集》第1版第10卷第343页。
② 《马克思恩格斯全集》第1版第10卷第343页。
③ 《马克思恩格斯全集》第1版第10卷第455页。
④ 《维尔特文集》1957年柏林版第5卷第367—371、386—392页。

处在鼎盛时期的西班牙征服墨西哥和秘鲁的著作。① 与此紧密相关的是关于西班牙君主国历史的第一批笔记本,其中主要内容摘自赛佩雷的《论西班牙君主国昌盛和没落的原因》。对这一著作的研究是在研究经济学理论过程中进行的。

早在几个月前,即1851年2月,恩格斯也"特别是从军事角度"研究了"法国和英国历史学家写的执政时代和帝国的历史"②,因而也接触到了伊比利亚半岛的革命史的问题,特别是西班牙人民反对1808—1814年拿破仑外来统治的民族解放运动的问题。他在给马克思的一封信中提到了纳皮尔的《比利牛斯半岛和法国南方战争史》和一部三卷本的"谩骂和吹牛的西班牙战争史"。③ 这些著作在马克思关于西班牙问题的摘录中以及为《纽约每日论坛报》写的通讯中都有反映。

大约在1852年年中,马克思开始学习西班牙语。为此他向威·沃尔弗借了西班牙语语法书,但几个月以后又还了。④ 1854年他又重新研读西班牙语,阅读了夏多布里昂的小说《阿塔拉》和《勒奈》的西班牙译文以及卡德龙和塞万提斯的原著。塞万提斯的《唐·吉诃德》是一面"巨大的镜子,它照出了人类的整个历史过渡时期",流传了几个世纪,"而没有失去哪怕一点儿它那艺术的伟大,它那现实主义的思想财富的感染力和想象力,它那战斗的、诙谐的精神,它那对一个没落世

---

① 威·希·普雷斯科特:《墨西哥征服史——附古代墨西哥文化史概述·征服者艾尔南·科尔特斯的生平》1850年伦敦版第3卷;另见莱维奥娃和西涅尔尼科娃:《马克思历史学手稿遗产》,见《马克思——历史学》1968年莫斯科版第553页。
② 《马克思恩格斯全集》第1版第27卷第223页。
③ 罗·沙赛:《比利牛斯半岛的战争史》(三卷集)1823—1832年伦敦版。
④ 参看《马克思恩格斯全集》第1版第28卷第288页。

界的残余和幽灵的凯旋笑声"。① 马克思把《唐·吉诃德》的作者看作是资产阶级古典小说的创始人，是除巴尔扎克以外最伟大的小说家。

另一方面，他的扎实的语言知识使他几周以后就可以阅读西班牙历史学家的原著。他从西班牙、英国和法国作者关于西班牙君主国的历史，特别是关于19世纪那个以资产阶级革命为标志的时期的历史的著作中作了大量摘录，不久这些摘录就记满了1854年为这一课题而准备的第一批整整5本笔记本。② 马克思在1854年5月初还提到，他"抽空"研究西班牙，而同年9月初，他把他对西班牙历史的研究已说成是**"主要研究"**了。③ 他主要研究了1808年到1814年和1820年到1823年这两个时期，现在转入1834年到1843年这个时期了。他的这一段历史

---

① 施缪克勒：《布鲁诺·弗兰克的〈塞万提斯传〉》，见布·弗兰克：《塞万提斯传》1978年柏林版第344页。另见马克思1854年5月3日给恩格斯的信："我现在正抽空学西班牙文，从卡德龙学起。歌德在写他的《浮士德》时不仅在个别地方，而且整场整场地汲取了卡德龙的《神奇的魔术家》——天主教的浮士德。此外，说来可怕，用法文不能阅读的东西，却用西班牙文读完了，如夏多布里昂的《阿塔拉》和《勒奈》，贝尔纳丹·德·圣皮埃尔的东西。现在我拼命读《唐·吉诃德》。"(《马克思恩格斯全集》第1版第28卷第355页。)

马克思将1890年成立的中央洪达的成员"同卡德龙笔下的高傲的英雄相比较，他们不遗余力地列举了自己的一切封号，因为他们把世袭的封号当成真正的伟大……"(《马克思恩格斯全集》第1版第10卷第476页。) 马克思经常引用塞万提斯的著作。他曾经将唐·吉诃德同进步派领袖埃斯帕特罗和西班牙王位追求者唐·卡洛斯作比较。

② 参看莱维奥娃和西涅尔尼科娃：《马克思历史学手稿遗产》，见《马克思——历史学》1968年莫斯科版第596—601页。

③ 参看《马克思恩格斯全集》第1版第28卷第388页。黑体系本文作者所加。

研究大约是在1854年底完成的。①

保存下来的这5本摘录笔记的内容还包括两篇文章草稿和总计49篇摘录的目录。在这些摘录中，有45篇是同西班牙的历史有关的。它们分别摘自35部著作，其中摘自8部著作的摘录就占了几本笔记本。马克思摘录的都是原文，因此20本是英文的，17本是西班牙文的，而8本是法文的。从各个笔记本的内容看，马克思可能是按以下时间顺序对这些著作进行研究的：

1854年5—7月：

《浅论西班牙革命的性质和倾向》1846年马德里版。

《对1820—1823年和1836年的西班牙革命的批判分析》1837年巴黎版。

米格尔·奥古斯丁·普林斯佩《埃斯帕特罗，他的过去，现在和未来》1848年马德里版。

《西班牙危机》1823年伦敦版。

特伦斯·麦克马洪·休斯《1845年的西班牙革命》，一位久居西班牙的英国人著，1845年伦敦版。

曼努埃尔·德·马尔利安尼《现代西班牙政治史》1849年巴塞罗纳版。

1854年8月：

《西班牙君主国的政治宪法。1812年3月19日在卡迪茨宣布》1813年伦敦版。

---

① 关于西班牙历史的摘录的第五本笔记本的结尾是一篇同这个课题无关的摘自1855年1月6日《经济学家》（伦敦）的摘录和一篇在这些摘录基础上写成的文章草稿。

罗伯特·骚塞《比利牛斯半岛的战争史》1823—1832年伦敦版。

约瑟夫·波拿巴《约瑟夫国王有关政治和军事问题的回忆录和通讯集》1853年巴黎版。

约翰·毕格兰《从远古时期到1814年复辟时期的西班牙历史》，马·杜马著，1823年巴黎版。

威廉·华尔顿《1808—1836年底的西班牙革命》1837年伦敦版。

托雷诺《西班牙起义、战争和革命的历史》1836—1838年巴黎版。

曼努埃尔·德·马尔利安尼《现代西班牙政治史》1849年巴塞罗纳版。（继续研究）

1854年9—10月：

托雷诺《西班牙起义、战争和革命的历史》1836—1838年巴黎版。（继续研究）

多米尼克·德·普拉特《西班牙革命历史回忆录》1816年巴黎版。

亨利希·冯·布兰特《两个麦纳和西班牙内战》，节译自《论西班牙》，一个英国军官著，1825年伦敦版。

多米尼克·德·普拉特《现代的西班牙革命及其后果》1820年巴黎—卢昂版。

卡斯帕尔·梅尔科尔·德·霍韦利亚诺斯《马德里经济协会致加斯梯里亚最高王政会议的关于土地法的备忘录》，载《霍韦利亚诺斯文选》1839—1840年巴塞罗纳版。

1854年10—11月：

卡斯帕尔·梅尔科尔·德·霍韦利亚诺斯《霍韦利亚诺斯文选》1839—1840年巴塞罗纳版。（继续研究）

亨利·文特尔·戴维斯《十九世纪的奥尔穆兹德和阿利曼之争》1852年巴尔的摩版。

留卡迪奥·多布拉多（即约瑟夫·布兰科·怀特）《西班牙来信》，L. D. 著，1822 年伦敦版。

克里斯托弗·克拉克《西班牙国内状况研究。附法国最后入侵这个国家的历史简评》1818 年伦敦版。

约翰·布拉姆森《关于西班牙北方的评论》1823 年伦敦版。

《西班牙的最近几天，欧洲列强奉命践踏西班牙宪法而大举入侵的历史简述》，一个目击者著，1823 年伦敦版。

P. 乌尔基纳奥纳《基督教会专断统治下的西班牙，有利于历史的可信的备忘录……1820—1832 年》1833 年巴黎第 3 版。

《谁是西班牙的解放者？》，亨利·伍德译自原文，1846 年伦敦版。

《神圣同盟对西班牙》，一个立宪主义者著，1823 年伦敦版。

弗朗索瓦-勒奈·夏多布里昂《维罗纳会议。西班牙内战。谈判。西班牙殖民地》1838 年布鲁塞尔版。

《对 1820—1823 年和 1836 年西班牙革命的批判分析》1837 年巴黎版。（继续研究）

曼努埃尔·德·马尔利安尼《现代西班牙政治史》1849 年巴塞罗纳版。（继续研究）

威廉·华尔顿《1808—1836 年的西班牙革命》1837 年伦敦版。（继续研究）

维克多·杜·阿梅尔《西班牙君主国的宪法史……》1848 年马德里第 2 版。

迈克尔·昆《西班牙访问记。1822 年下半年和 1823 年前 4 个月在这个国家的见闻实录》1823 年伦敦版。

1854 年 12 月—1855 年初：

维克多·杜·阿梅尔《西班牙君主国的宪法史……》1848 年马德

里第 2 版。(继续研究)

埃瓦里斯托·圣米格尔《西班牙内战》1836 年伦敦版。

多米尼克·德·普拉特《保证西班牙的要求》1827 年巴黎版。

《西班牙战争的不变性质的历史研究》,理查·福特著,1837 年伦敦版。

《正在危机中的西班牙,关于能够拯救这个民族的原因和人的理性考察》,D.V.P.著,G.D.蒙佩利埃译,1843 年版。

曼努埃尔·德·马尔利安尼《现代西班牙政治史》1849 年巴塞罗纳版。(继续研究)

迈克尔·昆《西班牙访问记。1822 年下半年和 1843 年前 4 个月在这个国家的见闻实录》1823 年伦敦版。(继续研究)

《爱丁堡评论》,1823 年 2—5 月第 38 卷和 1823 年 10 月—1824 年 1 月第 39 卷。

此外,第二本笔记还包括对法国君主立宪制 1791 年的宪法的摘录。马克思在组文《革命的西班牙》的第六篇文章中,根据对 1812 年 3 月 19 日在卡迪茨通过的西班牙君主国宪法的分析,对这部法国宪法作了评论。而对法国宪法的摘录本身也有类似的内容,从中可以看出,这些摘录属于"西班牙问题的摘录"。[①]

这批摘录就篇幅而言接近马克思 1843 年在克罗茨纳赫所作的摘录,

---

① 关于西班牙历史的摘录的第一本笔记本的内容还包括摘自奥·梯叶里:《第三等级的形成和发展史概论》1853 年巴黎第 2 版和亨·黑帕里什:《希腊外交史》1838 年伦敦版的摘录。另见《马克思恩格斯全集》第 1 版第 10 卷第 731—732 页注 239。

由此我们可以看出他研究西班牙历史的广度和深度。①1854年8—12月他寄给《纽约每日论坛报》编辑部的组文《革命的西班牙》，共11篇，其中8篇是根据这些精心归纳整理的材料写成的。②

马克思在《论坛报》上发表的另外15篇通讯就伊比利亚半岛发生的革命事件③进行了系统的报道、评论和分析，从而补充和充实了研究西班牙革命史的成果（摘录笔记）和以历史概述的形式发表的已经取得的认识（组文）。所有这三个方面紧密地交织在一起，以致相互不能分开。

苏共中央马列主义研究院出版的《马克思传》的作者就马克思在1854年潜心研究西班牙革命史的动机问题答复如下：为了更深入地了解比利牛斯半岛发生的革命过程，马克思着手研究它的历史。他撰写了一组文章《革命的西班牙》，打算"把当时的事件同西班牙人民的革命的过去、西班牙人民反对专制制度和反抗拿破仑统治的斗争传统、过去几次的西班牙革命（1808—1814年、1820—1823年和1834—1843年）联系起来"④。下面的考虑也许可以补充和证实这一基本正确的论点：

---

① 参看《马克思恩格斯全集》1929年历史考证版第1部分第1卷第2分册第118—136页。克罗获纳赫笔记共254页手稿页。这些摘录分别摘自24部著作和文章。而1854年的5本笔记共234页，其中105页是摘自36部有关西班牙历史的著作、文章和文件。

② 这8篇文章分别载1854年9月9、25日、10月20、27、30日和11月24日、12月1、2日《纽约每日论坛报》第4179、4192、4214、4220、4222、4244、4250和4251号。

③ 这15篇通讯见《马克思恩格斯全集》第1版第10卷第117—124、324—333、360—374、395—408、412—441、512—534页。

④ 《卡尔·马克思》生活·读书·新知三联书店1980年版第381—382页。另见《马克思恩格斯全集》第1版第10卷第XXII—XXV页。

第一，马克思在1854年3月的一篇通讯（1854年3月18日《纽约每日论坛报》第4030号）中第一次开始探讨西班牙的内政，但完全是从西班牙可能的外交后果方面来评价它的内政的。① 几星期以前，即1854年2月，萨拉戈萨的军人起义预示即将发生的革命事件。起义的领袖是奥当奈尔的最亲密的朋友霍尔将军。然而，正如马伊斯基在评论这第四次资产阶级革命的失败的序幕时所说的，广大城市居民对他〔霍尔将军〕表现出完全无所谓的态度。谁也"不愿去作无谓的战斗或牺牲，不管首相的宝座上坐的是圣路易还是奥当奈尔或孔查。因此萨拉戈萨起义被政府轻而易举地镇压了，霍尔将军在战斗中阵亡"。② 马克思在谈到另一次可以视为有利于俄国的起义时谈及了这次起义：西班牙的任何运动都必然会引起法英两国之间的摩擦。我们从夏多布里昂的《维罗纳会议》一书中可以看出，在1823年，俄国是法国干涉西班牙的鼓舞者。1834年的英法干涉也是如此，结果导致两国间的诚意协商终于破裂。在目前，"无辜的"伊萨伯拉被推翻会使路易－菲力浦的一个儿子③取得王位继承权，同时也会使波拿巴想起马德里有一个时期曾经是他的一个伯父④的驻在地。因此马克思得出结论说，"西班牙起义决不是人民革命，**而只能成为摧毁像英法同盟这样不坚固的建筑物的有力工具。**"⑤

　　马克思最初试图通过对西班牙历史的研究，探索它在欧洲列强大合

---

① 参看《马克思恩格斯全集》第1版第10卷第122—123页。
② I. M. 马伊斯基：《西班牙近代史。1808—1917年》1961年柏林版第211页。
③ 指安东·玛丽·菲力浦·路易·蒙潘西埃公爵。——译者注
④ 指约瑟夫·波拿巴。——译者注
⑤ 《马克思恩格斯全集》第1版第10卷第122—123页。黑体系本文作者所加。

唱中所扮演的角色。也就是说，他最初研究西班牙本来是出自这样的需要：面对远东的世界政治的冲突状况，制定共产主义先锋队**独立的**政策和策略，令人信服地向政治上最先进的工人阐明东方问题的实质。

第二，马克思在1854年7月（1854年7月19日《纽约每日论坛报》第4134号）报道那次本应成为第四次资产阶级革命的导火线的军人起义时，他对这次起义的重新爆发还是抱有希望的。几个星期以来，欧洲和北美的重要日报就已连篇累牍地报道和评论西班牙事件。4月以来，《论坛报》欧洲消息栏没有一天不报道西班牙的。《论坛报》读者对"西班牙"栏的兴趣与日俱增还有另外一个原因：从4月底开始，《布拉克·沃里奥号事件》① 的标题十分醒目，不久又出现了《战争机会和美国》② 这样的通栏标题。

西班牙同美国的关系几年来一直很紧张。自从2月28日美国的布拉克·沃里奥号轮船及其货物因所谓不遵守入港规定和海关规定而在哈瓦那港被没收以后，双方终于剑拔弩张。西班牙政府尽管在几个月的未果谈判后放弃了所提出的罚款，但它拒绝美国大使皮埃尔·苏莱代表其政府提出的惩罚对这次没收事件负责的古巴高级官员的要求。在西班牙政府赶紧安排安蒂利亚岛的防御工事和明显增加军队的时候，无论在欧洲大陆，还是在美国，人们都以为一场战争一触即发。③

如果这次运动像马克思在7月初对奥当奈尔将军和杜尔塞将军领导的马德里军事起义的前景所作的估计那样，"比不久前这个城市里的起

---

① 1854年4月26日《纽约每日论坛报》第4063号。
② 1854年5月16日《纽约每日论坛报》第4080号。
③ 参看1854年5月31日和4月23日《总汇报》（奥格斯堡）第2407和1800号。另见《外交史》1959年莫斯科版第1卷第670页及以下几页。

义顺利，这就会迫使法国放弃它所采取的军事行动，引起英国和法国之间的分歧，**可能还影响到西班牙和美国之间现存的纠葛**。"①

第三，马克思这时所掌握的有关西班牙历史的知识已足以使他能够正确地预测到，这次军事起义会发展成"普遍的起义"②（1854年7月21日《纽约每日论坛报》第4136号），所以，他现在的重点已转向分门别类地判断西班牙的事件。他由于关心伊比利亚半岛的革命过程、它的历史和前景，所以他越来越不重视原先提出这个问题时的外交因素了。这一点还反映出他的另一个打算：把西班牙革命史当作为《论坛报》写通讯的一个**独立的**问题来研究："**对于西班牙现代史，就其性质来说，应当给以迄今它所得到的完全不同的评价，所以我要趁机在我以后的一篇文章里详细谈谈这个问题。**"③他认为阐明这个问题已经日益迫切，更何况关于西班牙的类似观点同那些流行的观点是一样的，认为西班牙同土耳其一样，国家的生命之源已经枯竭，因为近百年来土耳其的正史尽是宫廷政变和近卫军的叛乱。这种误解的根源在于，"历史学家们不是从这些国家的外省和地方组织中，而是从宫廷年鉴中寻找这些人民的生命力的源泉"。④

第四，然而，促使马克思在《纽约每日论坛报》上独立地阐明西班牙革命史的，首先是同西班牙的发展紧密相关的对**欧洲**革命的期望，这种期望是他在对比利牛斯半岛的事件进程及其比较历史研究中产生

---

① 《马克思恩格斯全集》第1版第10卷第324页。黑体系本文作者所加。

② 《马克思恩格斯全集》第1版第10卷第344页："现在我只能指出下面一点：如果比利牛斯半岛的纯粹的军事叛乱发展成普遍的起义，那丝毫也不奇怪，因政府最近的财政法令十分成功地把税吏变成了革命的宣传员"。

③ 《马克思恩格斯全集》第1版第10卷第344页。黑体系本文作者所加。

④ 《马克思恩格斯全集》第1版第10卷第343页。

的:当欧洲的保守派表现出极端无能的时候,在这个大陆的西南部却掀起了一种立即表明毕竟还存在另外的更有积极作用的力量的运动。无论西班牙起义的性质和结果如何,至少可以肯定地说,它与未来的革命的关系将同1847年瑞士和意大利的运动与1848年革命的关系一样:"我们再次看到了获得胜利的、不可攻破的街垒。咒语已被破除。新的革命时代已经有可能到来;而且值得注意的是,正当欧洲各国政府的军队在目前的战争中表现出无能为力的时候,他们又被起义的城市居民击败了"。①

马克思和恩格斯寄西班牙革命运动的厚望是写作《革命的西班牙》这组文章的直接原因。这组文章的第一篇于1854年8月25日脱稿并寄给了《纽约每日论坛报》编辑部。②

同《革命和反革命》这组时事文章(其第一篇文章是马克思和恩格斯在《论坛报》上的首次合作)一样,《革命的西班牙》也是产生于直接的实际政治的需要。随着这些时事文章的发表,马克思和恩格斯,正如他们在《〈新莱茵报。政治经济评论〉出版启事》中所说的,打算剖析前一革命时期,"说明正在进行斗争的各政党的性质,以及决定这些政党生存和斗争的社会关系。"③ 然而,选择历史还是时事问题,正如本辛在一篇关于马克思和恩格斯的时事写作的研究报告中所强调的,始终是由现实政治需要决定的。④ 正像1848—1849年革命后一样,1854年也存在重新进行斗争的设想和为这种斗争制定战略和策略计划的必要

---

① 《马克思恩格斯全集》第1版第10卷第400页。
② 参看《马克思恩格斯全集》第1版第10卷第731页注237。
③ 《马克思恩格斯全集》第1版第7卷第3页。
④ 参看 M.本辛:《马克思和恩格斯的时事写作问题》,载于1969年《历史年鉴》(柏林)第4卷第183页及以下几页。

性，进一步进行时事研究和新闻报道。因此，在被认为是革命的形势下，必然要同时直接进行"历史研究，理论总结和提出政治目标和领导，阐明无产阶级政党的历史面貌和政治战略和策略"①。这组关于西班牙的文章虽然没有最后写完，但它的特点恰恰在于，在一篇时事文章中，把各个不同的组成部分相互融合在一起。诚然，这组文章的纲领性质不是措辞明确的口号、声明和呼吁，而是为正在开展的革命运动的预期过程，令人信服地从以前的资产阶级革命的教训中得出的结论。《论坛报》编辑部毫无顾虑地刊登不同作者的关于西班牙的文章，用它自己的话说，矛盾的通讯这种做法正好迎合了马克思用上述方式表达自己观点的愿望。比如，恩格斯就曾经强调指出了《论坛报》的编辑工作的这个方面："这家报纸简直太缺乏批判能力了。最初他们颂扬埃斯帕特罗，说他是西班牙唯一的国家活动家。然后他们又刊登了我的一些把他说成是一个喜剧人物的文章，而且还补充说：由此可见，对西班牙是没有任何指望的。后来，他们收到了关于西班牙的一组文章的第一篇——这纯粹是一篇论及1808年以前情况的序言——，却以为这是全部，并给文章加上了一句完全不伦不类、但却是善意的结束语，以劝说西班牙人，要他们表现出是值得《论坛报》信任的。"② 编辑部可能也容忍措辞比较直率的纲领性叙述（这一点从那个可笑的结束语就可以看出来），因为在《论坛报》的另一位颇具声望的通讯员普尔斯基面对自己混乱不堪地描述的西班牙政治关系，认为揭示西班牙的发展前景是完全

---

① M.本辛：《马克思和恩格斯的时事写作问题》，载1969年《历史年鉴》（柏林）第4卷第198页。

② 《马克思恩格斯全集》第1版第28卷第394页。

不可能的时候,① 该报发表了马克思对西班牙革命史的精辟论述。根据独特的情况对伊比利亚半岛发生的事件所作的报道,在美国读者中必然成为热点,只要考虑到这一点,这组文章对编辑部来说只能是求之不得的。此外,下面的事实也证明了这一点:几篇文章由于特别适合于澄清这些事件的历史根源而被《纽约半周论坛报》(第1、2、4—6篇)和《纽约每周论坛报》(第1—5篇)转载。

总而言之,西班牙可能成为欧洲新的革命发动的导火索这一点,对马克思来说也就是分析西班牙资产阶级革命的历史根源、动力和发展趋势的决定性原因。另一方面,他决定把发表在《纽约每日论坛报》上的研究成果综合成一部有关时事问题的著作,而这一决定同他下面的愿望是一致的:使所有进步力量了解可能成为欧洲范围内的民族运动的革命前景和相应的战略和策略结果。

[原载《马克思恩格斯研究通报》(莱比锡)1981年第1期]

(蒋仁祥 译)

---

① 参看1854年10月17日《纽约每日论坛报》第4211号第5版第6栏和第6版第1栏。

马克思与卡尔·福格特的争论[*]

背 景

马克思与卡尔·福格特的争论从1859年4月持续到1860年12月。他两次提起诉讼,撰写了他的篇幅最大的抨击性著作。在这个方面,马克思在1859年10月和1860年11月期间共撰写了9篇声明,这些声明部分发表在德国报纸上,或用英文在伦敦发表。写于1859年10月19日的《给〈总汇报〉编辑的信》[①]是马克思在与福格特的争论中第一次公开表明自己的态度。

福格特是公认的自然科学家、小资产阶级民主主义者、1849年斯图加特残阙议会的帝国摄政,1858年通过欺骗性的银行交易而依附于法国波拿巴主义。[②] 1859年春,他为拿破仑第三的扩张性对外政策的利益从事获取报酬的宣传,对公众舆论施加影响。在他那本还是在意大利战争之前发表的小册子《欧洲现状研究》(1859年日内瓦和伯尔尼版)

---

[*] 本文选自《马克思恩格斯研究》1991年总第7期。
[①] 《马克思恩格斯全集》第1版第14卷第755页。
[②] 《马克思恩格斯全集》第1版第14卷第645—646、751—752页。

中，他支持普鲁士对法国保持武装中立，鼓吹把战争作为建立普鲁士领导下的小德意志民族国家的手段。马克思在他的著作《福格特先生》的《达－达·福格特和他的研究》一章①中揭露了这种政治宣传的波拿巴主义性质。

1859年，福格特企图用金钱诱惑的办法为他及其拥护者打算以《新瑞士》的报名出版的具有波拿巴主义倾向的报纸争取到作者。在伦敦，除了斐迪南·弗莱里格拉特之外，小资产阶级民主主义者卡尔·布林德和哥特弗利德·金克尔也收到了福格特为此而写的征稿信。在所附的1859年4月1日的政治纲领中概括了所要进行的宣传的方针。马克思从弗莱里格拉特那里得到了福格特的纲领，从中发现了对拿破仑第三的政策的某种"倾向"。② 4月底，马克思通过福格特的《欧洲现状研究》证实了自己的猜测。③ 因此，布林德在1859年5月9日关于意大利战争问题的大会上向马克思详细谈到福格特不仅为他的鼓动宣传从拿破仑第三那里得到钱，而且还用这笔钱收买其他作家在公众中为法国皇帝的对外政策效力，当时马克思并未感到吃惊。马克思在与威廉·李卜克内西和他当时尚不认识的埃拉尔德·比斯康普见面时，谈到了布林德对福格特的揭露。他们二人1859年5月10日拜访马克思，请他为在伦敦出版的德文周刊《人民报》撰稿。比斯康普在《帝国摄政》一文中对布林德披露的对福格特的怀疑作了补充加工。文章以讽刺的笔调把福格特描写为"帝国的叛徒"。这篇文章发表在1859年5月14日《人民报》（伦敦）第2号第1版上。比斯康普将这天的报纸直接寄给福格特。马

---

① 《马克思恩格斯全集》第1版第14卷第526—587页。
② 《马克思恩格斯全集》第1版第29卷第407页。
③ 《马克思恩格斯全集》第1版第30卷第459页。

克思在为1859年5月27日《纽约每日论坛报》第5697号（第5版第5—6栏和第6版第1栏）撰写的《奥地利、普鲁士和德国对战争的态度》一文中也同样指出了福格特的宣传的波拿巴主义根源。

福格特抓住《帝国摄政》这篇通讯，写了一篇反驳文章《警告》，对马克思和共产党人进行了一系列毫无根据的指控，其目的是要将人们的注意力从对他的怀疑上转移开。这篇写于5月23日的文章发表在1859年6月2日《瑞士商业信使报》（俾尔）第150号附刊第2版和第3版上。文中把马克思描述为一个敲诈者和伪造货币者团伙的首领，说这个团伙1849年以后在瑞士以"硫磺帮"和"制刷匠帮"而闻名，逐渐聚集在伦敦。它们的活动主要是与工人团体建立联系，组织工人密谋。然而，这些组织"从一开始就被有关的秘密警察了解到了，那些受到引诱的不幸的人成为司法当局的牺牲品"。文中警告工人们，不要为了这些目的被人利用。

1859年6月14日，马克思正巧在曼彻斯特与那里的朋友们商讨继续出版《人民报》的问题，李卜克内西在《人民报》印刷所里发现了反对福格特的匿名传单的校样，传单用了与福格特的文章相同的标题《警告》。所有迹象表明，作者是布林德。① 传单内容基本上与他此前对福格特的指责相符。6月16日李卜克内西从印刷所老板菲德利奥·霍林格尔手中得到了由布林德亲笔修改的传单校样。当天，李卜克内西将这份校样转寄给奥格斯堡《总汇报》。他从1855年起就是该报通讯员。他在附信中暗示作者是布林德，但是没有指名道姓。在1859年6月18日《人民报》（伦敦）第7号第3版以《帝国的叛卖》的标题发表了这个传单之后，1859年6月22日奥格斯堡《总汇报》第173号附刊第

---

① 《马克思恩格斯全集》第1版第14卷第510—511、522页。

2836页上以《卡·福格特和伦敦的德国流亡者》的标题发表了这份传单。

对此，福格特并未控告《人民报》是对他的指控的来源。让《总汇报》承担责任对他来说更为有利。他于1859年8月10日向奥格斯堡地方皇家法院以损害名誉罪对《总汇报》起诉。①

《总汇报》编辑部于是要求李卜克内西立即就传单中所谈的内容提供证据。李卜克内西请求马克思帮助寻找有关福格特问题的证据。马克思出于各种考虑，答应提供帮助。② 首先，重要的是要找到传单《警告》的作者。据他自己的说明，他掌握着有关福格特问题的必不可少的证据。马克思和李卜克内西因此而求助于布林德。人们普遍认为，他是最早对福格特发起攻击的人。然而，布林德却执意拒绝提供任何帮助。③ 过了一段时间，马克思知道了布林德保持沉默的原因。④ 然而马克思不愿放弃布林德的证据。他因此而寻求迫使布林德公开这些证据的可能性。只有能够用凭据来证明布林德对传单《警告》负有责任，才有这种可能性。这样一来，福格特就不得不对布林德起诉，而布林德为了解脱自己就必须出面提供有关福格特问题的证据。⑤ 与此同时，这也就消除了福格特用以诽谤共产党人的借口。福格特仍旧"在伦敦私下地、而在瑞士公开地"散布说，马克思写了反对福格特的传单，然后又违心地把布林德说成是传单的作者。他这样做是要"把整个案件说成是

---

① 《马克思恩格斯全集》第1版第14卷第511—513页。
② 《马克思恩格斯全集》第1版第29卷第603—608页。
③ 《马克思恩格斯全集》第1版第29卷第468—471页。
④ 《马克思恩格斯全集》第1版第29卷第476—479页。
⑤ 《马克思恩格斯全集》第1版第29卷第483—484、603—611页。

共产党人对'伟大的民主主义者'和'前帝国摄政'嫉妒和仇视的结果"。①

为了驳斥这些诽谤和揭露布林德,马克思在1859年10月至1860年2月写了以下声明:

1859年10月19日《给〈总汇报〉编辑的信》②

1859年11月7日《致〈改革报〉、〈人民报〉和〈总汇报〉编辑部的声明》③

1859年11月15日《致〈总汇报〉编辑部的声明》④

1860年2月4日《对〈奥格斯堡报〉的诉讼》⑤

在《福格特先生》⑥这部著作中和《对〈国民报〉编辑的起诉书》⑦中,马克思述说了证明谁是传单《警告》的作者的原因、动机和目的,详细列举了对此所采取的措施,并对由此获得的结果做出估价。

1859年10月24日至29日,奥格斯堡地方皇家法院审理福格特对《总汇报》的起诉案。法官在10月29日的判决中驳回起诉,理由是:"这个迄今为止的诉讼案仅仅是由原告方面通过一个非主管法院的不合法的告发发生的。"⑧尽管起诉被驳回,福格特仍然部分地达到了他所预期的目的,因为人们未能就已经对他提出的指控向法庭提出证据。福

---

① 《马克思恩格斯全集》第1版第29卷第607页。
② 《马克思恩格斯全集》第1版第14卷第755页。
③ 《马克思恩格斯全集》第1版第14卷第756—759页。
④ 《马克思恩格斯全集》第1版第14卷第760—761页。
⑤ 《马克思恩格斯全集》第1版第14卷第762—764页。
⑥ 《马克思恩格斯全集》第1版第14卷第501—525页。
⑦ 《马克思恩格斯全集》原文版第1部分第18卷第641—647页。
⑧ 1859年10月30日《总汇报》(奥格斯堡)第303号附刊第4953版。

格特利用这一点，给公众造成这样一种假象，似乎他在与《总汇报》的争执中是道义上的胜利者，据称仅仅因为法院的形式上的理由才未能对《总汇报》进行判决。至此，所有用凭据证明福格特与波拿巴主义的关系的努力都失败了。争执的双方1859年11月和12月在奥格斯堡《总汇报》上发表的各自的声明表明，似乎将来也拿不出任何指控他的证据。卡尔·福格特因此于1859年12月以《我对〈总汇报〉的诉讼》（1859年日内瓦版）为标题发表了关于奥格斯堡案件审理情况的报告。在这篇文章中，福格特从歪曲事实转向满口谎言。像他在《警告》中就已经做过的那样，在此文中，他丑化马克思及其共产主义者同盟中的战友的活动，歪曲他们在1849年以后的流亡期间的作用。他污蔑他们所追求的目标即使不是犯罪，也是为了获取物质利益。

德国报纸、亲帕麦斯顿政府的英国报刊和倾向于波拿巴主义的报纸都兴高采烈地登载了福格特的文章。这些新闻机构别有用心地迅速散布对马克思及其战友的诽谤。1860年1月22日和25日，柏林《国民报》编辑弗里德里希·察贝尔在两篇社论中对诽谤马克思的小册子的内容进行了综合报道。第一篇社论于1月24日送到伦敦。从这篇社论中马克思才知道了福格特的攻击。

与福格特进行争论的方案

马克思和恩格斯在通信中就如何对福格特肆意诽谤马克思和共产主义者作出最恰当的反应交换了意见。在这个方面，困难在于，马克思和恩格斯直到1860年2月13日收到福格特的小册子为止，对它的内容只有一星半点的了解。①

尽管如此，马克思仍然在 1 月底就已经能够对福格特发起的诽谤运动做出评价，认为资产阶级和小资产阶级势力企图给在复杂的国内国际形势下刚刚形成的工人阶级政党以沉重的打击，并在社会的心目中从道义上毁灭它。因此，马克思认为，从政治利益和个人利益出发不能对福格特的攻击置之不理。② 马克思在 1860 年 1 月 31 日给恩格斯的信中强调说："我们必须合写一本抨击性小册子，不这样，我们就不能摆脱这件事。"恩格斯也认为，对福格特的攻击不能保持沉默。他认为"为了能违反福格特之流的愿望而保住我们在公众中的威望"，最重要的手段是像马克思在《政治经济学批判》第一分册和他在《波河与莱茵河》中所做的那样，继续从事科学研究工作。恩格斯出于多种原因不同意"在德国本土公开发表符合我们党的精神的政治性和论战性的东西"。③后来他被说服，开始赞同马克思提出的计划。④ 但是，由于他对福格特的文章的内容尚无确切了解，因此，他在 1860 年 2 月 1 日建议马克思："但愿我们能得到那本小册子；而现在应当考虑一下，在什么地方和在哪个出版者那里发表答复。尽可能在德国并且在敌党的大本营柏林。"关于《国民报》，恩格斯于 2 月 2 日建议，迫使该报刊登马克思的声明，因为，他认为："这本小册子以后会怎样，不得而知，但是答复得愈早，收到效果的把握就愈大。"

---

① 《马克思恩格斯全集》第 1 版第 30 卷第 22—24 页。
② 《马克思恩格斯全集》第 1 版第 30 卷第 11—13 页。
③ 《马克思恩格斯全集》第 1 版第 30 卷第 15 页。
④ 《马克思恩格斯全集》第 1 版第 30 卷第 19—22 页。

然而马克思不同意在这个时候设法在德国报刊上发表声明,说这些报刊不会发表这些声明和计划中的对福格特的文字回答,它们此时正在极力吹嘘福格特。他决定以诽谤罪对《国民报》起诉。因为,对于"资产阶级庸俗民主派……对全党的坚决打击","也应该给以坚决的回击"①。

1860 年 2 月 6 日马克思撰写了一篇《声明》,宣布对柏林《国民报》起诉,并保留以后对福格特"用文字予以回答"的权利。② 他将这篇声明与通告《对〈奥格斯堡报〉的诉讼》③ 一起寄给以下报纸:《国民报》、《科隆日报》、汉堡《改革报》、奥格斯堡《总汇报》、《人民报》以及在柏林出版的《政治家》和《法兰克福报》。④ 马克思在 1860 年 2 月 6 日给弗兰茨·敦克尔的信中也请他刊登这篇声明。

奥格斯堡《总汇报》在奥格斯堡案件⑤之后逐渐退出与福格特的争论。他们任意处置马克思寄来发表的东西,对 2 月 6 日的《声明》也作了改动。马克思在 1860 年 2 月 21 日《给〈总汇报〉编辑部的信》⑥ 中对此表示抗议。

马克思认为无论在资金上还是在法律上提起诉讼都没有困难。据他看来,恰恰应该起诉,因为这样一来就有可能把这次起诉同 1860 年春普鲁士政治警察头目威廉·施梯伯对新闻记者卡尔·威廉·艾希霍夫的起诉联系起来。

---

① 《马克思恩格斯全集》第 1 版第 30 卷第 23 页。
② 《马克思恩格斯全集》第 1 版第 14 卷第 765—766 页。
③ 《马克思恩格斯全集》第 1 版第 14 卷第 762—764 页。
④ 《马克思恩格斯全集》第 1 版第 30 卷第 30 页。
⑤ 《马克思恩格斯全集》第 1 版第 14 卷第 517 页。
⑥ 《马克思恩格斯全集》第 1 版第 29 卷第 506—507 页。

艾希霍夫于1859年9月10日至10月29日期间在伦敦周报《海尔曼》上陆续发表了一组文章，题为《施梯伯》。这些文章揭露了施梯伯在1852年科隆共产党人案件之前和在此期间所进行的挑衅活动。

施梯伯就这些言论对艾希霍夫向柏林法院起诉。马克思相信在这次诉讼中将第二次审理整个科隆共产党人案件。① 因此，他在讯问证人方面作一些提示，以此来支持为艾希霍夫的辩护。他还在1859年12月提供了他的著作《揭露科隆共产党人案件》（1853年巴塞尔版）。

如果能够利用艾希霍夫－施梯伯案件之机拿出证据，证明共产主义者同盟（马克思直至1852年11月一直是它的成员）毫无理由地在科隆法庭上遭到控告，对科隆被告的判刑仅仅是由于伪证、捏造和陪审法庭的成分才得以完成的，那么这就为对《国民报》的起诉提供了最好的出发点。

马克思在1860年2月29日给弗莱里格拉特的信中解释说："在柏林我需要证明两件事情（有关这个旧的并且已经过了时的同盟的历史）：**第一件**是从1852年起就不存在以我为成员的这类团体；**另一件**是福格特先生是一个……诽谤者，因为他对存在到1852年11月的共产主义者协会进行的诽谤超过了捷列林格。"为了工人阶级的利益和工人阶级政党未来的发展，马克思努力利用艾希霍夫－施梯伯案件来驳斥福格特对共产党人的诽谤，"这样立刻就能重新向工人群众表明我们的坚决态度"。②

马克思估计对《国民报》的起诉将进展顺利。这次诉讼的有利之处在于对方将不得不公开为自己辩解。马克思知道，《国民报》提不出

---

① 《马克思恩格斯全集》第1版第30卷第22—24页。
② 《马克思恩格斯全集》第1版第30卷第23页。

任何对他不利的证据，相反，该报 1860 年 1 月 22 日和 25 日的社论足以构成提出控告的出发点。① 马克思还考虑到了这个案件将在较大范围内引起政治舆论的注意，并引起"轰动"。② 总之，他希望打破德国报刊围绕着恩格斯和他的著作所策划的"沉默的阴谋"，以便创造有利条件，为将在诉讼之后发表的对福格特的文字回答的传播和影响以及为他们的政治活动提供保证。他还在 4 月 9 日给格奥尔格·洛美尔的信中乐观地写道："由于柏林的诉讼以及福格特的主要打击等等是针对我的，我的小册子将有很好的销路，并且一定能在德国找到很好的出版人"。

马克思也没有打算因为与福格特的争论而中断他的经济学研究。马克思在他的著作《政治经济学批判》第一分册③中，开始系统地阐述无产阶级政治经济学。计划撰写的其他分册中的第二分册将尽快出版。他在 1860 年 2 月 3 日给恩格斯的信中写道："如果我坐下来专心弄它，那么 6 个星期就可以完成，在这个案件以后，它将受到欢迎。"

马克思打算利用这次诉讼驳斥福格特和《国民报》的人身攻击。此后发表的抨击性著作要用来批驳福格特在《欧洲现状研究》中所阐述的和代表他的整个政治倾向的政治观点。马克思计划在这部著作的前面转载法院审理柏林《国民报》案件的速记报告。④

---

① 《马克思恩格斯全集》第 1 版第 30 卷第 438 页。
② 《马克思恩格斯全集》第 1 版第 30 卷第 23 页。
③ 《马克思恩格斯全集》第 1 版第 13 卷第 3—177 页。
④ 《马克思恩格斯全集》第 1 版第 14 卷第 401 页。

对柏林《国民报》和伦敦《每日电讯》的诉讼

在斐迪南·拉萨尔对马克思和福格特之间的争论表示否定态度之后,① 马克思1月底向柏林的爱德华·费舍了解在普鲁士提起诉讼的可能性。

费舍是柏林市法院的陪审官,1859年12月住在伦敦。他是戴维·乌尔卡尔特的政治拥护者。他在柏林出版外交文件集《新公文集》。在《新公文集》的前几册中费舍发表了马克思关于帕麦斯顿的小册子中的一些部分。② 在一次偶然拜访马克思时,他提到他与北德报刊有联系,并愿意提供帮助。

1860年2月7日马克思收到了费舍的答复。③ 根据这个答复,存在着对《国民报》进行由国家承担诉讼费用的刑事控告的可能性和进行以诽谤罪提起民事诉讼的可能性。马克思决定提起民事诉讼,因为他担心"普鲁士王国检察机关"不会"以特别的热情"来维护他的名声。④

到了2月9日,马克思把1860年1月22日和25日《国民报》的两篇社论中所有可以从法律上进行追究的地方集中起来写成起诉书,作为以诽谤罪控告《国民报》的根据。⑤

2月13日,马克思在收到了费舍附有律师地址的信之后,请求柏林律师、公证法律顾向维贝尔在对《国民报》的诉讼中做他的诉讼代

---

① 《马克思恩格斯全集》第1版第30卷第11、430、19—22页。
② 《马克思恩格斯全集》原文版第1部分第18卷注释10.3—11。
③ 《马克思恩格斯全集》第1版第30卷第29—30页。
④ 《马克思恩格斯全集》第1版第30卷第40页。
⑤ 《马克思恩格斯全集》第1版第30卷第559—561页。

理人。同时，他还详细说明了可以以诽谤罪控告的地方。对马克思来说，重要的是控告的"方式""一开始就排斥了像福格特反对《总汇报》诉讼案中出现过的那一类错中错的法庭喜剧"。① 控告仅仅涉及《国民报》有关社论中马克思在法庭上可以充分证明其荒谬性的那些言论，马克思认为这些言论"从法律上来看……是最重要的"②。《国民报》把福格特书中一切要受到法律追究的诽谤指控集中起来了，而有的地方甚至比书里说得更尖刻。③ 当马克思1860年2月13日在伦敦收到了福格特的书《我对〈总汇报〉的诉讼》时，他认为这一点得到了证实。

维贝尔在1860年2月22日信中对马克思所提出要控告的几点表述了自己的看法："此外，总的来说，我根据迄今了解的事实已毫不怀疑成功在望……我在修改辩护书时是从以下法律原则出发的：我们不必拿出否定的证据，如果需要对真相提出真正站得住脚的异议，那么对方必须提出证据。因此，我目前不准备援引在您看来使得（即使是间接地）《国民报》产生实际上既卑鄙又无耻的看法的那些事实。"他请求马克思让他全权处理此案，并将证明材料寄来，包括事实和文件。

几乎与对《国民报》的诉讼同时，马克思对伦敦出版的日报《每日电讯》以诽谤罪提起诉讼。

该报2月6日在一篇题为《奥地利的报界帮凶》的长篇文章中，几乎逐字逐句地翻译了《国民报》1860年1月22日和25日的两篇社论。

---

① 《马克思恩格斯全集》第1版第14卷第676页。
② 《马克思恩格斯全集》第1版第30卷第437—443页。
③ 《马克思恩格斯全集》第1版第30卷第40—41、559—561页。

为此，马克思在1860年2月6日的《给〈每日电讯〉报编辑的信》①中，要求该报发表一篇致歉声明。《每日电讯》不仅没有这样做，而且还在1860年2月13日第1445号第2版上发表了该报德国通讯员卡尔·阿贝尔的一封信。信中要求马克思在控告英国唯一一家仅仅发表了一个令人不快的新闻的某一部分的报纸之前，先追究在他的祖国对他发起诽谤的人的责任。在他没有追究作为《每日电讯》消息来源的《国民报》法律责任之前，他无法获得任何补偿。因此柏林的诉讼具有特殊的意义。

马克思坚持控告《每日电讯》的决定。做出这个决定的原因和与此相联系的目的在《对〈国民报〉编辑的起诉书》②书中作了阐述。从马克思2月4日给恩格斯的信中可以看出他在柏林和在伦敦对他的诽谤者采取行动的原因："卑鄙的民主派现在当然充满幸灾乐祸的心情，绝不能让这些人把他们的革命的旅行计划、革命的纸币、革命的胡言乱语等等推在我们身上。必须使德国也认请这个民主派的真面目，他们的首脑是福格特在这里的秘密通讯员哥特弗里德·金克尔。"

抱着这种看法，马克思于1860年2月28日撰写了《给〈自由射手〉和〈改革报〉编辑部的信》。③梅因在1860年2月9日至18日《自由射手》（汉堡）第17—21号上发表了一组题为《卡尔·福格特对奥格斯堡〈总汇报〉和马克思派的斗争》的文章，其中概括了福格特《我对〈总汇报〉的诉讼》（1859年日内瓦版）一书的主要内容。马克思在1859年11月给斐迪南·拉萨尔的信中在谈到《致〈改革报〉、

---

① 《马克思恩格斯全集》第1版第14卷第767页。
② 《马克思恩格斯全集》原文第1部分第18卷第647—648页。
③ 《马克思恩格斯全集》第1版第14卷第770页。

《人民报》和《总汇报》编辑部的声明》①时曾经表示不准备回答任何恰恰在这一时期针对他的众多诽谤,而现在他暗示正在准备之中的驳斥福格特的书,以此来了结梅因在《自由射手》上重新发起的攻击。马克思在《庇护人和同谋者》②一章中对爱德华·梅因予以反驳。《自由射手》没有发表马克思寄来的声明。

1860年,在反对小资产阶级势力的活动和政策的斗争中表明无产阶级的阶级立场变得十分必要,对《每日电讯》和《国民报》的诉讼可以作为开端。

马克思打算先对《每日电讯》起诉,然后律师应该使审理尽可能拖延,直至对《国民报》的诉讼已经做出判决。③

在对《每日电讯》的诉讼中马克思的诉讼代理人很可能是威廉·罗伯茨,他是宪章派的律师和英国工会的首席律师,厄内斯特·琼斯为马克思出谋划策。④

马克思在伦敦为对柏林《国民报》起诉做了一切组织上的准备之后,于1860年2月16日来到曼彻斯特,一直逗留到1860年3月25日。他在这里与恩格斯和威廉·沃尔弗一起再次详细讨论了对付福格特的每一步骤。马克思在对《每日电讯》的诽谤诉讼中与他的诉讼代理人取得了一致。

到1860年3月27日为止,马克思结束了对《国民报》起诉的准备工作。给法律顾问维贝尔寄去的证据材料为这位柏林律师全面驳斥福格

---

① 《马克思恩格斯全集》第1版第14卷第756—759页。
② 《马克思恩格斯全集》第1版第14卷第651—655页。
③ 《马克思恩格斯全集》第1版第30卷第479—488页。
④ 《马克思恩格斯全集》第1版第30卷第40—41、479—488页。

特和《国民报》的诽谤性言论提供了可能性。①

在马克思的文件和说明的基础上，维贝尔起草了一份内容广泛的对弗里德里希·察贝尔的起诉书，并于 1860 年 4 月 15 日将起诉书送交柏林市皇家法院检察官。② 维贝尔首先提起刑事诉讼，而没有像马克思最初所打算的那样，提起民事诉讼。

4 月 18 日，检察院以不涉及公众利益为理由驳回起诉。③ 1860 年 4 月 20 日，法律顾问维贝尔就此判决向检察长上诉。4 月 22 日他将这一情况通知马克思。刑事诉讼遭到驳回并未出乎马克思的预料。④ 马克思在 4 月 24 日给恩格斯的信中写道："普鲁士政府的'**公众**利益'自然要求尽可能地诽谤我们"。

马克思非常重视让公众了解诉讼的艰难经过。一方面必须让公众始终关心与福格特和《国民报》的争论，另一方面是要使普鲁士政府"谨慎一些"。因此，马克思希望通过卡尔·济贝尔、马丁·黑克舍尔及其他人在报纸上登出相应的简讯。⑤

皇家市法院检察长于 1860 年 4 月 26 日决定维持检察官当月 18 日的判决。⑥ 对《国民报》的刑事控告因此而被最终驳回。

1860 年 4 月 17 日，维贝尔向柏林市法院申请以侮辱罪对弗里德里

---

① 《马克思恩格斯全集》第 1 版第 30 卷第 444—446、454—474、494—508 页。
② 《马克思恩格斯全集》原文版第 1 部分第 18 卷第 633—648 页。
③ 《马克思恩格斯全集》第 1 版第 14 卷第 684—685 页。
④ 《马克思恩格斯全集》第 1 版第 30 卷 40—41 页。
⑤ 《马克思恩格斯全集》第 1 版第 30 卷第 52—53 页。
⑥ 《马克思恩格斯全集》第 1 版第 14 卷第 685 页。

希·察贝尔提起民事诉讼。①察贝尔于4月26日向法院起诉。在提出起诉的同时,维贝尔还请求准予3个月的期限,以便起草一份完备的诉讼状,最后,他于1860年6月15日将此状送交主管法院。

6月8日,市法院"因缺乏证据"而对民事诽谤起诉予以驳回。②维贝尔于1860年6月22日将这一情况通知马克思。

接着马克思在6月26日写信给恩格斯:"多么美妙的法学呵!起初是禁止我提出'对于诽谤的控告'因为这对普鲁士政府不利,后来又不准公开审理'对于侮辱的控告',理由是缺乏'证据'。这实际上是在替《国民报》'辩护'。"他请恩格斯通过黑克舍尔再在《改革报》上刊登一则简讯,目的是"至少要公开揭露这种普鲁士的手法"。恩格斯认为,这个案件之所以在普鲁士法院受到阻挠,是因为它"只能给普遍的宪法的和谐带来刺耳的噪音。"③

维贝尔认为市法院的决定是不公正的,并在1860年6月21日向上诉法院提出上诉。然而,上诉于1860年7月11日被驳回。④维贝尔在1860年7月21日给马克思的信中将判决结果通知马克思,并建议向最高法院上诉。但是根据他以往的经验,他怀疑这种上诉是否能有积极的结果。马克思最初也认为向最高法院上诉是多余的。这只能增加不必要的花费,并且毫无结果。他现在认为重要的是立即从维贝尔那里得到包括起诉书在内的诉讼文件。他打算在这些文件的基础上,在他的抨击性著作中对普鲁士法庭予以批判。⑤马克思在1860年7月29日给恩格斯

---

① 《马克思恩格斯全集》第1版第14卷第684页。
② 《马克思恩格斯全集》第1版第14卷第688页。
③ 《马克思恩格斯全集》第1版第30卷第75页。
④ 《马克思恩格斯全集》第1版第14卷第701—702页。
⑤ 《马克思恩格斯全集》第1版第30卷第81—82页。

的信中愤怒地写道："普鲁士的狗东西们应该挨棍子"。"这样的诉讼程序（例如，你注意一下上诉法院的决定所用的那种放肆的报上论战的腔调）我还从来没有看到过。"恩格斯在8月1日给马克思的信中在说明上诉法院的判决带有倾向性时写道："可见这就是桑苏西的磨坊主遇到过的那个著名的上诉法院。我倒想知道，如果受到这种待遇的不是你而是某一个普鲁士官吏，那他会做出什么样的决定，提出什么样的理由。"恩格斯猜测，法官们直接受到了普鲁士内阁的摆布。谈到马克思全面批判普鲁士司法制度的计划时，他建议马克思就目前的诉讼案的正确性请教一位有才能的普鲁士律师。

8月2日，马克思请他的柏林律师向最高法院上诉，他在信中解释说："我不抱任何成功的希望，但是我还是不愿放过争取自己权利的任何一个机会。我认为上诉法院的理由在法律上是完全站不住脚的。"关于做出这个决定的原因，马克思在1860年8月4日给恩格斯的信中作了如下说明："现在正值假期。在最高法院开庭以前，那本抨击性著作会出版（其中有我对至今施行的普鲁士诉讼程序的批判）。这些先生们不大丢其丑是无法摆脱出来的。"

为了使对法庭审理的评价万无一失，马克思采纳了恩格斯的建议，求助于前普鲁士市法院院长恩斯特·威廉·爱德华·威美尔曼博士，请他就与案件有关的形式问题提供意见。对维贝尔的上诉书和其他诉讼文件缺乏详细了解就无法做出评价。因此，马克思于1860年8月2日和20日反复请求维贝尔将1860年6月21日的上诉书寄给他，如果因为审理仍在进行而没有这种可能，那么至少将上诉法院审阅后已经驳回的控告的几点（包括关于各点的所附资料）大体上告诉他。这对理解上诉法院的决定是必不可少的。① 1860年8月27日马克思收到了所需要的文件。维贝尔在附信中强调说:"为了起草向法庭提交的控告书,我不能没有这些文件……随信寄去今年6月21日控告书的抄件,缩减了它,以附件的形式寄给您的那个今年6月8日的东西中完全不成立的和在诉讼本身中已经被排除的那些理由便有道理了。"

马克思了解了最新文件,他极可能还向戚美尔曼博士通报了这些文件,戚美尔曼和其他"同行"写出意见,于9月初寄给马克思。②

在1860年9月7日给拉萨尔的信中,马克思再次对迄今为止的诉讼的艰难过程作了概括,关于诉讼失败的原因,他强调指出,法庭从为控告提供的十分丰富的证据材料中可以看出,这些材料一旦被用于公开审理,那么《国民报》就要被判罪,这一点,再加上马克思在法庭上的胜利就会"与公众利益相矛盾"。马克思在1860年9月15日给拉萨尔的信中强调,他的目的并不在于"能得到**实际的**满足"。但是,他曾经认为至少能达到公开审理,这就是他所希望的一切。在这封信中马克思询问,"按照(旧的)莱茵省的诉讼程序,私人控告侮辱或诽谤也要得到司法当局即政府的事先批准吗?"在他的故乡特里尔1859年11月7日《人民报》曾经散布福格特的诽谤,这可能是马克思询问的原因。不排除马克思曾经考虑要通过在莱茵省的一次诉讼,至少部分地实现同已经被视为败诉的柏林的诉讼相联系的打算。拉萨尔1860年9月17日的回答是肯定的。但是,马克思在信中没有再提到这个想法。

1860年10月23日,马克思收到了最高法院1860年10月5日的驳回判决。判决书中指出,维贝尔8月23日"对王国上诉法院刑事庭

---

① 《马克思恩格斯全集》第1版第30卷第553、555页。
② 《马克思恩格斯全集》第1版第30卷第84—85、88页。

于……7月11日就《国民报》编辑察贝尔博士侮辱卡尔·马克思博士一案所作决定提出的控告……认为理由不足而予以驳回"。① 这样一来，追究《国民报》法律责任的所有努力都落空了。

收集资料

马克思从1860年2月初开始为对《国民报》起诉和反对卡尔·福格特的抨击性著作收集资料。他充分利用1849年至1855年的报纸、书信和其他文件，为反驳福格特的诽谤收集可靠资料。马克思1860年2月至3月在曼彻斯特逗留期间，继续对存放在恩格斯那里的流亡者史料进行了深入的研究。

这些资料说明了小资产阶级民主派及其领袖阿尔诺德·卢格、卡尔·海因岑、阿曼德·戈克、金克尔、福格特等人在1850年至1853年期间的活动情况。在马克思标明"笔记。1860年4月"的有关笔记本②中有一个按年代顺序排列的有关书信和报纸的目录，上面有关于其内容的注释和原文摘录，大多数都十分简短。在一个独立的部分"补遗（出版物和报纸）"中编入了1849年后成立的各种小资产阶级流亡者组织的声明、呼吁书及其他文件的剪报。这些资料典型地反映了互相之间你争我夺的小资产阶级领袖们人为地复兴1848—1849年革命的幻想。马克思主要把这些资料用于《泰霍夫的信》一章和《附录》中，例如，由赛米尔·契尔奈尔起草的"共产主义者同盟"和"革命集中"之间

---

① 《马克思恩格斯全集》第1版第14卷第715页。
② 莫斯科苏共中央马列主义研究院中央党务档案馆。

的合作协议、① 1851年12月3日的《巴尔的摩通讯员》上对弗兰茨·济格尔的评论、② 陶森瑙1851年11月14日《致泽登施提克尔公民》的"公开信"、③ 金克尔和阿曼德·戈克之间以"新旧大陆的革命同盟"的名义达成的"同盟条约的初步协议"、④ 金克尔征集"革命贷款"及其结果。⑤

在与福格特的诽谤所进行的争论中,马克思还以他的著作《揭露科隆共产党人案件》和《高尚骑士的意识》为依据。在这两部著作中,马克思通过与小资产阶级观点的论战阐述了无产阶级革命运动的基本立场。⑥

1860年3月和4月,马克思还通过研究《新莱茵报》年卷⑦和关于法兰克福国民议会会议讨论情况的速记报告对这些资料予以补充。马克思1860年3月和4月研究这些资料时所作的笔记收在两个笔记本中,保存了下来。标明"笔记(新莱茵报)1560年3月底"的本子⑧中包括对1848年6月至1849年6月出版的《新莱茵报》各号所作的笔记。第二个本子⑨标明"笔记1860年4月(新莱茵报)",包括对出版于1849年3月31日至5月17日期间的各号所作的笔记,以及一个按标题

---

① 《马克思恩格斯全集》第1版第14卷第482页。
② 《马克思恩格斯全集》第1版第14卷第484—485页。
③ 《马克思恩格斯全集》第1版第14卷第485—486页。
④ 《马克思恩格斯全集》第1版第14卷第736页。
⑤ 《马克思恩格斯全集》第1版第14卷第737—738页。
⑥ 《马克思恩格斯全集》第1版第30卷第446—448、494—508页。
⑦ 《马克思恩格斯全集》第1版第30卷第517—519页。
⑧ 莫斯科苏共中央马列主义研究院中央党务档案馆。
⑨ 莫斯科苏共中央马列主义研究院中央党务档案馆。

排列的两个本子中笔记的目录。

在做完这些工作之后，马克思便能够对德国1848—1849年革命期间小资产阶级民主主义运动和无产阶级革命运动做出深刻的评价。马克思把由此获得的资料用于《福格特和〈新莱茵报〉》和《庇护人和同谋者》两章。

为了准备对《国民报》的起诉以及对福格特的攻击做出文字上的回答，马克思在1月底和2月初就各种问题求助于路易·博尔夏特、西吉兹蒙特·路德维希·波克罕、查理·安德森·德纳、费舍、斐迪南·弗洛孔、彼得·伊曼特、厄内斯特·琼斯、律西安·列奥波特·若特兰、拉萨尔、约阿希姆·列列韦尔、乔治·威廉·雷诺、维克多·席利、贝尔塔兰·瑟美列、乌尔卡尔特和奥古斯特·维利希等人。马克思把他给上述这些人的信及其回信中的大部分抄写在《哈采特日记。附年历。1858年》的空页上。这个笔记本①中此外还包括与反驳布林德和福格特有关的笔记、准备在报刊上发表的声明、报纸及有相应内容的简讯的摘录以及马克思从文学作品中搜集的用于刻划福格特特征的佳句。

马克思于1860年2月9日告诉恩格斯，他在一星期之内不得不"给各方面至少寄出50封信"。马克思在与福格特的争论中得到了德国和国际民主运动的代表们的支持，这些代表主要住在瑞士、英国和法国，也有的住在美国和澳大利亚。

这里面有许多原因：

通信中谈论的题目，只要它与诉讼准备有关，那么在很大程度上就会涉及1849年至1853年流亡的最初几年。福格特完全歪曲了这段时期的流亡者历史，指责流亡者行为卑鄙。被这些毫无根据的攻击所牵连的

---

① 莫斯科苏共中央马列主义研究院中央党务档案馆。

流亡者表示愿意在对福格特的斗争中支持马克思。

此外,《政治经济学批判》① 这部著作的发表极大地提高了马克思的威信。

例如,席利在1860年2月8日给马克思的信中,在关于"硫磺帮"和"制刷匠帮"的阐述之后,还就经济问题进行了请教,② 由此表达了他对马克思在经济领域所取得的科学成就的敬意。俄国激进作家尼古拉·伊万诺维奇·萨宗诺夫在1860年5月10日的信中表示了对福格特的诽谤的愤怒,并请求马克思不要因为福格特而中断他的经济学研究。他称这种研究是对迄今为止的经济科学的革新。③

约翰·菲力浦·贝克尔1860年3月20日在根据席利的建议向马克思报告"硫磺帮"的情况和警察密探舍尔瓦尔在日内瓦的露面时,用了"经济学家马克思"的称呼。马克思在他的抨击性著作中大量引用了贝克尔的信。尤其是有关舍尔瓦尔的说明对马克思回击福格特的攻击具有决定性的意义。④

这封使贝克尔和马克思第一次建立联系的信寄到了伦敦商人格奥尔格·弗里德里希·莱茵兰德尔那里。在这一时期,贝克尔和席利之间以及贝克尔和马克思之间的通信大部分都是由莱茵兰德尔收转的。

贝克尔之所以没有把信直接寄给马克思是因为此信有可能作为法律文件,用于对《国民报》的诉讼。席利在给马克思的附信中解释说:"你当然可以随便利用这封信,也可以用于你的小册子。如果由莱茵兰

---

① 《马克思恩格斯全集》第1版第13卷第3—177页。
② 《马克思恩格斯全集》第1版第14卷424—425页。
③ 《马克思恩格斯全集》第1版第14卷420—421页。
④ 《马克思恩格斯全集》第1版第14卷443—447页。

德尔收转的方式不符合你的目的,那么你可以再寄给他,并说明怎样写你的地址……如果你希望另外一种写法,那么你只需写信说明。"①

在随后的一段时间里,马克思继续从席利和贝克尔那里收到很有启发性的资料,这些资料对起草抨击福格特的小册子具有很大价值。

马克思借助于这些资料揭露了旅居法国和瑞士的德国和各国流亡者中波拿巴主义代理机构的阴谋诡计。贝克尔十分痛恨1859年试图镇压意大利革命民主统一运动的波拿巴主义。为了在与波拿巴主义的斗争中支持马克思,他尽了很大努力。他把自己在革命时期的通信拿出来供撰写抨击福格特的小册子之用就是最好的说明。这包通信于4月6日寄到马克思那里,马克思用了其中写于1848年11月有关德国流亡者的一个军事纵队的一封信。②

1860年4月9日,马克思对贝克尔所提供的帮助表示感谢。此信中流露出马克思对贝克尔的敬意,因为他从贝克尔寄来的私人信件中了解了贝克尔的生活道路。同时,他还请贝克尔寄来一篇关于詹姆斯·法济的"所作所为"的"简短介绍"。

为了说明福格特是被收买的波拿巴主义的代理人并予以揭露,马克思认为在国外直接进行调查是十分必要的。1860年春,卡尔·济贝耳根据马克思的请求来到巴黎和日内瓦。在贝克尔的支持下,他在这里收集了各种各样有关福格特和他的"庇护者和同谋者"的资料。4月7日,济贝耳从调查旅行中返回,他于4月12日向马克思报告了这次旅行的结果。同时,他顺便详尽地报告了从贝克尔那里得到的口头说明。在谈话中,济贝耳还报告说洛美尔愿意提供有关福格特的资料。济贝耳

---

① 席利1860年3月22日致马克思的信。
② 《马克思恩格斯全集》第1版第14卷第467—469页。

通过贝克尔与洛美尔建立了联系,洛美尔曾一度与福格特很熟悉。马克思在1860年4月9日给恩格斯的信中说:"济贝耳很好地完成了他的使命,非常机智。"他还在同一天请求洛美尔协助他弄清福格特在日内瓦的活动:"现在我不断收到属于革命政党各个派别的各国流亡者寄来的有关福格特以及其他波拿巴代理人的活动材料。但是我要持批判态度,要严格地以事实为依据。由于你深知瑞士的情况,因此您所提供的材料对我将是极其宝贵的。"在随后的一段时间里,洛美尔给马克思寄去大约40封信,信中回答了马克思各种各样的询问,详细叙述了福格特和法济的关系、福格特的巴黎之行、所谓的佩里埃暴动的情况、福格特在对奥格斯堡《总汇报》进行起诉时的摇摆不定的态度以及福格特及其政治朋友与"动产信用公司"银行的关系。

关于洛美尔提供的情况对与福格特的争论所具有价值,马克思在4月24日给法律顾问维贝尔的信中表达了自己的看法。他在信中强调指出:"经我委托在巴黎、瑞士,特别是在日内瓦进行调查以后,现在我掌握有证明卡尔·福格特教授是法国一名普通代理人的**证据**(以后,在诉讼**结束之后**,我将在小册子中公布出来)。"

马克思对洛美尔关于福格特受贿的报告做出了特别肯定的评价。1860年4月24日他还写信给恩格斯说:"洛美尔的材料(我从他那里还得到六、七种文件)包含有非常确凿的证据,证明福格特已被收买。在日内瓦福格特已经感到自己不十分安全,因此正在设法弄到施维茨的公民权。"

马克思将获得的大多数情况写进他的抨击性著作《福格特先生》中《代理机构》一章。马克思确信,若没有洛美尔提供的资料,他就写不了"揭露福格特个人的最重要的那一章——《代理机构》",这证明了这些资料的重要性。①

虽然马克思在《福格特先生》中使用了洛美尔所提供的资料中的绝大部分，但是，他的名字仅仅出现在《警察作风》一章中，其中提到洛美尔是那本关于洛桑德意志工人教育协会中央节的小册子的有名的作者。这里面有许多原因。与日内瓦的唯一联系是通过洛美尔保持的，因此，马克思避免一切可能使洛美尔被认出是他的主要资料来源的作法。他在瑞士的身份不能受到损害。也许将来还要利用这个关系。因为有迹象表明福格特设法阻挠在日内瓦的调查，②所以马克思在1860年4月9日就采取了谨慎措施，将掩护性地址通知了洛美尔，其他人，如席利使用的也是这个地址。因此，可以设想，马克思为保险起见，在他的抨击性著作中也对洛美尔采取了一切必要的谨慎措施，使人无法发现资料的真正来源。

马克思在5月7日还在给恩格斯的信中告诉他收到了卡尔·埃梅尔曼给席利的信和弗里德里希·博伊斯特给席利的信，他后来在《泰霍夫的信》③一章的开头引用了这些信。5月8日他还给波克罕、恩格斯、费舍、约翰·格奥尔格·埃卡留斯、阿尔伯特·佩奇和约瑟夫·魏德迈写了信。随后，他的健康状况突然恶化，约3个星期之久，《福格特先生》的所有工作都因此受到影响。直到5月28日，他才重新与恩格斯通信。6月25日，他告诉恩格斯，他还是"很痛苦"，一星期之前才停止"服药"。

尽管马克思的健康状况还不稳定，马克思仍在6月初开始研究16

---

① 《马克思恩格斯全集》第1版第30卷第109页。
② 洛美尔1860年4月14日和5月4日致马克思的信。
③ 《马克思恩格斯全集》第1版第14卷第461页。

世纪以来欧洲各国外交史。在这方面，他充分利用了伊姆雷·萨博的《从十六世纪初到目前的现代欧洲国家政策》（两卷本，1857年伦敦版）一书。他大约在6月10日结束了这方面的研究，作了大量笔记。他的笔记本保存了下来。① 马克思在《达－达·福格特和他的研究》一章中需要这些资料。马克思在下一步工作中打算主要从席利、瑟美列、约翰·菲利浦·贝克尔和卡尔·沙佩尔那里打听到进一步的细节情况。

《福格特先生》手稿的撰写

人们至今尚未确切地证实，马克思从何时开始撰写他的抨击性著作。1860年2月和3月，马克思在写给维贝尔的信中就已经以大体上明显的形式构想出了该著作的前几章，其中包括《奥格斯堡战役》。

自6月中旬以来，马克思一直在写《达－达·福格特和他的研究》这一章。因此他于1860年6月25日请求恩格斯"就波希米亚对德国或者确切些说对俄国（福格特想把波希米亚让给俄国）的军事**意义**的问题"给他"写四分之一印张左右的材料"。② 当恩格斯未能立刻满足这一请求时，马克思于7月9日在给恩格斯的信中再一次写道："**关于波希米亚怎样了**？我现在就要用它，否则要延误了。而且，只是很简略地写一写。"从马克思致恩格斯的这些书信以及从笔记本的记载中，可以推断出马克思在7月初仍在写这一章，并把最终由恩格斯提供的材料补充进该章。

到7月底为止，马克思好像基本上结束了《代理机构》这一章的

---

① 莫斯科苏共中央马列主义研究院中央党务档案馆。
② 《马克思恩格斯全集》第1版第14卷第546—550页。

写作。7月17日他收到洛美尔寄来的月初已预先通知要寄的文件邮包（其中有报纸和其他材料，它们可能用于已经提供的情况的证据）之后，希望能够比较快地结束《福格待先生》的撰写工作。他于7月29日向恩格斯表示，他确信将在8—10天之内完成自己的这本小册子，并交给他的夫人誊抄。

8月初，马克思的健康状况再度恶化，因此他只能时断时续地写作这部抨击性著作。① 尽管如此，马克思仍竭力争取尽可能快地结束该书的写作。此外要说明这一点，下面这个考虑是十分重要的。1860年7月29日，马克思在得知对《国民报》的起诉遭到拒绝的消息之后，深信他的诉讼努力彻底落空了。这对他的抨击性著作的内容产生了影响。如果说马克思最初曾计划通过转载法院审理《国民报》一案的速记记录来了结福格持对他的人身攻击，那么现在他被迫进行对他来说是"极不愉快的写作"——如他在《福格特先生》的前言中所强调——"来回答对我本人的攻击，从而……谈论我自己"②。

我们可以从中得出结论，马克思直到8月和9月才最终写成其抨击性著作的前几章，这几章是与福格特的人身攻击进行论战的。8月14日燕妮·马克思在给恩格斯的信中这样写道："我希望在本星期内就能开始誊抄小册子。这件事拖得太久。我看，卡尔写得过分认真。分析泰霍夫的信是一个最大的困难。看来，关键就在这里。除此以外进展得都比较顺利。"

驳斥与《泰霍夫的信》联结在一起的诽谤是马克思在撰写其抨击性著作时所遇到的最困难的问题之一，因为这些诽谤同不确切的事实混

---

① 《马克思恩格斯全集》第1版第30卷第83—85页。
② 《马克思恩格斯全集》第1版第14卷第401页。

杂在一起，以致读者在这里确实很难查明，什么是捏造的，什么是符合事实的。① 恰好在1860年9月27日，沙佩尔就共产主义者同盟1850年9月召开的会议上所发生的事情提供了一份报告，马克思把该报告收进了这一章。②

看来，到9月初马克思基本上结束了其抨击性著作的手稿的撰写工作。该著作于1860年9月17日开始付印。③ 10月2日，马克思在信中告诉了恩格斯该书的目录。其中所提到的各章的标题与最后的稿本相比，只是在个别的措词上有细小的区别。

在11月的第一个星期里，马克思再次全部重写《一件诉讼案》这一章④，以前该章只有很少几页。马克思做出这样的决定，是在他收到了皇家最高法院于1860年10月23日做出的驳回起诉的判决之后，也就是说是在就连依法追究《国民报》的责任的所有可能性都彻底丧失之后。

马克思最初计划在最高法院做出判决之后，在伦敦的报刊上发表抨击普鲁士司法的文章。他于9月7日告知拉萨尔他的这种打算，但是拉萨尔劝他不要这样做。他所提出的理由对马克思来说显然是没有说服力的。马克思在1860年10月25日给恩格斯的信中写道："我以后要在伦敦这里出版一印张左右的小册子——《论普鲁士司法》，但这要在书顺利地运入德国以后。"虽然马克思在《福格特先生》一书中再次表明了

---

① 《马克思恩格斯全集》第1版第30卷第494—508、22—24、54—56、444—446、452—453页。

② 《马克思恩格斯全集》第1版第14卷第471页。

③ 《马克思恩格斯全集》第1版第30卷第559—565页。

④ 《马克思恩格斯全集》第1版第30卷第568页。

他的这种意图,① 但是他的计划没有实现。

从马克思于 1860 年 11 月 13 日写给恩格斯的信中可以看出,马克思还把一些资料补充到已经印好的手稿中。这就是在《庇护人和同谋者》② 以及《代理机构》③ 这两章中关于路德维希·班贝尔格尔的特性描述和"对其他的'欢呼者'——路·西蒙、哈特曼……和亨·伯·奥本海姆——……几句一般的俏皮话"。

马克思在《附录》这一章中补充了"16. 补遗"和 1860 年 11 月 12 日的《曼彻斯特卫报》的摘录。④

在马克思的笔记本⑤中有一个最初的文件汇编,这些文件准备作为著作中的附录发表:

"FH 附录:

1)席利的叙述、流亡者的告密。

瑞士的自由主义。

2)穆尔顿的抗议书。

3)施泰歇尔。

4)希尔施(科隆案件、公使馆)

(关于贝克尔的故事)。

5)魏德迈、克路斯和雅科比博士的声明。

6)金克尔。

7)设菲尔德委员会。

---

① 《马克思恩格斯全集》第 1 版第 14 卷第 688 页。

② 《马克思恩格斯全集》第 1 版第 14 卷第 663—664 页。

③ 《马克思恩格斯全集》第 1 版第 14 卷第 589、616 页。

④ 《马克思恩格斯全集》第 1 版第 14 卷第 751 页。

⑤ 莫斯科苏共中央马列主义研究院中央党务档案馆。

8）谢尔策。

9）1859 年 5 月 27 日《自由新闻》上刊登的布林德的文章。

10）附件。奥尔格斯的两封信。

11）反对布林德的通告信。

12）维耶的口供。

14）信件：**弗洛孔、若特兰、列列韦尔、厄·琼斯、德纳**。

15）维贝尔。

15）丹屠出版的小册子。

16）补遗：

  a）福格特和'水泥公司'。

  b）科苏特。

  c）《1860 年的普鲁士》。"

在这下面马克思写有"**1860 年 11 月 8 日写完《达－达·福格特》**"几个字。这一记录大概是就最后一章即《附录》的写作结束而言。

到 11 月 17 日为止，马克思撰写了前言，并在 11 月 24 日以前完成了勘误表的工作。①

出版情况

在 1860 年 5 月 15 日马克思给济贝耳的信中就已经对在哪里出版作了最初的考虑，大约从 1860 年 6 月中旬开始，马克思就在尽力寻找一家合适的出版社。他曾希望让汉堡的出版商奥托·迈斯纳出版他的这部著作。济贝耳在与迈斯纳取得联系之后，于 1860 年 6 月 23 日告知马克

---

① 《马克思恩格斯全集》第 1 版第 30 卷第 116—117 页。

思这次努力的第一个结果:"奥托·迈斯纳说,如果他确信对福格特的控告是正确的,那么他毫不怀疑马克思的小册子是可行的,并毫不犹豫地出版该书。马克思可以与他取得联系,同时告诉他有关稿酬的条件……"。然而,由于迈斯纳正在编辑出版《民主研究》,其中除了别的文章之外还包括福格特和拉萨尔的文章,因此迈斯纳提出在他决定出版这本小册子之前,他得先读一下这一抨击性著作的手稿。但是,马克思不愿意与一个和福格特直接合作的出版商交往。在这种情况下,如果事先不与迈斯纳签订合同就把手稿寄给他,这是一种很轻率的行为。①

从1860年7月至9月,济贝耳为了该抨击性著作的出版,继续寻找于德国的出版商和书商,其中有汉堡的讷斯特勒和梅勒、波恩的厄耳伯曼和莱比锡的奥托·维干德。

1860年9月7日,马克思在写给拉萨尔的信中说出了这些努力失败的原因。正如他在信中所写的,他不是客客气气地对待福格特,而是对他就像"对骗子和小丑一样蔑视"。因此,对这部抨击性著作,那些出版商不是一开始干脆拒绝,就是"对小册子的笔调和内容"提出"条件",而这些条件当然是马克思所不能接受的。

这本小册子在普鲁士显然无法出版,因为其中一些涉及施梯伯的章节会使出版商面临打官司的危险。

马克思也不准备把他反对福格特的著作随便托付给哪一个出版商。对此,马克思在1860年10月2日给恩格斯的信中就此事表明了他的态度:"迈斯纳由于《民主研究》而直接站到敌人营垒里去了。此外,从他同济贝耳的私人谈话中可以看出,他期待的是'有价值的'讨论,并认为福格特是个大人物。**奥·维干德**是我们的**私敌**,几年前他对我让

---

① 《马克思恩格斯全集》第1版第30卷第100—101页。

他出版《雾月十八日》的建议（甚至不取稿酬）作了粗暴的答复。波恩的**厄耳伯曼**则纯粹是一个幻想……总之，根据在反动的 10 年所形成的风气来看，小册子未必能在德国出版（特别是由于济贝耳同莱比锡的出版商没有联系）。"马克思希望避免把该书从一个出版商转到另一个出版商，从而会使"内容都泄露出去，出版商可能还是找不到或者经过长久辗转才找到，那会是什么结果！"如果说以前该抨击性著作延迟出版的原因首先是马克思想等到诉讼结束以后和撰写工作常常由于患病而被迫中断；那么在 9 月初，主要困难则在于徒劳无益地在德国寻找一位出版商。① 但是，马克思也同恩格斯一样（恩格斯总是一再要求马克思尽快完成该抨击性著作的撰写工作），清楚地意识到这样一个事实：在完成该书的问题上任何时间上的延迟只会有损于与福格特进行论战的成果。②

因此，马克思于 9 月初就已经决定，在希尔什菲尔德小印刷所刊印他的抨击性著作，然后通过德国的出版社佩奇公司直接在外国以及在德国推销。在这种情况下，马克思必须负担出版费用的一半，但他参与因出售该抨击性著作而获得的利润的分成。

恩格斯坚决反对在伦敦刊印该书，③ 为此马克思在 1860 年 9 月 25 日向恩格斯说明了他作出这样的决定的理由："佩奇在莱比锡、柏林和汉堡都有代售人。因此这本书可以通过**通常的**图书发售途径在德国推销。佩奇将直接通过他在比利时、瑞士和美国的代售人把它推销到那些地方去……至于在报上登广告、通知书商等事，将在我参与下从这里办

---

① 《马克思恩格斯全集》第 1 版第 30 卷第 561 页。
② 《马克思恩格斯全集》第 1 版第 30 卷第 75、554—555、84 页。
③ 《马克思恩格斯全集》第 1 版第 30 卷第 91、97—98、103 页。

理……我们节省时间,因为如果在德国,可能还要奔走几个月,然后还要花时间去校对……假如这本书畅销——我有一切理由相信这一点,——那么佩奇就会……出版你的或我的小册子,这样德国出版商就窒息不了我们了……所以,我认为这一次的困难是件好事。"然而,恩格斯仍然"一点不相信那种必须由我们垫出全部或一半款子的出版社"①。他还回忆起以往在国外刊印他们的文章遇到麻烦的经验教训,而且这一次报刊将不关心小册子是否会"得到支持"。恩格斯担忧地写道:"此外,由于佩奇先生对广告等等必须付钱,所以要他登许多广告也不那么容易。"

10月2日,马克思在给恩格斯的信中再次陈述了在伦敦刊印其抨击性著作的原因,而后恩格斯于10月5日在回信中写道:"至于在伦敦印,当然最主要的是为了使这本东西出版,**而且很快地**出版;但最好还是在德国印,而且这无疑是能够做到的。不管佩奇如何卖力,但德国的出版商,例如迈斯纳……却握有全然不同的手段来打破沉默的阴谋。而且我决不能认为党不得不把我们本来就很少的资金投到这方面来是一种幸运。"

1860年9月17日,马克思的抨击性著作在伦敦开始付印。② 到9月25日为止,已经印好了总共12个印张中的2个印张。③ 此后直到10月中旬,当印刷工作再三地陷于停顿的时候,马克思同印刷所的所有人希尔什菲尔德签订了一个合同,规定在11月15日以前结束该书的印刷

---

① 《马克思恩格斯全集》第1版第30卷第97页。
② 《马克思恩格斯全集》第1版第30卷第562—563页。
③ 《马克思恩格斯全集》第1版第30卷第96页。

工作。①

在10月和11月，马克思一直忙于看校样。马克思修改过的一页长条校样保存了下来。② 这页纸是单面印刷的。上面的内容与本卷中的一段相符，从《马克思恩格斯全集》第14卷第404页开始到406页的"……瑞士当局送到那里"结束。在这页纸的左上边有用铅笔写的一个"3"，右上边有用圆圈圈起来的数字"79/5"。马克思在这页纸上作了如下的修改：

Nickilburg 改为 Nichilburg

zerstreute 改为 zerstreute"

Masse" 改为 Masse

前两处修改位于右边，第三处位于左边。从中可以看出，马克思亲自阅读了长条校样。

11月13日，马克思通知恩格斯，这本书将在一个星期内印好。③ 他接着写道："在书名问题上我向你让了步，（昨天）已经把《福格特先生》排上去了"。马克思最初打算把他的抨击性著作叫做《达－达·福格特》。9月25日，他在给恩格斯的信中写道："达－达会引起庸人的好奇心并且有滑稽感"。④ 他觉得《卡尔·福格特》不是一个合适的书名，因为他不愿意把"卡尔·马克思"放在"卡尔·福格特"的下面。恩格斯在1860年10月5日的信中（也以威廉·沃尔弗的名义）表示反对那种读者只有把书全部读完后才开始看懂的书名。他们的意见是

---

① 《马克思恩格斯全集》第1版第30卷第106页。

② 阿姆斯特丹国际社会史研究所，《马克思—恩格斯遗著》。

③ 《马克思恩格斯全集》第1版第30卷第108页。

④ 《马克思恩格斯全集》第1版第30卷第96页。

书名愈简单朴素愈好，只是书名中除福格特以外还必须至少提到波拿巴或者普隆－普隆。只有这样才能引起庸人的注意，这些庸人对福格特早就不那么感兴趣，不会"伤脑筋去猜测"马克思为什么称他为"达－达"。早在1860年10月1日，恩格斯就曾向马克思建议，如果这本书不叫《卡尔·福格特》，那么可以叫《福格特先生》。

1860年11月19日，燕妮·马克思因患天花生命处于危险之中。在这种情况下，马克思无法及时完成最后一批印张的校对工作。这就是再次延迟出版这部抨击性著作的原因之一。该著作于1860年12月1日由伦敦的出版社"佩奇公司"出版，印数约为1000册。1860年12月4日，该书开始在伦敦出售。①

影响和传播

在马克思的朋友中，弗里德里希·恩格斯和威廉·沃尔弗最先收到这部抨击性著作。

恩格斯的第一印象是："这东西非常好。特别是《研究》和《代理机构》这两章；这是致命的。"② 他认为不好的地方是，在论述"……个人事情"的所有各章的末尾都缺少"小结"。作些小结会加深人们对此事的完整的印象，并使这部"由于拥有大量材料和大批很少为庸人所知的人名而令人有点透不过气来的"著作大大提高效果，"同时会使非常好的全书结构的艺术性更清楚地显示出来。"③ 马克思最初作了小结，但

---

① 《马克思恩格斯全集》第1版第30卷第121页。
② 《马克思恩格斯全集》第1版第30卷第118—119页。
③ 《马克思恩格斯全集》第1版第30卷第119—120页。

是这些小结过分扩大了这部本身已经很厚的著作，因此马克思最后决定把它们全部删掉。马克思于12月6日在给恩格斯的信中强调说，不过在《一件诉讼案》这一章中，全部涉及个人的问题是那样有力地灌输给庸人，他们将一生都忘不掉。

此外，恩格斯批评这本小册子说，所有的外国字都是拉丁字母印出来的，而且许多刊误部分使原意遭到歪曲。因为它们的篇幅会给人留下不好的印象，所以马克思把勘误表缩短了。他在12月6日给恩格斯的信中解释道：由于希尔什菲尔德不善于对付他的排字工人，因此佩奇将再也不在他那里印什么了。

恩格斯在认真细致地"研究"了这部著作之后，再次表示了其十分赞许的态度。"我愈读这本书，就愈难设想，福格特怎么能从这个……东西中摆脱出来……这确实是你迄今为止所写的最好的论战性著作；其文体比《波拿巴》朴素，然而这种文体运用得当，也一样有力。"① 除恩格斯以外，威廉·沃尔弗、斐迪南·弗莱里格拉特和斐迪南·拉萨尔都表示非常赞赏《福格特先生》。② 此外，卡尔·威廉·艾希霍夫和贝尔塔·马克海姆分别于1861年2月16日和1862年11月18日在给马克思的信中表示了类似的态度。沃尔弗认为，这部抨击性著作"从头到尾都是一件精巧的艺术品"，并对"痛打西蒙先生"感到特别开心。③

正如燕妮·马克思在1861年3月13日给魏德迈的信中所写的，这

---

① 《马克思恩格斯全集》第1版第30卷第129页。

② 《马克思恩格斯全集》第1版第30卷第122—123页，拉萨尔1861年1月19日致马克思的信。

③ 沃尔弗1860年12月27日沃尔弗致马克思的信。

本书不仅受到马克思的朋友和"所有知名人物"的赞赏,而且即使在反对者的圈子里也被认为是"极其重要的"。洛塔尔·布赫尔称它为当代史的大纲。他认为,反对福格特的论据是完全可靠的,而且这本书还完全消除了"他对马克思鼓动活动的"所有"偏见"。正如他在给波克罕的信中所写的,他还把这种信念告知德国有影响的人物。"①

就连戚美尔曼博士也公开表示,他确信福格特是一个最平常的"间谍",与一般间谍的不同之处"只是津贴多些罢了"。戚美尔曼按这个意思写信给在瑞士的熟人,以便让福格特不怀疑他对他的看法。②

然而,在《福格特先生》中丢脸出丑的一些人也要求讲话。爱德华·梅因在汉堡的《自由射手》上声称,马克思曾指望利用其抨击性著作《福格特先生》取得"中等阶级"的支持。然而马克思大失所望。③ 亨利希·贝特齐希受金克尔的委托用笔名贝塔在《外国文学杂志》上发表了一篇关于马克思的抨击性著作的诽谤性文章④;新闻记者阿布特(马克思在《制刷匠帮》一章中比较详细地刻划了他的特性)在《时代呼声》第39期的副刊上发表了一篇长达16页的文章《卡尔·福格特和卡尔·马克思或者制刷匠帮》。在文章的前两页,他先是承认在这部抨击性著作中反对福格特的内容是真实的;而后在文章的其余14页,他却大肆漫骂马克思、席利和伊曼特。

马克思对这些文章没有予以答复,因他完全可以对所有这些攻击置之不理,他在其《福格特先生》中已经令人信服地予以驳回。

---

① 《马克思恩格斯全集》第1版第30卷第130页。
② 《马克思恩格斯全集》第1版第30卷第130页。
③ 《马克思恩格斯全集》第1版第30卷第599页。
④ 《马克思恩格斯全集》第1版第30卷第143页。

1860年底，约翰·菲力浦·贝克尔从那不勒斯请求波克罕为他弄到《波河与莱茵河》、《萨瓦·尼斯与莱茵》和《福格特先生》。① 他打算借助于这些书向朱泽培·加里波第阐明德国革命者的立场，并借此表明他自己的意见。同时，他还竭力争取利用路易·施韦格尔特通过书商获得这些书。② 当这些书在4月初抵达那不勒斯时，贝克尔已经起程前往热那亚了。贝克尔请求仍留在那不勒斯的泰奥多尔·雷米把书转寄给他，雷米在转寄之前以极大的兴趣阅读了这些书。他在给贝克尔的信中写道，该书对福格特进行了全面彻底地剖析，他永远也不会从马克思的这顿棒击中恢复过来。③ 雷米在强调该书的纲领性意义的同时，请求贝克尔促使马克思"依照他在《达-达·福格特和他的研究》一章中所表明的意思（比方说，用英语）发表一篇描述欧洲政治形势的文章"。雷米还以马克思和恩格斯的这几本书为基础，在那不勒斯民族联盟中作了一个关于德国共和派纲领的报告。

施韦格尔特同样兴奋地阅读了抨击性著作《福格特先生》。他还向贝克尔报告了福格特阻挠该书在瑞士出售的活动。他估计福格特把该书全部买下了。该书很快就从书市上消失了。④

尽管有这些阻挠措施，尽管报刊对该抨击性著作实行了抵制，马克思的这部著作终究还是到了它的读者手中，并通过各教育协会在工人中

---

① 《马克思恩格斯全集》第1版第30卷第136—137页。

② 施韦格尔特1861年1月22日致贝克尔的信（阿姆斯特丹国际社会史研究所，《贝克尔遗著》）。

③ 雷米1861年4月3日致贝克尔的信（阿姆斯特丹国际社会史研究所，《贝克尔遗著》）。

④ 施韦格尔特1861年1月22日和4月6日致贝克尔的信（阿姆斯特丹国际社会史研究所，《贝克尔遗著》）。

间传播开来。① 伦敦德意志工人协会在该书出版时立即购买了6本。在已经组织起工人协会的科隆和杜塞尔多夫，人们以急切的心情期待着这部反对福格特的著作。②

1860年9月24日，波克罕也在科堡工人协会作了同样的报告。

马克思还收到一些来自瑞士和美国的询问该书出版情况的信件。③

在现存的这部抨击性著作第1版的少数几本中，有一本上（收藏在莱比锡的季米特洛夫博物馆）盖着一个工人协会的图章。1868年，在美因兹举办了"工人和工人朋友晚间读书会"。在供讨论的书籍和杂志的书目中，除了马克思和恩格斯的其他著作之外，还指定了《福格特先生》，并附有《揭露1848年大人物的真面目》的注释性的按语。④

马克思在其抨击性著作《福格特先生》中与小资产阶级的辩论，为无产阶级政党赢得了地位，这在1867年也没有失去其意义。例如，1867年9月在日内瓦召开的和平和自由同盟成立大会上，路易·库格曼提到马克思在其抨击性著作中对福格特的揭露，以此阻止人们把卡尔·福格特选入同盟的主席团。库格曼在表示反对时强调，他希望在福格特没有从关于波拿巴的代理人的指控中开脱出来以前，不再提到福格特这个名字。⑤

1876年年中，古斯塔夫·腊施和卡尔·沙伊伯勒分别在《人民国家报》和《前进报》上展开笔战。为此腊施于1876年11月13日写信向恩格斯求助："请您立刻写信告诉我沙伊伯勒最近为布林德辩护一

---

① 李卜克内西1864年8月26日和6月12日致马克思的信。
② 《马克思恩格斯全集》第1版第30卷第89—90页。
③ 《马克思恩格斯全集》第1版第30卷第561页。
④ 1868年5月10日《美因兹广告报》第110号。
⑤ 库格曼1867年9月27日致马克思的信。

事——我相信这是针对马克思的——是一桩什么样的事情?"此外,他还请求恩格斯进一步提供一些他可以用来反驳沙伊伯勒的摘录材料。

1876年11月底,恩格斯在回信中根据《奥格斯堡战役》这一章①的内容概括地描述了发生在马克思和布林德之间的争论。

腊施在其题为《一个德国人对古斯塔夫·腊施的"在伦敦的德国流亡者"的答复》②文章中,引用了恩格斯信中涉及卡尔·布林德和沙伊伯勒的全部内容,却没有注明出处。

1871年春,一些报纸登载了一份波拿巴津贴受领者名单,③名单是从被推翻的拿破仑第三的私人文件中发现的;上面有福格特的名字,并注明"1859年8月付给他4万法郎"。对此,马克思在1871年4月10日或者11日为《人民国家报》写了一篇简讯,④恩格斯则撰写了一篇题为《再论〈福格特先生〉》的文章。这篇文章于1871年5月10日发表在莱比锡的《人民国家报》第38号上。⑤恩格斯在《〈人民国家报〉国际问题论文集(1871—1875)》的序言中强调:"那篇文章结束了这个冒牌的自然科学家兼共和主义者而实际上是庸俗自由主义的波拿巴分子兼书籍制造商同马克思在1859—1860年就意大利战争问题所进行的那场论战。这篇文章最终确定了上述的福格特先生是被收买的波拿巴暗探;关于这一点,马克思在1860年他的抨击性小册子《福格特先生》中自然只能提出间接的证明。"

---

① 《马克思恩格斯全集》第1版第14卷第501—525页。
② 1877年1月12日莱比锡的《前进报》第5号。
③ 《皇室的文件和通信》根据国家印刷局的版本核对出版第1、2卷,1871年巴黎版,第161页。
④ 《马克思恩格斯全集》原文版第1部分第22卷第12页。
⑤ 《马克思恩格斯全集》第1版第17卷第322—330页。

该抨击性著作所起作用的大小根本上取决于人们能够在哪个范围内确保其传播。马克思和恩格斯在拟定与卡尔·福格特的论战计划时，就已经根据这种基本想法行事了。这种想法是决定该抨击性著作的书名的出发点，也是马克思和恩格斯讨论最有利的出版地问题的核心问题。①

马克思和恩格斯认为，报纸自从与卡尔·布林德进行辩论以来，几乎已经不再注意福格特事件了，在这之后，人们对此事的兴趣也大大地消退了。

在诉讼努力失败的迹象开始显露之后，马克思就利用了一切可以利用的机会，以便尽可能广泛地保持或者重新唤起公众对与福格特论战一事的兴趣。

11月24日，马克思给《总汇报》编辑部寄去了一份声明；② 其中，他根据普鲁士法院当局的判决再次陈述了他诉讼的经过，并宣布将发表"对福格特的答复"。马克思早就在寻找保证在德国报刊上讨论该抨击性著作的机会。③

此外，马克思还给40多家德国和外国的报纸寄去了书商推销这部抨击性著作的广告。同时马克思特别重视的是，德国报纸上的广告（除了包含有该抨击性著作的内容目录以外，还有一些内容的陈述）是在该书已经到达德国之后才登出的。由于《一件诉讼案》这一章的缘故，"不致引起普鲁士人的注意"。④

到1861年1月底为止，以下这几家报刊登载了关于《福格特先生》

---

① 《马克思恩格斯全集》第1版第30卷第554、91—93、97—100、103—105页。
② 《马克思恩格斯全集》第1版第14卷第771—772页。
③ 波克罕1860年10月15日致马克思的信。
④ 《马克思恩格斯全集》第1版第30卷第124页。

这部抨击性著作的书商广告或者小小的简讯：《自由射手》、《改革报》、《科隆日报》、《政论家》、《科隆广告报》、《新普鲁士报》、《日内瓦国境通报》和奥格斯堡的《总汇报》。

最后一篇简讯1860年12月8日刊登在《新普鲁士报》的"柏林的旁观者"栏目中，原文如下："**卡尔·马克思**在伦敦以**《福格特先生》**为书名发表了一部整整印满291页的反对**卡尔·福格特**'反对他的庇护人和同谋者'的著作。不出所料，在这本书中向各家德国报纸和各种德国人激烈地开战。（'同谋者'显然是马克思对福格特所说的'硫磺帮'的回敬。不过'硫磺帮'更好些。）"

弗里德里希·威廉·哈克兰德尔在1861年7月1日斯图加特出版的《总汇画报。关于土地和海洋》第40期的第627页"书桌"栏目中发表了一条消息："**《福格特先生》**。**卡尔·马克思著**。1860年伦敦版。一部论战性著作，起因是福格特的诽谤性小册子《我对〈总汇报〉的诉讼》。该书笔调诙谐幽默，有的地方带有说服力很强的、辛辣的讽刺，但同时对事情的描述又是那样详尽，所以公众不可能对发生在流亡者中间的那些丑闻的全部细节不感兴趣。马克思本人说过，他为了自卫不得不在某些地方对流亡者历史中的隐私有所揭露。"

这本书的销路最初很好，因此佩奇打算出第2版。在莱比锡，书一到，马上就卖出了120本。在伦敦，到12月26日为止，已卖出80本。相反，到12月26日为止，在曼彻斯特一本也没卖出，而在科隆只卖出6本。①

为了出第2版，济贝耳要尽可能地把"在德国出现的有关这本书的"一切情况都弄到；但是第2版没有出。②

---

① 《马克思恩格斯全集》第1版第30卷第130—133页。
② 《马克思恩格斯全集》第1版第30卷第571页。

1861年春，这部抨击性著作的销路已经明显地走下坡路了。马克思在1861年2月14日给恩格斯的信中强调说："德国报界的沉默的阴谋严重地妨害《福格特先生》的销售。"开头的顺利局面就这样被破坏了。在这种情况下，人们明显地感觉到缺少一家党的报纸。燕妮·马克思在1861年3月11日给路易莎·魏德迈的信中写道："最近的经验只是使我们深信，没有自己的机关报根本就不行。"① 对评价革命的工人运动的敌人抵制马克思和恩格斯的著作所起的作用来说，恩格斯在1886年11月24日给劳拉·拉法格的信中所表述的见解是很富有启发性的。劳拉曾请求恩格斯回击一个名叫迈耶尔的教授对马克思的诽谤。"当然，自由派的报纸曾对他的发现大肆宣扬，就像它们过去宣扬福格特的发现一样。只是时代变了，现在我们能够进行回击，而且是有效的回击。1859年资产阶级报刊对我们进行的阴谋活动比俾斯麦的卑鄙的反社会党人法要有效一千倍。"但是，这本小册子的销售不仅仅只是在德国受阻。1861年4月法国的内务大臣培尔西尼禁止出版《福格特先生》的删节本，并下令警告巴黎的所有书商不得出售这部抨击性著作的原版。②《福格特先生》的法文译本是在事先没有与马克思商定的情况下完成的。译本的印刷已经开始。但无法查明，译本是谁搞的。③

　　1862年2月13日，约翰·菲力浦·贝克尔自愿承担把对日内瓦州"有特殊意义的"并"能引起法国的普通关注的那部分"译成法文的工作。他认为，通过"翻译这东西"能够"很好地推动"一个正在形成的"年轻的政党向前发展"。马克思对这个计划表示赞同。他在1862年

---

① 阿姆斯特丹国际社会史研究所，《马克思—恩格斯遗著》。
② 《马克思恩格斯全集》第1版第30卷第171、605页。
③ 《马克思恩格斯全集》第1版第30卷第615页。

2月26日给贝克尔的信中写道:"在德国,各种报刊对这本抨击性著作几乎完全保持沉默,但如果它即使在瑞士能发生一点影响,"那他当然只会感到高兴。然而,贝克尔在4月20日通知说,翻译之事落空了,因为"有关人员都没有什么办法"。

后来也没有出现任何译本。报界对《福格特先生》这一抨击性著作实行了抵制,这只是该书未能在德国广泛传播的主要原因之一。显而易见,第二个原因是,伦敦佩奇公司表现得太软弱,以至于无法冲破这种抵制并令人满意地安排该书的销售。佩奇于1859年8月23日建立了自己的出版社。他与德国书商的联系可能还并不很多,而且也不是很可靠。他在1860年10月26日——大概为了能够在德国更好地推销《福格特先生》——才与德国书报业的莱比锡书商交易所联合会建立了联系。该联合会出版的《书报业行市报》于1860年12月5日、7日和12日发表了《福格特先生》出版发行的消息。① 1861年底,佩奇公司的所有人佩奇和科勒尔由于公司停办的问题打起了官司;这个事实证明该公司的基础多么不稳固。1861年7月3日,出版社就转为科勒尔一人所有,正如燕妮·马克思几年以后在1864年7月16日给厄内斯蒂纳·李卜克内西的信中所写,科勒尔就这样"卑鄙无耻地破坏了"这部抨击性著作的出版。事实证明,商人恩格斯有理由"一点也不相信那种"应该由马克思"垫出全部或一半款子的出版社"。②

尽管如此,马克思仍接受了佩奇提出的这个条件;当时,他有把握

---

① 《德国书报业行市报》和与它有相同隶属关系的营业分部,第27个发行年度,1860年7月至12月,第2册,第2255、2569和2607号。《马克思恩格斯全集》第1版第30卷第124页。

② 《马克思恩格斯全集》第1版第30卷第97页。

地估计，销售这本书所获的利润会补偿出版《福格特先生》的一部分费用。但结果却不是这样；1861年11月，科勒尔为了所谓尚未结清的印刷费用和其他账目，对马克思提起起诉。由于马克思"同佩奇的协议没有用书面确定下来"，所以马克思（因为他无法筹措到反诉所需资金）必须于1862年2月为出版《福格特先生》和打官司总共所花费的100英镑再次补付23英镑。① 这个判决使马克思本来已经很紧张的家庭经济状况恶化到了难以承受的地步。

马克思在被迫支付了所要求的款子之后，从科勒尔那里收回了剩下了的330本《福格特先生》，并寻找机会尽可能有效地推销这些书。他首先打算将它们在日内瓦和伯尔尼"廉价出售"，因为登载在伯尔尼《联邦报》上的一篇文章使人们对福格特的故事记忆犹新。这也许能改善马克思的经济状况。② 但是，这项计划肯定未能实现，因为燕妮·马克思在1864年7月16日给厄内斯蒂纳·李卜克内西的信中通知"寄去300本《福格特》"，让李卜克内西在柏林出售这些书，所得款项两家各一半。马克思主要考虑到，这部抨击性著作还是应当在柏林的工人中传播。

1864年8月26日，李卜克内西写信告诉马克思，已经收到寄来的306本书。他在信中还写到："我已经将50本书转让给拉萨尔的书商施林格曼……他想在各协会中以每本10个格罗申的价格出售。这可能是最低价格。我将向著作家们索取全价。已经预订了许多本。"

当卡尔·福格特于1868年9月中旬在曼彻斯特的席勒协会里（恩格斯是该协会的理事会成员）演讲的时候，马克思写信向威廉·李卜克内西询问寄往柏林的《福格特先生》的下落。李卜克内西于9月20日

---

① 《马克思恩格斯全集》第1版第30卷第210页。
② 《马克思恩格斯全集》第1版第30卷第236页。

回信说，在他被驱逐出柏林时，他不得不把几十本书留在了柏林。大部分书他都分发出去了。但进款却很少。显而易见，马克思对李卜克内西的答复并不满意，因为他又多次向李卜克内西询问该抨击性著作的下落，后者终于在1869年1月22日的信中写道，他已经把剩下的那些还能挽救的小册子《福格特先生》抢救了出来。"……如果我没有搞错的话（他们没有写信告诉我数目）库格曼已经收到了我寄存在书商施林格曼那里的50本书。"

恩格斯得知此事后，满意地指出："福格特再到柏林演讲的时候，让库格曼寄一部分到那里去，**并在报上登个广告**。我敢打赌，这会迫使他溜之大吉。"① 然而事实上，库格曼只收到了6本，其中3本寄给了马克思，剩下的3本就保存在他那里，直到1892年。②

1892年秋，库格曼还把此事告知恩格斯。他写道："好几年以来，我一直保存着3本《福格特先生》，我不知道是从哪里和由何人在马克思的策划下寄给我的。让我来保管它们，如果你现在要用的话，我将感到很高兴。"③ 恩格斯请库格曼给奥古斯特·倍倍尔寄一本，把剩下的两本寄给他。库格曼满足了恩格斯的要求。④

（原载《马克思格斯全集》原文版第1部分第18卷第665—692页）

（朱霞、章林 译　孙魁 校）

---

① 《马克思恩格斯全集》第1版第32卷第236页。
② 库格曼1870年2月19日致马克思的信和卡尔·希尔施1869年2月8日致库格曼的信。
③ 库格曼1862年9月5日和10月4日之间致恩格斯的信。
④ 《马克思恩格斯全集》第1版第38卷第484、491页。库格曼1892年10月7日致恩格斯的信。

马克思和恩格斯撰写《美国内战》一文的前前后后[*]

阎月梅

在翻阅《马克思恩格斯全集》英文版第 18 和 19 卷目录及正文的过程中,我发现第 18 卷中恩格斯写的 "The War in America"(《美国战争》)与第 19 卷中马克思与恩格斯合写的 "The Amerciean Civil War"(中译为《美国内战》,收入《马克思恩格斯全集》第 15 卷)这两篇文章之间有着不可分割的内在联系,甚至在内容上也大致相同,只不过 "The War in America" 是 "The Amercan Civil War"(《美国内战》)的其中一部分而已,这两文到底是一篇文章还是两篇文章?它们的写作背景如何?它们之间有什么区别与联系?带着对这些问题的疑虑,我查阅了有关中英文资料,并对各种版本对《美国内战》一文的编排作了比较分析,希望从中找到答案。

我们知道,在 19 世纪 60 年代初,民主运动极为活跃,在这样的条件下,马克思和恩格斯的革命政论活动便显得特别重要。他们在这个时期更加广泛地宣传自己的观点,影响舆论,以利于无产阶级的革命利益,为此,他们利用一切可能的手段,包括资产阶级报刊在内,同反动势力作斗争。马克思除了为进步的美国报纸《纽约每日论坛报》撰稿

---

[*] 本文选自《马克思恩格斯研究》1995 年总第 20 期。

之外，还开始为维也纳的资产阶级自由派的报纸《新闻报》撰稿，这家报纸是当时发行极为广泛的德文报纸之一。在这几年中，恩格斯也一直在为英国的《兰开夏郡和柴郡志愿兵杂志》撰稿。

马克思和恩格斯在这个时期的全部活动中，极为关注美洲大陆各国首先是美国的经济发展、社会斗争和政治斗争。他们写过一组论文专门论述美国历史上的重要事件即1861—1865年的内战。马克思和恩格斯作为这一战争的同时代人，感到有责任，也有必要深刻地、科学地分析与美国内战有关的问题，同时，他们也希望为欧洲读者提供以美国资料为根据的更为准确的消息，并抨击欧洲资产阶级新闻界关于美国战争性质的毫无根据的主张。

马克思及他的家庭经常受到贫困的骚扰，这个时期尤为如此，他有时甚至完全靠给报纸撰稿所获得的微薄收入来勉强维持一家的生活。在穷困潦倒、忙得焦头烂额的时候，他时常请求恩格斯为他写报刊文章。1862年2月底到3月初，马克思被卷进了科勒尔同佩奇的一场官司中，为打这场官司，他得花许多钱，这就使他的经济状况更加紧张。当时他的妻子以及女儿燕妮正在遭受着病痛的折磨，房东又拼命在逼他还债。马克思感叹道："但愿上天可怜可怜我了……"

1862年3月3日，马克思写信给恩格斯说"如果你能在这个星期（星期五早晨以前）寄给我一篇用英文写的关于美国战争的文章，那就太好了。你可以完全无所顾忌地写。《论坛报》会把它当作外国军官来信登出来"。[1] 恩格斯在3月5日的复信中说："文章我会寄给你的"。[2] 然后又评论了一下当时美国内战时期南部正在遭到的沉重打击。这便是

---

[1] 《马克思恩格斯全集》第1版第30卷第219页。
[2] 《马克思恩格斯全集》第1版第30卷第221页。

《美国内战》的写作背景。

1862年3月8日，恩格斯在给马克思的信中就附上了答应给马克思的东西，并写道："下星期接着寄第二篇文章"。① 马克思在3月15日给恩格斯的回信中说："由于你的文章没有寄来，今天我不能给纽约写东西。"并说他现在同《论坛报》的关系已不同以前，恐怕该报不会刊登了。他接着写道："因此在星期二以前要把续篇寄来。把结尾部分寄来就更好了，因为对它说来最感兴趣的是包含展望将来的那部分"。② 从马克思和恩格斯这几封来往的书信可以看出，恩格斯在1862年3月7日应马克思之邀为《论坛报》写了关于美国内战进程的文章的第一部分。他可能在3月18日写了第二部分以及结尾部分。但是，当时马克思已与《论坛报》编者之间发生了分歧，原因是该报编者日益受到主张同南方种植园主妥协的影响。因此，《论坛报》没有发表恩格斯的这篇文章。《墨西哥的混乱》是《论坛报》刊载的马克思的最后一篇文章③，从这个间接材料我们也可证明这一点。恩格斯在1862年3月14日《志愿兵杂志》第80期刊载的他的"The War in America"（《美国战争》）一文中利用了第一部分。原打算为《论坛报》写的那篇文章由马克思译成德文，并增加了一些最新材料寄给了《新闻报》，该报在1862年3月26日和27日第84和85号上以《美国内战》为题分两次刊载了这篇文章。

到此为止，我略述了"The War in America"和《美国内战》的写作原因和背景。下面我将就两者的关系、它们的联系与区别稍作阐述。

---

① 参看《马克思恩格斯全集》第1版第30卷第227页。
② 参看《马克思恩格斯全集》第1版第30卷第228页。
③ 参看《马克思恩格斯全集》英文版第19卷第388页注185。

从内容上来看,"The War in America"是《美国内战》的一部分,《美国内战》的第二部分又是"The War in America"的继续和补充。因此,发表在《志愿兵杂志》上的文本同发表在《新闻报》上的文本大体相同,尽管在个别句子上以及结尾部分存在着差异,但从总体内容上来讲,它们是互相包容、相辅相成的。从这个角度来看,它们可以说是一篇文章。

但是,这两篇文章之间又存在着差异。

从时间上来看,《美国内战》的第一部分"The War in America"写于1862年3月7日,《美国内战》的第二部分大致写于3月18日,时间上相差一个多星期。因此反映在内容上,《美国内战》自然比"The War in Ameriea"更全面,信息量更大,尤其是它详细叙述了北部的联邦军攻占纳什维尔的具体情况,因为这些消息是在恩格斯为《志愿兵杂志》写完"The War in America"之后才收到的。而且马克思在《美国内战》中增加了许多总结性的东西以及理论上的阐述,例如关于美国内战在战史上的无与伦比,北部和南部的军事原则与战略部署等等。而且《美国内战》也展望了这一战局的未来。美国内战后来的进程表明,马克思和恩格斯在这篇文章中所阐述的粉碎南部同盟的战略计划是唯一正确的。南军只是在北军司令部于1864年下半年实行了类似的计划后,才遭到彻底的失败。

两篇文章的行文也有不同。"The War in America"第六段中谈到南军将领弗洛伊德在"第二天晚上"逃走,中文相应处为"第二天",谈到他的守军投降时写的是"在第三天无条件投降",而《马克思恩格斯全集》第15卷第519页《美国内战》一文中相应的地方为"第二天",从上下文看,有可能是误译。《马克思恩格斯全集》英文版第19卷第191页相应的地方为"on the following day",从上下文看,也是第三天的意思。而且《美国内战》中没有"The War in Ameriea"的结尾部分，即"纳什维尔是否也已经陷落，看来完全不能肯定，而且我们很难相信这件事，事实上，联邦军在短短三周内所取得的这些成就足够使他们满意的了。哥伦布是脱离派军队现在在肯塔基所占据的唯一的一块地盘，他们只有冒很大风险才能继续占据下去。如果他们在田纳西的决战中打败的话，那么除非联邦军犯了非常大的错误，否则哥伦布的守军也难逃被迫投降的命运。并且，南军现在被迫在田纳西进行决战，是联邦军胜利的重大战果之一。据说，他们集中了65000人在纳什维尔及其附近；也可能他们调集到的兵力甚至比这还要多。但是哈勒光、格兰特、凡埃尔和托马斯的联合部队，再加上正从肯塔基、俄亥俄、印第安纳和伊利诺伊的训练营赶来的后备军，将使联邦军在数量上超过他们，而且由于所取得的最新战果，联邦军的士气必然大大高于敌军的士气，此外他们在居民中还拥有一个强大的联邦派，使他们对敌军的行动了如指掌，因此我们认为他们没有任何理由为战争的结局担心"。① 恩格斯在这一段即原打算为《论坛报》写的那篇文章的结尾部分谈到了北军联合部队以及后备军的聚集与调遣，北军士气的高涨以及人心的向背、战局的未来等。

从结构上来看，"The War in America"分段少，而《美国内战》中相应的那部分分段多。

从对版本的考证来看，《马克思恩格斯全集》英文版第18卷（1982年莫斯科版）首次把恩格斯的"The War in America"收入"准备材料"部分，并按编年顺序把《美国内战》收入第19卷，在编目和正文中把《美国内战》分为Ⅰ、Ⅱ两部分，刊载在《志愿兵杂志》上并

---

① 《马克思恩格斯全集》英文版第18卷第533—534页。

包括在该文中的"The War in America"的开头和结尾部分都在脚注中作了说明。而《马克思恩格斯全集》的德文版、俄文版和中文版第15卷都没有收入"The War in America"这篇文章，而只收入了《美国内战》一文。中文版和俄文版对《美国内战》的编排是从头至尾、一统到底，没有分 I、II 部分，德文版第15卷与英文版第18卷的编排大致相同，只不过是在两部分的衔接处写上"载1862年3月26日《新闻报》第84号"，篇末写上"载1862年3月27日《新闻报》第85号"。

  从对上述版本的比较来看，我认为，关于《美国内战》一文，似应采取两部分的编排方法，这样以示 I、II 两部分之间存在着写作时间上的差异，反映在内容上也就不同了。关于"The War in America"一文，由于只是与上篇文章发表的时间不同，内容上虽有些差异，但基本一致，我认为，《马克思恩格斯全集》中文第2版应把它和《美国内战》一文视为同一篇文章，但为了忠实于原著，应把两文之间的差异以及它们的关系在脚注和篇末注中予以说明。

  本人仅谈这点粗浅看法，供编辑校订《马克思恩格斯全集》第2版的同志参考。

《国际工人协会成立宣言》发表一百二十周年*

〔民主德国〕罗·德卢贝克①

《国际工人协会成立宣言》在革命工人运动的纲领文献中地位显著。1864年9月28日，无产阶级第一个国际群众组织在伦敦成立，马克思在它的成立宣言中出色地阐述了工人阶级解放斗争的历史目标。许多工人干部像奥古斯特·倍倍尔一样，"满怀喜悦地"② 阅读这篇《成立宣言》。国际工人协会成立大会主席爱·斯·比斯利说，这篇成立宣言"最令人信服地和最有力地阐明了工人反对当时业已四分五裂的中产阶级这一事业"。③

正因为这样，资产阶级思想家竭力连篇累牍地从各个方面歪曲和中伤这部马克思主义的纲领性文献。这篇宣言问世后，小资产阶级民主主义者力图使人相信，它的作者是马志尼。④ 在巴黎公社震撼了资本主义

---

* 本文选自《马列主义研究资料》1986年第3—4辑合刊。

① 德国统一社会党中央委员会马列主义研究院室主任，教授。译文有删节。——译者注

② 奥·倍倍尔：《我的一生》1983年柏林版第6卷第101页。

③ 爱·斯·比斯利：《国际工人协会》，载于《双周评论》（伦敦）1870年11月号第517页。

④ 参看《马克思恩格斯全集》第1版第16卷第588页。

世界之后，自由主义者布伦坦诺却认为这篇《成立宣言》证明，马克思"为了他的政变计划而不择手段"。① 后来，伯恩施坦又解释说，这篇宣言是马克思部分回归到改良主义观点的产物。② 今天，具有修正主义、社会改良主义和自由帝国主义色彩的"马克思学学者"仍然以伯恩施坦的说法为出发点。近几年来，马克思的保守主义死敌通过新的反共浪潮又得势起来，他们企图把这部著名的纲领性文献说成是马克思由于有统治欲和权利欲，但又"缺乏基本的领导素质"，于是便僭取国际工人协会的领导权这一阴谋的产物。③

针对这类歪曲，威廉·李卜克内西在莱比锡叛国案的审理中声明，马克思起草的**《国际工人协会纲领》**具有"彻底的科学精神"。④ 列宁强调指出，马克思通过他起草的国际工人协会的纲领性文件把工人运动的各个部分纳入一致革命的行动轨道，⑤ 在马克思的领导下，国际工人协会"奠定了工人国际组织的基础，使工人做好向资本进行革命进攻的准备"。⑥ 这一评价为那些探讨《成立宣言》的马克思列宁主义著述指出了明确的方向。

---

① 路·布伦坦诺：《再谈卡尔·马克思的特点》，载于《协和。工人问题杂志》（柏林）1872年8月22日。

② 参看爱·伯恩施坦：《社会主义的前提和社会民主党的任务》1899年斯图加特版第94—97页。

③ K. 勒弗：《卡尔·马克思的学说。文献—批判》1982年科伦版第278页。

④ 《1872年莱比锡叛国案》1960年柏林版第115页。

⑤ 参看《列宁全集》第1版第21卷第31页。

⑥ 《列宁全集》第1版第29卷第274页。

"只有一个人清楚地懂得正在发生什么……"

《成立宣言》的形成过程表明,为什么在起草国际工人协会的政治思想纲领时,马克思能在总委员会中起领导作用。由于英国、法国和其他一些国家的进步工人做出的初步努力,第一国际已经实现了国际团结。几十年来,工人阶级进行的经济社会的和政治思想的改革过程在欧洲一些国家和美国取得了进展,第一次得以建立一个具有群众基础的国际无产阶级组织。但是,在工人运动中,还到处盛行种种非科学的非无产阶级的意识形态:英国和美国的工联主义,法国的蒲鲁东主义,德国的拉萨尔主义,意大利的马志尼主义等等。因此,在国际工人协会成立大会的参加者中"只有一个人清楚地懂得正在发生什么和应该建立什么;他就是早在1848年就向世界发出'全世界无产者,联合起来!'这一号召的人"。[①]

临时委员会是在圣马丁堂举行的会议上选出的国际工人协会的领导委员会,在三十二名领导成员中,马克思最初只有一个自觉的拥护者,他的这位战友便是共产主义者同盟盟员约翰·格奥尔格·埃卡留斯,他是委员会中最老的委员之一,也是英国最有影响的外籍工人组织伦敦德国共产主义工人教育协会的代表。他被临时委员会主席乔治·奥哲尔请来充当其代理人,不久就正式当选为副主席。10月5日,在委员会召开的第一次会议上,成立了起草协会纲领和章程的小委员会。小委员会里最初都是持非马克思主义观点的信徒。马克思也被选入小委员会,他因病未能参加最初的小委员会的工作。但是,奥哲尔和委员会其他领导

---

① 《马克思恩格斯全集》第1版第22卷第398页。

成员从一开始对马克思参加这一工作就格外重视。

  英国合作运动的先驱和欧文主义者约翰·韦斯顿在10月7日小委员会第一次会议上提交的原则宣言是"一篇多愁善感的演说式的社论"。① 这篇草稿尽管遭到其他成员的严厉批评，但是韦斯顿基本上没有对它作什么修改。鲁伊治·沃尔弗少校提交了一个马志尼起草的意大利工人团体章程。撇开多中心的组织原则不说，这一草案的纲领性前言并没有摆脱资产阶级的目的。但是，小委员会承认了它的基本思想。②10月11日，国际工人协会临时委员会第二次会议经过长时间讨论后，把纲领性文件的草案"驳回小委员会重新审订"。③ 同几个主要的英国委员交往甚密的埃卡留斯向马克思报告说，这些委员不满意小委员会的工作，认为韦斯顿无能。奥哲尔让总书记威廉·兰德尔·克里默领导起草纲领性文件，会后克里默表示说，"草案的编写工作应交给一个至多三人的委员会，对现有的草稿他们可以随意处理。奥哲尔和其他成员也同意。'在这个正确位置上的正确人选无疑是马克思博士'"。④

  这一过程证明，马克思在英国根本就没有脱离工人运动，正如有些

---

  ① 1864年10月12日约·格·埃卡留斯致卡·马克思。载于《卡尔·马克思和第一国际的成立。文献和资料》1964年柏林版第31页。

  ② 参看《第一国际总委员会（1864—1866年）。1865年伦敦会议。会议记录》1964年莫斯科版第35—37页。以下简称《会议记录》。

  ③ 《第一国际总委员会（1864—1866年）。1865年伦敦会议。会议记录》1964年莫斯科版第40页。

  ④ 1864年10月12日约·格·埃卡留斯致马克思。载于《卡尔·马克思和第一国际的成立。文献和资料》第31页。

英国历史学家所描述的那样。① 国际工人协会的几位英国主要领导人虽然不是马克思主义者,然而他们也认为马克思是工人阶级的国际范围的理论作家。小委员会的其他委员愈是显得对制定纲领性文件无能为力,他们愈是把希望寄托在马克思身上。有一个保守的"马克思学学者"和冥顽不化的反共分子认为:"别人制定了一个纲领,而马克思只知道嘲弄这些文件",② 这种说法正好把这一事实头足倒置了。

当沃尔弗去意大利旅行时,马克思还未病愈,法国共和主义者和小资产阶级社会主义者维克多·勒·吕贝接替了起草一个统一的纲领性文件的编写工作。马克思痊愈后,在埃卡留斯告急求救的情况下第一次重新参加10月18日国际工人协会临时委员会第三次会议。

马克思给恩格斯写道,当他"听到好心的勒·吕贝宣读……一个空话连篇、写得很坏而且极不成熟的引言时",他当然是"的确吃了一惊,引言到处都带有马志尼的色彩,而且披着法国社会主义的轮廓不清的破烂外衣"。③ 马克思同勒·吕贝、克里默等人一道批评一名委员完全背离了"资本家和工人是敌对的"④ 这一观点,马克思还亲自"温和地"反对勒·吕贝提交的文件。主持会议的埃卡留斯在"经过长时间的反复讨论后……提议由小委员会重新'修订'这些文件"。⑤

从那时起,马克思主动承担起制定国际纲领性文件的工作。10月

---

① 参看 ch. 亚伯拉姆斯基:《马克思和国际工人协会总委员会》,载《第一国际。建立、巩固和发展》1965年巴黎版第73—83页。

② K. 勒弗:《卡尔·马克思的学说。文献—批判》第279页。

③ 《马克思恩格斯全集》第1版第31卷第15页。

④ 《第一国际总委员会(1864—1866年)。1865年伦敦会议。会议记录》1964年莫斯科版第42页。

⑤ 《马克思恩格斯全集》第1版第31卷第16页。

20日,在他的住所召开了小委员会的第三次会议。显然,他同总书记克里默对此取得一致意见,克里默希望他尽快写出这些文件。马克思决心使小资产阶级民主派制定的东西一字不留。但是,这并不是出自嫉妒或过分的虚荣心,而是与最近建立的国际工人联合会的纲领性组织原则的意义相符合的。经过通宵讨论后,小委员会的委员们认识到有必要彻底修订这些文件,于是马克思接受克里默的委托,承担了修订工作。

马克思的工作进展顺利。他彻底改写了章程及其纲领性引言。章程没有提到马志尼分子鲁伊治·沃尔弗建议的所谓"促进……工人阶级进步的"[①] 改良主义目标,而是把"工人阶级的保护、发展和彻底解放"作为团结在国际工人协会周围的工人团体的革命目标。[②] 马克思赋予引言的基本思想是这样一种认识,即工人阶级的解放只能是它们自己的事。由于在几条章程中无法详细阐述国际工人协会的目的,因此他还起草了一个深入阐述这个新组织的纲领性思想的成立宣言。在起草原则性文件的短短几天里,他主要致力于撰写成立宣言。

正如后来人们提到的一样,《成立宣言》还有两篇至今在文献中还未提及的草稿片断,一篇是口述笔录的,马克思女儿燕妮的笔迹,另一篇是抄件,马克思夫人的笔迹,两篇都经马克思亲笔修改过。显然,这两个片断反映出马克思在起草纲领性文件的最后阶段仍然在努力地句斟字酌地修改。据此,可以设想,在这两个片断之前还会有其他的草稿以及笔记或思想片断之类的东西。很清楚,马克思全家都投入了这一紧张的工作。显然他的夫人和长女帮助他整理译成法、意、德等文的抄本,

---

① 《第一国际总委员会(1864—1866年)。1865年伦敦会议。会议记录》1964年莫斯科版第38页。

② 《马克思恩格斯全集》第1版第16卷第16页。

这些抄本马克思不久就用上了。① 他把一个抄本寄给克里默。10月25日，这位总书记通知马克思说，他同意这一抄本。② 因此，马克思不可能在1864年10月21—24日这几天还在撰写《成立宣言》。

小委员会第四次会议是10月27日召开的，这次会议取得很大成功。马克思给恩格斯写道"我的建议完全被小委员会接受了。不过我必须在《章程》引言中采纳'义务'和'权利'这两个词，以及'真理、道德和正义'等词，但是，这些字眼已经妥为安排，使它们不可能为害"。③《成立宣言》顺利通过，也未遭到勒·吕贝和韦斯顿的反对。于是马克思可以给临时委员会提交由全体小委员会"最终……推荐的"④ 文件。

1864年11月1日，国际工人协会领导委员会举行第四次会议审核这些文件。有21名委员会成员出席，会议由奥哲尔主席亲自主持。在大家极为关注下，马克思宣读了成立宣言和章程及其引言。特别是列为第一项辩论的成立宣言给人很深的印象。正如马克思告诉恩格斯的那样，"总委员会会议以很大的热情（一致地）通过了我的《告工人阶级书》"。⑤ 据会议记录还做出决议，"向马克思博士，韦斯顿先生和勒·吕贝先生致以中央委员会的谢意，感谢他们为制订如此卓越的宣言所付

---

① 参看《马克思恩格斯全集》第1版第31卷第16页。
② 《卡尔·马克思和第一国际的成立。文献和资料》第38页。
③ 《马克思恩格斯全集》第1版第31卷第17页。
④ 《第一国际总委员会（1864—1866年）。1865年伦敦会议。会议记录》1964年莫斯科版第43页。
⑤ 《马克思恩格斯全集》第1版第31卷第17页。

出的辛劳"。① 当然这一功绩只能属于马克思，但是他决不突出自己。

《成立宣言》和《临时章程》的通过避开了强加给国际工人协会的小资产阶级纲领这一严重危险。科学共产主义在第一国际首次获得重大胜利。国际工人协会的原则文件经过民主讨论之后获得一致通过，因此可以由临时中央委员会全体委员署名发表。如果说资产阶级理论家不择手段地竭力歪曲这一明确的撰写过程，其实他们是要否认科学共产主义和工人运动相结合这一规律性。这一结合过程现在已进入一个新阶段。马克思按照"实质上坚决，形式上温和"② 的格言，制定了一个纲领性文件，该文件至今对国际革命工人运动仍然具有现实意义。

《资本论》第三部手稿是《成立宣言》的理论基础

《成立宣言》的一致通过以及如此迅速地产生重大的影响只能科学地解释为，这一纲领性文件表达了世界各国工人的根本利益，同时，马克思所依据的对科学共产主义的理论认识比工人运动其他一切派别的观点优越。不过，这一点必须通过对内容，多半是对《成立宣言》进行更为详细的分析来论证。

正如马克思和恩格斯笔下的所有纲领性文件一样，《成立宣言》严肃地唯物主义地阐述了工人阶级的目的。这个《成立宣言》并不是马克思从抽象的原则或所谓普遍人类的法和道德观念中推演出来的，而是他从阶级斗争和合乎规律的发展和他对阶级斗争的未来的科学预见中推

---

① 《第一国际总委员会（1864—1866年）。1865年伦敦会议。会议记录》1964年莫斯科版第44页。

② 《马克思恩格斯全集》第1版第31卷第17页。

论出来的。《共产党宣言》阐述了阶级斗争的全部历史，而《成立宣言》集中反映1848年以来的这段时期。勿庸置疑，之所以会是这样，首先因为政治上觉醒的一代工人能够理解这几年；马克思想以这几年的直接经验为出发点。不过还有一个重要原因。恩格斯后来这样写道："所有过去应用蒸汽和机器获得的惊人成果，和1850—1870这二十年间的巨大产量比起来，……就微不足道了。"① 事实上，例如在产业革命进入决定性阶段的德国，1851—1860年工业生产增长达120%，这一水平在资本主义德国是空前绝后的。② 因此，分析资本主义的最新发展对论述革命的社会主义目标具有决定性意义。

资产阶级的辩解无以复加地吹捧资本主义制度是一切可能的社会中最好的社会。庸俗经济学在反对方兴未艾的工人运动的思想斗争中一马当先。自由贸易派为"放任自流"的说教提供论据。与此相反，小资产阶级社会主义者则力图使他们的经济学观点发挥作用，例如法国的蒲鲁东，德国的拉萨尔就是如此。而意味深长的是，1850年以来，马克思在进一步阐述科学共产主义时，已把重点放在制定经济学说上，这一学说现在业已大大成熟了。

马克思撰写《成立宣言》的宗旨是要粉碎庸俗经济学进行辩解的奇谈怪论。同时他还从修辞学的角度成功地引用了英国财政大臣、后来的首相格莱斯顿的言论。1863年4月，格莱斯顿在下院发表的一次预算演说中脱口说道："财富和实力这样令人陶醉的增长"，"完全限于有产阶级"③。马克思的论证便以这份最可靠的统计材料为依据（该材料

---

① 《马克思恩格斯全集》第1版第22卷第376页。
② 于·库钦斯基：《资本主义史研究》1957年柏林版第210页。
③ 《马克思恩格斯全集》第1版第16卷第7页。

在蓝皮书、工厂视察员的报告、官方卫生状况报告、收入统计和其他一些资料中均可找到)。他的充分成熟的经济学理论便成为深刻剖析这份材料的理论工具。

如列宁强调的那样:"马克思主义在《资本论》中已经具有全副理论武装。"① 但是,《成立宣言》是工人运动的第一部纲领性著作,它已经深深地建立在对马克思主要著作的认识的基础上。七十年代中期,马克思已着手整理他的经济学重要著作的最后一部手稿。第一部草稿便是1857至1858年写成的《政治经济学批判大纲》,第二部手稿是1861至1863年写成的大部头经济学手稿,其他的核心部分便是"剩余价值理论"。马克思可能在1863年7月底至1865年12月撰写好第三部也就是最后一部手稿,他在这部手稿中对《资本论》这部三卷本的理论著作已写好详尽的草稿。他在撰写《成立宣言》时,第一卷的草稿业已完成,这部草稿是马克思在1863年7月底至1864年夏天写成的。现在大多数研究者都持这一观点。

马克思在《资本论》第一卷里分析资本主义的积累及其社会趋势时,也阐明了对工人阶级革命地推翻资本主义制度这一客观规律的具有决定意义的认识。马克思在1866年1月起修订的该卷付排稿里将这一认识精辟地概述为对剥夺者的不可避免的剥夺。②《成立宣言》的论证完全符合《资本论》第一卷的逻辑,也许还促进了这一逻辑的最终形成。

马克思有力地驳斥了那种辩解似的奇谈怪论:所谓科学和技术的进

---

① 参看《列宁全集》第1版第4卷第152页。
② 参看马克思:《资本。政治经济学批判》第1卷1867年汉堡版,见《马克思恩格斯全集》原文版第2部分第5卷第609页。

步根本改善了资本主义社会中工人阶级的状况。他指出，不要只看到有较好支付能力的工人的状况，而且还要看到被压迫民族的农民、妇女和其他成员的状况，看到日益严重的周期性危机，尤其要把工人阶级的状况同资本家的状况联系起来。马克思以此合乎逻辑地证明，"工人阶级的广大群众到处都在日益下降，下降的程度至少同那些站在他们头上的阶级沿着社会阶梯上升的程度一样厉害"。① 马克思在谈到大陆上所有工业国家带有不同的地方色彩之后，重述了他用来说明英国的那些情况："1848年起，在所有这些国家里，工业都有了空前的发展，输入和输出都有了梦想不到的扩大。在所有这些国家里，'完全限于有产阶级的财富和实力的增长'确实是'令人陶醉的'"。② 格莱斯顿这句话的要害并非偶然地触怒了讲坛社会主义者路约·布伦坦诺和法国及英国的马克思批判家。因此他们硬说马克思捏造引文。资产阶级社会的辩护士之所以要否定资本主义积累的历史趋势，是因为，这一趋势是从理论上论证社会主义革命的根据。恩格斯证明，马克思并没有增添格莱斯顿泄露的这句话，而是在半官方公布的《汉萨德议会议事录》中这句话被删掉了。

马克思在《成立宣言》中同资产阶级的一系列辩护论据展开了论战，他用下面这段话阐明了他研究资本主义积累的要点："在现代这种邪恶的基础上，劳动生产力的任何新的发展，都不可避免地要加深社会对比和加强社会对抗"。③

马克思的《成立宣言》中有多少论述取之于《资本论》第一卷草

---

① 《马克思恩格斯全集》第1版第16卷第9页。
② 《马克思恩格斯全集》第1版第16卷第9页。
③ 《马克思恩格斯全集》第1版第16卷第10页。

稿，我们不太清楚，因为这份草稿只保存下来一小部分。然而，《成立宣言》的许多章节，甚至这里引用的有关无产阶级和资产阶级状况的对立发展的全部材料在第一卷付排稿中都重新得到扩充。如果说1863—1864年的草稿没有保留这些章节，那么，至少也保存着这些章节的思路，马克思在修订付排稿时又加上了这些章节。总之，马克思主义的主要理论著作和无产阶级第一个国际群众组织的纲领性成立宣言是彼此十分紧密地联系在一起的。

因此，《成立宣言》的理论深度应归功于《资本论》中确定的理论深度。《成立宣言》的理论深度使得像巴枯宁那样的马克思主义的死敌也认为《成立宣言》本身"意义重大、严肃、思想深刻"。马克思在撰写经济学的主要著作时所获得的知识使他仅在四天内就写完了纲领性文献，这份文献对持有各种各样观点的国际工人协会中央委员会委员产生了巨大的影响，并得到他们的一致同意。当资产阶级辩护士转而为资本主义剥削制度大唱赞歌时，马克思在这里，用威廉·李卜克内西的话来说，阐述了一份"对当今社会的起诉书"，也就是一份"令人胆战心惊的、杜绝了一切空话的起诉书"。① 工人干部往往都得到过资产阶级经济学家对罢工者的支持，但国际工人协会临时中央委员会主席乔治·奥哲尔在1860年就说过："如果政治经济学反对我们，那么我们就反对它。"② 而马克思则以工人阶级的无比优越的政治经济学来反对资产阶级的政治经济学。

---

① 《1872年莱比锡叛国案》第118页。
② 转引自达·梁赞诺夫：《论第一国际史》，载于《马恩文库》1926年美因河畔法兰克福版第1卷第127页。

社会主义观点的发展

马克思在《成立宣言》里不仅有力地论证了无产阶级和资产阶级的对立是不可调和的，而且认识到必须消灭资本主义社会。他还进一步制定了关于工人阶级能够在自己的地位上建立一个新的社会主义社会的观念。[①] 从威廉·李卜克内西在莱比锡叛国案的声明和奥古斯特·倍倍尔的第一批纲领性演说和文章中可以看出，《成立宣言》如何有力地成为六十年代和七十年代的革命社会民主党人的目的。

马克思在论证无产阶级解放斗争的目的时特别考虑到工人群众所达到的觉悟程度。因此，在《成立宣言》里，对合作运动的分析是全篇的关键，而这个关键并不是始终被人充分理解。

由于大生产的发展，工人们已经开始认识到消灭资本主义私有制的必要性，但是仍然受小生产观念的严重束缚，因此，在工业革命时期合作生产便成为传播最广的社会主义经济观念。罗伯特·欧文首先在英国用社会主义的语调广泛传播合作思想。1848—1849年革命期间，各种社会主义和共产主义流派公开在法国宣传这一思想，于是合作思想很快在国际上传播开来。不过这一思想在六十年代才获得巨大影响。当时它以这种或那种形式成为各种社会主义思潮的思想工具，特别是法国的蒲鲁东主义和德国的拉萨尔主义的思想工具。马克思在《成立宣言》中指出，"那些面善口慧的贵族，资产阶级的慈善空谈家，以至机灵的政

---

① 参看罗·德卢贝克和R.默克尔：《马克思和恩格斯论社会主义社会和共产主义社会。马克思主义关于共产主义变革的学说的发展》1981年柏林版第247—255页。

治经济学家，先前在合作劳动制处于萌芽状态时枉费心机地想要把它铲除……咒骂它……现在……捧起它的场来了。"①

马克思和恩格斯并没有全盘摒弃合作思想，而是力图阐明在合作思想中萌发的社会主义意识的要素，克服同这一思想纠缠在一起的形形色色的乌托邦式的幻想。同时，马克思主义的创始人还丰富了他们自己的社会主义观点。他们获得了一个重要的认识："在向完全的共产主义经济过渡时，我们必须大规模地采用合作生产作为中间环节"。②

1848—1849年革命后，马克思和恩格斯支持厄内斯特·琼斯及其同事领导的争取宪章运动的社会主义变革的斗争，那时这种观点在他们那里显然已在一定程度上形成了。但是，这时马克思才可能以深入发展的理论认识为依据。他留心观察1857年和1858年经济危机期间和危机之后以及由经济危机引起的失业之后，合作运动如何掀起新的高潮，特别是在罗契得尔，工人们如何起来合作创办拥有蒸汽机的纺织厂，首先是纺纱厂。早在1860年，马克思就在《纽约每日论坛报》上报道了"合作社……的发展和扩大"以及"兰开夏郡和约克郡的新的合作社制度"的情况。③ 他在1861—1863年的经济学手稿，《资本论》第二部草稿，以后还在他的经济学主要著作的第一和第三卷中对这些情况给予极大的关注。他的经济学主要著作的草稿是他写在1863—1864年和1864—1865年的第三部草稿里。

马克思在他的经济学巨著里认为生产合作社——类似股份公司——

---

① 《马克思恩格斯全集》第1版第16卷第12页。
② 《马克思恩格斯全集》第1版第36卷第416页。
③ 《马克思恩格斯全集》第1版第15卷第92、98页。

表明"作为生产当事人的资本家……对工人来说是多余的"。① 此外,他还调查了在工人合作社中生产者的领导职能的作用和在一个用自己的生产工具进行生产的集体里生产者对劳动及劳动的客观条件的态度。马克思把由此引起的对劳动的态度看作是可以从工人合作工厂的统计表里看到的那种高度的劳动生产率的主要源泉。马克思在《成立宣言》里还追述了他在这些调查中获得的、那时还未发表的他的经济学著作中的理论认识。国际工人协会的纲领性的成立宣言认为生产合作社是重要的社会试验,它是"劳动的政治经济学对财产的政治经济学"的巨大"胜利"。马克思明确强调"合作工厂"是合作社在经济上最先进的形式,他这样写道:"工人们不是在口头上,而是用事实证明:大规模的生产,并且是按照现代科学要求进行的生产,在没有……雇主阶级参加的条件下是能够进行的……为了有效地进行生产,劳动工具不应当被垄断起来作为统治和掠夺工人的工具。"马克思以此向工人们指出"雇佣劳动,也像奴隶劳动和农奴劳动一样,只是一种暂时的和低级的形式,它注定要让位于带着兴奋愉快心情自愿进行的联合劳动"。②

因此,马克思把建立社会主义社会当作工人阶级斗争的伟大目标。他强调这个社会的基本特征,特别是劳动的新特征。同时,马克思把自己的经济理论的重要认识贯穿在合作思想中,而这种合作思想是在从事政治鼓动的这一代工人中广为传播的社会主义观点的表现。这个理论尤其表明,科学转化为直接的生产力以及高度发展的生产阶段对这个新社会说来是何等重要。

马克思坚决反对靠乌托邦思想生存的幻想:像罗伯特·欧文认为的

---

① 《马克思恩格斯全集》原文版第 2 部分第 3 卷第 1497 页。
② 《马克思恩格斯全集》第 1 版第 16 卷第 12 页。

那样,在资本主义社会可以借助生产合作社建立社会主义的岛屿,或以其他任何方式长入社会主义,无论是像蒲鲁东认为的那样以纯经济的方法,还是像拉萨尔想要人们相信的那样靠现存国家的帮助。《成立宣言》中这样写道:"要解放劳动群众,合作劳动必须在全国范围内发展,因而也必须依靠全国的财力。但是土地巨头和资本巨头总是要利用他们的政治特权来维护和永久保持他们的经济垄断的……夺取政权已成为工人阶级的伟大使命。"①

马克思关于合作制度的论述并没有为那些"与其说《成立宣言》是革命的不如说是改良的"观点提供根据。两年后马克思在日内瓦代表大会的决议中谈到"合作劳动"时明确指出:"为了把社会生产变为一种广泛的、和谐的自由合作劳动的制度,必须进行**全面的社会变革,社会制度基础的变革**,而这种变革只有把社会的有组织的力量即国家政权从资本家和大地主手中转移到生产者本人的手中才能实现②。

因此,社会改良主义思想家也毫无道理地试图改良主义地解释马克思对英国无产阶级首先完成的用立法手段限制工时所做出的积极评价。马克思在《成立宣言》中也称这一措施是"工人阶级政治经济学"对"资产阶级政治经济学"的胜利,以说明:资产阶级政治经济学为供求规律的盲目统治辩护,然而工人阶级政治经济学则要求"由社会认识和社会预见指导社会生产"③。马克思的这一认识表明,建立社会主义社会的工人阶级必须用多半是日益自觉形成的历史过程代替迄今为止多半是自发产生的历史过程。

---

① 《马克思恩格斯全集》第 1 版第 16 卷第 13 页。
② 《马克思恩格斯全集》第 1 版第 16 卷第 219 页。
③ 参看《马克思恩格斯全集》第 1 版第 16 卷第 11 页。

据此，可以看出资产阶级思想家的诬蔑，即经济学说的制定"大大限制了"马克思主义中的"主观因素的作用"①，甚至马克思的学说现在都成了自发的理论，而在这个理论中"建立革命运动的问题……会销声匿迹"。② 实际上，革命家和辩证论者马克思绝没有考虑到这一点。马克思在撰写经济学的主要著作时不仅全面揭示了社会主义必定代替资本主义的客观规律，同时也更明确地阐明了贯彻这个规律的主观条件。因此，在国际工人协会中，他的主要目标从一开始就是领导进步工人建立独立的政治组织。

马克思在《成立宣言》中指出，1848年后英国工人阶级放弃自己的政治组织完全是"政治上的毫无作为"。③ 不久，马克思在致施韦泽的信中将这种说法概括为这样一句话："工人阶级要不是革命的，就什么也不是。"④ 后来，他在总委员会的号召书中强调："即使在最有利的政治条件下，工人阶级要取得任何重大的胜利，都有赖于培养和集中工人阶级力量的那个组织的成熟程度"。⑤

在《成立宣言》中，马克思把夺取政权是工人阶级的伟大使命这个论断同"只有当群众组织起来并为知识所指导时"⑥，他们的人数实力才具有重要性的这一结论结合在一起。这是建立一个组织起来的、自

---

① J.雅罗斯拉夫斯基：《社会主义革命的理论——从马克思到列宁》，L.卡拉科夫斯基序言，1973年汉堡版第58页。

② R.P.齐斐勒：《卡尔·马克思理论中的革命》1979年美因河畔法兰克福、西柏林、维也纳版第11页。

③ 《马克思恩格斯全集》第1版第16卷第10页。

④ 《马克思恩格斯全集》第1版第31卷第451页。

⑤ 《马克思恩格斯全集》第1版第16卷第365页。

⑥ 《马克思恩格斯全集》第1版第16卷第13页。

觉的先锋队的方向，这个先锋队是工人阶级夺取政权并建立一个崭新的、没有剥削的、自觉形成的社会主义社会的首要前提。党的作用这个观点始终是马克思和恩格斯创立的科学社会主义观点的完整的组成部分，而且在第一国际中还显著地得到充实。

纲领性地论证工人阶级的对外政策

《成立宣言》之所以具有伟大的历史意义和现实意义，是因为马克思在这里令人难忘地论证了争取社会主义的斗争和争取和平的斗争之间的关系，并满怀激情地号召工人阶级奉行独立的，使各国人民和平相处的对外政策。

马克思在《成立宣言》里，第一次以纲领的形式阐述了工人阶级自己的对外政策及其原则的必要性。这主要有三个原因：第一，发展成为群众运动的工人运动有能力在实践上和政治上使自己的对外政策原则发挥作用。第二，强大的资产阶级对对外政策产生越来越大的影响，而且比过去的封建贵族更肆无忌惮地进行掠夺。第三，军备负担和战争引起的破坏，就像产业革命影响军事和战争一样，必然急骤上升。

马克思相信，只要存在资本主义，就会产生战争的社会原因。但是，他并不认为资本主义社会中的任何战争都是不可避免的，因为他决不信奉许多资产阶级解释者强加给他的那种经济决定论。早在1862年，马克思就在《纽约每日论坛报》和维也纳的《新闻报》上，多次赞赏英国工人阶级阻止了本国资产阶级干预使南部各州的奴隶主寡头受益的美国内战，这样他们就阻止了一场战争。① 1863年秋，马克思在伦敦德

---

① 参看《马克思恩格斯全集》第1版第15卷第460—469、480—483页。

意志工人教育协会的呼吁书中向德国工人指出了这个历史行动,那时,他号召德国工人团结一致支持波兰起义。① 他在国际工人协会里强调指出,这一例子是整个工人运动的榜样。

马克思在《成立宣言》中说,因为剥削阶级的对外政策就是为"追求罪恶目的而利用民族偏见并在掠夺战争中洒流人民鲜血和浪费人民财富",所以工人阶级必然以自己的对外政策反对剥削阶级的对外政策。他认为,这是各国工人阶级的重要任务:"要他们洞悉国际政治的秘密,监督本国政府的外交活动,在必要时就用能用的一切办法反抗它;在不可能防止这种活动时就团结起来同时揭露它,努力做到使私人关系间应该遵循的那种简单的道德和正义的准则,成为国际关系中的至高无上的准则。"②

进步国家的具有阶级觉悟的工人联合组成了国际工人协会,因此他们尤其要抵制正在强大的军国主义和阻止掠夺性战争。马克思把这一自发的努力提高到一个更高的自觉阶段。英国和法国工人在他们的贺信中认为,战争的原因并不在于资本主义社会的阶级关系和力量对比,而在于个别人"滥用权力"反对"人民之间的兄弟团结。"③ 然而马克思却号召反对引起战争的资本主义剥削社会。他强调说,为各国人民之间的和平共处而斗争是"争取工人阶级解放的总斗争的一部分"。④

今天,帝国主义思想家却比以往更热衷于竭力怀疑在《成立宣言》中论证的争取社会主义的斗争和争取和平的斗争之间的统一。早在冷战

---

① 参看《马克思恩格斯全集》第 1 版第 15 卷第 614—615 页。
② 《马克思恩格斯全集》第 1 版第 16 卷第 13、14 页。
③ 《英国工人的贺信》(1864 年 9 月 28 日在圣马丁堂召开的国际工人大会上宣读),载于《卡尔·马克思和第一国际的成立》第 9 页。
④ 《马克思恩格斯全集》第 1 版第 16 卷第 14 页。

时期，冥顽不化的反共分子就散布种种奇谈怪论：说什么马克思认为，"无产阶级要夺取政权"，战争也是"手段之一"，还说他认为，"不论是正义的战争还是非正义的战争，都是完全无关紧要的。"① 直到七十年代中期，许多资产阶级的马克思解释者又热衷起另一种说法，说什么在马克思和恩格斯的活动中，一个"战争"阶段之后，继而就是"和平"阶段，这就是所谓从革命观点转变为改良主义观点。还说什么《成立宣言》表明了这个转变，只提出了"自由—和平主义的术语"②。因此，革命的社会主义实际上也被诽谤为敌视和平的。当前，直接歪曲马克思主义为"无产阶级的战争学说"的鼓噪同保守派对马克思主义的恶劣的反共诽谤又引起了人们的注意。

所有这些说法完全与事实相左。马克思和恩格斯虽然把革命视为建立社会主义社会的必要的或合乎愿望的前提，但从未把战争视为这种前提。马克思早就把"解放劳动和消灭民族纠纷"③ 看作是无产阶级第一个国际群众组织的互不可分的目的。国际工人协会的许多活动证明，工人阶级的历史使命就在于此。因此，威廉·李卜克内西可以在莱比锡叛国案的演说中说国际的活动是一系列的"和平行动"④。这也表明，《成立宣言》的思想对群众的影响是多么深。

在马克思的领导下，国际工人协会向工人阶级的进步干部介绍了这

---

① R. 赫恩：《社会主义和军队》1959 年巴特洪堡、西柏林和苏黎士版第 1 卷第 70 页。

② W. 韦特：《德国社会主义者的战争理论》1971 年斯图加特、西柏林、科伦、美因兹版第 90—101 页。

③ 《马克思恩格斯全集》第 1 版第 18 卷第 152 页。

④ 《莱比锡叛国案》第 125 页。关于这一点参看《德国工人运动史论丛》1964 年增刊第 74—94 页。

一认识，它强调指出，建立革命的工人政党是进一步全面开展革命工人运动的决定性环节。由此可见，第一国际"奠定了国际无产阶级争取社会主义斗争的基础"。① 在这一斗争中，德国土地上也出现了社会主义国家。德意志民主共和国三十五年的经验以各种各样的方式证明：社会革命获得胜利和实现这一革命的最终目标的保证，就是工人阶级和所有劳动人民接受以马克思、恩格斯、列宁的理论为指导的政党的领导。

（原载民主德国《工人运动史论丛》1984年第4期第435—450页）

（赖升禄、胡慧琴 译）

---

① 《列宁全集》第1版第29卷第274页。

图书在版编目（CIP）数据

经典作家著作研究Ⅱ / 武锡申主编.
—北京：中央编译出版社，2014.12
（马克思主义研究资料 / 杨金海主编；12）
ISBN 978-7-5117-2444-1

Ⅰ.①经…　Ⅱ.①武…　Ⅲ.①马恩著作研究-文集
Ⅳ.①A811-53

中国版本图书馆 CIP 数据核字（2014）第 306127 号

经典作家著作研究Ⅱ

出　版　人：	刘明清
责任编辑：	盛菊艳
责任印制：	尹　珺
装帧设计：	田晗工作室
排版制作：	北京宏章文化发展中心
出版发行：	中央编译出版社
地　　　址：	北京西城区车公庄大街乙 5 号鸿儒大厦 B 座（100044）
电　　　话：	(010) 52612345（总编室）　(010) 52612335（编辑室）
	(010) 52612316（发行部）　(010) 52612317（网络销售）
	(010) 52612346（馆配部）　(010) 55626985（读者服务部）
传　　　真：	(010) 66515838
经　　　销：	全国新华书店
印　　　刷：	山东鸿君杰文化发展有限公司
开　　　本：	787 毫米×1092 毫米　1/16
字　　　数：	480 千字
印　　　张：	38.75
版　　　次：	2014 年 12 月第 1 版第 1 次印刷
定　　　价：	230.00 元

网　　　址：	www.cctphome.com　　邮　　箱：cctp@cctphome.com
新浪微博：	@中央编译出版社　　微　信：中央编译出版社（ID：cctphome）
淘宝店铺：	中央编译出版社直销店（http://shop108367160.taobao.com）
	(010)52612349

凡有印装质量问题，本社负责调换。电话：(010)55626985